学科课程与教学研究三十年

丛书主编 杨启亮 徐文彬 何善亮

- 南京师范大学课程与教学论国家重点（培育）学科建设成果
- 高等学校国家"211"三期建设项目"教育现代化进程中基础教育课程与教学变革研究"建设成果

政治课程与教学研究
（1979—2009）

周易宏　谢树平　主编

编　委
（按姓氏笔画为序）

田雨普　孙庆祝　刘炳昇　刘学惠　刘树凤
李广洲　张中原　吴永军　邹玉玲　李如密
陈荣华　何善亮　陈　娴　周志华　杨启亮
单　墫　姚锦祥　徐文彬　涂荣豹　顾渊彦
喻　平　程传银　谢树平　解凯彬　管建华

南京师范大学出版社

图书在版编目(CIP)数据

政治课程与教学研究：1979～2009 / 周易宏，谢树平主编. —南京：南京师范大学出版社，2016.7
（学科课程与教学研究三十年）
ISBN 978 - 7 - 5651 - 2727 - 4

Ⅰ.①政… Ⅱ.①周… ②谢… Ⅲ.①政治课－教学研究－中小学 Ⅳ.①G633.202

中国版本图书馆 CIP 数据核字(2016)第 103995 号

书　　名	政治课程与教学研究(1979—2009)
主　　编	周易宏　　谢树平
责任编辑	李艳玲
出版发行	南京师范大学出版社
地　　址	江苏省南京市宁海路 122 号(邮编:210097)
电　　话	(025)83598919(总编办)　83598412(营销部)　83598297(邮购部)
网　　址	http://www.njnup.com
电子信箱	nspzbb@163.com
照　　排	南京理工大学印刷照排中心
印　　刷	扬州市文丰印刷制品有限公司
开　　本	787 毫米×1092 毫米　1/16
印　　张	27
字　　数	660 千
版　　次	2016 年 7 月第 1 版　2016 年 7 月第 1 次印刷
书　　号	ISBN 978 - 7 - 5651 - 2727 - 4
定　　价	59.00 元
出 版 人	彭志斌

南京师大版图书若有印装问题请与销售商调换
版权所有　侵犯必究

总 序

改革开放以来,中国教育已走过三十余年的风雨历程。对于拥有数千年文明史的中华民族来说,三十年只是短暂一瞬,但若将其置于辛亥革命以来追求国家富强和民族复兴的百年历史中,这三十年又显得那么非同寻常和耐人寻味。一代人在刚刚见到黎明之时就带着壮志未酬的遗憾飘然而逝,一代人在从"革命"话语到"建设"话语的痛苦转变中承担起了现代化建设的重任,一代人在眼花缭乱的时代剧变中从襁褓走进学校和社会。改革开放前的教育事业发展相对滞慢,改革开放后的教育事业则稳步发展。高考制度的恢复、义务教育的普及、教育条件的优化、教师待遇的提高、教师素质的提升等教育的发展和变化,是建设有中国特色的社会主义现代化国家的具体见证,也是教育改革和开放的生动体现。

教育是国家发展的基石,是衡量一个国家发展水平和发展潜力的重要指标。相对于宏观教育改革与发展,课程与教学改革,特别是具体学科的课程与教学改革则更为内在,更为基础,也更为重要,它发生在日常的教育教学场景中,并与教育培养的人直接相遇。因此,在回顾和总结教育改革开放所取得的成就与经验时,我们就不能不深入到课程与教学改革这一教育改革的内核上来,不能不深入到具体学科课程与教学改革上来,不能不关注具体学科课程与教学究竟存在着哪些需要研究的问题,它们又是如何得到解决的;具体学科课程与教学研究取得了怎样的成果,产生了什么本土经验,它们对未来具体学科课程与教学理论的研究与实践改善又有着怎样的启示,等等。正是基于这一认识,我们有了编辑《学科课程与教学研究三十年》[①]丛书的初步设想,组织了多方参与的丛书项目建设的论证,并获得了参与论证的学科教育专家的充分肯定。于是,也才有如今读者看到的《学科课程与教学研究三十年》丛书。

为了使读者对丛书有更深入的认识,在此还需对"学科"概念及"学科课程与教学研究"相关问题作一点说明。

一般地说,学科有两种含义:一是指一定科学领域的总称或一门科学的分支;二是指学校课程的组成部分,即学校中的教学科目。中国古代的"六艺"即礼、乐、射、御、书、数,欧洲古代的"七艺"即语法、修辞、逻辑或辩证法、算术、几何、音乐、天文学,都是当时学校设置的学科。近代学校教学内容日益丰富,设置的学科随之增多,例如语文、英语、数学、历史、生物等。于是,围绕具体学科的课程与教学研究也深入地开展起来。"学科课程与教学研究"则与下述三个概念有关:一是"学科教学法",又称"分科教学法",它是学校各门学科教学法的总称。学科教学法是在教学论的一般原理指导下,分别研究各科教学中的任务、内容、原则和方法等具体问题和具体规律。尽管关于学科教学法的研究在古代即已开始,但学科教学法作为一门独立学科还是在近代出现的。二是"学科教学论",即"分科教学论"。它的出现

---

① 本丛书的"三十年"是个大致说法,系指1979—2009年期间,但也不排除此前此后的个别年份。

是在学科教学法研究的基础上,由学科教学研究范围扩大所致。其研究的范围扩展为包括某学科教学的目的、内容、方法、评价及其自身研究的对象、方法等。三是"学科教育学"。学科教学论研究范围的进一步扩展就形成了"学科教育学"。学科教育学在主要研究学科教学论的同时也体现着"教学为教育"的主要内容,每一门学科,不仅有着自己的学科体系,即按照学习心理学原理和教学要求,兼顾科学知识的内在联系组成的各门教学科目的系统,而且要体现德、智、体等诸方面的全面发展。因此,学科教育学研究学科教育的性质、特点及其与其他社会现象之间的关系,学科教育的目的、任务和内容,学科教育的原则、方法、手段和组织形式,学科教育中教师与学生的关系等。本丛书所选文献定位于中小学具体学科的课程与教学研究,涉及主题与"学科教育学"研究内容相当,并更凸显研究的问题性,因而使研究者能思考得更为深入,研究成果也更有价值。

丛书计划12卷(暂定)①,基本涵盖了目前基础教育阶段的各个学科,包括语文、数学、外语(英语)、政治、历史、地理、物理、化学、生物、体育、音乐、美术等。就每一学科而言,全书主要由三部分组成。第一部分是该学科课程与教学研究三十余年的文献综述,旨在对三十余年该学科课程与教学研究取得的成绩和存在的问题进行全面梳理和分析,并就未来该学科课程与教学研究发展趋势进行展望。第二部分集中呈现了改革开放三十余年中该学科课程与教学研究成果,重点讨论了学科课程与教学如何更好地促进每一位学生的发展,如何科学地设置课程内容以满足学生学习需要和社会发展需要,如何在加强基础知识、基本技能教学的同时更加注重学生学会学习、学会做人的教育,如何尊重学生个性差异,凸显以学生为本,充分调动学生积极性、主动性,促进学生的全面发展,如何改变过于强调选拔性而忽视发展性的评价方式以发挥评价促进学生学习的功能,如何借鉴国际经验来改善我们的学科课程与教学,如何加强课程与教学研究来提升教师的教育教学实践智慧等非常具体的学科课程与教学问题。第三部分是改革开放三十余年中该学科课程与教学研究的主要文献索引以及部分学科的相关法规,供读者进一步研究参考。

《学科课程与教学研究三十年》丛书相关资料选取采用"特尔菲法",即征询专家意见法,以保证所选资料的客观性和权威性。一般先由丛书各卷主编从该学科教育研究杂志(为主)或专著(为辅)中初选出一定数量力图包含该学科这段时期最重要研究成果的学术文献,征询相关学科课程与教学研究人员、学科专家、教研员、中小学特级教师等专家意见,在综合专家意见的基础上筛选出备选文章目录,再征询相关学科课程与教学研究人员、学科专家、教研员、中小学特级教师等专家的意见,如此反复数次,最后确定收集论文篇目。资料选择的时间范围原则上为1979—2009年。资料来源一般包括相关政策文件、报纸、期刊[主要是核心期刊、CSSCI(中文社会科学引文索引)、中国人民大学《复印报刊资料》、中国教育学会具体学科教学专业委员会会刊等国家级刊物和在该学科教学方面有影响的刊物]、著作(节选)、会议论文等。一般不收录未发表的文章。

丛书编者主要是南京师范大学从事相关学科课程与教学论教学与研究的专业人员,他们在各自学科领域潜心研究,取得了丰硕的研究成果,也产生了广泛的学术影响,因而可以保证本丛书的学术质量。特别是丛书编者中的部分老师结合本丛书,专门为课程与教学论专业研究生和教育硕士专业学位研究生开设了"课程与教学研究论文选读"课程,并取得了

---

① 本丛书目前总计15卷。

良好的教学效果,受到了研究生的普遍欢迎,使本丛书的学术质量和实践价值得到了初步的确证。

丛书读者定位于高等学校从事相关学科课程与教学研究的教师、课程与教学论专业研究生、教育硕士专业学位研究生、高年级师范本科生、教研员、中小学教师。随着课程与教学改革的不断深入,对中小学教师教学能力和研究能力的要求越来越高,做研究型学科教师已逐渐成为许多教师专业发展的自觉追求。对于他们而言,这是一套难得的参考书。此外,丛书具有工具书的性质,因而它也可作为各高等学校、各中小学图书馆收藏的重要资料。

最后,衷心感谢丛书中所收录文章的作者,是你们的智慧丰富了中国学科课程与教学研究的理论宝库;感谢丛书的编者,是你们的辛苦让我们看到了改革开放以来中国学科课程与教学研究的画卷;也感谢丛书的读者,是你们的热情为中国学科课程与教学研究带来了希望和明天。

丛书编选任务繁重,书中难免会有这样或那样的瑕疵与不足,文章收录也不一定能让所有作者或读者满意,欢迎大家提出宝贵意见,以便我们日后更正。

杨启亮　徐文彬　何善亮
2010 岁末于南京随园

目　录

总　序／杨启亮　徐文彬　何善亮 …………………………………（1）
中学政治课程与教学研究三十年回顾与展望／周易宏　谢树平 ………（1）

课程教材研究

思想政治课教师要有大德育观念／梁为揖 ………………………………（11）
谈谈思想政治课的性质和任务／周长祐 …………………………………（14）
试论中学思想政治课教学存在的矛盾和对策／马春暖　曹志尧 ………（17）
关于高中思想政治课课程标准编订原则与框架的思考／朱明光 ………（21）
政治课课堂教学中教材处理之我见／王利君 ……………………………（25）
充分利用社会大课堂是提高思想政治课教学实效的突破口／丁明忠 …（28）
从社会认知看思想政治课学科能力／林崇德 ……………………………（31）
内容　体系　程度／张汉云 ………………………………………………（34）
教材应坚持经典性与科学性的统一／李焕春 ……………………………（41）
高中思想政治课课程标准与示范教材的特点／郭有钺 …………………（45）
转变教学观念　用好政治新教材／李传骅 ………………………………（49）
研究性课程的构建／谢树平 ………………………………………………（53）
构建中学现代化的德育课程／赵振寰 ……………………………………（58）
论中学德育课程的改革／赵振寰　赵波 …………………………………（64）
高中政治课程资源开发与利用的思考／林成华 …………………………（73）
为有源头活水来／袁振喜 …………………………………………………（76）
利用学生课程资源浅谈／王长海 …………………………………………（79）
《思想品德》教材理念的革新／高德胜 ……………………………………（81）
以课程视野探析教材在政治课教学中的角色变迁／李宏亮 ……………（86）
对中学思想政治教材变动过频的分析及对策／沈忠雷　施红 …………（89）
另一种课程资源／邢永宏 …………………………………………………（92）
真实的道德生活与德育课程生活资源的开发／唐爱民 …………………（95）
思想政治课江苏化教学的理路探究／钟国才　谢树平 …………………（100）
高中《思想政治》新教材的特点／王婷 ……………………………………（103）
建构主义理论在《经济生活》教材中的体现／张莉 ………………………（107）

高中思想政治新课程推进中的问题与思考／王立新　金利 …………………（109）
浅谈对学生资源的开发和利用／袁海艳 ……………………………………（114）
大众文化资源在思想政治课堂教学中的开发和利用／洪兴华 ……………（117）
加强理论教学，提升政治学科价值／张贵平 ………………………………（121）
基于新课程理念下的中学政治课课堂教学评价探析／邝丽湛 ……………（123）
中学思想政治课发展史探究／孟庆男　潘皓琳 ……………………………（128）

教学设计研究

政治课中的概念教学／宋治安 ………………………………………………（139）
谈谈课堂教学的总体设计／沙福敏 …………………………………………（143）
关于课堂教学中的复习与设计／沙福敏 ……………………………………（146）
高中三年级思想政治（新教材）第三课教学方案设计例举／方明 …………（148）
中学思想政治课目标教学模式的构建与思考／李保荣 ……………………（151）
高中三年级思想政治（新教材）第五课教学方案设计例举／周浩 …………（156）
高中一年级《思想政治》第八课重点难点教学设计方案例举／王伏才 ……（159）
吃透教材九点／邓继成 ………………………………………………………（163）
"体验式教学法"在政治教学中的应用／严权纲 ……………………………（165）
鼓励、引导学生提问，培养学生的创造性思维／周易宏 ……………………（167）
中学政治课的研究性教学／曹宝静 …………………………………………（170）
优化问题设计　培养学生能力／陈昭君 ……………………………………（175）
以综合能力培养为导向　构建整合教学模式／谢树平 ……………………（179）
思想政治课案例教学浅探／邵广侠 …………………………………………（183）
中学思想政治课网络教学初探／黄伟民 ……………………………………（186）
略论建构主义视角中的思想政治课教学策略／唐点权 ……………………（191）
美国、新加坡、中国香港初中德育教材评析／邝丽湛 ………………………（193）
政治导学方案的设计和使用／张秀国　刘纪华 ……………………………（198）
遵循心理效应　提高政治课教学时效／林文杰 ……………………………（201）
用"以学生为本"的理念指导教学设计／覃遵君 ……………………………（207）
《经济生活》"学法"初探／陈友芳　罗长青 …………………………………（212）
"以生为本"在政治课教学中的探索与实践／沈建龙 ………………………（215）
在教学中培养学生思维方式多样性的策略／陈吉君 ………………………（218）
思想品德教材"内容活动化　活动内容化"设计初探／贺军 ………………（222）
中学政治课"参与—发展"教学模式的构建与实施／毛义涛 ………………（229）
例谈思想政治新课程有效课堂教学冲突的创设／张安义 …………………（235）
新课程背景下政治教师的教学反思与策略／古洁 …………………………（238）

学案导学　引探自究/杨泽英 …………………………………………………………（241）
政治课堂生成性资源的开发与利用/卢佳地 ……………………………………………（244）
搭设开放平台　引导自主探究/王琨 ……………………………………………………（246）
创设情境　经历探究　促进发展/张有林 ………………………………………………（249）
用哲学思维教哲学/张汉云　刘宏佺 ……………………………………………………（252）
优化教学设计　灵活创生课堂/张伟能 …………………………………………………（258）
从几则课例看"问题教学"之"问题"/朱开群 ……………………………………………（261）
课堂教学过程优化初探/严柏海 …………………………………………………………（266）
如何优化高中思想政治教学设计/孟红娟 ………………………………………………（268）
博客在思想政治课教学中的运用/蔡赐福 ………………………………………………（271）
情感、态度、价值观目标及其落实策略/蓝维 ……………………………………………（274）
从"五阶段"到"六环节"/何家文 …………………………………………………………（277）
对话教学的课堂设计：理念与原则/张增田 ……………………………………………（281）
知行统一为取向的实效教学模式初探/任靖 ……………………………………………（286）
生活逻辑的课堂实现：内容设计与过程控制/杨志敏 …………………………………（290）
"主题探究式课堂教学"的理论与实践/李昌营　刘东林 ………………………………（296）
四节同课异构活动的反思/蔡赐福 ………………………………………………………（300）
在快乐中实现有效教学　在教学中追求人生快乐/李松华 ……………………………（304）
浅谈高中政治教学中案例资源的多元化采集/王迎春　相伟 …………………………（308）
新课程背景下高中政治课教学设计探讨/邱士苓 ………………………………………（311）
新课程视野下的政治课堂教学主线设计/王恒富 ………………………………………（315）
思想品德课教学中的生活化策略/吴剑辉 ………………………………………………（319）
"单元立体滚动"课堂教学新模式/王有鹏　冯君文 ……………………………………（321）
"色彩斑斓的文化生活"教学设计与反思/林今歌 ………………………………………（325）
搭建生活与课堂的桥梁/邢立英 …………………………………………………………（331）

评价与考试研究

论优质课教学的概念和评价标准/戚建庄 ………………………………………………（337）
政治试题评价报告/国家教委考试中心　政治试题评价组 ……………………………（340）
中学思想政治课考试办法和评分标准改革初探/简福平 ………………………………（344）
高中思想政治课开卷考试的思考与探索/詹海 …………………………………………（347）
思想道德教育价值评价的合理性/项久雨 ………………………………………………（352）
2002年文科综合能力测试政治试题评析及教学启示/潘兆缔 …………………………（358）
思想品德课学生学习评价的六种方法/余静 ……………………………………………（363）
动态评价：学生学习评价新概念/孔怀东　鲁永贵　朱怀方 …………………………（366）

以多元智能理论为指导　改进政治课学习评价方式/李达 …………………………（369）
学生参与政治作业自我评价的探索/项先银 ……………………………………（372）
浅谈新课程理念下的思想政治课教学评价/陈友新 ……………………………（375）
从多元智力理论看学生评价的改革/杨海霞 ……………………………………（378）
思想政治课教学评价新策略/张秀国　王立慧 …………………………………（381）
高中思想政治课学业评价改革的探讨/何亮 ……………………………………（385）
思想政治新课程学业评价改革构想/曾建明 ……………………………………（391）
以生为本　回归生活　回归品德　关注发展/冯凯 ……………………………（394）
新课标下评课方式的多元化/曹美霞 ……………………………………………（400）
改革传统测验评价　倡导表现性评价/黄俊梅 …………………………………（403）
论教学质量评价的两个根本性转变/何玉海　夏人青 …………………………（405）
政治综合探究题的变化走势、定位与命制/谢树平 ……………………………（408）

主要参考文献索引 ………………………………………………………………（413）

中学政治课程与教学研究三十年回顾与展望

周易宏 谢树平

改革开放以来,随着思想政治课的开设走上正轨,人们对中学政治课程与教学的研究也逐步深入。课程发展研究涉及哲学、政治学、社会学、教育学、心理学等基础学科知识,是课程决定因素之间互动和协商的结果,目的是通过对课程历史的考察,发现课程发展的特点与规律性趋势,提出课程发展的构想。课程的实践是在课程理论指导下发展的,同时课程研究又是在课程实践的推动下不断深入的。我们期待在考察中学政治课程三十年研究历程基础上,综述中学政治课程的研究成果,以期对中学政治课程实践有借鉴意义。

一、改革开放以来中学政治课程与教学研究的发展历程

中学政治课程与教学研究在这三十年中经历了一个不断成长的过程。尤其近十年来,研究成果不仅在数量上有较大增长,在研究内容、视角、思路和方法上也均有较大突破。鉴于中学政治课程发展较强的政策性质,我们努力遵循中学政治学科固有的发展脉络,同时参照三十余年相关论文的观点,将这三十年中学政治课程与教学研究的发展历程大致分为三个阶段:1978~1993年为研究的探索与奠基阶段,1994~2000年为研究的发展与完善阶段,2001年至今为研究的繁荣与深化阶段。

(一)研究的探索与奠基阶段(1978~1993年)

"文革"结束之后,课程进入了一个从以往非制度化的课程状态转向制度化的课程状态,不断排除思维定势、习惯势力干扰,不断探索和逐步适应并建立正常的教育秩序的时期。[1] 1981年,中共中央书记处提出改革学校政治课的任务;1985年8月,中共中央发出《关于改革学校思想品德和政治理论课程教学的通知》;1985年2月,中国教育学会设立了中学政治课教学研究会,各省、市也相继成立了中学政治课教学研究会,开展中学政治课教学的研究活动,这标志着中学政治课程与教学研究开始了探索的时期。1985年11月确定了改革实验学校思想政治课的设置方案,并于1986年3月由国家教委印发《中学思想政治课改革试验教学大纲(初稿)》,其中规定"中学思想政治课是在马克思主义指导下对学生进行思想品德和社会科学基础知识教育的重要课程"。1988年3月对试验大纲进行了修订,并规定中学思想政治课改革试验的课程设置方案,1988年12月对教学大纲及教材又进行了审查修改。

课程计划的制订与教材的编写成为当时十分迫切的问题。这一时期的研究仍然受苏联教育思想的影响,沿用了"教学计划""教学大纲""教科书"和"教学法"等一整套专门概念及其理论,使研究局限在教学法研究领域。随着课程理论研究的恢复,研究主要是以回顾和总结了新中国成立以来中学政治课程设置与发展的经验与教训为主,围绕恢复教学秩序、提高教学质量,研究了课程实践中存在和出现的理论问题,基本上属于课程研究的探索时期。20世纪80年代中期课程改革的大背景是以党的十二届三中全会《中共中央关于经济体制改革

的决定》为标志的,这一时期中国改革开放和现代化建设的形势发生了很大的变化,基础教育课程的改革也开始进入整体思考的时期,自此思想政治课程的研究加快了步伐。

(二)研究的发展与完善阶段(1994~2000年)

1994年8月,中共中央下发《关于进一步加强和改进学校德育工作的若干意见》,明确了新时期思想政治课要重点进行教学内容和教学方法改革的任务。1995年12月31日,国家教委印发了《关于进一步加强和改进中学思想政治课教学工作的意见》。此后,国家教委于1996年6月印发了《全日制普通高级中学思想政治课课程标准(试行)》,1997年4月印发了《九年义务教育小学思想品德课和初中思想政治课课程标准(试行)》。新的课程标准采取了将九年制义务教育小学思想品德课和初中思想政治课作为一个教学阶段,高中思想政治课作为另一个教学阶段的方式,来统筹安排教学内容。

关于政治教材的编制与设计如何辩证地反映社会、知识和学生三因素的客观要求,如何正确处理和摆正课程的社会价值和育人价值之间的关系,如何处理课程设置的整体规划,如何正确认识课程设置与教学内容选择的制约因素,如何处理思想政治课与其他思想政治教育形式之间的关系等问题被研究者提上了议事日程。国家教委颁布的《全日制普通高级中学思想政治课课程标准(试行)》,代替了原来的教学大纲,研究关注的重点开始兼顾教师教学与学生发展,由重视知识掌握转向重视思想政治基本素质的提高。

(三)研究的繁荣与深化阶段(2001年至今)

2001年正式启动的基础教育课程改革,使思想政治学科的课程与教学改革进入了一个新的时期。为了适应社会变革的要求,1999年,中共中央国务院做出了《关于深化教育改革全面推进素质教育的决定》,发出了新一轮课程改革的动员令。2000年1月在北京师范大学、华东师范大学等8所师范大学先后成立了"基础教育课程研究中心",开始了对课程的开发与研究。2000年12月,中央办公厅、国务院联合下发了《关于适应新形势进一步加强和改进中小学德育工作的意见》,明确了思想政治课改革的方向。

2001年6月,教育部印发了《基础教育课程改革纲要(试行)》,基础教育课程改革正式启动。首先开始的是义务教育阶段的课程改革,2003年4月,教育部印发《普通高中课程方案》,高中阶段的课程改革随之开始。与之相适应,2003年颁布了新的《全日制义务教育思想品德课程标准(实验稿)》,2004年颁布了《普通高中思想政治课程标准(实验)》,思想政治学科的课程与教学改革进入了一个新的时期。

本轮改革中,初中思想品德课以初中学生逐步扩展的生活作为课程建构的基础,以帮助学生学习做负责任的公民、过积极健康的生活作为课程的追求,以坚持正确价值观念的引导与启发学生独立思考、积极实践相统一作为课程遵循的基本原则,从初中学生的认知水平和生活实际出发,围绕成长中的我,我与他人,我与集体、国家和社会等关系,整合道德、心理健康、法律和国情教育等内容。高中思想政治课的基本理念是:坚持马克思主义基本观点教育与把握时代特征相统一;加强思想政治方向的引导与注重学生成长的特点相结合;构建以生活为基础、以学科知识为支撑的课程模块;强调课程实施的实践性和开放性;建立促进发展的课程评价机制。课程采取模块式的组织形态,分为必修和选修两部分。思想政治学科的课程目标、课程内容、教材编写、教学理念、教学过程、教学方法与手段、教学评价等各方面都有了重大变革。这一改革目前仍在积极推进与深化之中。在此背景下,课程自身建设研究继承以往研究成果,成为跨世纪中学政治课程研究的热点之一,如关于课程目标、课程内容、教材的编制与建设、教学方法、课程评价的研究等。

课程目标是课程建设的核心和前提。课程目标的确定引导课程改革的方向,并在相当程度上决定课程改革的可接受程度和成败。研究中主要有这样两个问题:一是课程目标的定位,二是课程目标的实现。目前,研究者已由对政治课程教育目的的研究深入到如何将教育目的转化为课程目标的具体研究,并逐步关注课程目标中人的发展方向以及课程目标的陈述方式。

对于课程内容的研究,主要集中在以下三个方面:一是如何在坚持马克思主义基本原理的前提下确定每个学段课程的基础知识;二是如何处理好马克思主义基本原理教育与现代社会科学知识发展之间的关系;三是如何认识与处理课程与课程内容变动不居的问题。研究的焦点基本围绕着以"教材"内容的选择而进行的,而"课程内容的选择,是根据特定的教育价值观及相应的课程目标从学科知识、当代社会生活经验或学习者的经验中选择课程要素的过程"[2]。研究的关键不在于课程内容的变更与发展,而在于如何为课程发展建立稳定的理论基础,正如陈桂生先生指出的,频繁的变动"证明我们对现时代的'德育'与'德育课程',并无一定之规,而一定之规少不了专业理论的支撑"[3]。

中学政治教材的编制与建设研究是随着课程改革发展而出现的新视域。有学者在总结我国几十年来教材建设的经验教训后提出要着重解决好以下问题:关于教法改革应与教材改革同步的问题;关于提高教材质量同加强对教材的研究、审查和管理的关系问题等。[4]朱明光先生认为教材建设的关键在于教材观念的更新,并提出了需要进一步研究的问题:对教材建设的重要性的认识;更好地反映素质教育的要求,培养学生的创新精神和实践能力;减轻学生学习负担、教学生学会学习;贯彻新的教育理念、更新教材观念、转变学生的学习方式等。[5]

思想政治课本身的特点决定了其教学方法必须满足逻辑认知与直觉、接受式学习与研究性学习、书本学习与社会知识相结合的要求。因而自主学习、活动体验、对话讨论、合作探究是思想政治课新课程倡导的学习方式,为此应提倡学导式、合作探讨式、体验式、案例、情境陶冶、活动、整合研究性学习等教学方法。学者们还吸收和利用了国外在德育教育方法研究中的研究成果,不断探索出符合政治课教学的方法,推动了中学政治课程的改革。

对于中学政治课程评价的理念,研究者普遍认为坚持"以师生的发展为本",在评价功能上要侧重学生的发展。对于课堂教学评价指标体系,有专家从目标模式和CIPP模式角度,具体研究了课堂教学评价的内容。新课程改革以来,对知识目标、能力目标、情感态度与价值观的评价研究逐渐成为探讨的热点。从实验区新课程实施以来,政治学科考试也迈出了很大的步伐,对教学起到了一定促进与调节作用。但是以终结性的分数评价为依据的现状依然没有改变,这种服务于选拔的功利考试不利于中学政治课程育人功能的发挥。课程评价改革已经成为课程改革的瓶颈,突破瓶颈是一个关系课程改革全系统的问题。

二、中学政治课程与教学研究的反思

回顾三十年的课程研究历程可以看出,改革开放后,中学政治课程研究取得了丰硕的成果。但仍有许多问题值得我们深刻检讨和反思。

(一)中学政治学科课程基础理论研究相对薄弱

课程的基础学科是心理学、社会学与哲学。教育研究者应该在自己所拥有的心理学、社会学和哲学理念的指导下,以这些基础学科的观念为理论依据进行自己的研究工作,将对课程基础理论的反思性研究与课程操作的行动研究结合起来,使对课程行动中问题的研究更为系统、深入。但是,长期以来,政治课程研究中一直存在只注重应用研究的现象,忽视对这些课程基础理论的研究,仅关注课程实践和学科知识的建构,注重针对课程实施中局部的、派生性需要的应用性研究,偏于课程实施中具体操作的设计,而疏于对课程发展规律的探索,忽视从社会实际的各种需要出发,针对课程长远的、根本的、整体性需要的基础理论研究。同时,由于研究基本局限于描述性、经验性的范围,缺乏系统的理论指导,学科发展的基础研究与逻辑推演更显不足。目前,课程理论的研究正在向多个课程研究领域辐射,在这种宏观取向的研究成为我国课程研究的优势领域背景下,相对于课程理论的发展,中学政治学科对学科发展的基础研究与逻辑推演更显不足。基础理论研究的薄弱已成为制约中学政治课程改革与发展的一大障碍。

(二)从宏观上对课程与教学的整体思考研究相对薄弱

研究者往往从不同的经验与认识出发来进行教学的研究,使得研究偏颇于课程实施中的一个方面,常常将教学中的具体问题作为研究的主要对象。或强调某一教育现象,或偏向某一教学模式的实证设计,或倡导课堂教学的某一细节,或关注教学中的某些相关策略等。对于教学现象的探讨,由于局限于传统的教学理论与教学思想,使得对教学现象的探讨往往流于经验总结式的阐释,以致大量的常识性表述只成为有限的教学断想,难以得出有价值的指导性成果,而对诸如教学过程的本质、动力、基本矛盾等基础研究不多。在提炼和构建现代课程概念、范畴和话语系统中更缺乏尝试性研究,缺乏对这些模式和方法进行整体的、全局的、根本意义上的哲学反思,并据此提炼出驾驭具体教学领域的指导思想,以致影响了人们从宏观上对课程设置的整体思考。正如有学者指出的,由于研究时间的短暂和积累的不足,由于从业人员主要来源于专业课教师,在教育和心理学知识以及研究素养方面存在明显的不足,使以往研究的基本方面还不能摆脱学科教学法的框架和思路。[6]

(三)研究的定位很容易受政策文件的束缚

改革开放以来,中学政治课程的发展基本上走在政策性引领的道路上,随着国家文件的出台,课程的调整较为频繁。尽管新的课程理论基础、研究方法、社会环境使我国课程论的研究向纵深发展,但中学政治课程的研究仍然没有摆脱"我注六经"式的政策化研究模式。每次课程调整后,大量出现的是对政策性文件的研读与解释,尤其是新课程改革后,对课程标准和新教材的文本解读成为研究的主流。当然这对广大研究者领会新课改精神,指导课程实施是不可避免的,特别是20世纪70年代以来,教师拥有教学研究能力,提升教师"教学实践性知识"已成为教育发展的必然。但由于实践中的研究更多关注的是课程的政策变化与实践的需要,因而政策性研究模式更为实用,陷于"工具主义"的语境中,缺乏对政治学科学理的和社会历史的理性与系统的分析,缺乏课程"自我"的价值定位,既没有从横向比较的角度,在共时的历史层面,关注域内与域外的同类课程发展状况的借鉴研究;也缺乏纵向的定位域,没有从历时层面,以社会历史发展观为指导,对课程实践做发生学的考察。因此,以基础理论为指导,探索符合政治课程发展的研究模式成为政治课程研究的当务之急,只有这样才能进一步推进课程改革,更有效地解决课程应用领域的具体问题。[7]

（四）缺乏对课程发展史的理性探讨

课程发展是由外部社会条件和内部自身特点等各种矛盾推动的结果,本质上包含着历史和现实经验的变化与参与。"过去乃是现在的历史","关于过去的知识是了解现在的钥匙"。[4]三十年课程的发展过程,政治课程最能体现我国现代化发展的"理想性和历史性、普遍性与特殊性之间的持续竞争"[8]。我国目前正处于走向现代化的社会转型期,社会转型时期往往导致"观念权威"的丧失,极易导致人们感受到程度不同的价值困惑或价值迷茫,产生选择的困难,这对中学生的思想培养和中学政治课程的价值评价构成了极大的挑战。思想政治教育本质上具有革命性与批判性,当思想政治教育非但不能为目标提供秩序保证和意义说明,反而束缚其发展时,思想政治教育也必然要实现自身的转型。[9]我们既应从课程的基础与原理角度来探讨课程的基本问题,也应该注重从社会与文化变迁发展的角度,探讨中学政治课程设置与社会发展的关系,探讨社会结构、文化功能与政治课程之间的关系等。面对时代需要,如何完善和改进中学政治课程、社会转型过程中各种社会因素对思想政治课程的影响是如何体现的、改革开放以来课程内容的选择与建构的历史发展脉络是怎样的、在全球化时代课程应该怎样实现意识形态的整合等,这些都是急需从历史研究中做出理性的思考与回答的问题,而这些方面的研究成果略显不足。

三、中学政治课程与教学研究的展望

中学政治课程与教学研究改革开放三十年及其取得的成就,本身就是一部内容极为丰富的教科书。随着时间的推移,其意义和价值必将越来越为人们所认识和重视。回顾三十年的历程,肯定取得的巨大成就,总结积累的丰富经验,查找存在的主要问题,从而理清未来发展的目标,探索继续改革开放的前进道路。在教育现代化发展的目标要求下,我国基础教育课程建设正实现着从传统走向现代的深刻变革。在这一深刻的变革中,对中学政治课程的研究如何实现以课程现代化发展为主题,形成符合中国基础教育改革实际的研究新视域,是目前中学政治课程研究的首要问题。

（一）在基础理论研究基础上,增强课程综合研究能力

基础理论是研究事物的本质及其相互关系以及运动规律的理论。基础理论问题是关系着研究科学性的重要问题,在研究中处于奠基性的地位。基础理论研究是中学政治课程研究的基础和起点,它对课程与教学等应用研究起着指导与制约作用,也是研究水平与课程发展水平高低的重要标志。而基础理论研究却是中学政治课程研究中的薄弱环节,这已成为制约研究质量与水平的重要因素。不同于中学其他课程的教育现象,思想政治现象是中学生发展中复杂而又特殊的现象,中学生的思想政治现象既同他们的思想、行为和身心发展有着直接的关系,又同社会的政治、经济、文化发展有着广泛的联系。思想政治教育现象的特殊性决定了我们能否正确解释与预测中学生思想政治现象的发展与运动,提高教育的实效,最大可能地接近教育目标。同时,现代社会公共化程度日益提高,因而和传统社会相比较,

现代中学生的思想政治状况更多依赖文化环境和思想主体的思想自觉与养成。正像哈贝马斯所说,现代社会出现了社会结构的公共化转型。公共化转型的一个前提条件是,公共生活与私人生活的界限明晰化。这个界限越明晰,意味着社会的公共化程度越高;公共化程度越高,意味着公共领域的扩大。在此情况下,中学思想政治教育也出现了相应的转型。基于这样的理解,中学政治课程的发展对于政治哲学、课程论等学科理论的基础依赖性增强,因而,中学政治课程的研究必须得到基础理论与邻近学科的支持。

中学政治课程基础理论研究包括马克思主义研究及其指导下的相关理论研究,即教育学、心理学、课程论、政治学、社会学、人格学、管理学等相关理论。我们应该重视对这些基础理论的研究,根据"目的→课程"逻辑规则展开研究思维,加强政治课程"自我"价值定位研究,为课程发展提供基础性整体反思,使对具体问题的研究更加重视整体性、社会性和历史性,以增强课程研究的综合能力,深化对"以学生发展为本""课程综合化趋势""课程与学生生活和社会现实的联系""公民教育"以及教学现象、教学方法等问题的认识。

(二)在社会变迁与课程发展互动中,研究课程发展的特点与规律

课程与课程改革的支撑是实践,课程改革是在实践活动中生成的,具有历史的性质,因而不管是课程发展的规律还是课程改革的特点,都只能到课程发展的实践中去归纳。"历史是人类社会的存在方式"[10],课程发展的历史也是课程存在的方式。课程在改革中发展,课程改革在社会变迁中进行,社会处于人类历史上复杂罕见的转型期,因而,考察改革开放后社会转型大背景课程发展的特点与规律,是课程研究的第一要任。"许多问题是多年积累的结果"[11]、"历史形成的问题只能历史地加以解决"[12],指的就是要从对课程发展历史的研究中寻找问题的存在缘由与解决路径。

目前,我们的现代化道路是以历史浓缩的形式,把社会转型中的各种社会问题几乎是同时地呈现出来,特定的文化背景和时空特征,使我们面临种种特殊的社会历史难题,因此它所造成的物质压力和精神压力乃是倍加的,极度的不适应往往使人们不能以正确的态度对待市场经济以及它所带来的诸多社会问题。中学政治课程因思想政治教育自身的特点,注定了其研究要站在系统的、整体的水平上,遵循历史动态的发展方向,研究经济体制、政治体制的改革与发展以及文化结构的转型,社会问题的产生与变化,社会矛盾呈现方式以及矛盾构成对中学生思想政治素质的影响、中学生思想政治状况的变化,社会与学生的变化对中学政治课程提出的要求等特点与规律等问题。要始终把课程改革视为历史发展过程中社会变迁与课程发展互动的过程,始终注意从课程对社会挑战的应对中去考察课程的变革,从整个社会大系统与教育发展诸要素、课程改革整体与政治学科发展、课程设置结构变化与教育要素功能调整等多种关系中去把握课程变革的历史。只有这样,才能总结出课程发展的特点与规律,发现课程存在问题的实质,为课程改革提供建设性指导。

(三)在比较借鉴中,探讨本土化的课程研究模式

转型期复杂的思想文化状况与中学政治课程的性质决定了对我国中学思想政治课程发展模式的探索是一个复杂的认识过程。比较研究可以帮助我们更好地认识思想政治教育的客观规律,更好地认识我国的思想政治教育状况。在研究中,我们可以通过跨国比较、跨文化比较、跨学科比较、跨地区比较,找出一些共同的问题,同时发现我国教育的特殊问题,帮

助我们获得新的发现,更好地认识政治课程的本质,把握思想政治教育的普遍规律,从而能更好地认清我国的思想政治教育状况,有效地推动政治课程的发展。特别是我们正处于社会发展的转型过程中,更应该从共时与历时的角度探讨发达国家的思想教育发展历程,寻找其他国家课程发展中的有效经验。因此,我们应该研究中外思想政治教育课程的历史与现状,进一步了解、认识世界各国尤其是发达国家思想政治教育课程的经验与民族特色,客观全面地认识我国思想政治教育的现有水平和发展状况,不断增强向世界各国学习成功经验、有效方式方法的主动性和迫切性,以完善和优化我国思想政治课程的发展。

实践总是本土的,总是在特定的社会背景和教育环境之中。正如马克思所说:"任务本身,只有当它能借以得到解决的那些物质条件已经存在,或至少已在形成过程中的时候,才会发生的。"[14]我国中学思想政治教育课程是以课程为载体,可以将国外思想政治教育课程建设经验引入我国课程发展模式的建构中,使国外的课程建设成果适应我国的思想政治要求而更好地发挥思想政治课程的教育意义。因而在比较研究基础上,构建本土化的政治课程发展模式不但要注重研究国外成果对我国思想政治教育具体国情的适应性变迁,而且特别要强调我国思想政治教育的主体性,探索一个更加合理实效的课程发展模式。具体来说,这种建构在借鉴的基础上寻求排除来自转型期社会发展状况、中学生自身变化、思想教育规律等复杂因素的过程中,至关重要的就是要坚持社会主义主导价值体系。对中学生思想政治教育来说,这个体系包括理想信仰层面和日常生活层面两个向度。这是我国社会转型期中学生思想政治教育的根本方向。因此,在比较研究中探索转型期我国现代化建设对中学生思想政治教育的实际要求,研究中外思想政治课程的历史与现状及其对我国中学政治课程理论与实践的意义,系统探讨课程发展的理论基础、课程目标、课程内容、课程实施与课程评价等问题,构建符合我国中学生思想政治素质发展规律的本土化课程模式,构成了我国社会转型期中学政治课程研究的关键。

(四)在对教学实践的反思中,提升教学研究的实效性

美国心理学家波斯纳提出了教师专业化成长公式:成长=经验+反思。教学反思强调教师对自身教学实践的考察,着眼于对自身教学行为及行为之依据的回顾、诊断、自我调控,以达到对教学理念、方法和策略的改善和优化,不断加深对学生学习规律的认识与理解,从而提高自身的教学效能和素养。

反思教育理念。有什么样的教育教学理念就会有什么样的教学行为。坚持以人为本,树立"一切为了每一位学生的发展"的新理念,把学生看成是有血有肉、有独特个性的、有巨大发展潜能的人。让每一个学生都体验到成功的快乐,都能找到自我价值实现的途径。

反思教学方法与技巧。教学方法和技巧的运用,关键是看教师运用得是否得当,即是否符合教学目标、学生的思维和年龄特征以及教师自身的实际情况等。它不在于一堂课问多问少、讲多讲少、练多练少,而在于问、讲、练的过程中是否调动了学生学习的主动性和积极性,能否激发学生的积极思维和内在动力等。

对于中学思想政治学科而言,教师尤其要灵活地处理好教材与学生实际需求之间的关系,即深奥的内容通俗化、抽象的内容具体化、理论的内容实际化等,将教学研究与教学实践有机结合起来,从而提升教学研究的实效性,达到提高课堂教学效益的目的。

过去三十年间,中学政治课程与教学研究的变化是较为明显的。这种变化从今天来看,

仍然在继续着。正是由于这些变化,中学政治教学的改革正在逐渐走向深入,新课程改革的成效正在悄然展开,素质教育的理念渐进落实。我们期待着更多、更新的变化,期待着专业研究者与中小学教师一道积极参与其间,共建符合学生发展的新课程与教学。

参考文献:

[1][3][11] 陈桂生.我国基础教育中的"思想道德课程"问题[J].北京大学教育评论,2006(4).

[2] 张华.课程与教学论[M].上海:上海教育出版社,2000:191.

[4] 课程教材研究所.思想政治课改革的演进[C].课程教材研究15年.北京:人民教育出版社,1998.

[5] 课程教材研究所.高中思想政治课教学目标的设置与实施[C].面向21世纪中小学教材建设现代化研究与实践.北京:人民教育出版社,2003.

[6] 朱明光,蓝维,高德胜.思想政治学科教育学[M].北京:首都师范大学出版社,2000:12-11.

[7] 靳玉乐,李殿森.课程研究在中国大陆[J].教育学报,2005(3).

[8] 韩震.论历史理性主义[J].史学理论研究,1997(2).

[9] 晏辉.论社会转型的实质、困境与出路[J].内蒙古大学学报(人文社会科学版),1998(1).

[10] 韩震.改善中学思想品德和思想政治教育[J].思想政治课教学,2006(1).

[12] 马克思.政治经济学批判(序言、导言)[M].北京:人民出版社,1971.

课程教材研究

- 思想政治课教师要有大德育观念（梁为揖）
- 谈谈思想政治课的性质和任务（周长祜）
- 充分利用社会大课堂是提高思想政治课教学实效的突破口（丁明忠）
- 高中思想政治课课程标准与示范教材的特点（郭有钺）
- 研究性课程的构建（谢树平）
- 《思想品德》教材理念的革新（高德胜）
- 对中学思想政治教材变动过频的分析及对策（沈忠雷 施红）

思想政治课教师要有大德育观念

梁为揖

最近颁布的《中共中央关于改革和加强中小学德育工作的通知》(以下简称《通知》)中指出,努力建立适应社会主义商品经济和社会主义民主政治不断发展需要的德育工作的新格局,是摆在我们面前的一项十分紧迫的任务。我们思想政治课教师是学校德育工作的骨干力量,要在建立德育工作新格局中发挥更大的作用,有一个很重要的问题,就是要有大德育的观念。

所谓要有大德育观念,就是我们从事思想政治课教学的同志,不要就政治课论政治课,孤立地抓思想政治课的改革和教学工作,而要根据《通知》提出的德育工作的指导思想和基本任务的要求,着眼于全面提高学生的思想、政治、道德、心理、能力等方面的素质,从学校德育工作的全局出发研究和思考问题,开展教学教育活动,在促进和推动学校整个德育工作的改革和加强中做好思想政治课的改革和教学工作,更好地完成提高学生思想政治觉悟和认识能力,培养他们的社会主义道德品质的任务。

思想政治课教师要有大德育观念,这是新时期德育工作的特点决定的。大家都很清楚,我们国家正处在建设和改革的伟大历史进程中。改革使我们国家的社会生活在经济、政治、文化等方面都发生了迅速而深刻的变化,社会主义现代化建设事业日新月异地发展和进步。然而,在我们这样一个经济、文化落后,发展很不平衡,又长期受僵化模式影响和束缚的大国中进行建设和改革,在取得举世瞩目的伟大成就的同时,必然会遇到很多矛盾和困难,不可避免地出现某些消极、混乱和腐败现象。在我们前进的道路上,新旧体制的冲突,新旧观念的冲突,外来文化和民族文化的冲突,都格外激烈。在这样的时代背景下,中学生受到建设和改革的伟大时代精神的影响和熏陶,精神面貌是积极向上的,这是主流。但是他们也有着许多思想上的矛盾:有在大量正确的和错误的思想观念纷呈杂陈面前无所适从的困惑;有在价值多元化的情况下选择人生道路的彷徨;有在学校中接受的道德观念受到社会上不良风气冲击的迷茫;有精神上多方面的需要得不到满足的苦闷;有青春期心理失去平衡而引起的惶惑和不安;等等。面对这种情况,要用以马克思主义为指导的理论观点和社会科学基础知识武装他们,要培养他们具有适应改革开放和发展社会主义商品经济需要的思想观点、心理素质、思维方式、品德能力和行为习惯等,在教育内容上就不是狭义的政治教育所能包容,在方法和途径上也不是单一的渠道能达到预期目的的。学校必须全面地、和谐地开展各方面的教育工作,使之互相渗透和影响,形成一个知行统一的而不是脱离实际的、教育与自我教育相结合的而不是单纯灌输的、开放的而不是封闭的教育格局,才能实现德育的目标要求。也只有在这样的格局中进行的思想政治课教学,才能充分体现它的德育属性,提高它的德育效果。因此,我们思想政治课教师不要只把视野局限于思想政治课之内,而要有大德育的观念,以适应新时期改革和加强德育工作的要求。

学校对德育工作进行整体的改革,建立新的格局,要由学校领导全面安排部署,始终如一地抓紧抓好。我们思想政治课教师虽然担负的只是一门课程的教学工作,有了大德育的观念,是可以做更多的工作,发挥更大的作用的。这里提出几点意见,请大家研究和参考。

一、认真研究教学,积极搞好思想政治课的改革

思想政治课改革是学校德育整体改革中一个特别重要的方面。目前中学的思想政治课改革实验已经进入大面积推广阶段,改革后的初高中各年级的教材,有一部分已在各地学校中试用,其余的也将在今年新学年开始时全部试用。思想政治课的改革,包括改革教材和改革教学形式、教学方法两个方面。有了新的教材之后,改革教学的形式和方法就成为特别突出的问题。搞好这方面的改革,要靠我们全体教师的努力。我们要用大德育观念来审视思想政治课的教学工作,总结和创造好的经验,摒弃那些不适合改革要求的做法,使我们思想政治课的教学,更好地贯彻理论联系实际的原则,更好地把教师的主导作用和学生的主体作用结合起来,在理论和实践两个方面全面提高学生的素质。另一方面,教材改革的任务也需要我们全体教师继续共同努力完成。新编的教材比原来的教材有明显的优点,更联系实际和学生思想实际,这是必须充分肯定的。但是新教材也难免会有缺点,还需要一个完善的过程。我们思想政治课教师结合教学实践,用大德育观念对教材进行研究,提出修订的意见和建议,就是对思想政治课改革的宝贵贡献。

二、增强参与意识,做学校中德育整体改革的促进派

学校中德育的整体改革,要求在校内全面开展德育工作,并且使家庭教育、社会教育与学校教育密切结合。就学校内部来说,要把德育贯穿于各种教学和各项活动之中,搞好教书育人、管理育人和服务育人。要努力加强校园文化建设,通过在教师指导下学生自己形成的文化环境和条件,包括组织各种学科小组和兴趣小组,开展丰富多彩的群众文化艺术活动和体育活动,举行有本校特色的传统性节日活动和竞赛活动,建立广播、情报等舆论阵地,以及布置优美而有教育意义的校园环境等,治理校园生活,寓德育于知识教育和生动活泼的活动之中。我们思想政治课教师有比较多的德育工作经验,在校内全面开展德育工作中可以做的工作很多。一是积极倡导和开展德育研究工作。把德育工作放到改革开放和发展社会主义商品经济的时代大背景中去思考和设计,结合本校的实际情况,提出改革和加强德育工作的意见和建议。二是与有关方面搞好协作。在政治课教学、班主任工作、团队工作的配合中,采取积极主动的态度,促使这三方面聚合成一股强大的教育力量。特别是研究有哪些具体教育任务可以以政治课教学内容为中心,班级、团队和其他有关学科教学结合进行,提出意见,在学校领导下组织实施。三是在校园文化建设中,根据学校的条件和自己的专长,提倡和带头组织一些活动。把这些方面的工作做好也就为思想政治课的改革和教学工作创造了更为有利的环境和条件。

三、重视社会文化影响,发挥对学生的引导作用

在中学生的课余和校外生活中,电影、电视和课外读物对他们有很大的吸引力。这是他们丰富知识,开阔眼界,陶冶情操,养成良好思想品德的重要途径。但有些格调不高的、不健康的或不适宜中学生观看和阅读的电影、电视作品和读物,也往往是学生受到不

良影响的"污染源"。我们思想政治课教师有了大德育观念,就会重视这些社会文化对学生的影响,全面关心学生的生活、学习和思想,做学生的知心朋友,了解他们喜欢看什么样的电影和电视,在看哪些热门的书,有什么热门话题等。引导他们学习用正确的观点欣赏文艺,养成良好的阅读习惯,从优秀的电影、电视作品和读物中吸取思想和文化的精华,对有缺点的作品和读物采取分析的态度,对不健康的作品和读物进行批评,提高辨别是非的能力和鉴赏能力。

《通知》中提出,要发挥德育工作者和中小学教师对精神产品生产部门的监督作用。这是一项很重要的措施。我们思想政治课教师可以在这方面做出努力,参加对电影、电视和文学作品的评议工作。从教育的角度,鼓励和提倡反映我们伟大时代精神风貌和给学生以美的熏陶的作品,批评那些宣扬色情、淫秽和凶杀等不健康的、格调不高的东西,促进社会环境和文化条件的优化。

(本文选自《思想政治课教学》1989 年第 3 期)

谈谈思想政治课的性质和任务

基础教育司德育处 周长祜

新中国成立后,全国中学都按照老解放区的经验设置了思想政治课(原为政治课,1986年后改称思想政治课)。长期以来,围绕这门课的性质和任务存在种种争议,直至1986年以后,广大思想政治课教师和教研人员在《中共中央关于改革学校思想品德和政治理论课教学通知》的指引下,通过对历史经验的总结和改革经验的积累,对思想政治课的认识才逐渐取得了共识。

思想政治课的性质

性质即事物的本质和特点。任何一个学科建立后都要首先明确它的性质,以便教师把握住学科的特点有效地组织教学。因此,确定思想政治课的性质是搞好思想政治课教学的重要环节。

思想政治课是把马克思主义基本常识和学生思想品德教育结合起来的一门课,它通过向学生传授马克思主义及其他社会科学的基本知识,提高学生的思想政治觉悟、道德情操和认识能力。从本质上可以讲,思想政治课是一门德育课程。目前世界上许多国家都开设了类似的课程,如朝鲜从小学到中学依次设金日成革命史、共产主义道德、社会主义法律、党的政策;日本初中设社会、道德,高中设现代社会、伦理、政治经济;法国中学设公民、人类科学;美国、瑞士中学设公民;英国、挪威、瑞典、丹麦中学设宗教;法国中学设宗教、社会、社会综合常识。这些国家也都是通过这些课程将本国统治阶级的阶级意识、道德准则、政治观点传授给下一代。

任何一门独立的学科,都有自己的学科特点。作为思想政治课要突出其学科特点,就应明确它与各科教学、时事政治教育、日常思想政治工作以及与大学政治理论课和小学思想品德课的区别。

思想政治课是在各科进行德育的基础上形成的政治、思想、道德教育体系。根据教育学"教学的教育性原则"(或称科学性与思想统一性原则)在各科的教学中都要根据其教材的特点,进行德育。社会科学类的教材一般都具有鲜明的阶级性。如,语文侧重情感的教育,史、地侧重唯物史观教育;自然科学教材本身没有阶级性,但它们所揭示的客观规律渗透着唯物主义思想和辩证法的因素,是发展学生辩证唯物主义思想的重要基础。思想政治课在各科教学中所激发起的情感、讲述的史实、揭示出的思想基础上,联系学生的生活实践经验,将其上升到观点,并综合这些观点,形成思想政治课的教学体系。思想政治课在各科教学中的这一特殊作用,并不是开始设课时就被人们所认识,因此曾一度以"为了有系统地通过各科教学进行爱国主义政治思想教育"为由而取消。直至1957年才又重新设置政治课,并第一次明确了思想政治课"在学校全部思想政治教育工作中有着各科教学所不能代替的独特任务"。

思想政治课是依照国家制定的教学大纲,通过系统的教材,讲授马克思主义基本观点和其他有关的社会科学知识的课程,它不同于时事教育和日常思想政治工作。时事教育、日常思想政治工作和思想政治课都是学校德育工作的有机构成,它们从不同角度对学生进行思想政治教育,提高学生的认识水平。其中,时事教育是由各地教育行政部门根据形势及各地实际情况及时对学生进行的国际国内形势及党的方针政策教育;日常思想政治工作是通过班主任工作、课外活动和团队工作帮助学生提高认知水平的教育。但他们都不可能像思想政治课那样系统全面地对学生进行马克思主义基本观点教育。

思想政治课是以社会为研究对象的,社会的发展变化必然对思想政治课教学产生影响,如剧变的国际国内形势和发展的社会主义理论必然要在思想政治课中有所反映,因此思想政治课此时又与时事教育有交叉。如何恰当把握思想政治课与时事教育的区分度是非常重要的。在思想政治课史上出现过的那种把思想政治课变成了"形势报告""读报、学社论"活动的教训应汲取。为此,1980年教育部下发《改进和加强中学政治课的意见》(以下简称《意见》)中明确了"政治课、时事政策教育、日常思想政治工作,都是学校马克思主义思想政治教育的重要机构。这三项工作既有联系又有区别,既不相互对立又不能相互代替,既要明确分工又要密切联系,相互配合、相辅相成,三者都应加强。忽视任何一项都不利于整个思想政治教育的改进和加强"。并且在文中进一步明确了三者的分工。1992年在国家教委下发的《全日制中学思想政治课教学大纲(试用稿)》中,将1980年教育部《意见》的精神写入了大纲。

思想政治课是根据中学生的实际情况进行马克思主义基本常识教育,它不同于大学的政治理论课。中学思想政治课是根据中学德育目标的要求来构建教学体系的,它对于马克思主义的基本常识及有关的社会科学知识进行了必要的选择和重新组合,使之适合中学生认识水平和身心发展阶段的特点,同时还要适应我国社会主义现代化建设的需要。在思想政治课的教学中做到既着重理论知识本身的逻辑关系,但又不盲目追求理论体系的完整、严密。努力避免把思想政治课搞成大学政治理论课的压缩本,防止片面追求这门课教学内容在理论体系上的严密完整而脱离学生的实际。思想政治课能否摆脱大学政治理论体系的束缚和影响,是构建有中国特色的思想政治课的关键。1986年国家教委印发的《中学思想政治课改革实验教学大纲(初稿)》以及依据此大纲编写的七套改革实验教材在这方面做了努力。经过五年的改革实验,对如何构建中学思想政治课体系有了新认识,并把这一认识纳入了1992年的教学大纲。

思想政治课的任务

思想政治课具有传授知识;形成思想、观念;培养能力;提高素质的任务。它从根本上讲就是通过传授马列主义的常识,提高学生的认识水平,帮助学生树立正确的理论观点、道德法制观念,培养学生分析问题的能力,提高政治、道德素质。

传授知识。向学生传授知识的目的是为了提高他们运用这些知识认识和分析问题的能力。其知识内容不仅是进一步学习的基础,也应是参加社会生活、参加社会主义现代化建设的基础。由于新中国成立以来各个时期的情况不同和对思想政治课的认识不同,因而规定的传授知识的内容也是有差异的。1992年大纲根据确定的思想政治课性质,提出要向学生传授马列主义和毛泽东思想的基本观点和其他有关的社会科学常识。同时还规定了"应紧密联系实际地,生动活泼地"进行教学的方法。

形成思想、观念。按照"同时学习"的原理,在完成传授知识任务的同时,就应当注意完成形成思想、观念的任务。根据社会主义新时期形势的要求,1992年教学大纲对初高中的学生培养目标分层次进行了整体设计。初中阶段是我国公民义务教育阶段,也是青少年生理、心理迅速发展,道德品质形成的重要时期,因此初中阶段着眼于公民的基础教育,努力使学生具有公民应具备的道德观念、民主法制观念、国家观念和初步的唯物史观。高中阶段是青年学生形成世界观、人生观和政治观的重要时期,因此高中阶段着重培养学生的辩证唯物主义观点和劳动观点(生产观点)、政治观点、阶级观点。

培养能力。由于现代社会科学技术的迅速发展,知识更新的周期缩短。于是在教学理论中出现了重视培养能力的倾向。即不光是注意传授知识,还要让学生学会分析、观察问题的能力,这样不仅使学生可获得教科书上的知识,而且还可以自己去获得更多的知识。

思想政治课非常重视对学生能力的培养,历史上的几个思想政治课教学大纲均提出过这方面的要求。1959年《中等学校政治课教学大纲(试行草案)》中提出,要培养学生"发展独立思考明辨是非的能力";1980年教育部下发的《意见》中提出,要培养学生"认识问题的能力";1986年《公民》和《中国社会主义建设常识》教学大纲中提出,要培养学生"初步的明辨是非、善恶、美丑、抑制不良影响的能力和具有运用正确观点分析实际问题的能力"。综合多年在思想政治课中培养学生能力的经验并结合学生的实际情况,1992年制定的大纲中提出"培养学生学习运用马克思主义立场、观点、方法观察和分析问题的能力,参加社会实践的能力"。这里所提出的观察和分析问题的能力属于初步的解决问题的能力。因为学生在社会生活中,经常遇到大量问题需要解决,但是由于种种原因影响了青少年对问题的解决。这其中很大程度是看问题的角度不正确、思考问题的方法不当和对知识掌握的不完整造成的,因此通过思想政治课中关于认识论、方法论的学习,培养学生分析、观察问题的能力显然是非常重要的。参加社会实践的能力是现代社会对每一个人的要求,思想政治课是以社会为课堂、实验室,在社会实践中考查学生对所学知识的理解运用情况,提高其能力。但对大纲提出的这两个方面的能力要求,在具体实践过程中,也要注意层次差别,防止要求过高。

提高素质。思想政治课对学生传授知识,帮助学生形成思想、观念,培养学生能力的目的在于提高学生的政治素质和思想道德素质,为其逐步树立科学的世界观、人生观打下基础。1992年教学大纲从政治态度、思想觉悟、道德品质几个方面对初中和高中两个阶段提出了学生政治素质和思想道德素质的具体要求。

(本文选自《思想政治课教学》1992年第10期)

试论中学思想政治课教学存在的矛盾和对策

河北深州市中学　马春暖　河北衡水地区教委研室　曹志尧

在当前改革开放的新形势下,中学政治课教学出现了新的矛盾,给政治教师提出了严峻的挑战。如何摆脱困境,走出低谷？正确的态度应该是：面对现实,正视矛盾,积极研究有效解决矛盾的对策,努力探索改革思想政治课教学的新方法。

一、中学思想政治课教学面临的矛盾

第一,大变革的社会现实与现行教材之间存在着矛盾。深化改革、扩大开放已经成为我国政治、经济和社会生活的主旋律。这种大变革的时代以冲破旧的观念意识为鲜明特征,涉及社会的方方面面,促使人们的价值观念、道德观念发生着广泛而深刻的变化。

相对于这种变革,中学思想政治课教材的内容明显滞后于社会现实,落后于对当代中学生的教育需求。突出表现在教学内容在剖析社会、解释现实上的慢拍,在引导教育学生树立正确的世界观、人生观、道德观等方面缺乏深刻有力的说服力,影响了中学思想政治课教学的效果。

据我们在高三某班进行的问卷调查结果表明,多数学生对政治课不感兴趣,认为应该进行改革,要求在思想政治课教学中增加现代商品经济的新观念和新知识,培养学生立足社会、发展自身的能力。

第二,学校思想政治课的正面教育与学生所受的社会负面影响的矛盾。中学生在学校接受的是高尚的人生观、价值观、共产主义理想前途教育,而在社会和家庭却耳闻目睹了许多纷繁复杂、光怪陆离的社会现象。由于中学生年龄和经历的限制,这些来自社会现实方面的影响往往比学校教育更深刻。

据我们在高二某班进行的问卷调查结果表明,有62％的学生认为社会上人与人之间的关系是相互利用甚至是金钱关系；有64％的学生认为社会风气不好甚至很坏。由此可见,学校正面教育与学生认识社会的冲突,已经成为影响中学思想政治课教学质量提高的重要原因之一。

第三,思想政治课教学的基础性与社会、家庭用人的实用性的矛盾。思想政治课教学的目标是让学生掌握马克思主义观察、分析、解决问题的立场、观点和方法,树立科学的世界观、正确的人生观、价值观、道德观,培养德、智、体全面发展的一代新人,注重了育人的基础性和全面性。而随着商品经济的发展,社会更注重用人的实用性。在升学问题上,只要分数够了就行；在招工问题上,有专长就行,没有什么专长有关系或有钱也行,忽视对学生思想品德的要求,导致部分家长在心理和行为上出现失衡现象。给思想政治课教学造成了很不利的环境。在家庭、社会和学校三方面中,学校跳起了独角舞,学校的思想政治课教学显得苍白无力。

二、有效解决矛盾的对策

第一,要解放思想,实事求是,摒除教育中的形式主义和"左"的影响,对思想政治课教学内容进行大胆的改革和充实,使之更加贴近时代、贴近现实、贴近当代青年学生的思想实际。教学要在阐述马克思主义基本原理的基础上,注意吸收当代的最新研究成果,反映时代发展的潮流和趋势,增加教学理论的深刻水平,使之能很好地剖析和解释种种复杂的社会现象,把马克思主义的革命性、科学性和现实性统一于教学实践中。

建立社会主义市场经济体制,是当代马克思主义理论的重大突破,是我国社会主义现代化建设的伟大实践。中学思想政治课教学必须面向这一新形势,在育人着重点上要有新的转变,努力培养适应社会主义市场经济需求的合格的建设人才。

社会主义市场经济对人才的需求可以展现在两个层次上:一是需要有懂经营、会管理、有专业知识和技能的人才;二是需要具有能够正确认识和把握社会发展趋势的政治素质以及具有适应市场经济要求的竞争观念、风险意识的改革者。思想政治课教学的改革要做到两个方面:一是积极引导青年学生刻苦学习科学文化知识和技能,具备雄厚坚实的理论基础。二是要加大道德观念、法制观念、竞争观念、风险意识等市场经济新观念的教育分量,并通过有目的地组织对社会上"成功者""失败者"和"落伍者"的调查,对学生强化适应社会现实的心理培养和能力塑造,使学生具备一定的适应社会、促进社会发展的基本素质和能力。

第二,要敢于涉及、剖析社会的阴暗面,引导学生正确认识社会,树立积极向上的人生观。我们对学生进行思想政治教育,应以正面教育为主。但如果简单、片面、主观地强化社会的光明面,淡化甚至回避社会的阴暗面,这样在学生接触复杂的社会时,必然使其片面的思想、思维结构以及价值观念产生裂痕,带来困惑,进而产生对政治课的怀疑。所以,我们必须敢于在一定范围内涉及、剖析社会的阴暗面。

首先,应当从理论上让学生了解社会本来就是一个复杂的矛盾体,充满了光明与黑暗、正义与邪恶、美与丑、善与恶的斗争。社会中有黑暗面、有丑恶现象是正常的,没有什么大惊小怪的,关键要分清哪是主流、哪是支流。笔者在讲授"坚持和改善党的领导"时,组织学生做了一次社会调查,调查本村、本单位干部群众中的共产党员的所作所为,看其主流是什么。调查结果表明,90%的党员、干部是遵纪守法的,其中55%是本单位、本村的模范。这样做使学生更深刻更真实地认识了社会,认识了我们党,从而做到自觉服从党的领导。

其次,应该从积极的人生观方面引导学生,讲清国家干部、党员中的腐败分子、社会其他成员中的违法犯罪分子,都是社会有机体上的蛀虫,与其做长期的坚决的斗争,是新时代青年的历史使命和光荣职责。

第三,要善于联系青年学生思想中的热点问题,给予科学的理论分析和正确的行为指导。"热点"问题是社会生活焦点在青年学生思想上的集中反映,也是思想政治课教学的难点、重点和突破点,解决好这些问题,就会收到举一反三、事半功倍的教学效果,在教育引导上获得成功。

我们应抓好两个环节:一是通过理论上的科学分析解除学生的思想困惑,使其树立正确认识;二是通过行为上的正确指导进行人的灵魂塑造。比如,如何看待社会上人与人之间的关系,从理论分析上,一方面要指出确实存在"互相利用"的关系,这是商品等价交换原则在人际关系中"渗透"的体现；另一方面还要指出人与人之间更有着友好互助的一面,这是人类智慧和文明的重要标志。在行为指导上要引导学生发奋学习,努力提高自身价值,有志青年应该做一个善良、正义、有为的青年,要为中华民族的崛起、为人类的进步事业做出应有的贡献,这样的青春才有意义。

第四,要结合教材,联系活生生的现实,渗透马克思主义哲学的教育,引导学生掌握正确的方法论,树立远大的革命理想,逐步树立科学的世界观。

哲学是马克思主义的理论基础,是观察、分析一切问题的基本原则和方法。这些基本的世界观和方法论是我们思想政治课应该教给学生的"根本性"的东西,必须让学生弄懂吃透、消化,使其终生受用。如果我们丧失了这些"根本性"的东西,不仅注定我们无法从根本上提高学生分析问题和解决问题的能力,而且注定我们的理想教育和道德教育是苍白的、肤浅的。所以,我们应该进行马克思主义哲学的教育。

进行马克思主义哲学的教育必须结合教材和改革开放的现实,绝不可孤立地对其做教条式的理解和经验式的注释,必须把三者有机地统一起来。例如,在传授"价值规律"这一重要内容时,结合分析当前社会上存在的"分配不公""脑体倒挂"现象,教给学生"透过现象看本质,按规律办事"的世界观和方法论。必须指出,"社会分配不公""脑体倒挂"现象是暂时的、不合理的,因为它不符合价值由生产商品的社会必要劳动时间决定,少量的复杂劳动等于多量的或加倍的简单劳动的要求。科学技术是第一生产力,商品交换必须遵守等价交换的原则,这是本质的东西、规律的东西。"社会分配不公""脑体倒挂"现象是我国市场经济、法制建设不健全的产物,随着市场经济体制的建立和完善,随着各种经济法规的配套完备,科技成果商品化,将来有作为的是那些真正掌握科学技术的人。有志青年应该站得高、看得远,善于透过纷繁复杂的社会现象发现隐藏在背后的社会发展规律,树立远大的理想,为推进我国的改革大业,为我国民族的振兴努力学习、奋发图强。

第五,只有优化社会环境,建立学校、社会和家庭三位一体的教育网络,才能使思想政治课教学发挥应有的效能。

应当在党政的领导下建立以学校为主体、吸收社会各界人士和家长参加的青年思想政治教育管理委员会,定期分析青年学生的思想问题和思想状况,研究教育对策,搞好综合协调配合,方能有效地提高中学思想政治课教学的育人效果。

某县中学组织过一次立体网络式教育活动。参加人员有主管思想政治工作的学校校长、政治骨干教师、班主任代表、学生家长代表、主抓教育工作的副县长、县委副书记、文教局副局长、团委书记、政法部门的代表,还有一些企业的领导,专题分析当前青年学生中存在的厌学、弃学经商、结帮团伙、打架斗殴等严重问题。在查明原因的基础上制定了分工管理、协调行动的全方位教育对策。政治教师结合思想政治课进行理想、前途、法制教育；家长加强对孩子思想道德的教育和培养；班主任、学校狠抓班风校风建设,并对上学困难的学生进行学费减免；政法部门专门成立了清查社会上结帮成派、违法犯罪团伙办案组；企业招收德、智、体全面发展的高中毕业生培训就业。这样做的结果是：半年后政法机关破获社会上三个青少年结帮违法犯罪团伙,其中有在校学生7人；有15名流失的学生重返校园；打架斗殴现象基本上杜绝；6名未考上大学的优秀高中毕业生由学校推荐被三家企业招聘录用；在校学生求学上进、文明守纪的气氛骤然浓厚,思想政治课教学的信度和效能有了较大提高。由此可见,中学思想政治课教学不仅要从理论教学上结合社会现实,而且应该把实践活动与社会现实结合,形成全方位教育网络,方能发挥应有的效能。

总之,社会在不断向前发展,新的情况会不断出现,思想政治课这一担负着德智两育功能的学科教学,出现新的矛盾和问题是正常的,关键在于政治教师要积极地研究新问题,探索解决新问题的新方法。

(本文选自《思想政治课教学》1994年第3期)

关于高中思想政治课课程标准
编订原则与框架的思考

朱明光

一、课程标准的编订原则

课程标准,就其内容而言,应是总揽课程设置与目标实施的基本内容、过程、程度、方式和评价标准的指导性规定;就其功能而言,应是充当规范学科教育教学工作的基本依据,包括:编写和使用教材的依据,检查和评估教育教学质量的依据,以及考查和测试学习效果的依据等。现有资料表明,编写和选定教材的主体行为,世界各国的情况不尽相同,有的相对集中,有的相对分散;有的是政府行为,有的是受政府制约的民间行为,有的则是纯粹的民间行为。但通过制定课程标准指导学校教学工作,已为目前世界上大多数国家所采用。

编订课程标准,是一种国家意志、政府行为与市场机制相结合的规范方式,即指导性规范。一方面,它注重于规定课程实施中各项内容的规则和标准,而不是单纯浓缩、复制教学内容,具有较大的弹性和开放性;另一方面,它以认知内容为主导,一一对应、层层分解为有限定、可衡量的教学目标,并明确、系统地建立各个环节的特定指标,而不是泛泛地罗列几条抽象的"处理原则",具有较强的规范性和操作性。

显然,为适应建立社会主义市场经济体制的需要,特别是考虑到与教育体制改革的各个环节相配套,课程标准的编订工作势在必行。但唯其如此,编订课程标准,在广泛研究、参考和吸取国外有益经验的同时,又不能盲目照搬一概效仿,而要特别注意从国情出发,立足于当前教育改革的实际和发展战略,体现出中国特色。这是我们编订课程标准的基本原则。

就高中思想政治课而言,我认为应予考虑的编订原则包括:

首先,从指导思想上看,编订高中思想政治课课程标准,要遵循以下原则:

(一)编订高中思想政治课课程标准,是历时已久的思想政治课改革进程的继续和发展,是对业已取得的思想政治课改革成果的继承和完善,应以现行《全日制高级中学思想政治课教学大纲》业已提供的教学内容为基础。

(二)编订高中思想政治课课程标准,是贯彻落实《中共中央关于加强和改进学校德育工作的若干意见》的具体步骤之一,应以《若干意见》的有关论断和要求为依据。

(三)编订高中思想政治课课程标准,是面向21世纪教育教学工作的前期工程,应充分考虑编订内容的前瞻性。

(四)编订高中思想政治课课程标准,是编订高中各学科课程标准整体工作中的重要一环,在形式上应适当兼顾编制规范的一致性。

(五)编订高中思想政治课课程标准,是构建高中德育主渠道的基础工程,在功能上应十分注意与《中学德育大纲》的实施相配合。

其次,从操作规范上讲,编订高中思想政治课课程标准,要贯彻以下原则:

（一）作为国家制定的指导学校教学工作的纲领性文件，课程标准要对思想政治课的性质和任务（功能）做出明确的规定和表述。

（二）作为高中思想政治课教学的依据，课程标准要阐明高中阶段思想政治课特定的任务和作用。

（1）阐明高中阶段特有的培养目标及其对思想政治课教学的要求。

（2）阐明高中思想政治课与相关学科的关系。

（3）阐明高中思想政治课与初中思想政治课、大学政治理论课的关系。

（三）作为学校进行教育、教学工作和检查评估工作的依据，课程标准要对思想政治课的教育教学目标、教学内容、教材编写、教学方法、考核方法做出具体的规范。

（1）规范教学目标和内容。包括：教育点和知识点的选择和表达，力求准确、科学；尤其要致力于真正表达出对认知水平的基本要求，要对应不同的教学内容，采用能够传递确定意义的表述，通过分解教学目标的方式，以求区分和限定识记、理解、运用三个层次。

（2）规范教学过程和方法。包括：课时计划；教学组织；训练形式；教学手段；教学评价等事项，都应规定可供检测的具体指标。

（3）规范教材编写和评价。包括：教材规格质量的标准；教材编写风格的倡导；教材使用功能的说明；教材审定评价的尺度。

（4）规范考核方式和要求。包括：评价学习效果的方式和类型；考核学习成绩的方法和要求。

（四）作为全国范围内统一使用的、基本的、指导性的教学规范，课程标准要适应生源的不同层次、不同区域的需要，课时计划要宽松，教学内容要有弹性。同时，基于思想政治课性质和任务的特殊性，可考虑采用统一编写基本教材，分别编写乡土或辅助教材，两翼并举的编书体制。

二、课程标准的框架构想

序言

课程标准，是国家制定的指导学校教学工作的纲领性文件，是学校学科教育工作的依据，是检查评估教育教学质量的依据，是编写教材的依据，也是考核学习效果的依据。高中思想政治课，要体现国家意志，反映时代特点，遵循教育教学规律，贴近学生生活，贯彻"全面发展"和"三个面向"的方针。同时，参照《高中课程方案》和《中学德育大纲》，编订本学科课程标准。

课程性质和任务（综合目标）

提示：① 以讲授马克思主义基本观点和邓小平同志建设有中国特色的社会主义理论为中心内容。② 按经济、哲学、政治的知识体系分类编制。③ 使学生初步具备参加我国社会主义现代化建设的必要知识；逐步形成观察社会、分析问题、选择人生道路的科学世界观和人生观；最终确立为建设有中国特色的社会主义而奋斗的政治方向。④ 在高级中学教育教学体系中，是系统进行政治、思想、道德教育的主渠道和基本环节。⑤ 相对于义务教育阶段，课程更注重理解和学习马克思主义基本原理的系统性；相对于高等教育阶段，课程则强调了解和参与我国社会主义现代化建设的常识性。系统性和常识性的结合，反映了高中阶段学校教育基础性与适应性并举的特征。

教学内容和要求(列表)

提示：按知识类别，分别制订分科教学目标；依教学进程，针对具体内容制订章节教学目标；分"教学内容"与"基本要求"两栏，列表进行表述；对基本概念、原理、观点、事实，在"教学内容"中做出示范性表述；对一般概念、原理、观点、事例，在"基本要求"中做出限定性表述；对编写教材时随机使用的无法替代或过去学过的概念、原理、观点、事例，不做为教学目标，不予表述，不做规定。

第一部分　哲学常识

（一）教学目标（分科目标）

（二）内容要点与基本要求（章节目标）

第二部分　经济常识

（一）教学目标（分科目标）

（二）内容要点与基本要求（章节目标）

第三部分　政治常识

（一）教学目标（分科目标）

（二）内容要点与基本要求（章节目标）

教材编写与使用

提示：教材作为教与学的工具，除了要完整、准确地贯彻课程标准有关教学目标的规定和教学内容的规范，还要具有便教利学的功能。

（一）合乎基础教育教材的专门规格——示范性。语言、语法要规范，正文不宜口语化；事例、材料要典型，经得起推敲，避免随意性；章节构造要严整。

（二）使学生愿意读、读得懂——可读性。文字要生动、优美，语句要通俗、流畅，宜于朗读；选材要重情节、有寓意、可咀嚼。

（三）使教师有的讲、讲得清——可教性。论点要明确、论据要充分、论述分层次、行文有条理；素材富于知识性、启迪性，能发挥、可回味。

（四）促进学生喜欢教材、利用教材、理解教材——可视性。装帧美观；印制清晰；插图丰富、贴切、醒目；版式活泼；设计新颖。

（五）有利于学生理解、把握教学内容的重点、难点——可接受性。提倡采用从小到大、由近及远、从具体到抽象的叙述方式，但要合理、自然而不生硬、牵强。

（六）有益于不同地区、不同层次的学校共同使用——弹性。合理、适量安排选读内容，明确、有效区分必读与选读部分。

教学方法与手段

提示：课堂教学与社会实践相结合；课本讲授与时政宣讲相结合；教学技艺与现代教具相结合；理性教育、情感培养与行为训练相结合。

（一）教学原则

（二）活动建议

（三）教具运用

学习评价与考核

提示：考核方式多样化；评价标准分类别；测试标准与教学目标相一致；测试要求要透明。

（一）考核方式

1. 小论文
2. 小调查
3. 口试（问答、辩论）
4. 笔试（开卷、闭卷）

（二）评价类别

1. 会考要求（资格考试）
2. 高考要求（选拔考试）

（三）测试标准

1. 综合运用知识的能力，以分科目标的规定为依据
2. 掌握基本知识的水平，以章节目标的规定为依据

（1）基本概念、基本原理、基本观点的表达，应以课程标准（教学内容）所做的规范性表述为准。

（2）一般概念的表达，所有概念、原理、观点和事实的说明与运用，可按课程标准（基本要求）的具体规定，确切地进行表述。

（3）按课程标准（基本要求）的规定，凡属"理解"和"运用"的内容，均要讲出道理；程度上的要求，依理解和运用的具体规定为准。

（4）按课程标准（基本要求）的规定，凡属"知道"的有关内容，均不要求展开说明，只要求依具体规定表达确切。

（5）按课程标准（基本要求）的规定，凡要求表达个人见解的内容，意在鼓励创造性思维（发散、求异），不应设定标准答案，可根据综合或分科教学目标，制定评价原则和规则。

毋庸讳言，当前中学思想政治课教学正面临着人所共知、前所未有的困难。然而，挑战与机会同在。我们认为，高中思想政治课课程标准的编订，能够为学科教学的各个环节提供切实有效的、真正管用的、便于操作和测量的依据，从而推动学科建设真正走上科学化、规范化的轨道，成为课程、教材、教法改革的新起点。我们相信，这是我们应该去办，也能够办成的事情；这是我们必须把握，也能够把握住的机会。我们希望，所有从事中学思想政治教育的教师、专家都来关心此事，贡献自己的经验和智慧。

(本文选自《课程·教材·教法》1995年第7期)

政治课课堂教学中教材处理之我见

内蒙古和林格尔县公喇嘛中学　王利君

政治教科书是对学生进行思想政治教育的专用书籍,它有助于学生对教师讲授内容的理解,便于学生预习、复习和进行作业。同时,它也是政治教师进行教学的依据,为教师备课、上课、布置作业和检查学生的知识提供基本材料。然而,在长期的应试教育中,"注入式""满堂灌"的教学模式使一些人习惯于照本宣科,特别是在毕业班的复习教学中,教师们更是不敢轻易丢掉教材中任何一点内容,结果是眉毛胡子一把抓,重点不突出,难点难突破,该落实的基础知识落实不了,更谈不上思想教育了。当前,五天工作制的实行,使得教学课时随之减少,但教学内容及任务却并未相应减少。如何在如此有限的课堂教学中完成教学任务,提高教学效率呢?本文结合自己的教学实际,就课堂教学中对政治教材的处理谈谈个人的浅见,以抛砖引玉。

一、理论知识的讲解,要根据教学大纲的要求,注重详略安排,做到纲举目张,重点突出

政治教材的内容是对教学大纲的扩展和深化,因而其最基本的理论内容不能脱离大纲的内容和要求。思想政治课教材就其本身特点来说,从结构到内容具有较强的系统性、逻辑性,这就要求教师在课堂中既不能脱离教材内容去另搞一套,又不能平铺直叙照本宣科。因此,教师一方面要从总体上引导学生把握教材的理论框架和知识体系,做到胸有成竹。另一方面在讲清知识要点的同时,要注意对每节课的重点内容集中讲解。抓住了重点,就会带动其他有联系的非重点问题的解决。例如,在学习初三教材第一课"我国的社会主义还处于初级阶段"这一框题时,我先引导学生将我国社会主义初级阶段的基本国情从经济技术文化水平、阶级斗争状况和社会主义制度的完善程度三个方面勾画了出来,这个工作主要是通过板书去完成。在具体讲述国情时,则根据大纲要求,重点讲解了国情的第一方面内容,即"我国已取得了经济建设的巨大成就,但经济技术文化水平还比较低",帮助学生全面正确地观察和认识我国社会主义建设的成就、困难和问题。这一点讲得较为详细,其他两方面的内容只是稍加分析,因为以后章节还要专门阐述。况且全部细讲,时间也不允许,这些应由学生去自行消化。此外,在每节内容上完后,教师应明确告知学生哪些是重点,使学生做到心中有数。当然,学生也要积极主动地配合教师完成知识的整理和重点的突出等教学活动。只有这样,才能突出重点,把握整体,才能不至于顾此失彼,首尾脱节。

二、事实材料的列举,要针对学生的实际,注重取舍、补充,做到举一反三,触类旁通

抽象的理论知识必须有一定数量的事实材料加以验证和说明才能理解。现行思想政治课教材坚持从基本事实出发,用比较丰富的典型事例或生动形象的故事引出和说明道理,具有较强的可读性和吸引力。那么,教材中列举的事例是否都要在课堂上讲呢?我以为,教材既然首先是供学生阅读和钻研的,那么,只要学生能够读懂理解即可,对于事实材料的讲述不必面面俱到,也不见得多多益善。但是也不能由此认为凡是教材中的事例就只字不提或泛泛而谈。作为教师,要注意研究学生的认知特点,注意研究学生的生活实际,在课堂讲授中对于教材上的事例要进行大胆取舍或适当补充,有时不惜"忍痛割爱";有时不妨"锦上添花",力求使每一个事例都能达到举一反三、触类旁通的效果。例如,在学习初三教材第一课"坚持改革开放"这一框时,教材上是以安徽凤阳县小岗生产队和首钢的率先改革为例引出有关改革的一系列内容的。讲述这部分内容时,我考虑到学生处于农村地区,对于农村实行的联产承包制比较熟悉,而对城市企业的经营机制则比较陌生,于是我就只给学生讲述了第一个关于农村改革的实例,至于第二个关于城市改革的实例则点到为止。而且,由于此时学生的注意力还不太稳定和持久,需要教师运用语言来组织以引起注意。于是在讲述第一个实例时,我把平时从各种媒介得到的关于小岗生产队 18 家农户冒险承包的报道进行了一番加工,形成通俗、生动、富于故事性的表述。这样的表述要比教材上单调枯燥的平铺直叙更能引起学生的兴趣和注意,因而得到学生的欢迎。

三、相关内容的教学,可遵循学生的认知规律,对教材内容、顺序进行适当调整,做到纵横交错,各成体系

现行思想政治课教材生动形象、通俗易懂,这有助于学生阅读自学,加深对理论知识的理解。学生通过自学,基本上是能够掌握教材中各个章节内容的。也就是说,教材中有些内容教师是不必按原来的结构体系依次讲述的。当然要视教学内容而定。我们不妨换一个角度,采用另一种结构体系来进行讲述。这就是,根据各章节之间的纵向联系特别是相关内容间的内在联系,在课堂教学中对教材原来的体系做适当的调整来完成教学任务,最后使所学知识在学生的脑海里以纵横交错的两条线索形成的网络结构呈现出来。这样做,既可使学生有一种全新的感受,增强吸引力,又可加深对教材的理解,特别是能够提高学生的综合能力。这在复习课教学中尤为有效。当然,打乱教材原来体系进行讲解,同样需要突出重点和突破难点。例如,在学习初三教材第二课"我国以社会主义公有制为基础的经济制度"时,教材前两节论述了我国现阶段的所有制结构:第一节分两框阐述了我国社会主义公有制的基本形式及其主体地位;第二节分两框说明了我国现阶段其他经济成分及其作用,以及多种经济成分并存的原因。这部分内容如按课文原来结构讲授,至少需 4 课时。我在讲解这一内容时,先通过出示一系列的材料引出我国现阶段的各种经济成分,然后将它们并列在一起从含义、所有权、经营方式、分配形式及其作用等方面进行比较分析,做到准确鉴别,深刻理解。最后再分析多种经济成分中坚持公有制主体地位的必要性和其他经济成分并存的原因。这

样的整合加工，犹如高屋建瓴，可总揽全局，是符合学生的认知规律的，而且教学时数亦可相对减少。

此外，并不是说课本中的所有内容都要在课堂上讲述。对有些内容，教师可通过引导学生在自学基础上进行自测、讨论、辩论、竞赛来检验学习效果，再辅之以必要的解惑辅导来完成。这些手段同样可以增加学生学习兴趣，完成教学任务甚至提高学习效率。

总之，思想政治课教学在当前时间紧、内容多的形势下，要完成知识的传授、促进学生素质升华的任务，这就要求教师要根据大纲要求，根据形势发展的要求，从学生实际出发，灵活自主地对教材进行恰当的加工处理，从而创制出适应学生身心全面发展的精神食粮，做到既教书又育人。

(本文选自《思想政治课教学》1996年第1期)

充分利用社会大课堂是提高思想政治课
教学实效的突破口

浙江省富阳市新登中学　丁明忠

充分利用社会大课堂进行思想政治课教学,能使思想政治课更好地适应时代发展和学生进步的客观要求,并能较好地达到其教育的功能。

我们知道,思想政治课的教学内容不仅在书本上,而且遍布在社会生活的各个角落,如果单从本本出发,会使思想政治课教学失去其应有的功能。因此,在具体教学中,我们必须充分利用社会大课堂的作用。这里所谓"充分利用社会大课堂"的意思,是指在思想政治课教学中,教师要从现实社会生活中有针对性地选择与教育要求相关的、并且发生在无限的时间和空间中的素材,特别是当今社会热点,与原有教材有机地结合,并运用适当的教学手段和方法,更好地发挥思想政治课教学的功能。

一、充分利用社会大课堂教学,是时代发展和学生进步的要求

当今世界风云变幻,各种矛盾交叉复杂,全球两大社会制度的国家处在既相互斗争又合作共存的时代,和平与发展是当今世界的主题,全球出现了许多新情况、新问题。对于国际形势的变化,同学们渴望得到理性的认识,做出理论的说明。

在国内,我国的改革开放正在全方位进一步开展,在社会主义市场经济体制建立的过程中,必然带来许多新情况、新问题,同时也必然造成诸多困惑和矛盾的心态,同学们不再满足于教材的简单结论,他们关心国内外大事,渴望了解我国改革开放、建设有中国特色社会主义的重大方针、举措。他们思维活跃,对社会上一些腐败现象和拜金主义问题,在人生价值方面产生诸多疑惑,渴望接触社会,希望教师能在理论和实践的结合上,情理交融地解除自己的思想疑虑,希望教师能运用教学理论分析说明国际、国内的热点问题。这就要求我们的思想政治课教学,"要从学生思想实际出发,紧密结合改革开放和社会主义现代化建设的丰富实践,回答学生普遍关心的问题;指导学生逐步学会运用辩证唯物主义和历史唯物主义的立场、观点、方法,分析现实社会生活中的政治、经济、文化、道德现象,评价各种社会思潮,确立为建设有中国特色社会主义而奋斗的政治方向"(《中共中央关于进一步加强和改进学校德育工作的若干意见》),必须充分利用社会大课堂。

二、充分利用社会大课堂进行思想政治课教学,可以弥补教材内容的滞后性

思想政治课是一门时间性和时代性很强的学科,从教材的编写、审定,到出版发行,其过程有一个"时间差"的问题。因此,教材中所列举的事实,虽都典型,都很有科学性,但随着时间的推移会逐步失去其编写时的典型性和时代性。这就需要我们在平时要注意收集既具有时代性又贴近学生实际的现实生活中的事例,并把它们引进课堂。再则,实践是发展的,理论亦是在实践基础上不断发展的。作为教材中的理论有它的相对稳定性,同时也必然带

来其滞后的弱点。而思想政治课最根本的教学原则是理论联系实际。这就要求我们要充分利用社会大课堂,发展理论,丰富变化了的实际。只有这样,才能使思想政治课教学充满生机,让学生爱学有获。

例如,对现行高一《经济常识》教学,我在讲述我国的经济制度时,就把我国经济改革的素材,如所有制结构改革、个体经济、私营经济、三资企业的发展,社会主义市场经济的发展等一些生动的实例引进课堂教学。在讲国有大中型企业及企业兼并时,就带领学生走访学校附近的大中型企业,并利用幻灯片将杭州娃哈哈集团公司兼并杭州罐头厂和杭州茶叶机械总厂被杭州制氧集团公司兼并的事例,展现在学生眼前。就这样把发展变化了的理论和现实材料融进课堂,弥补了教材的局限性,且易被学生感知和接受,深受学生喜欢。在讲述高三《政治常识》中的复杂的国际关系与我国的对外政策时,就把近一年来国际关系的变化与我国的对外政策的情况,向学生进行补充说明,取得了很好的教学实效。

三、充分利用社会大课堂进行思想政治课教学,能克服传统教学的弊端

长期以来,思想政治课教学的功能不能有效地充分发挥,固然有思想政治课教材内容的因素,但从课堂教学的角度看,最大的弊端是理论脱离实际,把马克思主义基本理论当作纯知识性的课,习惯于或满足于教师上课讲条条,学生笔记记条条,考试作业背条条,学生称之为没有生机的"条条课"。这种传统教学,局限于课堂教学的唯一形式,死扣书本上的条条、杠杠,死记硬背,学生由默默地听讲,到默默地厌烦,最后发展到"逆反",使思想政治课教学的威信下降。为此,我们必须认真研究和分析学生的需求,必须充分利用社会大课堂,将大千世界生动、形象、典型的材料引入课堂,满足学生的求知欲,调动学生的学习兴趣,使学生从中获得知识,受到启迪。

四、充分利用社会大课堂进行思想政治课教学的主要途径

为弥补思想政治课教材的滞后性,克服传统教学的弊端,满足学生的需求,更好地发挥思想政治课的功能,我们必须充分利用社会大课堂进行教学,其主要途径有:

首先,将素材引进课堂。在平时要将大千世界生动、形象、具体、典型的材料进行积累,选择其中那些与教材有联系的、又符合当今社会思潮的材料,并将其引进课堂。只有将这些富有时代性、典型性、贴近学生的材料引入课堂,才能扩大学生的视野,激发学生的兴趣,提高学生对基本理论的理解能力和应用能力。

其次,将时政演讲与课前5分钟杂谈引入课堂教学。时政教育是思想政治课教育的重要组成部分,是活的国情教育。它是政治理论课的延伸和补充,能帮助同学们正确认识国内外形势。我通过时政演讲和发展到后来的课前5分钟杂谈这一活动,使同学们更加关心国内外形势,形成了关心国家大事的风气,培养了学生逐步用辩证唯物主义观点观察社会、了解社会、分析社会现象的能力,提高了他们辨别是非的能力;同时又能将评论内容与政治课上所学的知识结合起来,使课堂知识得到了进一步的巩固。时政演讲与5分钟杂谈是学生发表自己独特见解、表露自己心灵声音的地方,也是师生沟通思想,融洽感情,帮助教师了解学生内心世界的窗口。如在一次杂谈中,一女生就将自己学习成绩退步、心里焦急而家长又不关心(其父亲天天晚上搓麻将),使她找不到宁静的学习环境的苦闷讲了出来。听了这一

杂谈,一方面我在课堂上当即帮她想了办法,另一方面又利用课余时间与她父亲交谈,从而帮助这位学生解除了思想上的疙瘩。

再次,引导学生积极参加社会实践。让学生亲自参加社会实践活动,体验社会生活,既可拓宽学生视野,又可使学生在活生生的现实生活中取得第一手感性材料,更好地掌握思想政治课的内容。

实践证明,充分利用社会大课堂,是提高思想政治课教学实效的突破口。

(本文选自《思想政治课教学》1996年第3期)

从社会认知看思想政治课学科能力

林崇德

认知是人类个体对客观世界的认识过程。客观世界包括无生物界、生物界和人类社会三大部分。前两者统称为自然界或物理世界,后者可称作社会世界。按客观世界的性质,认知分为广义认知与狭义认知,广义认知包括对物理世界和社会世界的认知两方面,而狭义认知则专指物理认知或非社会认知。所谓社会认知,顾名思义,是指个体对社会世界的认识过程。心理学界的认知,多数是指个体非社会认知或对物理世界的认知。

一、社会认知的特点

社会认知和认知并不是同一层次上的并列关系。学生的社会认知发展与非社会认知发展既有共同的规律,又各有特点。

首先,社会认知的对象具有特殊性。一个学生社会认知的对象正是他生活于其中的社会世界或社会环境。社会认知内容的第一位是人,这人,绝不限于个人,它包括人与人之间的关系。此外,社会认知的内容还应包括风俗习惯、生活方式、行为准则、生产方式、言语文字、知识技术、政治要求、中外历史,以及其他文化遗产等。所以,个体社会认知的发展也就是一个不断地利用认知机能获得社会知识,并逐渐将其内化以指导、调节自己行为反应的发展过程。正因为学生社会认知的对象是他生活的社会环境,所以学生不是作为单纯的认知者,而是作为积极的实践者,在与他人实际的频繁的相互作用的过程中实现着对这个环境的认知。

其次,学生的社会认知发展不是其一般认知的一种简单的表现或反映。学生的社会认知能力与智力之间只存在着低相关或至多中等强度的相关关系的事实说明,学生的社会认知能力不是完全由一般智力决定的。也就是说,学生社会认知的发展与非智力因素有密切的关系。

第三,与对物理世界的认知发展相比,学生的社会互动(人与人之间交换、接受、沟通和加工信息)经验和社会生活环境包括社会文化特点对其社会认知的内容、结构、发展速度以及发展水平起着重要的作用。社会互动经验对学生社会认知的作用包括间接和直接两个方面:一方面,学生与他人的交往可以提供认识他人观点、思想的机会,促进其观点采择能力的发展,而观点采择能力又是学生社会认知的基础和核心成分。另一方面,社会互动可以直接促进学生的社会敏感性的发展,使学生获得关于他人的直接知识。学生生活于其中的社会文化的特点对其社会知识和社会概念有影响,使他们的社会认知表现出不同文化背景的差异性。

最后,情感在学生的社会认知中起着重要作用。在社会认知中通常伴随移情(情感共鸣)过程的发生,这是学生的社会认知区别于非社会认知的又一重要特点。

二、对思想政治课学科能力的思考

学生学习思想政治课的过程,是一种社会认知的过程,对思想政治课学科能力的分析,应考虑社会认知的四个特点,并由粗到细,从初步的能力发展为较深刻的能力。

从社会认知的特点出发,学生的思想政治课学科能力应分三个层次。

第一层次,学生的思想政治课学科的一般能力。它包括分辨是非的能力、参加社会实践的能力和观点采择的能力三个部分。

社会认知的第一个特点启发我们,学生在学习思想政治课的时候,他们要不断地利用认知机能获得诸如公民知识、社会发展常识、基本国情常识、法制知识、经济学知识、哲学常识、政治常识等思想政治课的知识,并逐渐将其内化为用以指导、调节自己行动的一定的分辨是非能力,懂得如何把忠心呈给国家、把孝心献给父母、把信心留给自己、把热心传给社会、把爱心送给大家。

社会认知的第一个特点还启发我们,学生不仅是思想政治课内容的认知者,更重要的应是社会实践者。因此,在思想政治课的教学中,培养学生参加社会实践的能力是至关重要的。诸如关心集体、遵守纪律、热爱劳动、艰苦朴素、尊重他人、遵守公德、诚实守信等良好品质的养成,在一定程度上都要依靠学生参加社会实践,因此,社会实践能力是思想政治课学科能力的一个重要组成部分。正因为如此,台湾德育专家高震东先生主张德育活动中"六练":练心(恢复学生赤子之心),练气(气质),练胆(敢想、敢做、敢当),练力(魄力、毅力),练艺(美育训练,处理好美育与德育的关系),练技(智力技能,处理好智育与德育的关系)。

社会认知的第三个特点告诉我们,学生的观点采择能力是其社会认知的基础和核心成分。思想政治课要逐步培养学生的阶级观点、群众观点、劳动观点、辩证唯物主义观点和国家观念、民主法制观念、道德观念等,这些观点、观念和思想能否被学生接收、内化,且变成其自己的东西,关键在于他们观点采择能力的水平。社会认知理论所讲的观点采择能力,这里应理解为学生学习马克思主义的立场、观点、方法,以及观察和分析问题的能力。

第二层次,学生的思想政治课学科的能力结构。按照社会认知第二个特点的意思,学生的社会认知能力与智力之间存在着低相关或中等强度的相关关系。这说明,学生思想政治课的学科能力,尽管不如数、理、化能力那样,与智力存在着高度的一致性,但与智力活动的水平还是有一定联系的,特别与思维活动更有密切的关系。所以,如果说学生思想政治课的学科能力存在着一个结构,那么这个结构就是上述的思想政治课学科的一般能力与思维活动的关系。根据我们的思维理论,我们将学生的思想政治课学科能力结构理解为:以对思想政治课知识的概括为基础,把分辨是非能力、参加社会实践能力、观点采择(或分析问题)能力与五种思维品质(思维的深刻性、灵活性、独创性、批判性、敏捷性)组成15个交结点的开放性的动态系统。在对思想政治课学科能力的探讨中,我们的任务就是要用思想政治课的语言,对这15个交结点的表现一一加以揭示、分析和说明。

第三层次,学生的思想政治课学科能力的深层结构。社会认知的特点强调情感,强调非智力因素。从中使我们受到启迪,思想政治课的学科能力,有一个深层的结构成分,这就是有信念的因素。这是思想政治课的学科能力与其他各学科能力最大的区别之处。所谓信念,是一个人对于某一理论准则、思想见解坚信无疑的看法。信念不仅要以主体向往和追求完善的标准作为认识的前提,而且伴有较强烈的情感体验,它是认识和情感的"合金"。由于思想政治课的学科能力结构中有信念的成分,使思想政治课的学科能力具有很大的动力性,在分析问题、采择观点时具有明显的选择性。于是学生在学习思想政治课的时候,对凡是符合自己信念的知识、观念和理论就容易产生肯定的情感体验,容易接受这些知识、观念和理论,与之相反则产生否定的情感体验,影响其接受的程度,至少不是从内心深处去接纳这些知识、观念和理论。所以,信念的培养应看作思想政治课教育的首要任务。如果我们的思想政治课教学能促进学生逐步地树立各种正确的信念和形成各种良好的习惯,那么,这不仅有利于提高他们的学科能力,而且也为培养有理想、有道德、有文化、有纪律的一代新人奠定了坚实的基础。

(本文选自《思想政治课教学》1996年第3期)

内容 体系 程度
——对《高中思想政治课课程标准》(哲学常识)的认识

陕西教育学院 张汉云

《全日制高级中学思想政治课课程标准》(以下简称《标准》)已由国家教委颁发试行。这对于进一步改进和加强高级中学思想政治课教学,无疑是一个新的推动。这里仅就高二"哲学常识"部分谈几点认识。

一

《标准》在教育内容上的一个突出特点是明确提出了"价值观"范畴,规定"对学生进行科学世界观、人生观和价值观的教育",强调"三观教育"的统一。这一规定进一步体现了马克思主义哲学基本观点的教育,体现了邓小平建设有中国特色社会主义理论的指导,更符合高中学生的思想实际。

世界观是人们对于整个世界以及人和世界关系的根本观点。人生观是人们关于人生意义、价值、理想的根本观点。价值观是人们对事物有无价值和价值大小的一种认识和评价标准。但是,"三观"又密不可分。世界观是人生观的理论基础,人生观是世界观在人生问题上的应用和贯彻。世界观还是形成价值观的基础,世界观不同,价值观也就不同。价值观与人生观也彼此影响,价值观不同,人生观尤其人生价值观肯定不同。《标准》在教学内容的处理上既把"三观"有所区分,又使之紧密相连。第一题至第八题都在讲世界观的内容,一至五题主要是讲通常说的"辩证唯物主义",六至八题主要是讲通常说的"历史唯物主义"。如果从世界观与人生观、价值观的区分来说,可以认为世界观的大部分内容在一至五题,而六、七两题的中心议题是讲人生观和价值观的问题,第八题则把"三观"教育落为一处。

第一题至第五题,主要讲述世界的本原,世界的状态,世界运动变化发展的规律,人与外部世界的总体关系。《标准》从高二学生的实际出发,按照"常识"水平只规定了必讲的最基本的观点。如唯物辩证法的三条规律都涉及了,但没有必要也不可能讲述全部内容,《标准》甚至有意回避了三条规律的字面表述。这五个题的内容,同时还渗透了一些人生观和价值观的内容。

第六题所规定的教学内容是以世界观为基础,主要讲价值观问题。

首先,从一般哲学道理上阐明什么是正确的价值观。

价值是事物(物质的和精神的现象)对人的需要而言的某种有用性,对人的活动所具有的积极意义。一种事物可称为客体有用的程度越高,满足主体需要的范围越大,其价值也就越大;反之,价值就小。由于主体的需要和利益是千差万别的,因而面对同一个客体,不同的主体就会得出不同的甚至相反的价值评价。那么,我们应该从哪一主体的需要和利益出发,去评价事物有无价值及价值的大小呢?这就是价值观问题。一个科学的合理的价值评价必须符合两项要求:一是对客体状况的正确认识,二是对主体需要的正确把握。我们应当坚持

"人类的根本利益"是主体需要的"最高尺度"。个人需要只要不悖于人类的根本利益,不违背社会发展规律,根据这种需要做出的价值选择也是合理的。这些基本观点体现在《标准》中就做了这样的规定:第一,以社会存在和社会意识关系的道理为理论基础。第二,不在概念上做要求,只是让学生理解"价值观是一种社会意识",多样的价值观其"导向作用不同"。第三,"正确价值观要符合事物发展的规律性,要符合人类的根本利益"。

其次,指出必须"坚持集体主义的价值取向"。

第一,"现阶段我国存在各种价值观"。我国还存在着多种经济成分,有多种利益主体,必然会有各不相同的价值观。只有承认这一客观现象,才能提出价值选择的必要性。第二,明确"集体主义是新时期我国人民的正确价值取向"。我们在承认现阶段价值取向多样化的同时,必须强调价值观导向的一元化。第三,阐明"个人利益与集体利益的辩证统一关系"。要坚持集体主义的价值取向,就应该正确处理个人利益同集体利益的关系。以上三点内容,在逻辑上是层层递进的关系。

再次,明确"社会主义市场经济与集体主义"的关系。

这是个热点问题。《标准》没有追求理论的系统性、全面性,只把教学内容限定为两点。第一,明确"发展社会主义市场经济要求发挥集体主义的调节作用"。社会主义市场经济体制不仅同社会主义基本经济制度、政治制度结合在一起,而且同社会主义精神文明结合在一起。倡导集体主义的价值观,既充分尊重个人合法利益,又要求把国家和人民利益放在首位,有利于形成健康有序的经济和社会生活规范,从而推动社会主义市场经济的发展。第二,明确坚持集体主义必须做到:正确处理好自己与他人的关系;顾全大局,反对小团体主义;反对极端个人主义。

第七题所规定的教学内容,以世界观为基础,以一般哲学价值观为先导,主要讲人生观问题。

首先,肯定人生的真正价值在于对社会的贡献。

人生价值观是历史和现实的抽象,不应简单地从一般价值观中进行推论,而必须对"人"做出历史唯物主义的说明。《标准》首先规定要讲述"社会性是人的本质属性",要求以正确理解个人与社会的关系为基础,进行人生选择。而人生选择的直接现实问题,就是人生价值问题。于是,《标准》在第二点的规定中,既全面指出人生价值包括的两个方面,又强调"人生的真正价值在于对社会的奉献"。第三,由于人们在"对社会的奉献"理解上有片面性,对现实中的一些事件缺乏正确评价,所以《标准》又进一步规定要讲述"人生价值中的物质贡献与精神贡献"的观点。

其次,分析实现人生价值的有关问题。

人生价值不是抽象的。一个人有了科学的价值观,在实现人生价值的道路上还有许多问题需要明确。实现人生价值需要不断发挥主观能动性,利用和创造一定的条件。这就是《标准》规定的第一点内容。实现人生价值还需要"走出人生价值的误区","反对享乐主义和拜金主义"。这就是《标准》规定的第二点内容。

再次,明确人生应当"选择崇高的社会理想"。

人生价值问题是从价值观角度对人生问题进行的考察,比较现实。社会理想问题,既讲现实,又讲未来,是从社会制度的角度来谈论人生。后者是前者的延伸,理解了后者更有助于肯定前者。人生的价值取向,同人生的社会理想追求,二者内在相通,所以,《标准》把选择社会理想和人生价值取向都列为人生目标是可以的。

第八题所规定的教学内容,力图把世界观、人生观、价值观三者融为一体。

从世界观来说,既有辩证唯物主义认识论的内容,又有历史唯物主义(实践在社会发展中的作用,人民群众是历史的创造者)的内容;既有对外部世界的认识,又有对主观世界的要求,还有对人与外部世界关系的一定总结。从人生观和价值观来说,主要体现在"自觉投身社会实践","在实践中锻炼成才","依靠群众,相信群众,为人民群众的利益而奋斗"。《标准》结尾所规定的内容"在社会实践中,实现主观与客观、个人与社会的统一",完全把"三观教育"作为一体来要求。

二

以世界观教育为基础的"三观教育",按什么逻辑构成一种教学体系呢?这必须依据三个主要因素:一是符合马克思主义"三观"理论的基本要求,二是紧密联系实际(国内的国际的,经济的政治的,科技的意识形态的,教育的),三是要适应学生的认知水平和思想状况。《标准》综合各个因素,确定了以世界观为主线,将人生观和价值观纳入世界观的体系之中,逐步展开构成一套有内在逻辑联系的教学体系。

马克思在创建自己的哲学时说,"哲学家们只是用不同的方式解释世界,而问题在于改变世界"[1]。旧哲学只满足于解释世界,马克思主义哲学的基本特点之一则是它的实践性,马克思主义哲学非常关注人与外部世界的实践关系、认知关系。我们所理解的哲学,是以总体方式把握世界以及人和世界关系的理论体系。学习哲学,不仅是为了从总体上认识世界,认识人与世界的关系,更重要的是为了指导人们认识世界和改造世界的活动。简言之,世界观教育的内容,不能停留于对世界的总体描述,还要从总体上揭示人与世界的关系,揭示人应当怎样认识世界,怎样改造世界。我们通常说的世界观和方法论的统一,就包含这样的意思。对高中学生进行哲学常识的教育,坚持世界观和方法论的统一,从"人应当怎样认识世界和改造世界"切入,比较适宜。

"人应当怎样认识世界和改造世界",可以从不同的角度进行分析。作为"能动的自然存在物",人总是有意识地用两把尺度来指导认识世界和改造世界的活动。马克思说,"动物只是按照它所属的那个种的尺度和需要来建造,而人却懂得按照任何一个种的尺度来进行生产并且懂得怎样处处都把内在的尺度运用到对象上去"[2]。人在认识世界和改造世界的时候,能自觉做到两点:一是"按照任何一个种的尺度"行事,一是把人的"内在的尺度运用到对象上去"。前者是指,人们能够认识客观事物的本来面目,能自觉地按照客观事物固有的属性规律等去改变事物,人必须也能做到以"物的尺度"为基础去改造物。后者是指,人们能正确地把握人的属性、需求、能力等这些"人的尺度",把它运用到认识世界和改造世界的活动中。"两个尺度"应该是统一的。舍弃"物的尺度",人们认识世界和改造世界的活动就失去了基础;不讲"人的尺度",两类活动就没有意义,谁也不会去进行。由此来看,抓住"人应当怎样认识世界和改造世界",就必须"解释世界",就必须阐明人自身。认识世界和改造世界的主体是现实的人。而人又总是以一定的人生观去对待世界,处理人与外部世界的关系;以一定的价值观来确定为什么

---

[1] 马克思恩格斯选集:第1卷[M].北京:人民出版社,1972:19.
[2] 马克思恩格斯选集:第42卷[M].北京:人民出版社,1979:97.

要认识世界和改造世界,以及怎样认识世界和改造世界。因此,把人生观问题、价值观问题纳入"人应当怎样认识世界和改造世界"这个大题目之中,是可以顺理成章的。

"前言"规定的第一个教学内容是"认识世界和改造世界是人类的基本活动",这就把马克思主义哲学重视改造世界的活动突出地表示出来了。毛泽东说:"共产党领导机关的基本任务,就在于了解情况和掌握政策两件大事,前一件事就是所谓认识世界,后一件事就是所谓改造世界。"①这个结论具有普遍意义,即人类的基本活动就是认识世界和改造世界。我们的任务就是在认识世界和改造世界的征途上,不断取得成功。对个人来说,人生最重要的事情、最有价值的事情,就是为人类认识世界和改造世界的事业做出应有的贡献。《标准》起始的这个规定,既有利于以后各题的展开,也有利于提高学生的思想境界。

第一题至第四题(下称前四题)的内容,可以说主要是讲述客观事物是怎样的,人们面对这样的客观事物应该怎样认识它、改造它。这意味着是讲物的尺度,讲人怎样按照物的尺度去确定自己的行动。

前四题的主要观点是:世界的本原是物质的;事物处于普遍联系和永恒运动之中,事物的运动、变化、发展是有规律的;矛盾既有普遍性又有特殊性,二者是辩证统一的;事物变化发展的根据是内因,条件是外因;事物的变化发展经历量变和质变两种状态;事物的发展是前进性和曲折性的统一。依照客观事物这些尺度做根据,"人应当怎样认识世界和改造世界"呢?对此,前四题规定的教学内容主要是从实际出发;联系地、发展地看问题,处理问题;坚持实事求是,按客观规律办事;坚持两分法具体问题具体分析;坚持适度原则;等等。

前四题虽然"主要是讲客观事物是怎样的",但仍然讲人是怎样的,讲人的尺度。如在第一题规定了许多关于意识的教学内容。第二、三、四题所说的联系、发展、规律等问题,其内容当然包括人和人的活动,只不过是当作既成的人及人的活动去看待,即当作已形成的客观因素去看待罢了。

第五题至第八题(下称后四题)的内容,可以说主要是讲人是怎样的,人们应当怎样正确估计自己的需求,怎样发挥自己的本质能力,提高自己的本质能力。这意味着是讲人的尺度,讲人怎样按照自己的属性、需求、能力等去确定自己的行动。

人是怎样的?人是"社会存在物""有意识的类的存在物""能动的自然存在物"。马克思说,"正是在改造对象世界中,人才真正地证明自己是类存在物"②。改造对象的活动即是实践。以生产实践为基础,形成了一系列社会关系。马克思又说,人的本质"是一切社会关系的总和"③。毛泽东明确指出:"思想等等是主观的东西,做或行动是主观见之于客观的东西,都是人类特殊的能动性。这种能动性,我们名之曰'自觉的能动性',是人之所以区别物的特点。"④这些观点的基本思想构成了后四题所规定的内容,那就是"主观能动性是人区别于物的特点""社会性是人的本质属性""社会意识对社会存在具有反作用""价值观的导向作用""崇高理想对人生、对社会的作用""社会实践及其作用"等。按照人的这些尺度来规定人的活动,后四题又提出:人应该充分发挥主观能动性,要学会"想"(分析事物的本质)和"做"

---

① 毛泽东选集:第3卷[M].北京:人民出版社,1991:802.
② 马克思恩格斯全集:第42卷[M].北京:人民出版社,1979:97.
③ 马克思恩格斯全集:第1卷[M].北京:人民出版社,1972:18.
④ 毛泽东选集:第2卷[M].北京:人民出版社,1991:477.

(自觉投身社会实践),要以正确的价值观指导"想"和"做",要以对社会奉献的人生价值观指导"想"和"做",要以崇高理想指导"想"和"做",要依靠群众去"想"和"做"等。

　　后四题不是抽象地去讲人,而是以辩证唯物主义和历史唯物主义的基本观点,尤其是以历史唯物主义为基础来规定教学内容。如果离开历史唯物主义的分析,就不可能说明"人区别于物的特点";而价值观的一系列观点的展开,无不以社会存在和社会意识的辩证关系之观点为直接指导要论述人生目标的选择,必须搞清个人活动和社会发展的关系,社会意识和社会存在的关系;"与实践相结合、与人民群众相结合"的必要性、必然性,在于社会实践的作用,人民群众创造历史的作用。

　　总之,《标准》以"认识世界和改造世界是人类的基本活动"为起点,以"在社会实践中,实现主观与客观、个人与社会的统一"为结语,围绕"怎样想、怎样做"安排各题,使各题既有相对的独立性,又不可分割地形成统一的教学逻辑体系。

三

　　教学内容是根本,它的表达形式是教学逻辑体系。主要体现在《标准》的左栏"教学内容"中,它是教学活动的质的规定性,规定应该"教什么"。《标准》还对教学内容做出了程度上的规定,主要体现在右栏"基本要求"中,这是教学活动的量的规定性,规定应该"教到什么程度"。"教学内容"与"基本要求"相结合,应该教什么与教到什么程度相统一,构成了《标准》对"知识、能力、觉悟"教育的内容及其水平的整体规定,从而使教材的编写和教学活动的开展有了一个依据。特别是关于"教到什么程度"的规定,其规范性具体,容易把握。例如,如果没有指出把物质概念讲到什么程度,那么教材该怎样编,教师该怎样上课就成了难题。《标准》把物质概念作为"识记"来要求,其程度就明朗化了,"一看便知",便于操作。

　　所谓程度要求,从教育侧面上讲,可以分为知识(理论)程度、能力程度、觉悟程度;从层面上讲,可分为广度和深浅度;从思维过程看,可分为"简单抽象型"和"说理抽象型"等。《标准》在"基本要求"一栏中,根据教学内容和学生的实际,把程度的要求分别体现在"识记""理解""运用"三个层次中。

　　首先,关于"识记"。

　　识记就是记住,但不是死记硬背。所有识记,都包含着一定的理解,可又不能按"理解"层次去规定。识记有三种:一是识记概念,18个。其中有学生比较容易理解的,也有理解起来很困难的。对概念的识记要求,意味着在讲述概念时理论的分析少一些。二是识记观点,7个。这些观点虽重要,但在该题内只能作为识记来要求。如"唯物主义和唯心主义的根本分歧",其重要性众所周知,但如果列为"理解",学生的思维水平未必不可做到,但势必会增加难度和课时。三是识记事实,2个。如"人类探求理想的历程",对学生来说,知道这个过程的概况,从中了解一些观点即可。

　　其次,关于"理解",共67个。在三个层次中,它的量最大,可分为三种类型。

　　第一,由事实引出理论(概念,原理)。

　　从事实出发,通过一定的思维过程,上升到对理论的理解,这是中学生学习哲学、理解哲学基本观点的有效途径。它涉及三个要求:一是对事实的要求。如对事例的性质要有所选择,"科学事例""人们熟悉的事例""基本事实""切身经验""正反事例"等;又如,对举例的数量要求,"多种事例""各举一例"等。二是对理论观点表达的要求。如"意识根源于物质,是客观存在在人脑中的反映"。三是对由事实怎样上升到理论的要求。例如,"结合实例,指出……","指出"就不要求有很多的理论分析,要求层次低;"列举实例,表明……","表明"则要求对事例有所分析,并明确表达出观点;"列举实例,说明……","说明"意味着对事例有更多的分析,讲出较多的道理,理论程度高一些;"结合基本史实,阐释……","阐释"的要求更高些,对道理的分析比较透彻;等等。不同的用语和句式,都有不同的含义,表示不同的要求。

第二,以事实为基础,对已知理论再进行概括。

哲学理论是一个完整的体系,只有首先明确一定的观点,才能概括出更高层次的观点。如《标准》规定,"通过阐释自然界和人类社会的客观性,概括出'世界的本原是物质的'"。阐释自然界和社会的客观性,带有一定程度的抽象分析;再进行概括,就要求有更高的抽象思维能力。这样的规定,不仅是对理论知识体系形成过程的限定性要求,也是对学生思维能力的限定性要求。

这种类型还有另一些形式。例如,"比较说明规律与规律的表现之间的联系与区别",这是围绕一个观点所做的比较;"比较几种不同的价值观",这是通过对比明确一个正确的观点,"比较实践的三种基本形式及它们对社会发展所起的不同作用",这是要求在比较中分别理解三个观点。又如,"分析社会性是人的本性,说明'人性自私论'是错误的",这是用正确的理论去分析一种错误观点,进而理解正确理论。

第三,用原理或事实说明方法论意义。

把对世界观的理解转化为方法论要求,是《标准》的着力点之一。它在理解层次上直接要求从世界观的理论高度去说明方法论的规定很少,多数关于方法论的要求,都规定为由事实引出。但后者并不意味着不需要从理论上说明世界观与方法论的内在联系,只是表明对学生的教育应着重于立足事实,讲清方法论道理。

再次,关于"运用",共 29 个。

第一,运用原理分析实际问题。

用原理去分析事实,既加深了对原理的理解,又提高了分析问题的能力。如果实际问题选择得当,还有利于提高学生的思想觉悟。可见,运用层次是对教学内容的更高的、全面的规定。《标准》有 10 个规定的内容,是要求对国际国内重大事件和党的路线、方针、政策进行分析。如"用主观必须符合客观的原理,分析党的基本路线与我国基本国情的关系"。《标准》还较多地规定了学生应联系个人体验,应用原理进行分析。这对于学生"知识、能力、觉悟"的提高,是十分必要的。如"根据矛盾普遍性与特殊性辩证统一的原理,说明个人学习过程中遇到的几个问题"。

第二,用事实说明原理。

运用层次的"用事实说明原理",比理解层次有更高的要求。它对事例的选择与分析都有较高的要求,对观点说明要求更透彻。如"剖析对某一事物的认识过程,说明认识的根本任务,进而分析'只看现象不看本质'的危害"。如果事实属于个人的经验,"挑选"经验就是对原理的运用,再加上理论性的说明,要求显然是较高的。如"结合个人的切身经验,分析实现人生价值需要的主观条件"。

第三,用事实或原理说明方法论要求。

这种情形在"理解"层次中也较多,从"运用"的层次来看主要是增加了难度,也可能表明这一方法论要求在某一范围内更为重要。如"以切身感受或社会生活中的实例,从正反两方面说明对待矛盾的科学态度""用量变引起质变的原理,阐释'勿以善小而不为,勿以恶小而为之'和'千里之行,始于足下'"。

第四,提出行为要求。

哲学的功能之一,是改变人们的思维方式和行为方式。学哲学不应该搞"立竿见影",学哲学又应该提倡见诸行动。对高中学生来说更要注意引导他们养成科学的思维和行为习惯。为此,《标准》做了一些可行的规定,"交流个人遵循学习规律搞好学习的体会,并提出今后改进的措施";"针对某一社会问题,拟定调查提纲,进行实地调查,写出一份调查分析报告";"联系现实,谈谈自己准备如何把实现个人理想与所在地区的经济发展和社会进步结合起来"等。

(本文选自《课程·教材·教法》1997年第3期)

教材应坚持经典性与科学性的统一

黑龙江鸡东二中　李焕春

一、对现行高中思想政治课教材的评价

教材是学生学习的基本材料,是教师教学的基本依据,更是实施课程标准、对学生进行思想政治教育的基本工具。从这个意义上讲,教材的编写质量便成为教育目标能否实现、教育效果优劣的关键所在。

一部优秀的思想政治课教材,不仅应当有利于传播马列主义和毛泽东思想的基本知识,解决中学生面临的实际问题,而且应当有利于促进青少年身心的健康发展,更应当有利于一代"四有"新人的全面培养。如果按照这一标准来衡量当前的思想政治课教材,应当说总体上是成功的,是优秀的。主要表现为:

第一,教材具有理论性。现行教材以马克思主义基本理论为线索,对基本概念、基本观点、基本原理的表达是科学而准确的;理论之间疏密度比较均匀;理论和事实结合得比较好,并有一定的区分度。

第二,教材具有示范性。教材阐述的理论符合基础教育有关教材的专门规定,深浅度适中;课节结构严整;语言文法规范,引文经得起推敲;所选事例及材料比较典型。

第三,教材具有可读性。教材的叙述方式较为合理;语句通顺流畅,文字生动优美;所取素材富于一定的启迪性,有利于学生的理解和接受。

虽然如此,我以为现行教材还是存在着不足,教材在经典性和科学性上还存在着一些问题。

二、关于教材的经典性问题

一部优秀教材不但要做到具有理论性、示范性和可读性,还应具有经典性。教材作为对现实的反映,当然不是僵死的,它要随着社会的发展而变化,但变化不等于没有经典性。综观现行高中教材不难发现,它们都不同程度地存在着对经典性重视不够的问题。

(一)忽视"体系"建设

思想政治课教材要照顾到形势的变化,但仍需有一个权威、科学的体系。科学的体系是科学理论自身所包含的规律性要求,也是客观世界的普遍联系规律的反映。教材缺乏一定的体系和逻辑性,就会影响学生对政治理论的学习,影响学生对马克思主义基本理论的真正掌握和应用。

如:高一《思想政治》上册讲价值规律的作用,下册讲市场经济中市场的作用,并且指出"市场要遵循价值规律的要求"。那么,"价值规律"与"市场"这二者之间又是什么关系呢?又如:上册阐述农业和工业的地位、作用、弊端、改革,下册再阐述农业和工业的定义、分类、

地位、作用、发展途径等,这种重复阐述和倒置的写法有利于学生的掌握吗?

高二《思想政治》在一些问题的阐述上也令人费解。如:关于"物质"概念的理解,教材分为"第一""第二""第三"三个方面,而在"第一"方面里又包含了"首先""其次"两层意思,分层过多,学生记忆起来比较费力。又如:在讲"坚持和学会用联系的观点观察和处理问题"时,先讲了"首先""其次""再次"三点做法,而在"再次"这种做法里又包含了"第一""第二"两层,这也是分层过多的表现。另外,教材常把一个问题分两处去写,从而导致师生对问题理解的脱节;有时还在问题阐述完了之后再加上一段叙述,从而导致内容上的画蛇添足,造成师生理解上的不便。比如:讲完了意识的定义及分类之后,就应当讲意识的反作用,但教材却在这两个问题中间加进"意识能够正确反映客观事物"这一框题,致使不少学生认为"意识反映客观事物"和"意识反作用于客观事物"是两个问题。又如:教材第二课在讲规律时,第一节对规律的理解讲了"首先""其次""第三"几个方面,在"首先"里已经讲了"规律是事物固有的客观联系,不是主观的",教材在第二节又专门讲了对规律客观性的三点理解。像这样把对同一问题的阐述分散开来的做法,不便于人们理解。教材讲"矛盾是对立与统一",在讲完了矛盾的定义和"对立"与"统一"的含义之后,又讲了"正确理解和把握矛盾的含义,还必须注意以下两点",这种在讲清了问题之后再说明的重复叙述,实际上不只是累赘,有时反使问题晦涩难懂。

对此情况,我们提出三点看法:① 世界上的事物都具有无限可分性,但如果仅仅因为这点就把对问题的分析层次套层次地阐述下去,只能使问题复杂化,不利于中学生学习。一般来说,教材对问题的分析到一级引申就可以了。② 在分点阐述时,是用"第一、第二、第三……"的系列标号,还是用"首先,其次,再次……"的叙述方法?是在"第一"里面包含"首先,其次、再次",还是在"首先"里面包含"第一、第二、第三"?教材应该尽量统一。③ 教材对同一问题的阐述,应避免空间上的分离,尽量把这种阐述放到一处去进行,这利于学生的接受。

高三《思想政治》总体上看写得较好,但也存在不尽如人意的地方。如:在"前言"中若能将"要把坚定正确的政治方向摆在首位"这一内容放在"学习方法"的第一条中,就会更好些。另外,在讲"发达资本主义国家无产阶级与资产阶级之间的关系",以及"发达资本主义国家与发展中国家之间的矛盾"等问题时,高一教材和高三教材在深度上也未拉开距离。

(二)缺乏整理和定论

教材对涉及的某些理论问题,必须进行知识点的整理和理论上的总结。为此,在阐述上不能过于笼统,不能模棱两可,以免造成理论上的空洞或者混乱,从而冲击教材的经典性。

如:高一《思想政治》讲金银成为货币的原因时,内容很全面,条目很清楚,但是没有讲明哪个是根本原因,哪些是一般原因;讲发达资本主义国家的发展速度时,只讲发达资本主义国家经济增长缓慢,而对资本主义发展速度的相对降低和经济产值的绝对增长之间的关系几乎没讲;讲美国经济情况时,只讲美国"大举国债",是"世界上最大的债务国",但怎样认识美国"国债"的性质、构成及其作用,以及美国是当前"世界上的头号经济强国"给我们的启示,教材几乎没谈。又如:在讲发达资本主义国家工人的实际工资是上升还是下降时,教材前后不一致,令人无法遵循。其实,认为西方发达国家工人的实际工资"呈全面下降的趋势",显然不符合西方发达国家的实际情况。对这个问题,教材编者能否这样编写:一方面,承认发达国家工人实际工资的提高;另一方面,看到资本主义剥削率的上升;结论,资本主义社会经济收入的差距也在加大。

再如:资本主义国家的普选权和民主对于劳动人民来说是否只是形式,没有实际内容?民主的本质与民主的发展程度到底应当怎样概括?民主与人权是什么关系?在阶级社会中,民族与阶级是什么关系?这些知识教材都涉及了,但却没有做知识上的整理和总结。

从实践上看,由于教材对某些问题无定论,教师讲课时无所遵循,于是就各行其法:一些教师不负责任糊里糊涂地教,学生也就糊里糊涂地学;有的教师则"绕道走",干脆宣布某知识点高考不考,学生也就不用学了;部分教师对问题加以研究,试图得出几条"结论",然后讲给学生,但又担心"出力不讨好"。

(三)机械地套用归纳法

思想政治课教材的编写方法,从逻辑上看主要有两种:一是演绎,一是归纳。我们认为,以演绎为基本方法较好,即以演绎为基本手段去编写教材,能更好地达到教学目的。从这个角度上说,高一和高三教材处理得较好。高二教材则存在着一定的问题,每课必归纳,即从一些事例谈起,最终得出结论。这样编写就好吗?回答应当是否定的。因为:① 这是由归纳推理自身的缺陷导致的。所谓归纳推理,就是指由一系列个别事实推出一般结论,即由一系列特殊的前提推出普遍性结论的过程。它可以分为完全归纳推理和简单枚举归纳推理两类。完全归纳推理穷尽了所有的个别,如果归纳过程本身是科学的,则推出的一般结论就必然是科学的。它具有必然性,又是科学的归纳推理。简单枚举归纳推理,因为并不穷尽所有的个别,所以即使推理过程本身是科学的,却并不能保证推出的一般结论的科学性,即它的结论具有或然性。伟大导师恩格斯曾指出:"我们用世界上的一切归纳法都永远不能把归纳过程弄清楚。只有对这个过程的分析才能做到这一点。"(《马克思选集》第3卷548页)哲学的研究对象是整个世界,运用归纳法写教材,既然不能穷尽所有的事物,这样写就不合适。② 这种编写方法未必完全符合中学生的认知规律。我们承认,青少年在社会上认识事物是从对每个个别事物的认识起接近一般结论的。但是,当他们坐下来学习和思考这些问题的时候,他们想知道和更加关心的是一般结论。思维的准确性决定了他们要求理论有科学性和直接性的特点,即用演绎法掌握问题。这也正是教材高于现实的原因和根本所在。而现在的高二教材并不是这样,它用青少年了解社会的自然过程代替学习的科学规律来编写,这不能不说是一大遗憾。

(四)引用资料过于繁杂

教材的编写离不开资料的佐证,即让事实说话。但是,资料过繁,事实成堆,使理论站不到它应有的位置,这样的教材并不适合教学的要求。现行的高二教材就是这样。

高二教材的这个问题,概括起来说主要表现为以下两点:① 资料过繁,淹没了理论。教材引用的资料过多,方法论的阐述篇幅过长,依此教学,效果往往不佳。② 所引用的事实有些不典型,事实之间的联系和过渡生硬,事实与理论之间联系的逻辑性不强。比如:教材在阐述"实事求是"时,仅一个概念,前后引用的事实的书写量就占近3页。又如:下册在讲"个人活动对社会历史发展所起的作用"时,理论性的东西仅仅占有四五行,而引用的事实却占了3页还多。

这样做在一定意义上是能打开学生的认知空间,但也产生了不利影响。一是不利于理论学习。因为,教材写得庞杂,致使不少学生分不清哪些是理论、哪些是其方法论和事实的启发,增加了学习难度。二是在理论之间分不出层次,不利于对知识的记忆和应用。学习的目的在于应用。试想,学生学习后不能很好地掌握理论,也不能用理论分析实际中的问题,怎么能算实现了教育目标呢?

有效地实现教育目标,有赖于教材,有赖于教材的经典性。故此,诚望教材编者对上述影响教材经典性的问题予以重视。

(本文选自《中学政治教学参考》1997年第5期,有改动)

高中思想政治课课程标准与示范教材的特点

福建宁德教师进修学院　郭有钺

《全日制普通高级中学思想政治课课程标准(试行)》(以下简称《课程标准》),颁发已一年多了,依据《课程标准》组织编写的一套高中思想政治课示范教材,也已于1997年秋季开始使用,这是进一步加强和改进思想政治课教学的重要举措。当前,抓住契机,认真学习与研究《课程标准》和示范教材,领会其精神实质,已是广大思想政治课教师的一项迫切任务。

一、强调依法因材施教,着眼推进素质教育

《课程标准》是国家制定的指导学科教学的纲领性文件,反映了我国工人阶级领导的广大人民的共同意志,具有规范教学内容和要求的法规作用,是贯彻执行《教育法》的一种具体体现。它优于1992年原国家教委确定印发的教学大纲,主要表现在规范方式上,明确地从教学内容讲什么和讲到什么程度的要求上对教学进行规范,同时,又确认是指导教师考核与测量学生学习效果和水平、教育行政和教研部门评估思想政治课教师教学状况以及教材编写与审查的依据。因此,在思想政治学科建设真正走上科学化、规范化轨道的进程中,确立法规意识,自觉遵循《课程标准》,规范教学行为,是实施《课程标准》的基点。也只有认识、做到了这一点,才能真正理解、确保思想政治课的性质和地位。

素质教育,是以面向全体学生、全面提高学生基本素质为根本宗旨,以注重开发受教育者的潜能,促进其德智体诸方面生动活泼地发展为基本特征的教育。它不仅体现在教育对象的整体上,而且体现在教育内容的基础性、全面性上,育人目标、方式的共性和个性的统一上。因此,改革课程、教材、教学方法是推进素质教育的核心,以德育人、因材施教是实施素质教育的灵魂。《课程标准》正是在育人这些根本问题上,对高中思想政治课的教学内容、教学方法和评价原则、标准等做出的指导性规定。特别是关于强化因材施教的规定。如,"针对不同的教学内容和不同教育对象的认知水平、年龄及思想状况的差异情况,选择恰当的教学方法",与识记、理解和运用三种能力的评价标准的具体说明等,都将对因材施教得以进一步贯彻执行,起到切实地导向和保障作用。

显然,围绕着面对学生的个性差异,进行分类指导、分层次教学,是《课程标准》和示范教材的首要特点,亦是领略、把握诸多特点的关键所在。

二、教学体系主线清晰,教学内容调整得当

《课程标准》以邓小平建设有中国特色社会主义理论为指导,安排高中各年级的教学内容,并立足于"我国",着眼于"特色",向学生简明扼要地讲述马克思主义经济学说、哲学和政治学说的基本观点以及我国社会主义现代化建设常识。从教学具体内容的体系和结构体

系:高一坚持以市场经济的一般和市场经济的特殊相结合的方式,按社会再生产的生产、交换、分配、消费四个环节,介绍我国社会主义市场经济的理论常识;高二坚持辩证唯物主义与历史唯物主义相结合,坚持世界观、价值观和人生观相统一,分两大部分介绍世界观、价值观和人生观常识;高三坚持以国家问题为中心,着重介绍我国的国家制度、政党制度和我国的民族、宗教及对外政策等政治学说的有关知识。而贯穿全书的主要线索,是明确清晰的。简言之,经济常识以社会主义市场经济为主线,哲学常识以科学世界观、人生观和价值观为主线,政治常识以国家问题为主线。《课程标准》各年级"教学目标"的第一句话,则是教学体系主线的完整表述。随着学科知识建构体系的变化,每一单元教学内容的设置就应做相应的调整。总揽示范教材的教学内容,有以下主要的新变化。

一年级(经济常识)

1. 突破传统政治经济学教科书的"资""社"分割组合的基本框架,立足讲述我国的社会主义经济常识。

2. 新增社会主义市场经济的基本特征、企业是市场的主体以及企业经营者的素质等内容。

3. 新增公民的经济生活与参与经济活动、规范经济生活行为的内容。

4. 新增财政和税收以及我国银行等有关内容。

5. 新增商品服务市场、当代世界市场、我国对外贸易中征收关税和关税保护的内容。

二年级(哲学常识)

1. 更加突出方法论的教育。如:新增把握事物的因果联系的内容;扩充整体与部分关系的内容,体现系统论的整体优化思想;新增矛盾普遍性与矛盾特殊性的关系;新增"注意培养科学思维方法"中的分析和综合的结合、创造性思维、合理想象在认识中的作用。

2. 增加价值观教育的内容。如:在"坚持正确的价值取向"中,新增了社会存在与社会意识及其相互关系的原理;价值观的多样性和导向作用;衡量正确价值观的标准;现阶段我国存在的各种价值观;新时期我国人民正确的价值取向;发展社会主义市场经济要求发挥集体主义的调节作用等内容。在"选择高尚的人生目标"中,新增正确理解个人与社会关系是正确进行人生选择的基础和前提;走出人生价值的误区;反对享乐主义和拜金主义等内容。

三年级(政治常识)

1. 国家的对内职能,新增搞好社会公共服务。

2. 新增国家的结构形式,正确处理中央和地方的关系。

3. 新增公民与国家的关系。

4. 突出政党领导国家政权。

5. 新增在社会主义现代化建设实践中,坚持党的基本理论和基本路线。

6. 新增国家的构成要素,突出国家的主权性。

从以上新增内容我们可以看出,一年级的教学内容有较大的突破与修改;二年级、三年级的教学内容变化不大,新增知识不是集中在一两个问题上,就是分散于各个课节框中。但各年级教学内容的调整均紧紧围绕着各自的主线展开,并不同程度地反映了与1993年版教材之间的继承与创新的关系。

三、教学目标指导规范,能力培养要求突出

《课程标准》规范的指导性是通过表达实施教学目标的规则及其对知识、能力和觉悟的具体要求体现的,而增加规范的指导性又是通过改进规范方式达到目的的。颇具特色的列表说明比1992年教学大纲知识点的提纲式说明,写得扼要明了,易于操作,是一个明显的进步。

表格的左栏是教学内容,右栏是基本要求,左右栏是相互联系的。其主要表现:(1)左右栏都有教学程度的要求,因为左栏的教学内容是针对高中三个年级学生的实际程度提出来的。且对有关概念、原理、观点做出示范性、指示性或提示性的表述。两栏既有质的规定性,又有量的规定性,但左栏主要是质的规定,右栏主要是量的规定。(2)左栏是右栏的前提和基础,只有左栏规定了的知识,右栏才能提出相应要求。(3)右栏限定左栏。即对教学内容所做的规定提出限制性要求,并且这种限定具有可操作性和检测性。在右栏的"基本要求"中,对知识和能力、觉悟(包括行为)方面的具体规定是统一、明确的。"识记"的类型有识记概念、观点和事实三种;"理解"的类型有从基本事实出发,引出基本理论,包括概念、原理、方法论、举例,对基本理论进行分析,包括表明、说明和阐明(当然阐明的层次更高)两种;"运用"的类型有运用原理分析实际问题、结合事实说明原理、用事实或原理说明方法论、提出行为要求等四种。识记、理解和运用能力是三个不同层次,识记为最低层次,运用为最高层次,且高层次包含低层次。

《课程标准》关于教学目标规定的特点,还突出表现了能力培养的要求。这种要求既有整体性,又有层次性。仅以高中一年级为例,既在整体上提出"能够初步说明最常见的经济现象,提高参与经济活动的能力"的要求,又具体化解为六个层次的要求:(1)自学能力——善于阅读教材,把握要点,提出问题和在课后复习中能把知识加以整理,使之系统化。(2)比较和鉴别,判断是非,正确观察问题的能力。(3)运用历史的全面的发展的观点,综合分析问题的能力。(4)创造思维能力,对问题有独到的见解。(5)参加社会实践、参与经济活动的能力。(6)文字和口头表达能力。这几种能力的要求,有的虽然与高考的"七种能力"有近似之处,但其出发点和落脚点,在一定意义上,却有别于高考对能力的界定与要求。尤其是自学能力、观察能力、创造思维能力、参加社会实践能力和口头表达能力,更多蕴含着全面提高学生基本素质的内在要求。

四、课本叙述方式科学,版式设计新颖活泼

课本是实施课程标准的基本工具,经过改革、创新的课本,不论是叙述方式,还是文字字体采用、版式构成,都有助于教师的教学和提高学生的阅读兴趣,有助于反映《课程标准》规定的教学内容和基本要求。示范教材,采用了归纳与演绎、分析与综合相结合的叙述方式。这种方式正是基于归纳法和演绎法、分析方法和综合方法各有其不同的特点和功能提出的,有利于针对不同的问题,决定采取哪一种方法为主,哪一种方法为辅。当然,在叙述问题阶段,应以演绎法为主,辅助以归纳法。与此同时,教材把两种逻辑方法结合起来的叙述方法,也有利于学生养成科学的思维方法。

教材文字采用三种不同的字体。仿宋体为主干,黑体字为重点,楷体为辅助,发挥着各

自的功能。通常黑体字为重要的概念、原理,或强调某点或做小结所用,楷体为辅助文所用。宋黑连接相通,构成理论框架。教材版式由课、节、框、小结构成。详细又可分正文、辅助文和中间所穿插的小栏目、照片、图表、漫画、阅读与思考、练习等。正文,包括小结,系《课程标准》规定教学的基本内容。辅助文,系对正文的扩展和引申,即具体的解释和说明、具体的情节和数字。其类型和功能大致是:扩展型——用于深化知识,承上启下;资料型——用于扩大知识面;注释型——用于释疑解惑和诱导;事例型——用于检验和联系实际;引文型包括引用的语录、名言和谚语——用于印证教材观点。小栏目包括读一读、想一想、议一议等 10 种,有助于启发学生思维。照片、图表、漫画,有助于图文并茂,活跃版面以及联想议论和从正反面强化观点。阅读与思考,有助于增强阅读分析能力。练习,包括选择、理解、辨别等 22 种,有意识地采用诸多不同于高考的题型,其功能在于调动学生思维的积极性和培养思维的发散性。

(本文选自《中学政治教学参考》1998 年第 6 期)

转变教学观念 用好政治新教材

兴国平川中学 李传旃

高中思想政治课《课程标准》规定:"思想政治课是对中学生系统进行公民品德教育和马克思主义常识教育的必修课程,是中学德育工作的主要途径。这对帮助学生确立正确的政治方向,树立科学的世界观、人生观、价值观,形成良好的道德品质起着重要的导向作用。"为了体现思想政治课的这一德育功能,新教材在编写中体现了以下几个显著的特点:一是各年级的教材都突出了以邓小平理论为主线。这是学习邓小平理论,用邓小平理论武装学生的一项基础性工作。二是坚持了理论联系实际的原则。教材紧紧联系了当代国际国内的实际,引用了大量新材料、新信息。三是突出了学生能力的培养。教材可读性很强,原理、观点简明扼要,在掌握基础知识的基础上,通过"阅读与思考""练习",使学生掌握的知识能在实践中应用,培养观察问题、分析问题、解决问题的能力。

根据思想政治课的教育教学目标要求和新教材的特点,根据现阶段中学生的思想实际和思想政治课的教学现状,笔者认为目前在使用新教材的过程中,政治课教师必须切实抓好教学观念的七个转变。否则,必定是"穿新鞋走老路",提高课堂教学实效,培养创新人才,全面提高学生素质都将是一句空话。

一、必须实现人才观念的转变

前些年,由于受应试教育的影响,学校采取了一些不符合教育规律的做法,以升学率高低为衡量学校好坏的标准,以分数高低来衡量学生的优劣,培养出来的学生出现了"高分低能"的现象。在这种思想指导下,思想政治课成了纯理论课、纯知识课,不但忽视了思想政治课的德育功能,还阻碍学生的创造性思维能力的提高。江泽民主席在第三次全国教育工作会议上的讲话中指出:"当今的国际经济和科技的竞争,越来越围绕人才和知识的竞争展开。发展的优势蕴藏于知识和科技之中,社会财富日益向拥有知识和科技优势的国家和地区聚集,谁在知识和科技创新上占优势,谁就在发展上占据主导地位。"事实越来越证明,我们的劳动力素质和科技创新能力不高,已经成为制约我国经济发展和国际竞争能力增强的一个主要因素。为此,跨世纪的教育面临的新任务是:全面贯彻党的教育方针,以提高国民素质为根本宗旨,以培养学生的创新精神和实践能力为重点,造就"有理想、有道德、有文化、有纪律"的德智体美等方面全面发展的社会主义事业的建设者和接班人。尤其是要下功夫造就一批真正能站在世界科学技术前沿的学术带头人和尖子人才,以带动和促进民族科学水平与创新能力的提高。所以,思想政治课教师首先必须实现人才观念的转变,使新教材能更好地为实施素质教育服务。

二、必须实现教学重点的转变

以前的思想政治课教学,重点放在知识的传授,基本概念、基本原理的过关上,这无疑是必要的,是学好思想政治课的起码要求。但根据新教材的特点和全面实施素质教育的需要,还有几个薄弱环节必须加强,有的还应成为教学的重点。一是充分发挥思想政治课在学校德育工作中的主渠道作用。学生正确的世界观、人生观、价值观的确立,民族优良传统的发扬,共同理想和精神支柱的形成与巩固,科学文化水平的提高,都离不开思想政治课的理论指导。为此,我们学校对思想政治课教师做了两个规定,提出了四条要求。即规定各个年级的思想政治课教师是该年级领导小组成员,每个思想政治课教师原则上都要担任班主任或团队工作;要求每个思想政治课教师对所在年级的工作发挥宣传舆论上的导向作用,各项活动的组织参与作用,治学求知的启发示范作用,日常行为规范的表率作用。把思想政治课教学和团队工作、年级组工作、班主任工作紧密地结合起来。二是全面落实各个教学环节上的具体要求,特别要高度重视教材中设置的各种小栏目、阅读与思考、课后练习。只有把这些小栏目和练习处理好,才能跳出"满堂灌"的圈子,体现学生的主体作用,才能找到一条适合新教材特点的新的有效的教学方法。三是必须重视时事政治和党的路线方针政策的学习。只有加强对时事政治的学习,才能加深对党的路线、方针、政策的理解,政治上才能和党中央保持一致,才能保持青年学生坚定正确的政治方向。为此,凡是中央召开重要会议或有重大的方针、政策出台,我们都要组织全组教师集体学习,统一讲课提纲,立即向全校学生宣传讲解。

三、必须实现课堂观念的转变

以往的思想政治课教学一般都是在教室里45分钟之内进行,我们称它为小课堂。现在看来,要真正体现出《课程标准》中规定的思想政治课的性质,完成好《课程标准》中规定的思想政治课教学的目标要求,单靠小课堂远远不够了,必须把课堂延伸到课外,特别是充分利用好"社会"这个大课堂。在使用新教材过程中,我们对课堂延伸主要采取了三种形式:一是广泛开展课外活动,这里有各种课外活动小组,如社会主义市场经济研究小组;哲学兴趣小组;时政宣传小组;高考试题研究小组等,有各种演讲会、报告会、辩论会。二是根据兴国市将军县、苏区革命的模范县,毛泽东同志曾五次来兴国留下了《长冈乡调查》等丰富的伟大革命实践等得天独厚的德育资源优势,组织学生参观"将军馆""革命烈士纪念馆""长冈纪念馆""烈士陵园"等德育基地,进行革命传统教育、革命理想教育,接受革命前辈高尚品德的熏陶。三是组织学生上街、下乡、进厂进行实地考察、社会调查、专题采访。回校后结合所学知识,有针对性地进行讨论、辩论,写出调查报告或政治小论文。

四、必须实现主体意识的转变

思想政治课教学必须改变以老师为主体,一本教案一支粉笔,老师从头讲到尾,学生被动接受知识的做法。充分发挥学生的主体作用和老师的主导作用,是课堂教学改革的一个基本原则。学生是学习的主人,是课堂的主体,必须充分调动学生的学习积极性,变"要我学"为"我要学",才能充分体现内因的"根本"作用,外因才能通过内因而起到作用。同时,只有通过学生自己看书、质疑、思考、讨论、运用,真正理解了的知识,才是学生自己真正掌握了的知识。对于教师灌输的知识,学生即使听懂了还不一定理解了,不一定会运用,还不是自己真正的知识。为此,我们在使用新教材过程中,试验了"五自一导"教学法。即学生根据老师拟定的学习提纲自己阅读课文、自己质疑、自由讨论、自己积累资料(特别是时事政治资料)、自己总结提高,教师启发引导。这里"五自"的"自",不只是指学生个人,主要是指全班学生集体的积极性,集体的智慧,集体的制约和监督。老师的启发引导贯穿"五自"的始终特别是把精力放在钻研教材,拟好学习提纲上。这种教学法的特点:一是有利于提高学生学习的积极性和自觉性,变机械接受知识为主动获取知识;二是有利于把能力的培养贯穿教学过程的始终,体现以能力培养为主线;三是有利于培养学生的自学能力,实现"教是为了不需教";四是把时事政治学习贯穿在平时的学习生活之中,激发关心时事政治的兴趣,养成积累资料的习惯。这些都充分体现了学生在课堂上的主体作用。

五、必须实现教学法的转变

根据新教材的特点和21世纪对人才素质的要求,过去某些陈旧的教育方法已经不适应了,它不利于拓宽学生的知识面,不利于打开学生的思路,不利于培养学生的创新精神,不利于培养学生的实践能力。我们在使用新教材过程中,首先在师生中展开了关于教法和学法的大讨论。围绕"学生为何会看不进书""思考、质疑在学习过程中的作用""如何组织好课堂讨论""如何组织好社会调查""如何写政治小论文"等一个专题一个专题地进行讨论。发表了"指导学生看书的五点要求""我们是如何组织课堂讨论的""政治小论文的功能及其撰写"等十余篇关于教法和学法的研究文章。现在课堂教学基本上废除了注入式,采用了引导法、讨论法、社会调查法、阶段总结法。总的原则是从以前的以传授知识为主,变为帮助学生掌握方法自己学习为主,帮助学生自己总结提高为主。特别是讨论法,我们又分小组讨论、专题辩论和学习收获汇报。在小组讨论和专题辩论会上,同学们引经据典,据理相辩,不但加深了对课文的理解,培养了各种能力,还拓宽了思路,扩大了知识面。学习收获汇报会,总结了经验教训,交流了思想,实现了感性认识向理性认识的飞跃,有助于摸索出一套适应自己特点和实际水平的学习方法。

六、必须实现教学手段的转变

21世纪将进入知识经济时代,技术更新为提高课堂实效提供了新的发展空间,创造了更优越的条件。现在多媒体等现代化教学手段在重点中学已基本普及,它具有增大课堂容量、拓宽学生视野等功能。现代化教学手段,必然要求教师掌握现代科学技术,具备现代教育观念,及时掌握现代国际国内新信息。这对老师的要求更高了,特别是素材的积累、软件的制作,必须精心设计,必须花费比平时备课多十几倍的精力,没有高度的事业心和责任感即使有了现代化的教学设备也发挥不了它的功能,收不到应有的效果。我们在讲"企业经营者的素质"时,发动备课组的集体力量,带领学生分别下到盈利大的先进企业和亏损大的破产企业去采访厂长、技术人员和工人,带了录音录像设备,积累了原始资料,回校后进行了系统整理,制成软件,在课堂上让学生看,并进行讨论。它远远超出了课本内容,这也是单纯从课堂上、从书中根本无法学的知识,无法达到的效果。

七、必须实现教学评估方法的转变

既然在使用新教材过程中实现了指导思想、教学观念、教学方法的转变,与之相适应的教学评估观念也必须随之改变。但还需要在评价方面解决三个较突出的问题:一是对一节课的教学效果评价,不能只以老师是否讲得头头是道,面面俱到,学生是积极举手发言或听得鸦雀无声为标准,而应该重点看学生的学习积极性是否充分调动起来,讨论发言是否有新意,学生思维是否活跃及老师启发引导是否及时、得当为标准,应该看是否体现了学生的主体作用为标准。二是对一位政治教师的教学水平、教学效果评估不能只看一、两节课上得好坏,而要看他的教学过程,因为课堂教学只是教学过程的一个组成部分,而一位教师的教学指导思想、教学方法往往也不能全在一、两节课中体现出来。三是评价一个学生的优劣不能只看平时的考试分数。99届高三(9)班学生洪平英,他平时考试在班上总分排名都在30多名之后,政治从未考过高分。老师找她谈话,要她抓紧时间认真读书,否则与大学绝对无缘。可她总是笑嘻嘻地无所谓,学得很轻松,生活得很愉快。高考一揭晓,总分529分,上了本科线,政治获得全县单科第一名。这就说明一个道理,只掌握了知识,没有对知识的运用能力不行;有了知识,也有对知识的运用能力,但没有敏捷的思维和良好的心理素质也不行。对学生政治学得好差的评价必须从知识、能力、觉悟、心理素质、社会道德等多方面综合考查。

通过两年多新教材的使用,笔者认为新教材确实编得较有特色,它把一些社会热点问题引进了课堂,并注重了学生能力的培养和觉悟的提高,在教学中我们深深体会到教师转变教学观念势在必行,不是要不要转变的问题,而是如何转变的问题,转变到什么观念上来的问题。如果教师的教学观念能转变并落实到以上七个方面,课堂教学就能取得举一反三、事半功倍的实际效果。

(本文选自《江西教育科研》2001年第Z1期)

研究性课程的构建

南京师范大学公共管理学院　谢树平

为培养学生的创新精神、综合实践能力和个性,2000年教育部首次在《全日制普通高级中学课程计划(试验修订稿)》中增设了一种新型课程——研究性学习,要求一切有条件的中学都要开设。此后,在基础教育课程改革纲要中进一步强调了研究性学习的地位和作用,并在新课程方案和思想政治课程标准中得到了进一步落实。同时,为了发挥中、高考对教育改革的指挥棒作用,从2000年起,有的学科已将创新能力列入考核范围。政治高考和高考综合能力测试都渗透了研究性学习方面的考题。这些措施不仅为中学开展研究性学习提供了法律依据,而且为其设置了强大的动力机制和约束机制。

(一) 研究性学习的内涵和课程体系结构

课程实践离不开课程理论的指导,科学地界定研究性学习的内涵,把握其本质特征和课程体系结构,是构建研究性学习课程体系的基础。关于什么是研究性学习课程,学界已经做了许多有益的探索,课程计划也对此做了说明。这为我们探讨研究性学习的内涵和课程体系结构提供了丰富的思想材料。

"研究性学习是指学生在教师指导下,从学习生活和社会生活中选择并确定研究专题,用类似科学研究的方式,主动地获取知识、应用知识、解决问题的学习活动。"[1]

"所谓研究性课程,指的是学生在教师指导下,根据各自的兴趣、爱好和条件,选择不同的研究课题,独立自主地开展研究,从中培养创新精神和创造能力的一种课程。"[2]

"研究学习是以学生的自主性、探索性学习为基础,从学生生活和社会生活中选择和确定研究专题,主要以个人或小组合作的方式进行。通过亲身实践获取直接经验,养成科学精神和科学态度,把握基本的科学方法,提高综合运用所学知识解决实际问题的能力,在研究性学习中,教师是组织者、参与者和指导者。"[3]

上述定义均围绕专题研究界定,把研究性学习界定为类似于科学研究方式的专题研究。但在研究学习构建与实践中,许多基层学校并不限于此,例如,金坛一中创建的"三层渗透模式",就包含了"渗透于必修课程基础发展、选修课程专业发展、特长发挥的个性发展"三个层面的研究性学习。因而,笔者认为,专题研究只是研究性学习的典型样态,并不是研究性学习内涵和外延的全部。研究性学习是以创新能力形成发展规律为依据,以学习科学研究、培养创新精神和创造能力为目标,以探究为基础,面向全体学生、追求卓越的学习方式和课程形态。并且它不仅仅是一种学习方式和课程形态,而且是一种教育指导思想、一种课程构造模式。因而,从课程样态来看,其表现形式是多种多样的,凡有利于学习科学研究、培养创新精神和创造能力的学习方式和课程形态都是研究性学习的有效实现形式,其课程结构包括以掌握科学研究直接经验为主要内容的专题研究活动课程,也包括以介绍各科最新科研成果、同龄人科研前沿动态、科学研究规律和方法等常识为主要内容的学科课程,例如金陵中学开设的专题讲座《科研的特征——创新性》《怎样做科研》即是这一学科课程的表现形式之一;它既包括分科性的课程,也包括跨学科性的课程,南师附中开设的《用哲学眼光看世界》,就是它的分科典型形式,但这不是它的主体,它以综合性专题研究活动为主,包括学科内综合、跨学科文科综合和理科综合,以及文理大综合;它既有相对独立的课程实体,如美国的劳伦斯中学从1985年起为7年级学生开设的《自主研究》课,我国2000年普通高中开设的《专题研究》课等,同时它又有渗透于各门基础学科课堂教学中的非实体形态,例如金陵中学提出"培养创新意识和实践能力,首先要重视课堂主阵地",课堂教学应"让学生了解人类以往的创新活动""获得间接的创新体验"。[4]《美国国家科学教育标准》(National Science Education Standards)将"探究"作为一条原则写入其中,要求"教学必须让学生参与以探究为目的的研究活动"。总之,研究性学习作为一种新型课程形态,本质上属于活动课程范畴,但它又不是一般的活动课程,它是一种兼容了学科课程特别是综合课程某些积极因素的探究性融合式综合活动课程。它是一种以创新精神和创造能力为培养目标,以探究学习为基础,体现指导与自主、基础与研究、规定与开放、分科与综合、统一与多样、理论与实践有机结合的学习方式、课程形态与构造模式。自主性、研究性、开放性、综合性、实践性则是其本质特征。

(二)构建研究性课程体系

研究性学习作为一种新型课程,其实践形态最初主要存在于活动课程和课外活动之中,因而课程计划和多数学者都把它界定为专题研究活动。但我认为专题研究活动只是研究性学习的典型样态,并不是研究性学习课程的唯一样态,根据上述对研究性学习内涵和课程体系结构的研究,研究性学习课程体系不能仅限于专题研究活动课程,其结构还应包括实体性的专门性学科课程、各学科教学中非实体形态的研究型课程,但应以专题研究活动课程为主体。

1. 开设创造教育讲座,构建实体性研究性学习微型学科课程

南师附中和金陵中学的实践告诉我们,专题研究活动的开展和经验的总结离不开典型个案的启发和理性知识的指导,为增强学生对科研本质和特征的理解,消除学生对创造的恐惧和误解,激发学生的创造自信、热情和潜能,并使学生了解同龄人的科研前沿动态和科研课题,掌握创造的一般规律和方法,懂得如何做科研,提高学生创造的自觉性和研究性学习的质量,必须以讲座形式设置一些创造教育的微型学科课程。如《创造学常识》《文献检索》《社会调查方法》《科研报告与论文的写作》等。前者侧重于创造信心的建立,热情的激发,以及创造规律、创造思维、创造技法与现代科研方法的学习;后三门侧重于介绍各学科的最新科研成果、同年人的科研前沿动态,提出选题建议,指导如何选择课题、确定论文题目、搜集材料、形成观点和写作科研报告与论文,等等。这些微型课程既可由本校教师开设,也可以邀请校外有关专家和学者讲座,但无论谁讲,都必须坚持以案说理或现身说法的原则,从个案研究中得出一般结论,以增强这些课程内容的启发性、迁移性和可操作性。为此,南师附中编选了研究性学习优秀论文集——《求真》,江苏省教育委员会组织有关专家编写了两本教材——《创造与创业》《高中综合实践活动指导》,并与金陵中学合作编著了集研究性学习优秀论文和教改经验为一体的学术著作——《激活创造的潜能》,供各中等学校参考和选用。

2. 以学科为依托,开展专题研究活动,构建研究性学习活动课程

专题研究属于综合实践活动课程范畴,是一门充分发挥学生主观能动性,以学生自主学

习和研究探索为基本方式,以直接经验和科学方法教育为主要内容,以培养创新精神、创造能力、个性特长和综合实践能力为目标的活动课程。它最能体现研究性学习的本质特征,是研究性学习课程体系的主体和核心,在研究性学习课程体系和学生创新精神、创造能力、个性特长和综合实践能力培养中发挥着关键作用。

　　金坛一中作为农村中学一员在这一方面做了一些探索。该校把学科兴趣小组活动与研究性学习活动进行整合,为学生特长认定和个性发展提供时空和保障。发动组成一批对某些方面学习和活动有较强兴趣与一定水平的学生,按其兴趣爱好、特长和课题类别组成若干活动小组,依托校本课程,在跨年级跨学科的范围内以关注实际、自主探究、时间开放、发挥特长的形式开展学习、探索、协作和实践活动,以升华兴趣小组活动,促进这些学生在学习和实践活动中,逐步发挥和认定自己的特长,实现学生创新精神的培养和个性化的发展。南师附中、金陵中学和金坛一中开展专题研究活动的经验告诉我们:一定的学科知识基础和能力是任何科研活动和创新活动的根本。专题研究活动课程的构建应当正确处理好其与基础学科课程的关系,充分发挥各学科基础知识、基本技能和基本方法的支持作用,使之建立在基础学科课程的教学基础之上。"把握研究性学习的本质特征,依托各科教学开展专题研究活动,激活和综合运用所学知识,培养创新能力"正是三校构建与实践专题研究活动课程的重要经验之一。南师附中政治教研组成立"政治课教学与创新意识和实践能力培养"课题组,结合思想政治课教学,开展专题研究,取得了丰硕成果。

　　专题研究活动课程的价值功能在于创新能力培养,在中学设置专题研究活动课程的目的就在于利用这一价值功能推进创新教育。它之所以能够发挥这一功能,就在于它采取了有利于创新能力培养的现代教育思想和学习方式,其所获取的知识是富有生命力的活知识,并包含着丰富的感性经验和科研方法。因此,专题研究活动课程的构建,必须牢牢把握其本质特征,以主体性、自主性、研究性、开放性、综合性和实践性原则为指导,以探究体验式学习为基础,以便充分发挥其价值功能。在价值取向上,应侧重于学生兴趣的激发和培养、个性特长的张扬、创造潜能的开发和综合实践能力的培养,给学生一个发挥特长、展示才能、建立自信、多元发展的机会。在内容上,坚持开放性,既可以是基础学科内容的拓展和加深,也可以是以前没有涉及的领域,或当今社会的热门话题;既可以是单科的,也可以是跨学科的;既可以是理论性的,也可以是应用性的。课题完全由学生根据自己兴趣从其社会生活、学习生活或教师所列出的建议选题中自由选择。但不管选择什么课题,其研究方向都必须指向学生个体自我未知领域,着眼于科技本身和社会实践的发展需要,并具有实现的可能性。考虑到中学生的现有水平和基础教育的性质,以及课题研究实施的客观条件,研究课题既不宜太大,也不应过分追求理论研究的前沿性,而应着力探究当地社会和学生生活中的实际问题和当今社会的热点问题,侧重于基础学科知识的激活和综合应用。其实现形式必须丰富多样,环节必须全面,力争满足学生个性多样化发展的需要,保证课程内容的全面实现。通过实地考察、社会调查、查阅资料、交流研讨、专家咨询、科技制作、方案设计、提案建议、论文写作、科研报告、成果展示、论文答辩等丰富多样的专题研究活动,发展独立探索精神,积累科学研究经验,感悟科学研究方法,学习如何搜集、处理和提取信息,如何应用有关知识解决实际问题,如何在研究中与人交流合作,如何表述或展示研究成果,体验科学研究的艰辛和快乐,培养科学态度和科学道德,增强社会责任感。其评价必须突出过程性、全面性和创新性。研究性学习是面向全体追求卓越的教育,创新性要求是由其性质决定的。当然,这种创新是相对于中学生的水平而言的,并不要求从无到有的发明,只要学生获得知识的过程和结果对他本人或同龄群体是独特的、新颖的、有价值的,就是创新。总之,专题研究活动的整个构建和实施过程,从研究课题的选择、研究方案的设计、研究活动的实施直至结题报告的撰写,都必须贯彻上述原则,充分发挥学生的主体作用,保证学生的自主研究性。同时也不能忽视学校和教师的组织、支持与指导作用。加强学校的组织、支持作用,积极争取学生家长和社会力量的支持,建立一支高素质的专兼职导师队伍,强化对专题研究活动的指导。这是南师附中和金陵中学开展专题研究的又一基本经验。尽管两校为此做了巨大努力,仍不能满足学生的要求,金陵中学仍有30%的学生提出了进一步加强导师力量和指导作用的要求。因此,研究性学习课程构建与实施的多主体性决定了必须充分调动师生双方积极性。师生双主体的互动合作是保证专题研究活动能够顺利开展并发挥其培养创新能力功能的基础。

专题研究活动的构建与实施也离不开社会教育资源的开发和利用以及社会各界的支持。近年来,尽管金陵中学和南师附中为开展研究性学习的教改试验投入了巨额资金,增添了一大批图书资料和实验设备,建立了校园网络,但仍不能满足学生的要求,仍有80%的学生提出了进一步开放学校网络机房、图书馆和实验室的要求。这说明在我国国情条件下单靠中学自身是无法满足开展研究性学习的硬件条件要求。为此必须充分开发和利用社会教育资源,取得社会力量的支持。

3. 渗透扩张,构建研究性学习的大课程体系

研究性学习作为一种以培养学生创新精神和创造能力为目的的新型课程,不仅以相对独立的实体形态存在着,而且以非实体形态存在于学校教育的一切活动过程之中,尤其是各学科的课堂教学之中。并且教育实践也证明,在当前基础学科课程和课堂教学占优势的情况下,学生创新精神和创造能力的培养仅靠每周2—3个课时的专题研究课,是很难奏效的。为此,南师附中和金陵中学又进一步拓展理念,渗透扩张,着力构建以各科教学为基础,以专题研究课程为核心的研究性学习课程体系。

构建以各学科课堂教学为基础的研究性学习课程体系,必须按研究性学习的课程构造模式,对现行课堂教学模式进行改革。

创新能力的培养不仅有赖于学科知识的掌握,而且受获得这些知识的学习方式的影响。现行课堂教学强调知识学习的系统性、结构性,且具有快速系统掌握学科基础知识、基本结构的优点。这对于培养学生的创新能力具有重要意义。然而其获得知识的方式却存在着致命的弱点:知识的习得和运用都不直接接触客观实际,只直接接触经过抽象加工整理而成的文字、图形、表格等"感性材料",缺少直接经验的过程及其方法的教育;重视逻辑论证,缺少知识发展过程的历史叙述;将具体的知识结论奉为绝对真理,忽视具体知识结论的相对性和条件性。其所获得的知识缺乏生命活力,这对学生创新能力的培养极为不利。如何在保证现行课堂教学系统掌握学科知识优效性的同时,使之获得有利于创新能力的学习方式,这是构建研究性课程体系的重大课题。我们认为,可从下列五个方面着手。

(1) 把知识的系统性学习和经验性学习结合起来,使课堂教学渗透一点经验性学习。经验性学习是现行课堂教学的缺陷,但却是专题研究、社会实践等活动课程的长处。因此,现行课堂教学的这一缺陷,可以在不改变其时空的条件下,通过其与实践性活动课程的结合来克服。将学生在专题研究、社会实践等活动课程中所获得的丰富的直接经验引入课堂,组织和引导学生对其所获得的经验和实验材料进行辨别、筛选、分析、抽象、归纳、概括、综合,

使其经历知识的形成过程,感悟经验材料的分析、处理方法,获得富有生命力的活的知识。

（2）把逻辑的论证与历史的叙述有机结合起来,融入一点知识发展的过程史和解决问题的方法。例如,讲解什么是意识,适当介绍一点人们对这一概念的探索史和发展过程史,即从灵魂说、原子说、胆汁说到马克思主义哲学的意识说,这有利于学生了解前人对这个问题所做的工作,所表现出来的探索精神和科学道德,所运用的思想方法和研究方法,所经历的成功与失败,所取得的成就,留给我们问题,使我们的教学把知识的传授与科学方法和科学品质的培养、继承的义务与开拓的责任有机结合起来,给学生更多的启迪和教育。

（3）把知识的绝对真理性论证和具体知识结论真理的相对性揭示结合起来。创新源于知识的拓展,而知识的拓展又源于知识本身的特征——真理的相对性,即条件性。一切科学知识所表达的具体概念、原理、定理、定律、公式、规律和结论,其成立和适用范围都是有条件的。自觉地还是自发地运用知识的条件性,对学生创新能力开发的效果是有很大差异的。适当增加一点知识的条件性分析,揭示真理的相对性,不仅有利于学生发现问题、提出问题、确定研究课题,而且有利于启发学生的思路,寻找问题解决的突破口和创新的切入口。

（4）把接受式学习与问题探究式学习有机结合起来。科学探究是运用已有知识发现问题和解决问题的过程,它不仅是属于科学家的,而且"是学生们用以获取知识、领悟科学的思想观念、领悟科学家们研究自然界所用的方法而进行的各种活动"。培养学生"具有良好科学素质",应当"恰当运用科学方法和原理"(《美国国家科学教育标准》)。根据这一现代教育实践观,课堂教学应当在保持快速高效地掌握学科系统知识优效的同时,强化学生的主体地位,突出问题在教学中的作用,以问题为中心组织教学内容,按照问题探究模式的运行程序,即"创设问题情境——提供科学事实——探求问题解决方法——得出科学结论——运用新知解决新情境问题",开展教学活动。积极引导学生自己发现问题、探索解决问题的途径和方法,让学生用已知去自主探究未知,最终获得问题解决。

（5）把知识的传授与应用研究指导有机结合起来。南师附中政治教研组在教改试验中,从中学生关心的社会现象和热点问题以及中学生学习和生活中经常遇到的问题中筛选出23个课题,结合高二思想政治课教学,在传授哲学常识的过程中,引导学生进行应用研究,让学生感受、了解所学知识和方法在社会生活中的地位和作用,不仅提高了学生的应用研究能力,而且增强了学生对思想政治课价值的认识,改变认知倾向,形成了主动学习和参与社会生活的意识和要求。

参考文献：

[1] 霍益萍,张人红.研究性学习的特点和课程定位[J].课程·教材·教法,2000(11).

[2] 安桂清.研究性课程探微[J].课程·教材·教法,2000(3).

[3] 教育部.2000年《全日制普通高级中学课程计划(修订稿)》.

[4] 陆志平.激活创造的潜能——南京金陵中学研究型课程探索与实践[M].南京:南京师范大学出版社,2000.

（本文选自《教育研究》2001年第6期,有改动）

构建中学现代化的德育课程
——论德育课程设置的改革

扬州大学 赵振寰

思想政治课程改革是由思想政治课的课程设置、编制、实施和考核等方面改革构成的改革体系。随着教育改革逐步深入，课程整体滞后于时代发展的状况日益明显，全面改革思想政治课程是改革中学德育工作的重要环节。

一、思想政治课课程设置的滞后及其成因

思想政治课的课程设置是由两个层面构成的：一是对思想政治课课程性质、地位、目标、任务的定位；二是对课程名称、课时、课程实体和师资构成的定位。第一个层面是深层次层面，它决定课程方向及在整个中学课程体系中的地位和作用。第二个层面受制于第一个层面，又为达成第一个层面内容服务。思想政治课课程设置滞后于时代发展，首先表现在对本课程性质的界定模糊不清。长期以来，对本课程性质的认识有许多错误观点，或认为思想政治课是单纯的文化知识课程，或将课程中的认知因素不恰当地提高到课程性质地位，认为思想政治课是"德智交织"课程。我们对江苏145所中学860名思想政治课教师进行调查，有3.5%的教师认为思想政治课是单纯文化知识课程，有69.8%的教师认为是"德智交织"课程，反映出本学科专职教师中竟有73.3%的人对课程性质的认识是错误的。由于对课程性质错误定位，在教学实践中助长了教学目标偏离课程目标倾向，造成了重课程认知教育，轻情意教育和能力教育，削弱了课程的德育功能。对课程性质的非科学定位，究其主要原因有三点：一是课程标准对课程性质的界定模糊不清。在《九年义务教育初中思想品德课课程标准（试行）》中是这样界定课程性质的："九年义务教育小学思想品德课和初中思想政治课是对学生系统地进行公民的品德教育和初步的马克思主义常识教育，以及有关社会科学常识教育的必修课程"，这一界定性描述易使教师产生错觉，认为本课程性质就是"常识"教育，是解决德育认知的课程，就顺理成章地把本学科归类于"智育课""德智交织课"性质。二是片面追求升学率思潮对课程造成的负面效应，教学中形成了重认知轻情意、重考试技能轻德育素质培养的倾向，这一教学模式又反过来误导教师错把德育性质的课程当作纯文化知识课程。三是对本课程基础理论和编制理论研究不够，教师对课程两重属性的关系认识模糊，将德育的根本属性和德育认知等一般属性相混淆，甚至用一般属性取代根本属性。

思想政治课是德育性质课程。这是中学总课程体系所规定的。中学总课程体系为了实现教育目标，规定了思想政治课是以培养学生道德素质为主的德育课程。纵观世界各国教育，在总课程体系中均设置德育课程。美国在总课程体系中设《公民》《道德》《社会科学》《宗教》等德育课程；新加坡在总课程体系中设《好公民》《儒家伦理》，以及蕴涵德育的有关宗教课程；日本在总课程体系中设《道德》《公民》等德育课程。我国总课程体系规定思想政治课为德育课程不仅是德育形势的客观要求，而且是汲取国内外德育课程设置经验提出的。思

想政治课是德育性质课程,是无产阶级教育实践的经验总结。

思想政治课的内涵和属性也决定了课程德育性质。思想政治课内涵是由本课程目标、任务、内容、要求等组成的,思想政治课目标是以提高中学生道德素质为核心,按照德育认知、德育信念、德育行为这三个领域的顺序构建德育目标体系;思想政治课的任务是培养良好的道德信念,其内容和要求是课程任务的具体化,虽然教学内容和要求不断变革,但都是伴随时代提出更高的道德素质要求而变革的。

思想政治课课程设置滞后于时代发展,还表现在对课程地位定位模糊。我们对江苏145所中学860名教师的调查发现,有14%的教师认为思想政治课是副科。究其原因,客观上是教育行政部门对本课程定位的基础理论研究力度不够;主观上是由于部分教师对课程的德育效果持怀疑态度。

本课程在社会大教育体系中处于主要课程地位,这是由课程性质和任务决定的。社会大教育体系分别由德、智、体、美、劳教育构成,形成以德育为首的教育格局。德育为首是教育的客观现实,任何社会的教育都必须受该社会经济、政治制度制约,并为它服务,德育为首正反映了这一客观现实;德育为首揭示了社会教育的主要目的,社会教育的主要目的是培养各级各类人才,而提高人才的道德素质是培养人才的关键,德育为首正反映了社会教育的目的和要求。思想政治课是主要学科正是德育为首的客观要求。

思想政治课课程设置滞后于时代发展,还表现在对课程任务界定模糊。在课程任务中,政治教育的任务,特别是社会主义方向性教育任务淡化。似乎搞社会主义市场经济可以不讲政治,不讲社会主义信念了,这种错误的社会氛围误导课程编制者和教师忽视对青少年强化社会主义方向性教育。在课程任务中,对思想政治课课程任务的内涵界定模糊。一是对怎样处理道德素质教育和人文素质教育的关系认识模糊。人文素质教育是个大范畴,它不仅包括道德素质教育,而且包括社会大文化系统教育,如心理教育、生态环境教育、计划生育教育、择业教育、现代化教育等。课程编制者在思想中一直处于矛盾境地,一方面囿于传统观念,认为本课程是德育性质的课程,其任务只能是单一的道德素质教育;另一方面觉得在现代化社会,有许许多多和道德素质有关,但又不能用道德素质教育取代的人文教育课题必须纳入思想政治课任务中去。课程编制者这一矛盾心理遂造成课题不断修改和补充,影响了本课程的相对稳定。二是对怎样处理德育认知、德育信念、德育行为规范教育的关系认识模糊。寓信念和行为规范教育于认知教学中,这是课程编制常识,但具体操作却不是易事,往往会形成以认知取而代之的一统局面。其症结在于没有认识到这三者的关系,这三者中,德育信念教育是核心,德育认知教育是手段,德育行为规范是结果,德育认知内容的选择必须服从德育信念教育的客观需要。三是对德育任务内涵的现代化趋势考虑较少。随着现代化事业的发展,德育任务内涵不能停留在传统内涵上,必须随时代发展在素质教育方面扩大到人文素质教育、心理素质教育、创新素质教育上;在观念形态教育方面,不能只限于传统的观念形态教育,应从世界观、人生观、政治观、道德观、价值观教育扩大到现代化观念、全球观念、质量观念、改革观念等现代化观念形态教育上。

思想政治课任务应该从德育认知、德育信念、德育行为规范等三个领域去考虑,从德育认知领域看,本课程应承担对青少年进行公民的社会主义政治、经济、文化、道德、法制基本常识教育,进行基本国情常识教育,进行心理保护常识教育及其他必要的马列主义基本知识教育。从德育信念领域看,本课程应承担对青少年进行公民社会主义政治信念、道德信念、人生信念以及科学的世界观、价值观教育。从德育行为规范领域看,本课程应承担对青少年进行社会主义行为规范教育。

我们再对课程设置的第二个层面进行考察。

关于课程的名称。自新中国成立至20世纪80年代,青少年德育课程以政治课命名;80年代以后更名为思想政治课,这基本符合德育课程的实际设置状况和课程的内涵。但随着课程改革深入,课程名称已明显滞后,许多课题例如心理教育、人文素质培养、生计教育、人际关系教育、现代化教育等已不能用"思想政治"名称所包容或代替,变革课程名称已是刻不容缓的事情。综合世界各国设置青少年德育课程的经验,用"公民"名称取代"思想政治"更符合课程设置状况,因为:(1)"公民"能较全面概括课程目标,能把德育素质培养目标和人文素质培养目标统一于公民素质教育中。(2)"公民"能较全面概括课程任务,如能力素质的培养、行为规范的养成既不属政治范畴,也不属思想范畴,无法用"思想政治"名称所概括,而用"公民"名称则能概括之。(3)"公民"名称更能表达社会主义现代化事业对青少年德育素质的要求。社会主义现代化事业需要具有较高德育素质和人文素质的公民,用"公民"更能表达社会的这种意愿。

关于课时问题。《九年义务教育初中思想政治课课程标准(试行)》中指出:"初中思想政治课每周二课时,其中四年制初中一年级思想政治课每周一课时。时事教育用晨会、夕会或班会时间进行,每学年不少于五课时。"课程标准关于课时的安排基本上是科学的,符合总教学计划和课程设置状况。但从教师对教学时间意见的反馈信息看,部分教师认为应增加到每周三课时为宜,我们认为本课程素质教育的覆盖面大,人文知识量特别多,情意教育难度大,需要活动实践课和各种社会活动支撑,因此必须适量增加课时量。

关于师资问题。有相当一部分教师从事政教专业教学的思想不巩固,在江苏被调查的860名教师中,竟有39.5%的教师对政教专业工作处于被动状况,这是由于对本课程价值评价错误所造成的。

二、德育课程设置的改革

我国德育课程设置应改变传统的设置模式,向课程设置的综合化、乡土化、多样化、个性化模式发展,以构筑现代化德育课程。

(一)实施德育课程设置的综合化

实施德育课程设置现代化,首先必须实行德育课程的综合化。实行综合化,就是打破狭义的德育学科界限,以培养社会主义人文素质为核心,从大德育观念出发,构建现代化的德育课程。传统德育课程是对政治科学和其他社会科学知识的再编制,在编制过程中,依据社会需求和中学生实际状况选择其中课题,按相应的概念结构和原理结构组织成教学内容,用一定的逻辑方式编制成课程。当前我国的思想政治课程基本是这样一种传统课程,其间虽经多次改革,删掉一些落后于时代的内容,增补了一些时代需要的内容,但由于没有从教育哲学的角度去解决课程变革的几个关键问题,在传统课程改革方面就没有什么重大突破。所以要对传统的思想政治课程做彻底的变革,首先必须正确认识课程变革的以下几个关键问题。

1. 怎样对待公民素质教育的综合化问题

公民素质教育的综合化是现代化教育的必然趋势,是由公民现代化整体素质特点决定的。以往将公民整体素质从学科教育的角度划分为德育素质、智育素质、体育素质、审美素质、劳动技术素质,与此划分相适应的是设立各门相应课程,久而久之形成了一种被颠倒的唯心主义认识,似乎是德育课程、智育课程、体育课程、音乐美术课程、劳技课等课程设置决定公民的素质需求,而不是公民的素质需求决定着课程设置。于是这些课程设置被视为亘古不变的教条,课程改革似乎只能在这些课程框架内做些修补增订,这对课程的彻底改革带来相当阻力。其实,公民的素质本来就是整体素质,细分为各类具体素质的本意是为了更好地认识整体素质,以便从不同方面不同层次去塑造教育对象的整体素质。随着社会的现代化,公民现代化的综合素质水平更高,昔日传统的德、智、体、美、劳等素质的划分已不能适应时代的发展,正在向着人文素质、创新素质、科技素质、智能素质等新的综合素质划分过渡,课程设置不能停留在昔日划定的传统框框内,而应持坚定不移的改革态度去打破传统框架,从公民的综合素质教育出发构筑课程。德育课程也应当从公民的人文整体素质教育出发去考虑改革。

2. 怎样对待知识的综合化问题

现代科技的发展需要综合运用各种知识,知识的综合化是当代科学发展的趋势,在此基础上出现了各类综合学科、交叉学科、横向学科。这一科技发展的趋势要求我们大胆地拆除学科之间界限,用科技观点设置综合化的课程,使学生获得跨学科的知识和方法。德育课程怎样对待知识综合化的问题,德育方面的知识出现了向人文知识方面高度综合的趋势,除综合传统的各种德育课题和知识外,还综合了心理教育、人口教育、生计教育、社区教育、现代化教育等学科知识,我们在设置德育课程时必须勇于打破传统的德育学科界限,充分考虑知识综合化趋势,向人文方面渗透,使改革后的德育课程成为不断流动的德育教学媒体。

3. 怎样处理课程和学习主体的关系

长期以来,我们在课程设置中重社会需求,轻学习主体;重教师主导作用,轻学生主体作用,结果形成以下一整套僵化的课程模式:课程编制成为向学生灌输知识的固定不变的教学媒体、课程强调教学内容、忽视过程、课程突出教师感兴趣的内容、忽视学生感兴趣的内容、课程强调积累知识、忽视了发展学生的情意因素和能力因素的培养。凡此种种,说明了我们对学生这一主体的疏忽和轻视。人本主义的教育思想在强调高度重视学习主体方面有可取之处,它强调课程必须以学生为中心,在努力满足学生基本需要基础上,强化学生的潜能发展;它强调正确对待自己和他人,协助学生自我实现。这些观点无疑是科学的,它有利于充分发挥学生的能动作用,有利于全面塑造学生的人格,对我们变革轻视教学主体的传统教育思想有一定借鉴作用。当然,人本主义教育思想也有其根本弊端,它忽视了人的社会属性,忽视了社会对人的决定作用,绝对排斥社会需求,这是片面的。我们在处理课程和学习主体关系时,要以辩证唯物主义的教育思想为指导,正确处理人本主义教育思想及其他西方教育思想,吸收其长处,摒弃其短处,把人的自然属性和人的社会属性统一起来,在承认社会需要的同时,肯定人的主体地位。

实施德育课程综合化的最大困难在于正确解决综合度问题。综合度即综合的广度和强度,广度是指所综合的学科知识的范围,强度是指所综合知识的深浅程度。广度和强度成反比例关系,综合的广度越大,则强度越小,这一反比例关系正是编制德育综合课程的困难所在。从广度看,德育课程依据社会需求和教学主体的需求,应综合心理学科、人口教育学科、哲学学科、政治教育学科、经济学科、法学学科、历史学科、思维学科、环境教育学科、生计学科、家政学科等学科的基本知识,以构成公民德育课程。但广度拓宽了,深度就受到牵制;基本知识本身也是个大范畴,基本到什么深度就是一个难以确定的问题,它一方面要受学习主体的水平限制,另一方面要受教学时间的限制;学科的广度宽了,深度就要受制于教学时间。解决深度与广度矛盾的最佳办法是通过融合课程模式去处理课程综合度,即把上述各学科内容按公民的人文素质要求有机地融合相关学科知识,形成新的教学知识体系,构建成现代化的德育课程。

实施德育课程综合化的硬件条件之一是解决好相关师资问题。综合化课程要求教师具有多学科现代化的知识素质,目前师范院校政教专业设置仍从中学传统学科教育角度设置对应课程,课程体系相当陈旧,远落后于现代化形势发展的需要,毕业的学生知识面狭窄,难以胜任综合化德育课程的教学任务。要在中学全面实施综合化德育课程,必须首先培养一支能胜任新课程教学的教师队伍,师范院校目前这种课程设置状态是无法承担此项艰巨任务的。所以实施综合化德育课程改革必须以改革师范政教专业课程设置为前提,未雨绸缪,国家教育行政部门须及早抓师范政教专业课程设置的改革,作为中学德育课程改革的突破口。

(二)实施德育课程设置的乡土化

德育课程设置的乡土化是世界各国德育课程的总趋势,它不仅兼顾国家德育的总要求,而且兼顾了各社区的特殊情况和特殊要求,把普遍性和特殊性、共性和个性结合起来。德育课程乡土化有两方面含义:一是在具备条件的社区,国家将德育课程的编制权下放给这些社区,国家仅提出总的指导意见,由社区依据社区情况结合国家指导意见编制德育课程;二是在条件不具备的社区,由国家统一编制德育课程,课程目标、课题、教学内容要尽可能兼顾不同社区的要求。德育课程的乡土化比一纲多本又进了一步,它更尊重社区的需求和特点,有利于开发社区的德育资源,有利于调动社区德育的积极性,有利于提高社区的德育素质。

(三)实施德育课程设置的多样化

德育课程设置的多样化包括德育课程实体和形式的多样化。实体的多样化是指德育目标、课题和内容的多样化,传统的德育目标是从认知、情意、行为规范等三个领域去确定的,是对学生单一德育素质的规格性规定,随着现代化事业的发展,青少年德育素质构成有较大变化,逐步形成以价值观为核心的多维度人文素质。与此相关,青少年迫切要求开发潜在的智能因素、情意因素,传统的单一目标已不能适应变化了的德育素质需求,制定多维度的德育目标已是刻不容缓,这就要求德育目标多样化。德育实体的多样化还包括德育课题多样化。传统的德育课题是传统生活的反映,随着时代进步,许多崭新课题提到我们面前,如性别教育、道德教育、家政教育、生计教育、国际交往教育等课题,课题的多样化正是吐故纳新的革新方式。内容的多样化是和课题的多样化相关联的。在信息时代,向学生提供尽可能多的德育信息,有利于调动学习主体的能动性,达成自我实现、自我完善。德育形式的多样化要求我们在课程设置中把学科课程、活动课程、潜在课程统一到德育课程设置中,在全方位、多角度、多层次的形式中达成课程目标。

（四）实施德育课程设置的个性化

德育认知、情意、行为规范的水平同个体差异相关，既同个体的智能结构素质有关，也同个体的情意结构素质有关，德育课程的设置怎样兼顾学习主体的个体特点、智能结构素质和情意结构素质，一直是德育课程设置的难点。通常认为个性化问题应由教学来实现，其实教学的个性化是以课程设置的个性化为前提的，课程设置的个性化首先是德育认知的个性化。所谓德育认知个性化是指认知目标、课题的选择、教学内容的编写和结构安排应有利于教学的具体化和个性化。德育情意的个性化是指课程目标、课题、教学内容中包含的情意因素应有利于改善学生的情意结构，使情意教育落在实处，提高学生的情意素质。这也是德育课程成败的关键。德育行为规范的个性化，是指德育课程的设置必须向学生提出明确的行为规范要求和考核要求，并要考虑有利于教师传递这一教学信息。德育课程的个性化体现了对德育对象的高度重视，体现了注重德育效益的思想。

课程设置改革的第二个重要方面是课程设置实体的改革，主要是对德育教师队伍的改革。首先，要抓好德育师资队伍的思想政治建设。部分教师受西方错误思潮影响，对四项基本原则认识模糊，甚至持不同观点，遇到改革中存在问题就流露出不满情绪，说明有必要把师资队伍思想建设放在师资队伍建设的首位，应有计划地组织安排教师参加各种形势教育、政策研讨班，组织教师实地考察和调查，从理论和实践两个方面提高教师的思想政治素质。

其次，要抓好德育师资队伍的专业思想建设。有部分教师专业思想不巩固，被动地从事思想政治课教学，这对提高本学科的教学质量不利，是个极为严重的问题。一方面要设法提高教师献身于德育事业的专业思想，一方面要从宏观上提高德育教师在社会上的地位，使德育教师乐于献身国家的德育事业。

在德育教师队伍的管理方面，应逐步过渡到资格证书制度，对思想政治教育专业毕业的教师从思想政治素质、业务素质、敬业精神、工作表现等方面进行一定的考核，合格者发给任职资格证书，并在今后的职称评定和待遇方面给予优惠条件，鼓励教师终身从事德育工作。

（本文选自《课程·教材·教法》2001年第12期）

论中学德育课程的改革

扬州大学政法学院政治系　赵振寰　东南大学德育教研室　赵　波

当前的中学德育课程编制基本停留在传统课程编制模式上，滞后于时代发展的要求，构建现代化的德育课程必须在科学评价现有德育课程编制基础上，对课程目标、课题、课程标准、教材和教学的有关方面进行科学的整合。

一、对中学德育课程编制现状的评价

改革思想政治课的编制是一项系统工程，它包括对课程编制目标、课题选择、课程编制模式的选择、课程标准的制定、教材的编写、课程评价体系完善的全面改革。要实行这一全面改革，必须对现有思想政治课程编制系统做一全面评价。

20世纪80年代以来，思想政治课程经历了恢复、调整和改革，逐步形成今天的课程编制体系，制定了初、高中课程标准，改革了传统的"一纲一本"体例，按课程标准编写出颇受学生欢迎的多种教材，大批政教专业毕业生充实了中学师资队伍，国家教育部批办了数种课程研究和教研杂志，逐步完善了课程和教学评价系统，所有这些，说明我国思想政治课程编制自改革以来取得了相当的成绩。但在我们对课程实施状况进行调研中也发现课程编制存在不少亟待改进的问题。

从21世纪德育的高度看，现有的德育课程目标相对处于滞后状态，表现在以下几点：（1）目标基点滞后。现有的课程目标基点放在培养合格公民的德育素质基点上，这属于传统的基点，它在20世纪的德育教育中曾发挥过极为重要的作用，但随着时代的发展，有的德育目标基点已远不能适应21世纪公民素质的需要，21世纪公民素质目标的基点应是培养公民的人文素质。现代公民的人文素质是综合性的、多维度素质，它不仅综合政治素质、道德素质、思想素质、心理素质、审美素质和思维素质等，而且每一素质都包含着科学的思想观念、情意因素、逻辑方式等。这一素质不仅适应21世纪社会发展的需要，而且也推动了人的本身发展和自我实现。（2）目标内容滞后。有些德育目标的内容不仅要适应时代对德育素质的需要，而且要有超前趋势。许多富于时代气息的内容如现代化教育、创新教育、生计教育、全球意识教育、性道德教育、网络道德教育、环境道德教育、动物伦理教育等德育内容未能深刻地反映到课程内容中去。（3）编制目标的指导思想滞后。编制德育目标，要与时俱进，应该根据发展了的马克思主义及时对课程编制的指导思想进行调整。当前应以江泽民同志的"三个代表"理论作为编制德育课程的根本指导思想，不能为保持德育课程的相对稳定性而将课程编制的指导思想停留在原有的水平上。

从21世纪德育的高度看，现有的德育课题相对处于滞后状态，中学德育课题分为初、高中两个组群，初中组群以养成学生良好的心理素质、道德素质和法制意识为中心进行设计和安排，高中组群以养成学生科学的世界观、人生观、政治观为中心进行设计和安排，这一安排基本上是科学的。但从21世纪德育高度看，现有课题需进一步完善，广大教师在德育实践过程中也敏感地觉察到这一点。江苏省 860 名被调查的政治教师中,有 420 名教师认为初一应增加心理调适课题,220 名教师认为应增加性道德教育课题,360 名教师认为应增加审美教育课题,分别占被调查教师的 48.8%、25.6%、41.9%;被调查教师认为初二进行宪法和法律常识教育是科学的,只是课题面太窄,其中 530 名教师建议搞成"世界观—人生观—法制观"综合教育课题,以提高德育的效益,占被调查教师的 61.6%;被调查教师对初三德育课题意见较大,其中 430 名教师认为应增加现代化教育课题,450 名教师认为应增加择业和升学指导课题,分别占被调查教师的 50%、52.3%。从被调查的 5 088 名学生和 3 774 名家长的意见看,他们的观点和教师的观点基本接近。我们认为广大政治教师的意见是正确的,是符合德育主体和客体实际状况的。高中课题偏重于进行社会主义市场经济观、科学世界观、人生观、政治观教育,这一基本思路是正确的,但从大教育角度看,高中阶段仍然是进行德育基础教育,在高中阶段应高度强化法制意识教育和道德意识教育,这不但对德育主体的发展,而且对贯彻"以法治国,以德治国"的方针有重要意义,现有的高中德育对法制意识教育课题和道德意识教育课题基本上是忽视的。

从 21 世纪德育的高度看,现有的思想政治课课程标准相对处于滞后状态。虽然思想政治课率先完成了从教学大纲到课程标准的过渡,走在各学科改革的前面,但从 21 世纪德育的高度看,仍有滞后倾向。从体系结构看,只限于从教育和教学角度制定有关的标准,忽略了从教材编写角度和学习角度制定有关的标准;只限于从教学角度提出有关的要求,忽略了对学习提出较为具体的指导意见,它对于学习水平级的划分还有待于商榷,编制者把国际公认的 B·S·布鲁姆的认知目标的六个水平级简化为三个基本类别水平级,即识记、理解和应用三个水平级。这一分类标准固然有利于师生从理论和实践两个方面去掌握,但也带来新问题,应用水平级的内涵被扩大到不合理的程度,即使勉强把分析、综合水平级纳入应用水平级内涵中,但布鲁姆所提出的评价水平级无论如何是无法并入应用水平级中的。评价是学习的最高水平级,它是在应用、分析和综合基础上形成的价值标准,并运用此标准评判事物的价值属性。评价观念的形成标志着学生已初步形成了包括价值观、世界观、人生观、道德观、政治观在内的价值体系,因此,不能把评价水平级简单地并入应用水平级内。

思想政治课的教材编写,自采取"一纲多本"的教材编写方针后,全国依据课程标准编写了多套教材,这些教材的社会评价和社会效益都比较好,但也存在着一些问题。(1) 教材编写的哲学指导思想、体系结构上滞后。从哲学指导思想角度考察,教材在目标处理上没能很好地协调教育与发展的关系。21 世纪人才的根本特点是素质的全面发展,思想政治课是人文性质课程,主要任务是塑造学习主体的道德素质,兼顾其他素质的塑造,在兼顾其他素质塑造方面,教材历来比较注重理论体系的逻辑性和情意教育因素的隐含性,对能力因素较少顾及。造成这一情况的深层次原因是没有妥善处理好教学与发展的关系。人才素质全面发展的关键在于学生不仅能获得知识和情意信息,而且会获取这些信息,这就是能力,这就需要在教材中强化能力因素的教育。(2) 教材在内容处理上大多没能够协调好现代文化和传统文化关系。传统德育知识是中华民族传统文化长期积淀的成果,是德育的宝贵资源,在教材中体现出来是完全科学的,但教材更应高瞻远瞩,充分体现现代化的人文教育知识,这需要充分吸纳现代社会科学的最新成果,并在教材中表达出来。而现有教材虽在这方面作了一定改进,但仍然没有充分体现社会科学的最新成果,给人一种和传统教材似曾相识的感觉。(3) 教材在方法论上,对学习主体的被动学习比较重视,但对学习主体的主动活动和学习重视不够。(4)教材在体系结构上对解决认知策略方面重视不够,教材的认知策略是指便于教学所采取的组织教学内容的方法。认知策略要求教材在文字结构方面注意科学地设计课文标题、摘要、注释、旁插语、插图、习题作业;要求教材在方法论方面科学地安排逻辑方式、表达方式、语言文字组织方式,新教材编写者多数没有从认知策略的高度有意识地安排初、高中教材,因此各年级教材的认知策略水平高低各异。

教学组织形式和方法的设计是课程编制的重要内容,思想政治课教学组织形式基本停留在传统水平上。广大教师在教学实践中所创造的第二课堂教学组织形式,由于缺乏深入的理论研究,对第二课堂的性质、地位、任务、实施原则和方法认识不清,往往把第二课堂的教学上成课外活动。当然,教师在操作上的失误不能算在课程编制者头上,但课程编制者有责任在课程标准中对第二课堂教学组织形式进行一定的理论规定,帮助广大教师深刻认识第二课堂教学形式的性质、地位和任务,把群众创造的有生机的新的教学组织形式推向新的发展阶段。《课程标准》规定的教学原则和教学方法基本上是科学的,不足之处在于忽视了强调教学方法的现代化问题,随着多媒体教学手段和方法逐渐为思想政治课所采用,课程标准缺少对多媒体教学手段和方法系统指导的缺陷日益显露,使多媒体教学带有相当程度的自发性和盲目性,在被调查的5 088名学生中,认为多媒体好玩,但对听课的实际效果没有多大帮助的有376人,认为有一定教学效果、但还不理想的有2 341人,分别占被调查学生的7.4%和46%。

思想政治课考核问题一直是课程编制的薄弱环节,虽然课程标准规定了学习评价分为识记、理解和应用等三个依次提高的水平级,但教师在实践中操作很困难,由于课程标准没有明确规定考核的具体操作程序和方法,所以思想政治课考核基本是单一的认知领域的考核,没有兼顾到情意领域和能力领域的考核,属单向度的考核。教师、学生和家长对这种单向度考核很有意见,在860名被调查的政治教师中赞成单纯从认知领域考核的仅40名,占被调查教师的4.7%,赞成从上述三个领域全面考核的却有800名之多,占93%;在被调查的5 088名学生中赞成单纯从认知领域考核的仅198名,仅占3.9%,而赞成全面考核的竟达3 309名,占65%;在被调查的3 774名家长中赞成单纯从认知领域考核的仅255名,占6.8%,而赞成全面考核的多达2 493名,占66.1%。上述调查反映全社会都希望通过综合考核促进青少年在道德素质、智能素质和行为表现方面全面地发展。

对思想政治课课程编制质量缺乏科学的评估标准,一直是课程滞后于社会发展形势的重要原因。课程编制评价标准一般是由评价目的、评价目标、评价内容、水平级、评价组织和实施、评价结果检测等部分组成的。在这些方面,课程编制无论是在理论上还是实践上均没有形成一定的评估体系,课程编制好以后,无法较客观地依据评价标准做出课程质量的超前预测。只能待实践一段时间后,搜集有关信息从舆论角度做大致判断,这种判断是不准确的,预测精度低。

二、改革思想政治课课程编制

思想政治课课程的改革是一项系统工程,它包括对课程编制的哲学指导思想、课程目标、课题、课程标准、课程编制模式、教材、考核制度、课程评价体系进行全方位的改革,并在此基础上进行科学的整合。

（一）关于课程编制的哲学指导思想改革

思想政治课程的编制是在一定教育哲学思想指导下进行的,它规范着课程的性质和方向,决定着课程的社会效益。科学的教育哲学思想应遵循三个基本原则。

1. 现代化原则

它有两层含义。一是正确界定人才的现代化德育规格。人才德育规格不仅包括传统意义上科学的世界观、人生观、价值观、道德观、政治观的素质要求,而且包括现代意义上的全球观念、现代化观念、改革观念、公平竞争观念、市场经济观念、民主政治观念等观念素质,这些观念素质是21世纪人才的基本观念素质,这些现代化观念不是自发产生的,它主要依靠德育课程系统培养产生的。二是应编制培养具有现代化德育素质人才的德育课程体系。德育课程体系是由课程目标、课程标准、课题、编制模式、教材、考核和评价组成的系统,编制过程中要对这一系统进行优化,使之能走在时代前列,成为符合时代要求的课程。

2. 尊重德育主体的原则

长期以来,我们片面强调德育与社会客观需要的关系,并把这种关系极端化,发展成无条件地服从关系,将德育主体看成是被动的被塑造的受体,否认德育主体的自主要求,并将其主要要求错误地视之为个人主义。其实社会与德育主体是辩证统一关系,德育服从社会需求和德育服从德育主体的需求是统一的,只有当德育把社会需要和德育主体的需要统一起来,才是完美德育。

3. 综合性原则

随着科学技术进步和社会生产力的发展,学科综合化趋势越来越快,大量传统课程相互渗透相互作用,形成新的综合课程,对塑造学习主体的整体素质,提高教育效率起了重要作用。德育课程编制必须遵循综合性的原则,采用综合编制的模式,即在编制的指导思想上把主体的德育知识和相关的人文科学知识相综合,以形成新的德育主体的人文素质为宗旨;在编制内容上把思想政治知识和历史知识、生物环保知识、心理学知识、美学知识等相融合,形成新的德育课程知识内容;在课程编制模型上,不再是传统意义上的直线式模型,也不是改良的螺旋式模型,而是综合上述模式特点的"直线—螺旋式"模型,既兼顾循序渐进的理论体系,又兼顾学习主体的螺旋式认知规律。

（二）关于课程目标的改革

改革课程目标滞后状况,首先要变革制定目标的指导思想,长期以来,制定课程目标的指导思想依旧是传统思想,在课程编制上表现为没有辩证地处理好继承和发展关系。随着时代发展,社会对学习主体的道德素质要求与传统道德素质要求相比,不仅规格高,而且增加许多时代赋予的新内容,课程编制者在增添新内容方面态度是明朗的,问题是对传统内容的取舍上,舍掉落后于时代的内容是件易事,但对于处理两可之间的内容就难舍难分,如课程标准中规定的社会发展规律教育、社会理想教育和社会责任感教育,这三者在实质上是一致的,完全可以用社会理想目标将其统一起来,而课程编制者却安排28课时用来进行其中社会发展规律一项目标的教育,从德育效率看,是较低的。

变革课程目标必须变革课程目标的基点,必须从传统的培养公民的基本道德素质转变到培养公民现代化人文素质这一基点上来。人文素质是个综合素质,它综合了政治素质、道德素质、思想素质、心理素质、能力素质、审美素质等多方面的素质,它是全方位、多层次的素质,是21世纪公民必须具备的基本素质,培养公民的人文素质是时代赋予思想政治课程目标的任务,也应该成为德育课程目标的新基点。

变革德育课程必须变革德育课程目标的内容,德育目标的内容虽然可以从认知领域、情意领域和行为领域去思考和划分,但在内涵上必须进行变革,认知领域必须纳入现代化的社会科学知识,必须要保留的传统德育知识应该从提高德育效率出发,构建学生的现代化观念体系。行为规范领域的面要宽,从被动的遵守纪律、法治规范拓宽到主动去维护,从遵守和维护学习环境、生活环境的道德和行为规范,拓宽到社会大环境领域。

(三) 关于课题的改革

课题选择是课程编制的核心,它决定着教学内容和教材的编写,影响着课程目标的实现。课题选择取决于社会对人才素质的要求以及德育主体自身特点,它是一个动态的历史发展过程,不同时代有不同的课题选择,同一时代的不同时期,课题也应随着时期的特点作相应变革。当前的思想政治课课题在改革中几经变革,从总体上看是较好的,以初中学段为例,课题为青少年教育、法制教育、社会理想教育和国情教育等四个板块,比较适合青少年德育特点。当然,这一课题系列还存在一定问题,下面我们将对这一课题系列提出初步的改革意见。

初一设心理教育课题系列,符合这一年龄段青少年的人文教育实际情况,青少年正处于青春发育的关键阶段,一方面自我意识迅速觉醒,个性心理逐渐成熟,感情世界日益丰富,社会性兴趣与日俱增;另一方面面临的各种压力日益增大,沉重的学业负担、频繁的人际冲突、性压力、升学压力均压在青少年肩上,这种强大的压力是正在脱离社会性依赖的初一学生前所未遇到的。这个年龄段的青少年也正处于心理急剧发育的时期,神经系统的稳定性差,当外界压力超出心理承受能力时,极易产生各种心理障碍。我们采用整群分层抽样分析方法调查了扬州、泰州市1 002名初一学生的心理健康状况,发现57%的学生因学习压力过重有过度疲劳感,32%的学生因对自己的外表评价过低有一定焦虑,26.5%的学生因对自己的智能素质评价过低有自卑感,25.5%的学生因经期和手淫而产生焦虑。这一调查证明在初一开设心理教育课题是很及时的。

初一心理教育课题系列是由正确看待自己、锻炼心理品质、调节情绪、磨砺坚强意志、承受挫折、开拓进取、自尊自信、塑造良好性格、追求真挚友情、陶冶高雅情趣、培养爱国情感、增强自律能力等12个课题组成的,经过教学实践观察,教育效果较好,说明初一教育课题的社会效益是好的。但站在21世纪的高度看,这一课题系列还存在一系列问题,从课题内容看,现有的心理教育课题内容基本是单向度的,重视心理素质教育,忽视动态的心理调适,更忽视科学的思维方法教育,因此,必须尽可能地把心理教育课题设计成心理教育、心理调适和思维方法教育三者有机统一的综合课题;从素质培养的角度看,现有的心理教育课题内容没能将心理教育和基本道德教育相结合,更忽视了性道德教育,使心理教育和道德素质的养成无法相得益彰,无形中降低了心理教育的效益,因此设计心理教育课题时必须考虑德育效益,尽可能地在有限的一学年时间内既进行心理教育,又有机地进行基本道德的教育,为初二、初三年级的德育留有较多的教学时间;从心理教育的效果看,忽视在心理教育中进行审美教育,使得心理素质的养成效益受到影响,因此设计课题时必须考虑把审美观教育和心理教育有机地结合,使学生在培养良好心理素质的同时,提高审美素质,减少因审美观的错误而带来的心理压力;从心理素质的深化角度看,现有课题没能把心理教育和心理调适相结合,不能达到既对学生进行心理健康知识的教育,又能及时疏导心理障碍,因此,应该适当安排一定的心理调适课题,以思想方法教育为龙头,把心理教育和心理疏导统一起来。

初二安排法制教育课题系列,从教学反馈的信息看,课题系列是科学的,社会效益较好。初二学生正处于社会性成熟的关键阶段,心理活动的能量大,缺乏一定自制力,若缺少严格的法制意识教育,极易导致社会性越轨。课题能从法的一般属性,逐步深化到对学生进行社会主义宪法教育,无论从逻辑角度还是从理论角度看都是科学的。但从整个德育布局看,用一年时间进行法制教育,教育效益是偏低的,初中阶段要达成初步塑造人文素质目标,需要解决有关世界观、人生观、道德观、价值观和政治观方面的教育课题很多,若用一年时间只解决法制教育问题未免不经济,因此,宜将初二的德育课题调整为以世界观教育为龙头,以法制教育为主干,综合人生观和道德观教育,形成综合教育课题为好,这样可以提高初中阶段的德育效益。

初三设社会理想和国情教育课题系列,课程编制者对课题的选择是颇费匠心的,课题的实施也取得了一定社会效益,但从德育的总体布局看,用一年时间进行上述课题教育效益是不高的。初三学年是基本德育素质综合完善阶段,必须有计划地将前两学年无法安排的基本德育课题在这一年安排好,若用半学年只完成社会理想教育,德育效益未免太差。应该将社会理想教育压缩成一个小课题,仅用原教学时间的五分之一或更短时间就可以达成教育任务,可以节省更多的教学时间安排其他基本德育课题教育。

中学德育任务是要完成21世纪公民的基本道德素质教育,21世纪公民的基本道德素质与传统道德素质既有联系又有区别,它具有更多的现代化特征,需要更多的适应时代的德育课题支撑。在高中阶段要考虑更新传统的德育课题,现有的高中德育课题是哲学领域的教育课题、经济学领域的教育课题和政治学领域的教育课题,这些课题对培养公民的道德素质有一定作用,但基本还属于传统的德育课题,必须考虑将这些传统课题进行压缩,腾出一定的教学时间安排现代化意识教育课题、改革意识教育课题、全球意识教育课题、创新教育课题、升学和择业指导教育课题、婚恋教育课题、家政伦理教育课题等21世纪所需要的人文素质教育课题。

(四)关于课程标准的修订

我国制定课程标准尚属改革实验阶段,在思想政治学科方面,国家教育行政部门颁布了初、高中思想政治课课程试行标准,它是由课程目标、教学内容和基本要求、教材编写、训练形式和要求、教学原则和教学方法、学习评价和考核等方面构成的,这一课程标准在总体结构上是合理的。但也有许多需要改革的地方,首先,要对课程与社会、学习主体、其他课程关系做深入地哲学考察,以确定本课程的社会价值,确定本课程在教育体系中的方位,确定实现课程价值的最佳体系、途径和方法。只有当本课程进入哲学领域的视野,课程标准的编制才可能是科学的。其次,编制课程标准要充分体现课程标准的全方位的属性,不仅制定教学指导意见,还应制定教材编写指导意见,明确教材编写的原则、方法、审编程序,使各社区在编写时有一定的依据。最后,编制课程标准不仅要考虑教育和教学的标准,而且要考虑学习的标准,充分发挥学习主体的积极性和能动性,是21世纪教育的重要特点。因此,从改革角度考虑,应该把学习本课程的一般原则、主要学习方法纳入课程标准中,通过课程标准来规范学习。

(五)关于教材的改革

教材改革是以课程标准中课题改革为前提的,在此基础上,着重要对新教材的编写做周密的哲学考察,重点要考察以下方面:一是要考察新教材的教育价值,以便正确界定新教材在课程体系中的地位和作用;二是要考察新教材和课程目标、课题、教学对象、师资状况的关系,以确定知识内容选择的范围、深度和广度,知识的逻辑结构和安排。三是要考察新教材和德育的关系,以确定在教材中怎样科学地安排情意教育因素。四是要考察新教材和文化的关系,包括和传统文化、现代文化、西方文化的关系,以便在教材编写和安排中怎样利用传统文化、西方文化中的合理德育资源,扩大学生的德育视野,以便利用现代文化中的合理成分,使教材编写得生动活泼,有浓郁的时代气息。五是要考察新教材在体例上和传统教材的关系,以便处理好继承和发展的关系。

教材在知识内容的编选和例证材料的选择方面要进行改革。改革的关键是要以现代化的教育思想做指导,采摘具有时代特色的知识内容,即选择最新的社会科学知识编选到教材中,如江泽民同志所提出的"三个代表"理论,是马克思主义的普遍真理和中国社会主义实践相结合的产物,"三个代表"的知识内涵是相当丰富的,是社会科学研究的最新成果,应该及时地选编到教材中去。要选择改革开放中有教育意义的典型材料和事例编选入教材中,使知识教育和现代化教育有机地融合。在知识内容和例证材料的选择过程中,一定要高度注意其中蕴涵的情意教育因素,尽可能地把含有丰富的现代化意识、全球意识、创新意识、主体意识、民主政治意识等知识内容和材料选入教材中。教材在知识结构和逻辑上也要进行改革,既要重视传统的知识结构方式和逻辑方式,按照由易而难、由浅入深、由历史到现实的逻辑构建教材的知识体系,又要重视进步主义教育家所倡导的按照学生的学习心理,以学生为本位,注重按学习者的需要构建知识体系的方式,更要重视依据本学科特点进行创新,探索适合国情特点的德育知识结构方式。

教材的结构要进行改革,要力求按照教学活动的要求设计教材结构,设计篇章和组织材料,达到能给学生提示思考方法、给教师提示教学方法的目的。教材在编写过程中要注意资料的精选和发挥图表的功能,选择资料和图表不仅要围绕所论述的基本原理,而且要注意资料和图表的时代性、形象性、通俗性和趣味性。

教材的编写模式要进行改革,要从限制性、规范性德育编制模式转变到主体发展性德育编制模式中来,主体发展性德育模式是以培养现代化德育主体,促使主体的德育素质提高为中心,它的出发点不是禁锢人,而在于创造条件发展人,现有的教材要能做到以主体发展性德育模式来编写,必须在教材的知识采摘、结构和逻辑安排上以发展德育主体素质为核心,避免用烦琐的、经验式的概念辨析、考证等知识去禁锢学生,使学生在从知识到知识的圈子里打转,而不能迅速实现从知识到信念的转化。

在教材编写过程中,要及时纠正在民族德育文化和国际德育文化关系上的偏差,现教材在处理这个问题时,基本是采用封闭的、单一的民族德育文化模式。在现代化社会中,青少年德育既是民族文化的产物,具有民族性,又是国际社会文化互相融合的产物,随着信息化世界的发展,各国间德育的渗透融合速度越来越快,为各国加速德育现代化提供了理论和实践条件,在这一点上,传统教材的单一民族德育文化模式无法充分利用世界其他国家的德育资源,缩小了自己的德育视野。因此,德育教材的编写必须克服这一偏向,使民族德育文化和世界先进的德育文化高度统一在思想政治课教材中。

(六)关于教学组织形式和教学方法的改革

从表面层次看,教学组织形式和教学方法的选择是教学操作的事;但从深层次看,教师对教学组织形式和教学方法的选择受制于课程标准对它的原则性规定,所以,课程编制者应对思想政治课教学组织形式和方法的改革进行深入地探索。目前思想政治课教学组织形式基本是传统的课堂教学组织形式,这一组织形式对传授知识、提高认知领域的教学效率起了重要的作用,但课堂教学形式也有它的弊端,特别是相对于思想政治课来讲,很难做到理论联系实际,而理论联系实际正是本学科教学的基本原则。改革传统的教学组织形式是本学科势在必行的改革任务。

第二课堂教学组织形式是本学科教师在教学组织形式改革方面的一个创举,但没能得到有计划、有组织地推广,基本处于各自为战的状态。第二课堂教学活动组织形式是德育学科新的教学组织形式。它和社会实践活动、课外活动的主要区别在于:(1)它不仅是社会实践活动,而且是一门课,它需要教师认真周详地备课、写教案,对第二课堂教学的教学目的、教学重点和难点、教学方法和手段都要做深刻地考虑和恰当地安排;(2)第二课堂的教学内容不是随机的,也不是依据形势和任务确定的,它是依据课程标准和教材有关内容安排的,是通过实践活动环节去完成教学任务,它也不同于系统的以知识教授为主体的课堂教学形式,而应该是以学生实践活动为主体,在教师引导下完成学习任务。第二课堂作为新的教学组织形式,是德育课程的有机组成部分,是值得推广的,课程编制者必须深入地研究它在思想政治课教学中的教育价值,研究它的特点和实施方法,研究它和课堂教学的关系,并把这些研究成果反映到课程标准的有关规定中去,以便规范这一新的教学组织形式。

多媒体教学趋势是思想政治课教学方法改革的趋势,多媒体教学方法的效果是由教师对多媒体理论掌握的水平以及对思想政治课多媒体教学法理论掌握的水平所决定的,所以,课程编制者应从这两个方面进行研究,并组织不同层次的学习班、进修班、研讨班以推动多媒体教学方法的普及和提高。

(七)关于考核制度的改革

目前,德育学科的考核形式基本是单一的书面考核形式,这一形式对情意领域、行为领域的学习绩效是无法考核的,对达成课程总目标缺少反馈和激励作用。课程编制者对思想政治课考试制度的改革应立足于对学生的认知领域、情意领域和行为领域进行全面考核的基点上,从书面考核、教师考核、学生自我考核、家长考核相结合的立体途径去研究思想政治课考核制度的改革。思想政治课考核制度的改革是一项社会工程,它不仅仅是学校的事,也不仅仅是课程编制者的事,必须动员全社会来参与讨论和研究这一问题,没有社会和家长的参与和投入,这项改革是不可能成功的。思想政治课考核制度的改革也是一项深刻的教育理论改革,当社会和家长参与考核时,有许多传统的考核理论要进行新的探讨,如怎样保证考核的信度、效度,怎样确定考核的区分度,用什么方式和方法让社会和家长参与考核,用什么样的比例去综合方方面面的考核成绩等。

上述七个方面的改革是思想政治课课程编制改革的主要方向,在改革进程中要妥善处理这七个方面的关系,并进行科学的整合。对课程编制进行哲学考察是为了对课程的意义进行深入的研究,是为了对课程的环境、课程的本体和客体进行研究,以便给思想政治课编制进行正确的定位。课程目标的改革是课程编制的基点,它决定着课程编制的方向,决定着课题选择、教材的编选、教材组织形式和方法的运用、考核制度的确定。课程标准的改革是课程编制的核心,课程标准从规范性的角度出发,对课程的各个组成部分进行了质和量的严格规定,它所规定的课题具体规范着课程的知识内容,它所规定的教材选编原则关系到教学工具的质量。它所规定的教学组织形式和方法关系到教师的教学质量和学生的学习质量,它所规定的考核制度不仅对学习客体,而且对整个课程都起着考核和监督作用,因此,在德育课程的编制过程中必须用一体化的观点和方法,对课程系统进行全盘考虑,妥善安排改革的重点,兼顾非重点,以求能尽快构建21世纪所需要的高质量的中学思想政治课课程。

(本文选自《课程·教材·教法》2002年第9期)

高中政治课程资源开发与利用的思考

海南海口市长流中学　林成华

《基础教育课程改革纲要(试行)》明确规定,在新一轮课程改革中要"积极开发与利用校内外各种课程资源"。"课程资源的开发与利用"被提上重要位置。然而,什么是课程资源?有没有必要开发与利用课程资源,怎样开发与利用高中政治课程资源,许多高中政治教师存在着模糊认识。笔者在高中政治新课程实施过程中就此进行了一些探索与思考,发表一管之见,以抛砖引玉。

一、走出课程资源就是教材的误区,树立新的课程资源观

一提到课程资源,许多老师普遍认为课程资源就是教材,教材是唯一的课程资源。其实,教材仅仅是课程实施的一种文本性资源,是课程的一种重要载体,但不是课程的全部。课程资源的概念是非常丰富的,广义的课程资源是指有利于实现课程目标的各种因素,狭义的课程资源是指教学内容的直接来源。在学校的课程实施中,凡是能促进课程内容与现代社会、科技发展和学生生活的紧密联系,给学生提供主动参与、探究发现、交流合作且能增长知识、开发智力、培养能力、陶冶情操的一切可用教育资源,都应是课程资源。

高中教师在新课程实施中要逐步确立起课程资源意识,改变只把教材作为唯一的课程资源的倾向,树立新的课程资源观。一方面,我们要确认教材是最基本的课程资源,充分发挥教材在教学中的重要作用;另一方面,也必须认识到教材不是唯一的课程资源。我们要清醒地认识到任何课程的实施,都需要利用和开发大量的课程资源。

二、高中政治课程资源开发与利用的必要性

1. 可以弥补教材的不足

高中政治经济生活是一本带有时事性的综合教材,尽管已把近年发生的事例纳入其中,但因我国社会主义建设发展速度迅猛异常,仍出现一些内容与形势发展不相适应的状况。此外,经济生活教材是全国统一,各章节的例证固然具有代表性,也真实可信,但它离学生所处的实际生活环境较远,滞后性强,证明力弱,往往不能很好地激起学生学习的兴趣。因此,教师在教学过程中应不断进行课程资源的开发与利用,可以弥补教材的不足。

2. 可以促进教师专业发展

无论是从教学专业化的需要来看,还是从教师作为专业人员的权利来看,参与课程资源开发与利用都应该是教师专业生活的组成部分。教师参与课程资源开发与利用可促进教师的专业发展,因为它能使教师面临新的教学观念、材料和策略的挑战,有利于教师专业上的进步,提高教师对教育的理解,丰富其学科知识,并能够超越课堂的局限去思考问题和行动。另外,有研究表明,教师参与课程资源的开发与利用后,显得更为自信,对所教内容的理解更为充分、更为准确,自己感到比原来能够教给学生更多的东西,而且教得更好。

3. 可以促进学生的学习结果

任何教育改革,最根本的目的应在于改进学生的学习结果。高中政治教学实践中不断进行课程资源的开发与利用,可以帮助学生跃出课本,拓宽视野;使学生以教材为本又不拘泥于教材,以理论为依据又不空背理论;使学生在教学过程中将自己置于学习和认识的主体地位,不断培养提高思维能力和创新能力。

三、高中政治教学实践过程应如何进行课程资源的开发与利用

在校内课程资源中,普通高中课程标准和教材是高中政治课程资源最基本的组成部分,是高中政治课程的基本素材和课程实施的基本条件之一。高中政治教师对于其他课程资源的开发与利用,要建立在高中政治课程标准和教材的充分利用基础之上,并且要积极主动地从"教教材"向"用教材教"扩展,使标准和教材成为支持教学的课程资源,而不是束缚教学的绳索。一方面,我们要确认高中政治教材是最基本的课程资源,重视教材,充分发挥教材在教学中的重要作用;另一方面,又必须认识到教材不是唯一的课程资源。我们要改变把教材作为唯一的课程资源的观念,合理构建课程资源的结构和功能。

1. 充分利用新闻材料这一课程资源,优化教材内容,从而激发学生学习兴趣,增强教学效果

由于高中政治经济生活教材存在有些内容落后于形势和离学生所处的实际生活环境较远的缺陷,因此,高中政治教师在教学过程中,就必须充分开发和利用新闻材料这一课程资源,优化教材内容,使课本与时事知识融为一体,扩大学生的知识面,提高学生政治理论课学习的兴趣,给政治课教学注入活力。利用新闻材料,主要是指利用新闻报道和新闻图表资料,将报刊、电视、广播、网络等媒体上报道的国内外重大时事结合教材的相关章节,有选择地纳入课堂讲授。例如,本人在教"社会主义市场经济"的第二个知识点"加强宏观调控"时,是这样设计课堂教学的,首先,展示两则新闻材料:(1) 2004 年 8 月 27 日《市场报》报道,商务部、国家工商总局和国家质检总局三部门决定开展酒类市场专项整治活动。(2) 安徽阜阳等地劣质婴儿奶粉事件。其次,让学生带着如下两个问题阅读教材:(1) 为什么要加强国家宏观调控?(2) 宏观调控的含义、目标和手段是什么?再次,师生互动:结合上述两则新闻材料,师生共同探讨上述两个问题。最后,课堂练习:2004 年 6 月,国家工商总局对全国报纸、电视等各类媒体刊登、播出的医疗服务和药品广告进行了监测,在对一些违法广告进行分析时发现,一则治疗癌症的医疗广告,其出现频率和分布范围在各类违法广告中名列前茅。请分析当前虚假医疗广告出现的原因,并提出解决问题的对策。

另外,在利用新闻材料这一课程资源时,特别注意运用本地区的人文实例来说明课本观点和理论的正确性。因为这些实例学生看得见、摸得着,既可以增强说服力,又能强化教材内容的真实性,增强教学效果。例如,在讲授"价格变动的影响"中第二个知识点"对生产经营的影响"时,针对学生都来自市郊农村,他们的家长大多数都是果菜农这一实际,在课堂教学时,用"果菜价格对果菜农生产活动的影响"这一人文实例来代替教材中的离学生所处的实际生活环境较远的"牛蒡""狐皮"案例,使学生更容易理解教材的理论观点,增强了教学效果和学生对马克思主义理论的"信度"。

2. 充分开发与利用综合探究活动这一课程资源,促进学生学习方式的转变

新课程倡导转变学生的学习方式,主张多元的学习活动,要求在各门课程的实施过程

中,学生应乐于探索,主动参与,动手实践。通过探究性教学、体验性教学、交往性教学和综合活动性教学等,改变了学生在课程实施中的生活方式和学习方式。因此,教师在教学过程中,必须充分开发和利用综合探究活动这一课程资源,促进学生学习方式的转变。例如,本人在讲授"树立正确的消费观"这一内容后,设计了如下综合探究活动:近几年,我国城乡居民的生活发生了较大的变化,中学生带BP机、手机,穿名牌衣服上学已不是新鲜事。请走访你的同学,并结合自己的情况,写一篇关于中学生消费观的调查报告。

3. 重视校外课程资源的开发与利用,使学生在教学过程中将自己置于学习和认识的主体地位,培养学生的综合能力

在高中政治课改过程中,高中政治教师必须树立新的课程资源观,走出教材是唯一课程资源的狭窄天地,使课程由狭变广、由静变动,使课程资源由课堂延伸到课外、拓展到社会的各个方面,将学科知识与校外课程资源(如社区机构、文化设施、科技馆所、自然景观、社会变迁、风土人情、历史古迹等)有机地结合在一起,使学生在教学过程中将自己置于学习和认识的主体地位,培养学生的综合能力。这将打开我们开发与利用课程资源的眼界,也使我们脚下的路更加宽阔。例如,在"影响价格的因素"教学中,为了使学生在教学过程中将自己置于学习和认识的主体地位,培养学生的综合能力,笔者利用课外时间带学生到附近的农贸市场通过实地购买、讨价还价等方式,去理解有关商品的价值、价值量、供求关系等知识。这样,学生在掌握了大量关于价值与价格、价格与供求、价值与价值量等第一手感性材料的基础上去学习书本中的理论知识,就很容易接受理解。

总之,高中政治课改的当务之急就是澄清课程资源的概念,强化课程资源意识,提高学生对于课程资源的认识水平,因地制宜地开发与利用各种课程资源,让教学"活"起来,从而促进学生学习方式的转变,以实现高中政治新课程的培养目标。

(本文选自《中学政治教学参考》2005年第2期)

为有源头活水来
——思想品德课程资源开发的思考与探索

江苏徐州市贾汪区英才中学 袁振喜

随着我国基础教育课程改革的逐渐深入,课程资源的重要性日益显现出来。课程资源是课程实施的前提,没有课程资源的广泛支持,再好的课程也难以取得实际的教育教学效果。《基础教育课程改革纲要(试行)》强调要"积极开发并合理利用校内外各种资源",《思想品德课程标准(试行)》也指出,"在课程资源的开发和利用上应建立融合、开放、发展的课程观,充分发挥课程资源的人文教育功能",从而唤醒了广大政治教师的"课程资源意识"。那么,究竟如何开发和利用课程资源,已成为广大教师亟待解决的问题。本文仅就思想品德课教学中课程资源的开发和利用谈一些自己的看法。

一、积极开发校内课程资源

校内课程资源的开发和利用应放在主要地位。校内课程资源包括教育教学设施、学校的自然环境和人文环境等。

1. 充分发挥和利用学校的教育教学设施

随着现代教育的迅速发展,各校的教育教学设施日臻完善。这为基础教育课程改革的推行、课程资源的开发创设了良好的条件。思品课教学应充分发挥图书馆、阅览室、多媒体教室和校园网络等资源的作用,以实现教育教学资源的有效合理利用,以及教育教学效益的最大化。图书馆、阅览室为学生提供了大量的、有价值的阅读材料,在教学过程中,教师应科学合理地阅读有价值的,对人生成长有指导意义的图书。学生在阅读中拓宽了视野,增长了知识,启迪了智慧。

多媒体教室在教学中的使用,为思品课教学的改革搭建了良好的平台,也为课程资源的生成创造了便利的条件。它具有直观、形象的声光电立体效果,是传统教学所无法比拟的。我们还要充分利用教室里的有线电视网,让学生定时收看"新闻联播""焦点访谈""今日说法""社会经纬""法眼观察"等节目,让学生及时了解社会问题,并运用所学知识给予评析,培养学生分析问题、解决问题的能力。

2. 充分利用学校的人文环境

苏霍姆林斯基曾指出:"孩子在他(她)周围——在学校走廊的墙壁上,在教室里,在活动室里——经常看到的一切,对于精神面貌的形成具有重大的意义。这里的任何东西都不应当是随便安排的。""我们要努力做到使学校的墙壁也说话。"因此,学校要加强校园文化建设,营造学校文化场,突出润物细无声的隐性教育,注重学生的体验内化,促进学生的自主发展。学校人文环境是思品课教学的重要载体,也是重要的课程资源。如我校举办"走进绿色——创建省绿色学校"活动,"十三岁生日烛光晚会","交通法规在我心中"的千人签名活动等。这些活动的开展,不仅培养了学生的道德意识、法律意识、环保意识、责任意识,还拓展了课程资源,成为推动学校新课改的动力。

在教学中,我们应充分合理利用这些人文环境资源为课堂教学服务。例如,我在讲授"陶冶高雅情趣追求美好人生"一课时,课前让学生熟悉学校的校园环境,上课时安排一位女生做导游介绍我们的学校。当"导游小姐"介绍我校象征性的建筑——雕塑时,我问道:同学们,这一雕塑象征着什么?学生回答:拥抱美好的明天,追求美好的人生。最后,我总结道:我们每个人都追求美好的生活,向往美好的人生。接着引出课题……这堂课回归生活,关注学生的生活体验,学生愿意学、乐意学,教育教学效果自然比较好。

二、充分利用校外课程资源

新课程强调:课程要"体现学生的身心发展特点,反映社会、经济、科技的发展需要,教师内容的组织应多样、生动,有利于学生探究,并提出观察、实验、操作、调查、讨论"。美国课程专家泰勒也曾指出:"要加强校外课程,帮助学生与学校以外的环境打交道。"可见,校外课程资源的开发利用应是课程资源的重要组成部分。政治教师可以从以下三个方面联系实际开发校外课程资源。

1. 关注社会热点,生成时事政治资源

国内外社会热点一直是师生共同关注的话题,开发和利用好时事热点能给思品课教学增添新鲜感。这也是课堂教学充满活力的源泉。教师可利用电视、报纸、网络等有利条件,发动学生搜集富有意义的社会热点。

政治教师还要利用好时事政策资源。由于教材编写等原因,思品课教材相对滞后,因此教师要根据党和国家的大政方针及近期发生的重大国际国内时政、重要案例对教材及时补充、调整、整合。例如,可根据十六大报告,十六届三中、四中全会精神,宪法修改议案和《中共中央国务院关于进一步加强和改进未成年人思想道德建设若干意见》,以及修改后的《中学生守则》《中学生日常行为规范》等,对八、九年级思品教材的有关内容及时调整,补充到教材中去。这样,学生才能感到常学常新,增强学习兴趣。

2. 结合当地人文景观,挖掘课程资源

我校处于徐州市贾汪区,而徐州自古以来,就以人杰地灵著称于世。这里有悠久的历史文化、淳厚的乡土风情、光荣的革命传统,而且今天的徐州在改革开放的新形势下正日益发生着深刻而鲜明的变化,这些都为课程资源的开发创造了有利的条件。例如,教师可以带领学生参观汉兵马俑、淮海战役纪念馆,从中领略汉兵雄风,经历现代战争的硝烟弥漫;可以观看放鹤亭,享受《放鹤亭记》的脍炙人口,齐唱《大风歌》,感受千古绝唱,共吟《垓下歌》,深感凄怆悲壮;也可以了解历史人物,如汉高祖、萧何、刘禹锡、李可染、马可等,感慨人才辈出,景仰之情定油然而生。这些人文景观,往往会使学生流连忘返,历久难忘。

3. 走出校门,开展社会实践活动

实践性是思品课程的一个显著特点。课程标准规定:初中至少应有20%的时间用于开展学生课堂活动和相关实践活动。社会是一个大课堂,蕴含着丰富的教育教学资源,教师可以带领学生去参观工厂、农村、部队,走访各行各业的先进模范人物,聆听他们的生动报告,考察民风民俗。让学生从中感受、体验从而获得感性认识,然后结合教材理论学习、归纳、总结上升为理性认识。

三、积极开发并利用信息化课程资源

现代信息技术的飞速发展和网络技术的广泛应用,给思品课教学带来了新的发展机遇。互联网已成为重要的信息传播渠道,具有方便、快捷、全面、经济的特点。建构主义理论强调:以学生为中心,学生是信息加工的主体,是知识意义的主动建构者,而不是外部刺激的被动接受者和知识灌输对象。教师在教学中要借助多媒体、网络技术,创设类似真实的学习情境,帮助、促进学生主动地建构知识,提高学生的信息素养,丰富学生的生活体验,鼓励学生主动探索、主动思考、主动实践,培养学生终生学习的能力。在教学中,可以采取以下几种方式开发信息化课程资源:

1. 社会热点追踪

如当年有关"非典"的报道,我们可以通过网络第一时间了解疫情的最新变化发展,并结合当时社会上一些不法商人哄抬物价,造成食品、药品的价格飞涨,再联系徐州的一位老农为防止"SAS病毒"传染给家乡人,步行几十里回到老家,及全市掀起"做有情有义的徐州人"的学习热潮等问题让学生上网讨论。通过讨论,使学生明白要珍爱生命、诚实守信、自觉遵守法律法规等道理。

2. 法制论坛

针对当前青少年犯罪现象呈上升趋势展开广泛讨论。如针对校园伤害事件屡屡发生,社会上不健康书刊、音像制品充斥市场,不法游戏厅、网吧对青少年开放等问题,可以组织学生(课前上网搜集材料)进行辩论,也可以吸收更多的人(含社会人士)参与。学生在自由辩论中不仅认识到上述现象对自己成长的危害性,学会运用法律武器维护自己的合法权益,还提高了与人交流辩论的能力,以及多角度、全面看问题的能力。

3. 制作多媒体课件

我在讲授"依法保护人类共有的家园"一课时,利用多媒体展示了两组图片:徐州的自然风光和奎河的变迁,并配以描写自然风光的音乐。通过这一教学情境的熏陶,引起学生共鸣。此时,趁机导入新课,引出环境问题的含义、主要表现(多媒体印证教学内容),并进一步分析我市的环境状况(均用多媒体展示说明存在的问题)。最后,针对我市存在的环境问题,师生共同发出一份倡议书。

问渠哪得清如许,为有源头活水来。思品课教学的生命力就在于它犹如一条奔流不息的河流,源远流长。因此,政治教师要与时俱进、开拓创新,密切结合学校实际、学生思想实际和教学内容,借助现代信息技术,不断"挖掘"课堂教学的"源头活水"。只有这样,思品课教学才能焕发出永恒的生命活力。

(本文选自《中学政治教学参考》2005年第4期)

利用学生课程资源浅谈

吉林省通化师范学院政法系　王长海

　　课堂教学是新课改的主战场,它由教师、学生和教材三个相互关联的最基本要素构成。其中,教师和学生是人的因素,教材是文化因素,教材在课程资源中居于核心地位,通过教师这个信息载体,使其由静态的集合转换成为动态的信息传递,和学生联结起来。教材资源的利用,教师起着主导和决定性作用,教师也是重要的课程资源。学生是课堂教学中另一个重要因素,是生命个体和教学活动的主体,是直接决定教学目标实现范围和水平的关键性因素。过去我们对教材和教师这两部分课程资源的利用取得了十分丰硕的成果,但当我们考察当前思想政治课教学课改现状时,却发现学生这个十分重要的课程资源被我们有意或无意地忽视了。而没有学生这一课程资源的广泛支持,再美好的课改设想也很难变成现实。对此,我们十分有必要从课堂教学的视角,对利用学生这一课程资源进行探索。

一、教学设计时要注重考虑学生这一课程资源

　　众所皆知,教材不是唯一的课程资源。把教材当作圣经一样来解读的时代已经成为历史,教师要从教材的忠实传授者转变成课程资源的开发者。学生是课堂教学中最有潜在价值的主体性因素,具有内生性、生成性和鲜活性,是特殊的课程资源。如果缺失了学生这一重要课程资源,课堂教学就失去了根本。人的认识过程是一个由实践—认识—再实践—再认识的辩证发展过程,而在这个过程中,人的认识有两次飞跃,第一次飞跃是从"感性认识→理性认识",第二次飞跃是从"理性认识→实践"。学生的认识活动是一条用感性知识作为铺垫,从而达到通向理性认识之路。这就要求教师在进行课堂教学设计时,遵循认识运动总规律,把学生的生活经验作为一种课程资源来加以开发。陶行知说:"从效力上说,教育要通过生活才能发生力量而成为真正的教育。"生活是教育的中心,教育应该为生活服务。学生的生活经验包含着许多智慧、理论以及内在反省、思考与内隐的意识或心路历程。学生拥有独特的存在形式和文化。例如,出生在医学世家的学生,有较多的健康保健知识;生活在个体户和私营主之家的学生对价值规律的作用体验要深……学生的这些知识都与新知识的获得紧密相关。因此,我们在进行某一章节内容的教学设计时,要仔细考虑学生已具有了哪些知识,已积累了哪些生活经验,现实生活中哪些经验可以作为本课教学的铺垫,让学生从事哪些实践活动就可以强化对这些知识的掌握,等等。从而为学生修筑顺利进入教材的桥梁和台阶,帮助他们与教材和教师进行对话,对教材进行自我解读,使教材知识与学生原有的生活经验融通、整合、内化,并转化为自己的知识,使课堂教学成为拓展和深化学生生活经验的过程,使学生投入到绚丽多彩的现实生活中去。除此之外,还要考虑学生的临近发展区和学生的能力差异。

二、教学实施中要充分利用学生这一课程资源

既然教学设计把学生的生活经验作为一种课程资源来考虑，那么，教学实施中就要为学生提供更多贴近生活的操作形式，使学生在生活化的课堂中有言行表现机会。学生只有围绕课堂教学内容做出言行动作，才能体现学习的收获，也才能反映出学习过程中存在的问题。教师能及时捕捉到这些信息，进而将这些丰富的感觉材料加以去粗取精、去伪存真、由此及彼、由表及里的整合，使课堂教学中的各要素相互渗透、相互关联，构成一个协调一致的整体，达到 1+1＞2 的效果，这样课堂教学就能有序有效地进行。学生课堂言行表现是课堂教学中的一大亮点，经过教师的改造制作，就是很好的课程资源，具有很深的潜在价值。我们必须高度重视，不能让其缺失。

学生的不同思维方式是课程资源。学生由于生活在各自不同的家庭，又受到不同社会环境的影响，所以在生活经验、兴趣、思维方式上呈现多样性，存在较大差异。从逻辑上讲，差异可能导致两种情况：冲突与共享。学生之间、师生之间可能会因为差异而形成对立，但在一定的条件下，可以促使其向着有利于教学的方向转化。师生、生生共享差异，在差异中丰富和发展自己，将差异看成是教学资源则更有利于学生的全面发展。因此，在课堂教学中，要尊重学生的个性，对学生不同思维方式加以发挥和引导。在一定意义上说，课堂教学就是要引导学生不同思维方式的碰撞，鼓励学生从不同视角用多种思维方式研讨问题，充分注意学生的个体差异，因材施教、因人施教。让不同层次的学生有不同的言行，使千姿百态、风格各异的学生有完整的生命成长空间。这样才有利于学生扩大视野、受到启迪、拓展思维、深化认识，也有利于发现问题、暴露问题、相互交锋、激烈争锋，有利于情感的激励与点化。

学习中出现的错误也是一笔课程资源。在实施新课改的今天，我们要转变教学观念，即从单纯地注重知识结果的获得转向强调教学过程的体验。学生在整个学习过程中有成功的经历和结果，也会有错误的产生和感悟。这些最直接反映学生成长中的困惑、思索与需求，是学生成长中最具潜力的内部因素。学习中产生错误是每个学生必不可免的，我们要深挖错误的教学价值，"从错误中学习"。错误非但不是我们课堂教学中唯恐避之而不及的东西，反而是一笔来自学生的弥加珍贵的课程资源。学生在学习过程中产生的错误，反映出学生的真实学习心理，也包含着特有的创造性成分，蕴含着丰富的学习经验，是最直接最具有生命力的课程资源。我们对犯了错误的学生不要过多地批评和指责，从利用课程资源这个视角出发，给予更多的宽容与接纳。我们要通过现象看本质，以点带面，发挥教学机智，及时捕捉和整理学生所犯错误的教学价值，使本人和全班同学及时受益。正如英国思想家汤普森所说："历史不应只是成功者的历史，在人类的历史经验中，多数是失败的经历，如果历史只记载成功，我们就会损失人类最为宝贵的财富。"

(本文选自《思想政治课教学》2006 年第 1 期)

《思想品德》教材理念的革新

南京师范大学道德教育研究所　高德胜

一、目的观：由"见闻之知"走向"德性之知"

新一轮思想品德教育的改革显然不只是在德育内容和方法上做些表面化的变化，而是力图在本质上对德育进行更深刻的理解，这是多年来素质教育理论与实践的探索在德育领域里的必然结果。传统的德育课程及教材有偏重学科知识的倾向，学生在课程与教学中学到的多是不能直接与行为发生联系的"见闻之知"。"见闻之知"之所以无法影响人的行为，是因为这种"知"缺乏个体体验基础。"德性之知"来源于自身生活体验和以自身生活体验为基础的拓展学习，所形成的是人的德性素质，是由人的情感体验、判断推理、实践意愿和态度所凝聚成的一种人格精神。有了它，学生便能够开始运用自觉的价值意识，审视一度未曾察觉的生活情景，发觉它们的价值内涵，并为之所感动；有了它，学生便开始形成内在的德性结构，而德性结构既是学生理解规范、实施行为的内在根据，也是他们表现思想品德的主体性和创造性的深刻动力。

因此，教材编写力图建立与学生生活的联系，使教材以学生的体验为基础，并由学生的切身体验走向广阔的现实与理论世界，形成真实的、成为学生的"第二天性"的"德性之知"。

二、结构观："在场"与"不在场"因素的互动

学生自身的经验和体验、学生现实的生活和一切学生可以直接感知、体验、领会的东西都是"在场"因素，这是学生学习的基础和出发点，这些因素可以形成坚实的"德性之知"。但人类文化是丰富多彩的，个人的经验、体验和生活毕竟是有限的，一个人如果只局限于对"在场"因素的学习，必然成为狭隘的井底之蛙。"在场"因素固然重要，但又不能仅仅囿于"在场"因素，必须将"在场"因素作为出发点和助推器，进而走向更广阔的世界。另外，初中思想品德教育在完成学生人格精神培养的同时，还肩负着多重教育任务，必须从个性与人格的成长走向广阔的社会空间，必须体现国家与社会的要求。课程标准所规定的课程目标和内容要求，不仅有自我的、人际的，也有集体、国家和社会的。也就是说，学生在思想品德课程的学习过程中必然要迈出自我和直接体验，走向广阔的人文社会科学世界。但集体、国家和社会的要求，人类已有的人文社会科学成果作为"不在场"的因素，毕竟离学生的现实生活和自身体验有一段距离，处理不好，就可能使之成为与学生生活无关的客观知识对象，成为学生厌烦、逆反的没有生命力的东西。

为了解决这一矛盾，就应体现"在场"与"不在场"因素互动与结合的结构观。对理论知识、国家社会要求等"不在场"的内容，应该从学生"在场"的体验出发，用青少年自己的方式加以呈现，实现教育内容的"软着陆"。在教材编写中不能把这些学习内容硬塞给学生，而应

以学生为主体,以学生的口气、从学生的立场进入求索过程,应特别地关注学生青春期生命的内在矛盾,关注其个人成长与社会发展的外在矛盾,努力通过具有针对性、挑战性和情景化的教学,吸引学生进入到教材,以教材为切入口对人生进行探索,在探索中反复与教材对话,在对话中表达出、记录下自己的思考轨迹;这样,当学生学习完教材之后,教材之中也就跳跃着学习者的生命符号,充盈着学习者活生生的记忆,并成为学生在后续生命过程中乐于回味的精神财富。比如,"依法治国"作为国家战略,与学生的日常生活的相关性较弱,处理不好,就成了讲道理的知识课,学生对这些知识没有感觉,无法投入自己的全部生命热情,学起来就比较枯燥乏味。因此,对这一教育主题的设计就应从学生生活中能够感受到的法律问题切入,再延伸到社会的转型与国家的法制化建设,使"在场"与"不在场"的因素、个人的感受与国家的政策发生有机连接,在不露痕迹之中实现知识的"软着陆"。

三、文化观:教材文化应是青少年文化与成人文化的融合

学校生活中青少年大量聚集,但其内在运行的主导逻辑或文化却不是青少年文化,而是成人文化,甚至呈现出"成人主义"的特征,这是现代教育的一个突出的问题。在传统教材中,成人文化霸权或成人主义也有明显的体现,不但教材内容完全是成人意志的反映,教材形式也体现了成年人正规与严肃的偏好。而且,成年人不甘心在教材中退居后台,代表国家、社会和成人世界的编写者在教材中时不时跳出来发话:"同学们""你们""小学生"。教材成了成人的独白,没有青少年说话的余地。这种教材往往成为学生"异己"的东西,在这种教材的教学中,学生感受不到文化"在家"的感觉,有一种文化陌生感和剥夺感,对教材喜欢不起来。

为解决这一根深蒂固的问题,教材编写应持青少年文化与成人文化相融合的教材文化观。教材首先应该尊重、体现青少年文化,使学生在教材的学习中体会到文化的"属己"感和舒适感。在内容上,教材应体现青少年所关注的自我、人际和社会问题,站在青少年的角度研究、品味生活世界和文化世界。如果教材讲述的是与学生无关的外在要求、道理和理论,讲述的是"别人的故事",学生就会把教材看作"外人",而不是"自己人"。因此,为了克服这一缺陷,新的教材应非常重视、关注初中生的生活,力求反映初中生的生活,使教材"讲述的是初中生自己的故事"。在形式上,教材应体现青少年的思维和情感方式,用青少年喜欢的、他们自己的方式呈现教育内容。讲述谁的故事是问题的一个方面,用什么方式来讲述故事则是另一个方面。即使讲述初中生自己的故事,如果不用他们的方式,而用成年人的方式,也可能遭致他们的反感与抗拒。当然,青少年文化需要成年文化的引导,但这种引导不能以对立或霸权的方式进行,而应以融合的方式进行。成年人编教材,每个编写者都能意识到自己的社会责任,必然对教材内容和形式有所取舍和选择,这本身就是一种价值选择和价值引导。在教材编写中,应遵循尊重青少年文化的指导思想,将成年文化和价值引导隐含在青少年文化之后,隐藏在教材文化之后,使之成为不露痕迹的存在。

教材这一文化观在教材中的体现是教材应该呈现出属于青少年的文化气息。教材只有体现出青少年的文化特征,才能为青少年所接受、所喜欢,才能与个体的青少年产生心灵的沟通,才能成为青少年成长中的伙伴。如果说学生是欢乐的鱼,那么青春文化就是这鱼儿畅游的水,只有在这"属己"的文化之水中,他们才能自由地呼吸,才能快乐地成长。教材如果是成人文化霸权的,那鱼儿就无法呼吸,无法畅游。当然,鱼儿畅游的文化之水中,不可能没

有成人文化,我们的教材力求使成人文化融入青少年文化之中,成为鱼儿成长不可或缺的营养。

为了实现这种追求,在教材编写中应力求做到:(1)分享青少年成长的快乐,共同面对生活的烦恼,与他们同欣喜、同节奏、共患难。(2)使用青少年的语言和说话方式。青少年有自己的语言和说话方式,这种语言和说话方式虽然不一定规范,但却能准确地表达他们的真实感受。成年人所倡导的书面语言虽然规范、准确,但如果不能与学生的真实生活结合起来,就可能走向"空壳化",比如书面语"诚信",学生都会说,但说的时候没有感觉,只是一个泛泛的符号,远没有他们日常所说的"说话算数"真切有力。

四、功能观:教材是学生探索生活世界和文化世界的平台

关于教材的功能,传统观念认为,教材是知识信息的载体,是"法定"的权威文本,是教师教和学生学的对象。我们认为这种教材功能观是与素质教育和课程改革的大方向背道而驰的,是需要克服和超越的思想障碍。我们并不否认教材要有一定的信息和知识含量,但教材的功能不能仅限于信息和知识的罗列与呈现,而应是学生探索生活世界和文化世界的一个平台。这个平台建构在坚实的知识信息的基础上,学生在这里不仅能够感受到知识的芳香,还能够借助此平台的推进力而进入更为广阔的生活世界和文化世界。思想品德课程与教材必然涉及丰富多彩的生活领域和学科知识成果,但这些都是无法完全放进教材里的,如果硬放,教材就变成了只有筋骨、没有血肉的"压缩饼干"。这是传统的教材功能观所无法解决的难题。新的教材功能观能够很好地解决这一问题,因为教材只是学生探索生活世界和文化世界的一个平台,我们只要为学生提供一个探索的文化基础和思想行为方法,为学生提供行之有效的范例,学生就可以以此为起点去探索广阔的生活世界和文化世界了。

传统的德育课程把学生当成"受教育者",把教材当成是社会(教育者)安排给他们的、他们必须接受的对象。由于这种德育理念不利于从内在动机上激发学生的兴趣和主动性,使我国的德育教材改革很容易停留在支流末节上,难以深入到根本。我们应将学生从"受教育者"转变为"求学者",把教材看作是学生为了自身的德性成长而急切从中求得启示、获得帮助的学习场景,这样,思想品德的教育过程也就变成了学生渴望学习、追求发展的德性生成过程。为了做到这一点,在教材设计中应使教材的教育主题变换与青少年身心发展的主题转换基本同步,与青少年一起面对成长中的各种问题。比如,刚入校的学生有一个适应中学生活的问题和面对新的人际交往的问题,教材就应和学生一起面对这些问题,与学生一起寻求解决的途径和方法。即将完成初中生活的学生,随着义务教育阶段的结束,面临多样的选择和生活道路,必然有这样那样需要解决的问题和困惑,教材也应和学生一起讨论这些问题和困惑,引导学生找出自己的答案。

教材是师生共同建构的"生活空间",它只有在师生的操作之中才成为有实际效果和生命力的教育因素,离开了广大师生的创造性使用,教材只是没有生命意义的符号体系。所以,教材编写者不应专擅教材的编写权利,而是力图让教材的使用者同时成为教材的建构者。教材不仅应为教师的个性化操作和创造性运用留有足够的时间和空间,也应为学生深入生活、改变学习方式提供机会。

传统教材功能观的另一个误区是,认为教材应有严密的逻辑体系,环节之间、知识要点之间环环相扣,严丝合缝,不能有半点遗漏和多余的空间。在这种观念支配下的教材自成一

体,只是学生学习的一个对象,学生则无法进入教材之中。我们认为,德育类课程及其教材应反映学生的生活,不能成为客观的、外在的、封闭的学习对象,而应是方便学生进入的一个平台:学生可以走进教材之中,对教材进行补充、完善和创造。

教材应留有方便学生进入的"切口":

(1) 为个体独特的体验留有空间。很多教育内容不可避免地要从学生的生活体验出发,而学生的体验千差万别,不能强求一律,在教材编写中应多采用给出范例,然后为每个学生独特的体验留出空间。

(2) 为个体的创造留有空间。对很多问题,初中生有自己的看法,教材应为初中生用各种方式表达自己的看法和创造性的发挥留有空间。

(3) 为初中生自己解决问题留有空间。教材不能将所有问题都"解决"了,有些问题应由学生自己解决。

五、学术观:引领学生初涉学术殿堂

回归生活是教育改革尤其是课程改革的一个大趋势,德育课程更应该回归生活,因为按照杜威的"关于道德的知识"这一经典论述,与生活割裂的德育课程是没有存在的合法性的。回归生活是对的,但不能因为回归生活而使课程与教材肤浅化、幼稚化。"繁难坚深"是学生所厌恶的,肤浅幼稚同样也是学生所排斥的。我们在调查中发现,学生对没有心智和情感挑战的问题和内容不感兴趣,相反,对一些日常生活中无法获得的学术研究却非常渴望。基于此,在教材编写中应尽量摄取社会科学研究的学术成果,引领学生进入学术领域,初步领略学术研究的奥秘,培养他们的学术兴趣和人文素养。

对一些问题的看法,不能停留在旧有的或日常的水平上,国内外社会科学研究在诸多领域已经取得了各种成果,对许多问题的解释已经达到了一个新的高度。如果思想品德教材不能体现学术研究的新进展、新高度,这对学生关于问题的思考不利,对学生人文素养的提高不利,对学生的全面发展和健康成长不利。比如,社会学关于群体的研究成果、生态伦理学关于生态伦理的研究成果、人文社会科学对现代科技的反思、习性学关于青春期的研究成果、学习心理学关于多元智能的研究成果等,对一些有点类似"老生常谈"的教育主题,比如适应学校生活、热爱集体、尊敬老师等都有启发性,如果能创造性地加以吸收,就能在这些"大俗"的主题中编出新意、编出"大雅"来。比如:

(1) 对初中生活的"积极适应"。适应初中生活是一个不能回避的主题,但教材编写应遵循积极适应的理念,即不是要求学生被动地接受,而是引导学生遵守学校合理的要求,对不合理的要求则可以向学校反映。

(2) 时间观念的更新。时间固然重要,但时间是为人服务的,人比时间更重要,所以要做"时间的主人",而不是"时间的奴隶"。

(3) 新型师生关系。尊师教育是道德教育的一个传统主题,但我们不能单纯倡导尊师,也应涉及"假如教师冤枉了你","假如遇到这样的教师(体罚学生的教师)",这样敢于"与教师面对面"的内容。

(4) "我在集体中,集体在我中"。热爱集体教育是一个老话题,我们花在这上面的精力不可谓不多,但收效却不尽如人意:学生对集体爱不起来,对集体有排斥心理。这里面有方法问题,更有观念问题。我们以往老把集体当作外在于人的异己的存在,但实际上"我在集

体中,集体在我中",人与集体是一种不可分割的关系。

（5）摆脱人类中心主义的生态观念。爱护野生动植物的教育也是一个老话题,但以往的教育实际上还是没有摆脱人类中心这样的观念。我们应持物种之间相互依赖这样的生态观念：各种物种有自己的生存逻辑,他们并没有讨好人、为人而生的意识,即使对人类没有用,它们同样也有生存的权利。

（6）玩是青少年的权利。关于玩,是德育很少涉及的领域。即使涉及也是从如何促进学习这一角度来立论的。实际上我们应该明确"玩是青少年的权利"。这也许会给学校和教师带来尴尬,但未尝不是对学校和教师的一种教育（教材对学校和教师也应该有教育意义）。

（7）愤怒具有道德力量。在情绪教育中,一般都给学生抑制愤怒情绪的各种方法,因为愤怒这种情绪对个体有各种各样的危害。这是对的,但并不完整,如果面对丑恶,我们没有愤怒的话,我们的道德感也就丧失了。

其实还有许多方面可以纳入德育这一领域进行研究、创新、发展。让我们共同努力,在一些看似"老生常谈"的教育主题中进行开掘、探讨,编出新意、编出"大雅"来。

(本文选自《课程教材教法》2006年第6期)

以课程视野探析教材在政治课教学中的角色变迁

江苏省南京师大公管院（南京一中） 李宏亮

作为课程理念的主要贯彻者,教材(主要指教科书)对政治课的教学起着至关重要的作用,它始终是政治课教学中最为重要的物化要素,新课程改革的推进也正是直接地表现为教材的重新编写。然而在课改实践中,许多政治教师对教材的认识还停留在原地或是表现为无所适从,这对新教材的正确使用和思想政治课程改革的推进形成了阻力。本文试图从课程发展的角度对政治教材的功能定位及其对思想政治课程教与学的影响,做出一些思考。

一

传统的思想政治课程以学科中心课程和社会中心课程为重要的课程理论支撑,它注重政治学科知识的系统化传授,强调政治课的社会政治本位。在这样的课程背景下,教材被完全等同于教科书,并且成为课程标准和考试大纲唯一的完整的终端代言。"它是实现思想政治课的教育教学任务的,是教师进行教学工作的蓝本,是学生学习的法定内容,是教学考核和评估的依据,也是使用其他教学媒体的依据。"在这个阶段,教材在政治课教学中居于绝对的中心地位,其角色表现为教与学的"依据",并且带有明显的法规性质。这一功能定位对政治课教学产生了深远影响。

首先,课程与教材是预设的,分离并先于教学过程而存在,这就决定了政治课的教学过程只是一个对教材的分析、挖掘、再现的过程。它否定了教学过程本身的生成性和创造性,使得传统的政治教材难以走出"繁、难、偏、旧"的怪圈,政治课也成为空洞的说教课。其次,教材被视为法规性的依据,迫使教师把教材作为唯一的教学资源和必须完全接受的对象,教师只是教材内容的宣讲者。教师的全部工作就是"教教材",评判教师的标准就是能否吃透教材、讲清楚教材。课堂教学成为教师对学生灌输教材知识点的过程,教学方法表现为从概念到概念、从原理到原理的纯理论演绎,内容陈旧、方法单一,使得传统的政治课难以得到学生们的喜欢。再次,这种以教材为中心的课程观,极大地扼制了学生的学习主动性,"背教材"成为学生政治课学习的主要任务,学习的好坏就是看学生能在多大程度上再认和再现政治课教材的内容。对于教材,学生没有发挥的空间和探索的余地。由于需要花费大量的时间去记忆,学生甚至没有阅读其他相关材料的时间。

二

新的思想政治课程改革偏重于学生中心课程理论,它强调以学生个人的需要和兴趣组织教学,通过解决学生当前认为重要的问题,增强他们已有的兴趣和生活经验。具体表现为思想政治必修课就是要以生活逻辑为主线整合课程内容,选修课是必修课教学的延伸和拓展,要基于学生情趣、兴趣、志趣等方面的选择,为培养学生自主选择的能力、体验人生规划的经历提供机会。在这样的课程理念下,一方面,教材的概念得到了扩展,教材除了教科书这一主要形式以外,还包括教学参考书以及与教科书内容有关的文件、时政材料、经典著作等资料。另一方面,教材的功能也得以重新定位,教材不再是原来意义上的具有法规性的依据,而是作为课程实施的载体,是对课程标准的具体化,其在政治课教学中的角色表现为辅助课堂教学,实现课程目标的主要"工具"。这一功能定位,颠覆了传统的教材观,为政治课教学开拓了崭新的思路。

首先,政治课教学不再孤立于思想政治课程之外,其本身就是课程的主要组成,更是极为重要的课程资源。政治课教学不再是为"教教材"而存在,教材也只是为达到课程标准要求而可供选择的一种学习资源。所以,今天的政治课教学应该更具有开放性和创造性。在课程标准的指导下,借助教材,实现课程目标预设与生成的有机统一。其次,教材的工具性功能定位决定了教师的工作要从"教教材"向"用教材"转变。具体而言,就是要摒弃以教材为中心的教学观念,树立课程中心的观点,在传授知识的同时,更为注重形式认知结构的优化和基本观点的树立,培养学生的创新精神和实践能力。教学方法不再是单一的知识灌输,而是要注重情境创设、合作探究,更多地激发学生的创造思维,通过师生互动、生生互动,实现教育教学目标。再次,对学生而言,教材不再是唯一的学习资源,而只是可供选择的一种学习资源。所以,政治课学习要从"背教材"向"用教材学"转变,学生通过课堂的互动学习和课堂内外的自主学习,让自己原有的知识和经验与教材和教师展示的新的知识和经验进行对比、整合,从而实现自身知识和经验的增长、结构的优化和能力的提高。总之,今天的思想政治课程改革,使得教材在政治课教学中的地位逐渐弱化,更加凸显其辅助教学的工具意义。这就要求我们广大政治教师要转变观念,转变教的方式,以课程标准为指导,以学生为主体,借助教材,引导学的方式转变,实现课程的三维目标。

三

然而,在课程改革的实践中,关于教材的使用却出现了这样的声音:"不管你课程怎么说我们政治一线教师只想知道新教材中哪些知识点是必须教的,哪些知识点需要补充,各个知识点讲到什么程度,考到什么程度。""有什么好问的? 新教材已经没有学科体系了,凡是课程标准规定的内容就重点教,没有规定的就不教。"客观地讲,这两种声音代表了现在绝大多数政治教师的普遍心态。一方面,问题出在教师本身缺乏对思想政治课程理论的深入学习和理解,尚未摆脱应试教育的影响;另一方面,在于新的思想政治课程改革虽然在理论上通过对教材地位的弱化,凸显课程中心和教材的工具功能,赋予了广大政治教师、学校和地方拓展课程的权利,但是,在操作层面上未能给出有价值的指引和建议,特别是对教材的功能定位,只给出了"工具"这一变革方向,未能指出工具的实践范式。这就导致在实践中出现了过去"(用考纲)教教材"到现在"用教材(教课程标准)"的定式化发展。如何解决这一实践中的难题? 笔者认为,关键在于深化认识和发展课程建设理论,准确定位教材在政治课教学中的功能。

随着思想政治课程改革的推进,我们应该在课程理论上兼收并蓄,特别是要吸收人本主义课程理论的一些有益观点,重视学科的综合性和课程的整体结构。在教学目标上指向个体的全面发展和自我实现,在注重智力发展的同时,更多地关注能力、伦理、审美和情感的人格发展,实现思想政治课从"以知识为本"向"以育人为本"的转变。在课程改革深入发展的背景下,教材应该成为师生互动的课程平台,这个平台具有两个基本功能。其一是课程目标达成的平台,即教材作为课程的具体化,必然具有工具意义,教材的使用必须有利于课程内容目标的达成;其二是课程资源生成的平台,即教材作为师生选择和对话的文本,是引导学生认知发展、生活学习和人格建构的一种"范例"。教材的使用过程应成为师生共同发展教材、理解达成课程目标、生成新的课程资源的过程。这一功能定位极大地拓展了教材的工具意义,使思想政治课程建设和政治课教学有机融合,在实践层面上明确了教材与课程、教材与教学的内在关系。

首先,教材是课程标准"范例性"的具体化,它否定了教材是法规性依据的传统观点,更是发展了教材是课程内容具体化的初期观点。在实践层面上,把教材理解为为实现课程目标,在政治课教学中可供使用的一种"范例性"的课程资源和学习资源。为此,政治课教学必然突破传统的课堂教学观念,引导师生从学校、家庭、社区、地区等层面发展教材,开发和利用更多的课程资源,教学过程将更多地呈现出互动、生成发展的特点和趋势。

其次,教材成为师生互动的课程平台,对教师在教学中的作用提出了更高的要求,需要教师更多地发挥引导、开发、整合、协调的作用,更多地使用启发式教学、体验式教学以及合作探究式教学等有利于师生互动的教学方法。一方面,政治教师要积极引导并主要依靠学生对现有教材进行校本化的解构,并在解析与构建的过程中增长知识,发展能力,升华情感、态度和价值观。另一方面,政治教师还要注重自身素质的提高,尝试以课程标准为指导,以现有教材为载体,结合自身和学校、地区的实际,编写富有学校和地方特色,切合学生实际的校本教材。

再次,对学生而言,政治课学习不再是"背教材",也不是"用教材背课程标准",而是表现为与教材"范例"的对话,与老师和同学的合作、探究、交流,用自己的经验和经历丰富教材,生成新的学习资源。学习的过程将更多地表现为学生利用原有和新学的知识去发现和收集自身生活情境中的有价值信息,并整理出来与教材的范例进行对比、整合,领会教材中的课程要求;同时,与其他同学和老师共享自己的成果,并分享他人生活中的有价值信息。最终,在这样的探究、合作中实现课程目标,发展自己,生成新的课程资源。

(本文选自《思想政治课教学》2006 年第 11 期)

对中学思想政治教材变动过频的分析及对策

江苏海门市天补中学　沈忠雷　施红

一、问题的缘起：思想政治教材的过频变动

中学思想政治教材过于频繁的变动，在新中国历史上是一个不争的事实。据《中学思想政治课教学论》一书的统计：新中国成立后北京市中学思想政治课教材变动共计有33次，其中10次发生在1976年以后。从全国范围看，仅1976年以后大的变动就有3次：(1) 1976年以后各地陆续恢复"青少年修养""社会发展简史""法律常识""辩证唯物主义常识""政治经济学常识"等，取代"文革"教材；(2) 1986年起，京、津、沪、吉、黔、粤六省市和北京师大（与人教社合作）编写了七套试验教材，由点到面在全国范围铺开，从初一至高三设置了"公民""社会发展简史""社会主义建设常识""科学人生观""经济常识"和"政治常识"，取代了原来的教材设置；(3) 1992年秋，实验和试用了五年多的多套高中教材又被仓促统而为一，大多数省市初中教材也统而为一，做了较大的吸收、调整工作之后，名称亦统一为"思想政治"教材。与此相联系的是中学德育大纲的再次修订和"颁布"。除了这几次大的变革之外，小的修订和调整的次数远大于3次。

思想政治课适应时代和社会的变迁做相应和适当的调整，本是难以避免的，但是如此频繁地变动大纲、教材等，给思想政治课教学带来不少困难。

二、思想政治课教材过频变动带来的负效应

1. 课程"信度"的降低

这里的"信度"有别于心理测量领域的"信度"（表示测量工具的可靠性），而指德育课程的威信或可信性。频繁地变动，使中学思想政治课的可信度降低。信度降低的实际内容是：部分学生，甚至有的教师不全相信教科书上的思想、政治、道德原理是真理。较高的信度存在需有许多前提，前提之一是德育内容体系的连续性和稳定性。中国古代以儒家伦理为核心的道德文化，曾经有过这种连续和稳定性。在两千余年封建社会中，中国人的基本伦常及政治观念保持了连续性。中国封建社会的超稳定及文化惰性都与这种德育内容的连续、稳定性有联系。从一定意义上讲，日本、韩国、新加坡等国和地区的德育抓得比较扎实和有效，在面对时代变迁和科技进步时，新兴的东亚工业"龙"们没有完全否认传统价值观念的合理内核。被改造过的儒家文化反倒成为东亚诸国和地区特有的精神气质，既成为经济起飞、社会稳定的保证，也成为救济西方社会精神危机的引人注目的方剂之一。而新中国的中学德育，曾经过多地否定了自己的传统价值体系，又曾经简单地拒斥了西方文明中的合理的道德修养。在中国德育现象中，思想政治课频更内容，致使求真、热情的青少年对思想政治课内容的可靠性产生了疑问。人们一方面指责学校德育的低效，另一方面又不全相信学校德育所教授的内容。

2. 课程"效度"的缺损

"效度"在这里是课程教学有效程度的概括（不是测量学术语）。效度缺损直接源于信度的降低。教材频繁的"变动"，既使教师对德育内容的稳定性失去信心，又难以使教师保持一个信念、一贯性的人格形象。加上变动过频使教师难以积累和形成稳定的教学经验和方法，这对有效地组织教学、不断提高教学实效是一个很大的障碍。

3. 课程地位的下降

学校德育地位的下降已成为一些专家呼吁的现实。人们可以看到这样的现象：在学校德育系统内，确有一批德育工作者在践行使命，但真正倾注热情于直接和间接的德育活动中的人数并不多。升学模式的教育实践使智育成为硬任务，德育成为软指标，也使德育应有的地位得不到实际的肯定。在课程建设方面，国家教委中小学思想政治教材研究中心（负责专门研究思想政治课教材建设的组织）已被合并，在高考的必考科目中，思想政治课在理科专业招生中退出……思想政治课地位的下降、效度信度的缺损有多方面的原因，但课程过频变动带来的负效应是重要原因之一。因此，从课程建设的角度看，稳定课程的内容体系、引导课程的科学变革，是今后思想政治课程建设必须重视的课题。

三、动与静的对立统一：思想政治课教材应变机制的建立

思想政治课实效不高的重要因素之一是教材过频变动，那么，思想政治课实效提高的重要途径之一就应是教材应变机制的建立。而所谓应变机制，实际上是教材建设中动与静辩证关系的具体处理问题。

适应社会及时代变迁，不仅思想政治课，而且其他学科包括理科课程的变动都是理所当然的。但是事物并不能只具有动的一面，没有相对静止的运动是不存在的。借口事物的运动变化，否定事物的稳定性实际上会否定事物的存在。即便是变动频繁的思想政治课教材，也有其内容相对稳定的一部分。笔者认真对照了现行高一、高二思想政治课教材（吉林教育出版社1992年版、人民教育出版社1993年版）和10年前的《辩证唯物主义常识》《政治经济学常识》（人民教育出版社1982年版），发现教材在马克思列宁主义哲学及经济基本原理方面仍有许多稳定性部分现列如下。

1. 两种教材涉及的马克思列宁主义哲学常识的稳定性部分

（1）哲学、世界观、方法论；（2）物质、世界是物质的、物质是运动的、运动是有规律的、规律是客观的实事求是；（3）物质和意识的关系、意识是物质的产物、人脑的机能、物质的反映、一切从实际出发；（4）事物的普遍联系和变化发展、内因和外因、质量互变新旧事物、坚持唯物辩证法、反对形而上学；（5）矛盾、矛盾的同一性和斗争性、矛盾是普遍存在的、矛盾着的事物具有各自的特点、主要矛盾和次要矛盾、矛盾的主次要方面、坚持两点论和重点论的统一；（6）实践及其作用、认识的根本任务。

2. 两种教材涉及的马克思列宁主义经济常识的稳定性部分

（1）物质资料的生产、生产力和生产关系、上层建筑和经济基础；（2）商品、货币、价值规律；（3）劳动力商品、资本、剩余价值；（4）资本主义经济危机、垄断、国家垄断资本主义。

上述两种教材的稳定性部分的存在，实质上既证明了思想政治课教材实现稳定、建立应变机制的必要性，也证明了实现稳定和建立应变机制的现实可能性、可行性。建立这种思想政治课教材的科学应变机制，要考虑好和处理好两个方面的问题。一是要保持马克思主义

基本常识、核心价值观的稳定性,确立相对稳定的价值参照系,从而提高课程的信度和效度,确立中学生坚定的政治道德信念和稳固而积极的人生价值体系;二是要根据社会及政治、经济变革的新情况和新精神,让中学生了解社会变革的"窗外事",避免成为象牙塔中的"隐士",从而促进中学生投身社会主义现代化建设的宏伟大业。根据这两方面的要求,我们认为,中学思想政治课教材可以实行双轨制方案。

所谓思想政治教材的"双轨制",是指设计出两套能够应不同需要、完成不同任务的思想政治课教材。具体做法叙述如下。

选择思想政治课教学大纲要求中最基础的内容或者说经典性的内容形成具有相对稳定性的常规教材、基本教材,或称"硬教材"。教材内容包括马克思列宁主义基本知识、基本理论、基本法律规范和建设有中国特色社会主义的理论常识等。这一教材的内容一经确定,可在相对长的时间内保持不变。与此相应,选择思想政治课教学大纲要求中与现实生活最为接近的部分,如社会主义建设中逐步完善的现实方针政策等内容,加上时事政治内容等,形成活页式的思想政治课的补充教材、现实教材,或叫"软教材"。软教材可根据情况变化,反映最新理论和政策要求及国内外大事,每学期或每学年一变。这样做的好处,一是使思想政治课与社会主义建设的最新发展结合起来,体现政治课现实性和时代性的特点;二是使学生对时事政治的关心及学习常规化和制度化,避免两耳不闻窗外事的现象。上述硬、软教材在中学阶段的各年级均予以实施,整个中学阶段就形成平等存在的两种思想政治课教材体系,且两个教材体系相互衔接和照应。

由于双轨制要求思想政治课教材有平等使用的硬、软两套,因此,教材的编写也必须确立两个系统或一个系统两种功能。首先是必须严肃认真地分析谁选定硬教材的内容(宜精而有用),形成较为科学的硬教材系列,教材一经形成则相当长的时间(可5—8年以上)不再变动。其次是必须有常设和专门的软教材研究和编写系统。编撰者必须密切追踪社会主义建设理论与实践的重大突破、重大的时政等,精选其中适合中学生的内容形成教材,每年甚至每学期均有规定分量和面目一新的软教材供师生选用。

按双轨制设计教材,教材的编撰质量要求比以往更高。如果硬教材质量不过硬,就难以保证它的稳定性;软教材质量不过关,则会反过来冲击双轨制设计本身。为了稳妥起见,思想政治课双轨制教材的编写和使用,都应做好较长时间的充分的准备性试验,经过理论和实践的论证,再将成熟的教材由点到面推广。

新中国成立后尤其是改革开放以来,思想政治课教材改革已经积累了丰富的经验。这是思想政治课教材建设领域的宝贵财富,建立思想政治课教材的应变机制和实行思想政治课教材双轨制应当充分借鉴这些经验。我们认为,这些经验包括:党和政府对思想政治课教材建设的关心、支持;国家级专门的思想政治课教材建设的领导和研究机构的设置和有效运作;思想政治课教学队伍建设及先进的教学方法、教学手段的研究、试验和推广;等等。

(本文选自《教学与管理》2006年第34期)

另一种课程资源
——谈思想政治课教学中的交互合作

江苏省南京市中华中学 邢永宏

随着课程改革的深入,那种以教师为主导的"目标—策略—评价"的教学方式,已经越来越不适应时代的需要,而以学生为主体的"活动—体验—表现"的学习方式呼之欲出。教师的角色和教学方式、学生的学习方式都发生了很大的改变。这种学习方式不仅对教师的教和学生的学提出了更高的要求,而且对课程资源的要求也越来越高,教材绝不是唯一的教学资源,这就迫切需要我们开发新的课程资源。

新课程改革十分注意课程资源的开发,强调要丰富、拓展课程资源,特别是文字与音像资源、人力资源、实践活动资源和信息化资源。要主动开发课程资源,课程资源不会自动进入教学领域,需要能动地去寻找、认识、选择和运用。课程资源的开发和利用,不仅是特定部门和人员的专业行为,更是教师主导的活动,要自主开发、特色开发、共同开发。在实施新课程的教学过程中,教师们积极地参与课程资源的开发,挖掘出一些富有地方特色和学科特色的教学资源,这是非常难能可贵的,但往往没有很好地处理开发的课程资源与教材的关系,反而使教学内容"泛化"了。本文撇开课程资源开发的其他内容和方式,以思想政治课教学中的交互合作为例,从另一种角度谈谈课程资源的开发和利用。

一、教育与教学互补,追踪现实热点,彰显德育功能

高中思想政治课与初中思想品德课和高校政治理论课相互衔接,与时事政策教育相互补充,与高中相关科目的教学和其他德育工作相互配合,共同完成思想政治教育的任务。《课程标准》明确告诉我们,思想政治课不仅要向学生传授相关的基本观点,更要注重对学生思想品德、道德修养、行为习惯的培养,为学生的终身发展奠定良好的思想政治素养。

教育与教学本身是不可分割的两个方面,关键是如何把这两者处理好,发挥各自的优势,共同完成育人目标。我在教学实践中,比较善于抓住当前热点问题,用热点去分析相关知识,彰显德育目标。如在进行《文化生活》第一单元综合探究"聚焦文化竞争力"的教学中,紧紧抓住"文化竞争力"这一热点,把学生分成四个小组。第一小组主要负责"文化,综合国力,文化竞争力的表现、作用、意义等相关方面知识"的探究和准备;第二小组主要负责"感受国际社会文化竞争力的现状"的探究和准备;第三小组主要负责"我国目前文化竞争力的现状"的探究和准备;第四小组主要负责"怎样提升我国文化竞争力"的探究和准备。在充分准备的基础上,请学生在全班进行成果展示。在第二小组"感受国际社会文化竞争力的现状"的成果展示中,他们通过对美国、英国、日本文化产业的发展和文化产业在整个国家综合国力竞争中作用的比较,利用丰富翔实的资料,使同学们切身感受到提高文化竞争力的重要性。通过这一活动,把握时代脉搏,追踪社会热点,学生既理解了《文化生活》的相关知识,也在活动中切身感受到在和平与发展是时代主题的背景下,文化竞争力在一个民族、国家综合

国力的较量中所起的作用。懂得面对 21 世纪激烈的国际竞争,为实现中华民族的伟大复兴,如何提升中国特色社会主义文化的竞争力,当代青年学生绝不能袖手旁观,必须担当起历史赋予我们的重任。

二、学科与学科互动,表征多元视角,凸现核心理念

高中思想政治课主要是对学生进行马克思列宁主义、毛泽东思想、邓小平理论和"三个代表"重要思想的基本观点教育,引导学生紧密结合与自己息息相关的经济、政治、文化生活,经历探究学习和社会实践的过程,领悟基本观点和方法,切实提高参与现代社会生活的能力,初步形成正确的世界观、人生观、价值观,为终身发展奠定思想政治素质基础。作为整个高中学科教学的一个重要组成部分,与语文、历史、地理等学科的联系极为密切,与物理、化学、生物等学科又极具互补性。新教材的知识体系趋向于多元化、综合化,为学生综合能力的提高提供了载体,对教师的知识体系也提出了更高的要求。在进行课程资源开发时,要重视各学习领域的合理配置,加强各学习领域及各科目间的联系,注重科目内学科、活动、专题间的有机联系以及模块或主题间的有机联系,促进学生形成合理的认知结构。可以发挥各门学科的优势,表征多角度的文化视角,充分利用其他学科的知识为思想政治课教学服务,凸现思想政治课的核心理念。

在具体教学中,有些教学内容很需要其他学科知识的帮助。但由于学科课时设置的原因不能分别利用各自的课堂完成教学合作,这就需要学科与学科互动。如在进行《文化生活》第六课"一方水土,一方文化"的教学中,我就与历史、地理教师集体备课,了解他们教学的重点表征多元知识视角。历史课相关内容的教学重点是探讨一定区域内人类经济、政治、文化生活的历史轨迹,感受一定的经济、政治的变化对文化发展的影响,从人类社会发展的角度来研究"一方水土,一方文化"。地理学科主要是研究不同地域与不同文化特点的关系,从人口、地形、气候、交通等方面探讨对文化的影响,表现出文化典型的地域特征。而政治学科主要是了解受历史、地理等因素的影响,各地区的文化带有明显的区域特征;不同区域的文化,长期相互交流、相互借鉴、相互吸收,既渐趋融合,又保持着各自的特色,充分体现出博大精深的中华文化这一核心理念。通过这种学科之间的相互合作,了解相关学科教学的重点,并希望科任教师在教学中能帮我讲清楚哪些问题,这样就更有利于政治学科相关内容的完成。在这种多学科的相互合作中,既表征了相关学科的知识,又凸现政治学科的核心理念。

三、活动与学科互联,综合交叉合作,升华主题内涵

新课程提倡学生的探究合作、活动体验,倡导学生在活动中获取知识、领悟观点、提升价值。学科教学应该多利用活动的方式,把学生活动、师生活动、社区活动与学科教学有机结合起来,让学生在讨论、辩论、收集、调查、走访、研究等活动中,发现问题、解决问题、提出观点、辨认观点、确认观点;在这种活动与学科的综合交叉合作中,升华思想政治课教学的主题内涵。

我觉得老师教会的知识总不如学生自己学会的知识来得深刻。在多种喜闻乐见的活动中,不仅把教师从繁重、低效的说教中解放出来,也让学生在活动中掌握了知识、提高了能力,升华了思想政治课教育教学的主题。如在进行《文化生活》第三课"文化交流:做传播中

华文化的使者"一目的教学中,恰逢新加坡德明政府学校50名师生到我校进行为期一个星期的"中华文化浸濡"活动。他们分别吃住在我校50名师生的家中,与我校师生一起学习、工作,通过这种"文化浸濡"活动,感受中华文化的影响。我以"做传播中华文化的使者"为主题设计了一个活动,"假如你接待了一位外国学生,你打算怎样向他介绍中华优秀文化?"活动的要求有:(1)写出本次活动的使命;(2)选择本次宣传活动准备使用的传播手段;(3)选择中华文化中某一个方面的内容,如文学艺术、思想理论、风俗习惯、语言文字、民居建筑、饮食文化等,列出你的宣传提纲。在课堂上,我先让家中有接待任务的学生介绍做法,然后再请其他同学介绍他们的具体做法。通过这种活动,学生了解了文化交流、传播的方式、途径,懂得了大众传媒是现代文化传播的主要手段,明确了文化传播的使命。

(本文选自《思想政治课教学》2007年第1期)

真实的道德生活与德育课程生活资源的开发

山东曲阜师范大学教科院 唐爱民

随着基础教育课程改革的逐步深化与完善,回归生活的道德教育或道德教育的生活化理念已渐成共识,并在"品德与生活""品德与社会"诸德育课程中得以体现与贯彻。然而,观念领域中的共识并未在德育课程实施中达到人们的预期,生活化的德育课程资源在实际开发运用过程中的成效并不显著。其原因固然是多方面的,但当前的德育课程资源中以悬设、虚拟或人造的道德生活取代学生真实的道德生活,不能不说是其主要原因。如何以学生真实的道德生活为基础,开发德育课程中生活资源的教育意义,是贯彻回归生活的德育理念,提高学校德育的实效性,促进学生道德发展的基本路径。

一、真实的道德生活:德育课程生活资源的"生活"含义

道德与道德教育既源于生活,又为了生活。正是在此意义上说,道德教育应回归生活。然而,道德教育应回归什么样的生活呢?只能是学生真实的道德生活。当前的道德教育之所以没有真正回归生活,就在于它没有回归真正的生活——学生的真实道德生活。相反,体现在德育课程资源和德育课堂教学中的道德生活大多是成人的生活或虚构的儿童的生活,而非儿童亲历的真实的生活;即使是与儿童的生活经验相关的一些事件,也是过时的而非现实的生活事件。这样的道德生活仍然是抽象的生活,它以理想的生活形态为基础,培养的是学生的道德理性能力,通常难以使学生身临其境地产生道德冲突与反思;它外在于儿童的生活经验,选择的道德事件是儿童非亲力亲为、可亲可感的,通常难以调动学生的道德冲动与需要。其根本原因在于,虚构或虚拟的道德生活场景、事件,不能关涉学生切身的利害冲突,它"不管多么复杂或者多么逼真,都具有'游戏的'性质或'戏剧的'性质,不与受教育者的切身利益相关联",故而"不能引发真实的道德冲突,并导致真实的道德行为"。而立足于儿童的生活原型或适合其生活经验的那些生动、活泼、真实的道德事件、冲突与场景,由于与其切实的利益关系相涉,故能吸引学生的道德兴趣、省思与判断,借助于师生、生生的对话与讨论,真实的道德生活事件就可以引发学生的道德需要、热情及具体的道德行为,因为"真实的道德问题有明确的道德行为方面的要求,对人的切身利益提出明确的挑战,所以蕴含直接的道德教育的价值","而虚拟问题并不向人们提出道德行为的要求,也不提供实现道德行为的环境和条件"。真实的道德生活流露出、折射着学生自在而真实的德性。由此,学校德育课程生活资源的设计与开发,就必须以学生真实的道德生活为出发点。

道德内在于人的生活,又通向人的美好生活;反过来,生活涵养着人的德性,启迪着人的道德觉解。道德教育只有在生活中才能寻到根基,且这种生活只能是儿童真实的道德生活,就此而言,学校道德教育的真正基础在于真实的道德生活,因为"有意义的生活不能从生活之外、之上的某种道德赋予,不能从理性秩序中去寻找,而是要帮助儿童自己去打开生活这本大书,从儿童自己的生活中找到生活的意义,去发现生活中的种种美好

事物,去过一种好的生活"。对于儿童来说,儿童自己的生活才是真实的生活,立足于此的道德教育才是真实的道德教育。离开了儿童的真实生活,道德教育就会流于抽象、孤独和虚妄,就会耽于机械、形式和虚假。如此,学校德育课程生活资源的设计与开发,就应尽可能以儿童的真实道德生活为主要资源和参照,将现实的社会生活转化为贴近儿童直接生活经验的事件,引导其从中自主地发现真善美,自然地流露出对道德的亲近与理解。否则,游离于儿童真实道德生活之外的德育课程与课堂,既无助于儿童建构美好的道德生活,又可能成为儿童厌烦道德教育的直接诱因。因为它与儿童的内心世界无涉,甚至还与其真实的道德生活相对立。

二、真确的道德事件:德育课程生活资源的外在体现

真实的道德生活是由一系列具体而现实的事件构成的,道德事件是德育课程生活资源的主要载体。只有将生活资源转换为儿童可亲可感、真确无妄的道德事件并有序地呈现于课程,道德生活才能进入课堂,才能具有教育意义。纷乱杂陈、模糊无序的生活资源,由于缺乏针对性而难以展现其教育价值。生活的道德教育意义负载于生活的事实、事件之中,离开了具体的事实、事件,道德就变得抽象,道德教育就流于空洞。也就是说,进入德育课程生活资源的内容,不应仅表现为一些空泛无味的观念、知识,而应通过一系列与学生生活相关联的真确的社会事件、道德事件串联而成。"儿童的道德意识往往依附于具体生活事件、生活过程、生活细节,依附于他的身体活动和行动,是一种'经验性的结构'。"正是这种基于儿童真实生活经验与事实之上的道德事件才能唤起儿童的道德情感,诱发其道德冲突,激发其道德思考。真实的道德生活构成德育课程真确的道德事件,真确的道德事件诱发学生真正的道德冲突,真正的道德冲突激发学生真切的道德体验。如此循环往复,学生的道德成长与进步得以实现。

真实的道德生活通过真确的道德事件呈现在课程资源中,展现于德育课堂中。德育课程资源若要真正回归学生的生活,就必须围绕学生熟悉的、亲历的道德事件进行科学筛选和开发设计。真确的道德事件是构成德育课程资源的主要素材和课堂教学的主要内容。这是因为,真确的道德事件与儿童的生活世界、生活实践、生活经验相涉相融,反映其内心世界的真实现状,将其纳入德育课程资源,也就意味着,德育课堂进入了儿童的内心世界,从而为儿童的心灵碰撞、道德冲突提供了条件;这还因为,真确的道德事件所赋予儿童的不是一个旁观者或第三者的角色,而是一个身在其中的参与者、当事人的角色,借此,学生自然能产生某种道德冲突、反思与体验或道德的同情与义愤,从而为自己的学习注入道德元素。

笔者曾收集到这样一则教学案例:

一个小学生和妈妈一起逛街,见到一个乞讨的残疾人,他要求妈妈捐100元钱,但妈妈只给了5元钱。这个小学生很不理解:这个残疾人这么可怜,为什么只给他5元钱呢?回家后妈妈告诉他:钱是妈妈辛辛苦苦挣来的,给他的是妈妈的钱,不是你自己的钱。你现在还小,没有能力挣钱,当然也没有能力随便捐钱,等你长大挣了钱就可以自由支配你自己的钱了。这个小学生经过反思后,在自己的日记中写道:我们献爱心要做力所能及的事情,要凭自己的能力去帮助别人,这才是真正的献爱心。

通过这则案例,我们可以发现,这个小学生在日记中得出了经过自己思考后的道德观

点,这正是基于真实的道德情境下对具体道德事件的体悟与理解。真实是这一事件能引发其道德观念进步的前提。因而,唯有真确的道德事件才能使学生的道德生活变得真实可靠。

在道德事件中成长,是学生道德发展最生动的方式。道德事件是学生真实生活的一部分,一个个道德事件构成了学生道德生长的一个个关节点。因为,道德事件不是别的,它就是流淌于生活中的一系列关涉自我、群我、类我的关系;对学生而言,它是具体的、真实的、实在的。在某种意义上,道德之于个体就是一系列的事件或"事件之流"(怀特海语);道德事件本身就蕴含着教育价值。进一步说,对具体而实际的学校道德教育而言,"道德就是事件,是人对自己全部的生存和生活事件的历练"。真确的道德事件塑造真实的道德人格。在学生的学习与生活中,时刻会遭遇各种包含道德维度的事件或难题,这些事件或难题与其切身利益密切相连,是其真实心灵的展示,构成了其个性化的独特境遇,因而是道德教育的重要契机。德育课程应当充分开发、合理运用这些事件的道德教育价值,通过引导学生的道德体验、反思与交往,使其从中发现道德问题,感受到自我存在的力量与价值,从而获得道德上的进步。

道德事件又体现了学生内在心灵的搏动和真实的道德倾向。德育课程生活资源的开发,应把体现学生真实道德面貌与需要的道德事件作为主要内容。它所立足的应是学生真实的道德生活,所承诺的应是学生的可能生活、美好生活,所达成的应是学生真切的道德体悟和道德人格水平的不断提升。"德育课堂关注儿童基于自身生活实践的生活经验,把它看作重要的课程资源,看作是儿童意义世界生成的基础。"学生通过这些道德事件,容易获得对道德的切实理解,而这种理解又是其理解他人、社会以建立自我与他人、自我与社会之道德关系的基础。

三、真正的道德冲突:德育课程生活资源的开发运用

道德往往在与主体利益攸关的各种冲突事件中体现出来。道德冲突是考验学生的道德观念真实与否、道德信念稳定与否的良好试剂,它使学生已有的道德观念在具体的利益挑战面前得以检验。以学生真实的道德生活为依据的德育课程资源,蕴含着引发学生真实、实在的道德冲突的契机。只有真实的道德生活才能引发学生真正的道德冲突,只有真正的道德冲突才能使道德行为得以呈现,进而反过来强化或校正学生原有的道德价值取向。对学生而言,真正的道德冲突是进行道德锻炼、道德反省与道德体验的学习机会;对学校道德教育而言,运用真正的道德冲突是促进学生道德成长、提高道德教育实效的有效途径。学校德育课程资源的设计与运用,应当在立足学生真实道德生活的基础上,通过真实的道德情境与道德事件的选择与合理使用,有目地创设符合学生道德认知发展实际和贴近学生生活经验的道德冲突事件,使其在与自身利害关系紧密相关的真确无妄的冲突中获得对道德的真情体验与深刻理解。这样,对某一具体的道德活动而言,学生的道德需要得以唤起和纯化;对整个道德教育而言,道德冲突加深了学生对道德价值的理解与体悟,为其自主而能动地参与其他道德活动提供了经验。正是在这种反复的道德冲突锻炼中,学生的道德发展水平得以逐步提高。

应当承认,新课改后的德育课程资源中,学生的生活资源得到了一定程度的开发,大量与社会现实生活、儿童的日常生活密切相关的生动的场景、资料出现在"品德与生活""品德与社会"诸德育课程中,回归生活的道德教育理念得以初步体现,这是一个可喜的变化。然

而,不容回避的是,尽管现行的德育课程中生活资源的比重得到了提高,但因撷取的生活片段未必都是符合学生生活实际并为其喜闻乐见的真实生活场景或事件,所以要引发学生真正的道德冲突也并不容易。事实上,学生往往只是带着好奇与新鲜的心态,对这些包含社会生活意义的材料、事件匆匆浏览而过,并未在内心激起道德冲突与反思。新颖、有趣的道德生活资源,未能如人所愿地引发学生切身的体悟,它既未形成真正的道德问题,学生也没有尝试解决道德问题。遭致如此现状的原因,大致有二:一是德育课程中的生活资源未必是符合学生生活实际的可感、可亲的真实生活资源,这种生活场景不能形成学生新的道德问题,故不能引发学生的道德冲动与反思;二是即使选取的生活资源是较贴近学生生活实际的真实事件,但因教师利用或引导水平的机械生硬或简单比附,同样难以引发学生真正的道德冲突,其道德思维与道德判断力也不能得以提高。有学者指出:"长期以来,造成我国道德教育实效差的原因是多方面的,但普遍利用虚拟道德教育情境进行道德教育,而不能引发学生真实的道德冲突是最主要的原因。"因此,如何利用真确的道德事件,以引发学生真正的道德冲突,成为学校道德教育欲以改革创新、提高实效的基本突破口。

对学生而言,真实的道德生活事件本身就具有道德教育意义,因为它是学生感悟道德的最好素材。借此,学生的道德需要得以唤起,道德感悟与理解水平得以不断提高。因此,德育课程的设计与课堂运用,就必须在深入了解学生之于同伴、教师、父母及社会交往中所遭遇的真实生活样态的基础上,择取那些最能贴近学生生活经验的典型事件,使其成为德育课程内容和课堂教学的活性资源,通过课堂讨论、对话及形式活泼的多样性的课外活动,诱发学生的道德冲突,深化其对道德的感悟与理解。

四、真情的道德体验:德育课程生活资源的目标指向

德育课程资源中所蕴含的生活元素,无论是道德事件的呈现还是学生道德冲突的诱发,其最终目标都在于唤起学生真情的道德体验。道德体验既是道德教学的手段,又是学校道德教育的目标指向之一。没有真情实意的道德体验,就没有完整的道德素质,也形成不了高尚的道德情感。一如鲁洁教授所言:"德育课堂是一个探索生活意义的课堂。它要使儿童逐渐去理解和体验:生活是有意义的,生活中的我是有价值的,它还要在不断丰富儿童生活经验的基础上拓展他们的意义场域。"道德体验可以使学生获得超越书本知识之外的更深刻的东西。借助真确的道德事件引导学生体验真实的道德生活,其作用就在于,它可以使抽象的道德规则转化为与学生的经验相宜的感性形象,从而使学生如临其境,如在其中,自然而然地获得对道德生活的独特体味。就德育现实而言,引导学生深刻的道德体验也是克服道德说教、灌输、训诫的教学方法,同时也是弱化道德规范的抽象性及克服对学生的强制性或压抑性的良好途径。深度的道德体验可以使道德规范由刻板的知识理性转化为生动的感性形象,使道德由外在限制转化为学生内在的精神追求,由表层潜入到人性深处,从而使学生由感而动,由感而通,由感而化,达到道德规范的浸润和道德情感的投射与迁移。

学校德育课程生活资源的运用,应立足于学生真实的道德生活和真确的道德事件,在诱发学生真正的道德冲突的基础上,实现对道德的真情体验。培养学生对道德的情感体验,既可以使道德知识与观念发于内、润于心,又可以使学生对道德事件产生一种亲近感,还可以实现已有道德经验与新的道德经验、现实的道德水平与理想的道德目标的融合。笔者收集到这样一则教学案例:

一个小学生坐公共汽车回家,看到一位老爷爷颤巍巍地上车了,这时候车上已经没有空位。小学生开始了思想斗争:"书上讲的、老师教的都是要给老人让位,尊敬老人,但是,我自己也很累,刚刚在学校参加完义务劳动,忙了一下午,真的不愿意站起来。怎么办呢?再看看老爷爷一点一点往前挪动脚步的样子,又想:老爷爷年纪那么大了,应该给他让位,不然汽车停下来或开走的时候老爷爷会站不稳,摔倒了怎么办?"于是,当老爷爷走到他面前的时候,爽快地把座位让给了老爷爷。

通过分析这则案例,不难发现,这个小学生所遇到的这一真实的道德事件,激起了他真正的思想斗争和道德冲突,最后能够"爽快地"让座,正是他在对自己当时的感受和老爷爷的境况进行情感体验后所做出的道德选择。这种体验完全是他自己的。可见,真情的道德体验能催生学生朴素的道德情愫与行为。儿童的纯真、友善积淀于其真实的道德生活中,体验是其把握道德的主要方式。"即使儿童体会到了为善的快乐,通常也不是说教的结果,而是生活自身的教诲,他们美好地生活着,因而健康地成长着,这处处体现着含蓄的力量——生活中的自成、熏陶所形成的道德感化比针对利益进行运筹的思考要稳定和深刻得多。"

道德体验以不经意的方式达到了不言之教、不言而喻的效果。通过体验,能够唤醒学生的道德意识,激励其参与道德生活,开拓新的道德生活,学会过美好的道德生活。

参考文献:

[1] 傅维利.真实的道德冲突与学生的道德成长[J].教育研究,2005(3).
[2] 鲁洁.行走在意义世界中——小学德育课堂巡视[J].课程·教材·教法,2006(10).
[3] 鲁洁.生活·道德·道德教育[J].教育研究,2006(10).
[4] 陈根法.德性论[M].上海:上海人民出版社,2004.
[5] 郭思乐.德育的真正基础:学生的美好学习生活——论教学生态在德育中的地位[J].教育研究,2005(10).

(本文选自《课程·教材·教法》2007年第5期)

思想政治课江苏化教学的理路探究

丹阳市第六中学 钟国才 南京师范大学 谢树平

一、思想政治课江苏化教学的内涵界定

广义的课程地方化既包括开发地方课程,也包括课程地方化的实施研究。地方课程是地方教育主管部门以课程标准为基础,根据地方社会发展及其对学生发展的特殊要求而自主开发、设置、实施管理,并在国家规定的课时内开设的特色课程。思想政治课江苏地方课程是根据江苏地区的社会经济发展的特殊要求,以及江苏特定的课程资源设计的课程,因而,利用江苏地方课程资源开发江苏地方教材是思想政治课江苏地方课程的重要载体,在适用范围上具有鲜明的江苏地域性。

课程地方化实施研究是指以国家课程标准为基础,在地方情境下对相关的价值、知识、技术的行为规范的传递、调适和发展,其含义在于将教育和地方发展的联系最大化,给地方带来支持和资源,达成地方间的伙伴关系。[①]

本文所指的思想政治课江苏化教学主要研究思想政治课国家课程在江苏省的实施与管理。思想政治课江苏化教学要依托国家示范性教材或江苏地方教材,充分利用江苏境域化的课程资源来实施教学。它特别强调把思想政治课的教学内容与江苏省情、学生的实际加以整合、渗透、扩充和发展,即在江苏化教学过程中力求使思想政治课程标准的内容要求与江苏省的政治、经济、文化的特点和生活状况、地方的需求、存在的问题以及与江苏学生的生活经验、思想状况、发展需要的实际相联系。思想政治课江苏化教学不是在现有课程体系之外再设置一门课程,各课程模块的教学仍然在课程标准规定的学时内进行,突出江苏学生适应江苏经济和社会生活的发展,强化其思想政治素质、创新精神和社会参与能力的培养。

二、思想政治课江苏化教学的现实意义

1. 深化课程改革的客观要求

长期以来,思想政治课教学脱离学生个体发展和社会发展的实际。教师缺乏课程实施的自主研究意识和能力,这是中学生产生厌学情绪的原因之一,这样的教学难以提升学生的全面素质。学习生活中的政治,学习对终生发展有用的政治,才是学生内心的期盼。新课程改革把教学定位为师生交往、积极互动、共同发展的过程,而要真正实现这种"教学平等",师生不仅要有共同的话题探讨,更要有情感的共鸣点。思想政治课江苏化教学一改过去那种"教教材"的情况,它充分挖掘江苏蕴含的课程资源,丰富了学生的生活,激活了学生的学习

---

① 钟启泉,罗厚辉.课程范式的转换[M].上海:上海科技出版社,2003.

经验,便于让江苏师生站在"平等"的位置上"对话",分享彼此的思考、经验和知识,交流彼此的情感、体验与观点,从而培养学生热爱江苏的情感以及参与社会生活和社区的实践能力。

思想政治课江苏化教学以江苏境内的优势课程资源为依托,增强了课程管理与实施的适切性,有利于打破以往课程管理体制中"专家定制课程、教师教课程、学生学课程"的模式,它能为深化思想政治课程改革提供优秀的实践经验借鉴,使之具有江苏境域普遍的适用性和全国类似改革的参考性,以更好地实现思想政治课程的总目标。

2. 促进江苏社会发展的时代需求

在当今世界经济全球化、现代化和国际竞争日趋激烈的多重挑战之下,江苏经济要保持快速发展势头,必须着力于发展科技和提高国民素质。思想政治课江苏化教学正是追随时代发展的步伐,与时俱进地充实和调整教学内容,使教学内容充分体现当今江苏和世界发展的时代特征,让学生获得一种江苏地方和全球的视野,并在获得全球性知识后能够进行江苏地方建设,从而促进江苏经济、文化等方面的全面发展。

三、思想政治课江苏化教学的操作路径

1. 搭建江苏化教学的平台

首先,创造有利于"江苏化"教学的氛围。江苏境内广大思想政治课教师只有转变教学观点,树立思想政治课江苏化教学思想,才能推进教学的创造性实施。因此,教育行政部门和学校要建立"校本化"的教研机制,鼓励创办有关"江苏化"教学研究的刊物,组织教师撰写有关"江苏化"教学的教育科研论文,为"江苏化"教学研究提供交流平台。同时,学校和政治教研组要积极承担活动,我们在强调集体备课的同时,要赋予教师一定的教学自主权,最大限度调动教师的独立性、创造性,对于有关"江苏化"教学的展示课,学校要激励教师踊跃参与、积极探索,让更多优秀的教师走向前台展示自身江苏化教学的独特风格,通过学术性活动有力地促进"江苏化"教学活动的开展。

其次,由文本走向生活,构建实践平台。为引导学生关注江苏社会生活,学习运用单元所学知识、观点和方法,多角度多侧面多层次地观察、分析、研究和综合解决江苏社会现实问题,思想政治课教师要对国家课程教材中的综合探究活动栏目进行江苏地方化改造,要组织开展充分体现"江苏化"教学特色的社会调查和研究性学习活动,这就需要学校和社会力量的大力支持,这是推进思想政治课江苏化教学的有效方法。

再次,开发江苏特色的思想政治课程资源。思想政治课江苏化教学必须紧扣课程内容全方位开发课程资源,如通过新闻媒体或查阅《江苏社会科学》《江苏内参》《江苏省情手册》《江苏经济探讨》等对江苏经济社会研究较集中的刊物,搜集社会信息资源。又如,以中学政治学科网、中学思想政治教学网等教学网站和江苏各级机关、事业单位网站资源为依托,对这些网站中的原始课程资源进行哲学过滤和思想政治课专门化加工,使之与思想政治课江苏化教学的目的、内容对应和契合,从而为思想政治课江苏化教学的实施提供更广泛、更便利的支持。

2. 实施江苏境域化案例教学

"知识是在不断变化的社会情境之中形成的。"[①]学习者只有在已有的认知结构基础上,

---

① 钟启泉,等.新课程的理念与创新[M].北京:高等教育出版社,2003.

通过对新信息进行主动加工,才能把它融入到自己原有的知识结构中。"对于道德教育来说,最有效的学习活动也许是这种事例的研究讨论。"①

思想政治课概念原理的抽象性、中学生思维与情感的特点,决定了理论联系实际是思想政治课教学的基本理念和根本方法。而江苏境域化案例教学正是贯彻以上课程理论,实现马克思主义基本原理与江苏实际、科学世界与生活世界互动整合的一种重要方式。

江苏境域化案例教学是一种以境域化案例为运作机制的教学模式,其特点是:联系江苏实际进行教学,坚持原理、方法从江苏社会实际和江苏学生生活世界中来,回到江苏社会实际和江苏学生生活世界中去,用既有江苏境域化又具有全国、全球视野的材料和案例阐明原理、观点,引导学生运用所学原理、观点和方法观察、分析说明江苏学生和社会的生活现象。具体来说,它是指教师根据思想政治课教学目的和教学内容,运用江苏当地的典型案例,将学生带入特定事件,深入角色,组织学生分析、研究案例,进行人格示范或价值引导,发展学生分析和解决实际问题能力的一种教学模式。案例教学的一般程序是:精选案例—分析讨论—总结评价。在实际操作中,江苏境域化案例教学并不排除具体程序的灵活运用,它注重精选那些对江苏学生终身发展具有决定意义的教育资源、有利于提高学生有效地参与社会生活所应具备的素质、知识和技能,是适合江苏经济文化发展和江苏学生发展实际的教学模式。

3. 建立江苏化教学的评价机制

为推进思想政治课江苏化教学的实施,对其教学效果应建立起相应的评价机制,使评价成为学生发展和提高教学质量的有效手段。

思想政治课江苏化教学对施教者要采用开放式教学评价,就是要采取以教师自我评价为主,提倡教师学会自我评价、自我欣赏、自我反思,提倡同事、学校领导等共同参与的评价方式;在评课表中增设"寓德育于江苏地方素材之中"评价栏目,特别关注江苏化特色教学在完成本课程教学目标中的作用。对学生实施评价时,要改进过去传统的"分数定论",实现评价方式的多样化,对学生在课堂中的表现,各自不同的学习观念和学习效果,尤其是对学生搜集、整理、选择、管理有关江苏地方信息素材的能力,要提供相应的自我评价、同伴互评、教师评价的机会和要求。

另外,要通过高考评价引领思想政治课江苏化教学。利用江苏获得高考书面试卷命题自主权的有利条件,使江苏自主命题有自己的特色,即试题在体现国家统一要求的同时,适当体现江苏特色。在选材上注意开发和挖掘本省的考试资源,紧密结合本省经济和社会发展所采取的重大举措和成绩,创设情境设计问题,这有利于考查学生运用所学知识解决本地实际问题的能力。

(本文选自《基础教育研究》2008 年第 1 期)

---

① 霍尔,戴威斯.道德教育的理论与实践[M].陆有铨,魏贤超,译.杭州:浙江省教育出版社,2003.

高中《思想政治》新教材的特点
——与现行政治教材比较

北京教育科学研究院基础教育课程教材发展研究中心　王　婷

依据《基础教育课程改革纲要(试行)》提出的课程改革目标,本次高中思想政治课的性质被定位为:高中思想政治课进行马克思列宁主义、毛泽东思想、邓小平理论和"三个代表"重要思想的基本观点教育,以社会主义物质文明、政治文明、精神文明建设常识为基本内容,引导学生紧密结合与自己息息相关的经济、政治、文化生活,经历探究学习和社会实践的过程,领悟辩证唯物主义和历史唯物主义的基本观点和方法,切实提高参与现代社会生活的能力,逐步树立建设中国特色社会主义的共同理想,初步形成正确的世界观、人生观、价值观,为终身发展奠定思想政治素质基础。

根据《普通高中课程方案(实验)》的规定,课程总体框架由学习领域、科目、模块三个层次构成。思想政治被列入人文与社会这一学习领域,包括4个必修模块和6个选修模块。相对应的4本必修模块教材和6本选修模块教材由人民教育出版社统一编写出版。课程模块,作为建构高中课程体系的基础,有其特定的意义,其基本点包括:就课程模块而言,模块之间既相互独立,又反映学科内容的关联性;每一模块都有明确的教育目标,并围绕某一特定内容,整合学生经验和相关内容,构成相对完整的学习单元;每一模块都对教学行为和学生学习方式提出要求与建议。

一、高中《思想政治》新教材的基本框架特点

高中思想政治课程采取模块式的组织形态,分为必修和选修两部分,各课程模块的内容相对独立,实行学分管理(见表1)。必修部分是所有学生必须学习的课程,共8个学分,设4个课程模块;选修部分是学生自主选择的课程,共12个学分,设6个课程模块。必修模块的学习主要在高中一、二年级完成。

表1　高中思想政治学科的课程结构和课程内容

课程结构		课程内容
必　修	必修1	经济生活
	必修2	政治生活
	必修3	文化生活
	必修4	生活与哲学
选　修	选修1	科学社会主义常识
	选修2	经济学常识
	选修3	国家和国际组织常识

(续表)

课程结构	课程内容	
选 修	选修4	科学思维常识
	选修5	生活中的法律常识
	选修6	公民道德与伦理常识

（一）必修课程教材的基本框架

必修课程教材共设4个课程模块：思想政治1（经济生活）、思想政治2（政治生活）、思想政治3（文化生活）、思想政治4（生活与哲学）。其中，"思想政治1、2、3"分别讲述经济、政治、文化三大生活领域的常识，以对应社会主义物质文明、政治文明、精神文明协调发展的要求。社会主义市场经济、民主政治、先进文化的意义，是整合这三个课程模块的核心概念。"思想政治4"的哲学知识则是上述三个模块内容目标的支撑，即认识经济、政治、文化三大生活领域的世界观和方法论；求真务实，集中体现了辩证唯物主义与历史唯物主义的科学精神，是整合这个课程模块的核心概念。

必修课程教材的设计反映了"三个代表"的重要思想，是统领课程内容目标的灵魂，涵盖了当前进行思想政治教育的基本内容和新的要求，贯彻了"三贴近"的原则，体现了课程以人为本、注重能力发展的追求。做一个有经济头脑的人、做一个有政治觉悟的人、做一个有文化涵养的人、做一个有理论思维的人，是必修课程教材育人的基本追求。

（二）选修课程教材的基本框架

选修课程教材共设6个模块：科学社会主义常识、经济学常识、国家和国际组织常识、科学思维常识、生活中的法律常识、公民道德与伦理常识。选修课程作为"体现课程选择性的主要环节"，主要是基于学生情趣、兴趣、志趣方面的选择，为培养学生自主选择的能力、体验人生规划的经历提供机会，因此，不能把这种选择性与注重基础、注重综合素质的宗旨割裂开来、对立起来。从选择性的意义上看，课程模块教材的设置，主要着眼于三个方面的要求，既着眼于学生升学的需要，又考虑到学生毕业后的就业需求；既体现本课程作为德育课程的特有性质，又反映本课程在人文与社会学习领域中的特有价值；既要支持学生发展的先进性要求，又要兼顾学生发展的广泛性要求。选修课程教材作为"基于必修课程教学的延伸和扩展"，一律采用"专题"的组织方式，并多采用"史论结合、事论结合"的叙述方式，更多地反映学生对有关"问题"的关切，并以此作为建立课程教材框架的基础；相对于必修课程教材的框架设计，它会更依赖相关学科的理论逻辑，更显现学科的"专业拓展"特征，也更具"探究性"的色彩。

二、高中《思想政治》新教材的编写特点

总体看来，新教材的编写有如下特点：面对现实生活中的主题，以启动、展开思维活动的过程和方法为主导，通过案例考察、问题辨析、行为表现等环节的活动设计，呈现和提炼内容目标的意义。

所谓内容目标的意义，包括思想政治与学科知识两个方面。不同于在学科概念主导下

的编写思路,新教材编写采用以学习过程为主导的编写思路。

(一)基于案例的思路

过去,教材编写者常常以这样的假设为前提:学生对所要学习的项目本身是无知的。因此,编写者认为知识只能来自教师、来自教材,故而很强调教材的法规性质。

新教材编写者认为,学生在日常生活和以往的学习中,已经形成了丰富的经验,对很多问题和现象都有自己的看法;即使有些问题还没有接触过,当问题呈现在面前时,也可以凭借相关的经验进行解释。因此,新教材编写者把学生现有的知识经验作为新知识的生长点,促使其从原有的知识经验中生长出新的知识。体现这一过程的方式,就是案例。

(二)基于问题的思路

过去,教材编写者常常以这样的认识为基础:课本知识都是人们早已检验过的、无须怀疑的定论。因此,编写者认为教科书作为传递知识的载体,用途是把这些知识告诉学生;即便让学生去观察、讨论,也是要求其理解、记忆,以便存储起来,供需要的时候应用,故而教科书编写的主要任务是把有关结论加以规范清楚、表达准确。

新教材编写者认为,教材的作用不仅仅是把知识装进学生的头脑,更重要的是引导学生对自己的经验进行检验和反思,在此基础上,对问题进行分析和思考,从而把知识变成他们自己的"学识"和"主见",故而编写教材时关注问题、引发问题、围绕问题展开叙述,针对问题进行探讨。

(三)基于情境的思路

过去,教材编写者难以走出"压缩饼干"的模式,奉行"去情境"的编写定势,认为知识一旦从具体情境中抽象出来,成为普遍原理,就具有覆盖所有情境的"意义",能反映任何情境的"本质";对这类知识的学习可以独立于现实情境,学习的结果也可以自然地迁移到各种真实的情境中,故而认为概念表征的描述和呈现,始终是教材编写的中心环节。

新教材编写者认为,情境总是具体的、变化的,各种情境之间没有完全普适的法则,抽象概念、定义的学习往往无法灵活适应具体情境的变化,学生常常难以用从课本获得的知识解决现实世界中的真实问题。因此,在新教材编写中,仿真情境的设计和引入,成为编写教材至关重要的环节。

因此,基于上述认识,新教材编写者采取了以下编写策略:走出"理论逻辑"的模式,采取"生活逻辑"的模式;从倡导"深入浅出"的方式,转变为"潜入明出"的方式;经历思维过程,在个案分析中展示观点,在价值冲突中澄清观点,在比较鉴别中辨认观点,在自主探究中提炼观点。

三、高中《思想政治》新教材与现行教材的比较

比较高中《思想政治》新教材与现行教材的特点,我们发现新教材与现行教材有以下不同之处。

现行教材,课文的主体是提供相关学科的概念、原理和观点,表达概念、观点、结论、事实和各种信息的既定规范,辅之以具有可读性的例证。新编教材,课文的主体是启动、牵引思

考和体验探究的过程,注重提供形成概念、观点、结论和事实的途径。这包括描述有意义的生活经验;案例的分析、辨析、评估;引申、提炼或借助相关学科的概念和方法。因此,现行教材的关注点是:是否有明确、权威的定义,定义是否全面、严谨,合乎学科规范。

新教材的关注点是:是否提供了思维的路径和空间,是否促使学生自己得出并表达结论。现行教材,活动的设计与内容的陈述相分离,过程与方法、知识与技能的呈现与情境无关,研究性学习作为单独的活动方式来设计,并限于单一过程或技能的示范。新编教材,在相关情境之中,综合动手和动脑的操作、认知和程序性技能完成一项活动,一并呈现过程与方法,把知识学习、能力培养与情感体验有机结合起来,将体现研究性学习方式的活动设计作为教材基本内容的呈现方式。现行教材,在没有对问题的发生进行解释时,就对有关问题给出答案,把强化思维过程的有关提示或栏目设计主要用于演示和证明结论。新编教材,思维活动贯穿在展开教材内容的全程,尤其注重提供引领学生思考的路径、运用证据和共同探究的策略,并提供解释各自想法的机会。因此,现行教材的关注点是适于接受性的教学进程:目标—策略—评价;新编教材的关注点是适于研究性的学习进程:活动—体验—表现。现行教材,课文的基本结构是学科概念、术语、观点的集合和分解,学科的逻辑框架是展开教学内容、组织教材体系的基础。新编教材,学习过程的步骤、持续和策略是呈现教学内容、组织教材体系的基础,强调在思维和操作过程中感受、感悟、把握学科知识的意义。因此,现行教材的关注点是"教本"——教学过程是主导,新编教材的关注点是"学本"——学习过程是主导。

总之,相比现行政治教材《经济常识》《政治常识》及《哲学常识》的内容,新《思想政治》教材的内容无论从深度上还是广度上都有极大的拓展,对学校、对政治教师搞好教学都将是很大的挑战。政治课程是一门学科课程,其实质是一门综合学科课程,涉及的学科背景知识有哲学、政治学、经济学、伦理学、法律等多学科理论基础,因此,高中政治教师要努力弥补自身学科理论知识的不足,掌握新教材的教学特点,搞好教学。

(本文选自《教育科学研究》2008年第2期)

建构主义理论在《经济生活》教材中的体现

安徽省淮南市第二中学 张 莉

现代教育理论为思想政治新课程改革提供了科学、丰富的理论基础。其中,建构主义理论主张以学生为中心,强调学生对知识的主动探索、主动发现和对所学知识的主动建构。它要求教师打破以往教学中以教师为中心、强调知识传授、把学生当作被动接受知识的对象的做法,要求教师以一个组织者、帮助者、促进者、服务者的身份出现在学生之中。利用建构主义学习环境的因素,即情境、协作、对话等,充分发挥学生的主动性、积极性和创造性,最终达到学生有效地实现对当前所学知识的意义建构的目的。作为《经济生活》课程建构的主要理论基础,建构主义理论在《经济生活》教材中得到了充分地体现。

1. 新教材以经济生活为基础,体现了建构主义理论对生活情境的重视

现代教材观认为教材的作用是引导学生在对自己的经验进行检验和反思基础上,对问题进行分析和思考。新教材的最大特点就是把大量贴近学生生活,反映我国经济发展和经济建设新成果的素材加以典型化。把经济理论观点的阐述寓于经济生活的主题之中,把学科知识与生活现象有机结合起来,使抽象的理论通俗化。注重回归学生生活,创造生活情境符合建构主义理论的要求。新教材选用大量富有情节的事例作为话题,营造和创设解决问题的各种情境,并配以解决问题所必备的相关知识以促进学生在解决问题的过程中强化知识。比如谈到消费心理,教材设置了几个很有趣的话题:"每逢新年,同学之间免不了互送小礼物。前几年送贺卡,现在送的礼物价格越来越高";"小林的服装总是怪怪的:裤子上左一个大兜右一个小兜,兜上还有许多铁环,走起路来叮当作响。别小看他这身服饰,价格可高哩";"一些同学的手机、电脑、MP3、电子词典等'现代化装备'不断升级,由此带来的'学费外支出'迅速增长。这种攀比之风还有进一步蔓延的趋势"。这三个情境形象地描绘了从众、求异和攀比心理。对这几个话题,每个学生都会有自己的切身感受。面对这些问题,他们的想法和做法反映出他们不同的消费观念和消费行为。面对如此贴近学生生活实际的话题,学生有言可发,有感而发,现有的知识经验就成为新知识的生长点,促使其从原有的知识经验中生长出新的知识,加深了他们对消费心理的认识和对自身消费行为的反思。从《经济生活》教材巧妙的情境设计中选取的这几例就可以看出,《经济生活》教材对学生已有生活经验的关注和对生活情境这一意义建构的关键因素的重视。

2. 新教材注重学生探究,体现了建构主义理论关于协作与会话的认识

新教材设计了探究活动,提出探究性的问题,以便最大限度地唤醒学生的兴趣,引发学生参与的欲望,主动探究问题,完成意义建构。比如谈到租赁消费,提出的问题是"你会选择租赁消费方式吗?通常会租什么商品?说说你的理由"。这是一个开放的问题,没有固定的答案,学生完全可以根据自己的实际生活经验,感受租赁消费这种消费类型的优势,学生寻求问题解决的过程就是一个主动学习的过程。另外,教材通过"名词点击""相关链接"和"专家点评"等栏目,在学习内容上为学生的自主学习、主动发展提供了一个拓展、延伸的平台。

如第一单元《生活与消费》在"名词点击"里提到了通货膨胀与通货紧缩、卖方市场与买方市场、劳动生产率这几个概念;"专家点评"里阐述了商品的价值量不能由个别劳动时间决定;"相关链接"里补充了货币流通规律、货币的职能、爱护人民币、反假币、银行信用卡基本常识、支票、社会必要劳动时间、海尔集团事例等,学生可以根据自己的兴趣和需要延伸学习,对问题进一步探究。

除了学生的自主探究外,还有学生的合作探究。每个单元的"综合探究"模块就是学生合作探究的最佳平台,它可以使学生从掌握书本上的知识技能到学会交流、学会合作、学会分享、学会思考,在探究中学会自我发展,成为自主开放的学习者。如第一单元的综合探究"正确对待金钱"。从探究活动目标"培养收集相关资料、筛选信息的能力;培养剖析各种观点的思维辨析能力;在分析、比较、感悟的基础上,认同正确的金钱观;展示并分享合作探究成果"到探究活动建议"分散与集中相结合,收集古今中外特别是周围人对金钱的看法,以及表明各种金钱观的具体事例;分组或在全班研究、探讨、辨析不同的观点;将相关材料精选集中、相关论点筛选出来;用综合探究成果出一期壁报"可以看出,《经济生活》教材重视协作与会话对意义建构的关键作用。通过师生之间、生生之间各种形式的交流和互动,包括小组讨论、辩论、合作、分享、展示等,使每个学生激活自己已有的知识经验,学会理清和表达自己的见解,学会倾听和理解别人的看法,了解与自己不同的观点,不断对自己和别人的看法进行反思和重构、对比、综合,同时看到问题的不同侧面和不同解决途径,为自己的知识建构提供有利条件。学生在相互辩论、帮助、赞赏中体验交往的快乐,分享成功的喜悦,使他们的情感和社会性技能得到良好的发展。总之,新教材重视发挥学生的主体作用,倡导开放互动的教学方式和合作探究的学习方式正是体现了建构主义理论的核心观点。

3. 新教材内容坚持以人为本,展现人文关怀,体现了建构主义理论对学生主体性的重视

首先,新教材具有较强的可读性,材料丰富,图文并茂。用丰富的数字、图表、图片和漫画表现主题,将重点知识用直观的形式呈现出来,以便学生把握、阅读、理解和欣赏。同时,栏目的设置灵活、形式活泼、功能多样,有利于调动学生学习的兴趣。如仅第一单元就使用了 27 张图片、11 幅漫画、2 张图表和大量数据。这种安排不但符合学生的认知规律,而且容易让学生产生共鸣,真正做到以学生为本,从学生成长的需要出发。

其次,新教材贯彻三维培养目标,不仅关注学生知识的获得,更注重培养学生的创新能力、实践能力和科学人文素养,培养学生的坚强意志和团结合作的精神,促进学生人格健康发展。例如,第一单元《生活与消费》,讲到做理智的消费者,教材设计了一个关于"白色垃圾"的探究活动:"经常使用发泡塑料餐盒的人可能没有想到,全国一次性食具的年使用量超过 100 亿只!这种食具的制作危及臭氧层;用它装饭菜危害人体健康;它不易降解,会造成严重的环境污染。我们应当如何对待发泡塑料餐盒?请为解决白色污染、资源浪费出谋划策。"以此引导,教育学生树立环保意识,引出绿色消费理念。学生在为解决白色污染出谋划策的过程中不仅可以锻炼分析能力和创新能力,还可以帮助重新审视以往的消费观念,树立正确的消费观,让每一个学生对日益严峻的资源短缺和环境问题产生强烈的危机感和责任感,懂得保持人与自然环境之间和谐的重要意义。把保护环境、绿色消费写入教材说明新教材关注学生的需要与体验,这一点完全符合建构主义理论的要求。

(本文选自《思想政治课教学》2008 年第 3 期)

高中思想政治新课程推进中的问题与思考

北京教育科学研究院　王立新　金 利

随着高中新课程改革的平稳推进,思想政治学科的课改理念不断深入人心。教师们在教学中积极实践,关注学科知识与生活主题的结合,把学科的基本观点和方法融入生活题材,围绕学生的生活实际和所关心的社会生活问题组织教学,全面落实课程目标;坚持正确的价值导向,采取灵活的教学策略,鼓励学生独立思考、合作探究,主动经历观察、操作、讨论、质疑、探究的过程……课程实施的实践性与开放性提高了学生的兴趣,增强了教学的实效性。但实践中出现的内容、课时、方法、评价等方面的问题在一定程度上又影响了改革的推进。因此,客观准确地分析原因,采取有效的应对措施,将有利于高中思想政治新课程的健康发展。

一、新课程推进中的问题与原因分析

(一)教学内容与课时的冲突

在高中新课程改革中,内容多、课时紧是遇到的最普遍、最突出的问题。思想政治新课程与其他科目一样删除了繁、难、偏、旧的东西,增加了贴近学生生活、对学生发展有用的知识。但教师们反映的主要问题是:新教材知识容量大,按照规定课时很难完成教学任务。对此,需要深入分析问题产生的原因,制定对策,寻找出路。

1. 原因之一:教学方式和学习方式转变带来的课时紧张问题

第一,新课程倡导开放互动教学方式与合作探究的学习方式,鼓励学生深入体验,自主探究,得到了广大教师的认同,并积极付诸实践。但从教学效率角度分析,接受式学习效率最高,而发现式、探究性学习强调学生在情境和活动中体验、在问题和矛盾中探索,在充满各种变量的鲜活现象中探究,需要花费较多的时间。情境的创设活动的展开、问题的探索均需以大量时间的付出为前提;理论的获得和能力的提升均需以过程有效实施为载体,这就造成了有限的课时和教学内容上的高度紧张。在教学内容没有大幅删减的情况下,单纯采用探究性和体验性学习,难以应对众多的教学内容,这是问题产生的客观原因。

例如,《经济生活》每一框题平均有四个对话框(活动),如果一节课的引入、总结需要 5 分钟,活动时间只有 40 分钟。然而,课堂教学不能只开展活动,还需要教师讲解、分析、板书、布置练习、巩固知识等,这就决定每个活动开展不可能超过 10 分钟。假定一个活动耗时 5 分钟,四个活动就需要 20 分钟。事实上经历"创设情境—引发思考—开展讨论—澄清是非—升华认识"过程的活动;5 分钟内难以完成,否则活动会流于表面和形式、走过场,而无价值。由此看来,教材设计了众多活动,并希望在教学中一一展开,可能是一种理想状态的教学,是理想课程的一个具体表现。

第二,在高中阶段采取新的教学方式和学习方式,师生尚缺乏经验。一方面,教师对体验性学习、探究性学习的开展没有准确把握,什么时候需要教师讲解、什么时候需要学生活动、什么问题需要体验、什么问题需要合作解决等认识还不是很清楚。学生活动缺少必要的规范、程序和指导,活动出现过多、过频的现象。另一方面,教师对体验性学习、探究性学习的活动设计比较陌生。活动预设和活动生成往往有较大的落差;活动中预想不到的事情经常出现;活动设计的尺度把握不准;活动目的不清晰;经典的活动设计尚未总结出来;活动设计与教材的要求还不能保持同向和同步。同时,老师们多认为自己设计的活动容易激发学生兴趣,为使自己的教学充满个性,很少使用教材中现成活动设计。不同的活动设计有不同的教学目的,需要我们细心品味,精准把握。如果完全放弃教材上的活动设计自己单搞一套,很可能造成既费时,又费力;既增加教师备课量,又偏离活动设计的最终目标,效果并不一定好。

2. 原因之二:教材的生活化增加了教学任务

新课程"立足于学生现实的生活经验,着眼于学生的发展需求,把理论观点的阐述寓于社会生活的主题之中"。教材的编写思想和教学思想是毋庸置疑的。然而,生活是丰富多彩的,教材生活化也必然带来丰富多彩的问题。

第一,新课程要求从生活中体验和归纳知识,或将知识还原于鲜活的生活之中,这两点的实现都要求学生具备基本的生活经验和生活经历。然而,现实中的学生只有学习生活经验,而其他社会生活经验是贫乏的,这在一定程度上造成了课堂教学的双重困境:一是知识本身具有一定难度,离学生生活比较远;二是对社会生活现实比较陌生,缺少平时体验和理论应用的基础。两者相加必然加大教学的任务——既讲知识又补生活。教学中,就出现两者难以兼顾,实施教学必然花费大量时间的现象。

第二,社会经济生活的高速变化,政治学科理论的不断更新,也对教师原有生活经历和知识水平提出挑战。生活体验来源于生活实践。生活是广泛的又是不断变化的。社会职业分工限制了人们的生活范围和生活视野,作为一名普通的中学教师,尤其是青年教师,很难有机会广泛深入社会经济生活、政治生活、文化生活、法律生活、道德生活等各个层面,形成对广泛社会生活的深刻体验,这就使生活视野、生活体验成为教师专业素养的"短板",而且很难在短时间内予以补足。在教师的生活阅历和专业素养不具备的情况下,实现课程目标必然大打折扣。

综上所述,课时和内容矛盾的形成有多方面的原因,有实验教材设计上的问题、实施过程中经验缺乏问题、师生生活局限问题、教学管理问题等。问题出现和问题存在并不可怕,只要我们认识原因,对症下药,合理安排,完全能解决。

(二) 教学过程与结果的反差

教学过程与结果不尽统一,是新课程实验中遇到的又一问题。表现为:课堂的教学形式发生明显变化,教学的过程性明显加强,学生的主体作用明显发挥,但学生知识水平和能力水平没有得到相应提高或变化不大。不会考试、害怕考试、成绩不高是大多数学生的现状;怀疑教法、担心高考是教师们存在的普遍担忧。这一问题的显现应该引起高度的重视。

产生这一问题的原因在于一些教师对过程性教学的认识存在偏差,把过程性教学仅仅理解为外在的、具体的、物化的形式和活动,没有认识到思想政治学科教学更应关注学生思维的活动,是思维的展开、思维的培养、思维的锻炼,是通过思维过程帮助学生形成科学的世界观和方法论。因此,在活动设计时把思维方法当作发力点和最终目标,多做启发性和思辨性的活动,学会提出有思考价值的问题就显得十分重要。课堂教学不能为活动而活动、为过程而过程,必须考虑投入和产出的关系,必须讲究教学效益。

(三) 教学理念与实践的脱节

教学实践和教学理念的脱节,是新课程实验中又一突出的问题。表现为:一是多数教师虽然接受了新课程倡导的理念,但不知道如何将其转化为教学实践,特别是对新课程倡导的体验性学习、探究性学习、合作学习的技术路线和操作方法不清楚,课程理念缺少课程技术的支持;二是部分教师认为沿用以往的教学方法,也能达到课程标准规定的知识目标,因此缺乏采用体验性、探究性学习方法的动力;三是当一些教师在课改实验中遇到困难和挫折时,产生畏难和畏惧心理,教学行为又返回自己熟悉和擅长的教学轨道。

第一种和第三种情况的产生是正常的,是课程实验中必然要遇到的问题。课程实验就是探索未知,就是开拓创新。只要我们坚定方向,勇于实践,持续研究,随着时间的推移,完全可以找出推进新课程的有效途径,解决前进中的问题。

第二种情况存在两大认识误区:其一,不了解结构产生功能。不同的教学结构、不同的教学过程、不同的教学方法,产生教学效果存在质的差别。正如黑格尔所说,"我这一辈子"出自一个饱经沧桑的老人和出自一个顽童之口有着质的不同。其二,否认了教学过程是新课程教学目标的重要组成部分,否认了理论与实践是具体的历史的统一。

二、推进思想政治新课程的几点思考

(一) 深入学好课程标准,准确理解课程要求

《普通高中思想政治课程标准》指出:立足于学生现实的生活经验,着眼于学生的发展需求,把理论观点的阐述寓于社会生活的主题之中,构建学科知识与生活现象、理论逻辑与生活逻辑有机结合的课程模块,这是本学科新课程改革的最大亮点。但如何理解"以生活为主线,以学科知识为支撑,生活逻辑和学科逻辑的统一"在教学实践中有不同的认识。

1. 认识一:新课程淡化了学科体系,降低了理论难度,要求课堂教学不能只讲理论,要从生活出发,从现象入手,在大量的鲜活材料中让学生自主获得学科知识

这种认识肯定了"生活"在课改中的地位和作用,但由于把生活逻辑和学科逻辑的统一理解为生活和理论的简单相加,因此在实践中往往采取"材料+观点"的简单教学策略。表现为:第一,课堂教学以材料为中心。材料多、活动多、讨论多,是这一策略的外在表现和鲜明特征。这类课表面虽然热闹,但总有肤浅之感,体现不出学科自身的魅力和课改应有的价值。第二,课堂教学以自编材料为中心。一些教师认为,自编材料更有新鲜感,更能吸引学生。于是忽略对课本中对话框设计的研究,甚至全部放弃课本中的材料和对话框使用。但教材设计是个有机整体,正文、对话框、材料等都是教材的重要组成部分,各自不仅发挥着特殊作用且形成一种合力。如果我们不能把握这种合力,在添加自编材料中破坏这种合力,其结果适得其反。

2. 认识二：课改不仅要求理论和实际相结合，而且对怎样结合提出了明确要求，即两个逻辑的有机统一

什么是生活逻辑？生活有没有逻辑？有人认为生活没有逻辑，是一堆杂乱无章的现象。我们以为这种说法不妥。因为一种现象的出现、存在、发展都是由另外的现象引起的，现象之间总存在引起和被引起的关系。生活的逻辑就是事物产生、发展的逻辑，就是引起和被引起的逻辑。当我们把这种关系梳理出来、抽象出来，认清其本质和规律的时候，就上升到理论，就实现了两个统一。历史和逻辑相一致的方法是马克思主义的基本方法之一。所谓历史的，就是指客观事物的发展进程，而逻辑的就是指理论，即对客观进程的本质和规律性的认识。历史和逻辑相一致的方法要求我们历史从哪里开始，逻辑就从哪里开始；历史的起点就是逻辑的起点；历史的进程就是逻辑的进程；历史的结论就是逻辑的结论。

3. 理解和实践两个逻辑统一的教学要求

一是授课不仅要有材料，而且要有经典材料、可用于深入分析的材料。材料的作用不仅仅是引出概念和证明观点，更重要的是用具体事实的过程相互关系形成概念和基本观点。学生对具体材料的分析过程，教师对多种变量的控制过程，就是学生思维能力提高和培养的过程。二是从过程中导出结论，仅仅完成了一半教学任务。从感性具体上升到抽象思维，再从抽象思维升华到思维的具体，才是完整的教学过程。从感性具体上升到抽象思维，是低层次抽象；从抽象思维升华到思维的具体，是高层次抽象。三是重视教材中对话框的使用和分析，充分发挥教材的育人功能，可以在一定程度上解决教育内容多、课时紧的矛盾。

（二）整体把握课程结构，努力探索学科规律

1. 整体把握课程结构，要求我们不仅要把握每一模块的内容结构，而且要把四个必修模块统筹起来，必修课程和选修课程结合起来加以考虑，在整体中认识部分、在整体中把握要求、在整体中确定教学尺度

例如，《生活与哲学》中的许多观点可以运用于对现实经济现象的分析。经济现象是复杂的、多变的，只有用联系的观点、发展的观点、全面的观点加以认识，才能把握其经济实质。新课程构建的一大特点是：《生活与哲学》不仅是单独的学习模块，也是其他模块的方法论和理论支撑。再如，必修模块和选修模块相结合。在讲授必修课程时，要了解相关选修知识的知识体系和基本内容。必修《经济生活》第一单元中的商品、货币、价值规律等知识，与选修《经济常识》第一单元中的亚当·斯密的理论、李嘉图的理论、马克思的劳动价值论紧密联系，而且马克思的劳动价值论是作为批判亚当·斯密的理论和李嘉图的理论而使用的，如果在必修课程中不尽可能地介绍清楚马克思的劳动价值论，选修课程《经济常识》第一单元就无法进行。

2. 整体把握课程结构，要求我们正确把握知识目标、能力目标、情感态度价值观目标，把三维目标的确立和三维目标的实现整合起来

例如，情感态度价值观目标的确立和实现要求是不同的。情感态度价值观目标是本课程设置优先考虑的目标，它反映课程性质和学科特点。但在其实现上，并不是说置知识目标、能力目标于不顾，单纯追求情感态度价值观目标，也不是说情感态度价值观目标要直接灌输，它需要有必要的知识支撑，在能力上使学生达到一定的境界和水平。当前，要防止情感态度价值观目标过大、过高、过空的倾向，要尊重学生的认知水平和个性差异，要承认多种

价值观对学生的影响,要承认我们不能代替学生信仰,要帮助学生树立正确的信仰,掌握识别是非的标准和工具。因此,采取价值澄清的方法,努力提高学生的理论思维,关注学生的现实生活,及时地释疑解惑,才是实现课程目标的有效途径,授之以鱼不如授之以渔。

在知识目标上,要强调落实。课改绝不是要削弱基础知识,没有知识就没有能力、没有价值观,课程改革不能以牺牲基础知识为代价。目前,知识的弱化或知识不落实现象已经显现,必须引起我们高度重视;在能力目标上,要探索具体、清晰、可操作的能力标准,将提高学生的思维品质作为终极目标,要始终明确,"做一个有经济头脑的人、做一个有政治觉悟的人、做一个有文化涵养的人、做一个有理论思维的人",是必修课程的能力要求。其中有经济头脑,一要有基本的经济常识;二要具备基本的经济分析和判断能力;三要有基本经济活动技能。如果我们以这三条为标准反观我们的教学,就可以清楚地知道在能力培养上的成绩与不足。

3. 探索学科教学规律

思想政治学科有 10 个模块,各有各的观念,各有各的体系。要探索不同模块的教学方法和教学规律,把握各自特点,把握各自规律,遵循各模块的教学规律,实现有效教学。

(三)采用恰当教学方式,大力提高教学效益

教学方法、教学形式往往和教学投入、教学效益联系在一起。当我们选择一种教法的时候,不能只从方法本身考虑问题,还要看它有多大投入、多大产出,课时条件是否允许等问题。要始终明确:方法是手段、是途径,本身不是目的;是为结局,为解决问题服务的,切不可本末倒置。在课改推进上有几种倾向值得注意。

(1) 把教师的主导作用仅仅理解为课上的组织和引导,扮演主持人的角色

思想政治课丰富的教学内容和深刻的道理要求教师必须讲解,而且要讲清、讲透、讲活。

(2) 不敢采用讲授法,或把讲授法与课程改革对立起来

要知道方法本身没有问题,问题在于如何使用。有些老师忽视课上的巩固和练习过程,知识不能得到有效落实;课上应该完成的教学任务转移到课下,占据学生过多的课余时间。

思想政治新课程改革,强调课堂教学要坚持以启发式教学为主,要尽可能地减少学生课外准备时间,要有丰富的教学资源和精心的活动设计,教师要理直气壮地讲解。

总之,思想政治新课程的推进需要追求有效的课堂教学,它是充分体现新课程理念的教学;是教有所学、学有所得的教学;是既重视教学过程又重视教学结果的教学;是知识、能力、情感态度价值观目标均得到提高的教学;是不惧怕考试的教学。

(本文选自《思想政治课教学》2008 年第 9 期)

浅谈对学生资源的开发和利用

江苏省南京市六合区程桥高级中学　袁海艳

课堂因学生而存在,没有学生的充分参与,再完整的课堂细想起来都感觉有缺憾,再精致的设计看起来都像是在表演。新课程标准强调,学生是学习的主体,也是重要的课程资源。本着这一理念,笔者在教学中结合学生实际在开发和利用学生资源方面做了很多的努力和尝试,获益颇多。

一、引入学生的生活经验,从生活中获得知识、获取智慧

《思想政治课程标准》指出,本课程的一个重要的理念就是"构建以生活为基础、以学科知识为支撑的课程模块",在教学过程中必须"立足于学生现实的生活经验""注意学科知识与生活主题相结合"。在这一理念的指导下,笔者在教学实践中注重引入学生的生活经验,以学生现有的生活经验为教学起点,为抽象的理论学习做好铺垫。

例如,在讲授《经济生活》"消费心理面面观"一框时,我随机点了一位同学进行了一段简短的采访:这件衣服是自己买的吗?/是的!/为什么选中这件衣服呢?/因为它的款式与众不同,而且很适合我,还有重要的一点是不贵(学生笑)。可见,看似简单的消费活动其实是大有文章的,大家消费时都会考虑一些问题,会伴随着一系列的心理活动。这一系列心理活动就反映出我们的消费心理,最终我们出手还是不出手在很大程度上受这些心理活动的影响。我借机引入正题,"消费时追求与众不同,展示自己的个性是求异心理的表现;考虑物美价廉而且适合自己是求实心理;如果跟着潮流走看别人买什么自己就买什么则是从众心理;如果出于炫耀而一味消费名牌则是一种攀比心理;除此之外,还有偏好心理、求安心理等"。由此抓住了学生,顺利地开始了本堂课的学习。在教学中引入学生的生活经验,不仅能将抽象的理论生活化、具体化,有助于学生从生活中获得知识、获取智慧,掌握相关的理论知识,而且能引导学生关注社会、反思生活,增强课堂的趣味性,激发学生的学习兴趣。

二、关注课堂上的"另类声音",把握学生的思想动态

有人说真理往往掌握在少数人手中。但在课堂上,少数同学的"另类声音"却成了容易被忽视的宝贵资源。虽说这些"另类声音"并不一定都是正确的,但却能反映出该学生甚至是大多数学生(其他学生没说出来)的思想动态,教师充分重视和利用这种稍纵即逝的资源,既能及时了解学生的思维状态,又有助于培养学生的怀疑精神。

例如,《经济生活》"消费心理面面观"一框涉及对四种常见的消费心理的认识与评价。在一次评优课中恰逢这一框的内容,讲到对四种常见的消费心理的认识与评价时,我先用多媒体打出一个表格,让学生分别从特点、利弊以及我们对其应有的态度等三个方面讨论分析这四种消费心理。在交流中,一位学生分析求实心理时说到求实心理引导的消费是一种理智消费是值得提倡的,但过度求实则不可取,不利于发挥消费对生产的拉动作用。这一独

到的见解立刻引来其他学生的不屑甚至是责备。这位同学没有苟同于教材中的观点恰恰反映出他是经过思考的,而且提前预习了后面的内容,更可贵的还渗透着辩证法的思想,知道一分为二地看问题、坚持适度的原则……笔者立即给予了这位同学高度的评价,同时引领学生分析了求实心理引导的消费行为与过度节俭的差异,水到渠成地引导学生认识到在消费时应该综合考虑多种因素,做一个理智的消费者。这样既没有偏离教学目标还为后面的学习打下了基础,同时也鼓励了学生要勇于质疑。

"疑者,觉悟之机也,大疑则大进,小疑则小进,不疑则不进",学贵有疑。课堂上的"另类声音"至少表明学生在思考,作为教师应该重视呵护学生们这种可贵的质疑精神。

三、拓展学生的学习空间,放飞学生想象的翅膀

社会生活也是一本"书",学生的学习不应该局限于学校和课堂,根据学生的实际适当拓展学生的学习空间,鼓励学生去探讨钻研在课堂上遇到但在教材中没有涉及的问题,能够开阔学生的视野,让学生明白学习的意义从而有更明确的追求。

例如,《政治生活》中"政府的权力:依法行使"一框,为了使学生掌握政府依法行政的基本要求,能够区分"合理行政"和"合法行政",我让学生欣赏陈佩斯、朱时茂的小品《羊肉串》,并分段让学生分析二人的做法。学生很快领悟了"合理行政"和"合法行政"的内涵与区别。但同时有学生提出疑问:难道"城管"与小商贩之间的矛盾就没有办法解决吗?难道其他国家就没有类似的问题吗?感叹学生这种可贵的忧国忧民的意识,我就势将此作为课外活动的主题让学生课后自己去查阅资料并进行调查分析。再次交流时,同学们有的根据小品中陈佩斯的表演提出"城管"要根据不同小商贩的情况采取不同的措施;也有同学提出最根本的解决方法是发展经济,提高人民的生活水平;还有一些同学利用学校的电子阅览室上网查阅其他国家存在的类似情况,并据此提出一些有一定参考价值的解决方式。由此可以看出,只有大力拓展学生的学习空间,才能放飞学生想象的翅膀。

四、下放教师的考试法宝,点燃学生思维的火种

记得有一句顺口溜"考、考,老师的法宝;分、分,学生的命根"。教学中,我们需要借助相应的练习让学生来巩固知识,同时也了解学生对知识的掌握情况。编制这些练习既要考虑教材基本知识,又要考虑到学生的差异和学业负担,有感于命题选题之难,受《思想政治课程标准》中"学生既是评价对象,也是评价主体"的启发,笔者曾尝试让学生出题互考——让同桌两位同学互考互改或者一组同学为另一组同学命题并由他们自己组织批阅,然后再上交给我批阅。结果发现学生的表现都出乎我的意料,从政治新闻到娱乐八卦,大到国家大政方针小到公民个人的生活在练习中都有所涉及;题型不仅有常规的选择题和问答题,还有填空、判断和听写;当然也有许多题目因为学生对基础知识理解有偏差而编制得不够严密。笔者记录下学生的经典原创题及时予以肯定,对命题不够严密的学生采取个别辅导及时了解其认识误区并纠正其错误。学生"创作"激情得到宣泄,个人价值得以体现,普遍反映互考互评的过程也是一个情感体验的过程,不仅巩固了基础知识,拓宽了知识面,规范了答题习惯,更明白了要尊重别人的劳动。

五、学生互教,打造灵动的课堂

在教学中,经常会遇到对我们的讲解有些学生一点就通而有些学生却越听越糊涂的情况。除了学生间的差异,也可能是因为教师与一部分学生之间存在认识层次和语言表达习惯的差异。在这种情况下,教师短时间内若无法站在学生的角度用学生的语言来表达自己的意思,不妨停下来给学生一个相互讨论的机会,我们会发现学生中会出现"以优带劣"(听懂的学生会自觉地给未听懂的学生进行讲解)的现象。由于学生的地位完全平等,所以他们之间的交流就少了一些顾虑,即使有争论也能很快把师生沟通困难的问题解决。而且学生互教对于双方而言都是一个很好的锻炼机会,能加深对知识的理解。

"问渠哪得清如许?为有源头活水来",学生资源就是我们课堂的源头活水。课堂因学生而存在,也会因学生的充分参与而更显得精彩。

(本文选自《思想政治课教学》2008 年第 11 期)

大众文化资源在思想政治课堂教学中的开发和利用

浙江省衢州高级中学　洪兴华

许多现象表明,大众文化已成为当代青少年学习、生活、成长的重要土壤,它对青少年积极和消极的影响都相当明显。而伴随着新技术革命的深入,电子媒介的发展,大众文化在内容形态和传播方式、方法论上不可阻挡地对现代学校教育产生着深刻而广泛的影响,从教学技术、教育手段、课程信息、教学情境等侧面改造着传统的教学模式。作为学校教育的重要组成部分,思想政治课程又是与大众文化交叉最为明显,对大众文化反应最为敏感的学科。如何充分利用现实生活中的各类大众文化资源,成为许多思想政治教师思考和关注的焦点。在新的课堂教学实践中,笔者尝试将大众文化作为教学的重要技术载体和教学情境创设的重要手段,以满足教学活动主体对情境的需求,进而增强教学的创新性。

一、大众文化资源作为思想政治课堂教学载体、媒介的实践

利用大众文化传播媒介与网络信息技术对课堂教学方式进行改造,充分发挥技术上的优势,对思想政治课堂教学进行整合,是课堂联系外部世界、课程知识链接社会文化的重要方式和手段。在课堂教学中,我们注意了信息技术手段与课堂内容的有机结合,促使教学内容从统一性、规定性向灵活性、多样性转变。

1. 课堂教学内容的信息化

很久以来,教材、板书和教师口头传授,一直是传统的教育教学内容的基本载体。在知识经济时代,纯粹的传统方式从知识空间、想象空间和传播空间等各个方面限制了教学的丰富性和有效性。我们期望首先通过教学方法的改造,利用多媒体信息技术在传输信息(包括文字、声音、数据、图像)、整理信息、选择信息上的近乎全知全能的功能,从技术层面吸引学生的"眼球",激发学生的兴趣,在有限的时间和空间内整合最大的信息,加强知识结构的合理化、简约化实践,使教与学的效率最大化。

但是,课堂教育教学的信息化,并非仅止于使教育教学内容五花八门,也并非仅仅将每堂课做成电子教案和课件,而是注重信息的整合。为此,我们主要从以下几个方面加以限定。

(1)坚持集体备课。在整合每个备课组教师收集到的资料基础上,将每堂课的教学内容做成PPT等电子教案,在有限的时间空间内整合成最有效的课程资源信息。

(2)结合思想政治与现实社会紧密联系的特点,主张信息收集的时代性、代表性和有效性。

(3)信息采用坚持有利于教学内容的实施的原则,使教与学效率最大化。

(4)考虑学生的实际认知水平,注意把握信息与社会、与学生经验的切合度。

(5)坚持教学反思,对多媒体技术、网络信息在教育教学过程中的效果进行重审和整合。

2. 课堂教学内容的链接化

"链接,是网络信息的组织方式,也是网上浏览的一种方式,用户通过点击相关的索引、标题,使网站之间的同类话题栏目、文本之间的同类话题或题材环环相扣,发生互为印证、引申、补充的信息联系,从而达到对一个话题、一个事件的全方位了解。"思想政治教学内容的链接化,就是在教学内容信息化的基础上,将网络信息整合为一个教学话题供学生认知、研究。

以《体味文化》为例:

步骤一:

展示下面三个网站内容:

中国文明网

http://www.godpp.gov.cn/ctjr_/index.htm

保护文化遗产,守护精神家园

http://culture.people.com.cn/GB/22226/58917/index.html

"我们尊重富人袁隆平"

http://news.sina.com.cn/cehua/2008/yuan—longping.html

步骤二:

问题:① 从以上信息中,你能否发现它们中孕育着一个什么重大的话题;

② 如果需要,请自行在网上再搜索一些相关的信息,并介绍给大家。

步骤三:

① 就步骤二的内容进行小组讨论;② 组织点评(条件允许可以利用网络在班级贴吧或校园网站上进行)。

3. 课堂教学内容的乡土化

大部分学生对乡土文化有着天然的深厚情感,浓郁的乡土文化会激发学生热爱家乡、热爱祖国的情感。结合地方实际,可从传统文化、地方建筑文化、地方习俗等方面入手加以引导。

(1) 传统文化。衢州是孔氏南宗家庙所在地,被尊称为"东南阙里",有着深厚的传统文化底蕴和儒学文化氛围。结合这一地方文化优势,我们在课堂上开展了《论语》经典诵读和儒学情景剧创作等活动。其中,根据《论语·先进》中的"子路曾晳冉有公西华侍坐"创作的情景剧《沐水春风》,通过师生一起表演,让学生充分体味到了传统文化中的深厚底蕴,学生对传统文化的看法有了很大改观。

(2) 建筑文化。古老的城墙,狭窄的小巷,清澈的小河……这些诗情画意的江南水乡的印象在感情丰富的学生中间有着很大的吸引力。笔者将班级学生分成若干小组,学生自由选题,开展地方各类特色建筑样态的调查活动,教师提供学生调查研究的课题方向,如小巷文化调查、古井文化调查、小镇故事调查收集等。另外,古城墙、民居苑等具备深厚文化底蕴的古建筑群对学生也有特别的吸引力。

(3) 地方习俗。可以利用春节放假的契机,引导学生通过网络、电视等形式去了解传统佳节的重要文化特征,同时结合本地实际,引导学生寻找衢州传统习俗的地方特点,挖掘乡土文化的传统底蕴和深远的魅力。学生们对许多农村的元宵灯会、赛龙舟、舞龙会等民间习俗充满了兴趣。

二、大众文化资源作为课堂教学情景资源的利用

(一) 教材资源的情景化、生活化处理

新课程思想政治课包含经济生活、政治生活、文化生活、生活与哲学等,其内容涵盖了目前我们现实生活中的大部分。而教材编写遵循"贴近生活"的原则使教材内容处处充满生活,为课程资源的情景化、场景化提供了坚实的文本基础。为此,我们尽量在备课、教案编写、教学思路策划、教学资源整合等方面,通过课件、网络化教学等技术手段,使教学中的许多知识点、能力点、训练点从教材—文本的对峙中跳出来,进入情节化、互动式、多媒体、多重感知等的场景中。在过程中,我们主要注意了以下几个环节。

1. 情境的针对性

在过去的很长一段时间内,我们的教学课件存在一个误区,就是过分追求画面、音效、表象等特征,为情景而情景,缺乏针对性,从而消解、弱化了多媒体技术的功能。

2. 情境的知识性

情境本身就是一个贯穿知识、能力的课题、作业。

3. 情境的适当游戏性

诱导学习者在活动中发展情境,完成规定的情节,在课堂教学的过程中增加知识的趣味性、娱乐性。

(二) 教材资源情景化、生活化的处理策略

1. 音乐情景的创设

流行音乐、网络音乐在学生中的广泛流行,说明音乐对学生而言具有不可抵挡的"魔力"。音乐情境的设置,尤其是当前网络音乐的巧妙运用,就是通过一定音乐背景,把学生引导到对知识的好奇、有趣中去。如在《经济生活》的"股票、债券和保险"一课中,我们引用了当时社会上颇为流行的《死了都不卖》作为导入。歌曲的通俗、模仿以及颇具搞笑的成分一下子吸引了学生浓厚兴趣。教师及时通过对歌词大意的简单分析,生动地展现了投资与理财、投资的回报与风险等知识内容。

2. 故事情境的创设

易中天《品三国》、于丹《〈论语〉心得》等之所以大受欢迎,一个很重要的原因是借助现代电视、多媒体技术等手段,再现古代故事情景,从而达到讲授的目的。在课堂教学中,可运用大量引人入胜的科学故事、名人传记、历史典故及与教学有关的民间传说、笑话等作为情境材料,以充分调动学生学习的积极性和主动性。

3. 生活情境的创设

就是将生活中的片段、情节通过技术手段借鉴到课堂中来,从而形象直观地引导学生理解、掌握、消化知识。如在"感受文化影响"一课中,我们通过中西礼仪形式的对比、国内不同少数民族礼仪文化的对比等情景,一下子将知识内容简单明了地呈现在学生面前。

4. 时事情境的创设

国内外极其丰富的时事政治为我们的思想政治课程提供了取之不尽、用之不竭的资源。

几乎每天发生的政治、经济、文化等内容都能够成为课堂教学的重要补充。而我们及时利用这些时事资源,在课堂上创设时事情景,不仅有助于课堂教学,而且更为学生提供了及时了解社会、掌握天下大事的平台。如在"加强思想道德建设"一课中,我们及时引用当时社会上普遍关注的"感动中国""浙江骄傲"的人物评选活动,给学生实实在在地上了一堂生动的道德课。我们还将巴以冲突、伊拉克战争等时事电视画面及时在教室里播放,有针对性地选择一些评论和分析,帮助学生理清时事形势。2008年以来的南方雪灾、汶川地震、北京奥运会、神舟七号等时事资源都及时地成为了我们思想政治课堂的重要资源。

5. 图像、图表、动画等情景的创设

主要利用课件制作的技术手段,用学生喜爱的、能够较为形象的再现知识体系的录像、图表、动画模拟等形式解析课程内容,使课文内容形象化、直观化,帮助学生理解和记忆学科知识,使零散的知识系统化。

总之,通过大众文化作为高中思想政治课堂重要教学资源的开发、利用和实践,我们的课堂与生活联系更加密切,课堂知识与社会形势发展紧密结合,学科知识与学生兴趣爱好广泛契合,学生学习积极性和主动性明显增强。同时,一个明显的变化是学生对当前社会流行的各类文化形式能进行独立的思考和批判,而不是盲目地追随和崇拜。调查表明,100%的学生对思想政治课堂引入大众文化的元素表示赞同,92%的学生认为大众文化及其形式导入学科教学有利于学生更好地接触、了解社会,并提高了自身的学习兴趣和批判能力。笔者以为,在当今大众文化传播的形势下,思想政治课堂充分利用大众文化的技术、载体的功能,进行课堂教学与社会文化整合的尝试,能给我们的学科教学和德育实施提供新的契机和方略,为学生成长提供更大的空间。

(本文选自《思想政治课教学》2008年第12期)

加强理论教学,提升政治学科价值

四川省成都市双流县华阳中学　张贵平

当前高中政治课教学中,普遍存在着形式冲淡内容,从而使理论观点阐述不到位的现象。理论的肤浅、理论教学的缺损不仅给新授课蒙上一层"虚浮的繁荣",给复习课知识纵深拓展套上一副"剪不断、理还乱"的沉重桎梏,而且使我们的学生陶醉于新课"浮躁的欢乐",丧失了探究知识、理论的原动力,人文素养难以提高。为此,加强理论教学,对提升政治课学科价值、培养与提高学生文科素养、促进教师专业化发展均具有重要作用。加强理论教学可以从如下五个方面着力。

第一,找准理论逻辑基点。理论是系统化的理性认识,是由概念、判断、命题组成的合逻辑的系统。概念是构成理论的基本要素,一门学科的理论是由一个最基本、最原始的概念按内在联系组成的"概念群",这一最基本、最原始的概念就是庞大理论体系的逻辑基点。如马克思主义哲学大厦的理论基石是"物质"概念,由此推论世界的本原是什么(唯物论),这些事物之间状态是怎么样的(辩证法),我们怎样去认识其本质状态(认识论),依据什么样的价值取向去认识改造事物(价值观),从而构成枝繁叶茂的哲学理论体系。高中经济学的理论逻辑基点是"商品"概念,商品由何而来(生产),是谁凭什么组织生产(市场主体、生产资料所有制、市场需求),商品的最终用途是什么(消费),商品交换在什么场所(市场),按什么规则进行(价值规律、市场交易原则),商品生产的目的是什么(营利),怎样实现这一目的……由此生成经济学常识的主干知识。所以进行理论教学,政治老师一定要穷源溯流,多读理论原著,夯实理论根基,打牢理论功底,对理论把握不仅知其然而且知其所以然。教学时把重点概念、基本概念讲清讲透,要用80%的时间攻克20%的重点知识、用20%的时间应对80%的非重点知识,合理调配教学时间、优化教学资源配置。

第二,分清理论层次。任何一个理论都是一个相对完整的整体,层次不清、要素不全就要导致"理论肤浅"。现行高中政治教材的理论层次一般都是由"是什么、为什么、怎么办"三方面组成。比如,"一切从实际出发"的观点就包括"什么是一切从实际出发""为什么要一切从实际出发""怎样做到一切从实际出发"三方面内容。"经济效益"理论亦可以从"什么是经济效益""为什么要提高经济效益"与"怎样提高经济效益"构建完整的知识体系。同时,理论本身也是由一定的观点按逻辑构成的体系,如"物质与意识的辩证关系"本身就包括物质决定意识与意识对物质具有能动的反作用两个方面,"实践对认识的决定作用"包括实践是认识的来源、实践是认识发展的动力、实践是认识的目的、实践是检验认识是否正确的唯一标准四个层次的内容。教学过程分清理论层次,有利于强化理论逻辑,提高学生思维水准,帮助学生内化知识,提高自学能力。

第三,把握理论内在联系。事物是普遍联系的,理论之间也存在内在联系,掌握这种联系有利于在各个"理论单元"基础上建构"理论"体系,有利于帮助学生抓住一个点,提起一条线,抓出一大片,形成"点线面"相融的知识网络。

第四,突出理论的实质与核心。抓重点与关键是做事情的基本方法,突出理论的实质有利于抓住理论的重点,深化对理论的认识。比如,高中《经济生活》内容涉及商品货币理论、社会主义经济制度理论、市场经济理论、国家宏观调控理论等,深度思考后不难发现,经济学理论的实质与核心就是一个标准(生产力标准)、一个主题(社会主义市场经济)、两个规律(价值规律、生产关系一定要适应生产力发展的规律)。再如,高中政治常识内容涉及国家、政党、民族、宗教、国际社会与国际关系等内容,其政治学整个理论系统的核心就是"国家政权"。

第五,注重理论的实际运用。美国教育教学流行一句话:"我听了,我忘了。我看了,我知道了。我做了,我懂了!"这启示我们,教学必须注重学生参与、学生活动。中学政治课教学重在创设情境,让学生在分析解决实际问题中理解、掌握、运用理论,这既有利于学生明确理论的价值,激活探究兴趣,提高学科素养,培养学习能力,同时这也是政治学科生命力所系。比如,结合"三鹿奶粉"事件,我们可以设计这样的问题:a.这一事件给我们什么启示?(关注商品质量维护食品安全,联系教材的商品基本属性理论和消费者权益等知识分析)b.我们应该怎样解决这一问题?(结合教材国家宏观调控、企业形象信誉、消费者维权等知识分析)又如,依据美国次贷危机引发的全球金融动荡、经济减速说明市场的作用不是万能的,市场经济的健康发展必须加强国家的宏观调控。

(本文选自《思想政治课教学》2009年第8期)

基于新课程理念下的中学政治课课堂教学评价探析

华南师范大学 邝丽湛

进入21世纪,新一轮课程改革已经启动。中学政治课课堂教学评价作为新课程的重要环节,在中学政治课程实施中起到重要的导向和促进作用。如何建立与新课程理念相适应的课堂评价体系,是当前中学政治课改革亟待解决的一个现实问题。

一、历史回眸——传统中学政治课课堂教学评价剖析

不同的历史时期,存在着不同的课堂教学评价理念以及在此理念下建立的评价体系。新中国成立以来,中学政治课课堂教学评价体系主要是建立在以知识和以能力为核心的教育价值观下。站在新的教育价值观立场上看,这种生长和发展于以知识和能力为核心的课堂教学评价体系,属于传统的课堂教学评价体系。分别对其予以剖析,对我们构建与时代精神相吻合的中学政治课课堂教学评价标准十分有益。

回顾历史,20世纪80年代以前,指导中学政治课课堂教学的主导观念是以知识为核心的教育价值观。在这种教育价值观指导下,中学政治课课堂教学基本上围绕着知识的传承而展开。作为中学政治课课堂教学的一个重要环节——课堂教学评价其着眼点同样也只是关注作为教学客体的知识而鲜于关注教学主体——人的发展,尤其是教师如何促进学生认知能力以外的其他发展。评价的目标完全依据社会的目标和尺度确立,社会本位色彩严重。教师是否完成预定的教学目标,更确切地说是这节课的认知目标,在课堂评价体系中是作为一节好课的主要的指标。公正地说,生成于以知识为核心的教育价值观下的中学政治课课堂教学评价,在有效地促进传统文化遗产的继承上,曾经发挥过积极的作用。然而,以今天的目光来看,它只把认知目标作为教学的出发点和归宿,无可避免地导致课堂教学刻板化,导致了教师在课堂上只关注知识的有效传递,而不愿意多花时间考虑学生的人格、态度、情感、能力等其他方面发展。违背了中学政治课课堂教学评价的初衷:评价是为了促进学生的发展。

20世纪80年代,随着中学政治课教学改革的深化,人们认识到,书是教不完的,也是读不完的。知识和文化遗产不应再受独尊,而隐蔽在知识背后的能力应受充分的关注。课堂教学应强调能力的培养,课堂教学评价更应强调对教师教学能力的评价。以能力为核心的教育价值观超越了以知识为核心教育价值观,并成为此期中学政治课教学的价值取向。中学政治课课堂教学评价指标体系的设计也明显体现这一价值取向。评价目标大多数是为评优、为考核教师教学能力。评价指标的设计几乎都有固定的技能要求。诸如,"教学目标明确""教学进程安排合理""课堂提问精炼""多媒体运用恰当""板书设计美观""教态自然""语言流畅"等。诚然这种以能力为核心的课堂教学评价体系在一定意义上贴近了人的发展和教育的本质。因为较之于知识,能力是主体性特征之一,源发于主体本身,更具有主体的属性。但是,这种基于能力取向的课堂教学评价仅倾心于对教师教学能力的评价,"主要关注

教师的课堂表现,关注教师是怎么讲的。即使关注到学生的行为表现,也基本上被看作是教师'教'的回应,或者成为教师'教'的点缀"[1]。因而片面地强化了课堂教学评价的鉴定、证明功能,导致教师为了迎合评课标准而"做课"——在课堂上展示十八般武艺,创设虚假的优质课。

传统中学政治课课堂教学评价体系所存在的弊端和局限性其根源在于未能科学地把握人的本质及教学的特殊性,未能看到教学与人和社会一样,存在着可持续发展问题。因而它必然随着历史的发展逐步失去存在的合理性,需要在新的文化价值观的指导下进行重构。当今,人类走进了以知识和应用为重要特征的知识经济时代,人的全面发展成为教育普遍关注的话题。教学的主流精神已从单纯地关注知识、能力等问题转向对个性发展、个性教育的关注。以人格和谐发展为核心理念的文化价值观正逐渐被确立,成为有前景的,亦是能与全社会以普遍观照的文化价值理念。

二、新课程评价核心理念——"生本"发展观

如前所述,和谐发展是教育的崇高理想,以生为本,促进学生全面发展是现代教学的主流精神。课堂教学评价应该以新的教育价值理念——"生本"发展观进行统整。"生本"发展观是一种以学生为主体,通过调动学生主动学习来促进学生人格和谐发展的教学思想。"其关注学生发展的自主性、主动性、创造性;尊重学生发展的差异。它以主体参与、合作学习、尊重差异、体验成功为基本特点;强调学生学习是个性化和社会化的辩证统一。"[2]这种教学理念要求中学政治课课堂教学评价应以可持续发展理论为指导;以促进教师教学能力的不断提高、促进学生思想品德的全面发展、促进课堂教学质量的不断提高为目的;着重评价教师在课堂教学中促进学生发展的过程,摒弃单纯评价教师的技能施展。突出评价在教师和学生水乳交融的活动中的总结、矫正、促进和催发功能。基于"生本"发展观下构建的中学政治课课堂教学评价应侧重评价课堂教学的四个方面。

(1) 主体性。特别重视考察教师对学生主体意识和参与精神的培养。
(2) 创造性。特别强调发展学生的创新精神和创新能力。
(3) 互动性。特别关注课堂教学过程是否保持一种有效的互动。
(4) 情感性。特别看重教师在学生品德养成与情感发展方面所做的努力。

这种基于"生本"发展观下构建的中学政治课课堂教学评价较之生长于以知识和能力为核心理念下的中学政治课课堂教学评价更为合理。

首先,基于"生本"发展观下的中学政治课课堂教学评价聚焦于个体(学生和教师)的发展上。此处"发展的内涵是指个性的自由发展。个性可以理解为个体生理与心理上的各方面,包括个人与过去和现实的联系、价值、情感、需要和信念等。个性的发展也就是个体诸方面突出特质的发展。发展的外延是指人的全面发展,即个体在成长过程中逐步趋向社会化"[3]。聚焦于个体的发展,就是指评价是以促进学生思想品德的全面发展、促进教师教学能力的不断提高为出发点与归宿。聚焦于个体发展上的课堂教学评价较之于仅把视点落在"知识"和"能力"上的课堂教学评价更符合当前教育的主流精神。

其次,基于"生本"发展观下的中学政治课课堂教学评价立足于"以学论教,以教促学"。它把关注学生在课堂教学中的表现作为课堂教学评价的主要内容,"包括学生在课堂上的自主学习、同伴合作中的行为表现、参与热情、情感体验和探究、思考的过程等,即关注学生是

怎么学的。通过了解学生在课堂上如何讨论、如何交流、如何合作、如何思考,如何获得结论及其过程的行为表现来评价课堂教学的成败。即使关注教师的行为,也是关注教师课堂行为所表现出对学生'学'的价值。如教师如何组织并促进学生的讨论、教师如何评价和激励学生的学习、教师如何激发学生学习的热情和探究的兴趣等"[4]。这种立足于"以学论教,以教促学"的中学政治课课堂教学评价,使评价主体与客体从二元对立中摆脱出来。消除传统的教学评价中存在的"评"与"被评"的矛盾。

再次,基于"生本"发展观下的中学政治课课堂教学评价还谋求自身内部机制的发展。中学政治课课堂教学评价既然聚焦于个体的发展,就决定评价本身是一种开放的、持续的行为;具有随着时间的迁移、空间的变换,不断调整自身体系、更替定位以走向日益完善的特性。这一特性使所有介入其中、有能动性的因素都会因教学评价的科学化和合理化而更能动,更富有教育意义和发展性。

三、发展性——中学政治课课堂教学评价的标准

"生本"发展观的精髓在于评价教师在课堂教学上促进学生发展的程度。基于这一理念所建构的中学政治课课堂教学评价体系应该包含以下方面。

(一)衡量教师是否重视学生主动参与课堂学习

中学政治课教学过程是在教师引导下学生思想品德、世界观、人生观、价值观、创新精神与实践能力的形成过程。学生能否在课堂教学中习得知识,练就能力,发挥潜力,弘扬创新精神,在很大程度上取决于学生参与学习的程度。怎样提高学生的参与程度,把有效的学习时间贯穿到具体目标的学习中去,是评价一堂课教学效度的重要指标。教师是否重视学生主动参与课堂学习,可以从学生课堂学习的四个方面进行评价。

(1)学生的参与状态与品质。学生参与课堂学习的状态与品质包括:学生能用自己的话去解释、表述所学到的知识;学生主动提问的次数;学生参与解决开放性问题的数量;学生综合运用相关知识,解决比较复杂的综合问题的数量。

(2)学生参与方式。学生参与课堂学习的方式包括:个别学习与小组学习交叉进行;小组学习和讨论有实质性的交流。即学生小组的学习和讨论不是停留在形式上,而是确实起到交流想法、丰富见解的作用。并且通过讨论、交流,能够解决问题,或产生新的想法。

(3)学生参与的时间与广度。学生主动参与的时间和广度包括:学生主动活动的总时间。学生在课堂上主动参与学习的时间至少应该有一半以上,参与程度高的课其时间应达2/3以上;学生个别学习的时间。学生的个别学习时间包括独立阅读课文、独立思考和分析问题,不包括学生的个别发言时间,课堂发言应该算作集体交流的时间;学生回答问题与示范的人次;即有多少学生参与了教师的提问,以及准确回答问题的人次。

(4)学生参与效果。学生参与课堂学习的效果包括:预定教学目标的达成度如何;学生的相关能力和思想认识的提高或扩展;学生的注意力和情感投入的程度。

(二)关注教师能否培养学生的创新能力

发展性课堂教学关注发展学生的创新能力。完整意义上的创新能力是指包含着一种创新的意识,一种发现问题、积极探求的心理取向,一种善于把握机会的敏锐性,一种积极改变

自己并改变环境在内的应变能力。新课程改革把传统的教育目标按"知识—实用技能—态度和能力"的排列模式完全颠倒过来,按态度和能力—实用技能—知识的顺序排列。这种目标排序的改变,意味着我国的中学政治课教学将以培养学生创新精神和实践能力作为改革方向。教师在课堂教学中必须能够引导学生在学习中不断探求知识、自主学习、寻求规律、发现创新。因此,考察教师培养学生创新能力的有效过程是评价中学政治课课堂教学质量的一条重要的标准。其评价可以根据下述问题来进行。

(1)创新学习的时间和数量。包括:教师提出了几个开放性问题;教师提出一个问题后,允许学生思考的平均时间是多少;课堂教学中有多少时间是用于学生的独立思考、独立学习或研究;课堂教学中有多少时间用于小组自由讨论;学生的回答有创造性的人次是多少;学生提问有创造性的人次是多少;学生主动提问的次数是多少。

(2)创新学习的策略。包括:教师是否创设问题的情境、引导思路、展示思维过程,使学生有较高的思维活动的质和量;教师是把自己的思维方式或是问题的结论强加给学生,还是启发学生自己思考,得出自己的结论;教师能否尊重学生的不同观点和意见,当学生见解出现错误或偏颇时,引导学生自己发现问题,自我矫正,将机会留给学生;教师对有独立见解的学生,是否有意识地表扬、鼓励。

(3)创新学习的设计。包括:教师能否引导学生从不同起点,或不同角度,或不同方向去思考问题;教师能否为学生提供多个思维结论,增加思维的多维性,发展学生思维的流畅性。

(4)创新学习的效果。包括:学生能否从多种角度思考问题;学生回答问题是否有新意、独创性;学生的分析是否深刻;学生表达是否流畅、意义是否丰富。

(三)检视教师的课堂教学是否保持一种有效的互动

发展性课堂教学理念提倡学生在参与中学会合作与竞争,形成学习共同体以产生整体效应。越来越多的研究表明:学习不仅仅是个人的行为,还是一种社会性的行为。学生个体根据自己的经验所建构的认知体系具有个体性和局限性,只有通过意义的共享和协调,也就是说,知识是合作掌握的。学习是学习者、教师和其他学习者之间相互作用的结果。只有通过学习中的合作与竞争,个体的知识结构才能更趋于合理、丰富和全面。学生学习的内在需要要求课堂教学提供足够的多向交流机会,要求政治教师转换角色,成为学生学习活动的组织者、引导者与合作者,能够激发学生学习的积极性,给学生提供充分从事学习活动的机会,帮助学生在自主探索和合作交流的过程中体验学习过程、整理信息和获得经验。使教学过程成为师生互动、生生互动的过程。据此,观察一堂课是不是高质量的课,教师能否使课堂保持一种有效的互动也是一条重要的标准。评价教师保持课堂教学互动性可以从以下方面去考察。

(1)教师是否能做到参与协商、鼓励和监控学生的讨论和练习过程,而又不包办代替、不控制学生讨论的结果。

(2)教师能否给学生提供必要线索的反馈,发展学生判断、交流、反思和评价的能力。

(3)教师能否促进学生的知识建构,通过示范、讲解,尤其是提炼和概括,帮助学生进行有意义的学习。

(4)教师能否把自己当作学习者,与学生一起去学习,敢于承认自己不如学生的地方。

（5）教师能否热情鼓励学生质疑问难、提问和辩论。

（四）观察教师是否关注学生品德的养成与情感的发展

中学政治课教学过程主要解决学生对公民的品德知识、马克思主义常识和有关社会科学常识的不知与知、不信与信、不行与行的矛盾，实现由知到信到行的统一。它以向学生传授公民的品德知识、马克思主义常识和有关社会科学常识的"知"为起点，随着教学的深入，使学生逐步确立对人生的信念及对马克思主义的信仰，最后升华为正确的人生观、世界观，并以此来指导自己的行动为终端。中学政治课教学过程的规律决定其课堂教学要教书育人，要注重对学生知、情、信、意、行的培育。而这种培育不是在枯燥的说教中进行，必须通过学生的情感发展潜移默化。学生的情感发展与学生在课堂学习中所获得的体验密切相关。积极的体验会使学生不断地对所学的内容产生浓厚的兴趣和需要，自觉地由"知"内化为"行"。而积极的体验是建立在民主和谐的学习氛围之上，建立在学生感受到知识的力量之上，建立在学生不断的成功与进步之上。因此，教师是否能营造民主、宽松、和谐的氛围，形成相互尊重、信任、理解的课堂环境，促进学生品德的养成与情感的发展，同样也是中学政治课课堂教学评价的重要指标。考察教师是否关注学生品德的养成与情感的发展可从教师创设宽松和谐的课堂情景的程度以及学生情感投入的程度两方面去判断。（1）教师创设宽松和谐的课堂情景的程度：观察教师是否精神饱满、情绪积极；是否善于发掘教材的情感因素；讲课与组织活动是否能引起学生兴趣和情感共鸣；是否善于表扬鼓励学生，让学生体验成功的乐趣；是否善于体察学生情绪的变化，恰当调控教学。（2）学生情感投入的程度：学生注意力集中；有高涨的学习热情；保持良好的学习状态，能从学习中获得兴奋和快乐；保持内在的持续不断的学习兴趣和需要。

综上所述，中学政治课课堂教学评价标准的建立必须以新课程理念——"生本"发展观为指导，把主体性、创造性、互动性、情感性等四个方面内容作为中学政治课发展性课堂教学评价标准的框架，在此基础上确定评价的具体指标，以获得客观公正的评价结论，为新世纪人才培养、中学政治课教学改革提供可靠依据。

参考文献：

[1][3] 教育部基础教育司.走进新课程：与课程实施者对话[M].北京：北京师范大学出版社，2002：173.

[2] 裴娣娜.发展性教学与学生主体性发展[J].河南教育，1999(1).

[4] 宋乃庆，徐仲林，靳玉乐.中国基础教育新课程的理念与创新：《基础教育课程改革纲要（试行）》学习与辅导[M].北京：中国人事出版社，2002：138.

（本文选自《课程·教材·教法》2003 年第 9 期）

中学思想政治课发展史探究

渤海大学教育与体育学院　孟庆男　潘皓琳

中学思想政治课发展史，是关于中学思想政治课形成与发展的历史。对这一历史过程所进行的研究，虽然目前已取得一定的研究成果，但还存在着研究的面不广、研究的深度不够、研究的内容不全等问题。本文所进行的研究，既是对已有研究成果所进行的一种反思性研究，又是对其相关内容所进行的一种扩展性研究。

一、中学思想政治课名称的演变

要对中学思想政治课发展史进行研究，首先必须对其课程名称的形成与演变进行研究，因为任何一门课程的设置，总要涉及对该课程名称的确认。然而，这一研究目前还是个空白。经过笔者对相关资料的梳理与甄别，我们发现其课程名称的形成与演变大约经历了如下五个时期。

（一）分学科课程名称时期

所谓分学科课程名称时期，是说这些课程在中学最初设置的时候，并没有统一的课程名称，既不叫"政治课"，也不叫"思想品德课"，更不叫"思想政治课"，而是以具体单列的科目名称的课程形态存在的，如在清朝末期设置的"修身"科、民国时期设置的"公民"科、革命根据地时期设置的"社会科学"科、新中国时期设置的"政治常识"科等，都属于这种情况。这种分学科单列课程科目的情况，一直持续到1950年。

（二）"政治"课程名称时期

"政治"这一课程名称正式使用于1950年。1950年8月，教育部颁布《中学暂行教学计划（草案）》，在教学科目表中所列的第一个科目就是"政治"，并规定"除各科均应贯彻政治思想教育外，初高中各学年仍设政治科目，以其加强现阶段中学政治思想教育"[1]。但后来由于受苏联的影响，这类课程的设置逐渐减少，到1956年只保留了高三年级的"宪法"课。毛泽东主席得知思想政治课停开后，指示"要恢复中学方面的政治课"[2]，以加强对中学生进行政治思想教育。1957年8月，教育部通知全面恢复政治课，并规定课程总称为"政治课"。这样，"政治课"这一课程名称再一次以法规的形式被确认，而从事政治课教学的教师也被称之为"政治教师"。虽然课程名称总称为"政治课"，但各年级仍具有单列的课程名称，如当时初一设置"青年修养"课、高一设置"社会科学常识"课等。

（三）"思想政治"课程名称时期

"思想政治"这一课程名称正式使用于1992年。1985—1992年，是新中国成立后思想政治课改革的重要阶段。在这一阶段里，为打破思想政治课为高考服务的弊端，确立思想政治课的德育功能,原国家教委在课程设置、教学内容、教学方法等方面提出了全面改革。改革进行到1992年,原国家教委决定从这一年起各年级新教材不再单列课名,而统称为"思想政治",于是无论是初中还是高中,教材封面上的名称都是"思想政治"。与此同时,随着"政治课"改为"思想政治"课,"政治教师"这个名称也改称为"思想政治课教师"。

(四)"思想品德"与"思想政治"课程名称时期

2001年开始了第八次基础教育新课程改革。改革之前,小学的课程名称叫"思想品德"课,初中和高中的课程名称都叫"思想政治"课。这次新课程改革对小学、初中、高中的课程名称分别进行了重新确认。2002年,教育部颁布《全日制义务教育品德与生活课程标准(实验稿)》和《全日制义务教育品德与社会课程标准(实验稿)》,规定小学由"思想品德"课改为"品德与生活"和"品德与社会"课;2003年,教育部颁布《全日制义务教育思想品德课程标准(实验稿)》,规定初中由"思想政治"课改为"思想品德"课;2004年,教育部颁布《普通高中思想政治课程标准(实验)》,规定高中仍然叫"思想政治"课。这次课程名称的调整更加贴近学生、贴近生活、贴近实际。

(五)"中学德育课程"名称的使用

目前在社会上还存在着另外一种课程名称的叫法,那就是"中学德育课程"。这是一个比较尴尬的,因为它既不是国家教育行政部门正式命名的,也不是各中学实际使用的,而是自发形成于社会和学界的一种课程名称。目前,社会上或学术界有时将初中的思想品德课、高中的思想政治课以及初高中的思想品德与思想政治教育活动统称为中学德育课程。

新课程改革后初中和高中课程名称的变动,对高校从事这一学科研究的学者来说,陷入了一个比较为难的境地,因为学者们不知道原来的"思想政治学科教学论"这个学科该如何命名和研究了。如果仍然叫原来的名称或从事原来的研究,这显然不太适宜,因为这似乎抛弃了初中部分;如果另外再命名一个"思想品德课教学论"或从事这一学科研究,又似乎不太可能,因为目前无法再创建这一学科。鉴于此,学者们只好采取如下两种办法:一是将原来的"思想政治学科教学论"改为"思想政治(品德)新课程教学论"(邝丽湛)、"思想政治(品德)课程与教学论"(孟庆男)、"新编思想政治(品德)教学论"(谢树平)。其实,这种改法在研究上没有多大的实际意义,因为这里并没有多少关于思想品德学科课程与教学论的研究;二是将初中的"思想品德课"和高中的"思想政治课"进行合并,命名为"中学德育课程",于是关于这一学科的研究也进行了更名,如刘强的"当代中等学校德育学科教学论"、邝丽湛的"中学德育学科教学论"、胡田庚的"中学德育课程与教学论"。以上这两种办法是不得已而为之的,事实证明这并不是一个理想的办法,因此,需要学术界认真对待这一情况并加以研究。

二、中学思想政治课起源的辨析

中学思想政治课这门具有德育性质的课程,到底起源于什么历史时期?它的前身课程到底是什么?目前学者们的观点并不一致,概括起来大约有以下四种说法。

(一)第一次大革命时期起源说

这种观点认为,自从中国共产党成立后,党就在其所领导的各类干部学校开设了具有思想政治课性质的课程。老一辈学者基本上持这种观点。如北京师范大学的张志建教授指出:"随着中国共产党的成立,党所创办的学校就开设了思想政治课。"[3]东北师范大学的刘强教授指出:"第一次国内革命战争时期,我党根据革命战争的实际需要,在干部学校里首先开设了战争理论课。"[4]华中师范大学的邢安仁教授指出:"在第一次国共合作后,我党创办了培养干部的学校,开设了《中国农民问题》《中国政治状况》《中国联工运动》等政治课课程。"[5]云南师范大学的张建文教授也持这种观点:"我国思想政治课作为一门正式的、完整形态的课程,实际上是萌芽和起源于中国共产党领导的整个新民主主义革命时期。"[6]

(二)第二次大革命时期起源说

这种观点认为,思想政治课起源于第二次大革命时期,因为这一时期我党创建了根据地,并在根据地创办了相关学校,所以才在这些学校开设了思想政治课。如华南师范大学的邝丽湛教授指出:"早在革命战争时期,革命根据地的学校就开设了政治课。"[7]安徽师范大学的张奇才教授也持这一主张,他认为:"民主革命时期,为了适应中国革命发展的需要,党在根据地和解放区开设的学校里就开设了介绍马克思主义基本知识和中国革命理论的政治课。"[8]

(三)抗日战争时期起源说

这种观点认为,只有在抗日战争时期党才创办了正规学校,因而才开设有正式的思想政治课。如华东师范大学吴铎教授就持这种观点。虽然他也承认在民主革命初期各种革命干部学校就开设有政治课,并积累了一定的革命理论教育经验,但他仍坚持认为,"正式在中学设置思想政治课,始于抗日战争时期"[9]。北京师范大学原副校长韩震教授也持这种观点,他认为"抗日战争时期在中学开始正式设置政治课"[10]。华中师范大学胡田庚教授也认为,"我党正式在中学设立政治课始于抗日战争时期"[11]。

(四)清朝末期起源说

笔者和西安文理学院申亚民教授持这一观点,认为中学思想政治课起源于清朝末期的1902年。1902年清朝政府颁布《钦定学堂章程》(壬寅学制),规定在中学堂设置"修身"科和"读经"科。"修身"科,强调的是个人道德修养,注重的是进行人生理想和个人抱负教育,并将其作为一种道德原则和伦理规范。"读经"科,是要对学生进行为学、为政的"正其本源"的教育,也是要对学生进行精神规训和政治教化。可见,这是具有正式课程形态的思想政治和道德教育的课程,它的设立标志着思想政治课作为专门性德育课程在中国历史上的真正开始。申亚民教授也指出,这两科的设置"第一次规定在中等学校设置专门进行政治和道德教育的课程",它"标志着思想政治教育作为一门独立课程正式产生"[12]。

三、中学思想政治课科目的设置

对本课程科目的设置研究,目前已成为中学思想政治课发展史研究的集中点,许多学者都对其进行了深入研究,并取得了较好的研究成果。然而,学者们对课程科目设置的认定却又存在着差异,这可能既与当时历史状况的复杂性有关,又与人们对资料的梳理与认识不同有关。笔者在研究这一问题时,主要是以当时的原始文件为依据,从而形成了以下认识。

（一）清朝末期思想政治课的设置

通过考察1902年的《钦定学堂章程》，我们发现清政府在中学堂首先设置了"修身"科和"读经"科，后又在1903年颁布并于1904年实施的《奏定学堂章程》中，将"读经"科改为"读经讲经"科，并另设置了"法制及理财"科。"修身"科，每周1学时，主要讲授"养正遗规、顺俗遗规、教女遗规、从政遗规、在官法戒录"五种遗规。"读经讲经"科，每周3学时，主要讲授《春秋·左传》和《周礼》之篇。"法制及理财"科，每周3学时，主要讲授"法制及理财所关之事宜，教以国民生活所必需之知识，据现在的法律制度讲明其大概，及国家财政、民间财用之要略"[13]。

（二）民国时期思想政治课程的设置

1912年"中华民国"刚一成立，就颁布了《普通教育暂行办法》，宣布废除小学的"读经讲经"科，但并没有说废除中学的"读经讲经"科，而在同时颁布的《普通教育暂行课程标准》中，也没有规定继续开设"读经讲经"科。同年12月又颁布《中学校令实行规则》，规定设置"修身"科和"法制经济"科。这实际上等于废除了"读经讲经"科和"法制及理财"科。该规则规定"修身"科在1—4年级学习，每周1学时，主要讲授"道德要领，渐及对国家社会家族之责任，兼授伦理学大要，尤宜注意本国道德之特色"[14]。"法制经济"科在四年级学习，每周2课时，主要"授以现行法规及经济之大要"[13]。

袁世凯篡权以后，下令倡导"礼教""尊崇伦常"，恢复学校的祀孔典礼活动。1915年又颁布《特定教育纲要》，规定"中小学均加读经一科，按照经书及学校程度分别讲读"[14]。袁世凯垮台以后，北洋政府于1916年废除了"读经"科，于1922年废除了"修身"科和"法制经济"科。1923年颁布《新学制课程标准纲要》，在初中设置了"公民"科，在高中设置了"人生哲学"科和"社会问题"科。"公民"科，每周1学时，讲授社会生活、宪法原则、中华民国的组织、经济问题、社会问题、国际关系等；"人生哲学"科，每周3学时，讲授人之外视、人之内视、人生之价值及修养等；"社会问题"科，每周3学时，讲授家庭问题、人口问题、产业问题、社会病理问题、社会学等。

1929年，国民党政府为了加强"党化教育"，取消了"公民"科，设置"党义"科。1932年在民众的呼吁下，又将"党义"科改回"公民"科，规定初一、初二每周2学时，初三每周1学时，主要讲授公民生活与公民道德、公民与政治生活、地方自治、法律大意、公民与经济生活；高中各年级一律每周2学时，主要讲授社会问题、政治概要、经济概要、法律大意、伦理大意等。

而后，国民党政府一直坚持开设"公民"科，但在1936年、1940年、1948年，曾先后三次对"公民"科的课程目标、教学时数、教学内容、教学方法等进行过调整。

（三）民主革命时期思想政治课程的设置

在第一次大革命时期，虽然我党没有创办正规的学校，也没有开设正规的思想政治课，但还是创办了一些干部学校、工人补习学校、农民运动讲习所等学校，并在这些学校开设了具有政治思想教育性质的课程，对革命群众进行了政治思想教育。如：在"湖南自修大学"开设了"伦理学""共产党宣言"课，在"平民女校"开设了"共产主义ABC""反杜林论"课，在"农民运动讲习所"开设了"中国农民问题""社会问题与资本主义""中国政治状况"课。

在第二次大革命时期，我党在革命根据地创办有普通中学、师范学校、干部学校等各种类型的学校，并在这些学校里开设了思想政治课。如：1929年广西左右江革命根据创办的"广西劳动第一中学"，开设了"革命理论"课；1930年在湘鄂西根据地创办的列宁学校，开设了"共产主义"课；1931年在鄂豫根据地创办的师范学校，开设了"列宁主义提纲""共产主义ABC""形势政策"课；1933年在川陕根据地创办的工农中学，讲授了"革命三字经""红色战士丛书"等内容。

在抗日战争时期，革命根据地创办了许多比较正规的学校，开设的课程也比较正规，因而为革命培养了大批人才。陕甘宁边区创办有米脂中学、边区中学、延安中学、陇东中学、三边公民学校等学校，开设了"公民""社会科学概论"课；晋察冀边区创办有边区民族革命中学、边区第一中学、边区第二中学、边区第三中学等学校，开设了"政治常识""中国问题"课；晋绥边区创办有晋绥中学、民族革命中学、晋西北师范学校等学校，开设了"公民""政治常识""社会科学"课。

在解放战争时期，各解放区所创办的学校也较好地开设了思想政治课。西北解放区各中学开设有"政治常识""公民"课；中原解放区各中学开设有"民主政治""青年问题""社会科学""民主建设"课；华北解放区各中学开设有"中国现状""世界现状""人生观""经济学""政治学"课。

（四）新中国成立后思想政治课的设置

1949—1956年的社会主义改造时期，思想政治课的设置极不稳定。初一、初二开设"青年修养""革命故事"课，初三开设"中国革命常识"课；高一、高二开设"政治经济学""社会发展史"课，高三开设"新民主主义论""共同纲领"课。1951年，初一、初二的思想政治课停开；从1954年起，初三开设"政治常识读本"课，1957年停开；高一、高二开设"社会科学知识"课，1955年停开；高三开设"经济建设常识读本"课，1956年停开，只保留了"宪法"课。

1957—1966年的全面建设社会主义时期，思想政治课围绕运动转的倾向比较明显。政治课得到恢复以后，教育部规定初一、初二开设"青年修养"课，初三开设"政治常识"课，高一、高二开设"社会科学常识"课，高三开设"社会主义建设常识"课。主要是对学生进行道德教育、政治教育、社会主义思想教育。1958年将政治课改为"社会主义教育"课。1961年教育部对各年级所开设的课程又进行了相应调整。1964年，教育部组织编写了全国统一试用的教材。

1966—1976年的"文化大革命"时期，思想政治课遭到了全面破坏。各年级没有固定的课程设置和教材，教学内容多以毛主席语录、马列著作选编、报刊文件等为主。有些地方虽然也编写过《社会发展简史》等教材，但也难以正常进行教学。因而，这时期所谓的思想政治课实际上只是一种政治运动课。

1977—1984年的"拨乱反正"时期，思想政治课开始恢复与重建。1978年，教育部规定初一开设"社会发展简史"课，初二、初三开设"科学社会主义常识"课，高一开设"政治经济学常识"课，高二开设"辩证唯物主义常识"课。1980年教育部又做了调整，规定初一开设"青少年修养"课，初二开设"政治常识"课，初三开设"社会发展史"课，高中开设的课程不变。1982年，教育部颁布了各学科教学大纲。自此，中学思想政治课的开设与教学开始走上正轨。

1985年以来是思想政治课的重大改革时期。为了强化思想政治课的德育性质,1985年8月中共中央发出了改革通知,次年国家教委又颁布了改革实验大纲,规定初一开设"公民"课,初二开设"社会发展简史"课,初三开设"中国社会主义建设常识"课,高一开设"共产主义人生观"(后改为"科学人生观")课,高二开设"经济常识"课,高三开设"政治常识"课。到1992年,初中已经建构完成以公民素质教育为内容的课程体系,高中已经建构完成以经济常识、政治常识、哲学常识为内容的课程体系。2001年,教育部又提出了第八次基础教育新课程改革。这次改革将初中的思想政治课改为"思想品德"课,高中的思想政治课另增加了"文化生活"必修模块和六个选修模块。

四、中学思想政治课目标的转向

关于中学思想政治课目标的转向,学者们研究的集中点多指向新中国成立以后,而对之前的研究则较少。实际上,自从思想政治课在清朝末期设置起,其课程目标就随着社会的变迁而发生着转向。

(一) 从清朝末期到民国初期:由圣贤人格目标向公民人格目标转向

关于清末时期"修身""读经讲经"科的课程目标,杭州师范大学岳刚德博士做了较深入研究。他认为,清末时期的这两门课程十分重视个人私德的修养,并试图通过"格物、致知、诚意、正心"的实践,来实现"齐家、治国、平天下"的人生理想,直到最终养成"圣贤人格"。[15] 然而,这一"圣贤人格"目标,随着"公民"科的开设,开始向现代"公民人格"的方向转向。南京师范大学叶飞教授对此研究得比较透彻。他指出:"随着'修身'与'读经'这两门课程的废除,传统的儒家人格教育和人格理念开始'退场',而公民人格理念和人格教育则逐渐获得了学校教育的青睐。"[16] 笔者也研究了1923年的《初级中学公民学课程纲要》,得知它所规定的课程目标是"养成公民的道德"。[17](137)

(二) 从国民党政府到新中国:由三民主义教育目标向政治思想教育目标转向

笔者认为,虽然国民党政府也一直开设"公民"科,但公民教育却逐渐走向弱化,其原因就在于"三民主义教育"和"党化教育"的长期渗透与干扰。如:1936年的《初级中学课程标准》规定,"使学生明了三民主义之要旨"[17](160);《高级中学课程标准》规定,"使学生认识中国国民党之主义政纲政策"[17](163);1941年的《六年制中学公民课程标准草案》规定,"使学生对三民主义有真切之了解"[17](177)。中国社科院的毕苑博士在研究了1934年版的《复兴公民教科书》后,也得出了相同的结论,她指出这本教科书就是要"使儿童彻底了解三民主义的精神,以期养成三民主义共和国的良好公民"[18]。

然而,国民党政府的这一课程目标随新中国的建立而被废除,随之建立起的是政治思想教育这一课程目标。但在不同的历史时期,这一目标的具体呈现也不尽相同。

1949年思想政治课刚一设置,就把"培养国家建设人才,肃清封建的、买办的、法西斯主义的思想,发展为人民服务的思想"[19],作为最初的课程目标。1952年这一目标又进一步明确为:"发展学生为祖国效忠、为人民服务的思想,养成其爱祖国、爱人民、爱劳动、爱科学、爱护公共财物的国民公德和刚毅勇敢、自觉遵守纪律的优良品质。"[21] 1957年对这一目标又做了重新表述:"培养学生正确的世界观和人生观,培养学生的共产主义道德品质和为人民、为社会主义服务的思想。"[17](198)而后,国家又先后提出了社会主义思想教育、"三面红旗"教育、反对修正主义教育等。由此可以看出,包括"文化大革命"在内,这一时期的思想政治课成了一种名副其实的"运动课"。而所有这些课程又都是以政治思想教育为根本目标的。

（三）从改革开放到新课程改革:由知识性目标向发展性目标转向

改革开放以后,随着思想政治课的开设走上正轨,其课程目标也发生了根本性转向,许多学者对此进行了深入研究。江苏大学张忠华教授在研究中,把学校德育目标的转向划分为四个时期:共产主义德育目标时期(1978—1984年),德育目标的"天上""地面"争论时期(1985—1988年),德育目标的规范化建设时期(1988—2001年),德育目标的科学化、人本化、生活化研究时期(2002年至今)。[20]海南大学胡斌武博士在研究中,把学校德育目标的转向划分为三个时期:1988年以前为德育课程目标时期,20世纪90年代为德育分段目标时期,新世纪为德育目标系列化时期。[21]

笔者通过对改革开放以来国家有关文件和思想政治课教学过程的研究,认为思想政治课目标的转向经历了以下过程:1978—1984年注重的是智育目标,主要对学生进行知识性教学,因而使这一时期的思想政治课成了一种智育课,即初中的思想政治课为中考服务,高中的思想政治课为高考服务;1985—2000年注重的是德育目标,主要对学生进行政治、思想、道德和心理品质教育,也就是教育学生成为热爱社会主义祖国的具有社会公德、文明习惯的遵纪守法的公民;2001年新课程改革以来注重的是发展性目标,主要是促进学生的全面发展,即促进初中生的"情感、态度、价值观、能力、知识"的全面发展和高中生的"知识、能力、情感、态度与价值观"的全面发展。

参考文献:

[1] 中华人民共和国教育部办公厅.教育文献法令汇编(1949—1952年)[M].1958:170,189.
[2] 中共中央文献研究室.建国以来毛泽东文稿(第六册)[M].北京:中央文献出版社,1992.
[3] 张志建.中学思想政治课教学论[M].北京:北京师范大学出版社,1993:59.
[4] 刘强.中学思想政治课教学论[M].长春:东北师范大学出版社,1994:37.
[5] 邢安仁,谭伟才,项复初,等.新编中学思想政治课教学法[M].南宁:广西师范大学出版社,1988:43.
[6] 张建文.思想政治课程与教学论[M].北京:人民出版社,2008:93.
[7] 邝丽湛.思想政治(品德)新课程教学论[M].广州:广东高等教育出版社,2005:2.
[8] 张奇才.思想政治(品德)教学论[M].合肥:安徽人民出版社,2007:4.
[9] 吴铎,彭承福.中学思想政治课教学法[M].北京:高等教育出版社,1991:24.
[10] 韩震.思想品德与思想政治课教学论[M].北京:高等教育出版社,2008:17.
[11] 胡田庚.思想政治(品德)教学论[M].北京:北京大学出版社,2009:2.
[12] 申亚民,刘天才.中学思想政治课程的历史演变与启示[J].唐都学刊,2004(5).
[13] 舒新城.中国近代教育史资料[M].北京:人民教育出版社,1961:506,522,259.
[14] 张志建.中学思想政治课发展史[M].北京:北京师范大学出版社,1994:21.
[15] 岳刚德.中国学校德育课程近代化的三个特征[J].全球教育展望,2010(11).

[16] 叶飞.现代性的公民人格理念在近代中国的传播及其教育影响[J].教育学术月刊,2011(9).

[17] 课程教程研究所.20世纪中国中小学课程标准·教学大纲汇编:思想政治卷[M].北京:人民教育出版社,2001.

[18] 毕苑.从《修身》到《公民》:近代教科书中的国民塑形[J].教育学报,2005(1).

[19] 中央教育科学研究所.中华人民共和国教育大事记[M].北京:教育科学出版社,1983:3.

[20] 张忠华.改革开放30年来德育目标的研究与反思[J].教育学术月刊,2010(1).

[21] 胡斌武.我国学校德育目标的演变与走向[J].教育导刊,2005(12).

(本文选自《课程·教材·教法》2013年第11期)

教学设计研究

谈谈课堂教学的总体设计（沙福敏）

优化问题设计　培养学生能力（陈昭君）

以综合能力培养为导向　构建整合教学模式（谢树平）

对话教学的课堂设计：理念与原则（张增田）

生活逻辑的课堂实现：内容设计与过程控制（杨志敏）

新课程背景下高中政治课教学设计探讨（邱士苓）

新课程视野下的政治课堂教学主线设计（王恒富）

政治课中的概念教学

东北师范大学 宋治安

一、讲清概念,很有必要

目前,在中学政治课教学中,讲解基本概念常有两种偏向:一种是不重视基本概念的讲授,只把它当作新名词或术语,简单地说明一下,就急忙去讲基本原理;另一种是违背人们的认识规律,由抽象到抽象,从概念到概念。这两种做法是造成学生死记硬背和概念不清的主要原因。

中学政治课各个学科的内容包含着一系列抽象的基本概念,这些基本概念反映了马克思主义的基本观点和原理。正确理解概念是掌握马克思主义基本知识、提高认识能力和思想政治觉悟的前提。

概念是人脑反映某种事物及其特有的本质属性的思维形式。概念的基础是感性知识。只有对具体事物及其特性进行概括,才能形成概念。学生如果不能把教材中的概念同一定的具体事物、现象联系起来,就不能理解和掌握这个概念。通过具体事物、现象使学生形成科学概念的过程,也就是培养科学抽象能力的过程。

中学政治课各个学科教材中的概念,一般都具有高度抽象、概括的特点。这些概念对社会生活经验比较少、知识范围窄、抽象思维能力弱的中学生来说,是不容易理解和掌握的。因此,政治教师必须重视概念的教学,遵循认识规律,使学生形成概念。那种把课本的概念定义复述几遍,或用学生没有学过的概念去解释新概念的做法,都不能完成教学任务。

二、既要熟悉概念,又要了解学生

熟悉概念和了解学生是教师使学生形成概念的两个前提。

(一)教师要熟悉概念本身的固有含义及其在概念体系中的地位和关系

首先,要对所讲概念的内容有个深刻的理解,熟悉概念反映的事物及其属性,把握其内涵和外延。教师只有自己透彻地理解了,才能把学生教明白。"以其昏昏,使人昭昭"是根本办不到的。

其次,要明确认识概念在概念体系中的地位和关系。学科的内容有严密完整的逻辑体系,它包括许多概念,但并不是彼此孤立的,而是相互联系着的。例如,《辩证唯物主义常识》课本第二课讲了"物质""意识"的概念。理解这两个概念,对于掌握"物质第一性,意识第二性"这一基本概念具有决定性作用,进而为理解矛盾、对立统一、量变、质变、实践、理论等概念打下基础。而后面这些概念的学习和掌握,又有助于深入理解已学过的"物质""意识""唯物主义"等概念。可见,教师从一门课程的总体上把握单个的概念,熟悉概念在学科知识体系中所处的地位,了解概念之间的联系,做到"全局在胸"是很必要的。

(二)要了解学生与所讲新概念有关的知识情况、生活经验以及他们对所讲概念存在的问题,以便使概念的教学"有的放矢"

教师了解学生的知识情况,首先要了解他们对当前所讲概念是否具有必要的感性知识。政治课中任何一个概念,都与社会现象、自然现象有密切的关系。学生在日常生活当中,对有些概念所反映的事物、现象可能有所见闻。要熟悉他们所获得的感性知识,作为形成科学概念的基础。其次要了解学生掌握理论知识的情况。了解他们在政治课教学过程中曾学过了什么,掌握了哪些基本概念,还要了解他们学过的其他课程的知识情况。通过对学生已有知识的储备情况的了解,有利于使学生形成新的概念。再次要了解学生对当前所讲授的概念存在什么问题。由于中学生年龄小,知识少,生活经验不多,对比较抽象的概念不易理解,他们往往对相近似的概念互相混淆,常常把概念的适用范围缩小,等等。教师了解这些情况,才能使教学有针对性。

三、形成概念的基本方法

(一)引导学生在感性认识的基础上,通过复杂的思维过程,形成概念

帮助学生形成概念的过程,也是培养学生抽象思维能力的过程。脱离实际,没有感性材料作基础的抽象,犹如无源之水,无本之木,是违背认识规律的,因而不能形成概念,也不能培养学生的思维能力。而学生理解和掌握科学概念所需要的感性认识,不外来源于直接的、生活经验中、学习过程中的积累以及教师通过直观教材的演示和指导他们进行一定的实践活动。

教师给予学生可供思维的材料,要善于选择。如果取材不恰当、不全面,可能在学生的思维中不正确地扩大了概念,或者缩小了概念。取材应该具有典型性、全面性,它既能使人较为全面、清晰地感知事物的形象和本质属性,又便于确切地揭示所要阐明的概念的实质。取材最好在学生已有的知识和经验范围内,并富有教育意义。比如在讲"意识是物质世界长期发展的产物,物质在先,意识在后"时,举"地球早在人类出现以前就已经存在若干万万年了"为例。这个事例就典型。因为它科学、通俗、有说服力,又是中学生知识范围以内的。又如,要使学生懂得"矛盾"这个概念,举一块磁铁为例,既科学,又通俗,很容易说明:在磁铁这个统一体中,存在着相互联系,又相互对立的N和S两极。然后指出,这种存在于统一体中的,既相联系又相对立的两个方面的关系叫作矛盾。这样,对"矛盾是对立统一"的含义就比较清楚了。同时,也易澄清学生中存在的"只有对立才是矛盾"的糊涂认识。

选择适当的感性材料是使学生形成科学概念的基础。如果没有教师的科学教法和学生的积极思维活动,取材再好,仍然难以从理论和实践的结合上弄懂概念的实质。形成概念要经过一个抽象思维的过程。在这个过程中,教师要运用比较、分析、综合的方法。即通过比较,让学生自己找出事物之间的异同点,研究具体事物的各种特征,并区分本质和非本质的特征;把事物的本质特征综合起来,形成关于事物的概念。形成概念还需用归纳、演绎的方法。即由个别到一般和由一般到个别的推理。如通过许多个别事例说明一个概念,然后又依据这个概念来说明某些有关的个别事例。在中学政治课教学中,这些思维过程是相互交错在一起的。例如,在讲《辩证唯物主义常识》中的"物质"这个概念时,教师有目的地列举

出：从宏观世界的日月星辰、花草树木，到微观世界的原子、电子，从自然到社会大量的事物现象，启发学生积极思考，进行比较、分析，帮助学生从列举的大量事物现象中找出它们的共同属性，把握物质概念的科学定义；在学生明白了物质概念的定义之后，再引导他们去划清哲学上的物质概念和自然科学上或习惯上所谓物质的界限。在这里，教师可问学生电磁场是不是物质？社会领域的生产方式是不是物质？并要求学生说明是或不是的理由。这样使学生的认识由片面逐步接近全面，由表及里，层层深入，排除各种错觉、误解，明确认识物质概念。这里既有比较又有分析、综合；既有归纳、演绎，也有判断推理，是多种思维形式的综合体现，是中学政治课教学使学生形成概念经常用的基本方法。

（二）充分利用学生已有的知识，使学生形成新的概念

学生的认识过程是由不知到知，由知之较少到知之较多，由知之较浅到知之较深的过程。每一门课程，都是一系列的基本概念和原理知识的体系，因此概念不可能是孤立的，每一个基本概念都是学科体系中有机组成的细胞。只有把新概念和已知的概念联系起来，并且使学生掌握的新概念进入一定的概念体系，才能对新概念有深入的理解。因此，在教学过程中，教师要善于揭示概念本身的内在联系，利用学生已有知识为基础来讲解新概念。如讲《社会发展简史》，为了引导学生弄清"阶级"这个概念，把它同学生前面已学过的"生产关系"概念联系起来，就容易理解什么是阶级。因为阶级是与特定生产关系相联系的。在揭示"阶级"的概念之前，可提问：生产关系包括哪几个方面？当学生已经联想到生产关系的三个方面，或做出回答之后，再分别加以阐述，指出对生产资料的关系不同，决定着其他两个方面的不同。所谓阶级，就是这样一些集团，由于它在一定社会经济结构中所处的地位不同，其中一个集团能够占有另一个集团的劳动。这样，利用学生已知概念就容易讲清新的概念。同样，在讲封建主义生产关系时，为了使学生看到封建主义生产关系产生的必然性，可以利用学生已学过的奴隶制生产关系，把它同封建主义生产关系并列起来，引导学生对比、分析，找出封建主义生产关系的进步性，从而具体了解它产生的历史必然性。

政治教师在教学中，不仅要弄清自己所教学科的概念体系，而且要熟悉各学科之间的联系，以便用已知阐明未知的概念。《青少年修养》《社会发展简史》《法律常识》《政治经济学常识》《辩证唯物主义常识》之间的教学内容是互相联系的，反映着由简到繁、由已知到未知，逐步提高，循序渐进的学习规律。教师要充分利用这个规律，在讲一门课的新概念时，善于从学生以前学过的课本中取材，说明所讲的概念。例如，在高中讲授《政治经济学常识》的一些基本概念时，启发学生利用在初中学过的《社会发展简史》知识，就容易接受。对相同的基本概念，也要在原有的基础上深入讲解。因为政治课中有些复杂概念，学生只经过一次学习不容易形成，要在不同教学阶段重复出现，经过反复学习才能牢固掌握。

在教学中还要考虑到政治课和其他各科教学之间的联系，充分利用学生所学到的知识讲解基本概念。在邻近科目的历史、语文课中，为政治课提供了丰富的阐明有关基本概念的知识。在讲基本概念时，广泛利用学生已学的历史知识，不仅有助于阐明政治课中的基本概念，而且还会加深对历史知识的理解，增强学生对历史事件的分析能力。中学语文课本中有些作品为政治课讲基本概念提供了生动具体的艺术形象材料，利用它来说明比较抽象的概念，会使政治课教学生动有趣，增强感染力。这样做也能引导学生运用马克思主义立场、观点和方法去分析语文课文。另外，在数、理、化、生等理科教材中，有很多自然科学常识也可

以用来阐明政治课中的一些基本概念。这样充分利用学生在其他各科中学到的知识讲解政治课的基本概念，不仅有助于使学生形成新的科学概念，而且可以培养他们综合运用各科知识的能力。

（三）逐步巩固，引导运用，使学生形成的概念系统化

学生通过感性认识达到理性认识，从已知到未知，形成概念，重要的是需要把这些概念巩固起来。通过复习使学生牢固掌握所学的概念，是学生进一步学习和理解新概念的基础。如果学生新概念的掌握不是建筑在对已有概念的理解和巩固的基础上，那么就不可能真正理解和掌握新概念。记忆和理解是互为条件的，熟记概念的过程，就是对概念的逐步深入理解的过程。对概念的学习是为了运用，基本概念记不住，也就无所谓用。引导运用的过程，实质上也是概念的巩固和加深理解的过程。这样，复习巩固、引导运用，既发展了学生的记忆力和思维能力，又使他们学会运用和提高思想。

概念的巩固和运用是在政治课教学过程的各个阶段中实现的，它渗透在政治课教学的全过程。因为认识过程要经过从具体到抽象、从抽象再回到具体多次往复才能完善，所以在教学过程中要经常地系统地复习，使学生逐步掌握概念和概念体系。教师训练学生运用概念，首先要在讲解概念时阐明这一概念的运用及其在实践中的意义，并从理论和实践的结合上讲清概念的实质，在具体运用上为学生示范。其次要通过布置独立作业、复习思考题、社会调查、讨论等教学活动，指导学生反复练习，学习运用。在引导学生练习运用过程中不要回避问题，而要鼓励他们善于发现问题、提出问题，并尽可能地释疑、答疑。

（本文选自《课程·教材·教法》1982年第4期）

谈谈课堂教学的总体设计

北京市海淀区教师进修学校 沙福敏

课堂教学的总体设计,是指教师在一定的教学理论指导下对所教学科的课堂教学活动做出整体的设想和安排。

1. 课堂教学的特点决定必须进行总体设计

学校的课堂教学形式具有间断性的特点。所谓间断性,是指课堂教学的进行在时间上具有间断性。比如,中学思想政治课每周安排两课时,而这种时间的间断性又造成了教学内容的间断,教师不可能一气呵成把全部内容讲完。系统论的观点认为,每一系统内部各因素间存在着相互联系、相互作用;和它以外的事物、系统间也是相互联系和相互制约的。系统论把整体性原则作为系统方法的基本出发点,特别强调整体和部分之间的相互联系和相互作用。而整体的性质并不是每一具体的部分或因素的机械相加,系统论的方法强调整体性质只存在于各个组成部分(因素)的相互联系和相互作用之中,特别是动态中的联系和作用,才能使整体和部分的关系更加协调,使部分的功能和目标服从于整体。

课堂教学的这种间断性的特点,使教学必须分阶段进行。分阶段进行的教学活动容易使学生对教材的理解缺乏整体性感受和不易把握教材内容之间的内在联系。为避免这种间断性特点给教学带来的弊病,教师一定要对教材内容的讲授进行整体规划,对教学方法和教学手段的使用及各种教学环节的安排进行整体部署。使学生在内容的分段讲授后,仍能把握教材的整体性,把握教材的内在联系,使分阶段进行的教学内容渗透整体目标及其实施。

2. 学科的理论体系也要求进行整体设计

中学思想政治课的各本教材,虽然是针对中学生的特点,以讲常识为主,但每本教材仍然有它的基本的理论体系,都是研究某一领域的知识,揭示的是某一社会现象及其发展规律的科学。作为科学规律的知识,都是系统化和理论化的知识。这些知识之间有它们的内在结构和系统,这里所提到的知识之间的内在结构和系统,是指概念和概念之间、概念和理论原理之间、概念原理和整个理论体系之间的内在联系。在教学过程中,教师讲授各本教材时,无论是概念教学还是原理教学,都应紧紧地和理论体系结合起来,才能使学生更深刻地理解概念和原理的内涵。比如人生观世界观常识中的物质概念,它是辩证唯物主义的基石,世界的物质性原理,是辩证唯物主义的基本原理,它们在整个世界观常识教学中的地位至关重要,这两个问题理解好了,能为学习世界观常识的其他部分内容打好基础。因此,整体设计时,布局要得当。

3. 中学思想政治课要实现的目标也要求对课堂教学进行总体设计

中学思想政治课的教学目标是要通过本课的学习,在觉悟、能力、知识三方面都能得到提高。传授知识、培养能力、提高觉悟这三个方面又是相互联系而不可分割的。传授马克思主义的基本理论观点和基础知识是培养能力和提高觉悟的基础。只有在传授马克思主义基础知识的基础上,才能形成学生参加社会实践和分析社会问题的能力,才能培养学生逻辑思维和辩证思维的能力;只有在学生真正理解马克思主义基本理论的基础上,认识社会发展的客观规律,懂得资本主义必然灭亡,社会主义必然胜利的道理,才能自觉地坚持四项基本原则。比如,高三《政治常识》讲政党问题,教学目标是通过学习政党制度的有关知识,并通过掌握的知识,科学地分析中国社会只有在中国共产党的领导下,才能建设成为一个富强、民主、文明的社会主义国家,从而增强学生坚持党的领导的政治信念。这个具体目标的制定反映了思想政治课的总目标,即知识、能力、觉悟三方面的要求,又反映了三个方面的关系。

要实现思想政治课教学目标,必须对知识、能力、觉悟三个方面的要求都有总体规划。在知识方面,主要是学习教材上的知识。而教材上的知识,都是有结构、有体系的,各种知识之间又是有内在联系的。而从学生获取知识的认识规律来看,人的认识又不是一次完成的。先讲过的所谓旧知识和后边讲的所谓新知识之间联系甚为密切,这就要求传授知识时把握新旧知识之间的关系,在旧中渗透新,又在新中运用旧,这对于学生真正地理解和掌握所学知识影响极大。要想做到这一点,教师在传授知识方面要有总的规划和安排。在能力方面,中学思想政治课承担着学生的社会实践能力、逻辑思维和辩证思维等能力培养的重要任务。学生的能力不是靠教师讲出来的,学生能力的培养和获得是在教学活动的过程中养成的。教师只能在自己的课堂教学过程中设计各种教学方法和教学手段,调动学生的积极性,促使学生在教学活动中锻炼和培养各种能力。要想达到这个教学目标,教师必须对所教学生的能力培养做出规划,包括在一年或两年内,采取什么教学方法,运用什么教学手段,组织什么社会实践活动,并通过这些活动又如何有计划有系统地培养学生的各种能力。也就是说,在开展这些活动的过程中,教师要时时把握能力培养的总目标,把从不同角度、不同侧面对学生的训练活动都纳入总体规划中去,形成一个整体的系列工程。如果没有总体设计和规划,点点滴滴、断断续续的做法不易形成能力上的质的飞跃。在觉悟方面,中学思想政治课承担着培养学生政治素质、政治觉悟方面的重要任务,也是思想政治课要达到的目标。人的觉悟不是一下子就能提高的,他总是通过学习马克思主义的各种科学理论知识,学会分析和研究社会各种政治现象,提高自己认识和处理各种政治问题的能力,从而坚定自己的政治立场,端正自己的政治方向,提高自己的政治觉悟。这也要求教师有总体的计划和安排,通过学习哪些知识,提高哪些方面的觉悟,最后实现整体构想,达到教学目标。当然,知识、能力、觉悟三个方面的总体设计是不可分割的,不管是总体设计也好,课堂教学的具体设计也好,都要注意三者之间的联系,在普遍联系中实现各自的目标。

课堂教学设计的原则,应该是坚持一切从实际出发、实事求是的原则。

课堂教学过程是师生共同活动的过程,教学内容一般是教科书中规定的内容。因此,课堂教学设计要从实际出发是指:一是教科书的实际,即教科书的具体内容及由此内容所形成的本教科书的特点。如《经济常识》教科书中有关内容适合于以组织社会调查的实践活动帮助学生理解和把握教材内容,人生观世界观常识则适合于以各种形式的讨论、辩论、对话讲授的教学方法帮助学生理解和把握教材内容,公民课则适合于以安排各种行为养成等活动,增加训练和实践,帮助学生理解教材。二是学生的实际,即学生的生理、心理、思想实际及特点。比如,我们所面对的学生实际情况是参差不齐的,学生原有的知识、思想、心理结构不同,教学设计要考虑到层次性,要使不同水平的学生在原有的基础上都得到不同程度的提高。

总之,只有从教材、学生、教师的具体情况出发,才能做出切合实际的总体设计,才能使总体设计在具体的课堂教学过程中得以体现。进行课堂教学设计,没有固定的模式,只有具体情况具体分析,才能取得较好的教学效果,生搬硬套别人的教学方法是不行的。

(本文选自《思想政治课教学》1991年第11期)

关于课堂教学中的复习与设计

北京海淀教师进修学校 沙福敏

复习课教学是指把学过的旧知识经过再学习以其巩固的一种教学方法。在课堂教学中,教师往往根据不同的教学要求,设计不同类型的复习课。一般有单元或课后的复习、期中和期末的复习、初中和高中的总复习等。本文想就总复习如何进行教学设计谈点意见。

一、复习课教学设计的指导思想要突出一个新字

复习课的教学,是复习学生已学过的旧知识,教师如果把复习课上成机械重复旧知识的课,容易引起学生的心理抑制作用,其结果无助于学生巩固已学过的东西,实现不了复习课的教学目标。为此,教师设计复习课时,要突出一个新字。

复习课教学如何突出新呢?可从以下几个方面考虑。一是教师要深入挖掘教材中知识点之间的内在联系,使学生在理解知识的系统上感到新;二是联系当前具体的实际问题,使学生在知识的运用上感到新;三是设计新的例题,使学生在练习上感到新。

二、总复习设计以五环节教学为基本形式

第一环节是复习提问。教师进行问题设计时,要以本节课复习的内容为重点。此环节的教学目标是引起学生对本节课复习知识的回忆。教师实施提问设计时,要在学生回答问题后再引申发问,创设对要复习的知识似知而非甚知的情境。

第二环节是阅读教材。教师要指导学生带着复习提问中似知而不甚知的问题去阅读本节课复习的内容。此环节的教学目标是使学生通过阅读,熟悉这部分内容。在实施指导阅读时,教师要摸清不同层次学生对复习内容掌握的情况、疑点、模糊点。在第二环节还应将根据教材重点内容设计的讨论题书写在黑板上,为第三环节做准备。这第二环节已使学生再次接触本节课所要复习的知识,或者说这部分内容已在学生头脑中反复出现两次了。

第三环节是讨论。教师带领学生就复习内容中的重、难点问题及易混易错的问题进行讨论。此环节的教学目标是帮助学生深入理解、灵活把握这部分内容。实施讨论时,教师要注意两点。一是要注重实效,讨论最好限于教师问、学生答,学生回答有疑点则再追问,使问和答的内容紧扣讨论题,防止枝节问题拖长复习时间;二是提问的对象范围要广,超常、正常、低常不同层次的学生都要问,使不同层次学生的水平都在原有基础上得到提高,使复习水平整体提高。至此,复习的知识已在学生头脑中反复了三次,并获得了对这部分知识的深入理解。

第四环节是再次阅读教材。教师再次带领学生阅读教材。此环节的教学目标是把讨论环节学生发言所反映出来的,对内容掌握上的不科学、不准确、不完整的问题,经过再次阅读统一到教材上来。实施再次阅读时,教师要注意与前次阅读的区别,前次是属于泛读,熟悉、了解内容、重点等,再次阅读则要强调两个要求:一是这部分复习内容中原理和概念表述的

完整性;二是原理、概念在文字表述上的准确性。这个环节使学生对复习内容已从似是而非上升到完整、准确的地步了。此环节已使复习的知识在学生头脑中反复四次了。

第五环节是做练习。教师在课前设计好选择、辨别改错题。此环节的教学目标是当堂测试学生复习的效果,以进一步达到巩固知识的目的。实施做练习时,教师要及时巡视,当场了解巩固率的大约数字,当堂公布正确答案,并将成绩登记入册。这个环节已使复习内容在头脑中反复五次了。从以上设计来看,使复习的内容从不同角度和不同方式上重复出现,一般地说,这种设计可以取得较好的复习效果。

以上五环节复习教学法的最大特点是让学生做复习的主人,让学生自己学习,当堂消化、记住。它摆脱了教师把旧课当新课又讲一次的复习课模式。

最后还要指出,指导高考复习的教师,在基本知识和基本原理的内容上,还要有专门的复习论述题的时间。论述复习设计要抓好两个环节:一是审题环节,一是解题环节。

所谓审题,就是弄清题意,弄明白这个题目到底要考查什么知识、什么能力。审题的第一步,要分析题目设问的层次及设问的重点;第二步,根据设问的内容选准所需要的理论观点,教师在实施审题训练时,首先要训练学生阅读题目的能力。目前高考中的论述题出得比较活,往往列出若干材料,再根据材料的内容,结合教材的内容提出问题。为此,教师要引导学生会分解题目中的材料,分出层次,划出重点层次,把重点层次的内容与教材挂钩,学生只有全面、熟练、准确地把握教材,所需的理论观点才能选得准。这个训练环节是回答论述题的关键和基础。

所谓解题,是指组织论述题的答案。审题之后,教师要指导学生按照题目设问的层次一一加以分析说明。第一步,要把所需要的基本原理的内容全部准确地表述出来;第二步,分析题目中的各种观点、事实、材料、论述,进行归类说明;第三步,运用此题所选用的原理中的基本观点,联系题目中所列举的事实材料或各种现象和论点进行分析和说理或进行评析;第四步,最后进行总结。实施五环节复习教学法,指导学生复习教材的知识内容时,要注意四个方面的问题:一是要处理好重点内容与非重点内容的关系,落实一个全字。复习强调突出重点,并不是只复习重点,不复习非重点内容。要立足于全面复习。因为,重点和非重点是有联系的,重点与非重点是相比较而言的,重点是非重点衬托出来的,只有全面把握知识才能把重点内容突出出来。二是强调科学性,落实一个准字。学生在总复习时,很多知识集中起来复习,特别容易把相近的知识弄混,模模糊糊,似是而非。这种复习是不能取得好成绩的,教师要引导学生对知识进行比较、鉴别,准确把握知识的内涵。三是强调不断的反复,落实一个熟字。学生的认识需要反复,只有反复地再现知识,学生才能纯熟地掌握知识,老见面就能熟,熟才能生巧,才能运用所学的种种知识回答灵活的题目。四是强调理解,落实一个深字。对知识理解的深是指要掌握知识的来龙去脉,掌握它的本质和规律性的东西,引导学生多问几个为什么。对知识深刻理解以后,才能更准确地把握、更纯熟地运用。总之,这四个方面相互联系,缺一不可。

(本文选自《思想政治课教学》1993年第4期)

高中三年级思想政治(新教材)第三课
教学方案设计例举

北京教育学院 方 明

第三课《我国的政党和政党制度》包括两小节内容,即中国共产党是我国社会主义事业的领导核心,中国共产党领导的多党合作和政治协商制度。从此课的思想教育重点上来看,显然第一节是重点,主要进行坚持共产党的领导的教育。下面我们以这一节为例列举教学方案设计。

1. 教学方案设计的指导思想

第一,坚持中国共产党领导的教育,是从四个方面进行的,即政党理论、历史发展的必然要求、党的性质和作用、现实意义。在教学设计中要始终以党的领导为中心内容进行展开。

第二,对青少年进行坚持党的领导的政治素质教育,重点是通过教学内容的实施,增强青少年对党的情感,由爱党到敬党,由敬党到更深刻的爱党,坚定不移地坚持党的路线,拥护党的正确领导。

第三,对青少年进行爱党的情感教育,从知识上启发是完全必要的,但绝不能由知识到知识,更不能脱离青少年的实际,也不能回避青少年关注的一些敏感问题。要讲实话,吐实情,要以认识水平提高为桥梁培养学生的情感和政治素质。

第四,任何情感的形成离不开感受和交流。因此,组织学生活动,交流学生的感受,与学生进行真诚的对话是非常必要的。

实质上,教与学的交流是教学中必不可少的重要环节,这种交流效果取决于教师的教学艺术水平。

2. 课时与课型设计

课时与课型设计有两种方案:第一种方案,按教材中的四个内容,即政党领导国家政权、中国共产党领导地位的确立、中国共产党是我国社会主义事业的领导核心、建设有中国特色的社会主义理论与基本路线。每一个内容用一课时。在课型上注意自学、议论、活动、讲解相互配置,每节课都要有自身符合教学内容和要求的特色。

第二种方案,适当精讲有关内容,把精讲和自学、讨论结合起来,并组织必要的社会活动。因此前两个内容用一课时,下面两个内容各用一课时,并组织相关活动,用一课时来进行总结。

3. 第一种教学方案设计

要把握每一个教学内容的教学形式及其实施方法。

第一讲课程内容是政党领导国家政权。这一内容由政党的产生条件、政党的特征、政党与国家政权的关系三个内容组成。由于此内容的知识对学生来讲是崭新的,理论性也比较强,因此以教师的讲解为主。

讲解形式有三种:一种是在学生自学基础上,按学生提出的问题讲解重点;一种是结合知识的内在联系,如阶级、政党、国家之间的关系,通过设问或材料进行讲解;再一种是把前两种形式结合起来,政党的产生由学生自学,教师提出问题并补充学生的答案;重点讲解后两个内容。

在进行第二讲课程内容,即中国共产党领导地位的确立时,分三步进行。

第一步组织学生在第一节课内容后进行自学,同时布置学生调查研究。自学中重点理解中国共产党的性质。应从四个方面理解这一内容:一是结合中国近代革命史;二是结合党的阶级性质;三是结合党的指导思想和作风;四是结合党的伟大历史功绩。组织学生搞社会调查,用生动的材料说明中国共产党领导地位的确立不是自封的,是中国革命发展的必然结果,是在长期艰苦卓绝的斗争中形成的,是中国人民在历史的进程中经过比较、鉴别做出的正确选择。

第二步组织学生进行实地调查,访问老革命老党员,或参观革命博物馆、纪念馆,等等。怎样调查,一定要结合当地的实际情况。如果上述条件都不具备时,也可以组织学生看专场电影、电视剧和新闻纪录片等,让学生谈观后感等都是生动活泼的教学形式。

第三步结合社会调查,组织学生谈收获,不要求学生面面俱到,而是突出一个方面来谈。教师在引导中主要使学生增强对党的情感,从内心拥护党的领导,相信党的领导。

在讲解第三个教学内容,即中国共产党是我们社会主义事业的领导核心的教学内容时,要把教师讲解和学生讨论结合起来。主要注意解决三个问题。

第一,这一部分教学内容由社会主义事业必须由中国共产党领导、中国共产党对国家的领导方式、改善党的领导加强党的建设三部分内容构成。实际上,这三部分内容的核心是坚持党的领导,只是从为什么必须坚持,怎样才能更好地坚持党的领导两方面来论证的。因此,在教学设计中注重讲解的重点和讨论的重点。讨论的重点是为什么必须坚持,让学生议、让学生讲;讲解的重点应当是后两个内容,即怎样才能更好地坚持党的领导。

第二,能否真实地激发和培养学生对党和党的领导的由衷情感是这部分教学内容的关键所在。这种情感的加强要注意四点:一是由激发振兴民族的情感入手升华为对党的情感;二是由激发学生的远大抱负和理想入手激发对党的情感;三是用现实发展的实例对比使学生形成鲜明的认识来支持其情感;四是用伟人的感召力激发学生的情感。

第三,注重结合现实的热点和焦点问题,既要使学生认识到只有坚持才能改善,更要使学生认识到我们党已经成为成熟的无产阶级政党,以这种认识为基础来说明现实中的问题和困难,以排除学生思想认识上的障碍,从而打通情感形成的通道。

在进行最后一个内容,即邓小平理论与基本路线的教学内容时,要从组织学生学习为主,并组织学生谈学习收获。在教学中应当注重以下三个方面。

第一,组织学生开展学习邓小平理论的活动,要求每一个学生学习邓小平文选的一篇原文,并写书面读后感。

第二,结合党的十五大精神重点讲解两个问题:一是高举邓小平理论旗帜的重要性;二是党的初级阶段理论及其意义。

第三,要充分结合改革开放以来取得的举世瞩目的伟大成就使学生认识两个不动摇:坚持党的基本路线不动摇,关键是坚持以经济建设为中心不动摇;坚持党的基本路线不动摇,必须把改革开放同四项基本原则统一起来。

4. 第二种教学方案设计

首先,要把精讲与自学结合起来,使讲解取得最大的教学效益。因而要注意把握以下三个问题。

第一,精讲的前提条件是学生自学的质量及自学信息的反馈。这就是说,要依据学生的自学状况来设计精讲的内容。精讲,通俗地讲就是"画龙点睛",让学生"画龙",教师"点睛"。

第二,精讲也必须注意教学理论和教学艺术。一般来讲,精讲的内容选择和构成都是要突出重点,不仅要突出教学知识的重点,更要突出教学目的和学生认识的重点。

第三,精讲当然是少讲,但讲的少并不等于精讲,精讲是讲解的质和量的统一,尤其应当注重讲解的效果。

其次,前面两个内容,即政党领导国家政权和中国共产党领导地位的确立用一课时,需要调节教学内容的结构。

一是政党产生的条件和中国共产党领导地位的确立是中国革命发展的必然结果两个内容,通过设问了解学生自学信息和状况来完成。教师引导学生把握此两项内容的要点和核心观点就可以了,不必再详细展开说明。

二是结合政党的特征讲解中国共产党的性质,由此来达到精讲的目的的同时,使学生能够从政党的一般特征把握中国共产党的特殊特征,也就是由一般到特殊。

三是要注意用10分钟的教学时间从中国共产党的产生、性质到中国共产党成为执政党作一个历史与实践相结合的归纳和总结,使学生能够从整体上把握学习内容。

最后,后面两个内容,即中国共产党是我国社会主义事业的领导核心和邓小平理论与基本路线两个教学内容各用一课时。用一课时组织学生活动课,这一课的组织可以采取多种多样的形式,既可以放在两课时的中间又可以放到最后进行。在教学设计中应注意以下问题。

第一,活动课的设计既要突出教育的中心内容,又要符合中学生特点。按此课的教学目的,主要使学生通过活动增强对党的热爱之情,只要通过活动能使学生产生这种情感就是成功的标志。

第二,组织活动课教师首先要打开教育教学的思维空间,也就是解放自身的教育教学思想。比如,和音乐教师联合起来,组织学生选唱歌唱共产党的歌曲;和语文教师联合起来,组织学生朗诵自己创作的关于歌唱共产党内容的诗歌;和党支部或党总支联合起来为学生上党课;和模范共产党员联合起来组织专题座谈;等等,都是中学生喜闻乐见的教育形式,都会激发学生对党的情感。

第三,组织活动课要面向全体学生,通过一定的内容和组织形式让每一个学生都有表现、受教育的机会,同时要注意充分利用当地的教育资源,要从学生的实际出发,要调动学生的热情和激情,既要主题鲜明,又要形式活泼。

(本文选自《思想政治课教学》1998年第4期)

中学思想政治课目标教学模式的构建与思考

河北省东光县教研室　　李保荣

布卢姆的掌握学习思想和策略,强调的是单元评价、反馈和矫正,重视的是单元达标,这比我们传统的目的教学所实行的阶段评价、反馈和矫正来说,是前进了一大步。因为它可以较为有效地弥补知识缺漏,防止知识的负积累,以减少学生学习成绩的两极分化。而我们实验中的目标教学,则需要进一步强调当堂评价、反馈和矫正,重视的是当堂达标,因为单元目标教学模式不能直接搬到学科教学中去。目标教学属于改善教学过程的实验,课堂教学过程完善与否直接决定着教学质量,我们反对避开目标教学的实质,片面追求目标教学的课堂环节与程序,只从形式上去解决问题的形式主义,更反对空谈目标教学理论,放弃目标教学课堂教学新程序的构建,放弃单元目标教学模式向学科教学模式转化的虚无主义。因此,在目标教学理论指导下,研究一些实践问题,从理论与实践的结合上探讨适合教学实际以及各学科特点的目标教学课堂教学模式,已经成为保证目标教学实验向纵深发展的一个努力方向。

一、中学思想政治课目标教学模式的构建与操作

依据中学思想政治教材可教性、可读性较强的特点,我们在实验中着眼于该学科课堂教学模式的整体优化,经过实验与探索,逐步形成"六环节链式"课堂教学模式。该教学模式包括六个教学环节:设疑、自学、引发、点拨、归纳、评价,这六个教学环节构成了一个完整的课堂教学运行结构。

(一)设疑

即课时教学目标的问题化,把问题作为教学的出发点。课时教学目标是当堂教学活动中师生预期达到的学习结果和标准。为了实现课时当堂达标,首先要将单元目标分解到每一节课。要求教师课前必须刻苦钻研教材,熟读精思,对教材的把握要经历一个薄——厚——薄的飞跃,独运匠心,形成基本成熟的课时目标,然后再将课时目标分解成若干小目标,并转化为相应的问题。课时教学目标的问题化,要以吃透教材及教学大纲为前提,以掌握学生的学情为条件,教师要善于质疑,善于在不疑之处设疑。设疑既要首先集中在那些重点、难点和关键点上,又要照顾其他知识,注意辐射面,要在重难点、关键点知识的理解和拓展上,在重难点与其他知识点的内在联系上,在重难点与整体知识之间形成体系上下功夫。提出的问题,要紧扣课时目标,能对整个课堂起统摄作用,要立足课本,巧设悬念,但不能超越学生的实际认识水平,要富有针对性、挑战性。提出问题的形式要明确简要,能拨动学生的心弦。

设疑是唤起学生参与欲望,调动学生及时进入角色的关键步骤,它作为促其思、发其智的重要手段,在教学过程一开始,就提出对全堂课起统摄作用的富有感召力的问题,会激起

学生已有知识结构与当前研究课题的认知冲突,驱使学生去思考、去读书,从而为自学创设问题情境,提供了一个良好的开端。

(二)自学

即学生带着问题自学教材,并开展尝试活动。自学是"教会学习"的有力杠杆,是培养能力、开发智能的有效办法。学生带着问题自学,开展尝试活动,指向性强、效率高。通过自学,一些问题解决了,一些新问题产生了,学生既有赏心悦目的收获,又有似是而非的疑点,对许多问题的解决常常是跃跃欲试,而又"拿不准",这就为引发铺平了道路。

(三)引发

即引导学生相互磋商、讨论,实现学生之间的横向交流。通过自学,学生掌握的知识处于半成熟状态,此时引导学生相互磋商、讨论、争辩,可谓一触即发。引发后,学生各抒己见,相互启发,相互补充,使自己在自学阶段获得的认识得到纠正、巩固、深化。同学之间不同知识结构及认知水平的交流碰撞,可产生许多有价值的认识,并增强探索研究的气氛。对那些争议大,具有一般性的典型问题,鼓励学生课堂发言,或直接在黑板上公布自己的答案。

在引发环节,教师不宜轻易表态,要让学生充分的自由表现,使学生的思维热能得到充分的释放。此时教师的主要任务是收集信息,诊断学情。在此环节,教师要提防两种情况的发生,一是引而不发,出现"冷场";二是一发而不可收,出现互不相让的"失控"。一旦出现冷场,教师要及时捕捉教学契机,"煽风、点火、引爆";一旦发现离板跑题现象,教师要令其"转向",保证讨论的高效率。

(四)点拨

教师依据反馈信息,给以搭桥铺路,提示引申,点拨解疑。点拨是引发环节的延续,是对自学的指导,一般可采取个别解疑,或课堂作答两种形式。点拨环节,学生还是主角(点拨过程中学生可以随时提出问题,挑起争议),教师要当好配角,还要当好导演。教师可以指路点化,释难解疑;还可以有意识地装点糊涂,在一些容易混淆的问题上鼓励学生重新思考,自己"解放"自己;也可以利用学生乐于考验教师的心理,调换位置,把自己摆在受检查的地位。教学实验表明,点拨能够考验教师的"真功夫",可以使教师的知识水平及驾驭教材的能力得到充分表现。因此,点拨时必须摸清学生的思维脉搏,必须掌握好火候,点拨要恰到好处。

(五)归纳

即总结概括,深化知识,形成网络,纳入学生的知识系统。在这个教学环节,一般而言,学生对当堂课的各个知识点已经基本掌握,但此时学生掌握的知识,还具有不太深刻,不太系统的特点。在此时,教师要利用个人的知识优势,充分发挥其主导作用,归纳梳理,提炼概括,勾勒出教材的知识结构,重点难点,使学生的知识由点到线,由线到面,由面到体(即立体认识阶段)。归纳总结,既要注意知识的系统化、结构化、网络化,又要紧密围绕着课时教学目标,坚持面向大多数学生。归纳过程中,常用的归纳方式有:(1)提纲式,即将知识要点分列成几个提纲,所列提纲要简明扼要,易于掌握;(2)表格式,即将各知识点以表格的形式展示出来;(3)因果式,即将彼此有内在联系的诸多知识点按其逻辑关系排列组合,以揭示因果联系,理清知识脉络。

(六)评价

即对学生学习效果的评价,包括教师对学生进行评价和学生的自我评价。评价过程实质上是巩固知识,运用所学知识转化为能力的过程。一般通过学生整理笔记,解答问题,完成作业等形式来鉴定其学习效果,也可根据需要灵活采取其他评价措施,以矫正和补救学生学习中的偏差和失误。教师要重视运用鼓励性评价和学生的自我评价,要给学生鼓劲打气,留有充裕的时间,直到问题全部解决,学生全部达标。

教学过程中的六个环节,是一个循序渐进,不断深化的统一整体,但又具有灵活性,各环节既彼此独立,又相互包容,不能截然分开,中间环节有时可交替使用。设疑为自学创设问题情境,自学为引发铺平道路,引发是点拨的前提条件,点拨是引发的必要补充,归纳是点拨的延伸与发展,评价则是对学生学习效果的肯定、纠偏和加深。

二、中学思想政治课目标教学模式的教育心理学思考

教育心理学认为,动机是激励人们去行动以达到一定目的的内在原因,是将间接兴趣转化为直接兴趣的内部动力,而动机又产生于需要。人有了某种需要,就产生了要求满足需要的愿望,当有了能够满足这种愿望的条件时,就产生了人行动的动机,产生了积极性。心理学的研究成果表明,学生思维是否活跃,除了与他们对学习某知识的目的、兴趣有关外,主要取决于他们是否有解决问题的需要。因此,问题是思维的出发点,思维又总是朝着尚未弄明白的问题前进。教师在教学中根据教材内容和学生的心理水平,主动给学生创设情境,就能使学生的思维活跃起来,从而生动活泼地、主动地去探求和掌握知识。设疑就是根据人的思维特性,紧扣本课时教学目标,提出对课堂起统摄作用的、富有针对性、挑战性的问题,激起学生已有知识结构与当前研究课题的认知冲突,拨动学生心弦,激发学生思维。疑能促思,有问题才会去思考,通过设疑质疑展示教学目标,可以调动起学生全身心地投入到课堂学习的全过程之中。

布鲁纳认为,知识的获得是一个主动的过程,学习者不是信息的被动接受者,而应该是知识获取过程的主动参与者。现在的政治课教学由于受"应试教育"的牵制,过分注重考试的功利,过分追求考试的成功,造成学生为赢得这种成功而淡漠了自身的价值。表现在课堂上,一些教师名曰搞启发式教学,其实是在搞直线型的"问答式"。学生因长期被动地接受认知的任务和所处的被评价地位,使创造兴趣减少,自我实现的目标日趋遥远。"六环节链式"教学模式注意启开被压抑的心理,帮助学生找到真正的"自我",让学生带着问题自学教材,引导学生用自己的头脑来想,用自己的眼睛来看,用自己的手来做。在学习方法上,学生有机会探索适合自己特点的学习路子,由被动求知变为主动求知;在思维方法上,学生有机会在理解教材的基础上,自己搜寻活生生的现实材料和教材内容挂钩,"标新立异",从中悟出真谛。

引发后的磋商交流,可以帮助学生提高交往能力,在交流过程中学会表达,以显示自己的智慧,获取有价值的信息,从而有效地克服自卑心理,让学生自己了解自己,让别人了解自己。苏霍姆林斯基说过:只有当学生学会了不仅仔细地研究周围世界,而且仔细地研究自己本身的时候,只有当他的精神力量用来使自己变得更好、更完整的时候,他才能成为一个真

正的人。

思维是学生理解教材的主要心理依据。心理学认为,学生对教材的理解,总是从模糊的、泛化的理解,逐步向明确的、清楚的和分化的理解过渡,它需要借助一定的中介、经过一系列复杂的分析综合过程而逐步地实现。因此,学生对教材的把握过程是一个由未知到已知,由感性到理性的复杂的认识过程,是一个由低级到高级的辩证发展过程。在此过程中,学生要想在额定时间内迅速地把握教材,使之纳入自己的知识系统,既需要自己的独立思考,在感知、表象和再造想象的基础上借助于思维来实现,又需要教师对教材重点难点的巧妙点拨和精辟讲解。由此可见,教学的归纳环节,是师生对教材进行分析与综合、抽象与概括的过程,也是师生对教材具体化和系统化的过程。归纳环节是本课型的核心部分,特别强调教师的主导作用,教师引导学生积极有效地开展思维活动,以增强理解教材的效果,是提高教学质量的极其重要的方面。

现在的中学生,独立意识强,富有理想,思维活跃,敢说敢为,他们不再满足于课堂上教师的"灌输"。而在实际教学中,许多教师教改意识淡薄,习惯于"应试教育",习惯于引导学生循着教师的思路,培养划一的学生,压抑了学生个性的正常发展,限制了学生的内在潜能的发挥。"六环节链式"教学模式突出个性教育的色彩,二三环节强调自学、自化,注重自我评价,自我完善。尤其最后的评价环节,又在深层次上给了学生一次充分的自我表现的机会,再一次让不同层次的学生体验不同的滋味,全方位、多角度、多方面持久地给予学生以失败和成功的磨炼。

实事求是地讲,中学思想政治课已经受到社会现实生活的严峻挑战,把教育心理学原理用于思想政治课教学之中,以增强该学科教学的活力,的确具有特别重要的现实意义。

三、中学思想政治课目标教学模式的探索与实验

随着市场经济的冲击,人们的社会价值观念在不断改变,现行政治教材中蕴含的价值观念及标准和人们的个人价值观有的已经发生背离,其中的某些材料及观点距离现实较远,与日新月异的时代形成反差。教学时,许多教师仍旧沿用传统的教学方法,习惯于照本宣科,不敢正视现行教材带有的滞后性,给教学的信度造成严重影响。

受中考、高考指挥棒的干扰,片面追求升学率的阴影笼罩在师生的头上,他们不敢有丝毫的松懈和怠慢,大搞题海战术,课堂上常常是勾勾划划、猜题押宝,课下迫使学生重复练习,死记硬背。忽视教法研究,忽视学法指导,忽视双基教育,忽视品德教育,教师的主导作用得不到发挥,学生的主体地位得不到体现。更令人担忧的是教师素质。现代教育要求教师不但具有广博的基础知识,精深的专业知识,而且还要具有坚实的教育心理知识,懂得教育规律。事实上,有相当数量的教师知识老化,教育观念陈旧,教育方式落后,虽然他们在责任心和道义感的驱使下尽职尽责,但由于个人素质较低,教学中诸多问题无力解决。

认真分析中学思想政治课面临的严峻形势,加大教学改革的力度,改善课堂教学结构,探讨行之有效的教学模式,已成为教育科研任务中的重中之重。怎样在教师和学生之间,在书本知识和直接经验之间,在课堂教学和各种活动之中,寻求一个最佳结合的范型和样式,构建适合教学实际的目标教学操作模式呢?为此,我们进行了较长时间的科研与实验。实验过程中,坚持"理论——实践——理论"的工作思路,汲取了布卢姆"目标分类教学"的长处,在对"读读、议议、讲讲、练练"教学法、学导式教学法、研究法、归纳法、联系对比法学习研

讨的基础上，经过广泛实验论证，逐步形成了"六环节链式"教学模式。

实验证明，"六环节链式"教学程序作为目标教学的一种具体的课堂教学操作模式，具有下面一些特性。

（一）教学的和谐性

在该教学模式中，教师不仅研究了教学规律，也研究了学生心理，该教学模式的整个行为结构始终坚持心理教育渗透到课堂教学的方向。教学过程一开始，教师就依据课时教学目标设置悬念，摆出疑点，创设了教学情境，调动学生进入跃跃欲试的最佳心理状态。课中的自学尝试，引发磋商，课末的评价巩固都是学生唱主角，强调自学、自化、自我完善。点拨解疑，归纳总结两个环节还是不断地寻找教法和学法的连接点，学生最大限度地参与了学习的全过程，它充分体现了教师的主导作用与学生的主体作用的统一，教法与学法的对立统一。

（二）教学的高效性

该教学模式可以成功地增强学生的参与意识和目标意识，学生进入角色快，参与程度高，课堂密度大，时间空耗少。教学过程诸环节衔接自然，既无重叠，又无脱节，它集思想教育文化学习为一体，从而能产生课堂教学的整体效益。

（三）教学的计划性

该教学模式对教师备课提出了更高的要求，逼着教师钻研教材，熟悉学生，谋划操作方略，预算完成各教学环节的时间。教师要心中有书，目中有人，传授有方，训练有度，通过加强教学的计划性来实现对课堂教学的最优化控制。

值得指出的是，"六环节链式"教学模式流程虽然具有学科特点，反映一定的教学规律，但该教学模式并不是严格的工艺规范，它本质上是一种教学的参考结构，具有可选择和可调节的特点。在实际操作时，既不能破坏其内在联系，更不能机械模仿，死搬硬套。必须具体分析，只有认真负责地、实事求是地在实践中检验自己所倾心的教学模式，才不至于出现目标教学实验浅尝辄止的局面，才有可能形成自己的教学个性。

（本文选自《课程·教材·教法》1998年第5期）

高中三年级思想政治(新教材)第五课
教学方案设计例举

北京教育学院　周　浩

政治常识第五课《国际社会和我国的外交政策》主要讲了三个内容,即当代国际社会、当代世界的主题和我国的外交政策。我们以我国的外交政策为例进行教学设计,重点说明怎样结合教学内容发挥教师的主导作用和学生的主体作用。

一、发挥教师主导作用的设计

教师主导作用的发挥必须建立在教师对教学内容有深刻的理解和把握的基础上,并引导学生进行相应的训练,使学生不仅要懂得我国外交政策的具体内容,更要使学生运用所学知识判断和分析我国外交中的大是大非,深刻理解我国政府外交活动的重大意义。

1. 教学中要重点培养的几种意识

首先,要重点培养学生的国家主权意识和国家与民族的独立意识。这既是本课思想政治教育的核心内容,又是贯穿整课教学内容的红线。因为独立自主是我国对外政策的原则立场,维护我国的独立和自主是我国外交政策的基本目标之一。

其次,要培养学生国际平等、国际友好合作意识。我国奉行的独立自主的和平外交政策是建立在和平共处五项原则对外关系的基本准则基础之上的。各国不论大小、强弱、贫富,都是国际社会平等的一员,各国之间应当平等友好相处,既不干涉别国内政,也决不允许别国以任何借口干涉我国内政。发展国际友好合作关系,促进世界和平与发展,为我国现代化建设创造一个良好的国际环境。

最后,培养学生的对外开放意识。坚持对外开放,加强国际交往是我国的基本国策。在对外开放中,要维护国家和民族利益,坚持社会主义方向。对外开放意识应当建立在现代人类文明意识的基础上,要使学生热爱人类文明成果,善于学习和吸纳人类的优秀文明成果,不断提高和完善自己。

2. 结合我国的历史发展过程进行教学

首先,结合我国的近代史培养学生的国家主权意识和民族独立意识。新中国的独立自主的和平外交政策不是哪一个伟人凭空想象出来的,应当说,在某种意义上是对中国近代历史经验教训的总结。当代中国人之所以强调"勿忘百年耻辱,立志复兴中华"正是建立在这一历史基础之上的自主独立意识的体现。

其次,新中国诞生后,我国对外关系的首要成就是维护了国家的独立、主权、领土完整和尊严。同时提高了我国的国际地位,创造了有利于社会主义现代化建设的良好国际环境,并为世界和平与发展做出了贡献。结合这些外交成就,培养学生的国家主权意识,国家与民族的独立意识,国际平等和友好合作意识,对外开放意识。

最后,结合当前的国际形势和我国当前外交决策与活动培养学生的相应意识。20世纪

80年代以来,在国际风云变幻中,我国坚持独立自主的和平外交政策,进行了卓有成效的双边和多边外交活动,我们坚持原则,顶住压力,维护了国家主权、领土完整和民族尊严,我们的国际地位日益提高。与此同时,在多极化的发展趋势日益明显、国际经济联系日益密切、科学技术突飞猛进的新的国际形势下,我国外交出现了空前的新局面。我们坚持求同存异、发展合作,进一步推动了中美、中俄、中日、中欧关系的发展势头,进一步密切了周边关系,在联合国事务中发挥建设性作用,开展了全球性、洲际性和区域性的多边外交活动,为促进世界和平与发展的崇高事业做出了我们应有的贡献。这些有利形势正是我国坚持独立自主的和平外交政策的丰硕成果,也是对学生进行相应政治思想教育的好材料。

在教学中,应当结合本课教学内容注意以下五点:

第一,素质教育与知识教学相统一。在进行本课的素质教育中,要注意引导学生把握我国外交政策的决定因素是我国的国家性质和国家利益,我国外交政策的基本点以及各基本点之间的内在本质联系。素质应当建立在认知基础上,反过来素质的提高又能使学生更深刻地把握知识,提高认知能力。

第二,素质教育与国家意识相统一。应当使学生懂得维护国家的独立和主权,是从最根本意义上维护国家利益。国家之间的关系,无论表现为友好合作,还是表现为冲突对抗,归根到底是为了实现和维护本国的利益。因此,在本课的素质教育中必须突出国家意识和国家利益,引导学生把国家利益放在一切利益之上。

第三,素质教育与爱国情感相统一。学生的政治思想素质应建立在政治情感的基础之上。无论是主权意识、独立意识、平等和友好合作意识,还是对外开放意识,都是以爱社会主义祖国的深厚情感为基础的,同时也是这种情感的具体表现形式。

第四,素质教育与民族自豪感相统一。中华民族不仅是一个有灿烂文明历史的民族,而且也是不屈不挠、自主自强的民族。一个民族的复兴,总是以这一民族的伟大的创造力和坚强的凝聚力分不开的。在国际交往中,作为一个伟大民族的合格成员,不亢不卑、自立自强的精神来自于民族自豪感。因此,对学生进行民族自豪感的培养是本课素质教育中不可或缺的重要内容。

第五,素质教育与文明礼仪教育相统一。中华民族向来以礼仪之邦著称于世。在国际交往中,充分尊重和理解他国民族的习俗和生活方式,善于求同存异,友好合作;在外交场合中既保持民族尊严、坚持原则,又真诚相待、文明相处是我国公民应有的素质。

二、发挥学生主体作用的设计

首先,结合教学内容给学生提出问题,组织学生带着问题自学,并让学生讨论和回答这些问题。在此基础上教师有针对性地进行讲解。

给学生提出的问题一般是:

- 结合近代中国历史说明我国独立自主的基本立场是总结历史经验教训的结果。
- 我国独立自主的和平外交政策为什么说归根到底是为了实现和维护我国的根本利益?
- 为什么说青年学生必须要有国家主权意识和民族独立意识?
- 结合近年来我国取得的外交成就分析说明我国奉行的独立自主和平外交政策的正确性和必要性。

- 通过近年来中美、中俄、中日、中欧关系中的重大热点时事问题说明怎样正确执行我国外交政策推进这些外交关系的进展,保持良好的合作势头?
- 试说明我国外交政策中的五个基本点之间的内在关系。
- 为什么要正确执行我国的外交政策就必须把国家利益放在首位,要有很强的社会主义国家意识?
- 为什么说必须用深厚的爱国情感来理解和认识我国的外交政策?
- 一个青年学生要健康成长,为什么必须要有很强的民族自豪感?
- 在国际交往中为什么必须讲文明礼仪?

其次,在教学中要组织学生积极参加喜闻乐见的活动,通过一定的学习活动形式,发挥学生在学习中的主体作用。

比如,组织国际形势报告会;各班之间进行国际时事竞赛;组织学生就某些国际问题开展演讲会;办小报和专栏进行评比。在教学设计上,不仅只注重学生活动形式,更要注重学生的参与形式。如在组织国际形势报告会时,应留出一定的时间让学生向报告人提出问题或与报告人交流、讨论一些问题。

再次,要运用一些丰富的有关我国外交活动的影视资料对学生进行教育和培养。如组织学生看周恩来总理外交风云录,看后结合教学内容组织学生谈观后感、用周恩来的感人事迹和外交风格感染和教育学生。

最后,在教学中使学生能充分发表自己的见解和认识。比如,我国不依附于任何大国,不同任何国家或国家集团结盟,不联合一个国家去反对另一个国家。依据这一点,使学生思考如何正确理解我国政府与美国、俄国、法国等一些国家建立的不同内容的伙伴关系。

三、教学中应注意研究的几个问题

首先,应当注意研究发挥教师的主导作用与发挥学生主体作用的关系,并怎样把二者有机地协调起来。这要注意三个问题:一是教师主导作用的发挥要与学生主体作用的发挥有机统一起来,不能将二者割裂开来;二是发挥学生的主体作用的关键是如何启动学生的内在需求,促进学生的成长;三是无论是发挥教师主导作用还是发挥学生的主体作用,二者只能统一到把知识认识内化为学生的素质。

其次,应当注意研究培养学生的独立自立意识和相应的素质,在这个问题上应当研究如何首先激发学生的爱国情感,同时培育学生的民族自豪感,从而懂得国家的独立自主之珍贵。

再次,应当注意研究政治常识教学的特点,怎样把素质教育和高三学生面临的应试能力的培养统一起来。

(本文选自《思想政治课教学》1998年第6期)

高中一年级《思想政治》第八课重点难点教学设计方案例举

江苏省南京市第九中学 王伏才

一、教学重点难点的确定

经济常识的主导线索是"社会主义市场经济基本知识"。因此,第八课从市场经济的角度讲对外经济关系,把我国的市场经济同世界市场联系起来,介绍世界市场的含义和主要类型、当代世界市场的新特点、世界性的贸易组织和金融组织,以及世界市场的价格、外汇、汇率等内容。这样既使学生懂得我国社会主义市场经济必须面向世界,扩大对外开放的道理,又能知道一些国际贸易和国际金融等方面的最基本知识。

根据《课程标准》和高一学生的知识背景,本课的难点是"国际贸易中的不等价交换"。重点有两个:一是"中国实行对外开放,发展对外经济关系,是发展市场经济的内在要求";二是"我国发展对外经济关系,必须始终坚持独立自立、自力更生和平等互利的原则"。

二、教学设计思想

根据启发式教学思想,要努力使教师的主导地位和学生的主体地位相结合,创造性地设计那些能充分调动学生积极性、激活学生内在求知欲望的教学方案,引导学生得出正确结论,而不是将现成的结论硬塞给学生。紧扣教材,师生互动,切忌一言堂、满堂灌。讨论式、辩论式、讲授式交替使用,使发散思维与集中思维相统一。

教师要努力将学生带入现实的情境中去。市场经济是开放的经济,要善于将开放的经济、开放的社会与开放的思维相统一。

三、教学设计(参考方案)

(一)国际贸易中的不等价交换

突破这一难点,必须解决两个问题。

第一,当一国商品进入国际市场后,商品的价值应由国际价值决定。为什么国际贸易中会出现不等价交换(原因)?

第二,发达资本主义国家在国际贸易中通过不等价交换的事实(结果)。

解决了以上两个问题,才能解决学生思想上的疑惑。

所谓在国际贸易中的不等价交换就是不按照国际价值而进行的交换,这种贸易的结果是双方获得的利益是不相等的。这是"人为因素"所造成的,所谓"人为因素"就是交易的一方凭借在政治上、经济上的优势地位,人为地使世界市场上商品的价格背离商品的国际价值。在政治上,发达资本主义国家通过"军援""经援",迫使受援国以高于国际市场的价格购买其产品,以低于国际市场的价格出售自己的产品。在经济上,由于发达资本主义国家凭借其垄断地位掌握了世界市场多数商品的价格决定权,因而它们可以根据自己的利益抬高工业制成品的价格,压低原材料或各种初级产品的价格,使得二者的"剪刀差"不断扩大。(可通过阅读教材并结合漫画来理解"剪刀差"的含义,并让学生叙述漫画的含义。)

发达资本主义国家在国际贸易中通过不等价交换的事实:

材料一:第一次国际分工,使得英国轻工业得到迅速发展,殖民地成了英国的原料来源地,如印度、巴基斯坦、埃及的棉花,澳大利亚的羊毛,加拿大的粮食等。第二次国际分工,资本主义国家的重工业迅速发展,这又使得殖民地半殖民地成为欧美的矿产原料国,如澳大利亚和巴西的铁矿、中东的石油等。目前又面临着新一轮的国际分工,一些如钢铁、纺织、造船等传统产业正从发达国家向发展中国家转移,而以微电子技术为中心的包括生物工程、新材料、新能源、空间技术、海洋工程、激光通信等产业正在发达国家迅速发展,他们把一些污染严重的企业(如农药厂等)转移到发展中国家。发达国家尽量把生产和流通过程的一个或两个阶段放在一国,把其他阶段分散到别国,使一个国家不能掌握该项生产的全部技术,这既加剧了这些国家的依赖性,也加重了对这些国家的剥削。

材料二:20世纪80年代以来,发展中国家的贸易比价量负增长。据关贸总协定统计,1988年世界商品价格比1979年上涨了28%,其中制成品价格上涨了33%,初级产品的价格仅上涨了2.7%,世界初级产品和制成品的交换比价如以1980年为100计,1988年则降为76.9。最不发达国家出口的几种主要产品,如水稻、咖啡、可可、茶叶和棉花的价格,1988年比1980年分别下跌了43%、37%、51%、35%和33%。坦桑尼亚在1981年购买一辆卡车,要比5年前多支付9倍的烟草、3倍的棉花或2倍的咖啡。10年前,1吨茶叶可以交换17吨化肥,而1983年只能换回8吨化肥。橡胶生产国1960年用25吨橡胶换回6台拖拉机,到70年代末只能换回2台拖拉机了。1998年,石油每桶价格跌至大约12美元,这对经济本身就不景气的发展中国家产油国来说,无疑雪上加霜……美国一条狗的消费在60年代约相当于印度每个人的平均收入,发达国家有15%的人"营养过度",而发展中国家每100人中却有10人死于饥饿。有人把这种现象称之为"现代奴隶制"。可以把上述两则材料印发到学生手中,讲课时也可先从材料中推导出课本上的结论。

(二)中国实行对外开放,发展对外经济关系,是发展市场经济的内在要求

1. 背景思路

这是第一节第四框的重要内容。本节的第二、三、四框的内容都是在第一框的基础上进行分析的。随着世界市场的形成和发展,实行对外开放已成为全球性的不可逆转的趋势,我国的社会主义市场经济也必须面向世界,实行对外开放。本框是从三个方面论证这一问题的。首先从生产社会化特别是经济国际化的客观要求方面来说明,其次从市场经济的内在要求方面来说明,最后从实行对外开放是社会主义现代化建设的必要条件方面来说明,从而得出我国实行对外开放,发展对外经济关系,不是权宜之计,而是一项长期的基本国策的结论。其中前两个方面是从必然性即规律性的角度来论证的。我们应把这个重点放在这样一个完整的背景思路中来考虑,而不能把这三个原因割裂开来,

这样才能较好地解决问题。

2. 教学参考方案

复习提问：市场经济的一般特征有哪些？

这样设问，一是复习前面知识，打通知识通道，使其具有连贯性；二是从市场经济的共性特征来说明实行对外开放、发展对外经济关系的必然性。由于市场经济的特征是第二课的内容，老师要适当提示，设法从学生口中引出答案，让学生品尝成功的愉悦。

市场经济具有平等性、竞争性、法制性和开放性的一般特征，本课从开放性和竞争性来说明我国实行对外开放、发展对外经济关系，是发展市场经济的内在要求。

首先，世界经济一体化，使得经济活动和生产社会化超越国界向国际范围扩展，各国经济由彼此孤立和隔绝走向相互联系与依赖，世界经济日益成为一个整体。据统计，战后国际贸易增长速度始终超出同期世界生产的增长速度，并形成累进式的加速发展。世界经济一体化和市场经济必然要求经济的开放性。从国内来看，国内市场是一个统一的大市场；从国际来看，国内市场又同国际市场联系在一起，融入世界经济这个统一的整体中去。因此，我国必须实行对外开放，积极参与国际分工与合作。开放有利于互通有无，调剂余缺；开放有利于扬长避短，优势互补，充分利用国际资源和国际分工来发展自己。

让学生阅读历史上英国和葡萄牙生产毛呢和葡萄酒的例子，还可以回忆第二课中关于美国生产棒球手套等例子，然后回答"想一想"小栏目中提出的问题："我国曾在出口大米的同时进口小麦，这是为什么？"教师提示：根据价值规律，我国生产一定量的大米比生产一定量的小麦花费的劳动量少，大米是我国的优势产品，以大米换小麦，能扬长避短，优势互补，得到较好的经济效益。

其次，市场经济的竞争性要求实行对外开放。

提问：市场经济的竞争性为什么要求实行对外开放？

提示：从价值规律促使商品生产者在竞争中优胜劣汰入手。（可采取讨论式，师生互相补充。）

我们知道，当生产商品的个别劳动时间低于社会必要劳动时间时，该商品生产者在市场竞争中就处于有利地位，反之就处于不利地位。同样，当一个国家的商品进入国际市场时，该商品的价格即由国际价值所决定。当该国商品国内价值高于国际价值时，该国商品在国际市场上就处于不利地位。竞争是无情的，竞争正在全球广泛展开，并不断加剧；竞争是绝对的、普遍的，任何回避和害怕竞争，终将被淘汰。在当今世界经济一体化的格局中，只有努力使我国市场与国际市场接轨，让我国企业参与国际高水平的竞争，在竞争中求得生存和发展，才能加速我国社会主义市场经济的发展，所以，竞争是我国市场经济有效运行的条件。

运用教材中宝钢的事例说明只有积极参与国际竞争，民族工业才能求得生存和发展。

教师在教学过程中要有意识培养学生的开放意识和竞争意识，认识对外开放基本国策的正确性。我国在发展对外经济关系中，必须始终坚持独立自主、自力更生和平等互利的原则，这是本课的另一个重点，也是本课的落脚点。本课以市场经济为切入口，说明我国的市场经济必须实行对外开放。我国是社会主义国家，在发展对外经济关系中，时刻都不能离开独立自主、自力更生和平等互利原则，必须把这两者有机地统一起来，任何强调一个方面而忽视另一个方面的做法都必将导致严重后果。这些教材本身分析得很好,不再赘述。

　　需要指出的是:本框内容渗透着辩证思维和思想教育的功能。比如"坚持独立自主、自力更生,绝不是闭关锁国、故步自封、排斥同国外进行贸易合作",这是一个问题的两个方面,也是本框的关键。再如在实行对外开放的过程怎样正确对待西方资本主义的问题,这里应采取批判和继承、借鉴和发展、肯定和否定相统一的态度,既要防止思想僵化,又要防止思想的绝对化。这是老师们在课堂教学中要努力把握和驾驭的关键点。

(本文选自《思想政治课教学》1999年第3期)

吃透教材九点

湖北省松滋市南海中学 邓继成

一、要掌握特点

思想政治新教材与以往教材相比,具有许多不同的特点和写作风格。从整体上看,一是编写形式求新求活,具有趣味性;二是行文生动流畅,具有可读性;三是内容符合当代中学生的素质要求,具有实效性;四是采用分析与综合的叙述方法,具有严密的逻辑性;五是各年级教材既独立成体,又互相联系,具有系统性。掌握教材特点,有利于教师因材施教,改革教学方法。

二、要梳理网点

网点即教材的网络,也就是教材的知识结构。梳理教材网点,有利于教师在教学中统揽全局,有计划地组织学生归纳总结所学知识。

三、要明白落脚点

落脚点就是各课教材的教学目标。具体而言,一是要明白教材对学生的认知目标;二是要明白教材对学生的能力目标;三是要明白教材对学生的思想觉悟和情感目标。

四、要归类知识点

教材是由一定量的具体知识点构成的,对各知识点教学所要达到的要求,教师应根据《课程标准》的规定,按照识记、理解、运用三个不同的层次逐一归类。

五、要扣住重点

重点就是教材中处于中心地位的知识点。重点一是具有主体性,是教材所要论述、说明、分析的中心观点;二是具有基础性,是学习和掌握新知识的前提;三是具有现实性,能帮助和指导师生正确认识和分析社会热点问题。

六、要理解难点

难点就是教材中难以理解掌握的知识点。难点的形成,一是涉及的知识层面广泛;二是理论观点相对集中并且深奥;三是某些概念相近相似,容易混淆;四是理论与实际从表象上看不相符合;五是我们的学识和生活阅历相对欠缺。

七、要联系热点

热点是人们对国际国内的重大时事普遍关注的热门话题和焦点问题,往往也是师生感兴趣乐于接受的知识点和兴奋点。教师应多读书报,多看新闻,多做社会调查,要有敏锐的政治观察力和鉴别力。这样才能在教材中找到社会热点的结合点,用马克思主义的观点指导学生分析认识社会热点。联系社会热点,有利于教师在教学中贯彻理论联系实际的教学原则,增强教材对学生的吸引力,突出政治课的功能优势。

八、要查清疑点

疑点就是教材中有疑惑不解之处需要向他人和书本请教才能解决的问题。解决疑点问题需要教师具有扎实的理论功底,具有严谨治学的态度,具有不耻下问的精神。否则在教学中必然是以其昏昏,使人昭昭。

九、要研究异点

异点就是师生对某些知识的理解提出不同于教材的见解。思想政治教材应该具有强烈的现实感和鲜明的时代特征。因此,教师应用发展的眼光审视教材,既要尊重教材,又不迷信教材,对教材要敢于提出异点,展开学术讨论,进行教学科研。研究异点,有利于教师在教学中培养学生的创造性思维和创新精神,开阔学生的知识视野;有利于教师不断更新、充实、发展自己。

(本文选自《思想政治课教学》1999年第11期)

"体验式教学法"在政治教学中的应用

严权纲

所谓"体验式教学法",即根据学生的认识过程、认知特点,在学习准备阶段、课堂教学阶段、课后延续阶段和评价分析阶段突出"体验"的手段,以学生主动参与、主动探索、主动思考、主动操作、自主活动为特征,以培养健全的人格和提高心理素质为目标的教育观念和教学方法。"体验式教学法"的任务,就是教师在教学的各个环节都能创设出再现、还原教学内容的过程。同时,提供重复经历的情境或机会,使学生在体验的过程中领会知识,在体验重复的经历中认识自我、发展自我,促进其良好个性心理品质的形成。

一、富有创意的课堂活动

"体验式教学法"通过还原、再现教学内容产生发展的过程,在"教"中渗透学生"学"的行为,尊重学生实际学习的可能性。通过"体验"的实践将"学"落到实处,能让学生自己掌握的尽量让学生自己完成,使学生认为该结论是自己探索得出的,彻底摆脱了"学"即背课文的毛病,最终达到"知行合一"的目的。"体验式教学法"强调富有创意的课堂活动,主要有以下几种方法。

1. 游戏发现法

创设与讲授内容相关的游戏,组织学生参与引发思考并发现其中蕴含的道理。例如:在讲授《意志坚强的表现》这一课时,教师设计了一个"新西游记"的游戏。由四名学生参与,其中一名扮演唐僧,其余扮演妖怪。通过游戏,使大多数学生积极地加入到教学活动中来,使之领会到意志坚强所需品质及其内涵表现,对于其他相关知识就容易理解了。

2. 事例评论法

可借鉴电视谈话节目的创意,以一定事例或场景(例如发生在同学身边的一件事、新闻话题、重大事件或同学表演的一个小品)为话由,实话实说引起讨论,最终达成共识,得出正确结论。可举北约轰炸我驻南斯拉夫大使馆为话题,引发学生对爱国情操的讨论,继而理解课文知识。

3. 调查分析法

通过对学生感兴趣的问题或与学生自身有关问题的调查,引导分析。在讲授《正确认识自尊自信》这一课时,教师进行一次题为"当考试成绩册发下后,你会做哪些事"的调查。通过调查,引导学生对自己"自尊"的正确性进行自我分析,从而理解了正确的自尊自信不是虚荣嫉妒,不是自卑,不是自傲自负,它需要正确地看待成功和失败。

4. 实践体验法

组织全体或部分学生进行社会实践,引导学生对实践对象进行观察体验,把体验内容引进课堂,把观察的地方变成课堂。

5. 多媒体运作法

现代化教学手段的应用已是大势所趋,它能在短时间内向学生传达大量信息,激发学生兴趣,使课堂活动更加有序紧凑,提高教学的容量与效率。同时,多媒体的应用有时还能达到画龙点睛的作用。例如,在一堂课的最后播放一首与课堂中心有关的歌曲或一个振奋人心的场景,能加深学生对课文知识的理解。如有条件,多媒体运作法应作为课堂教学的基础手段,在此基础上再借助各种手段就可达到事半功倍的效果。

弹性自主的课后延续。教育心理学家指出:学生在课堂上掌握知识的程度只有30%~50%,其余部分均要在课后消化吸收。所以,教师通常会通过布置作业来督促学生做好复习。实际上,初一政治课应立足于培养学生健全的人格和提高其心理素质,因此需要提供学生展示和检验所学知识的心理体验机会。"体验式教学法"要求弹性自主的课后延续,其目的在于通过提供重复体验的机会,引导学生继续参与学习活动,加深体验认识,从而内化为思维上的融合并达到"知行合一"的境界。课后延续有相对固定的形式,例如:在一个单元结束后组织学生开展主题班会、演讲比赛、交流心得体会等活动,给学生学以致用的机会。同时,满足学生作为发现者、探索者被人尊重的需求。实践证明,课后撰写心得体会或小论文的形式是成功有效的。当然,课后延续须尊重学生自主权和延续的经常性,坚持"体验"的连贯性。

二、以人为本的评价体系

1. 对教师教育教学的评价

以往评价往往是教师对学生的评价,这违背了教育教学是双边双向活动的定理。当代中学生具有鲜明个性,他们有对周边事物进行评价的欲望,其中包括对教师工作的评价。据实践观察,学生对教师的评价是学生谈论话题的重要组成部分,教师不应当去回避,反之应做到因势利导。例如,可举行师生座谈会,与个别同学谈心沟通,对教育教学中存在的问题进行反思。从一定意义上说,教师的工作如同一个商品制造者、销售者,"商品"的消费者是学生,我们必须对"消费者"负责。事实证明,这样做是符合教材要求和学生心理发展的特点与需求的,收效是明显的。

2. 对学生综合素质的评价

"体验式教学法"要求对学生进行全方位的评价,其中可以针对学生在人际关系、耐挫能力、参与热情、表达能力、荣辱观等方面的,包括性格、自尊自信、情操、意志诸多因素在内的心理素质的评价。也可以对学生的组织能力、特长、闪光点等方面进行评价。教师评定是最终对学生综合素质的评定,同样须写出意见评语,同时反馈给学生,使之能客观认识自我,明确自己的优缺点及努力的方向。

3. 对学生学业成绩的评价

这主要是通过考试来体现,考试分为两个部分:一是知识的测验,占卷面成绩的60分,题型立足于贴近学生生活,审题具有一定难度,但答题内容降低难度,强调所考知识对学生生活具有指导作用又能提高学生能力。二是小论文的写作,占卷面30分,将日常小论文或心得体会的写作作为能力的体现参与总评,从而突出了对学生能力的评价。

(本文选自《教育评论》2000年第4期)

鼓励、引导学生提问,培养学生的创造性思维

江苏省南京市第九中学 周易宏

培养学生的创造性思维已不再是口号,它渐渐落实在教师的教育教学活动当中,且积累了不少经验,取得了一些成绩。但在实践中,多数教师只是从引导学生创造性地分析、解决教师或课本上提出的问题着手,对学生独立、主动地发现问题、提出问题引导得不多。爱因斯坦指出:发现一个问题往往比解决一个问题更重要。所以,引导、鼓励学生提问,是培养学生创造性思维的一个非常重要的方面。

一、增进教学民主,让学生敢提问题

敢于探索、试验、发现和否定是创造性思维的一个重要特征。因此,让学生敢于主动发现问题、提出问题是培养他们创造性思维的关键。目前的教学实践中,确实存在学生不主动提出问题、回答问题的现象。其原因是多方面的,但不少教师却简单地归因为学生的无能。其实更多的情况不是学生无能,提不出问题,而是提出问题的学生害怕老师会责怪自己上课没有认真听讲,或怕被老师说"钻牛角尖",或怕同学会笑话自己这么简单的问题也要问,等等。因而,在教学过程中创设教师与学生之间、学生与学生之间的民主教学氛围,是引导学生大胆质疑的重要条件。

如何增进教学民主?美国创造性研究专家托兰斯对教师提出了五个方面的要求:(1)对学生的创造力表现出发自内心的喜悦和自豪;(2)和学生真诚相处;(3)了解学生的优缺点,但不是为了管制学生;(4)不把集体或个人的意见强加给某个学生;(5)创造使学生感到亲切和理解的环境。正如《学会生存》中所描绘的:"权威式的教学形式必须让位于以独立性、互相负责和交换意见为标志的师生关系、同学关系。"

另外,有些学生不敢大胆提出问题,是由于学生个体存在胆怯、自卑等情感障碍。心理学研究表明,良好的个性心理品质有利于创造性思维的形成,反之则起削弱作用。教师要教育、帮助他们放下思想包袱,消除顾虑,不要羞于让别人知道自己不懂,并让他们懂得"为学贵有疑,疑则有进;小疑则小进,大疑则大进"的道理;要通过介绍一些科学家们不懈追求、探索真理的事迹来激励他们,从而养成勤学好问的习惯,积极参与到教学过程中来,在讨论、辩论中提出问题、发表见解,展现自己的才华。

二、创设机会,让学生独立提出问题

美国心理学家的研究表明,创造性思维和自我概念存在高相关,自我认可且独立性、自主自强、情绪坦率的人同样也是高创造力者。会独立思考、能独立提出问题是科学创造的一个关键。教师一定要摈弃那种"学生无为""知识在于灌输,学生只是解决问题"的想法,把学生看成一个生动活泼的探索者,把主动权交给学生,重视学生对知识探索性的发现,努力创设机会,培养学生独立提出问题的能力。

为此,教师要为学生架好"梯子",让学生通过努力自己发现问题,不必做过多暗示,更不能替代,并做到学生能问的教师绝不先问——即使学生一时不能发现,教师也要有足够的耐心,给予充足的时间,等待学生去思考、发现。特别在新授课的开始、阶段性小结和课堂总结时,教师应留出一段时间供学生自由发问,并使之成为教学过程中的一个调动学生学习主动性的环节。这不仅有利于教师了解把握教学难点,解决学生的疑惑,更重要的是能增进师生之间的对话,增强学生的提问意识,促进学生创造性思维的发展。

当然,强调独立性并不是否认师生之间的讨论、争辩的重大作用,相反,我们鼓励学生在多种形式的讨论、争辩中,以独立的视角、建设性的态度提出自己的问题,发表自己的见解。

三、加强思维训练,鼓励学生多提问题

求新、求异、喜欢虚构和幻想是创造性思维的又一重要特征。创造心理学研究表明,在人的思维活动中,由于过去已经获得的知识、技能、方法以及看问题的态度所形成的定势会对人的思维产生正面或负面的影响。其中,不良定势和意义障碍严重妨碍着人们求异思维的开展,使得人们不能发现问题、提出问题。但这种定势和障碍可以通过思维训练加以缓解、克服,从而让人能从多个层次、多个角度提出更多的问题。

有鉴于此,教师除了必须经常向学生提供新素材、新刺激和新观点外,还必须加强对学生多种思维方法的训练。由于在以前的教学活动中对学生求异思维的训练较少,而求异思维在人的创造活动中所起的作用又具有不可替代性,因此有意识地训练学生的求异思维、培养学生的怀疑精神显得十分必要。求异思维的训练主要有三种方式:(1)由此面而彼面,由表层而深层的顺向求异;(2)由正面而反面的逆向求异;(3)由一点而辐射的多向求异。

另外,在教学实践中,值得注意的一点是:教师不能对学生的提问置之不理或仅作简单的结论性的回答,那样会影响学生提问的积极性而不愿多提问题。教师不仅要对学生的提问表现出极大的热情,而且还要耐心细致地让学生明确解决该问题的思路和思维方法,教师甚至还可以故意出"错",给学生留下"钻空子"的机会,并设法让学生钻这个"空子",使学生认识到自己有独立探索问题的能力,从而愿意多提问题、思考问题。

四、加强方法指导,使学生善于提问题

问题的产生按情况分为三类:呈现型问题、发现型问题和创造型问题。学生由于学习经验和生活经验不足,因此,一般说来还发现不了实质的问题,也提不出关键的问题,但他们以后将可能成为创造性问题的提出者和解决者。作为教育者,教师有责任培养学生提出新颖的有价值问题的、高品质的创造性思维。

首先,教师要根据学生的实际和年龄特征、知识经验、能力水平、认知规律等因素,抓住学生思维活动的热点和焦点,根据学生认知的"最近发展区"为学生提供丰实的背景材料,从学生喜闻乐见的实情、实物、实例入手,采用丰富有趣的形式,唤起学生思维的能动性,展开思维的翅膀。其次,教师还要有意识地向学生提示出寻找问题的角度和提出问题的方法,促使他们提出新颖的、实质性的问题。

在加强方法指导方面,教师可从以下两个角度对学生进行指导:(1)教给学生发现问题

的方法。找问题的方法一般有下列几种:在知识的"来龙""去脉"上、在知识的"怎么样""为什么"上以及在知识的"脉络"体系上等方面寻找发现问题。(2)教给学生提出问题的方法。如趣问法、追问法、反问法、类比法、联系实际法等。

德国教育学家第斯多惠曾说:"教学的艺术不在于传授本领,而在于激励、唤醒、鼓舞。""培养高素质的创新型人才"是时代赋予教师的使命,只有真正改变了"教师讲学生听,教师问学生答"的教学方法,引导学生主动发现并提出问题,自主思考并解决问题,学生才会去探索。只有探索,才会有创造性。

(本文选自《天津教育》2000年第12期)

中学政治课的研究性教学

四川省成都七中 曹宝静

一、素质教育与研究性教学的关系

新世纪的基础教育,应当是学生素质发展的教育。素质教育中的重点内容是对学生创新精神和实践能力的培养。在中学政治学科中,通过何种教学过程或通过什么样的途径来培养学生的创新精神和实践能力?我们教学改革的实践能明确回答这个问题:研究性的教学方法,是培养学生创新精神和实践能力的有效方法。

就素质教育中的创新精神和实践能力而言,二者之间是对立统一的关系,它们是相互影响、相互促进的。我们理解创新精神主要是在创新欲望和动机基础上的一种高层次的思维品质,其实质是辩证思维的品质。具有这种思维品质,思维就显现出敏锐、流畅、独创、批判等特征。学生的学习过程离不开创新思维品质所起的重要作用。然而这种思维品质的形成不是自然而然的,它需要培养,其培养的重要途径之一则是实践。从哲学的意义上讲,人们在改造客观世界的活动中所表现出的能力即是实践能力。就学生的实践能力而言,一般包括三个方面:社会实践能力、研究能力、实验能力。实践是主观见之于客观的活动,学生在创造性思维的指导下,通过实践,将理性思维的认识与外部客观对象之间取得的间接的联系,转化为一种直接经验。在这一过程中,学生综合运用知识解决实际问题的能力就可以逐步提高。可见,创新精神的培养能促使学生实践能力的发展和提高。反之,实践能力的培养又能促使创新精神的进一步发展。这样,学生的整体素质就能得以逐步提高。

研究性的教学方法在学生的素质教育中发挥着重要作用,它完全渗透于培养学生创新精神和实践能力的过程中。教师研究性的教,是以学生素质发展为目的,研究确定符合学生实际的教学方法;学生研究性的学,是以知识结构为根据,或以书本知识为基础,对客观事物进行直接的认识,它包括对事物的独立思考、独立判断、研究现实问题存在的原因和结果。在教学实践中,发展学生研究性学习的能力,就能逐步培养学生的创新精神和实践能力。正如爱因斯坦曾强调过的:发展独立思考和独立判断的一般能力,应当始终放在首位。如果一个人掌握了他的学科的基础理论,并且学会了独立地思考和工作,他必定会找到自己的道路,而且比起那种主要以获得细节知识为其培训内容的人来,他一定会更好地适应进步和变化。爱因斯坦强调的正是我们今天素质教育中培养学生创新精神、实践能力的题中之义。只有在研究性教学过程中,学生才能更好地掌握知识、发展能力、提高素质。

二、研究性教学法的具体实践

在政治学科高中一年级的教学中,我们有意识有准备地将素质教育作为重要的教学目标。教师在教学理念上站在时代的前沿,必然带来学生在探索性研究性学习方法上的重大突破,必然带动学生基本素质的进一步提高。

(一)案例一:走入社会,调查研究,学会分析问题,尝试解决问题

调查问题的设计。(1)调查目的。培养学生实践能力,提高学生综合素质。学校是学习的小课堂,社会是学习的大课堂,政治学科的特点之一是时代性、实践性强。而理论联系实际是政治课教学的基本方法,是学生学好知识的基本前提。为培养学生初步的社会实践和调查研究能力,提高学生运用政治课的基本理论分析和解决实际问题的能力及水平,开展以经济学理论为指导的社会调查的实践活动。(2)调查内容。第一,在市场经济中调查价值规律的内容、表现形式、作用。第二,调查"企业经营者的素质"。第三,调查"劳动者遵守职业道德"的现状。(3)调查时间。2000年寒假期间。(4)具体要求。根据自己的意愿从上述三个方面的内容中任选一项进行调查,调查结束后完成一篇"社会调查报告",报告要求理论联系实际,有调查的内容、结果以及自己的认识。(5)活动总结。课堂交流及教师评讲,择其优秀调查报告辑成一册,以鼓励活动中的积极分子。

社会调查活动的开展,本身就体现了探索性研究性学习的特点。学生的社会调查报告极其生动地展示了探索性研究性学习的成果。

在整个调查活动中,学生对"价值规律"的调查是最为成功的。我们以此分析说明创新精神、实践能力可以通过探索性、研究性学习得以更好地培养。就书本知识而言,学生学习了价值规律及相关的几个知识点,即价值规律的内容、表现形式、作用等,经过考察,学生基本能够记住这一经济学的基本原理和一般规律。但这仅仅是停留在书本上的理性思维的认识和收获,是一种单一的、静止的、孤立的抽象认识。这种抽象认识是前人在思维加工制作中撇开了商品经济中许多外表现象,而保留和抽象出客观对象即商品经济中具有普遍意义的一般性质。如何将思维中的抽象上升还原为思维中的具体,使之能从直接经验中真正掌握、理解商品经济的基本规律——价值规律,这就有待于实践架起一座主观通向客观的桥梁。而处于实践过程中的学生,必须借助书本理论指导观察客观经济现象,并从变化多端的经济现象中,将思维抽象上升为思维具体,即认识到价值规律在市场经济中各方面的表现及作用。这一过程需要探索和研究,否则,认识将停滞不前而保留在思维抽象的水平上。

学生对社会主义市场经济中价值规律所起的作用的了解,是通过观察,即通过感官去认识被观察对象,同时通过谈话调查被访对象的。这里的关键是观察和调查中始终渗透了理论的作用。在调查报告的撰写中,学生运用归纳和演绎相统一的方法,将从调查中获得的具体个别性的认识,参照教材中经济学的基本原理,通过演绎的推导,得出解决问题的方案,以及通过演绎检验归纳所得出结论的可靠性。这些无一不体现出探索、研究的性质。在调查活动结束后,我们收集整理出了题为《"问渠哪得清如许,为有源头活水来"——高2002级学生社会调查报告选》,将12篇优秀调查报告作为素质教育的一次成果性总结。从12篇调查报告的题目已能略知学生在探索研究性学习之后的成绩:(1)中国企业,把好船舵——关于价值规律对市场调节作用的调查;(2)我们能够握住价值规律这只手;(3)养猪也要懂管理;(4)关于旅游团收费的调查;(5)在菜市场中看价值规律的表现形式;(6)药品销售也有规律可循;(7)"跳舞毯"价格为何上下波动;(8)正规自行车店销售良好原因分析;(9)由电脑价格变化引起的思考;等等。

在此,以潘华璞同学的"中国企业,把好船舵——关于价值规律对市场调节作用的调查"

为例,简单说明其中怎样包含着学生的探索创新精神。首先,发现和提出问题——成都磨子桥这个地方,聚集了17家电脑商城,竞争日趋激烈。其次,明确问题和分析问题——由于市场调节具有盲目性,它以价格为信号自发调节生产资料和劳动力向效益较好的部门流动和分配,使得一年前效益极佳的电脑商城涌入了众多同行;而相对集中的电脑商城的商家,又不太重视改善经营管理,因此,利薄甚至亏损的现象屡屡可见。这种现象如不改变,商家们的命运将是优胜劣汰。这说明价值规律的三大作用在电脑销售行业中普遍存在。第三,提出解决问题的方案——中国企业,把好船舵,做最好的产品,做市场最需要的产品。从调查报告中,我们能清晰地感受到潘华璞同学的思维具有以下特点。(1)具有敏锐性。表现在他提出问题分析问题之后,有迫切解决问题的积极思维,并且能概括地做出结论。(2)具有流畅性。表现在对市场经济中快速崛起的电脑商城有着迅速而敏捷的思考。(3)有明显的批判性。表现在其思维能力较强。(4)具有深刻性。能透过现象看本质,由表及里地谈到商家不能深刻理解价值规律的作用,由此及彼地从成都电脑商城谈到国家整个IT产业的发展。这既体现出思维的聚合性,又体现出思维的发散性。

由以上分析可知,社会实践活动的开展为学生研究性学习创造了条件,为学生创新意识的发挥提供了用武之地,反过来又有效地提高了学生的社会实践能力。

(二)案例二:学习教材,发现问题;研究学习,改进教材

教师的教育行为取决于一定的教育观念。当我们把实施素质教育作为顺应时代的教育观念而树立起来,当我们把创新精神的培养作为素质教育的核心问题确定下来后,就会发现,对学生创新精神、创新能力的挖掘和培养大有文章可做,我们在课堂教学中也能进行创新教育。这里以高一经济学的一堂课教学为例,说明创造以学生主体发展为中心的研究性学习方式在教学中发挥的重要作用。

政治学科实践性、时代性强与政治课教材相对滞后的矛盾,是教师在教学中始终要认真解决的问题。传统的解决办法无非是简单地用颇具时代感的事例,来印证书上理论的指导性或正确性。这种方法不能调动学生主体意识的参与,完全是教师的教取代学生的学。能否采取启发、探索、研究的学习方式,让学生联系当前的社会实际来发现教材的缺陷?能否在学生发现教材存在的问题之后,让他们尝试着解决教材存在的不足?能否在学生参与了补编教材内容后就肯定教材完美无缺了?能否在一种创新的教学方式中给予学生一种科学的思维方式?答案是肯定的:一定能。

我们是这样让学生在研究性学习中做课堂的主人的。

高一教材下册第六课"存款储蓄、利国利民"一框题,教学内容简单,但涉及一个教学重点:"公民个人存款储蓄的作用。"教师在研究教材后设计,把"公民个人存款储蓄的作用"中的一个要点:"调节市场货币流通",作为学生研究性学习的知识点。要求:(1)通过自学教材,整理出教材的思路,发现教材说理不完全之处;(2)通过讨论,结合教材谈个人存款储蓄在当前货币流通中应当发挥的作用;(3)尝试使用教材语言(言简意赅)补充教材内容。这一研究性学习的过程表现为自学、发现问题——讨论、分析问题——补写、解决问题。学生惊讶,我们能改写教材?怎样改?这的确是第一次遇到的新鲜事。当然在整个过程中,教师扮演的都是引导者、参与者的角色。整个教学过程如下。

1. 教师引导学生自学，整理出教材的思路

通过提问得知，教材的思路是：(1) 货币流通顺畅以及适当的作用。货币流通顺畅能促进生产发展；货币流通量适当对供求平衡、物价稳定、人民生活水平及社会安定具有重要影响。(2) 公民个人存款储蓄怎样调节货币流通。第一，增加储蓄存款。教材强调，特别是在生活资料供应比较紧张的情况下，可以有效地减少需求，争取实现市场商品供应和商品购买力之间的平衡。第二，将储蓄转化为生产投资，又可为市场提供更多的消费品，从而增加货币回笼，保持正常的货币流通。

教师启发学生思考：货币流通不顺畅、流通量不适当的后果是什么？教材说理是否都符合当前社会实际？没涉及当前社会的实际问题有哪些？教师提问后，学生的思维似乎一下子处于停滞不前的状态，注意力一下子又自然转回到重新审读教材之上，即而由停滞不前的暂歇状态逐渐被一种愤悱、亢奋的思维状态所替代。

2. 教师组织学生讨论

此时学生的思维便处于发散状态，他们在回答了教师的提问后，便主要围绕当前"公民储蓄过度"的问题各抒己见，热烈讨论。当然，发言最积极的学生一般是平时较关心时事政治和参加过政治选修课学习的学生。(前不久我们为学生开设选修课"金融及法律常识"，专门介绍过我国当前的金融形势。) 学生讨论异常精彩，有些观点超出教师的意料之外。讨论的内容主要是：老百姓信赖银行，而且有存款储蓄的习惯；公民存款储蓄太多而不用于消费，使供求失衡，使货币流通速度缓慢，不利于生产，也不利于生活水平的提高。为此，过多存款储蓄就没有起到有效调节货币流通的作用。有一部分同学谈道：要从两方面看问题，公民存款储蓄过多，说明人民生活水平提高；但存款储蓄过度说明市场缺乏活力，内需不大。同时存款利息也是国家的一大包袱。因此，存款储蓄不是越多越好。还有一部分同学谈道：老百姓有很大的消费潜力，国家应采取措施，如降低利率、征收税金、鼓励贷款……学生的讨论已大大超出了教材内容，并且对教材的不足基本分析到了。

3. 教师组织学生补写教材，使思维从发散走向聚合

课堂讨论，已为补写教材做了充分的准备。教师要求学生想办法解决教材存在的不足，即用精练的语言在 50～100 字以内补充教材内容，将"公民个人存款储蓄调节市场货币流通"中的"怎样调节"的两种形式，完善为可行的三种形式。在此展示几份学生的作业。

生甲：(高 2002 级 9 班) 但是，存款过多，使居民的消费能力下降，造成物品供大于求，使企业陷入困境，不利于国家经济增长。另一方面，存款过多，导致国家利息负担过重。可以用贷款、降息等方法调节货币流通。

生乙：(高 2002 级 7 班) 当然，过度储蓄会减少投资和消费，不利于生产的发展。面对这一问题，银行可以向公民发放贷款，将积累资金转化为投资和消费的资本，促进正常的货币流通和生产的发展。

生丙：(高 2002 级 8 班) 不能过量储蓄，这样会造成货币流通不活跃，社会经济发展减缓。银行在一定程度上应考虑降息或其他措施，以刺激消费，便于市场经济的发展。

作业之后，同学们都为他们能参加"编写"教材而甚感兴奋，虽然不能将此变为铅字，但老师充分肯定了他们的创造性劳动。

最后，教师在总结这一教学活动时特别强调，这种研究性的教学方法带给每一位学生的

收获,不是简单的见之于书面的"编写"内容,而是一种可贵的思想方法,即要从发展的角度看问题。教科书的内容,似乎已成定论,但随着时代的发展,它可能又落后了,又不全面了,所以需要研究新问题,以丰富、完善、发展教材内容。我们中学生从所处的社会实际出发,是有发言权的。这样,就将学生的思维发展的要求推向了更高层次。

由以上可知,教师引导学生运用研究性的学习方法,从发现问题——分析问题——解决问题,把枯燥的政治课变为发展学生创新思维的训练课,创新精神得到了高扬,创新能力得到了培养,学生的收益颇大。

三、研究性教学法的启示

研究性教学法开创了中学政治课教学的新境界,体现了素质教育的宗旨,它对我们有以下启示。

第一,政治学科的教学课堂应该是开放的。书本知识要与社会实际相联系,要重视实践的作用。

第二,学生学习的潜在能力很大,素质全靠培养才能提高,所以要充分相信学生。

第三,研究性学习方法使学生学习生动、主动,主体作用发挥充分。

第四,学生的创新精神只有在创新中才能得到有效培养,学生的实践能力只有在实践中才能有效得到提高,一切都不能空谈。

第五,教师素质要不断提高。要在研究中以自己的创新精神和实践能力去培养、提高学生的创新精神和实践能力。

(本文选自《课程·教材·教法》2001年第6期)

优化问题设计　培养学生能力

四川古蔺中学　陈昭君

教改课题"学堂·主人·训练"的基本精神是:树立科学正确的学生观,贯彻学生主体论,积极实施素质教育。在教学中,如何变"讲堂"为"学堂"、视学生为"主人",既是一个深层次教育观念问题,又是一个实实在在的教学操作问题。转变观念是前提,善于操作是关键,教学中要力求把"观念"与"操作"统一起来。政治课的教育教学目标是多层次、多方位的,本人从能力目标的角度谈谈自己的做法。分析问题、解决问题的能力是一种综合能力,可以分为三个层次:阅读能力、思维能力、语言能力。优化问题设计,以问导学,是培养学生综合能力行之有效的方法。

一、培养阅读能力的问题设计

现行高中思想政治教材有一个明显特点:基本理论观点与较为丰富的感性材料相结合。这为把"教材"变为"学材",培养学生的阅读理解能力提供了方便,教学中要善于优化问题设计,指导学生阅读课文,领悟和把握观点与材料的内在联系。阅读资料局限于课本是不够的,还应通过问题设计培养学生阅读课外资料,尤其是重要时事政治资料的兴趣和习惯。把课内知识与课外知识结合起来,是学好政治课的重要方面。

1. 演绎式:从观点到材料

这种方式要求学生带着观点阅读材料,理解观点在材料中的体现。从学生的认识上讲,阅读过程成了对基本观点的理解和接受过程。从逻辑上讲,这是一个由一般到特殊的演绎过程。通过这种方式,对观点的理解可以起到巩固和深化的作用,同时还有助于培养学生初步运用所学观点分析材料和理解相关现象的能力。例如,关于财政的巨大作用,教材阐述了五个基本观点并列举了丰富的事实材料。根据该问题的难度,教师无须赘述,学生只要把每一个观点与其相对应的材料联系起来认真阅读体会,理解是比较容易的。

2. 归纳式:从材料到观点

这种方式要求学生先阅读感性材料,然后回答材料包含或反映了什么基本观点。从学生的认识上讲,阅读理解过程成了一个由感性认识上升到理性认识的过程,有助于培养学生的"悟性"(领悟材料中包含的基本观点)。从逻辑上讲,这是一个由特殊到一般的归纳过程,有助于培养学生的抽象概括能力。例如,讲授关于"矛盾的普遍性原理"时,我先向学生出示一段简短的材料:"我们制造火药来开天辟地,却也萌发了战争;我们发明了指南针来追求幸福,却也诱使了掠夺;我们使用农药来捍卫植物生命,却也同时招致了疾病。"然后提问:"这段话包含了什么哲理?"学生较为迅速地就做出了回答:"事物都是一分为二的。"运用这种方法,诱导学生自悟其理,使他们觉得有些观点既是"书上的"观点,也是"自己的"观点,其教学效果比教师直接灌输好得多。

3. 扩展式：从课内到课外

根据政治学科的特点，课堂教学要通过问题设计引导学生形成阅读有关课外资料，尤其是阅读时事政治资料的习惯，积极主动地扩展知识面，开阔政治视野。扩展式问题设计，可以突破课堂的局限，培养学生"两个方向"的知识迁移能力，即运用课内知识解决课外问题的能力和运用课外知识解决课内问题的能力。例如，在总结社会存在与社会意识的辩证关系时，我布置了这样一道思考题："请运用社会存在与社会意识辩证关系原理分析说明中外近现代史上一些历史人物的成败得失。"课后，学生带着浓厚的兴趣翻阅历史资料，认真作答，其学习超出了教师预计的效果。再如，在讲政治与经济的辩证关系时，我提了这样一个问题："请选取典型的课外知识（最好是时事政治知识）说明政治对经济的巨大反作用。"学生沉思片刻，便举出了三峡工程、西部大开发、银行利率多次调整等事例，很有说服力。

二、培养思维能力的问题设计

当今时代，人类的知识以前所未有的加速度迅猛增长。向学生传授知识固然必要，但更重要的是交给学生获取知识的方法和本领。"授人以鱼"不如"授人以渔"，给人金子不如给人以点金之术。思维就好比捕鱼之技、点金之术，是打开知识宝库的钥匙。课堂教学中的问题设计，要着力于培养学生的抽象思维能力，培养学生良好的思维品质。

1. 求同式：培养思维的抽象性和概括性

思维具有间接性和概括性。思维能够从许多个别事物的各种各样的属性中，抽象概括出同类事物的内在的本质属性。通俗地说，思维能够从"不象"中抽出来，这就是抽象。求同式问题设计就是要使学生能从多种现象和材料中抽象概括出内在的共同的本质。例如，讲授关于世界的本质问题，就可以用这种方式。

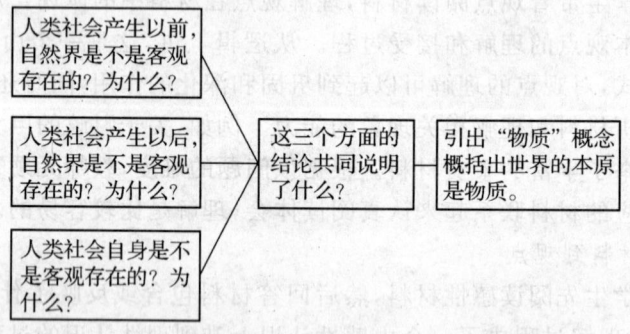

2. 发散式：培养思维的广阔性和创造性

事物是普遍联系的，人类的知识也是相互联系的。思维应全面地、如实地反映客观事物，反映知识之间的内在联系。发散式问题设计，就是要求学生回答某一问题时充分展开联想，用多维的思路从多角度寻找相关知识解决问题，并鼓励学生在思考过程中有某种创造性的发现或认识。通过问题的解决，使学生掌握全面的知识，在头脑中建立起知识网络。例如，关于西部大开发，可给学生一段较为全面的材料，然后通过提问要求学生从经济常识、哲学常识、政治常识的角度甚至地理的、历史的角度进行分析说明。

3. 层进式：培养思维的连续性和贯通性

事物是变化发展的，每一事物自身都有其前后相继的历史联系。认识事物要力求弄清它的来龙去脉。只注意横向联系而不注意纵向联系，就会出现思维短路、思维交叉、思维紊乱，自然无连续性、贯通性可言。学习知识、解决问题要善于前后连贯起来考虑。进行层进式问题设计，就是要通过一环紧扣一环地发问，促使学生在回答问题的过程中形成思维的连贯性并使思维向纵深发展。例如，在总结货币的产生发展过程时，可通过层层发问诱导学生回答。

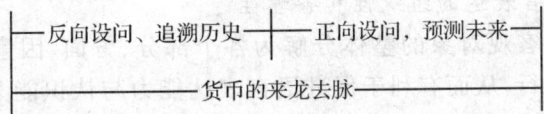

4. 辨析式：培养思维的批判性和严密性

辨析式问题设计要以培养学生的辩证思维能力为目标。思维的批判性和严密性是辩证思维的具体化。问题的设计上要注意有理可辩，且辩得有价值。可提出一些似是而非的问题，让学生觉得"不辩不舒服，辩了才清楚"，产生解决矛盾的强烈欲望。通过"思辨"、讨论等方式，以辩明理，并有效克服非此即彼的思维方式，培养思维的辩证性。如讲影响财政收入增加的因素时，可设计辨析题：财政收入越多越好。通过辨析，学生自己就能把问题解决，得到正确的认识：① 影响财政收入增长的主要因素是经济发展水平和国家的分配政策。② 脱离实际一味地增加财政收入是有危害的。③ 从发展的观点看，财政收入应在经济发展的基础上逐步增加。通过这种方式，教师轻松自如，学生愉快接受，辩证思维的形成在学生积极参与教学过程中变为现实。

三、培养语言能力的问题设计

思维和语言有着不可分割的联系。思维对客观事物的反映是借助语言来实现的。思维活动的实现以及思维成果的表达，都离不开语言。中学生由于受其身心发展规律的制约，语言运用能力与其思维能力不相适应，"想得到，说不出"、词不达意的情况经常出现。因此，培养学生的语言能力，消除"语言障碍"，应该作为思想政治课教学的目标之一。政治课教学要通过恰当的问题设计，帮助学生解决理解与表达、明理与说理的矛盾，实现认识能力与语言能力相互促进、协调发展。

1. 讨论式：培养语言表达的通俗性和规范性

根据生活和学习的经验，中学生的口头语言能力和书面语言能力都已具备一定的基础。教师要善于组织课堂讨论，使学生这两个方面的语言能力都得到发展。讨论中，要引导学生既注意语言的通俗性，又注意规范性。努力使口头语言上升为书面语言。讨论题目应注意三点：① 符合学生"胃口"，能激发讨论的兴趣。② 难度适中，能调动学生广泛参与。③ 有一定理论性，能促使学生积极运用课本知识。例如，讲"树立正确的消费观"时，可设计讨论题目："有人认为，生活消费是个人的私事，与社会无关。这种说法对吗？为什么？"经过激烈讨论，对于什么才是正确的消费观，学生自然会有一个较为全面、深刻的理解与表达。对于课堂讨论,教师不应忽视主导作用的发挥,而应通过点评、讲析、整理、归纳,填补学生语言表达的缺陷与空白,矫正其语言表达上的偏差和失误,使学生最终得到一个满意的结论。

2. 辩论式:培养语言表达的灵活性和创造性

课堂辩论要求比较高,学生的活动强度较大,因此次数不宜太多,贵在讲求实效。辩论题的设计要注意三点:① 争辩的焦点必须明确,易于引起辩论的双方针锋相对地舌战。② 符合学生的实际,让学生有知识可用、有道理可讲。③ 贴近生活,防止学生空洞说理、"纸上谈兵"。为激励竞争,可进行正方、负方、最佳辩论员的评选。唇枪舌剑的辩论,能够激活学生的"语言细胞",刺激学生的"语言神经",充分开发学生的"语言潜能"。辩论状态能激发学生语言表达的创造力,收到意想不到的功效。

3. 分析式:培养语言表达的组织性和条理性

分析是在思维中把客观对象的整体分解为各个部分、方面、因素,并加以认识的方法。分析必须借助语言来进行,从而有利于促进语言表达能力与认识能力的结合与统一。对难度较大的题,可由教师作示范分析,然后由学生进行模仿;对难度适中的题,由学生上讲台扮演教师角色,直接进行分析讲解。分析讲解过程中,先说什么、后说什么、再说什么,关系到语序的合理安排、语言的优化组织。所以,设计分析式问题,指导学生回答,必能促进学生的语言组织能力和运用能力的提高。

4. 入格式:培养语言表达的科学性和专业性

学科不同,语言风格也就不同。各学科都有各自的名词概念、专业术语,可称之为"学科语言"。政治学科的基本概念、基本原理、基本观点、基本术语很多,应要求学生勤于积累,增加大脑中"学科语言"的信息储量,以便在回答问题时把它们"派遣"出来"择优录用",从而体现"专业素养"。入格式问题设计要使用限制性和指向性用语,指导学生用"学科语言"来回答,即做到"入格",实现语言表达的科学性和专业性。如关于如何对待货币,可以提出三个问题进行比较:

● 我们青年学生应当如何认识和对待货币?

该设问缺乏限制性和指向性,学生回答容易脱离学科专业性,从政治学科的角度难做出评价。

● 用经济常识说明,我们应当如何正确认识和对待货币?

该设问有限制性和指向性,学生回答要用经济常识的专业术语:货币是商品经济长期发展的产物。货币的本质是一般等价物。货币具有价值尺度、流通手段等职能……

● 用哲学常识说明,我们应当如何正确认识和对待货币?

该设问也有限制性和指向性,学生回答要用哲学常识的专业术语:人生价值观、物质贡献与精神贡献的关系、金钱与人生价值的关系等。

总之,贯彻教改课题,优化问题设计,培养学生能力,既是教学观念问题,又是教学操作问题。在教学过程中,必须注意教与学双方的分工与合作,明确师生各自应该扮演的角色,尊重学生的"主人"地位,防止教师的"越位"行为。教师有所为有所不为,才能培养学生有所作为。

(本文选自《中学政治教学参考》2001年第7期)

以综合能力培养为导向 构建整合教学模式

南京师范大学公共管理学院 谢树平

一、整合教学的内涵和特点

以综合能力培养为导向,构建以分科课堂教学为基础,以综合能力培养为核心的整合教学模式,是教改实践的呼唤。任何一个系统只有通过整合,形成整体结构,才能发挥其整体功能。学科内部的各个知识、不同学科的知识只有通过整合和综合运用,才能转化为学生的综合能力和创新能力。"对世界进行分解和分析是必要的,但各种分门别类的教育在一个学生身上最终应该发生整合的作用,这种整合是多学科协同效应产生的新知识的突破,从而有利于学生创新能力的培养。"[1]因此,"学校必须从'以学科为中心'的教育,转向'整体化知识'的教育,以培养学生综合运用知识的能力"[2]。知识的整合和综合运用可以通过多种途径实现,但基本途径只有两种:一是通过课程改革,设置相应的综合课程来实现;二是在不改变现行分科课程和教学体制的情况下,通过构建有利于知识整合和综合运用的教学模式来实现。未来中学的课程仍以分科课程和课堂教学为主,因此,我们这里所研究的整合是后一种整合,即建立在分科课堂教学基础上的整合教学模式。

由于分科课堂教学不可能在自然状态下实现不同学科知识的整合和综合运用,因而必须找到一种既便于分科课堂教学又便于相关知识沟通和综合运用的机制和方法。化整体为部分,由部分到整体;从生动的直观到抽象的思维,从感性认识到理性认识,再由抽象上升为具体,由理论回到实践。这是学生的认识规律和中等学校政治课教学的基本规律。主题式问题和案例是沟通科际知识和教育与生活、理论与实际、认识与实践的桥梁,主题式问题不仅具有启发探究功能,而且具有对事物发展过程和横向空间研究的发散与集成功能;案例也具有类似的功能,不仅有对事物的部分和过程阶段的具体描述,而且有对事物整体和发展全过程的概述,它不仅描述客观事物,而且蕴含着理论因素,包含着问题。以主题式问题和案例作为教学机制,不仅能较好地激发学生兴趣,引导学生探索,而且具有一定的专业性、情景性、社会性,以及较强的启发性、综合性和实践性,符合学生的认识特点和思想政治课教学的基本规律。据此,我们认为,主题式问题和案例是引导学生学习探究新课知识,实现新课知识与科内相关知识和科际相关知识整合与综合运用,培养学生综合能力的最好机制和方法。因而,我们主张以主题式问题和案例为机制,构建整合教学模式。可见,整合教学模式是一种以分科课堂教学为基础,以系统思想为指导,以主题式问题和案例为机制,依据思想政治课教学基本规律组织学生学习,实现课内课外、科内科际相关知识整合与综合运用,达成学生综合能力培养之目的的教学模式。该教学模式具有下列基本特征。

1. 关注学科基础,便于新课基础知识教学

从综合能力测试的改革试验来看,无论是高等职业学校招生的综合能力测试还是普通高

校招生的综合能力测试,都有一个共同点,即都非常关注学生学科基础知识的考查。这一特点反映了部分与整体、知识与能力的内在关系,即整体由部分构成,知识是能力的基础,学科能力蕴含着综合能力,综合能力是多个学科能力的融合与升华。因此,该模式非常关注学科知识的掌握和学科能力的培养,主张以分科教学为基础,由此也决定了它便于新课知识的教学。

2. 突出综合,便于相关知识的沟通与整合

学科基础知识的掌握,只是综合能力形成的基础,综合能力形成的关键在于相关知识沟通与整合能力的培养。从综合能力测试的改革实践来看,学生掌握了知识的部分,不等于掌握了知识的整体,要使所学知识转化为综合能力,必须使学生在牢固掌握新课知识的基础上,加强所学相关知识的沟通、渗透与整合。案例整合教学模式的最大特点就在于它关注综合,便于课内课外、科内科际相关知识的沟通、渗透与整合。

3. 重在参与应用,便于转化

能力和思想认识的形成是理性认识和感性认识共同作用的结果,学生所学的知识要转化为能力和思想认识,离不开直接经验的支持。直接经验的获得,需要学生在理论联系实际的应用实践过程中去感悟和体验。因此,中等学校教学应理论联系实际,增强教学的应用环节,使学生在参与应用的实践过程中获得相应的感性体验,领悟知识沟通和综合运用的方法要领,实现知能转化,形成思想认识。

二、整合教学的操作程序与实施方法

教学模式作为一种神形兼备的理论化教学方法系统,其实施的关键在于掌握其思想方法和技术操作要领。整合教学模式的实施,应以学生的认识特点和中学思想政治教学规律为依据,以主题式问题或案例教学为机制,以系统思想方法和主体性教学原则为指导,按照"新知—外联—整合"和"整体设计,化整为零,各个击破,先部分后整体,从微观到宏观,逐步聚零为整"的操作程序和策略方法进行。在引导学生理解和掌握新课知识基础上,以主题式问题或案例讨论分析为机制,通过联系发散,收敛聚合,逐步实现新课知识与科内相关知识和科际相关知识以及理论与实际的沟通与整合,达成综合能力和思想观点形成之目的。下面我们以案例教学为例,说明该模式的操作程序和策略。

(一) 策略方法

传统分科课堂教学视野狭小,系统观念薄弱,重知识轻事实;重结论轻过程;重一个个概念、原理的讲解和记忆,轻新课知识与科内外相关知识的融通;重知识的理论价值,轻知识的实践价值。缺乏面向社会的实践环节,教学时空局限于课堂,难以激起学生的学习欲望,所学知识难以转化为思想信念和综合能力与实践能力。为此,我们必须依据思想政治课教学的社会性、实践性特点,以大时空观和大系统观为指导,在充分发挥传统分科课堂教学优势的同时,有针对性地采取一些有效策略克服上述缺陷。

1. 小课堂、大目标

通过课时目标的优化设计和整体构建,达成新课教学目标,实现知、情、意、行和知识、能力、觉悟培养的有机结合,课时目标、单元目标、学科目标的纵向沟通,思想政治课教学目标、德育目标、教育目标的横向整合和人与社会发展的整体协调。

2. 小课堂、大知识

通过自学点拨、以案聚知、点中求体之法,把握重点,围绕新知沟通科内外相关知识,实现点体融通,达成新课知识与科内外相关知识的整合。

3. 小课堂、大社会

通过以案导学、案中求理、用中求化之法,激起求知之欲,架起理论联系实际之桥,沟通课堂与社会的联系,拓展教学空间,活化知识,实现"懂"与"信"、"知"与"能"的转化。

(二)操作程序

在教学改革实验中,我们依据学生的认识特点和政治课的教学规律,逐步将上述思想方法、基本程序和操作策略演化成了一套行之有效的具体运行程序。现以政治课《矛盾普遍性与特殊性的关系》一框为例,对之加以说明和阐述。

1. 依据目的,选例设案

这是整合教学模式的教学准备环节。该环节有两项工作:一是根据新课教学需要和整合教学模式的目的,按照专业性、综合性、应用性相结合的原则选编案例;二是按照整合教学模式的思想方法和操作程序方法设计好教学方案。案例首先必须满足学科新课教学的需要,针对某一问题编选,为学生学习掌握新课基本概念、基本原理和观点服务。同时,案例又必须具有一定综合性,对事物的整体或全局及其发展的全过程进行适当描述,为实现新课知识与科内外相关知识的沟通、整合及其综合运用服务。根据上述思想和原则,我在本框教学试验中,选取了古典名著《三国演义》中赤壁之战片断——《孔明借东风》作为案例,较好地实现了本课的教学目的。

2. 展示案例,设疑导学

即根据所教班级学生的兴趣、年龄特征以及教学内容和教学需要,采用适当的方式和方法将所编选的案例呈现出来,并根据案例所提供的背景材料设置问题,制造悬念,指导学生自学。这是整合教学模式的起始环节,必须起到引起学生兴趣,诱发学生求知欲,指导学生独立探索,并为后续教学埋下伏笔的作用。在本框教学试验这一环节中,我运用了电教手段,播放了赤壁之战中孔明借东风录像片断和解说词,并以此为背景设置了下列问题:赤壁位于典型季风区内,冬季盛行偏北风,赤壁之战期间,该地区却出现了局部东南风,使孔明为孙、刘联军火攻曹军借到了东风。那么,怎样理解这一自然现象和孔明借东风的方法论意义呢?下面就请同学们带着这个问题自学《矛盾普遍性与特殊性关系》一框。这一设疑导学,不仅激发了学生的兴趣和求知欲,而且起到很好的导学作用。

3. 质疑提问,点拨精讲

即通过质疑提问,了解学生自学情况,并针对学生的共性疑难和本框重点进行点拨精讲。不愤不启,不悱不发,当学生面临着彼此间都感到难以解决的重大问题时,教师便可借机进行点拨讲解。该环节的讲解要坚持下列原则:凡学生自学中已领悟之处,无须重复讲解,只在学生迫切需要点拨的关键点上加以指点与精讲。这样才能显示出教师引导把关、一语道破的重大作用,使学生所学知识升华到前所未有的高度。在本框教学的这一环节中,我针对学生将"矛盾普遍性与特殊性或共性与个性的关系"混同于"整体与部分或全局与局部的关系",着重讲解了"矛盾普遍性和特殊性或共性和个性的关系"与"整体和部分或全局和局部的关系"的区别,使学生理解了"普遍性寓于特殊性之中,特殊性包含着普遍性"这一难点。

4. 发散联系，全面析案

即在学生基本理解和掌握新课知识的基础上，引导学生展开联想，运用所学新课知识和科内外其他相关知识对案例进行全方位分析和讨论。这是整合教学模式的核心环节，其关键在于引导学生剥去案例的非本质细节，揭示其本质特征，通过发散联系，寻找案例各个方面、过程与所学各个知识点之间的对应关系，把握案例与各学科相应理论观点和新课知识的内在联系，感悟知识之间的联系和理论联系实际的方法。因此，该环节的操作应注意充分发动学生参与，发挥学生的主体作用，教师的主导作用则重在分析讨论方向和方法的引导。讨论分析分三步走：第一步，运用新课知识析案；第二步，运用所学本学科的其他相关知识析案；第三步，运用所学其他学科的相关知识析案。在该框教学试验中，我在着重引导学生运用矛盾普遍性与特殊性关系原理讨论分析"赤壁位于典型季风区内，冬季盛行偏北风，战争期间却出现了局部东风"这一自然现象的基础上，又进一步启发学生运用新课知识和地理的有关知识讨论分析这一自然现象产生的原因和"孔明借东风"方法论的性质和理论基础。讨论中，学生运用地理知识判断了赤壁所处的大致位置，绘制了该地区气压图，并运用气旋和锋面活动原理分析了该自然现象产生的原因，运用哲学、地理等学科的有关知识说明了"孔明借东风"方法论的性质及其哲学和地理的科学理论基础。

5. 评析点睛，归纳总结

即对案例讨论分析的过程和学生的发言进行评析和归纳。这是该教学模式的又一关键环节，意在进一步帮助学生实现知识的沟通与整合。上一环节主要侧重于发散联系和感悟应用经验，本环节则侧重于知识的收敛整合、运用评析和应用经验的概括，使学生的感性经验上升为理性认识。通过评析、串讲、小结、点睛和指导学生绘制、解析知识结构图表等方法措施，使学生矫正和补救学习中的偏差和失误，进一步把握知识重点和新课知识与科内外相关知识的内在联系，实现知识沟通与整合，领悟知识沟通整合和理论联系实际的方法要领，使知识转化为正确的思想认识和综合能力。

6. 延伸社会，拓展应用

认识的目的在于应用，课堂教学是教学过程的决定环节，但不是教学过程的终结。"用中求化"也不可能一次完成，需要在不同的情景中多次反复应用，才能完成。该环节就是旨在拓展教学空间，引导学生关注社会热点，通过形式多样的综合性作业或活动如社会调查、研究性学习、撰写小论文、编写提案、提合理化建议等，来活化知识，融通知识，深化思想认识，发展综合能力、实践能力和创新能力。据此，我们在本框课堂教学结束时，布置了下列作业："试以我国东部地区和西部地区为例，用所学政治及其他学科的有关知识分析对比两地区情况；提出两地发展建议，对比两建议的异同，并用矛盾普遍性和特殊性的关系原理分析说明进行地方建设必须把邓小平建设有中国特色的社会主义理论的一般原理与本地区情况有机结合起来。"从而使教学得到了进一步升华。

参考文献：

[1] 蔡克勇. 21世纪中国教育向何处去[M]. 长春：吉林人民出版社，1999：139.

[2] 郑子曲. 现代综合与现代综合教育[J]. 教育研究，2002(3).

（本文选自《教育探索》2001年第10期，有改动）

思想政治课案例教学浅探

江苏淮阴师范学院王营校区　邵广侠

随着研究性学习在中学的广泛开展,人们开始探索适应研究性学习的教学方法。就是在这种背景下,案例教学法逐渐进入人们的视野,引起广大政治教师的重视和关注。

一、案例教学的内涵

案例教学最早兴起于美国哈佛大学法学院,后来在医学和工商管理界教学领域得到推广,用来引导学员领会上述领域业务实践中的重要思想、技能及内在原理。20世纪70年代开始实施于普通教育学。而我国教育界开始对案例教学关注,只是近两三年的事。新千年之初,在对教育硕士专业学位点测评中,就有一项关于案例教学的要求。由于时间短的缘故,我国还没有对它有一个同一的界定。有人认为,案例教学是一种准实践的教学方式;有人则认为,案例教学是一种培养师生自我分析和反思的方法。笔者认为,思想政治课的案例教学,就是教师根据思想政治课的教学目标和教学内容的需要,通过设置一个具体的教学案例,引导学生参与分析、讨论、表达等活动,让学生在具体的问题情境中积极思考,主动探索,以培养学生综合能力的一种教学方法。

二、思想政治课案例教学的实施过程

1. 精心选择适合的案例,这是实施案例教学的前提

思想政治课案例的编写程序一般包括选择课题、搜集材料、编写案例、设计讨论等。根据教学实践,所选的教学案例必须具有真实性、针对性和开放性。如在讲高中思想政治课"按客观规律办事"这部分内容时,设计如下案例:"克隆"意为无性系或无性细胞系繁殖。1903年以后,一些发达国家的科学家对此予以广泛关注。1952年,美国科学家运用新技术成功地对青蛙细胞核进行了移植,动物无性繁殖取得突破性进展。1957年,澳大利亚免疫学家伯内特提出克隆选择学说即克隆技术。1996年,在英国科学家的努力下,克隆羊"DOLLY"问世,当1997年2月23日向全世界宣布后,举世震惊,因为作为哺乳动物的"DOLLY"无性繁殖成功后,人类无性繁殖的成功从技术上说也就为期不远了。此案例源于社会生活,真实可信,也是学生感兴趣的热点问题,具有针对性。可帮助学生澄清一些认识上的问题,并且可以引导学生从不同的方面进行分析和探讨,没有固定的"标准答案",具有开放性。

2. 案例教学的课前准备,这里包括教师的准备和学生的准备

教师必须在实施案例教学之前,吃透案例,设计好案例的呈现方式,并初步确定好案例的焦点和争论的主题,做好案例分析的预测,以便上课时能绘声绘色地描述。有的复杂案例,应在案例课前1—2周,将材料发给学生。要求学生先阅读、思考,或提出问题,或就案例问题自发地进行初步讨论。一般是教师引导学生一起设计案例讨论题,但有时为了便于学

生课前去查阅相关资料,也可以在教学案例的后面附上教师拟定的初步讨论题。如在上述案例的教学中教师就先出示下面的讨论题:(1)在克隆"DOLLY"的过程中,人起到了什么样的作用?(2)克隆技术本身有没有违背生物的遗传与变异规律?(3)如果认为克隆技术是人们利用规律的体现,那么它对人类有何好处?(4)你赞成克隆人吗?请谈谈你的理由。

3. 引导学生积极参与讨论

讨论分小组讨论和全班讨论。小组讨论一般是4人分为一组,讨论后推举代表发言,其他同学可以补充。在小组讨论的基础上进行全班讨论,遇到焦点问题,还可进行辩论,让学生充分发表自己的见解,使学生真正成为课堂教学中的主人。当然教师也不可袖手旁观,学生讨论时,教师应做好有关讨论的组织、启发和引导工作,使得学生能围绕中心课题积极发言,并且要注意鼓励学生敢于触及敏感问题,允许学生发表不同的看法,让学生畅所欲言,便于学生在各种思想的碰撞中,闪现思维的灵性,在互相启迪中,达到对问题的深入领会和把握,以求触类旁通,举一反三。

4. 教师及时点评总结

教师要及时总结讨论中的优缺点,分析案例问题的重、难点,对学生讨论中暴露出来的问题还要有针对性地进行点拨,有时还需要对案例进行更加广泛和深入地分析。当然,这既不是标准答案,也不是大家发言的简单罗列,而是使教师自己的分析在合乎逻辑的情况下,能有所创新,让学生对案例问题的认识能进一步扩展、升华。同时让学生在方法论方面再受启迪和提高。教学实践中应经常在案例课后布置学生写相关的小论文。

三、案例教学的特点

案例教学与思想政治课教学中的举例是不同的。从教学过程看,案例在思想政治课的案例教学中占据中心地位,整个教学过程就是围绕案例展开的。而教学中的举例,则只是为了说明或论证思想政治课教学中的某个问题,在教学中居次要地位。从方法论的角度看,案例教学是培养学生主动性,调动学生积极性,发挥学生能动性的一种重要方法。而教学中的举例,则只是教师讲解知识点的手段。思想政治课的案例教学与传统政治学科的教学相比,两者最大的不同就是传统的思想政治课教学是知识型教学,要学生掌握一大堆理论知识和原理,然后让学生利用这些结论性知识和原理去解释各种政治现象和社会问题。而案例教学属创新能力型教学,注重让学生对各式各样的客观问题进行探索和深入领会、深刻认识,形成自己对有关问题的独特见解。思想政治课的案例教学具有教学内容上的实践性、教学过程上的互动性、教学目标上的全面性和教学活动中的创造性等特点。

1. 教学内容的实践性

思想政治课案例教学中的案例,来源于鲜活的社会活动和不断发展的社会现实生活,与政治学科有着密切的联系。如上述案例中的克隆技术,又如运用年广九与"傻子瓜子"的案例教学,引导学生分析讨论我国私营经济的产生、发展、地位、作用等,这样通过案例教学让学生在不离开学校的情况下,可在短期内接触并学习到大量的、各种各样的实际问题,弥补了学生实践经验的不足。在教学中把课内外连接起来,把学习理论与解决实际问题统一起来,真正实现了小课堂与大社会的有机结合,让学生在实际情境中去学习、去体验、去提高。

2. 教学过程的互动性

思想政治课案例教学以学生的积极参与为前提,充分发挥学生的主体作用,将学生的需要、动机和兴趣置于核心地位。无论是让学生到社会生活中去搜集整理案例,或让学生参与讨论、辩论,或让学生写出相关的政治小论文,在整个过程中,都存在着师生之间的互动,生生之间的互动,有时还存在学生与社区、学生与家长等的积极互动。学生在多方面的积极互动中,走进了社会,体悟了人生,学会了学习、做事和合作,使学生不断成熟起来。

3. 教学目标的全面性

思想政治课的案例教学通过学生参与分析和讨论,使学生真正掌握了政治理论知识,认识了政治学科与其他学科的联系,增强了学生对学好政治理论知识重要性的认识,提高了学生学习的热情和参与的自觉性,实现了变"要他学"为"他要学"。通过案例教学充分开发了学生的潜能,提高了学生处理信息和运用信息的能力,提高了学生发现问题、分析问题和解决问题的能力,也提高了学生竞争和合作的意识。

4. 教学活动的创造性

思想政治课案例教学营造了一个民主、平等的探讨氛围,便于调动学生的积极性和创造性,使得学生敢想敢说,从而能够展开自己想象的翅膀,畅所欲言。这样各种思维的火花不断碰撞,许多创造性灵感就会不断地闪现。如在上述案例教学中,学生们对克隆人的看法就见仁见智。在教学实践中我们发现,由于对同一个案例各人切入的角度不一样,最终对之认识就不同,这时有的学生就往往会出现"奇思妙想",使得教学案例不断被延伸、扩展、迁移、升华。这样一来,学生思维的敏捷性、灵活性、深刻性和批判性就会不断得到强化。此外,学生在参与搜集、编写、分析案例中,还会不断探究自己解决问题的多种方案、独特方案或最佳方案,这些都十分有利于培养学生的创新精神和创新能力。

(本文选自《思想政治课教学》2002年第6期)

中学思想政治课网络教学初探

广东省教育厅教育教学研究室　黄伟民

一、网络教学是信息技术与课程整合更高层次的发展

随着 21 世纪的到来,以计算机为核心的当代信息技术,正在以惊人的速度改变着人们的生存方式和学习方式。教育也面临有史以来最为深刻的变革。为了应对信息技术的挑战,教育部及时提出了在中小学加强信息技术教育,实现基础教育跨越式发展的战略部署。中小学的信息技术教育包括两个方面的任务:一是在中小学开设信息技术必修课程;二是在开好信息技术课程的同时,努力推进信息技术与各学科教学的整合。而后者将是更为艰巨的任务。

信息技术与各学科教学的整合可以理解为在先进的教学思想、理论指导下,以计算机为核心的信息技术作为促进学生自主学习的认知工具和情感激励工具,改变传统的教学结构与模式,从而深化教学改革,达到培养创新人才的目的。

广东得改革开放风气之先,较早地感受到信息技术带来的冲击,也更早地思考如何利用教育信息技术进行思想政治课教学改革的问题。经过几年的实践,广大政治课教师深深地体会到,通过以计算机为核心的信息技术对文字、数据、图形、图像、动画、声音等多种媒体信息进行综合处理和管理,使学生可以通过多种感官与计算机进行交互。这种多感官的综合刺激,非常有利于知识的获取和知识的保持,同时能有效地激发学生的学习兴趣,形成学习动机,为学生的主动性、积极性的发挥创造了良好条件。

在实践中我们发现,使用电脑多媒体课件教学,仍然是一种演示型的教学模式。教学设计、教学内容、教学方法甚至学生做的练习等,都是教师事先安排好的,学生只能被动地参与这个过程,教育信息技术的使用权仍控制在教师手中,实际上并未摆脱以教师为中心的教学观念的束缚。随着互联网影响的日益深入,更多的教师在探索如何充分利用网络来进行思想政治课教学的问题。

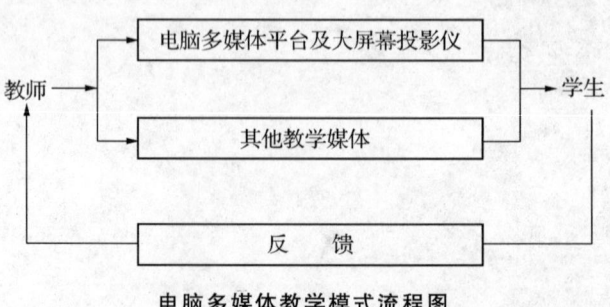

电脑多媒体教学模式流程图

互联网是以国家和地区为节点的国际间进行政治、经济、文化、科技等信息交流的国际性信息传播网络,连接着全世界上百万个商业单位、政府部门、研究机构、学术组织、公共团体和个人。在这个国际信息网络上,包括了丰富的文字、图片、声音、图像等多媒体信息,也拥有各种信息传播功能如收发电子邮件、参加在线讨论,每天全球有数千万人在使用这一网络。

网络信息化给教育带来了新的发展机遇,但也带来了一些新问题,不科学、不道德、不健康的甚至有害的垃圾信息泛滥。怎样利用网络资源和网络工具有效地对学生进行思想政治、伦理道德和法制教育,培养学生鉴别是非、真伪、善恶的能力和积极负责任地使用信息的意识;怎样引导学生充分利用网络,培养自己获取信息、分析信息、运用信息和创造信息的能力;怎样指导学生利用网络的大信息量、存取的方便性以及交互的及时性进行思想政治课的学习和研究,发展学生的创新精神和实践能力,已成为信息社会对思想政治课教学改革发展的必然要求。

思想政治课网络教学是指教师和学生通过局域网(校园网)或经由互联网连接到世界各地学习资源的计算机设备,围绕一定的思想政治课教学主题,查询有关资料,师生之间、学生之间进行交流研讨的教学活动。在这里,网络作为促进学生自主学习、探索的认知工具和情感激励工具,更有利于调动学生的学习积极性,学生的主体地位得到更为充分的体现。因此,网络教学是信息技术与课程整合更高层次的发展。

二、思想政治课网络教学的有利条件及其主要形式

(一)思想政治课网络教学的有利条件

思想政治课进行网络教学具有比其他学科更为有利的条件。首先,政治课的教学内容时代性强,具有开放性、发展性的特点。众所周知,互联网是世界上最大的知识库、资源库,它拥有最丰富的信息资源,而这些信息资源又是按照符合人类思维特点的超文本结构组织起来的。充分利用网络资源和网络工具进行教学,不但可以充实政治课的教学内容,解决教材滞后的问题,还可以丰富政治课的教学手段,提高政治课的教学实效。其次,青少年学生对重大的社会问题和热点问题有高度的敏感性,而网络又往往在第一时间反映这些问题,满足了学生的求知欲。进行网络教学,有利于培养和提高学生获取信息、分析信息、正确地运用信息和创造信息的能力。第三,政治课教学有理论联系实际的一贯传统,教师积累了许多指导学生开展社会实践和调查研究、撰写政治小论文的经验,为网络教学提供了经验上的准备。

(二)思想政治课网络教学的主要形式

目前,思想政治课网络教学的主要形式有以下几种。

1. 班级集体的网络教学

教师根据所要完成的教学任务(如新课、复习课或专题学习等)进行教学设计,在网络上收集丰富的多媒体资料,以超文本、超媒体技术制成网络教学课件,存放在校园网络或磁盘中。上课时,教师提出任务,并指导学生一人一台电脑或几人一台电脑调出学习资料,学生

可以按照自己的学习需要、学习基础、学习兴趣来选择学习内容。当学习碰到困难或稍有心得、体会时,通过网上对话,随时可以向教师或其他同学咨询,讨论感兴趣的问题,完成学习任务。教师也可以随时在网上回答学生的咨询,调看学生的作业,参与学生的讨论,把好的作业发布给全体学生参考。班级集体形式的网络教学,其载体教学课件主要有围绕专门课题设计的网页和搜集与专门课题有关的互联网网站。

2. 小组协作探究式学习

结合政治课学习内容,教师指导学生选择一些社会重大热点问题或学生关心的时事专题,形成研究课题,让学生直接从互联网上搜索信息,进行思考、分析、讨论,甚至通过电子邮件和这个领域的专家探讨他们的发现。最后写成研究报告或小论文,在网上发布,或者在班级集体中交流,如"三个代表"问题、台湾问题、中国加入WTO问题、美国"9·11"遇袭事件等,都是学生感兴趣的问题。指导学生进行网络小组协作探究式学习,同学之间可以互相取长补短,活跃思维,提高获取信息、分析信息和运用信息的能力。

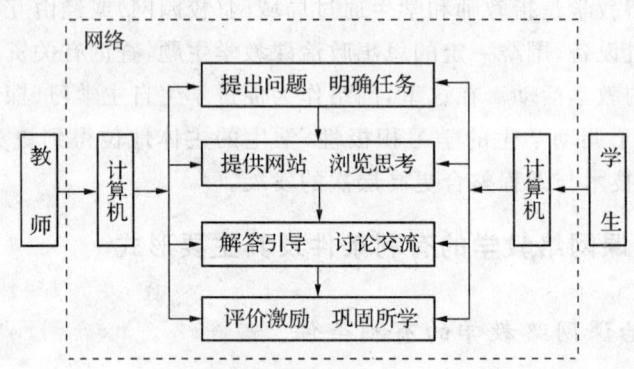

班级集体的网络教学模式流程图

3. 网络交互式学习

教师将每课时的教学知识点、学习要求、学习重点、难点等在网站上发布,学生可以通过网站中的信息交互区——网上教学,调出有关内容,进行学习、复习;也可以通过网站中的信息交互区——学生习作、学生主页,发表自己的学习心得和小论文,互相交流、互相学习,在网络交互式学习环境中,学生可以按照自己的学习基础、学习兴趣来选择学习内容,是一种更为自由、更能体现个性的学习方式。

三、思想政治课网络教学的特点

思想政治课网络教学具有自主性、开放性、探究性的特点。

(一)自主性

网络是一种新型的传播媒体,网络给我们带来了一种全新的教学手段。网络教学充分利用信息资源为学生创设教学情境,学生在教师的指导下,自主地去发现知识、理解知识、掌握知识,培养能力。学生表示,思想政治课进行网络教学,少了老师的满堂灌,多了自己动手、动脑和同学间、师生间的交流。学生利用网络进行学习,可以按照自己的认知基础来选择所要学习的内容和适合自己水平的练习。学生在网上交互式教学环境中,有了主动参与的可能,学习效率和学习积极性更高。网络教学为学生知识、能力和个性的协调发展创造了条件。

(二) 开放性

网络包含丰富的文字、图片、声音、图像等多媒体信息资源,也拥有各种信息传播功能,不受时间、空间和地域的限制,它是真正意义上的开放性的学习资源。网络教学使教学过程由传统的单一的传授知识过程转变为以现代教学理论为指导的开放性的教学过程,打破了"问题—讲解(答)—结论"的封闭模式,以启发、搜索信息、探究、质疑、自主学习、师生互动、生生互动等开放式教学为基本形式。结合所学内容,学生可以通过网络获得更丰富的信息,扩大视野,了解社会动态、科技水平,加深、扩展对所学知识的理解,十分有利于解决现代社会经济、政治、文化迅速发展与政治课教材内容相对滞后的矛盾。

(三) 探究性

在网络教学中,教师创设开放的问题情境,引导学生进入主动探求知识的过程,使学生围绕某类主题调查搜索、加工、处理应用相关信息,回答或解决现实问题。网络教学改变了以往学生偏重于接受、记忆的被动学习方式,有助于学生形成主动探求知识、重视解决实际问题的积极的学习方式。因而网络教学客观上使学生从传统的单向式接受型学习向主动的选择性、创造性学习转变,逐渐形成课内知识与课外知识相结合,教师教授与学生主动探索相结合的教学模式。

四、完善思想政治课网络教学的思考

(一) 教育观念的更新

网络教学的开展,不但是教学方法的改革与教学模式的变革,更重要的是教育观念的更新,因为网络教学体现了以学生为主体的现代教育思想。许多政治课教师在实践中体会到,进行网络教学,教育思想的转变比技术的掌握更重要。因此,完善思想政治课网络教学、技术培训与教育观念的更新要同步进行。

(二) "教学主页"要体现的功能

网络教学软件——"教学主页"的设计应较好地体现如下功能:一是提供各种各样的多媒体资源。包括丰富的文字资料、声音、图片、图像等,而且把它们分成不同的栏目,如"学习任务""学习提示""相关资料""视频点播""更多的资源"等。这些内容的组织要体现超文本特性和超级链接结构,学生可以选择任何一个部分的资料进行阅读和浏览。二是良好的交互性能。学生可以通过将学习和操作中遇到的问题向教师及时提出,教师也可以及时做出解答。学生之间可以互相帮助和了解同学的学习情况,例如,在参与或到聊天室讨论时可以浏览其他同学的看法以启发自己的思路。三是容易操作和学习,防止学生在网上迷路或者不明白学习目标,在网上漫无边际浏览,浪费学生的学习时间。

(三) 教师主导地位的体现

网络教学学生的主体地位是毋庸置疑的,那么教师的主导作用如何体现呢?

1. 教师仍然是基础知识的传授者

网络教学是以一定的基础知识为背景的,教师的作用就体现在以一定的方式讲解分析或者引导学生把握教材的基本观点。

2. 教师是网络教学的设计者

无论是教学网页的设计,还是搜集与教学有关的互联网网站,以及教学所要解决的问题、切入的角度等,都要进行精心设计。

3. 教师是网络教学的组织者

体现在教学过程的组织和教学节奏的控制上,特别是要参与学生的各项活动,引导学生的讨论方向,及时反馈学生的学习情况等。

4. 教师是学习结果的评价者

教师对学生的学习情况和学习效果及时给予评价和鼓励,让学生享受到网络学习的乐趣。

(四)要适应网络信息化时代学生学习的特点

要适应网络信息化时代学生学习的特点,不仅需要改造我们的教法,也要求我们引导学生改变学习的习惯、方法、态度和精神。为此,对学生进行开放性思维训练尤其重要,无论是课堂问题的设计,还是课后作业的布置、小论文的写作,都应该特别重视开放性问题。比如具有不确定性、非唯一性的问题,条件不很清晰、不很完备、需要寻找和补充的问题,有广阔发展空间的问题,等等。同时要为学生网上阅读、网上表达、网上训练提供广阔的思维时空及足够的电脑操作时间。

虽然思想政治课网络教学还处在刚刚起步的阶段,但它是一种体现了现代教育思想、适应网络信息化时代对教育教学改革需要的新的教学模式,其发展前景十分广阔。相信随着网络技术的发展,思想政治课的网络教学一定能够得到进一步完善和发展。

参考文献:

[1] 中共中央办公厅、国务院办公厅.关于适应新形势进一步加强和改进中小学德育工作的意见[Z].2001.

[2] 教育部基础教育司.抓住机遇,加快发展,在中小学大力普及信息技术教育[Z].北京:中央民族大学出版社,2001.

[3] 教育部.素质教育观念学习提要[M].北京:生活·读书·新知三联书店,2001.

[4] 李济英.世界教育发展趋势[M].北京:北京大学出版社,1999.

[5] 宁政宇.第二时空——信息时代的世界与中国[M].北京:大众文艺出版社,1999.

[6] 张新民,李国祥.运用现代教育技术探索新型教学模式[J].安徽师范大学学报,1999.

[7] 广东省思想政治教学网.www.sxzz.gd.cn 或 www.gdsxzz.com.

(本文选自《课程·教材·教法》2002年第8期)

略论建构主义视角中的思想政治课教学策略

西南大学教科所 唐点权

一

建构主义兴起于20世纪90年代的美国,是当代心理学理论中行为主义发展到认知主义以后的进一步发展,即向与客观主义更为对立的另一方向发展,有心理学家(陈琦等,1997)称之为"当代教育心理学中的一场革命"。

建构主义理论内容十分丰富,但其教育理论的核心观念可概括为:以学生为中心,强调学生对知识的主动探索、主动发现和对所学知识意义的主动建构。传统的教学模式强调的是以教师为中心,教师利用各种媒体与方法向学生传授知识,学生只是被动地把知识从教师头脑中接收到笔记本上;而建构主义的教学模式强调的是以学生为中心,在整个教学过程中教师起组织者、指导者和促进者的作用,教师利用情境、协作、会话等学习环境要素,充分发挥学生的主动性和创新精神,最终达到学生对当前所学知识的意义建构的目的。由于建构主义所要求的学习环境得到了当代最新信息技术成果强有力的支持,这就使得建构主义理论日益与广大教师的教学实践普遍地结合起来,进而成为国内外学校深化教学改革的指导思想。

二

思想政治课是教学生如何做人的学科,它具有教学目标的方向性和全面性、教学内容的科学性和系统性、教育机构的权威性等特点,为提高思想政治课的教学实效,结合建构主义教育理论,在教学过程中应注意以下几种有效教学策略的实施。

第一,创设符合教学内容要求的情景策略。建构主义者认为,学习者的知识是在一定情景下,借助于他人的帮助,通过意义建构而获得的。学习环境中的情境必须有利于学生对思想政治课内容的意义建构,这就对教学设计提出了新的要求,教学设计不仅要考虑教学目标分析,还要考虑有利于学生建构意义的情境创设问题,并把情景创设看成是教学设计的最重要内容之一。比如,在《银行的业务和作用》的教学过程中,可根据银行的三大业务,将全班分成三组,分别了解"吸收存款、发放贷款、办理结算"这三大系统的工作流程和现状,然后在课堂上分别汇报调查的情况。通过创设这一教学情境,真正使学生成为教学的主体,学生参加了知识的"同化—顺应—平衡"全过程,进而实现有关银行知识在学生头脑中的主动建构。

第二,提示新旧知识之间的联系策略(如:呈现"先进组织者")。建构主义者认为,通过经验或背景知识检索可建构个人的认知结构。教学不能无视学习者的已有知识经验,简单强硬地从外部对学习者实施知识的"填灌",而是应当把学习者原来的知识经验作为新知识的生长点,引导学生从原有的知识经验中生长新知识经验。教师在教学过程中是新旧知识联系的提示者,是新知识生长的促进者。例如,在讲初三《思想政治》第四课"建设中国特色社会主义"一文时,在讲新知识点以前,一定要给学生呈现第二课和第三课的内容,因为第二课主要是让学生知道"只有社会主义才能救中国",第三课是讲述"只有社会主义才能发展中国",第四课在于告诉学生"什么是社会主义以及怎样建设社会主义",这三课共同构成我国基本国情的主要框架。只有了解了第二课和第三课的内容后,第四课的新知识才能找到生长点,学生头脑中才能达到我国国情的意义构建。

第三,组织师生、生生之间的协作学习策略。建构主义者认为,教师与学生之间、学生与学生之间的协作,对资料的收集与分析、假设的提出与验证、学习进程的自我反馈和学习结果的评价以及意义建构都有十分重要的作用。开展讨论和交流是协作学习的主要形式,教师在协作学习过程中,首先提出问题以引起学生思考和讨论,在讨论中教师再进一步把问题引向深入,加深学生的理解,同时要引导学生自己去纠正错误和补充片面的认知。例如,在初高中《思想政治》教材中都涉及"法制"的概念,结合法制和民主的关系,可组织学生进行"社会主义民主和社会主义法制关系"大讨论,在讨论中学生自己收集资料,提出假设,进而进行辩论,教师在整个过程中也可以表达自己的观点,加深学生对知识的了解。通过这种协作学习,可使学生对"民主与法制的关系"认识更加明确,知识掌握更加深刻。

第四,正确扮演师生在学习情境中的角色策略。建构主义者认为,教师的角色是学生建构知识的忠实支持者、积极帮助者和正确引导者;学生的角色是教学活动的积极参与者和知识的主动建构者,这就要求在教学过程中,教师必须创设一种良好的学习环境,激发学生的学习兴趣和学习动机,学生要采取一种新的学习风格、新的认知加工策略,形成自己是知识与理解建构者的心理模式。比如,在备课中,首先不是考虑教师要教什么,怎样教,而是首先考虑让学生学什么,怎样学,精心设计学生的学习过程和学习行为,再设计自身怎样帮助、引导学生学习,真正使教师在学习情境处于指导者的角色,学生处于主体地位的角色。

第五,把握教学契机,促进学生进入最佳学习状态策略。建构主义者认为,学习是心理的积极动作,不是对教学的被动接受。因此,在教学中,把握教学契机至关重要。把握教学契机,要求教学观念上要变以教师为中心为以学生为中心。在思想政治课教学中,要根据学生的心理动作规律,促进学生进入最佳学习状态,这集中体现在学生在学习过程中积极主动思考,处于探讨、研究的问题情境中。比如,为深入学习贯彻落实十六大精神,可组织全班同学进行一次"党的知识竞赛"。在活动中,寓教于乐,教师不时进行点拨,使学生在快乐的活动中加深了对党的优越性的认识,从而达到思想政治课的教学目标。

(本文选自《政治课教学》2004年第1期)

美国、新加坡、中国香港初中德育教材评析

华南师范大学 邝丽湛

课程、教材改革是 21 世纪中国基础教育改革的核心与关键。尤其是作为学生学习资源和工具的教材,它的编著直接关系到学生的发展和社会发展的需要。我国初中思想品德新教材的编写倘若能把视角扩展到世界范围,研究发达国家和华人地区的中学德育典型教材,无疑能更好地把握课程教材改革的要义,编出代表先进教育理念,符合我国国情的好教材。基于此,本文选取美国、新加坡和我国香港特别行政区具有典型性的初中德育教材加以评析,以供各地新教材编写和使用时借鉴。

一、强调教材是导学工具和学习指南的美国公民教材

美国公民教育没有统一的教材,国家委托美国公民教育中心制定了《公民与政府科课程标准》,各州根据课程标准可以自编教材。其中,美国公民教育中心编制的一套公民教育教材颇有特色。该套教材由《责任》《公民培养方案(学生用书)》《公民培养方案(教师指南)》三个部分构成。整套教材的编写理念非常明确——教材是学生学习的向导和工具。

《责任》是主要的教学用书。该书共分为三册,供小学、初中和高中使用。其编写体例和内容设计显示了非常强的导学性。从编写体例来看,各册均采用逻辑三段论作为主线。如初中部分划分为四个单元共 14 课。单元的编排方式是:(1)责任的重要性是什么?(2)履行责任的好处和代价可能是什么?(3)如何解决不同责任之间的冲突问题?(4)你认为谁是责任人?内容的呈现方式则按照学生学习方式来设计,每课的设计分为五个部分:本课目的、需要了解的术语、本课知识、批判性思维练习和本课运用。这种目标—术语—知识—训练—运用的呈现方式,完全就是指导学生学习方式的程序。从内文设计来看,教材处处流露出编著者"为了学生使用"的意图。表现在:第一,每课内文知识精练,表述深入浅出。如在"需要了解的术语"栏目中,教材仅列出学习该课文所需要了解的术语的名称,并不提供解释,也不要求学生记忆。而"本课知识"栏目,每课均只讲述一个问题。第二,教材关于知识的表述方法大多采用案例分析法,形象生动,给学生留下很大的思考空间;语言结构简单明了,不加过分的雕琢,没有大段的分析和论述,容易为学生所理解。第三,注重学生的批判性思维训练。课文文字篇幅最长的是"批判性思维练习"栏目。这一栏目或设置情景或设置活动供学生对不同观念和情景进行比较、选择、批判和整合,以便做出正确的结论或抉择。第四,强调知行统一。每课设计的"本课运用栏目"重视践行策略,所设计的思考题能根据本课知识有针对性地拓展学生的思维和提高学生的评价能力。因此,该教材非常适合学生的自主学习。《公民培养方案(学生用书)》是为配合教材使用的学生活动参考书、工具书。其内容包括一个导言和六个步骤。六个步骤分别是:(1)确认社区中存在的公共政策问题;(2)选择班级研究的问题;(3)收集班级所要研究问题的有关资料;(4)编制班级方案;(5)报告方案;(6)总结学习经验。这六个步骤分别给学生提出活动的要求和活动指引,引

导学生进行各种活动。在各步骤中,有学生进行活动所必需的背景知识,有课堂活动的分步指导,有供学生阅读的材料介绍等,是名副其实的学习工具。

《公民培养方案(教师指南)》是教师指导用书,该书站在教师作为学生学习指导者的立场上编写。内容包括:(1)参与,概要;(2)帮助学生编制方案;(3)附录。其中,主体部分是"帮助学生编制方案",其内容是与学生用书六个步骤对应的指导策略。"附录"是一系列的教学工具,包括成人志愿者帮助指南、方案评价标准单、口头报告评价标准、口头报告评分单、竞赛的程序和指导、口头报告、教师评价表、学生评价表、学生使用表格样本、成绩证书样本等。这些工具详细介绍了如何指导学生学习的方法和操作要领,给予教师很大帮助。

上述表明,美国公民教育中心编制的公民教育教材不仅是学生学习的资源,而且是学生学习的向导和工具。它把教学内容与学习过程结合起来编写,能使学生直接、积极参与教学过程,使课本真正成为学生学习的指南。

二、以活动设计为载体,知识隐含活动之中的新加坡《公民与道德》教材

新加坡是华人比例相当高的国家,由于长期受儒家思想的影响,其德育教材也很有特色。新加坡初中使用的《公民与道德》教材是依据新加坡教育部颁布的公民与道德教育大纲编制的,包括学生用书、教师用书及随书附送的图片卡(Image Master)。学生用书每个年级分两册,包括六个范畴,分别阐述课程标准中所表明的各个主题;每个范畴又划分为若干个单元。其内容广泛,包括道德教育、国家建设、共同价值观、公民责任以及新加坡各宗教与各民族的信仰与风俗等。新加坡初中《公民与道德》教材的设计别具一格,有点类似活动手册和练习册的综合本,完完全全是一本供学生学习的"学本"。其表现如下。

第一,知识隐含于所设计的活动中。新加坡初中《公民与道德》教材的知识内容不像我国现行初中教材那样对知识作系统的介绍和说理分析,而是把要求了解或掌握的知识融于习题之中。如中一 A 册第一单元"诚实和正直"包含四个方面知识:诚实、公正、信赖、道德勇气。教材把这四方面知识放在"寻求意义"模块,设计成两道题目。其中,第一道题目又分两个小题:(a)你通过哪项活动更好地了解诚实、公平、可信赖和见义勇为?请在活动前打勾。□讲故事兼思考,□轮流做大脑风暴;(b)写下能够展示下列品德的行为:诚实——在言行上对己、对人诚实,列举两种表现诚实的行为;公正——尊敬别人不带偏见,列举两种表现公正的行为;信赖——可靠,列举两种表现信赖的行为;道德勇气——赞成正确的观点并对自己的行为负责,列举两种表现道德勇气的行为。其中第二小题,编著者把诚实、公正、信赖、道德勇气的解释融进了这道题目中。这种设计在教材中比比皆是。

第二,教材的内容组合及呈现方式符合儿童学习规律。教材结构设计依据麦卡锡博士的四段教学模式:(1)激发学习动机——联系经验;(2)形成概念——仔细思考;(3)练习与运用——付诸行动;(4)进一步去发现——经验内化。据此模式,每单元的呈现方式设计了四个模块,分别是:"寻求意义""想一想""付诸行动""进一步拓展"。每个模块均以与活动相联系的习题方式呈现,要求学生在做中学。这种呈现方式反映了编著者以生为本的理念,正如编著者在教材的介绍中提到:本书是用于帮助学生记录他们的学习过程以及他们所学的知识、技能和价值观。完成后的书本对学生们来说将是一份宝贵的参考资料。

第三,以活动为载体,寓教于乐,使学生在各种有趣的活动中把道德知识内化为道德品

质和行为。教材运用多种道德教育方法,如设身处地考虑法、价值澄清法、道德认知发展法、文化传递法等方法设计了许多不同的道德情景和道德教育活动。这些活动设计形式生动活泼,有二三十种之多。如有知识循环、大脑风暴、情景学习、口头表述、今昔对比、故事分享、写歌曲/标语、多媒体呈现、象征性表达、写信给顾问、家庭契约、小测验、解决难题、小型展览、文化食品宴会、完成一个故事、哑剧、戏剧/漫画、识别练习、图片展示、音乐/纪录片、项目展示、信息提取练习、意思概述、观看录像、学习新闻摘要、上网搜索、写家谱、拼图等等。编著者认为活动是学生学习的载体,设计这些活动目的是帮助学生做到:(1)为互动和讨论做准备;(2)记录他们的个人观察和对书中不同话题的思考;(3)总结每一课的要点;(4)帮助他们设计要进行的活动;(5)回顾他们的(学习)过程。

第四,重视德育的实践性,体现人的思想品德知行一致、知行合一的精神。新加坡初中《公民与道德》教材每一课中的"付诸行动"模块是专门为学生进行道德实践而设计的。里面的作业分为实践性作业和批判性反思作业。例如,中一A册第一单元设计了这样三道题目:第一道:了解了有关诚实正直的知识后,你肯定想过在家庭、学校和团体中显示你的诚实正直。请在家里、学校、团体这三栏中各写两种行为。(记住:认真履行这些行为,每当你做事诚实正直时都要为自己庆贺一番)第二道:(a)勾出你为提倡正直而付诸的行动。□编歌曲或顺口溜,□编我们的班训,设计一个图书商标。(b)在下面的日志中记下一件你们组或班在倡议诚实正直中所做的事情。第三道:你已经了解到当某人在他的工作岗位上缺少诚实正直会发生什么事情,请思考:你未来保持诚实正直的必要性。在此,第一、二道题是实践性作业,第三道题是批判性反思作业。

第五,教师用书配制了详细的学习指导。与学生用书相对应,教师用书每个单元都有详细的教学程序和资料;对教学目的、教学过程安排,以及相应的材料准备都提出了要求;对课外阅读的书目和材料也予以标明,指引十分明确,方便教师指导学生开展学习活动。

三、注重学生生活经验、生动活泼的中国香港公民教材

香港《做个好公民》教材是根据1998年香港课程发展议会编订的公民教育科课程纲要编写而成的,供小学至高中使用。中一至中三教材共分三册,每年级各一册。每册教材分为六个单元,每个单元由四个项目组成。《做个好公民》教材编写有以下特点。

第一,教材内容选择和组织注重学生的生活经验和认知规律。香港《做个好公民》教材内容选择以儿童知识经验的增长和心理的发展过程为依据,给予学生的公民知识随学生年龄的增长而逐渐深化。以"国家民族社会"内容范畴为例,教材从初小到高中都设计了培养学生"中国的国民归属感"的知识。初小着重认识国歌、国徽、国旗等一类国家的象征物;高小认识中国地理、人口、民族、语言、文化艺术、重要历史人物;初中重点选择了历代重大历史事件、中华民族主要传统、中华民族的起源和发展、思想和宗教、文化艺术、重大成就和发明等。高中选择的内容则包括中国大陆的意识形态、政治体制和经济体制等。各阶段的教材内容设计符合心理学、教育学所揭示的有关儿童学习基本规律,有利于学生根据自己的知识水平和经验层次展开学习,最终达到完全掌握和领悟的目标。

第二,密切联系现实生活,视野宽阔。香港《做个好公民》教材的特色之一就是它超越了国家公民的狭隘限制,从个人对不同地域环境共同体的关系中寻找公民的多层含义。教材将公民教育分为本土环境和国际环境两大层面,前者包括家庭、邻里社会、国家

民族社会;后者包括国际社会。最终提出国家公民和世界公民的概念。教材内容这种安排,视野宽阔,有利于学生认识公民教育的精神和理念,认识公民在公民社会中所承担的重要角色。

第三,教材呈现方式生动活泼,体现儿童心理发展规律。近年来,我国香港地区的教材在内容呈现方式上吸收了美国等西方国家先进的教材编写理念,采用环境拓展法安排知识结构,即内容编排从离儿童较近的环境开始,然后依次向外,向远处拓展。《做个好公民》教材每册分为六个单元,这六个单元编排顺序:(1)家庭;(2)邻里社会;(3)地区社会;(4)国家民族社会;(5)国际社会;(6)公民素质及公民社会。这种编排以学生发展水平为线索,由近到远、由简到繁。教材内文呈现方式编排新颖、生动活泼。每单元由工作坊(经验囊、扮演台、游戏角、时事广场)、反思集、资讯站和实践园地四个模块组成。"工作坊"是学生学习的主要内容。其设计为:目标—问题—活动。基本上是从学生所接触的人和事出发,以日常生活例子开始,借助色彩鲜艳的相片、插图、简报和启发性问题引发学生的学习动机,然后设计各种生动有趣的活动,在活动中渗透知识,拓宽视野,引导学生正确的行为方式。"反思集"一般设计两到三个要求学生从心理、道德、法纪、思想等多层面进行剖析和理性思考的问题供学生进行批判性思维的训练。"资讯站"是体现课程纲要的主要知识。其内容充实,但文字不多。表述方式类似资料简介。"实践园地"的设计相当于我国大陆地区同类教材的课后练习。《做个好公民》教材这种设计方式是根据学生的需要对知识加以综合和组织,而不是追求概念体系的严密性,强调知识的系统性和结构性。因而,它更能体现儿童心理发展的需求。

第四,教材关注学生的学习体验,设计了形式多样的活动。香港地区的教材有大量的活动设计。这些活动设计注重学生的体验;强调让学生在活动和实践中认知、体会、消化所学的道理,并能从中做出正确的价值判断和选择,达到明事理、辨是非、导行为的目的。例如:第一册第四单元第四课安排如下的活动:(1)从报章、杂志上搜集一项有关中国内地的政治制度、经济、法律制度、社会民生、地理环境等的报道,了解事件的来龙去脉。(2)记下与事件有关的资料,包括事件涉及的人或组织;事件所引起的难题或争议;事件对各方的影响;事件中各方的见解、立场和价值感观;可行的解决方法及其利弊。(3)分组互相介绍上述事件的内容和重点。观察上述活动,我们不难发现其要求非常具体和明确,能很好地引起学生学习兴趣和实践的愿望,能促进学生对自身经验的整合。

当然,这些教材同样也存在一些不足,如新加坡教材的体系不够清晰,美国教材操作的难度偏大,我国香港地区教材的内容较庞杂。但是,他们教材编制的先进理念和有创意的设计是值得我们学习和借鉴的。我们可以学习和借鉴他们如下的经验。(1)在编写理念上,力求适应学生的发展。上述国家和地区的教材将教育的重心放在培养学生对周围事物、社会现象的兴趣、好奇心和反思批判社会生活中的各种问题的态度和能力上,为此,教材设计大量的活动,提供大量的、丰富的相关资料和信息,提出学习目标,设置学习步骤,指引学生怎样做或怎样开展活动,成为学生学习的资源、工具和指南。(2)在内容的选择和构建上,不追求学科本身的完备性和知识的覆盖面,而是选择了最有价值的、学生终身发展必备的知识作为教材的内容。合理地统整学科间、学科内的知识,突出了"品德—生活—社会"之间的融合。(3)在内容的呈现方式上,关注学生的学习兴趣和经验,遵循儿童认知发展规律。内容编排多从离儿童较近的环境、生活经验开始,然后依次向外,向远处拓展。内文呈现方式采用模块的形式,把知识学习、能力培养与情感体验有机地结合起来。

21世纪是中国教育发生深刻变革的世纪,随着初中思想品德课程改革进程的推进,新教材编写势在必然。研究外国和相关地区的同类教材,从中汲取有益经验,必将促使我们编出既具有先进教育理念,又符合我国国情的好教材。

参考文献:

[1] 美国公民教育中心编制.《责任》《公民培养方案》《互动教学策略》,毛连文译.美国 1995.

[2] Curriculum Planning & Development Division Minstry of Education, Singapore:《Civics and Moral》Singapore, SNP Education Pte Ltd,1999.

[3] 周楚强,张家仪.做个好公民(第一、二册)[M].香港:龄记出版有限公司,1999.

[4] 钟启泉.为了中华民族的复兴,为了每位学生的发展(基础教育课程改革纲要解读)[M].上海:华东师范大学出版社,2001.

(本文选自《学科教育》2004 年第 1 期)

政治导学方案的设计和使用

山东省沂南一中　张秀国　刘纪华

现代教学理念要求学科教学要通过全体学生对学科理论、学科背景材料的主动学习和科学探究过程,来提高学生的认知能力,完成进行科学探究的策略程序,优化学生的情感态度价值观。设计和使用好学案是把现代教学理念转变成教学行为的有效途径。

学案编制和使用的总体思路是在指导学生以递进性导学提纲为线索进行主动学习和科学探究之后,通过"基础巩固"训练和"延伸提高"训练,引导学生积极主动地掌握并运用所学内容中的概念原理,有效地达成课程目标和课时教学目标;通过"准备知识"指导学生为下节课学习做好准备;通过"背景信息"进一步拓展学生的视野,发展学生的学科学习兴趣。

一、导学提纲的设计和使用

在高中教学中,导学提纲的设计呈现由具体到抽象的递进发展趋势,导学提纲的使用呈现学生认知结构和情感态度价值观渐进发展的趋势。

1. 具体导学提纲的设计和使用

具体导学提纲是依据课程标准和课时教学内容的综合教学要求设计的,主要包括三种类型的导学提纲。其一,针对促进具体认知结构扩展设计的导学提纲。在设计这类导学提纲时,要针对课时单点内容、课时整体内容、课时内容与前置教材内容(复习课为前后教材内容)及其与背景材料的联系,设计的三个层次的知能合一型的导学提纲。它包括针对重难点知识、课时知识结构、课时知识结构的扩展设计的课时三个知识性层次的导学提纲;针对课时三层次教材内容与生产、生活、科研背景的联系,设计的理论联系实际的导学提纲。设计这类导学提纲的目的,是为了帮助学生在迅速准确地掌握发散的课时知识结构的同时,培养学生的基本思维能力和发散性思维能力,养成学生理论联系实际的思维习惯。其二,针对促进学生具体科学探究能力发展设计的导学提纲。在设计这类导学提纲时,要针对与课时内容相关的课内外探究性的背景材料或案例性材料,设计进行具体科学探究的导学提纲。设计这类导学提纲的目的,是为了帮助学生学会学科科学探究的方法,发展学生科学观察、提出问题、做出假设、设计并进行实验、分析和处理实验数据、得出结论、表达和交流的能力。其三,设计促进学生情感、态度、价值观进一步发展完善的导学提纲。在设计这类导学提纲时,要针对与课时内容相关的体现热爱祖国、奋发向上、勇于创新、民族责任感等有关情感态度价值观的学习情境,设计让学生去感悟、体验的学习和实践程序。在使用具体导学提纲这部分教辅材料时,教师可指导学生以个体或学习小组合作的方式进行主动学习或科学探究。在此过程中,教师要给学生提供充足的学习时间,提供必要的过程帮助,提供交流和质疑发问的机会;教师要向学生袒露分析、比较、归纳、概括、创设导学提纲和案例性学习情境的思维过程及其在思维过程中所运用的策略程序;教师要引导学生体验、感悟、内化自主学习的科学探究的策略程序,感悟和体验无私奉献、献身科学、造福人类的价值。

2. 抽象导学提纲的设计和使用

抽象导学提纲的设计主要是针对教材的基础理论、科学探究的背景材料或个案、体现情感态度价值观的背景材料等内容，依据学生初步掌握的自主学习和科学探究的策略程序，设计的指导学生主动学习和科学探究的基本策略程序的导学提纲。它包括课时（章节、专题）教材内容涉及哪些知识点，其内涵是什么，各知识点之间有什么内在逻辑联系，构成了什么样的课时知识结构（章节知识结构、专题知识结构），课时（单元、专题）知识结构与前后教材内容之间有什么内在逻辑联系，构成了什么样的发散的课时（单元、专题）知识结构，发散的课时（单元、专题）知识结构包含的学科思想、观点、方法、情感态度观因素各是什么，发散的课时（单元、专题）知识结构与生产、生活、科研背景之间有什么联系，如何运用学科理论提示背景材料中所包含的学科原理、思想观点和科学研究方法，等等。设计抽象导学提纲的目的，是为了帮助全体学生将初步掌握的具体的自主学习和科学探究的策略程序升华为抽象（一般）的自主学习和科学探究的策略程序，为全体学生的水平学习和终身学习奠定坚实的基础。教师在指导学生使用抽象的导学提纲进行主动学习和科学探究时，要特别注重学生的独立学习和小组讨论相结合；注重对学生的学习提供必要的帮助；注重学生学习结果的交流，给学生提供质疑发问的机会。教师还要根据学生的实际需要，运用自主学习和科学探究的策略程序，进行研究教材和探究案例的示范，并把研究教材和探究案例的思维过程展示给学生。在学生掌握并较熟练地运用自主学习和科学探究的策略程序之后，教师要帮助学生形成个性化的主动学习和科学探究的策略程序，并运用具体案例让学生交流个性化的自主学习和科学探究的策略程序，使之更加完善成熟。

二、基础巩固题的设计和使用

基础巩固题是针对课时教学内容的单点知识和知识结构、基本技能原理、科学探究的局部或整体的策略程序编制而成的再现型或变式型基础性练习题。在设计这类基础性练习题时，应注意三个问题：其一要从课时概念原理再现和再认的角度，设计能促进学生进一步理解、掌握课时概念原理的习题；其二要从发展能力的角度，设计能促进学生分析、比较、归纳、概括等思维能力发展的习题；其三要从科学探究的角度，设计能促进学生进一步内化课时具体科学探究策略程序的习题。教师在指导学生使用这部分教辅材料时，应要求学生独立完成，并进行及时的反馈矫正，以确保全体学生在水平学习的过程中达到合格的标准，为后继学习奠定必要的认知结构基础。

三、延伸提高题的设计和使用

延伸提高题是针对课时知识结构扩展的基础知识及其相关的背景材料、与科学探究相关的新情境材料、体现情感态度价值观的新情境材料编制的题目。它包括发散的课时基础知识题、曲线图表分析题、与生产生活科研背景相联系的信息材料分析题、科学探究题等。教师在指导学生使用这部分教辅材料时，应注意帮助学生掌握八个方面解决问题的策略：其一分析习题涉及的概念原理在教材上的落点，通过概念原理落点的扩展构成了什么样的知识结构；其二分析概括已知和求解的内涵，分析已知和求解之间有什么直接或间接的联系；其三分析概括出曲线图表中隐含的学科概念原理；其四总结习题涉及科学探究的思想方法，感悟习题涉及情感、态度、价值观的因素；其五用什么术语或概念原理回答问题最恰当；其六让学生尝试把题干和题肢加以改造形成变式题;其七要让学生完成相关题型的归类及一般解题方法和特殊解题方法的归纳;其八教师要利用典型题,安排师生双方交流解决问题的思维过程及其所运用的解决问题的策略程序。

四、准备知识的选编和使用

准备知识是针对与下节课教学内容最直接相关的前置认知基础和科学探究的方法原理编制而成。以导学提纲或习题训练的形式发给学生,让学生自我评价和补偿。选编准备性知识的目的是为了激发学生学习新课时教材内容的最近发展区。确保全体学生在合格认知结构基础上进行新课时教学内容的学习。教师在指导学生使用这部分教辅材料时,要对学生的自我诊断评价进行及时的反馈;要依据学生的具体情况进行补偿,补偿的方式可以通过学习小组的讨论或教师的讲授进行。要确保全体学生都能及时克服认知结构误差,使每一位学生不因前置认知结构的误差而影响后继课时教学内容的主动学习和科学探究。

五、背景信息的选编和使用

课时背景信息是针对与课时教学内容相关的生产、生活材料,尤其是对应的热点问题和重要学科理论产生过程的信息材料选编而成。选编背景信息的目的是为了拓宽学生的视野,培养学生收集处理信息的能力,进一步促进学生学习兴趣的发展。教师在指导学生使用这部分教辅材料时,要培养学生养成把学科理论同热点、生活相联系的思维习惯;让学生对学科背景中的相关现象所包含的学科原理、思想方法进行总结;指导学生尝试进行学科科研方案和学科工程方案的设计;组织学生收集、处理、交流相关的背景信息材料,培养学生收集处理信息的能力,加深对课时教材内容的理解和掌握,进一步提高学生的学科科学素质。在此基础上,教师还要提供师生双方相互交流、收集处理学科背景信息的方法和过程。

总之,编制系统的课时学案是一项要求高、工作量大、内容不断变化发展、体现因材施教特点的系统工作。因此,在编制系统学案时,要加强集体备课。集体备课可以采用自备—集体统研—说课—再统研的程序,制订出质量较高的导学方案,以确保既有利于课程综合教学目标和课时具体教学内容目标的实现,又能突出教师的个性教学特点和因材施教的教学原则。在使用学案时,教师要注意两个问题:其一要用学案中体现的现代教学理念调节自己,把现代教学理念落实到课时教学的全程中。其二要加强学案使用过程中的反馈调节,要多给学生一些主动发展的机会,把素质教育和选拔教育协调统一起来。

(本文选自《思想政治课教学》2004年第2期)

遵循心理效应　提高政治课教学时效

浙江温州瓯海三溪中学　林文杰

素质教育,从心理学角度看,它是力求培养人性的全面与最佳品质以及促进健康个性发展形成的教育。政治课教学要以人的全面发展为主旨就须从"心"开始,打造"心"课堂——遵循心理效应,提高政治课教学时效。

一、圆桌效应,打造"心安理得"

在国外,一些人热衷于在中国餐馆举行会餐,因为餐桌上有一块可以旋转的圆盘摆放美味佳肴,圆桌呈现出来的柔和感和曲线美使就餐者很容易产生"亲切的关系""和谐的闲聊""融洽的气氛与感受",人们便把对圆桌所产生的心理效应简称为"圆桌效应"。师生本应是一种以教育教学任务为中心的"人—人"关系,但在传统教育中,学生仅仅是作为配角而存在的。虽然我们强调以学生为主体,但师生关系更倾向于被异化为"人—物"关系,呈现出师者之"传道、授业、解惑"的尊严不可侵犯,呈现出学生缺少人的尊严和权利的怪圈——有的教师为了图省事,或避免出错,就采取"直奔真理"的方法,把知识直接塞给学生,在这种情境下,学生渐渐地在头脑中形成了"事不关己"的思维定式和人格定向。要恢复师生关系的本位,作为教师要充分运用圆桌效应,打造课堂教学的亲和力。当然,我们提倡圆桌效应,并非也不可能是在每节课把一张张桌子集中起来,摆成圆形,而只是要求教师放下架子,走下讲台,步入学生中间,充分运用语言、眼神、手势、微笑等来创设一种亲切、和谐、融洽的教学气氛,尽量缩短师生的心理距离,让学生重现为人的尊严和权利,获取充分的"心理自由"和"心理安全"。正像陶行知先生所说的那样,"解放学生的眼睛、头脑、双手、嘴巴、空间和时间",促成师生共同参与、平等参与。这样不仅使师生在"圆桌"旁谈笑风生,而且品尝到了"佳肴"之美味。

从某种意义上说,教学过程既是一种知识学习过程,也是一种情感体验过程。有关研究表明,教学气氛直接影响学生的学习情绪,学生学习主观能动性的发挥,制约着学生的学习效率。著名教育家第斯多惠说:"教学的艺术不在于传授的本领,而在于激励、唤醒与鼓舞,而没有兴奋的情绪,怎么能激励人,没有主动性怎么能唤醒沉睡的人,没有生气勃勃的精神,怎么能鼓舞人呢?"作为政治课教学既要完成马克思主义、邓小平理论基本原理、基本观点的传授,又要担负着培养学生良好品质的任务。政治课堂应成为师生共同探讨的时空,作为教师"最好忘记自己是教师"(苏霍姆林斯基语)。教师应主动地进行角色转换,试着从学生的角度去体会学生的所思、所想、所感,从学生的角度去理解学生的行为,从"请学生注意"向"请注意学生"转变,成为"平等中的首席",从而达成政治课堂圆桌气氛的形成。的确,教师需要威信,特别是政治教师,更需要威信。因为政治课教学传授的是马克思主义真理,教师似乎是真理的化身。而实际上教师只是知识的传授者,课堂教学的组织者、引导者,教师和学生只有"闻道有先后""术业有专攻"之别。政治教师的威信并非是权力的信服威信,而是来自于学生内心深处的对学科知识真理性的信服。因此,身为教学主导者的教师,要充分利用各种因素,调动学生的积极性和主动性,促进教学匹配、和谐共振,在心理安全和心理自由的教学氛围中促进课堂教学的发展,促成科学素养的形成。

二、牛犊效应,构建"心比天高"

美国主管高校入学考试的出题部门(简称 ETS),自 1981 年 10 月以来,曾三次跌入"智力陷阱"——出现标准答案失误的情况,结果都是参加应试的中学生将其纠正过来,可谓是"初生牛犊不怕虎",故称为"牛犊效应"。著名的格式塔心理学家韦特墨在《创造性思维》中指出:"思维不仅是解答规定好的问题。作为情境的部分目标本身,在结构上可能是很有意义的,也可能是愚蠢的。在尝试解决一个规定问题的过程中,思维者常常停下来,发现情境要求的确是很不同的东西,从而也要求目标本身的改革。"毕竟整个世界是一幅由各种联系交织起来的五彩缤纷的画面,而客观事物的个性是丰富多彩的、千差万别的,特别是人们认识事物的角度、思维方法、知识结构的不同,应该允许答案走向多元化,哪怕是教材中的定理和学说,据牛津大百科全书的解释:"定理是迄今为止还正确的结论","学说是看上去貌似正确的学问"。人们的认识是随着实践的发展而不断走向深化、扩展和向前推移,以至于在政治课教学中要积极发现学生思维的闪光点。也许此闪光点还蕴含着丰富的知识内涵,在我们传授马克思主义基本原理的过程中,应该贯彻西南师大博士生导师张庆林教授提倡的过程中心,反对结果中心,注重思考与活动的过程,而不仅仅是答案。虽然在现实生活中,唯一答案的问题是存在的,但大多数情况下,答案是多元的,特别是与时俱进的政治课教学,由于特定原因,使政治课教材显得有些滞后,教材中的某些论断和表述是明显错误的。例如,高一经济常识下册"银行的分类及其职能"一框中讲到:中国农业银行的主要职能是集中管理农村信贷,集中管理农村信用社。殊不知,中国农业银行与农村信用社的管理体制已经分离,现在农村信用社的管理权已集中于省政府。政治教材中某些内容的相对滞后,给学生的答案多元化提供了必要性。当然,这也为我们政治教师必须坚持与时俱进及时补充新鲜血液提供了用武之地,引导学生从不同角度审视社会现实问题,打破定向思维,使学生不轻易相信只有一个答案的结论,不轻易相信既定事实的结论,也不轻易相信"名人"的结论,并且敢于发表自己的见解。教师要善于对待学生的见解,特别是要善于捕捉学生思维中闪现出来的创造性火花,从而使学生走出封闭的自我,走向创造自信。正像《学记》中所说:"道而弗牵则和;强而弗抑则易;开而弗达则思。"只有做到"弗牵""弗抑""弗达",才能和易以思,可谓善喻也。

三、姆佩姆巴效应,塑造"心存疑虑"

坦桑尼亚中学生姆佩姆巴,有一次在热牛奶里加了糖,准备做冰淇淋。冰箱容量有限,此时别的同学放入的牛奶差不多把冰箱占满了。姆佩姆巴来不及等热牛奶凉下来,就将它放入了冰箱。奇怪的是,姆佩姆巴的热牛奶比别的同学的冷牛奶结冰快得多。他的这一发现,当时却被老师和同学当成笑料。姆佩姆巴却不放过这一发现,求教于达累斯萨拉姆大学的奥斯博尔纳教授,他做了同样的实验,证实这种现象确实存在。然后世界上许多科学杂志都肯定了姆佩姆巴第一个发现了这种现象,称为"姆佩姆巴效应"。一个极有价值的科学发现钟情于富有孜孜以求的姆佩姆巴。这也印证了"学则须疑"(张载,北宋教育家)。著名的教育家、心理学家杜威在1924年提出了解决问题的五阶段说：(1)感受到问题；(2)确定和界说问题；(3)提出种种可能的解决方法；(4)推进这种解决方法的可能出现的结果；(5)接受其中的一种解决方法。的确，学生学习的过程是一个有问题→无问题→有问题的求知过程。正如英国哲学家波普尔所说的那样，"科学的第一特征就是它始于问题，实践及理论的问题"。他还认为，科学和知识的增长永远始于问题，终于问题——越来越深的问题，越来越能启发新的问题。一部科学的发展史，就是一部对奥秘的探索与对问题的解答的历史，也是不断传承和创新的历史。质疑问难，启迪学生思维，促进学生发展是政治课教学的主要目标。启发式教学的"启发"，虽然不能等同于"启发思维"，但它的根本内容或关键是启发思维，可以说"真正的学校乃是一个积极思维的王国"（胡兴松语）。这就要求我们在政治课教学过程中，要善于创设问题情境，或用音像制品，或用成语、谚语、典故等创设问题情境，特别是在学生的无疑之处设疑，使其原有知识与现有认知产生冲突，从而激发学生意识中的矛盾，掀起学生思维的欲望。例如，教学高一经济常识下册"世界市场的形成与发展"一框时，是否可以这样进行设疑：(1)世界市场是否是各国国内市场的总和，为什么？(2)世界市场指的是否是有形市场，为什么？(3)世界市场上交易的只是有形商品吗，为什么？(4)结合世界市场的形成和当今世界市场的特点，请你谈谈未来世界市场的发展趋势？借此等等在学生无疑之处发疑设疑，来深化对知识的领悟。其实教师的问题设计过程，也是我们教师有意识地培养和发展学生的问题意识和思维能力的重要过程，思维和问题有着密切的关系，问题是思维的起点和动力，没有问题为中心的思维是肤浅的和抽象空洞的。教师有意识的问题设计，与学生的质疑问难是相辅相成的，赞可夫曾说过："教会学生思考，这对学生来说，是一种最有价值的本领。"教师的问是为了学生会问，引导学生能够从自己熟悉的日常生活中去发现问题、提出问题，从学习生活中发现问题，从学科学习中发现问题，从实践中发现问题，学生会问更能促进教师的问，在相互探究的过程中达成新的进展。

四、摩西奶奶效应，力促"心想事成"

美国艺术家摩西奶奶至暮年才发现有惊人的艺术天才，75岁后开始作画，80岁举行首次女画家个人画展。美国学者称为"摩西奶奶效应"。他们认为一个人如果不去唤醒自己的潜在能力，它就会转化或自行泯灭，这就是"短路理论"。"培养自由的人和创造思维，最大限度地挖掘每个人的潜力，这就是（教育）最后的目的。"[①]著名的人本心理学创始人马斯洛创建的"自我实现学说"认为，"人的基本需要可以划分为七种或五种，它们按一定的层级来排列，分别是生理需要、安全需要、爱与归属的需要、尊重的需要，认知、审美和自我实现的需要（后来他把认知和审美归入自我实现需要）"。自我实现即人的潜能的实现，在马斯洛看来，有智力的人必须运用他的智力，有眼睛的人必须运用他的眼睛，自我实现需要是指人们期望完成与自己智能相适应的工作，从而使自己内在的潜能得以发挥，终于成为所期望的人物。在马斯洛看来，"教育的功能，教育的目的，在根本上就是人的'自我实现'，是丰满人性的形成，是人种能够达到的或个人能够达到的最高度的发展"。从另一角度说，作为每个人业已存在的潜能是可供人的自我实现目标的自然前提。作为教师，要积极引导学生学会自我认

---

① 联合国教科文组织国际教育发展委员会.学会生存：教育世界的今天和明天[M].上海：上海译文出版社，1979：199.

识、自我剖析、自我实现,尽量早地避免短路理论的出现。其实在政治课教学中,在进行问题设计的时候可大胆开放时空,让学生阅读政治教材的课题、节题、框题,寻找各自的题眼,试图实现:特征让学生观察,思路让学生探索,方法让学生寻找,意义让学生概括,结论让学生验证,难点让学生突破。使学生在观察特征、探索思路、寻找方法、概括意义、验证结论、突破难点的过程中,寻找曾经封闭的自我,唤醒自我。例如,在高一经济常识上册"农业是国民经济的基础"一框中,可让学生在读题中把握课文思路:农业是什么?为什么农业是国民经济的基础?现在农业在国民经济中的基础地位怎样?怎样加强农业的基础地位?再结合学生的读书体会和生活体验,让不同层次的学生去选择并验证相应问题的结论,从而促成不同层次学生潜能的自我实现。

五、蝴蝶效应,建构"将心比心"

美国科学家洛伦兹在华盛顿美国科学促进委员会演讲时指出:"一个蝴蝶在巴西扇动翅膀,有可能在美国得克萨斯州引起一场龙卷风。"这就称为"蝴蝶效应"。这在古今中外已有诠释这类事理的谚语、格言。如,"丢失一个钉子,坏了一只蹄铁;坏了一只蹄铁,折了一匹战马;折了一匹战马,伤了一位骑士;伤了一位骑士,输了一场战斗;输了一场战斗,亡了一个帝国"。教师如能联系这些就可理解蝴蝶效应的要旨:初始条件下的十分微小的变化经不断放大,对事物未来会造成巨大的影响。美国心理学家——艾帕尔·梅拉别思指出:信息交流的总效果100%=文字7%+单调38%+面部表情55%。此结论虽说有其合理之处,但在政治课教学中仅凭文字音调、面部表情等就可完成对信息效果的交流,则有失偏颇。政治课教学理论,既是理论教育的内容,又是进行理论教育的指导思想和基本原则。如果政治教师只把理论停留在认知层面,安于做"语言的巨人,行动的矮子",正像"台上我讲人,台下人讲我"那样,这就不仅仅是折了一匹战马的问题,而是促成我们的教育对象人格的扭曲。况且,随着改革开放的发展,新时期我国青少年的思想行为受到了冲击和困扰,呈现出"传统人格失效、现实人格失落、理想人格失范"的危机,作为政治教师必须正人先正己,教人先自教,知行统一,时时记住"教育无小事",从教学和生活中的每一件事做起,从我做起,从现在做起,特别是在大是大非问题上,用自己正确的行为去影响、感染、教育学生,正像法国作家罗兰所说的那样,"要散布阳光到别人的心里,先得自己有阳光"。我们培养的是能积极思考、能积极面对的一批批"骑士",也可以说教师的职业不单单属于个人,而是属于社会,更多的是承担起"传承文明""发展文明"和"弘扬文明"的责任。这就要求教师应像戏剧大师斯坦尼斯拉夫斯基所说的那样去做,他说:"当一个人回到家的时候,他把套鞋脱下留在室外的过道里;当演员来到剧院的时候,他也应当把自己个人的一切不快和痛苦留在剧院之外,在这里,在剧院里,他整个人是属于艺术的。"为师者的神圣职责必须净化"本我",控制"自我",更好地展示"超我"(见弗洛伊德的人的整个心力系统,分成"本我""自我""超我"三部分,其认为它们分别代表人的生物禀赋、理性思维和道德原则),以"超我"促成师生间的情感合流,心心相印。

六、首因效应,促成"沁人心脾"

首因效应是指在第一次交往过程中形成的印象对双方以后交往关系的影响,交往中的第一印象往往会形成一种特殊的心理定式和情绪定式,并且主观地据此把该人潜在的、未被获知的一些品行(好的或坏的)主动归属于他。如果这种首因效应是积极的,符合该人的实际情况,则会促进双方的正常交往,否则,就会形成交往中的一种心理障碍。美国人本主义心理学家罗杰斯认为,"教育目标应是促进变化和学习,培养能够适应变化和知道如何学习的人……学生认真参加的学习过程,是通过自我创造、自我发现和自我评价而获得知识的过程,教师的作用是'助产士'与'催化剂',教师应从各个方面帮助学生认识,通过意义活动和促进友好关系来帮助学生理解自己并进步发展自己"。政治课以其独特的功能使学生认为其只有说教的功能,走向对育人目标的偏差,但政治课教学所承担的传授马克思主义基本原理、基本观点、基本方法,培养科学的世界观、人生观、价值观是其他学科教学所无可比拟的。作为政治教师,应充分运用科学理论的强大力量加强说服效果方式的探寻,克服刻板效应,让学生形成对政治课教学的良性评价。政治教师是否可以通过新学期第一节课的精心策划,或者对每一节课的教法出奇、出新,包括新课的导入或结束语等促成学生对政治课教学的认同感增强,促成其探究兴趣的培养。比如,在讲高三政治常识时,是否可以采用罗大佑根据余光中的诗而改编的歌曲"乡愁四韵"引入,使学生在欣赏歌曲的同时能够融入那浓淡相宜的乡愁进入本课堂,以此激发学生的探究欲望。总之,政治课教学教无定法,贵在得法。只要教师在每一学期、每一单元、每一节课都能以积极的心态,积极的氛围进入学生心中,并逐级深入,促成良性发展,就会赢得学生对政治教师的尊敬,使我们的教育呈现出广阔的时空,既可完成"经师"的角色,又可完成"人师"的角色。

七、皮格马利翁效应,力主"用心期待"

1968年,美国心理学家雷森塔尔随机抽出一部分学生进行测验,向他们的任课教师假称试验证明这些学生将会有明显的进步,具有"优秀发展可能",结果数月以后,被抽出的学生果然成绩明显进步,雷森塔尔称之为皮格马利翁效应。这效应实为期望效应,指的是小团体中一个人对另一个人(或一些人)的预定看法和期望。这种人际期待,常常能够使个人在对另一个人施加影响时,努力帮助另一个人实现自己的预定看法和期望,从而促进另一个人的行为和态度的发展、变化。

美国心理学家詹姆斯曾说过:"人性中最深切的需要,是被人赏识的渴望。"特别是现在的高中生人格呈现出以下特点:(1) 变幻躁动,具有不稳定性;(2) 身心失衡,具有不平衡性;(3) 渴望独立,具有自主性;(4) 充满朝气,具有进取性;(5) 文饰内隐,具有闭锁性;(6) 逐渐成熟,具有社会性。的确,由于教师的期待不同,对学生施加影响的方法就不同;同时,学生表现得越出色,从而加强了教师的期待,促进师生发展。皮格马利翁效应的启示就在于教师应付之学生以爱,应该用发展的眼光看待每一个学生,"教育者,长其善而救其失者也",不是说在你的冷嘲热讽中会扼杀牛顿,也许在你的教鞭下有爱因斯坦吗?我们没有权力抑制自己的爱,因为课堂是师生共同拥有的心与心交流的时空,之所以是爱,教室里的每一个角落应是享受教育公平的场所,同时也是充满希望和生机的场所。不是说"有教无类"吗?现在我们也可以说"爱无差别",美国著名教育心理学家吉诺特博士说:"在经历了若干年教师工作之后,我得到了一个令人惶恐的结论:教学的成功和失败'我'是决定的因素,身为教师,我具有极大的力量,能够让孩子们活得愉快或悲惨,我可以是制造痛苦的工具,也可能是启发灵感的媒介,我能让人丢脸,也能让人开心;能伤人,也能救人。无论在任何情况下,一场危机之恶化或解除,儿童之是否受到感化,全部决定在我。"真可谓振聋发聩,虽说是否决定在"我"值得进一步商榷,但在一定程度上道出了教师的重要性。教师的厚爱,无私的爱,教师的殷切期待能转化为对学生亲切的鼓励,促成"亲其师,信其道"。在政治课教学中,是否可以坚持"无条件积极关注",虽然不同的学生会有不同的智力特点,在共享教学资源的过程中会出现与教师期望不相一致的地方,甚至是相对立的,这就要求我们要善于发现学生利用教学资源的积极面,就要坚持无条件关注。著名的人本心理学家罗杰斯对如何建立教师与学生的良好关系提出了三原则:移情、无条件积极关注、真诚。无条件积极关注通俗地说不要先入为主,把师生的关系"商品化",不要以学生的回报作为交换条件,教师应从学生的角度思考"我得到老师的什么爱"来反思自己行为,抛弃偏心和偏见,这样势必会得到学生的整个心灵和浓浓的师生情,也势必会增强学生对政治课教学的人文情怀。

八、门槛效应,承载"用心良苦"

美国社会心理学家弗里德曼与弗雷瑟在1966年通过实验提出的,即一个人一旦接受了他们一个较小的要求,为了避免给他人留下前后不一致的印象,也就有可能接受随后提出的较大要求,称之为"门槛效应"。这与我们常说的"得寸进尺"意思相近。美国著名教育心理学家奥苏伯尔说:"假如我把全部教育心理学仅仅归纳为一条原理的话,那么我将一言以蔽之;影响学生的唯一最重要的因素就是学生已经知道了什么,要探明这一点,并应据此进行教学。"的确,在政治课教学中,可以"以其所知,喻其不知,使之知之"。如教师在讲高一经济常识上册"纸币的含义"时,可围绕以下问题展开:(1)纸币是货币符号,是否意味着纸币就是货币,为什么?(2)纸币是货币符号,那货币符号是否等同于观念的货币,为什么?(3)纸币是由国家发行的,那社会上存在的假钞是合法的纸币吗?为什么?(4)纸币是国家发行的,那么纸币的面值由谁规定?(5)纸币是国家发行的,是否意味着凡是国家发行的纸币都是合法的货币符号吗,为什么?(6)金属货币具有五种职能,那作为国家发行的、强制使用的货币符号的纸币在现实生活中是否也具有这五种职能,为什么?在政治课教学中,让学生通过对诸如此类的教师创设的一个个问题情境的逐级深入解剖,通过一个又一个的门槛,尝受一次又一次成功的喜悦,领会教师的"醉翁之意不在酒",促成学生思维的深刻性、敏锐性、多向性的培养,促成科学思维方法的掌握,走向学会思维,学会生成。

瑞士著名教育家裴斯泰洛齐集其毕生的教育研究和实践,精辟地指出:"教育要心理学化。"作为政治课教学只有遵循心理效应,从心开始,用心来教,才能使教师教得秀气,学生学得灵气,课堂充满生气,才能真正实现"为发展而教"。

(本文选自《中学政治教学参考》2004年第2期)

用"以学生为本"的理念指导教学设计

北京师范大学良乡附中 覃遵君

一、由一节《蚯蚓》课引发的思考

当你看了下面美国某中学的一堂关于《蚯蚓》的生物课后,会有什么感想呢?

一开始上课,老师就说,请同学们准备一张纸,上来取蚯蚓。同学们捏着纸片纷纷上台取蚯蚓。许多蚯蚓从纸片上滑落下来,学生们推桌子、挪椅子,弯腰拾蚯蚓。于是,整个课堂乱成一团,但老师却视而不见。

当同学们抓住蚯蚓回到座位后,老师开始第二个教学环节:请大家仔细观察,蚯蚓的外形有什么特点?经过观察,同学们踊跃举手。

学生A:虽然看不见蚯蚓有足,但它会爬行。

学生B:蚯蚓不是爬行而是蠕动。

老师:对。

学生C:蚯蚓是环节动物,身上是一圈一圈的。

学生D:它身体贴着地面的部分是毛茸茸的。

教师:对,你观察得很仔细。

学生E:老师,我刚才把蚯蚓放在嘴里尝了尝,有咸味。

老师:对,我很佩服你。

学生F:我用线把蚯蚓扎好后吞进了喉咙,过了一会儿我把它拉出来,它还在蠕动,说明它的生命力很强。

此时,老师激动起来,走过去拍着这位学生的肩头,高兴地说:"完全正确! 同时我还要赞扬你在求知过程中所表现出来的这种勇敢行为和为科学献身的精神,在这方面我不如你!"

如果让中国的生物老师上关于蚯蚓的课,恐怕与美国老师是完全不同的。他很可能不带蚯蚓来上课,而是着重让学生把握课本上关于蚯蚓的知识。即使他带了蚯蚓来上课,也不会带那么多,不可能让每个学生手上都有蚯蚓,他最多带几条去让学生看一看、摸一摸。对于把蚯蚓放进嘴里尝的学生,他会批评:这样做很不卫生。而对于胆敢把蚯蚓吞进喉咙的学生,他更会严厉地斥责:这样做很危险,万一吞进了肚子,后果不堪设想。他不会允许学生在课堂上玩蚯蚓,更不会允许课堂上乱哄哄的没有秩序。

在此,我们可以看到中、美老师不同的教学方法和教学风格:

中国老师注重课本知识,而美国老师注重活的知识;

中国老师谨慎,美国老师大胆;

中国老师严肃,美国老师活泼;

中国老师不太信任学生,美国老师非常信任学生;
……

二、坚持"以学生为本"是教学设计的出发点和立足点

其实,从上面的这节生物课的教学设计中,我们已经感觉到了,学生在课堂上有了特殊的地位和作用。学生成为了主动的活动者、思考者和探究者,教师只不过扮演了课堂的设计者、参与者、引导者的角色。学生们在课堂的活动中获得了比较充分的感受和体验的机会,是课堂上真正的主体。我以为这样的课就体现了"以学生为本"的教育理念,是一种鲜活的、成功的现代教育。

那么,什么是"以学生为本"的教学设计呢？所谓"以学生为本"的教学设计,就是相信和依靠学生,以全体学生的发展和学生全面发展为目标,为学生的学而进行教学设计。"以学生为本"的教学设计主要有三个基本点,这就是:从价值观上,一切为了学生;从伦理观上,高度尊重学生;从行为观上,全面依靠学生。

首先,"以学生为本"的教育理念,是对"人本主义"思想的批判与继承,是对马克思主义关于人的全面发展思想的进一步丰富与发展。

人本主义,亦称人本学唯物主义。人本主义认为,人是自然的产物,是自然界的一部分。世界上除了人和自然界以外,再没有其他东西。人的自然生理属性就是人的本质。马克思主义在批判旧唯物主义和"人本主义"的过程中,揭示了人是自然性和社会性的统一,指明了"人是一切社会关系的总和",提出了人的全面发展的科学思想。马克思主义认为,人的全面发展就是人的体力和智力广泛、充分而自由的发展,即人在德智体美等方面的全面发展。人本主义思想的合理内核,特别是马克思主义关于人的全面发展的思想,为"以学生为本"的理念提供了理论依据。

其次,"以学生为本"的教育理念体现了我国素质教育的本质含义。

所谓素质教育,在本质上应该是人的塑造与潜能实现的对立统一,即以受教育者素质的全面发展为目的,以科学方法充分开发受教育者的潜能,同时以社会的物质文明、精神文明和政治文明的成果对受教育者进行塑造和完善,促进其个性得到健康发展。素质教育以人为本,这体现了教育的本质;素质教育在学校是面向全体学生的教育;素质教育的主体精神是促使人体素质的全面提高;素质教育还关注人的终身发展。因而,素质教育具有促进学生个体自然成长、学生个体社会化、学生个性发展的基本职能。可见,"以学生为本"的教育理念是素质教育本质的具体体现。

再次,"生本主义教育"实质上就是"以学生为本"的教育。

华南师大郭思乐教授主张"生本主义教育",其核心内容就是"一切为了学生"。他认为,"为教师的设计"绝不是"为学生的设计"。也就是说,如果教师只是为了方便自己的教而进行的教学设计,就背离了"一切为了学生"的根本宗旨,最终仍然是"教师中心论"和"教学中心论"。

真正把"师本"和"生本"分离开来,我们首先要弄清"为教师设计"和"为学生设计"是不同的,两者有着很大的差异。第一,学生是教育过程的终端。然而,为教师的设计却是非终端的设计,它只考虑教师好教,而不管学生好学。第二,学生是教育过程中的重要资源。然而,为教师的设计却否认了学生在教育活动中的资源性,只是以教育和课本为全部资源的一种设计。第三,学生是一个个生命实体。为教师的设计忽视学生的生命实在,因而进行的是

虚体设计,而不是以活生生的学生为对象的实体设计。第四,与此相联系的一个更基本的问题,那就是教师的意志并不等于学生的意志,教师的认识规律并不等于学生的认识规律。在课堂上,教师经常把自己的意志强加给学生,或要学生按自己的意志办事。然而,这只是学生的主观意志服从于教者的意志,除此以外,学生还有自身的自然规律所反映的自然意志,但对于一些教育者来说,或者视而不见,或者不闻不问。教育者想要教育好学生,却以压抑学生的主观意志为能事,显然是不合逻辑的。孔子的"开而弗达,道而弗牵,强而弗抑"的教导,在两千多年前就已警示世人,真是令人惊叹!

从上述的事例和讨论中,至少给我们这样一个启示:我们不仅要避免压抑人的自然意志,我们更要依靠人的自然意志。

广东茂名市一位小学老师在题为《懒人有懒福吗?》的文章中记述了这样一件事:我是小学数学教师。前年教一个班数学课,还兼任全校的少先队辅导员。少先队工作忙,没有时间辅导数学,就在班里挑出两位学得较好的同学,要其他同学有问题先问他们,他们解决不了,由同学们讨论,再解决不了才问我。这样做了一年,我以为自己下的功夫不够,全镇性考查成绩会上不去,但结果一出来,我的班居然占了全镇前十名中的五名。第二年,我的少先队工作量减轻了。我想,去年我的懒办法取得了好成绩,今年我勤快一点,肯定可以拿更高分,在全镇前十名中占它七八名。结果,我取消了学生辅导学生的办法,事事亲为。学年终一检查,我的学生只占全镇前十名中的两名了。

这个例子出人意料,似乎有点反常,却恰好正确地反映了实际。郭思乐教授经常听课,对上课进行了长期的观察和深入的研究。他认为,为听课而有所准备的老师上的课一般不是好课,而为未学过这一内容的学生上的课才有可能是好课;好看的课不一定是好课,而不好看的课不一定是差课。而且,犹如高产的禾苗并非十分青绿一样,好课一般并不"好看",因为在那里我们也许看不到教师动人的表演,看到的却是稍微乱哄哄的学生的自主的活动。正是在这样的参与和活动中,学生如同抛秧成长起来的禾苗,如饥似渴地吮吸着知识的玉液琼浆,生成智慧和能力。

三、新课程对教学设计提出了"以人为本"的要求

新一轮课程改革,明确地提出了"以人为本"的思想,在教育教学中坚持"以人为本",其实就是要坚持"以学生为本",而绝不是"以教师为本"。

在新课程的实施中,要坚持"以学生为本"的教学设计,首先必须弄清两种知识、两种学习、两种教学。王兴举先生在《知识、学习与教学》这篇文章中对两种知识、两种学习和两种教学的划分与研究很有意义。他认为,可以把知识分为"可表达性知识"和"只能意会的知识"两种。要适应新课程的教学,特别要研究"只能意会的知识"是如何习得的,它对教学有什么要求。同时,与两种知识相对应的有两种学习,这就是"接受性学习"和"感受性学习";而与两种学习相对应的又有两种教学,这就是"讲授性教学"和"感受性教学"。

按照新课程教育理念,我们要更加注重"只能意会的知识""感受性学习"和"感受性教学"。新课程把教学目标定位在知识与技能、过程与方法、情感态度和价值观三个维度,因而把"只能意会的知识"的学习放到了非常重要的位置,相应地"感受性学习"和"感受性教学"也就摆在了非常重要的位置。从某种意义上说,新课程中的教学主要是"感受性教学",因而,与之相适应的教学设计也必然是感受性教学设计。这种感受性教学设计真正体现了以

学生为本的教育理念。在感受性教学设计中,教师不再是教学的中心和主宰一切的知识权威,而是教学的设计者、组织者、引导者、参与者。教师与学生在教学过程中是平等的,教学过程是师生之间交流和沟通的过程。正因为这样,教师在进行新课程的教学设计时,第一个任务就是要在研究教材的基础上,从知识和技能、过程和方法,以及情感、态度和价值观三个维度去体会教学目标。第二个任务就是组织学生的学习活动,学生的学习活动主要是体验性活动和反思性活动,并据此进行教学设计。

第一,体验性活动的设计。故事法、情境法、表演法等都大体属于体验性活动设计这一类。体验性活动的设计主要有以下几个基本点。

(1) 活动的目标指向教学的目标。活动是为学生实现教学目标去经历、体验而设计的,不是为了活动而活动,不是一种形式上的展示。活动的设计具有连续性、和谐性,适合学生的情况,深受学生的欢迎。

(2) 注意开发学生、家长和社会的教育资源,使学生真正走进活动并产生体验。教师要深入了解学生及其家庭、社区,对于学生、家长和社区的教育资源做到心中有数。

(3) 由于学生间存在着个体差异,不同的学生对同一个活动体验是不同的,让不同的学生在不同的活动中获得最大的体验。因此,为了每个学生的发展,针对一个问题,教师往往要设计若干个活动,从不同的方面让学生经历、体验。例如,新教材设计中的"做一做""试一试""想一想""议一议""读一读"等活动,就是让每位学生在活动中都能获得一定体验的活动。

(4) 教师应当认识到,正是由于学生间的差异,面对同一经历会有不同的体验,因此应当尊重每一位学生的不同体验,这里不要求有统一的认识、统一的意志。教师的体验只是不同体验中的一种,不是"标准答案",教师不要把自己的体验强加给学生。

(5) 在活动中体验是学生自然而然产生的,不是教师强加给学生的,教师只是一个引导者、参与者。体验是一种心理活动,很多情况下很难从外显行为表现出来。因此,教师不宜过分追求学生体验的行为表现,许多情况下只要学生参与了、经历了,应当说就达到了要求,而教学要更多地关注学生是否积极、主动、全面地参与,活动的设计要努力实现学生积极、主动、全面的参与。

第二,反思性活动与比对。反思性活动与体验性活动一样是学生的主动性活动。反思性活动的主要形式是比对。在学习活动中,学生的比对发生在领悟、自省、交流和讨论中,教师在教学中要及时引导,促进学生比对的发生。因此,在教学设计时要注意以下几点。

(1) 比对往往不是一个单独教学阶段,它有机地融合在学生的体验活动之中,教师要抓住时机及时引导,促进学生反思的发生。例如,有一位教师在教毛主席《愚公移山》一课时,学生提出了这样的一个问题:山挡住了愚公的家门,可以搬家嘛,干吗要花那么长的时间、费那么大的力气去挖山呢?教师这时就应当及时引导学生讨论:是呀!山挡住了家门可以挖山,也可以搬家,而且搬家更便捷,可毛主席为什么要赞扬愚公挖山不止的精神呢?此时,教师要注意引导学生深入体会毛主席在这篇文章中所说的"山"是帝国主义、封建主义、官僚资本主义三座大山,用搬家的办法是解决不了的,只能挖山不止。毛主席在这里赞扬愚公挖山不止,就是赞扬顽强、彻底的革命精神。

(2) 比对的结果往往不会很快地表现为外显行为,它是一个内省过程,是一个知识重构过程,很可能需要一个较长的时间。教学中切记不要急于获得一个自己认为"满意"的结果,特别不要越俎代庖,以自己的认识、想法去规范学生,追求认识、想法的统一。有的教师会觉得没有一个总结,好像事情没有做完,其实并不是这样,学生只要参与了、经历了、体验了,就有了思想的活动,就有了反思,就一定是有变化的。

(3) 与感受一样,比对也是因人而异的,不同的学生的反思和反思的结果是不一样的,除了内容的指向不同,其深浅度也会不同。教师不应追求"统一"的认识、"统一"的结果。在这里教师不是裁判员,教师可以引导,但不要对学生的反思进行简单的评判。

四、用"以学生为本"的理念指导教学设计是一次深刻的革命

1. "以学生为本"进行的教学设计是教学上的一次历史性突破

首先,"以学生为本"的现代教学设计与传统备课有不同的内涵,它广泛运用了现代教育教学理论和科学技术成果,实现了教学设计从自发的经验向自觉的科学型的转变。

其次,"以学生为本"的教学设计,摒弃了"教学中心论""教师中心论"的传统教学观念。有一位印第安老人,赚钱后买了一辆汽车,不懂得怎么开,只好雇了匹马来拉它。这位印第安老人当然可笑,他不知道汽车本身有动力,可以用激发它自身动力的办法去开动。也就是说,他沿用的是马拉车的联动式,而不知道开汽车的激发式。我们现在许多人沿用的教育方法,其缺点就同印第安老人一样,在于忽视了人自身的动力,同时,也在于采取了缺少主动性的联动方式。如果把这种联动式用到教学设计中去,必然回到"以教师为中心",其弊端是十分明显的。

再次,"以学生为本"的现代教学设计,是对传统教育思想的批判与继承,突破了过去的单向式教学程式,把教学过程看成是一个多向的师生互动、共同提高的过程。

传统的教师教学设计,把教学看成是教师向学生传授知识、技能的单向活动过程,不能全面反映教学过程中的教与学的关系。在设计的思路上,主要考虑的是教师教什么、如何教的问题;在教学方法的选择上,考虑教法多,既不研究学法,更不研究学生之间、师生之间如何交流,如何互动,如何共同提高。早在两千多年前,孔子就提出了"教学相长"的重要思想,就是说,通过教学,不但学生得到进步,教师自己也得到提高。按照"以学生为本"的观念进行教学设计,是对"教学相长"思想的进一步丰富和发展。它使教学活动真正成为学生之间、师生之间的互动过程,构成多向式的信息交流网络。教师在教学过程中,不仅传播知识,更要体现高尚的师德,要尊重学生的人格,培养学生选择、运用知识的能力,发现并激发学生的潜能,指导学生在实践、合作中学习,帮助学生学会学习。与此同时,教师本身也得到发展与提高。

2. 用"以学生为本"的教学设计取代传统备课,是当前教学改革的迫切要求

教学改革首先是教学设计改革。而是否按照现代教学设计的要求进行教学设计,是教师工作是否走向科学化、规范化的重要标志。现代教学设计主要有以下基本功能,这就是:(1) 实现教学从自发的经验型向自觉的科学型的转变;(2) 能优化教学结构,大面积提高教学质量;(3) 有助于教师创造性的充分发挥;(4) 启迪学生思维,充分调动学生的创造性,提高学生的知识整合能力;(5) 能增强教学过程的可控性,有利于推动教学改革;(6) 充分发挥多种资源的效用。因此,作为教育工作者,应该积极行动起来,投入这场新的教学革命,坚决用"以学生为本"的教学设计取代传统的教师备课,不断地探索新路子,开创新局面,取得新成果。

(本文选自《中学政治教学参考》2004年第7期)

《经济生活》"学法"初探

华南师范大学政法学院 陈友芳 罗长青

普通高中思想政治课程标准的一个显著特点是强调"生活逻辑",注重"学科知识与生活现象有机结合"。课程标准在"课程性质"中明确指出,"引导学生紧密结合与自己息息相关的经济、政治、文化生活,经历探究学习和社会实践的过程,领悟辩证唯物主义和历史唯物主义的基本观点和方法,切实提高参与现代社会生活的能力"。《经济生活》不但在整体架构上充分体现了"以生活为基础",而且在具体知识的呈现中充分做到了"把理论观点的阐述寓于社会生活的主题之中",把基本观点、原理融入鲜活的生活题材之中,通过大量贴近学生生活实际的范例来展示观点。课程标准另一个显著特点就是强调"学习过程是主导",注重学生的自主学习、探究性学习。《经济生活》按照课程标准的要求做到了把教材从"教本"变为"学本",在呈现方式上通过设计大量的思维及实践探究活动,使学生在具体生动的情境中,经过"活动、体验、表现",实现自主学习,也就是说,把体现研究性学习方式的活动设计作为教材基本内容的呈现方式。面对从"教本"到"学本"的转变,思想政治课不能仅限于教材教法,而要适应课程标准及新教材的需要,积极、迅速地开展教材学法研究。学生要学好《经济生活》,一定要做到以下三点:发现生活、理解生活、参与生活。

发现生活从学生学习的角度来看,发现生活是为了更好、更准确地理解教材中的理论知识,它是为理解知识而服务的。新教材分为单元、课、框、目四个层次,在每一目,我们都介绍了一些经济学中最基本的理论观点、原理及应用性知识。要理解相关的经济学知识,最好的方法是把每一个理论知识放回到生活中去,借助于经济生活中鲜活的事例、材料来理解理论。要从生活出发来理解理论,利用生活中的材料、事例来自己归纳出这些理论。因为经济学的理论观点、原理终究是从生活中来的,是对生活的总结、概括、提升。学生对生活中相关的经济现象了解得越多,则对教材中相关理论的理解也就越容易。因此,在《经济生活》的学习中,学生首先要做一个生活的有心人,多关心生活,多从自己的周围世界寻找事例、材料,即要"发现生活"。所以,"发现生活"要求学生每学一目,都应当想一想与这一目有关的日常生活现象有哪些,自己究竟知道哪些与这一目知识内容有关的经济现象,然后利用这些现象来展示理论,理解理论。经济学是一门与每个人的生活密切相关的学问。经济理论虽然很抽象,但是它讲的都是我们身边的事,只要多关心生活、多从自己及周围的生活出发,没有理解不了的理论。

理解生活从学生学习的角度来看,理解生活是为了提高学生运用所学的理论分析、解释相关经济现象的能力。理论的目的之一就是为了帮助人们理解世界、认识世界。人类总是对自己周围的世界充满着好奇心,希望了解大千世界背后所隐藏的规律、法则、道理,尝试运用所学的理论去解释各种经济现象,不但会使学生体验、感受到知识运用带来的极大乐趣,同时也有助于学生更好、更准确地理解教材中的理论知识。以《经济生活》第二课第二框"不同商品对价格变动的反应程度是不同的"这一知识点为例,如果学会了这个原理,我们会发现粮食丰收后反而出现"谷贱伤农"现象,其实就与粮食这类生活必需品的需求量对价格变动反应程度小有关。因为粮食丰收带来的供给增加会使粮食的市场价格下跌,价格下降虽然会促使消费者增加购买量,但是粮食购买量的增加幅度赶不上价格下降幅度,所以农民从粮食销售量增加中得到的好处不足以弥补粮食市场价格下降带来的损失,结果造成了"谷贱伤农"现象,使得国家必须制定保护价一类的政策来保护农民的利益。我们也可以运用这个原理去理解、分析企业的一些定价行为。如果仔细观察,我们会发现聪明的企业领导人不会对"需求量对价格变动反应程度小"的商品定一个低价。例如,每年社会争议颇多的"春运"火车票涨价现象就与这一点有关,因为"春运"火车票的市场需求量对价格变动的反应程度小,如果实行提价,火车票的需求量虽然会有一定的下降,但是需求量的下降幅度会小于价格上涨幅度,从而铁路部门从价格上涨中获得的好处要大于火车票需求量下降带来的损失。明白了这一点,也就可以理解为什么政府要控制"春运"火车票的价格。同样我们也会发现,通常是那些"需求量对价格变动反应程度大"的商品才喜欢打价格战或采用低价政策,因为当这类商品的价格下降时,该商品的需求量会有一个更大幅度的上升,这样企业从商品需求量上升中获得的好处会大于价格下降带来的损失,即只有对"需求量对价格变动反应程度大"的商品采用低价政策才是有利可图的。有意思的是,这个理论也有助于学生准确理解第九课第二框"纳税人与赋税人"中的税负转嫁现象。在学习税负转嫁时,学生及部分中学老师容易犯的错误之一就是,以为税负可转嫁时,纳税人就不是负税人。其实当纳税人的税负可转嫁时,它究竟能转嫁多少税负,也取决于"不同商品的需求量对价格变动的反应程度"。当商品的需求量对价格变动的反应程度大时,纳税人的涨价能力受到限制,转嫁能力就相对较小;而当商品的需求量对价格变动的反应程度小时,纳税人的价格控制能力强,转嫁能力就相对较大。也就是说,前一种情形,纳税人自己最终承担的税负较多,而后一种情形,纳税人自己最终承担的税负较少。

参与生活 从学生学习的角度来看,参与生活是为了提高学生运用所学的知识解决生活中的实际问题的能力。理论不仅仅是为了认识世界,更重要的是为了改造世界,经济理论更是如此。正如《经济生活》中的"致同学们"所说的,学习经济理论的目的,就是为了使学生在认识现实生活中常见的经济现象的同时,获得参与现代经济生活的必要知识和技能。只有学会了运用理论去解决生活中的实际问题,才算得上真正掌握了理论。例如,我们前面所说的"不同商品对价格变动的反应程度是不同的",这一知识点就在企业的定价实践中具有极大的应用价值。大企业在给自己的商品定价时,必须要考虑该商品的需求量对价格变动的反应程度。有许多专业经济研究人员一辈子就是从事"商品的需求量对价格变动的反应程度"的测算工作。此外,通过实地调查或自己的实践,学生会发现像"薄利多销"这种价格策略只有在"商品的需求量对价格变动的反应程度大"时才是有效的。又如,这一目接下来的知识点"商品之间的替代与互补关系",在实际生活中也具有极大的应用价值。近几年我们不时看到这种现象:某地耗费巨资修了一条原以为是"致富路"的高速公路,但是路修好后,人们并没有像想象的那样奔走在"致富路"上,人们继续选择走不收费的旧公路,结果为了还贷,当地只好对旧公路也收费,引起了一些社会不满。像这种"好心办坏事"就与不了解"高速公路"与"旧公路"之间具有一定程度的替代关系有关。学生在学习相关理论时,为了获得参与经济生活的能力,一定要注意做到以下两点:一是要积极运用自己所学的理论来解决自己、家庭及社会上的各种实际问题,在"学中做",在"做中学",充分利用一切可能的机会来锤炼自己的生活参与能力;二是要结合自己的经验,认真思考、总结每个理论究竟可用来解决哪些实际问题,而且要积极与同学交流这方面的成果。

只要在学习过程中认真实践"发现生活、理解生活、参与生活",相信广大学生很快会发现《经济生活》既好学,又有趣、有用。

(本文选自《思想政治课教学》2004年第12期)

"以生为本"在政治课教学中的探索与实践

浙江省海宁高级中学 沈建龙

党的十六届三中全会把坚持"以人为本",树立全面、协调、可持续的发展观,促进经济社会和人的全面发展,作为党的工作的总体要求和发展目标提出来,这标志着一种富有人性化的新的社会发展观已经明确,"以人为本"这条贯穿于人的世界、人的社会的根本原则受到了重视。在我们思想政治课教学中也要贯彻"以人为本"的思想,也就是要坚持"以生为本",促进学生的全面发展。

所谓"以生为本",简单地说,包括两层含义:第一层是"以学生的学为本";第二层是"以学生的发展为本"。其中,"以学生的学为本"是基础和前提;"以学生的发展为本"是归宿和目的。这就要求我们在思想政治课教学实践中必须坚持"一切为了学生、为了一切学生、为了学生的一切"。

一、思想政治课教学坚持"以生为本"的原因

1. 克服传统思想政治课教学弊端的需要

在传统的思想政治课教学中,一是以教师的教为本,学生的学只能围绕教师的教转,学生处于"观众"席位,丧失了学习过程中学生的自主性和主动性;二是以书本知识为本,忽视了师生之间、生生之间应有的情感交流,学生只能获得僵化的知识,丧失了学习过程中学生的情感性和发展性;三是以静态的教学为本,学生只能被动地适应,从而使教师对教学内容的认知过程代替了学生对学习内容的认知过程,丧失了学习过程中学生的能动性和创造性。这种教学模式所造成的后果是严重的。我们在新世纪的思想政治课教学中必须克服这种弊端。

2. "以生为本"是学生个体心理的需要

知识是人类宝贵的文化遗产,是人类科研成果的结晶,其自身有着无穷的魅力。而作为学习的个体——人是天然的学习者,当一个人面对具有很强魅力的学习对象时,就会表现出强烈的兴趣,形成求知需求,产生强烈的学习动机,从而孜孜不倦地去学习、去欣赏、去品味。不仅如此,人还具有创造的本能(或潜能)。每个学生也是这样,当教师为学生提供了自我发现、自我欣赏及自我价值实现的机会时,学生的内心世界为激情所充盈,产生强烈的创造欲望。因而,学生个性心理要求教学要"以生为本"。

3. "以生为本"是学生个体发展的需要

21世纪是知识经济时代。时代要求未来人才要具有对知识的吐故纳新能力和创新能力。而我们现在的学生是怎样的呢?文科生计算能力、推理能力较为不足,对一些自然科学一无所知。在日常工作中,文科生连基本的数理问题都感到棘手;而理科生不懂美术、音乐、舞蹈等艺术的大有人在。甚至由于忽视语言的学习,连起码的材料书写都不能胜任。这些现象的出现、发展和延续,都将对时代所倡导的全面发展的具有完全品格的人的形成造成冲

击,它远离了健全发展的完美意义的人的概念。这样的学生个体是不健全的,是不能适应知识经济时代要求的。我们的教学必须培养学生个体的全面发展。

4. "以生为本"是创新学习的需要

创新既是社会变化和发展的动力,也是决定国家在国际竞争和世界格局中的地位的关键因素,还是个人获取竞争胜利、实现个人价值的重要手段。江泽民同志在第三届全教会上指出:我们必须把增强民族的创新能力提高到关系中华民族兴衰存亡的高度来认识。要培养适应未来知识经济的创新人才,就必须进行人才创新,就必须进行创新教育、创新学习。知识经济并不要求每个人都是全才,不要求每个人都是博学家,都有十八般武艺,但却要求他尽可能地通晓他所处领域的知识,尽可能地多了解相关领域的知识,而且能自如地运用自己的知识进行创造性地工作。

二、思想政治课教学如何实践"以生为本"

1. 思想政治课教学要做到"三个转变"

首先,要以教师的教为本的教学观转向以学生的学为本的教学观。但我们强调以学生的学为本的教学观并不否认教师在教学中的主导作用,而是要求教师明确在现代教学中,要根据学生的学习实际,来确定适应学生学习的教学起点。其次,要以书本知识为本的价值观转向以学生发展为本的价值观。但强调以学生发展为本的价值观并非不要教师在教学中传授书本知识,而是要把传授书本知识服从、服务于促进学生有个性的、可持续的、全面和谐的发展。为此,在现代教学中要把"学科教材知识"转化为"教师的学科知识",在教学实施中再把"教师的学科知识"转化为"学生的知识"。借助于教师激活知识和播种活的知识,通过学生积极、主动思维和创造性的探索活动,使"学生的知识"得以"生成和生长"。再次,以静态教学为本转向以动态教学为本。教学是一个动态的过程,教师要根据学生学习实际的反馈情况做出动态的、适时的调整。因为根据学生学习实际的反馈情况,在一定的静态教学实际中原先设定的教学起点可能不是实际的教学起点;原先设定的教学难点可能不全成为教学难点或还有新的教学难点。因此,教学必须要以显性为主转向以隐性为主,使教学更能成为有助于学生学习和有利于促进学生有个性的、可持续性的、全面和谐发展的动态过程。

2. 改变教学方法

教学有法,教无定法,贵在得法。教学过程是师生共同活动的双向过程。在这个过程中,学生是主体。美国著名教育家布鲁姆认为,知识的获得是一个主动的过程,学习者不是信息的被动接受者,而是知识获得过程的主动参与者。思想政治课要优化教学过程,必须改变单向灌输,以知识传授为主的传统教学模式。因为传统教学模式没有让学生真正参与到课堂活动中,他们只是一个被动的受体。这不仅严重挫伤了学生的学习积极性,压制了学生创造能力的开发,而且助长了学生的学习依赖性,阻碍了学生素质的提高。在教学过程的各个环节中,把"备"的重点放在对学生的了解和分析上;把"教"的重点放在对学生学习方法的指导上,放在对学生分层要求、分类的提高上;把"导"的重点放在学生心理、思维的疏导上;把"考"的重点放在学生自学能力和创新能力上。在思想政治课教学中培养学生的创新能力,应启发、引导学生善于把不同知识重新组合解决问题,善于从不同角度观察分析问题,开拓思维,大胆提出自己的独立见解等。作为教师要赏识学生在学习过程中独特的富有个性的理解和表达,注意培养学生的批判意识。在教学中,要鼓励学生质疑,变"权威教学"为"共同探讨"。在教师的指导下,让学生以发现者的心态去探索、求新,去寻觅独创性的答案,创造一种"海阔凭鱼跃,天高任鸟飞"的环境。

3. 为学生提供鲜活的学习资源

与日新月异变化发展的形势相比,思想政治课教学内容往往显得滞后,这就需要教师不断充实与时代同步的教学资源。在教学活动中,我们采取了以下做法:一是指导学生阅读各类书刊,如《半月谈》《中学生时事报》《时事》杂志等;二是每天让学生收看《新闻》和《焦点访谈》,并做好摘记;三是开展社会调查,撰写政治小论文,进行全校评比。这样,思想政治课教学逐步将小课堂与大社会有机地结合起来,学生学习政治课的积极性大大提高。同时,我们还积极倡导学生通过多种途径收集信息,以设立资料库。在上课时,教师有选择地把这些最近发生的、时代气息浓、趣味性强的典型事例呈现在学生面前,使学生深感运用鲜活的事实论证教学观点的正确性。

4. 让每个学生都"动"起来

著名教育家陶行知先生在《创造的儿童教育》一文中指出:"解放学生的头脑,使他们思想;解放学生的双手,使他们能干;解放学生的嘴巴,使他们能问;解放学生的空间,使他们能到大自然大社会里扩大知识和眼界,获得丰富的学问;解放学生的时间,使他们有时间学一点他们渴望要学的知识,干一点他们高兴干的事情。"陶行知先生关于"五大解放"的思想对当前中学思想政治课教学改革有很大的指导意义。我们积极倡导教师心中要有学生这一主体,强调在教学活动中培育主体,努力实践让主体"动"起来的现代教学理念。这里的"动"是指动手操作、动眼观察、动脑思考,手脑并用,让学生积极思维,展现自我,明辨是非,提高智慧。在"动"的过程中教师应创设充满人性化的教学氛围,引导学生主动地参与到学习过程中。

5. 改变学生的学习方式

人是开放的,教学不应该用僵化的形式作用于人,否则就会限定和束缚人的自由发展。教学过程是师生交往、互动的过程,学生不是教学的配角,而是具有主观能动性和丰富个性的人。这就要求教师帮助学生构建起自主、实践、探索、合作的学习方式,为学生的终身学习与发展打下基础。所谓学习方式,就是学生在完成学习任务过程中基本的行为和认知取向。要从根本上转变学生被动、单一的学习方式,提倡多样化的学习方式,让学生成为学习的主人,使学生的学习主体意识、能动性、创造性不断发展,教师就要尊重学生自主学习、积极探究的权利,增强学生的求知欲望,鼓励学生即兴提出问题,让学生带着自己的知识、经验、思考、灵感参与教师的教学活动,让激情与智慧碰撞产生火花。教师要给学生以心理支持,创设接纳的、支持性的、宽容的教学气氛,鼓励学生去寻找适合自己的学习方式。

(本文选自《中学政治教学参考》2005年第6期)

在教学中培养学生思维方式多样性的策略

广东省广州市第七中学 陈吉君

高中思想政治新教材的核心价值取向和能力目标要求的重点,在于培养学生的创新精神和实践能力。而思维是创造的核心,不同的思维方式在创造性活动中具有不同的作用。因此,在高中思想政治课的教学活动中,我在培养学生思想政治素质的同时,也注意渗透对学生进行多种思维方式的培养。

1. 让学生说"不",培养学生的批判性思维

说"不"是一种诚实的、科学的求知态度,是一种可贵的思维品质,它具有批判性思维的特征。要培养学生的思维品质,当然必须培养学生的批判性思维。

高中的思想政治课新教材,尽管是"新"的,但随着时间的变化,其中的个别观点或结论,会变得不正确或不科学。在教学时,教师不能直接告诉学生哪个地方不正确、哪个地方不科学,而应该引导学生通过独立思考,让学生自己纠正那些错误或过时了的观点,让学生大胆地说"不",以培养学生的批判性思维和"不唯书,而唯实"的道德品质。

现实生活中的一些现象,表面上看具有正确性、合理性,但却不一定是合法的,不一定是符合事物发展规律的,也不一定是符合广大人民群众根本利益的。我们在新教材的教学中,可以引导学生运用马列主义、毛泽东思想、邓小平理论和"三个代表"重要思想的基本原理、立场和方法去分析那些社会生活现象,克服"从众心理",让学生大胆地说"不",以培养学生独立思考、批判性思考的良好习惯。

2. 让学生"反弹琵琶",培养学生的逆向思维

按照思维的方向,可把思维分为顺向思维和逆向思维。过去,我们的教学,尤其是思想政治课的教学,对学生训练较多的是顺向思维。而逆向思维在创造中的作用同样重要甚至更为重要。在新教材的教学中,我们应该把教材中政治理论原理和社会生活中的时政热点结合起来,精心设计一些政治小论文作业题或辩论题,以训练学生的逆向思维。

例如,"对××热的冷思考""对××现象的反思"等政治小论文作业题或辩论题,就可以起到训练学生逆向思维的作用。

当然,"反弹"的对象必须是可以"反弹"的事物,而且,"反弹"必须对社会有益,离开这些条件就不可能有所创新。

3. 让学生"钻牛角尖",培养学生的求异思维

"钻牛角尖",原本是比喻费力研究不值得研究的问题。现在,凡与常人不同的思维方式或提几个"稀奇古怪"的问题,人们往往就把他(她)称为"钻牛角尖"。"钻牛角尖"并没有什么不好,它是求异思维的表现。求异思维是一种富有创见性的辨异思维,与求同思维相比,它更能够揭示客观事物的本质特性和内在联系,更能创造出新颖、超常的思维

成果。

许多名言古训,随着时间的推移,有的已不合今日之时宜,有的已不再是"绝对真理"。在新教材的教学中,我们可以运用辨析题、小论文、课堂辩论等形式,鼓励学生大胆"钻牛角尖"或"标新立异"。

例如,在新教材的必修模块——"生活与哲学"的教学中,我给学生设计了这样一道小论文:"知识都是力量吗?"引导学生从正确知识、错误知识、反动知识、伪科学以及正确知识是否被正确应用、是否会应用(是否是书呆子)等角度对培根的这句名言进行较为深刻的探讨,从而达到了培养学生求异思维的目的。

又比如,在教学必修模块"经济生活"中的"投资与创业"时,可以组织学生进行"酒香不怕巷子深"(正方)和"酒香也怕巷子深"(反方)的课堂辩论,这既能加深学生对所学知识的理解,又能培养、训练学生的求异思维。

4. 让学生"多角度考虑",培养学生的发散思维

所谓发散思维,就是以某一问题为中心,从不同角度、不同侧面、不同层次,去观察、思考,寻求解决问题的一种思维方式。它能突破墨守成规的思维定式,能使学生对基本概念、基本原理理解得深透、准确。

例如,对新教材政治生活模块中的"文明"这个概念,我们可以这样引导学生从多角度进行分析。从形态看,"文明"是指社会的进步与开化的状态;从实质看,"文明"是指人类改造客观世界和主观世界的积极成果;从构成看,"文明"包括物质文明、政治文明和精神文明;从产生看,"文明"是人类活动的产物;从意义看,"文明"是人类不断进步的体现;从内部关系看,三大文明紧密相连,相互促进;从要求看,应该坚持三个文明一起抓,才能促进社会的可持续发展。通过这种多角度的分析,不仅能使学生懂得如何解释和阐述"文明"的概念,而且能使学生由此及彼,实现知识的转换和推断,并能培养学生的发散思维。

5. 让学生"普遍联系""变化发展""一分为二"地看问题,培养学生的辩证思维

"矛盾"的观点是辩证法的核心,"普遍联系"和"变化发展"是辩证法的两个基点。不仅"生活与哲学"模块中有这方面的专门内容,就是新教材的其他三个必修模块与六个选修模块的知识都蕴含有这方面的知识,在现实社会生活中,更是处处充满着这方面的问题。因此,我们在新教材的教学中,应该让学生"普遍联系""变化发展""一分为二"地看问题,以训练学生的辩证思维。

例如,让学生分析我国加入"WTO"的利弊、让学生整理新中国外交的变化历史、让学生分析某个现实事件的前因后果等等,这是新教材教学培养学生辩证思维的有效方法。

6. 让学生"严密推理",培养学生的逻辑思维

如果说辩证思维主要属于"面"的问题,那么,逻辑思维则主要属于"线"的问题。辩证思维侧重于思维的"全面"性,而逻辑思维则侧重于思维的"严谨"性。"线""面"结合才能成为"体"。因此,在新教材的教学中,我们不仅要训练学生的辩证思维,也要训练学生的逻辑思维。

新教材的编写体例,虽然没有了过去那种"严密"的知识体系,但是,新教材的语言叙述,仍然是有严密逻辑性的。我们在学生的课堂发言、作业书写中,应该规范学生的语言和思维的逻辑性。要求学生的发言和书写做到:概念清晰、判断准确、推理严密。我们虽然不能像

大学那样用专门的逻辑学作业来训练学生的逻辑思维,但我们可以适量地设计一些逻辑思维的判断改错等题目来训练学生的逻辑思维。更重要的是,在整个高中新教材的教学中,我们都可以渗透训练学生的语言和思维的逻辑性。

7. 让学生"科幻",训练学生的想象力

想象力是一种创造性思维。俗话说:"不怕办不到,就怕想不到。"从某种意义上来说,"想"是"办"的先导。"科幻常常是发明创造的先导"(杨振宁语);"科幻是创造性思维"(杨振宁语);"想象力比知识更重要,因为知识是有限的,而想象力则概括着世界的一切,推动着世界的进步,并且是知识进化的源泉"(爱因斯坦语);"任何科学发明,都是从幻想起步的"(我国著名科幻作家郑文光语)。哥白尼的《日心说》和爱因斯坦的《相对论》,其实就是他们利用超人的想象力进行"思维实验"的结果。还有今天的全球首富——比尔·盖茨,他创造财富的手段也就是仰仗其过人的想象力进行创造性思维。记不起是哪一位名人大师曾讽刺性地这样说过:"中国人喜欢武侠(小说),西方人爱好科幻(小说)。"尽管这句话不一定正确,但是,近现代中国人的科幻意识确实薄弱了。在以创新为显著特征的知识经济时代,我们,尤其是青少年,更应该大胆地进行科学幻想,从小树立创新意识。因此,在高中思想政治新教材的教学中,我们也应该渗透对学生想象力的培养。

(1) 巧设作业,培养学生的想象力。例如,对"事物是普遍联系的"这个哲学原理,为了使学生牢固树立"世界上的事物都是普遍联系的,孤立的事物是没有的"辩证法思想,我们可以给学生布置这样一道科幻作业题:"地球人去宇宙探寻'反物质'。当他们到达摩羯星时,乘坐的太空飞船被六头蛇身的摩羯星人击毁了。地球人各自揪着自己的头发,慢悠悠地飘向了各层宇宙……"要求学生以"孤独的太空者"为题,续写故事。又如,有一位老师为了培养学生正确的金钱观,设计了这样一道科幻题:外星人看见地球人从古到今都在为争夺一些花花绿绿的纸片而互相残杀。从好意出发,外星人把许多花花绿绿的纸片撒到了地球上……要求学生续写故事。类似这种作业题,既可以达到巩固基础知识的目的,又能起到训练学生想象力的作用。

(2) 在看漫画、读诗歌、讲(听)故事中培养学生的想象力。看漫画、读诗歌、讲故事,是政治课教学常用来突破难点、增强教学感染力的方法。其实,漫画、诗歌、故事等材料运用得当,不仅能帮助突破难点,还能起到培养学生想象力的作用。例如,在教学新教材的"探索世界与追求真理"中的"世界物质性原理"时,我们可以给学生展示这样一首古诗:"花貌年年溺水滨,俗传河伯娶生人。自从明宰投巫后,直至如今鬼不神。"(唐·汪遵)学生们读完这首古诗后,要求他们想象古诗中描绘的情景;然后,要求学生们联系现实谈体会;最后,要求学生们写出《读〈西河〉诗,批法轮功》的读后感。这样,既能达到课本知识和时事教育的目的,又能在课本知识教学和时事教育中培养学生的想象力。再如,我们还可以给学生看贝克莱的"闭上眼睛,世界上就没有悬崖了"的漫画,让学生"体验"唯心主义的错误,从而达到知识、能力、情感态度价值观三个维度的统一。

(3) 在"实际问题"的"解决"中培养学生的想象力。"探究性活动"是新教材的一大特点。我们可以利用这一特点来训练学生的想象力。例如,我们可以举办题为"如何解决西部大开发中的缺水问题"的虚拟讨论。在讨论中,我们可以引导学生从节水、环保等方面去思考。在老教材的教学中,笔者就此"实验"过。有的学生设想:"用强激光把喜马拉雅山凿一个缺口,让太平洋的暖湿气流从山口的玻璃门开关进入大西北,形成丰沛的降水";有的学生设想:"用三根巨大的、由新型材料制成的导管,从喜马拉雅山南面把雅鲁藏布江的水虹吸到大西北";有的学生设想:"于新疆、青海、西藏等地建几座大型太阳能电站,在黄河及西北的枯水季节对西北各河流源头的雪山作定向吹拂,从而使大西北一年四季水长流"。类似这样的"探究",在新教材的教学时,也可以采用。因为这种方法既能活跃课题气氛,又能培养学生的想象力。

(本文选自《思想政治课教学》2005年第10期)

思想品德教材"内容活动化　活动内容化"设计初探

课程教材研究所　贺　军

近年来,在推进素质教育的课程改革中,广大教育工作者对学生的学习兴趣、生活关切、心理特点、认知规律和能力培养等越来越予以关注,以学生发展为本的理念逐渐为人们认同并付诸实践。

在这种形势下,如何在德育教材的呈现方式上把国家意志、相关学科知识与学生的生活关切、能力培养有机统一起来,把教学内容转化为学生的知、情、信、意、行,是我们追求的重要目标。据此,编写初中思想品德课教材,着眼于呈现方式这个重要环节的创新,我们对"内容活动化与活动内容化"的设计模式进行了初步探索。

一、探究活动的设计意图

探究活动具有多方面的功能。

(一) 回归学生的现实生活

生活是学生的真实世界,从生活中选取情境,设置探究问题,引导学生在真实的场景中思考、辨析、提升、回归,做到源于生活而又高于生活,基于生活的感受而又不拘于生活的细节,是我们设置探究活动的一个基本思路,也是我们对课程标准提出以"初中学生逐步扩展的生活是本课程的基础"的理解。例如,在讲到"责任"时,我们设计了这样一个探究活动。

小红是一名初中生,她在日记中写道:我怎么觉得那么累啊？妈妈总是要我考出好成绩,她只要我把学习搞好就行了;当班长的事情又那么多,老师和同学有什么事情都找我,真是烦死了;这个周末学校还要我们义务植树,真是浪费时间;我喜欢唱歌,报名参加学校的歌唱比赛,却很少有时间去排练……

小红承担了哪些责任？

哪些责任是她被动承担的？哪些责任是她主动承担的？

她怎样才能享受到承担责任的快乐？

在现实生活中,学生经常碰到类似小红同学这样的冲突,结合这些冲突引发学生思考自己所负的责任,引导他们学会在矛盾冲突中做出合理的选择,主动承担应负的责任,有利于培养学生形成正确的情感态度价值观。

(二) 注重学生的情感体验

马克思说过"激情、热情是人强烈追求自己的对象的本质力量"[1]。列宁说:"没有'人的感情',就从来没有也不可能有人对真理的追求。"[2] 教学一旦触及学生的情绪和意志领域,触及学生的精神需要,就能产生意想不到的效果。德国教育家第斯多惠说:"教学艺术的本质在于传授本领,而是激励、唤醒与鼓励。"学生的学习热情、探究兴趣、对知识的感悟、正确态度价值观的形成、终身学习习惯的养成,都有赖于情感的支撑。拨动学生的情感之弦,学生的学习就不是被动的而是主动的,学习过程就是一种享受而不是痛苦,思想品德就不会成为外在的附属物而是心灵的雨露和阳光。找准学生对于家庭、集体、民族、国家等方面的情感与相关教学内容的结合点进行精心设计,有利于凭借传统文化、历史等方面的知识,调动学生的情感,点燃学生的激情之火。例如,在讲到两岸统一问题时,教材结合余光中先生的《乡愁》一诗,设计了一个探究活动:

有人说:"《乡愁》的字里行间洋溢着我国各族人民在情感、风俗习惯和心理上相互认同、血肉相连的文化气息。"

有人说:"中国是一个统一的国家,这一点已经牢牢地印在我国的民族意识之中,《乡愁》就是这种民族意识的现代诠释。"

还有人说:"哪里是'乡愁',明明是'国愁'。"

你是如何解读这首诗的?请说出来与同学一起交流。

两岸统一不仅关系中华民族的根本利益,而且是中华民族的共同心愿。这是因为两岸人民都是中华儿女,同根同祖。教材从共同的先祖、共同的文化传统、深厚的民族情感等方面,引导学生领会《乡愁》这首诗的内在意蕴,既能开阔学生的探究思路,链接学生多方面的背景知识,又能比较好地达到教学目的。

(三)注重锻炼学生多方面的实践能力

如动手收集、筛选、处理信息的能力,进行社会调查的能力,分析和解决问题的能力等。学生良好学习习惯的养成、学习能力的提高、良好思想品德的形成与发展,说到底,不是一个理论问题而是一个实践问题。要想知道梨子的味道,就要亲口尝一尝。但不可否认,在以往的教学过程中,我们相对来说比较容易忽视学生实践能力的培养。在设计探究活动时,我们意识地在教材中加强了这一环节。一项研究任务、一次调查研究、一个广告设计等,都是锻炼学生设计、思考、分析、行动的好机会,也是认识自我价值、发现自我潜能、展示自我形象的好机会。

(四)发挥学生的主观能动性,促进创新意识和创新能力的培养

培养创新能力是全面推进素质教育的重点,更是德育课程特别关注的内容目标。如何从教材编写上突出这一目标的设置与实施,使学生个性得以充分表现、潜能得以充分发掘,探究活动也许是一个窗口吧。从设计的角度来说,就是要放飞学生的思绪,激发学生的灵感,培养学生的兴趣,以点燃其创新之火、绽放其天赋之花。例如,围绕2008年奥林匹克运动会,让学生展开想象的翅膀,大胆地展示自己的"奥运形象规划",以利于从多方面开掘学生的潜能,我们设计了这样一个探究活动。

2008年,第29届奥林匹克运动会将在北京举办。那时,也许我们能相聚在北京,给外国朋友当导游,为他们当翻译,给他们介绍博大精深的中华文化……在全世界密切关注"建设新北京,办好新奥运"的今天,让我们在课余时间,为奥运献上一份"奥运形象规划"。

(五）把握自行生成和发展的知识

相对确定的知识、师生互动生成的知识、教师已有的知识，共同组成思想品德教材的知识体系。与以前相比，教材更为关注通过师生互动而自行生成新知识，其比重有所增加。例如，我们设计了这样一个探究活动。

"飞速发展的社会，对我们青少年的素质还提出了哪些要求？例如具有扎实宽厚的科学文化知识要有开放的胸怀……"

经历这一过程，结合所学知识，学生可以从终身学习的能力、世界眼光、脚踏实地的奋斗精神等方面进行探究。这种探究活动具有较大的开放性，为学生提供了自由想象、自主思考的空间，避免简单化地作定义式的解读；力求在启动学生思维的基础上，在鼓励学生尝试探究的过程中，体现诱导性、引领性、创造性。

（六）让学生学会探索新知识的方法

随着时代、实践和科学的不断发展，新问题、新知识层出不穷，知识的"折旧率"越来越高。对于学生的持续发展来说，掌握获取知识的方式方法无疑比死记硬背一些知识更重要。对于教师来说，应该引导学生学会学习、逐步养成适合自己学习的方式方法。也就是说，要授学生以"渔"而不是"鱼"。这就要求教师从"灌输现成知识"转变为"共同建构知识"，从"提供标准答案"转变为"共同探求新知"。

以上几个方面是相互联系、相互渗透的一个整体。在一个探究活动中，几方面的因素同时存在、不可分割。总之，在鲜明展现正确价值观的前提下，要给学生一些权利，让他们自己去选择；给学生一些机会，让他们自己去体验；给学生一点儿困难，让他们自己去解决；给学生一些问题，让他们自己找答案；给学生一些条件，让他们自己去锻炼；给学生一片空间，让他们自己向前走。在这样的探究过程中，教师可以指导学生摸索探求新知识的方式方法，激励学生体验发现、生成知识的快乐，激发学生研究未知领域的强烈愿望，提高学生分析问题、总结经验、预见未来的能力。

二、探究活动与知识内容的有机统一

以探究活动推进获取知识过程的演进，是我们设计探究活动的重要追求。从一段正文过渡到另一段正文既是知识本身内在逻辑推进的过程，也是活动推进的过程，这两个过程是一致的。

以"弘扬和培育民族精神"一框为例。首先，我们在第一目下设计了这样一个活动。

鲁迅说过："我们从古以来，就有埋头苦干的人，有拼命硬干的人，有为民请命的人，有舍身求法的人……虽是等于为帝王将相作家谱的所谓'正史'，也往往掩不住他们的光耀，这就是中国的脊梁。"[3]

你认为"中国的脊梁"是什么？请用具体人物或事件加以说明。

鲁迅先生这一段论述为大家所熟知，富有感染力，而且切合"民族精神"这一主题。围绕这一论述，我们从抽象和具体两个层面设计了上述问题。探究时，教师还可以引发学生思考"一个人要生存和发展需要哪些精神？一个民族要生存和发展需要什么样的精神？中国的脊梁对于我们民族的发展、壮大有哪些作用？对中华文化的发展和繁荣有何作用？你还能找到类似的论述吗？"这样就能链接学生的背景知识和生活经验，启动学生的思维，培养学生的创新思维习惯。经过这样一个自我设计问题、开发思维、展开讨论和辨析的过程，学生能获得诸多新的感悟和体验。

第二个活动选取著名诗人戴望舒在日军阴暗潮湿的地牢中写的一首诗《我用残损的手掌》，引导学生体会这首诗描绘了当时一幅怎样的历史画卷，感悟诗中的情感和精神。在引导学生解读这首诗的同时，教师可以链接学生学过的历史知识，从更为广阔的背景上启发学生思考：面对凶残的日本侵略者，千千万万的中华儿女为什么不怕牺牲，奋起抵抗？为什么我们民族能在极为困难的条件下长期坚持抗战并最终取得胜利？如果你生活在那个战火纷飞的年代，你准备怎样做？你为什么要这样做？你认为我们民族最宝贵的精神有哪些？这首诗集中体现了什么样的精神？这种精神与中华民族精神有何关系？这样从多个方面提出问题，启发学生思考，在思考中形成正确的情感态度和价值观，相关的教学内容也就自然生成了。

为了进一步对民族精神的丰富内涵进行深入的探讨，教材凭借学生掌握的历史和文学方面知识设计了这样一个活动。

填写下表，让我们共同感受中华民族精神。

	名言警句	历史典故
团结统一	"定于一""尚同一""一天下"	郑成功收复台湾
爱好和平	"和为贵""与人为善"	……
勤劳勇敢	……	愚公移山
自强不息	"天行健，君子以自强不息"	……

进行这一探究活动，不能满足于要求学生机械地填写答案，而要引导学生通过查找相关资料，从历史文化传统、民族精神的一脉相承等方面帮助学生感悟中华民族精神的深刻内涵与巨大的精神力量。在活动探究的基础上，教材指出"伟大的民族精神始终是鼓舞我们民族迎难而上、团结互助、战胜强敌与困难的力量源泉"。

通过探究，学生已经知道中华民族精神的基本内涵和巨大力量。那么，在历史的长河中，中华民族精神是如何得以丰富和发展的？中国共产党是如何结合新的时代条件丰富和发展民族精神的？教材采取以点带面的方式设计了如下活动。

"红军不怕远征难，万水千山只等闲。"长征途中，红军所经历的艰难困苦是世所罕见的。但是，千难万险压不倒红军将士。没有气吞山河、勇往直前的革命英雄主义和革命乐观主义，长征的胜利是不可想象的。当年率领红军长征的毛泽东说："长征是历史纪录上的第一次，长征是宣言书，长征是宣传队，长征是播种机。"[4]

请用自己的语言解读毛泽东的这段话。

你能把握长征精神到底是什么吗？

长征是中国历史上极为辉煌灿烂的一页。学生对长征的时间、过程及其历史意义等都有所理解。但是，对于什么是长征精神，长征精神的时代意义，长征精神与中华民族精神之间的内在关系等问题却没有进行过探究。教师凭借学生的背景知识启发学生从多方面进行体验、感悟,并结合教学内容进行总结、升华,就比较容易达成如下教学目标:一是中华民族精神不是静止不变的,而是与时俱进的;二是中国共产党在革命、建设和改革的各个历史时期都不断丰富和发展了民族精神。教师和学生还可以围绕这两个方面的教学要求设计更为丰富多彩的情境,激活学生思考。例如,还可以设计这样一些问题:还能举出哪些类似长征这样丰富发展民族精神的事例?这些事例之间是一种什么样的关系?长征精神对建设中国特色社会主义有何作用?我们应该如何继承和发扬长征精神?当然,活动的创设、情境的铺陈不宜简单地采用这种问答式,而应切合学生的生理和心理特点,把相关的目标要求、过程步骤与学生的兴趣统一起来。这样顺理成章地进行探究,与教材的知识逻辑一致起来,学生的思维逻辑就自然过渡到下一目要讲的内容。

从"民族精神生生不息"这一目的活动设计来看,活动所涉及的材料包含经典名言、历史典故、党的光荣奋斗史等方面,探究形式多种多样、不拘一格。这样设计,意在多维度地链接学生的背景知识和生活经验,寓比较抽象的教学内容于具体材料和学生的体验、感悟之中,从多方面激发学生的兴趣,激活学生的思维,培养学生综合分析、解决问题的能力。

结合这一目的分析,我们可以看出,每个活动都承载了一定的教学内容和目标要求,活动探究的过程就是教师指导学生基于一定的情境发散思维、生成知识、自我发展并形成正确的情感态度价值观的过程。离开了活动中内蕴的教学目标,不能引导学生自我推理并生成新的知识,忽视了学生情感态度和价值观的养成,而只是为活动而活动,为探究而探究,那就是为了形式而忽视了内容,不是我们所追求的"内容生活化与活动内容化"。

结合这一目的分析,我们可以看出,各个活动之间具有内在联系。这种联系是多方面的,有的是整体与部分的关系,有的是由浅入深的关系。细细体会,还可以看出,这种活动之间的联系往往与教材知识之间的内在联系有一定程度的类似之处。

三、探究活动:我们如何面对

"内容生活化与活动内容化",是我们在新一轮思想品德教材编写过程中始终努力的方向,是着力推进教学方式转变、贯彻素质教育要求、促进学生能力提高的一个关键环节。在实际教学过程中,也面临这样或那样的问题。例如,有的教师为活动而活动,对于探究的目的、过程还不是十分明确,甚至不自觉地离开了教育教学目标;有的对于如何进行探究活动,特别是如何激发学生的探究兴趣还没有摸索出行之有效的方法;有的觉得一堂课进行一两个活动时间不够,学生似乎什么也没有学到;等等。如何面对教材内容活动化,如何开展活动课教学,首先让我们对几种主要探究活动类型做一简单剖析。

(一)探究活动的几种类型

1."情境+问题"型探究活动

这类探究活动结合相关情境提出问题,寓问题于情境之中,引导学生结合所提问题发散思维、进行探究。这种探究活动所提供的材料可能是一则历史故事、几则具有内在关联性的材料、几组相关的照片资料、学生的一段亲身经历等。虽然形式上有所不同,但都与教学内容相关联,富于辨析性。

2. "情境＋观点＋问题"型探究活动

这一类探究活动是对"情境＋问题"这一类探究活动的拓展。针对某一具体情境进行分析、归纳、总结，然后引导学生提出自己的建议。这种探究活动具有鲜明的开放性，要求掌握丰富的信息材料，根据不同的路径进行辨析、交流，以利于张扬学生的个性，形成自己的结论。

3. 观点辨析型探究活动

围绕某一问题，展示具有辨析性的观点，引导学生参与讨论、发表自己的看法。这类探究活动旨在引导学生对不同观点进行比较、分析、鉴别，从而形成正确的认识。

4. 收集材料并进行归类型探究活动

为了引导学生形成主动收集、筛选、分析、归纳材料的习惯，提高这方面的能力，我们专门设计了收集材料并予以归类这样的活动。

5. 践行类探究活动

这类探究活动旨在帮助学生将学习的内容迁移到新的情境中去，尽可能地自主解决一些实际问题。也就是说，让学生运用已学知识同化、理解新知识，使其在头脑中得到储存并用于解决有关问题的过程。

以上几种分法，只具有相对的意义。因为不同类型的活动并不是截然分开的，而是交织在一起的。许多探究活动并不是单一的，而是由多方面的要素共同组成的。即使是同一类型的探究活动的材料呈现方式也并不是一成不变的，而是灵活多变的；提出问题的角度、方式也是多种多样的；引导学生探究的途径也是如水赋形，不拘一格的。

以上明确了探究活动的类型，而教师在进行探究活动时，还有几个问题需要明确。

（二）进行探究活动时需注意的几个问题

1. 活动课设置的教学目标要明确

活动课不是为活动而活动，而是一个激发学生的情绪体验、活跃学生的思维、提高学生分析和解决问题的能力、感悟知识的生成过程、形成正确的情感态度价值观的过程。这一过程是知识、能力与情感态度价值观的有机统一。忽视学生的情感体验和能力培养，单纯注重知识灌输的做法，或者片面注重学生的情感体验和情感态度价值观目标而有意无意地忽视知识生成的做法，都不利于学生的全面发展，不符合素质教育的要求。九年级思想品德教材设计的探究活动都内含有相应的知识目标，服务于一定的教学目的。在进行探究活动之前，应该明确每个探究活动的探究目的，在探究过程中展现知识的形成过程，把知识的生成过程与探究活动的展开过程有机地结合起来。

2. 要善于创设丰富的教学情境

在教材编写过程中，我们千方百计设置丰富多彩的情境，以激发学生的学习兴趣。例如，选取具有强烈时代感的材料、设置具有辨析性的观点、展现学生生活的过程、提出引导学生探究的问题等。在教学过程中，教师可以结合学生的具体实际选取生活气息浓、具有探究性意义的情境，引导学生分析、思考、探究。如讲两岸同根同祖、血浓于水的深厚情感，可以结合连战大陆之行受到广大民众热烈的欢迎和宋楚瑜先生祭祖时从祖坟上带走一抔黄土等场景，引导学生从文化传统、民族习惯、民族心理等方面进行探究。

3. 要培养学生的批判意识和质疑精神

鼓励学生对书本质疑和对教师的超越,赞赏学生积极的和富有个性的理解和表达。探究性学习方式与教师讲授方式确实有多方面的不同,探究学习以学生为主体,以学生的体验为过程,凸显学生的个性、兴趣、批判意识和质疑精神。教师宜爱护和培养好学生的好奇心、求知欲,爱护和培养好学生的自信心、自尊心,发掘和开发蕴藏在学生身上潜在的创造性品质,保护学生的探索精神、创新思维,帮助学生自主学习、独立思考,营造崇尚真知、追求真理的氛围,为学生禀赋和潜能的充分开发创造一种宽松的环境。

4. 在探究过程中要尊重学生

我们面对的学生不是装知识的口袋,不是被引导去生成知识的机器,而是有血有肉的人。学生是有情感、有意志、有丰富内心世界的活生生的人。他们需要知识,更需要理解、尊重、肯定和鼓励。每个学生都是活泼的生命体,教师要维护他们的自尊,激励他们的自信,并让他们学会自控。

(三)以人为本,在探究的过程中构建新型的师生关系

探究的过程,是收集材料、分析材料、形成观点、找到方法的过程。这一过程对于大多数中学生来说,还是一场试验。出现这样或那样的问题,是意料之中的事情。成功的方法往往不是在试验之前,而是在反复试验之后。既然是试验,就要允许学生犯错误,鼓励学生在犯错误的基础上前进。而要这样做,就要请教师尊重学生,鼓励学生找到适合自己的探究方法,鼓励学生总结一失败的经验教训,鼓励学生大胆进行交流探讨,鼓励学生敢于与自己平等交流、争论,鼓励学生形成自己的观点。婴儿是在母亲的鼓励下学会走路的,学生是在教师的鼓励声中走向成功的。关注学生在探究过程中每一点细小的进步,帮助学生发现自己的潜能、肯定自我,让他们陶醉在自我探究的喜悦之中,也就点燃了学生的探究之火,开启了他们走向成功的大门。

在新一轮课程教材改革中,借素质教育的东风,我们在思想品德教材编写方面大胆迈出的"内容活动化与活动内容化"这一步,可以说是筚路蓝缕、以启山林。但是,要真正把这一试验做成功,还有待广大教师的共同探索,让我们用"路漫漫其修远兮,吾将上下而求索"这句诗来相期许吧。

参考文献:

[1] 马克思恩格斯全集(42卷)[M].北京:人民出版社,1995:169.

[2] 中共中央马克思恩格斯列宁斯大林著作编译局.列宁全集(第20卷)[M].北京:人民出版社,1995:255.

[3] 鲁迅全集(第6卷)[M].北京:人民文学出版社,1981:117.

[4] 毛泽东著作选读(上册)[M].北京:人民出版社,1986:73.

(本文选自《课程·教材·教法》2005年第11期,有改动)

中学政治课"参与—发展"教学模式的构建与实施

广州开发区中学 毛义涛

一、"参与—发展"教学模式提出的背景

中学生处于身心迅速发展和学习参与社会公共生活的重要阶段,自我意识和独立性逐渐增强,参与、实践的意识和水平上升。通过经历探究学习和社会实践的过程,领悟辩证唯物主义和历史唯物主义的基本观点和方法,切实提高参与现代社会生活的能力,初步形成正确的世界观、人生观、价值观。初中《思想品德》和高中《思想政治》的教学应该成为学生思想品德、思想政治素质发展的重要途径。原有的政治课教学中存在重目标轻过程、重知识轻实践、重功利轻人文的片面性。在新课程标准中,《思想品德》和《思想政治》课具有思想性、人文性、实践性、综合性等特点;强调课程实施的实践性和开放性,坚持正确价值观念的引导与启发学生独立思考、积极实践相统一是课程遵循的基本原则。

新课程为学生提供新的学习策略,目的正在于倡导真正立足于学生发展的新的学习方式,即强调学生在学习过程中的自主参与,才能做到"以参与求体验,以创新求发展"的教学,才能有效地促进学生的发展,才能使学生真正成为学习的主体。学生是否敢于活动和思考,是否能够从被动走向主动,是否敢于和善于参与教学活动,关键问题在于我们教师是否给学生创设条件和情景让他们说,让他们参与。

为此,我们提出中学政治课教学的"参与—发展"教学模式。"参与"是学生自身进行的有教师指导或组织的目标学习活动,它贯穿各个教学环节;"发展"是全面的,包括学科的知识、能力、情感态度价值观,也包括合作、交往、创新能力等。只有"参与",才能"发展","参与"的目的是促进"发展"。

二、"参与—发展"教学模式的探索和实施

为落实新课程标准,实施"参与—发展"教学模式,在实践中我们坚持以下原则。

第一,一切从学生的发展出发,创设情景和机会并鼓励学生表达自己在学习中的经历和感受,提出问题,解决问题,对自己搜集到的素材信息做出自己的解释。第二,自己积极倾听并引导学生倾听交流,尊重学生的表达,而且尽可能帮助学生学会流畅地表达,使他们不断树立信心,增强与他人沟通的能力。第三,在交流中尊重差异、鼓励合作,引导学生寻找共同点,继续深化讨论。第四,在学生的各种参与活动中,培养他们的各种能力。

以此为指导,我们探索和尝试了一些新的初见成效的使学生主动参与的教学方式。

(一)学生参与备课

1. 确定研究的课题

教学活动绝不仅仅是教师按照教学大纲和教学计划按部就班地完成一本本教材的教学任务,还有许多方面的学生个人问题、社会实际问题亟待我们在教学中研究。新课程要求把正确的价值引导蕴含在鲜活的生活主题之中,倡导"密切联系学生生活实际""学习即生活"等观念,向我们提出了发现这些问题、解决这些问题应该是教学的任务。学生可以结合学习的新概念和新目标,针对自身生活或社会现实生活中存在的相关问题进行调查研究,设计相关问题,紧扣而不能死扣教材,要多关注学生的社会现实生活问题。如在初二政治教学中,我们曾在学生建议下确定《广州青少年如何维护自己的合法权益》为研究课题,很好地结合了实际问题。

2. 小组合作共同活动或研究

学生在教师指导下,把在调查研究后确定的问题作为研究目标,或按学习目标和内容的分类,把这些问题转化为学生有能力解决的并有一定挑战性的具体问题,可以独立尝试完成任务,但更希望和鼓励学生以小组合作形式自愿参与任何一方面的专题研究学习,力求每一个学生都能扬长避短。如在进行《守护我们共有的家园》活动课准备过程中,要调查了解本区的环境问题,学生结成小组,又按小组自主选择了各自的途径,有的去饭店,有的去工厂,有的去河边,有的通过报纸、互联网间接了解情况。

3. 挑选优秀作品

学生完成作品后,教师给予初步的指导意见,如果课件、报告等数量过多,要由教师和课代表共同评价和确定优秀的适合课堂教学使用的作品,挑选出的作品要对作者有鼓励性或肯定性的评价。当然,这样的作品允许有漏洞和失误,把问题带进课堂教学中,在与师生、生生交流中寻求解决问题的途径。如初一《情趣与兴趣》一课中,学生按各类不同情趣自愿组合成小组,编辑各类情趣小报,学生组成评委评选优秀作品展出。

4. 小组排练

被选出的作者为了能在课堂教学中给别的同学讲解清楚,表演到位,要自己构思和设计教学、表演的步骤与技巧,理清线索,编排语言,揣摩动作,并与小组其他成员沟通交流,进行课前小组试讲,征求改进意见。如在初二《思想品德》教材中《男生女生》一课的教学之前,教师就哪个问题有必要表演征求学生意见,学生大多数认为男女生交往的分寸值得表演和探讨,然后学生自愿结成若干小组研究演练,最后自荐给教师检阅,教师挑选了表演自然大方的一组准备在课堂教学上表演,不料有个女生自告奋勇说又要参与进来,理由是她担心观众看不懂表演,她想在其中担任旁白说明具体场景和情节,在这种情况下,这个小组和新参加的学生一起又排练了一下,教师也在旁边观看并提出建议。

5. 学生自己设计和准备课堂活动

在一些以活动为主的政治课堂教学前,教师可以发动学生对活动课的准备工作提出意见和建议,也可以给予学生注意事项后,让学生自由和充分地交流活动的想法。由于是在解决学生自己面临的问题,学生此时表现出的方法、勇气和创意往往会出人意料,教师此时的创造性却有很大的局限性。如在高一《经济生活》的"街头广告面面观"教学活动前,学生就自编自导自演了一场如"刘姥姥进大观园"似的舞台剧。学生这样备课,可以增强学生的社会责任感和社会实践能力,也符合本课程要引领学生在认识社会、适应社会、融入社会的实践活动中,感受经济、政治、文化各个领域应用知识的价值和理性思考的意义。

(二)学生参与讲课

言传不如身教,身教不如自己教。新课程鼓励学生在实践的矛盾冲突中积极探究和体验。学生对学习更全面深入地参与,适当进行讲课,就可获得丰富深刻的体验。

教师要运用适当的教学方法,激活政治课堂。例如:(1)创设情景。兴趣是最好的老师,教师要运用一定教学手段创造条件,调动学生内在需要和情感,使学生有学习和活动的热情与冲动。(2)师生互动。教师要获得学生对学习目标的理解掌握情况,必须激发和引导他们分析问题、解决问题,调动他们参与学习的主动性和创造性,观察听取学生的反应;学生要验证自己的结论是否正确,也要通过教师的评价。(3)尊重、关注、鼓励每一个学生。(4)故意示弱、示错。(5)允许学生在适当的时机打断教师或其他学生的讲话,进行插话、提问、辩论等,甚至有时候可以中止原教学计划而展开此问题。

我们要鼓励推动学生在课堂教学中尝试做小老师、小主持人、小演员的体验活动,学生参与讲课的形式主要有下列几种:(1)学生呈现和说明已准备就绪的内容。如新闻速递、时事开讲、演示幻灯片、讲解题目、音像资料、照片图案、讲故事等。(2)学生担当课堂活动的角色。如节目表演、互动游戏、小组竞赛、互相给分等。(3)学生互相问答、师生互相问答。

在实践中我们有以下几点体会。

1. 学生参与讲课的主要目的

学生参与讲课的主要目的是说明和解决具体的生活实际、社会实际问题,一般来说是课堂教学的部分目标和内容,是片段的讲解说明。政治课中有大量的适宜学生讲解的问题,只有这样才能培养学生的创造意识和实践精神。

2. 学生参与教学应有开放性、创新性、不确定性

学生既然成了教学过程的主体,在教学中广泛而深入地参与,那么教学过程就不可能完全按照教师的原教学计划进行,具体问题的提出和解决既具有计划性又有随意性,既具有确定性又有灵活性,有意想不到的新问题,也有出人意料的新答案,当然也允许不合理的问题或答案在课堂教学中出现。一名高一学生在政治课堂教学中表演节目《街头广告面面观》时,有学生突然问道:"为什么满街都有香烟卖,却看不见有香烟的街头广告?"讲课的学生顿时语塞,笔者也一时想不到答案,此时教师鼓励其他学生来回答,有学生说:"我国有关广告的法规严禁这样的烟草广告。"笔者又要求学生课后查阅有关资料验证这种说法是否正确,事后证明这种说法是正确的。

3. 充分肯定学生讲课的价值

在课堂教学中,教师有自己的教学意图和方式,当我们把有些任务交给学生时,他们往往有意想不到的积极性,他们有自己独特理解和表达的方式,这样呈现学习和活动往往使其他学生从另一方面来理解和接受目标。要尽可能从积极或肯定的角度来评价学生的活动,使他们明白参与活动本身是最重要的。在进行初三政治活动课《守护我们共有的家园》课堂教学时,由小组推荐学生代表在课堂上进行演示,师生互相问答。有个学生问道:"我们知道有工厂排放废气,却制止不了它,有什么用呢?"笔者认为这是一个能提高学生学习境界的好契机,即让学生对此问题展开讨论,最后学生讨论决定,解决环境问题的策略是向有关行政

管理部门反映、给有关单位写建议书、自愿在宣传书上签名、从自己做起,不乱扔电池、不使用一次性餐具。教师又补充说明:我们作为国家的小主人,有依法行使公民批评建议的权利。

通过这样的教学实践,我们就能实现新课程所要求的关注学生的情感、态度和行为表现,倡导开放互动的教学方式与合作探究的学习方式;使学生在充满教学民主的过程中,勇于创新,提高主动学习和发展的能力。

(三)学生参与评课

教学过程应包括评课环节,教学主体也应是评课主体,教师应把评价权力下放交给学生。评价应该体现发展性评价原则,促进学生潜能、个性、创造性的发展,使每一个学生具有自信心和持续发展的能力。

1. 学生自评

在课堂教学的前后,教师都要注意引导学生对自己的学习活动按照学习目标和原则进行反思和调控,对自己的学习过程和学习结果进行自我检查和反馈,力求发现缺憾和问题,以此培养学生自主学习、自我管理和自我教育的能力。

2. 学生(小组)互评

这种评价的科学性、思想性也许不高,但学生之间相互平等,所以评价气氛更民主、自由、宽松,应巧妙地提出赞赏或问题。这样就能使学生更多地看别人的长处,寻找同学的闪光点,逐步养成尊重、理解、宽容、欣赏他人的态度。

3. 学生评教师

教师评课往往是从是否体现了新课程理念、是否完成教学任务等方面来进行,而学生评课则是从自己是否愿意参与活动、自己有什么体验和收获等角度来进行。学生评课的结论是我们从教学对象方面得到的直接真实的反馈,应成为我们教学改革的出发点。在课堂教学的前后,都可以鼓励他们对教师的教学态度、教学方法、师生关系、教学效果提出意见和建议。

(四)学生参与活动课、专题研究和研究性学习

活动课是近年来新开设的课型,它是为指导学生主要获得直接经验和即时信息而设计的一系列以教育性交往为中介的学生主体性活动项目及方式。此活动是将学生置于主体地位,由学生自主参与的活动,明确学生是教学过程的主角,活动的内容、形式、环节、场合等都可由学生来确定。整个过程应做到既"活"又"动",学生参与面广,生生交流密切。

专题复习是在毕业班政治课总复习中的必要形式,它能使学生全面而系统地掌握一系列的专题知识。在确定专题复习内容后,我们要求学生以小组为单位,以某一方面内容为中心,引导学生阅读教材,自己找出相关知识点,然后形成点、线、面的知识结构。如在高三《构建和谐社会》的专题复习时,各组学生分别从经济、政治、文化不同角度寻找和分析问题,在课堂教学上教师只要引导他们对知识进行综合就可以形成知识体系了。

政治课教学一直强调理论联系实际,强调实践性和开放性。研究性学习是学生在教师指导下,从自然、社会和生活中选择专题进行研究,并在研究过程中主动地获取知识、应用知识、解决问题的学习活动。学生的选题有《广州开发区国有企业现状和发展前景》《从城乡之

间居民家庭消费的差异看共同富裕》《中学生对日韩文化态度的调查与思考》。在这样的学习活动中,学生理所当然地成为了参与活动的主体,获得了亲身参与的体验,培养了社会责任感和使命感。

(五)学生参与考试命题和给出答案

学生参与命题也是适应新课程实施的实践性和开放性的新措施,教师通过学生的命题可以了解学生想考什么,怎样考。我们应该给学生自我检验、自我评价、自我发展的权利,让考试也成为学生自己的尺度,自己的法宝。这不是为教师代劳,而是在教师指导下分别思考和选择问题的过程。命题的过程就是全面深入系统地理解教学大纲、把握教材内容的过程,是完整的复习过程,试题要求覆盖面宽,重点突出,联系实际,难易适当,实用性强。学生初步完成命题后,教师要进行挑选和修改,才能决定最终的试题。如在初二《思想品德》考试前,有学生设计了这样一道题:"父母生我养我,老师教我育我,朋友知我帮我。在你14岁生日之际,请你给亲爱的父(母)亲、敬爱的老师和知心的朋友各写一封表达自己感情的短信。"我们认为该题很准确地体现了《相亲相爱一家人》和《师友结伴同行》两单元的教学目标和新课标,有利于了解学生对该单元学习目标的理解把握情况,对他人的思想感情、为人态度和生活体验,选中它作为考题,并在考完后讲评试卷时对该生进行公开表扬。

在遇到某些主观性较强的题目情况下,学生甚至可以参与答案的设计,这样可以发展学生的自主学习、自我教育能力。

(六)学生创建教学资源信息库

新课程标准要求学生能够初步掌握搜集、处理、运用社会信息的方法和技能。许多学生对媒体的熟悉程度及利用水平甚至高于教师。在教师的某个目标要求下,学生在自己备课过程中,他们总是能发现多种多样的资源可供利用,有些自己能够解决的就自己动手,自己解决不了的就与同学合作,或找教师寻求帮助,这样就能发现和创造丰富多彩的教学资源。这些资源有参观访问记录、典型事例、音像作品、照片漫画等。如在高一《经济生活》的"投资与创业"单元中,为了比较商业保险、债券、股票不同的投资行为的异同,解释利润、利息、股息等回报形式,学生提供了每一种投资形式的旧凭证或复印件,并有文字说明注解,至今我们仍在使用这些直观形象的资源。通过这样的教学形式可以培养学生自主活动、自我创造的能力。

(七)担任计算机辅助教学的小助手

为了使学生更多更快更好地参与课堂发言和讨论,我们尝试在讲台旁边配个熟悉电脑操作的学生作"助教",按照教师的指令,在教师事前准备好的课件空白栏处,由他把师生的发言有选择地简明扼要地及时输入电脑并即时在投影屏显示,或播放视频音频等多媒体软件,既节约教师的时间,又使学生清晰直观地看到教师和他人的发言,看到自己的问题或发言内容,产生满足感和兴趣,便于进一步总结和分析,得出结论。这样能更好地保证更多学生参与教学的过程。

（八）学生参与学分评定

在中学政治新课程目标中，对中学生参与教学也提出了明确要求。在广泛征求学生意见的基础上，我们根据学生是否完成规定学分来确定他是否完成学习任务。而学分认定则是根据学生学习情况的过程表现（满分40分）及模块结业考试成绩（满分60分），即按4∶6的比例给定。在学分认定的操作办法中，有的是政治教师给分，有的是政治教师和班主任共同给分，有的是学生根据他人的学习态度、创新和实践能力、合作精神、思想品德等四个方面的表现互相给分，再由教师认可，最后由学分认定委员会审定。这样一来，仅仅靠期末考试来决定成绩就不灵了，学生必须重视平时，重视参与，重视人际合作交流，全面发展。

三、"参与—发展"教学模式的实施效果

（一）学生养成了积极参与教学的实践意识和习惯

原来要靠教师反复提醒、强调和督促才能进行的活动任务，现在只要教师略加提示甚至教师不用提示，学生就会积极响应和参与。为摸清学生对这种教学模式的态度和看法，我们设计发放了内含20个问题的问卷调查。结果表明，主动参与已变成大多数学生的自觉内在的需要。

（二）学生能力有所发展

学生的参与、组织活动能力、合作研究能力、自我教育能力、调查研究能力、语言表达能力、创新能力等明显得到提高。这表现在许多教学工作能更顺利完成。

（三）学生考试成绩提高

由于新课标的落实和学生的广泛参与，在新评价标准下，学生的考试成绩和学分评定逐年都有提高。今年在同类同级学校的测评中，平均分比其他学校高约4分，优秀率上升约2％，标准差降低约5％。

（四）家长满意支持

为了取得家长对新课程实施的了解和支持，我们向家长发了一封信进行说明，根据家长的反馈，我们发现家长主要担心新课程会影响孩子的中考、高考成绩，但对新课程的观念和方法很赞同、支持。

参考文献：

[1] 张天宝.新课程与课堂教学改革[M].北京：人民教育出版社，2003.

[2] 叶澜.让课堂焕发生命活力[J].教育研究，1999(9).

[3] 曹宝静.中学政治教学建模[M].南宁：广西教育出版社，2003.

（本文选自《课程·教材·教法》2006年第8期）

例谈思想政治新课程有效课堂教学冲突的创设

江苏省徐州市第一中学 张安义

有效的课堂教学冲突,是指教师根据学生原有知识和能力水平实际,通过创设特定的情境和问题,引起学生由于新旧知识相矛盾而产生"认知不平衡",从而激发认知动机,主动探究、解决新问题,实现学生知识、能力、素养的不断提高。

那么,在新课程教学中,教师怎样才能创设有效的课堂教学冲突,促使学生思维能力和心理品质和谐发展呢?

1. 概念剖析冲突法

所谓概念剖析冲突法,即通过剖析新授概念把握与之相关联的新旧知识间出现的某种差距或矛盾以构建认知冲突的方法。认知心理学认为,人在应对环境时,环境有无变化对学习者本身会产生不同影响。如果环境不变,那么环境对学习者就没有任何挑战,完成任务本身就显得枯燥无味;但如果环境变化太大,学习者被置于一个完全崭新的环境之中,已有的知识经验毫无用处,那么这种任务的挑战性太大,同样也难以激发内在动机。最有利于激发动机的办法,是使学习者面对新旧知识之间产生的某种冲突和差距,而这种差距又是学习者经过自身努力能够加以消除的,是他们的"最近发展区"。概念剖析形成冲突的方法就是这一理论的应用。

例如,在讲《生活与哲学》第二课关于《思想方法与创新意识》时可以利用《逻辑学》"自相矛盾"概念与哲学"对立统一"概念的冲突与差异,使学生懂得哲学上所讲的矛盾与生活领域的矛盾不同,哲学矛盾是对社会生活领域矛盾的概括与抽象,是共性与个性、一般与个别的关系。可以说,教师只要设计的概念冲突是在学生原有知识的基础上引发的,并且又能适当提高教学内容的难度,就必然能为学生营造新的环境,形成新的挑战,最终实现"跳一跳,摘桃子"的目标,从而收到良好的教学效果。

2. 情景分析冲突法

所谓情景分析冲突法,即教师通过创设必要的情景,使教材内容和学生求知心理之间产生某种"不协调"形成认知冲突的方法。生理学研究表明:人的大脑左右两半球既有分工也有合作,大脑左半球掌管逻辑、理性和分析思维;右半球负责直觉、创造力和想象力,包括情感的活动。创设一定问题情景,可以使大脑两半球交替兴奋、抑制或同时兴奋协同工作,大大挖掘大脑的潜在力量,使学生可以在轻松愉快的气氛中学习。

例如,在《政治生活》第三课《建设社会主义政治文明》的学习中,为引导学生正确理解我国宗教信仰自由政策,教师播放小品《信佛的母亲和读高一的女儿》,对话如下:

母亲:好孩子,明天是法门寺重新开放的好日子,你跟我一块去进香吧。(呵护状)

女儿:妈,我不相信佛教。(口气斩钉截铁)

母亲:傻孩子,信了教,菩萨就会保佑你的,你必须要信教,这件事由不得你了,信也得信,不信也得信,明天必须跟我去。(强硬口气)

女儿:我不想去,政治书上说世界上没有神仙,我劝你也不要信教,我不许你出门。

母亲:怎么不能去?政府为了保证进香活动的安全进行,派出大量警察维持秩序,这说明国家保护一切宗教活动。(口气非常肯定)

女儿:我是共青团员,如果你一定要我去,我就在法门寺向广大信徒宣传无神论。

母亲:那不行,法门寺是烧香拜佛的地方,怎么能在那儿胡说八道呢。如果有机会,我去你们学校里宣传佛教教义,让菩萨保佑你们。(生气震怒既而示意关怀)

设置问题:(1)请在上述情景对话中找出错误之处,并说明错误原因。(2)我国的宗教信仰自由政策与宣传无神论是矛盾的吗,为什么?(3)如何正确理解和把握宪法规定公民的宗教信仰自由?

该问题情景的创设,引发了学生认知的不协调,在心理上造成了某种悬念,促使他们去探究、深思、发现和解决问题,由此形成了有价值的课堂冲突,激发了学生浓厚的求知欲望,在此基础上讲授新知识,必然会收到满意的教学效果。值得一提的是教师在创设情景时应注意三点:一要准确把握教材的感情基调和实质性内容,这是创设情景的基础。二是要准确把握学生心态,这是驾驭课堂情景的关键。只有善于捕捉并满足学生的心理变化,才能创设出受学生欢迎的教学情景。三要设身处地用真情感染学生,要用学生的眼光去看世界,只有这样,才能真正发挥感染、移情作用,提高课堂教学的效果。

3. 热点辨析冲突法

所谓热点辨析冲突法,即通过引导学生多角度辨析当前重大社会热点问题,形成理论与实际的某些差异从而构建认知冲突的方法。认知心理学关于学习动机的"期望—价值"理论认为:个人从事任何活动,都必然存在着获得有价值结果的期望。价值和期望应是乘积关系。任何一项为零,动机则为零。所以,如果学生认为学习有价值,或自己不可能学好知识,那么就很难具备积极的学习动机。

政治课教师要加强教学的时代性和针对性,凡是有利于讲透基本原理、能帮助学生解决疑难和理解观点的实例,教学中都应大胆联系并给予科学的解释。社会热点与教材观点产生的某些差异,正是学生想透彻理解的东西,教学中灵活应用此法,能有效调动学生积极性,激发兴趣、启发思维。

例如,在《生活与哲学》关于《价值判断与行为选择》一课中有如下观点:由于人们的社会地位不同,角度不同,时间、地点、条件不同,人们对事物的认识会形成不同的价值判断。为了讲清该观点,我们可以利用近几年来国有企业工人下岗这一社会问题进行设计:(1)有人认为"我国是社会主义国家,国企工人是国家的主人,不应该让工人下岗",假如你是一位下岗工人,请谈谈你对此问题的认识。(2)联系我国当前经济社会发展的现实,说明下岗现象为何是难以避免的?(3)应该如何辩证地看待下岗问题?

通过对这一热点问题进行冲突设计并组织讨论,使学生认识到下岗现象具有必然性,是我国经历从计划经济体制向市场经济体制、从粗放式经营方式向集约式经营方式转变的结果。当然对下岗职工及其家庭来说,生活必将出现暂时的困难,但是从根本上说这是为了把经济搞上去,最终达到共同富裕的目标,这符合工人阶级的长远利益。同时更应看到党和政府积极推进再就业工程,建立健全社会保障制度,在政策上为下岗职工提供各种优惠和方便,这与资本主义国家工人在经济危机中倍受苦难折磨形成了鲜明对照。

4. 实践探究冲突法

所谓实践探究冲突法，即要求把学生已获得理论与自己亲身实践结合起来，面对理论和现实差异形成认知冲突的方法。新课程标准积极倡导研究性学习方式，鼓励学生独立思考、合作探究，要求能够从各自的特长和关切的问题出发，主动经历观察、讨论、质疑、探究的过程，富有个性地发表自己见解，以培养求真务实的态度和创新精神。

近年来，研究性课题已经走入高考试题中来。例如，2005江苏高考简答题35题以"聚焦中学生名牌消费现象"为背景，要求考生针对本班同学日常生活消费状况，拟订一个研究性课题，并简要写出研究目的和研究方法。

该题第二问的评分说明要求如下："第一点：课题，有消费观念或消费现象。（1分）第二点：目的，正确的消费观或引导消费行为。（1分）第三点：方法，只要有任意一种就可给1分。如果课题、目的和方法这些关键词没有写明，但答案里有相关内容的可以酌情给1—2分。"从答题情况看出，学生答案五花八门，失分严重，根源在于这类题平时接触太少，对研究性课题陌生。为此，教师在教学中要重视探究性课题开发训练，努力培养和提高学生的创新精神和实践能力。

例如，在高一第一课《公民的政治生活》中，为了透彻理解公民行使民主决策与管理权利的途径和方式问题，可以安排学生在调查本社区生活的基础上，确定一个共同关注的问题，通过现实生活与书本理论的不协调性的冲突，形成一项改进社区管理的建议，从而完成研究性学习任务。

总之，新课程教学中教师必须潜心创设有效课堂冲突，激励学生的内在学习动机，促使学生进入"我要学、我会学、我乐学"的积极状态，从而取得教学过程互动高效和实现提升学生能力素质的双重目的。

（本文选自《新课程研究》2006年第9期）

新课程背景下政治教师的教学反思与策略

陕西师范大学出版社　古　洁

在古希腊奥林波斯山上的特耳菲神殿石碑上有句忠告:"人,认识你自己。"这使我们感悟到反思之重要。这正是新课程背景下政治教师成长和发展的第一步——"教学反思"所必需的。

20世纪90年代以来,基础教育的教学观念进行着一场深刻的变革,主要表现在三个方面:由重知识的接受性教学向重能力的探究性教学转变、由重认知的单一性教学向重体验的多元性教学转变、由重决定的机械性教学向重互动的交往性教学转变。新的教学观念促使我们在学习新观念的同时不断反思自己的教学,以提高自己的教学。

一、教学反思的内涵

教学反思就是教师自觉地把自己的课堂教学实践作为思考对象,对已经发生或正在发生的教学活动以及这些教学活动背后的理论、假设进行审视和分析的过程,其目的是使教学进入更优化的状态,使学生得到更充分的发展,使教师成长得更快、更专业。

二、政治教师教学反思的必要性

政治教师为什么要不断反思自己的教学思想和教学行为呢?

1. 新课程的呼唤

思考产生变革,变革带来发展。新课程呼唤政治教师进行教学反思,在反思中经验才会得到提炼和升华,才可生成强大的理性力量,才能促进自身的专业成长。

2. 社会学理论的启示

美国社会学的一个重要理论派别,即"常人方法学"。其创设人加芬尔研究发现传统的社会学家经常对日常的社会生活视而不见,而专注于理论的构想之中,使得社会理论远离甚至背离了社会实践。对照"常人方法学"的思想,作为政治教师应该思考我们是否也存在教育理论与日常教学行为"两张皮"的现象。这"两张皮",一种表现是教育理论仍只停留在一些政治教师的口头和书面上,却没有对实际教学行为的转变和改进,"只有心动没有行动",导致在新课改中出现"穿着新鞋走老路"现象。另一种表现则是教师对课程基本理念了解了,也去实践了,但是"行动不等于到位"。如果我们不对置于教育理论指引之下的日常教学行为的合理性和有效性进行反思,行动也会出现偏差,思想也会出现新的困惑和迷茫。可见,"常人方法学"要求我们应该把日常教学行为作为研究对象,不断进行教学反思,使教育理论与教学实践真正得以统一,消除"两张皮"现象。

3. 实践性知识获得的需要

什么是教师的实践性知识?就是"教师在面临实现有目的的行为中所具备的课堂情境知识及与之相关的知识"。这类知识使教师在复杂的教学实践中,能对不确定性和不可预测的教学情境做出解释和决策。这类知识无法通过他人的给予获得,只有通过教师的亲身教学体验,通过"行动中的反思"和训练才能获得。

4. 政治课改实践的要求

新课改实施以来,政治教师面临新的挑战,遇到了不少的困惑,如新课程理念与传统教育观念的冲突中,"旧"的消亡出现阵痛,"新"的孕育与产生是否有被"旧"的习惯吞噬的危险?面对新教材,教学方法改进中如何找到恰当的载体?课堂中学生"动起来学",与课时计划的完成发生矛盾怎么办?课堂教学中学生的"活"与课堂常规之间的关系如何处理?等等,这些困惑,没有现成的答案,也没有"救世主",最终只有靠政治教师自我学习和反思来帮助自己,在不断的交流、比较、碰撞中寻求解决问题的方案与策略,这一过程也体现了"教师是新课程的研究者、实施者和创造者"的理念。

三、政治教师教学反思的内容和策略

新课程的实施,对教师的素质提出了强有力的挑战。新课程具有许多不确定性:多元智力和多元价值取向决定了教学目标和结果的不确定性;个别化教学决定了教学对象的不确定性;学科的综合性决定了教学内容的不确定性;师生合作探究决定了教学过程和教学方法的不确定性……教学的这些多样性决定了教师必须是个娴熟而高超的教育教学设计者、决策者、发展者和创造者。如果不是一个反思型的教师,是绝难胜任的。

鉴于此,中小学教师要学会反思,必须从以下几方面做起。

1. 使自己处于"思维活动的怀疑、犹豫、困惑、心灵困难的状态"

许多教师不是以积极的心态去迎接课程改革,而是以一种被动的心态面对它,这样,就永远也学不会反思。

2. 为解决怀疑、消除困惑而在实践中进行探索

主要应从如下几方面做起:

(1) 在读书中警醒自我。实施新课程,首先要转变观念,而转变观念的过程又是一个不断用新理念置换旧观念的痛苦的改造过程。书读多了,认识自然会提高,实践也就有了方向、信心和力量。

(2) 在观察自己的教学实践中检查自我。只有跟自己过不去、不断给自己出难题、不断检查自己的工作、提出新的奋斗目标的人,才能不断超越自我、完善自我。

(3) 在观摩学习及与同事交往中提高自我。应积极主动地与同事密切合作,坦诚交流,取长补短,创建一个富有建设性和发展性的教研"共同体",随时随地相互学习,共同成长。

(4) 在教育教学评价中发展自我。教师应正确对待各种评价,将其看作是自己准确了解自身优势、不足和进步情况的大好机会,促使自己在不断的反思中提高自我,发展自我,并将其转化为促进学生和学校共同发展的创造力。

3. 反思需要良好的道德和坚强的意志

教师在反思过程中要承受各种压力和负担,要付出智慧和精力,要学习和掌握许多新的理念,要抛弃许多旧的东西,甚至是那些多年积累的已经驾轻就熟的经验。但是,要认识到课程改革是谁也阻挡不了的潮流,因此,不管遇到多少艰难困苦,都要有良好的道德和坚定的意志,要有必胜的信心,不仅注重理论知识的学习,更要在实践中融会贯通。

四、教学反思的几种操作形式

1. 以问题讨论为主线,发现教学存在的问题

日常教学中的疏漏之处、不满意之处、无所适从之处、失败之处是问题的来源,成功的教学感悟,巧妙的教学设计,点滴的鲜活细节,也可以是问题的开始。

2. 同行的帮助与合作

与同事合作,即时交流,相互指导十分重要也很有效。所谓"仁者见仁,智者见智",同一个问题,同事之间通过各抒己见,共同探究,能寻找到最佳解决问题的方案。因此,政治教师可以通过集体备课、听课、评课、备课组、教研组活动,课题研究等来相互合作反思。

3. 写教学后记

教师在教完一节课后,对教学过程的设计和实践进行回顾和小结,将经验和教训记录在教案上,即为教学后记,怎样写教学后记呢?

(1) 记成功做法,为以后的教学提供参考。

(2) 记失败之处,以便在适当的时机进行弥补,并在以后的教学中改进。

(3) 记教学灵感。

(4) 记学生问题,便于以后教学中有针对性地采取措施。

(5) 记学生见解,可以拓宽教师的教学思路。

(6) 记再教设计,可以扬长避短,使教学水平提高到一个新的境界。

总之,写教学后记,贵在及时,贵在坚持,以记促思,长期积累,必有所获。

4. 做案例分析

把教学实践中遇到的典型教学现象,及时收集,以案例的形式予以反复的分析与研究,并揭示其内在规律,也是反思的一种重要形式。

5. 观摩他人教学

"他山之石,可以攻玉。"观摩各级各类公开课、研究课、优质课,通过学习比较,找出理念上的差距,解析手段、方法上的差异,从而提升自己,促进发展。

参考文献:

[1] 熊川武. 反思性教学[M]. 上海:华东师范大学出版社,1999.

[2] 中华人民共和国教育部. 思想政治课程标准(实验稿)[M]. 北京:北京师范大学出版社,2003.

[3] 教育部基础教育司. 思想政治课程标准(实验稿)解读[M]. 北京:北京师范大学出版社,2003.

[4] 王小棉. 论教师隐性教育观念的更新[J]. 教育研究,2003(8).

[5] 朱永新. 新教育之梦[M]. 北京:人民教育出版社,2002.

[6] 申继亮,姚计海. 心理学视野中的教师专业化发展[J]. 北京师范大学学报(社科版),2004(1).

(本文选自《教学与管理》2006年第27期)

学案导学　引探自究
——新课程背景下提高课堂教学实效的实践与体会

浙江省义乌市宾王中学　杨泽英

未来社会需要的人才是有知识和技能的人,是具有参与意识、合作意识、竞争意识和勇于进取的人,是具有科学的创新精神、创新意识和较强的创新实践能力的人。要想迎接知识经济的挑战,提高学生的创新能力,培养适应未来知识经济时代需要的人才,就必须改变传统的教学方式和学习方式。

构建"学案导学、引探自究"的教学模式有助于实施创新教育,培养创新能力;有助于推进教育教学改革和课程改革;有助于充分发挥学生的内在潜能,引导学生积极主动、生动活泼地学习,为学生各种能力的发展提供条件,从而全面提高学生的整体素质。

根据杰卢姆·布鲁纳的发现学习理论,我们学校进行了构建"学案导学、引探自究"的探索和实践。

一、"学案导学、引探自究"的内涵

学案是指在教学过程中,由教师与学生共同编写的供学生课外预习和课内自学用的文字材料的学习方案。它主要从学生的学习实际考虑,力求把学生放在主体地位上,帮助并促进学生自学,重在解决"学什么""怎样学"的问题,为学生自学了解教学目标、理解学习内容起到导学、助学作用。

学案导学,是以学案为载体,以导学为方法,引导学生自行探索的教学活动。它是培养学生能力,提高课堂教学效益,突出学生自学能力,注重学法指导的教学策略体系。其突出优点是发挥学生的主体作用,突出学生的自学行为,注重学法指导,强化能力培养,把学生由观众席彻底推向表演舞台。其操作要领主要表现为先学后教、问题教学、导学导练、当堂达标。

"引探自究"是指遵循教育教学规律,以师生共同编写的学案为载体,学生运用学案自主学习,教师运用学案进行导学,发挥学生的积极主动性,以问题为中心,以小组讨论为形式,结合学生及社会实际进行探索与研究。"引探自究"实质上就是教师主导与学生主体的有机结合。

二、"学案导学、引探自究"的教学程序

1. 本教学模式的教学流程

"学案导学、引探自究"的教学程序基本上具有以下环节:在上课前1—2天,教师把学案发给学生预习、自学;在上课时,教师按教学设计教,学生按学案学。也就是说:教师→教学设计→导学释疑→点拨启发→巩固训练→完成教学目标;学生→学案→自学互研→质疑问难→实践探究→完成学习目标。

	自主性学习阶段	发展性学习阶段		合作性学习阶段
学生活动	预习基础知识 收集知识信息	提出问题 交流讨论	质疑释疑 积极思维	寻求结论 力求突破 （究）
	指导性教学阶段	启发性教学阶段		创造性教学阶段
教师活动	编发导学学案 设置问题情景	设疑引学 启导发现	辨疑解难 启迪思维	引导迁移 鼓励创新 （引）

（1）教师指导性教学，学生自主性学习阶段。在本阶段，教师的主要任务是创设问题情境，激发学生的学习兴趣；编写分发学案；准确把握教学目标和学情；注重学法指导。学生的主要任务是依据学案，以学习目标、学习重点难点为主攻方向，自学课文，主动查阅工具书，主动自学设疑，寻找、归纳知识要点，收集知识信息和疑惑点，发现并思考问题，学会学习，学会自主探究。

（2）教师启发性教学，学生发展性学习阶段。质疑问难是探求知识的开始，也是思维的起点。教师的主要任务是，启发鼓励学生学习、思考，辨别疑难，启迪思维，培养学生去粗取精、去伪存真、由表及里的思维方法，指导学生自学质疑。引导学生通过合作探究，解决在自主学习中不能解决的问题或疑惑的问题。学生的主要任务是针对问题，在老师的指导下，进行小组合作探究，互教互学，获取知识，发展能力，培养情感，并使学生在合作探究中体验到成功的喜悦、合作的欢快，从而更加积极主动地去学习。

（3）教师创造性教学，学生合作性学习阶段。在本阶段，教师的主要任务是，留出时间、空间，给学生内化整理的机会，挖掘每个学生的最大潜能，立足教材，超越教材，引导学生知识迁移，学会运用，鼓励学生大胆创新，拓展延伸。学生的主要任务是在老师的引导启发下，立足教材，超越教材，以开放的学习思路，良好的思维品质，拓展知识，积极探究，寻求结论，把新知识纳入个体的认识结构，进而形成个体的创新性能力。

通过以上环节，整个教学活动形成了这样一种有序过程：以案导学→示案自学→问题留白→自主探究→信息反馈→组织讨论→精讲点拨→当堂达标→拓展创新。

2."学案导学、引探自究"课堂教学模式的注意点

（1）导学：抓住学生求新求异的心理，注重引导学生积极、主动地自主学习，合作探究，指导学生主动自学设疑，倡导质疑问难，讨论释疑，疏通疑难，指导学生把知识梳理成线，形成知识网络。同时注意学案、学习目标、学习过程、教学设计的一致性，保持最优化的融合，以达到最佳的教育教学效果。

（2）问题留白：提出的问题要有实效性，符合学生的兴趣，贴近学生的生活；要给学生一个自由思维的广度和深度，让学生"跳一跳，摘得到"；根据不同的学习内容，引进不同的材料，布置不同的任务，切不可生搬硬套、千篇一律。

（3）自主探究：学生自主时间要适当，过长是浪费时间，过短则又会变成只属于尖子生的时间。在该阶段，教师要适时引导，及时总结，以免出现教室内乱哄哄的现象。当然，学科的不同，教学内容的不同，自主探究的时间和方式也有差异。

（4）巧讲精练：突出易错易混易漏的知识薄弱点，对重点、难点、知识点的内在联系，思

想误区,加以点拨疏通,教师要注重启发、引导,注重解题思路、方法、技巧、思维方式的培养,注重抓住要害,讲清思路,明晰事理,构建知识网络,注重培养学生的分析能力和综合能力。同时也要关注学生的个体差异;给学生的练习要注意题量、难易度适中,重难点突出,时间安排要合理。

总之,在教学过程中,教师重在引导,不包办代替;重在疏导,不能任其自然;教师是"导演",学生是"主演"。以学生自主学习为目的,并不意味着教师对教学活动失去控制,也没有削弱教师在教学活动中的主导地位。相反,学生参与教学过程的自由度越大,对教师的施教要求就越高。

三、收获与感悟

"学案导学、引探自究",主要是为了达到这样一个目标:给学生一个空间,让他们自己往前走;给学生一个时间,让他们自己去安排;给学生一个问题,让他们自己去找答案;给学生一个机遇,让他们自己去把握;给学生一个冲突,让他们自己去讨论;给学生一个题目,让他们自己去创造。

"学案导学、引探自究"极大地调动了学生学习的积极性,提高了学生的兴趣,较好地体现了教师为主导、学生为主体、训练为主线的基本思路。整个过程较好地体现了学科教学和素质教育的统一,能有效培养学生分析问题的能力。坚持"学案导学、引探自究"的教学方法,提高学生的自学能力,培养学生的创新精神和实践能力,学生将终身受益。

(本文选自《思想政治课教学》2007年第1期)

政治课堂生成性资源的开发与利用

福建省尤溪文公高级中学 卢佳地

在政治课堂教学过程中,生成性的课堂资源往往被人忽视。充分开发和利用课程生成性资源更能形成教学契机,对学生进行有效的教育教学,帮助教师顺利完成教学任务。所谓生成性课程资源不是教师预先准备好的静态的备用资源,而是通过课堂教学中师生互动、生生互动、学生与文本对话等活动在课堂上即时产生,是在教师预想之外动态产生的教学资源。这种教学资源是学生真实体验的一种反映,是一种转瞬即逝的非常宝贵的教学资源。

一、构建互动平台,促进政治课堂生成性资源生成

生成性资源是在课堂动态教学师生真实体验过程中产生的一种课程资源。如果按传统的讲授教学模式,按固定准备好的教学步骤进行,课堂缺乏过程性、灵活性和变通性,很难促进生成性课堂资源的生成。因此,教师必须改变传统的教学模式,围绕学生的主体性来安排课堂教学,注重课堂的动态性,构建互动平台才能有效地促进生成性资源的生成。当然在学生互动过程中应避免课堂教学的散漫无章,零乱而无系统,使课堂生成性资源更具有方向性、成效性。这就要求教师应做好课程资源信息的重组,要求教师不能只把心思放在教材与课标的内容上,而应更关注学生在课堂活动中的表现状态,在他们的活动中去发现、整合信息,形成并利用这些生成性资源。这不但能拓展学生的思维空间,更能促进高质量课堂资源的生成。

首先,改变传统教学中的师生关系,使教学在师生平等对话过程中进行。教师要做到与学生平等对话,突出学生的主体性,尊重学生的现实思考,尊重每一个学生在互动过程中的独特体验,使学生敢于发表自己的见解,乐于同教师对话,从而形成和谐状态。比如,在讲"社会主义劳动者应树立什么样的观念"这一内容时,由学生自主讨论的同时,教师也把自己的观念渗入其中,借以消除师生隔阂,激活气氛,从而避免了老师的照本宣科,使学生免于受制于课本静态的资源信息,促进课堂生成性资源的生成。当然更要注意的是无论学生在讨论过程中的见解是正确、错误,还是多么的幼稚,都是一种很好的资源,教师不能有任何的轻视冷落,否则必然导致学生心灵的封闭,无法构建互动平台,自然也就无法形成新的课程资源。当然教师在其中适时而启、适时而发、适时而导,对课堂生成性资源的生成起穿针引线作用。这也要求教师具备随机应变的能力和深厚的教学基本功才能应对自如。

其次,教师应弹性设计教学计划,创设宽松的课堂环境,为课堂生成性资源的生成留有足够的空间、时间。在设计教学方案中要为课程资源的动态生成创设条件,在课前尽可能对教学过程中学生可能出现的各种"可能"加以推测,在课中准确洞察、敏捷捕捉从学生动态过程中涌现出来的信息,见机而作,适时调整教学进度和教学内容。这就要求在教学计划中必须具备互动环节,对能进行互动的教学内容给学生足够的讨论空间和时间,这样才会形成培育课堂资源生成的土壤。如在经济生活中"消费心理面面观"部分,教师可以把课堂的空间

与时间交给学生,由学生去说。由于教学的内容与生活紧密联系,由学生说会更富代表性、广泛性,甚至可以把内容扩大到不同年龄阶段层次的消费观,教师无须越俎代庖。所给的空间越大,课堂资源的生成性也就越多,政治课堂的教学也更具时代性。

二、敏捷捕捉,防止生成性课程资源的流失

由于对课堂师生互动关系的和谐构建,教学方案的弹性设计为生成性课程资源的生成创设了良好的环境。在这个动态过程中,教师突发灵感,学生本身所获得的思维启迪,问题的发现等所表现出来的信息都是良好的课程资源。但是如果教师不能及时捕捉它,那就会稍纵即逝。因此,教师在捕捉这些课程资源时要用自己的教育机智捕捉它,用教学水平和教学艺术来整合它。在课堂的互动中,对于时政性的内容,以讨论交流为主的内容,学生容易展开。因此,在此模块学习中教师应注意学生发言讨论的苗头倾向。在学生讨论交流的过程中,教师充分运用自己的教育机智,进行有效启发引导,带动学生向深处挖掘资源。

同时,在整个开发利用过程中应坚持生成性课程资源的价值意识,不是无所不包、无所不容,不仅要重视资源开发的量,更应注重资源开发的质。否则,这些资源的利用价值将大打折扣,不符合政治课堂三维目标的实际要求。因此,在捕捉这些生成性资源时应懂得取舍。对于涌现出来有独特性、反映人文特色、符合学生学情变化、又符合时代发展需要的生成性资源应成为首选的课程资源,并加以充分利用,做到生成性课程资源的广泛性、差异性和典型性,以有效地补充课程资源。

三、注重对课堂生成性资源的引导与升华,对课堂生成性资源收集后,要求教师对这些资源进行整合并加以利用,在引用中加以引导升华

首先,在对课堂生成性资源的整合中,对符合高中新课程的基础性的课程资源,教师应引导这种资源趋向于有利于培养学生浓厚的学习兴趣、旺盛的求知欲和积极的探索精神,以及坚持真理的情感态度价值观方向引导。如前面提及树立正确的消费观,学生在讨论中形成的消费观有正确科学的,也有如名牌消费、超前消费、攀比消费等不良消费行为。如何对这些消费行为进行引导,帮助他们树立正确的消费观,克服不良的消费观,实现思想政治教学情感价值观的终极目标是至关重要的。通过引导,使学生搜集和处理信息的能力、获取科学知识的能力、分析解决问题的能力、交流与合作的能力都得以锻炼和提高。

其次,对于政治课程生成性资源中富有个性与特色的部分应立足课堂,引导学生从本地实际、本人生活出发,突出本地、本校的人文资源优势,把地区区域的人文与社会资源价值上升为整个课改所需人文与社会学习领域特有价值。既要着眼于学生升学需要,又要考虑学生走上社会发展的需要。从利用课堂生成性资源来教学生,上升为利用课堂生成性资源来发展学生。只有这样因地、因时的开发课程资源,才能有效彰显政治课堂的个性化,丰富和拓展学生的视野,有助于学生终身发展。

新课改已经扬帆起航,全新的教育理念促使教师要有全新的教育行为。多渠道地开发课程资源是其中必备要求之一,教师只要各展所长,深入挖掘课程资源开发渠道,充分利用课堂生成性资源,这必然更加有效地推动新课改贯彻落实。

(本文选自《思想政治课教学》2007年第2期)

搭设开放平台　引导自主探究

山东济南外国语学校　王　琨

探究性学习是指在教学中以问题为载体,创设一种类似科学研究的情境和途径,让学生通过自己收集、分析和处理信息来实际感受和体验知识的产生过程,进而了解社会、学会学习、培养分析问题、解决问题的能力和创造能力。探究性学习突出了学生的实践能力和自主性,是培养学生的创新精神、实践能力、科学精神的重要途径,并越来越受到教育界的关注。正如任何事物的发展都需要适宜的土壤、空气、阳光与温度,而创设开放性的教学环境是实施探究性学习的重要前提和基本条件。只有突破原有学科教学的封闭状态,把学生置于一种动态、开放、主动、多元的学习环境中,才能极大地调动学生的主观能动性,有效激发学生自主学习、积极探究的内在动力。

构建开放的教学环境,是激发学生自主探究的前提,是学生自我生动活泼发展的关键。而这种开放是多层次与立体化的,在选择课题、探究过程及评价等多方面都要体现开放性。笔者结合初中思想品德教学实践对以上问题进行探索与思考。

一、选题开放,凸显主体性

学起于思,思源于疑。发现问题,是探究的起点。这一步可以完全放手让学生自己提出,也可以在教师的指导下进行。一方面学生选题可以根据自己的兴趣、爱好,不拘泥于教材内容,既可源于教材,又要高于教材。从纵向上可超越历史时空,从横向上可综合政治、经济、哲学、历史、文化。如本学期,学生结合教材内容与社会热点,确立了"未成年人保护现状及分析""由恩格尔系数的变化,看改革开放以来老百姓生活的变迁""从历史与现实的角度看台湾问题""中国入世与改革开放"等颇具个性且有一定深度的探究专题。当然结合中学生的认知水平,教师要积极引导,题目可大可小,可宽可窄。"问渠那得清如许,为有源头活水来。"在选题上给学生留有足够的空间,能激发学生主动学习、主动探索、主动创造的探究动力。

当然教师也可因材设疑、启思,挖掘教材及生活中蕴含的探究因素。巧妙设计问题情境,给学生营造一个适合于"探究学习"的学习氛围,通过新材料、新情境、新视角设计问题,引导学生在宽松的思维时空中思索、辨析,从不同角度、不同层面加深对理论知识的理解,完成认知发展的感性阶段、理性抽象阶段再到理性具体阶段的过渡,实现认知的重组和思维的创新。适度的问题,能激发学生进行积极主动的思维探究活动,培养探究的勇气和创新的精神。比如,在学习"依法保护消费者的合法权益"一节时,首先出示漫画,创设情境,并伴随讲解:近几年来,大量的假冒伪劣产品充斥我国市场,真是令人防不胜防,因此提醒消费者一定要睁大眼睛。某市一商场购进一批劣质皮鞋,被不同的消费者购买,不到一个月就出现断底、开胶等情况。但消费者对此的态度是截然不同的:某甲认为,这帮商家太缺德,要挟他们赔偿500元,否则召集一帮人把老板揍一顿。某乙认为,唉,自认倒霉吧!反正也没花多少钱！随后提出问题：(1)你赞成他们的态度吗？为什么？(2)假若是你，你会采取哪种处理方法？(3)当消费者的合法权益受到侵害时，我们究竟可以采取哪些方式依法维权？(4)商家的行为违背了经济领域中的哪些原则？侵犯了消费者的哪些权利？(5)如何有效解决这一问题？一石激起千层浪，探究的气氛一旦形成，课堂上就出现思想、情感、知识、能力、态度、价值观等交流的网络，各抒己见，畅所欲言。由于思维处于高度的兴奋状态，有时会出现惊人之语，"神来之笔"，令人欣喜，令人振奋。学生带着热情查找资料、自寻结论，学生结合自身的兴趣点，形成了"论消费者维权的有效途径""商人诚信度调查""道德与法律并举，规范市场经济秩序""诚信的社会价值"等不同的探究主题。

探究性学习与一般意义上的科学研究有一定的相似性，在研究过程中都要遵循：提出问题—收集资料—形成解释—总结成果等研究程序，因此探究课题的确定亦成为探究学习的逻辑起点。探究、个性化的探究主题，拓展延伸了课堂与教材，老师不再是教学中的唯一"发光体"，而是让学生成为学习的主角，让每个学生都发光。浓缩着学生的主体兴趣与意志的课题，能真正激活我们的教育对象——学生的自主性、主动性与创造性，让教学充满了生命的活力。

二、过程开放，鼓励实践性

理论和实践相结合，反映社会现象与热点问题，是探究性学习的最重要要求，也是思想政治课的灵魂。探究性学习是一种体验学习，强调通过个体亲身实践获取直接经验。"纸上得来终觉浅，绝知此事要躬行。"丰富多彩的实践活动有利于开阔视野、培养能力；发展个性和陶冶情操。通过实践体验，抽象的理论变成生动的现实，学生真正了解了知识探索过程和运用知识解决问题的过程，从而获得了最好的锻炼和最好的知识。

教师可通过多种途径为学生提供丰富多彩的现实环境，研究的时间由课堂延伸到课外，研究的空间由校内扩展到校外。让学生走出课堂，置身于广阔的大自然和丰富的社会生活中，通过亲身经历、实际操作与活动来获得体验。

活动方式形式多样，学生可进行调查、访问、考证、文献研究、上网、参观、实验、采访、义务活动、公益服务等，来调动学生多种感官参与、动手与动脑相结合。探究过程的组织方式弹性、灵活，学生可个人研究、小组合作研究，也可个人研究与全班讨论研究相结合。

例如，环保问题是一个社会热点问题，我们开展"绿色行动"——我市环保形势之调查。首先，鼓励学生组成"巡访团"，走上街头或深入工厂、企业、社区，运用拍照、摄影、采访观察、调查实地等手段，收集我市（周围的企业或单位）存在的环境问题。而后集体交流、讨论，引导学生对现实问题进行思考、判断、分析，寻找对策并试图在一定范围内解决问题。其次，成立各种"绿色行动"小组，走向社会，从自己身边和自己家庭做起，通过开展环保宣传活动或开展清洁环境的活动，树立"保护环境，人人有责"的观念。采访活动中，学生一改过去学习的被动状态，面对一个个不同年龄、不同身份的采访对象，面对丰富多彩的采访素材，激活了他们的学习兴趣。确定采访主题，编写采访提纲，现场机敏的提问，采访素材的整理，都需要学生自己动脑、动口、动手。开展环保问题调查以来，中学生的主动性大为提高，触目惊心的现实，大大激发了学生的情感体验，社会责任心顿时涌上心头——他们在社会实践中，不断体验愉快、满意、自信的情感，主体作用得到充分发挥。

把课本知识与社会生活及科技相联系，把传授知识变成生动有趣的探究是学活知识、会用知识的关键。外面的世界很精彩,打开"窗口",引进的是生动的生活材料。鲜活的材料最能叩开学生的心灵之窗,开启学生的思维之门。社会即学校,生活即教育,要在做中学,学中做。学生每天接触的是日新月异的现实生活和纷繁复杂的社会问题,这就要求政治课摆脱教条、刻板,展现开放、求实。只有在开放的探究过程中,学生才会学有兴趣,学有所得,学有创意,学有追求,体味创新与探索的乐趣。

三、评价开放,张扬个性

由于学生知识结构、认知水平及观察问题的视角等方面的差异,因此在归结探究成果上自然表现的各具特色、参差不齐。在评价时,要允许学生展示差异性,不能紧盯住学生的探究结果,简单地进行终结性评价,更要重视多层面的评价。新的课程理论告诉我们:评价,要多几把尺子。要注重学生素质的综合考察,强调评价指标的多元化。倡导发展性评价已成为教育评价改革的方向,教师不仅要进行结果评价,还要运用多种方法综合评价学生在情感、态度、价值观、创新意识和实践能力等方面的进步与变化;不仅要重视对学生的终结性评价,更要注重过程评价,只有如此,才能激发自信、促进潜能、张扬个性、保护创造,真正促进学生的发展。在形成成果阶段鼓励学生在搜集、整理、综合分析、利用信息的基础上,尽量多角度的思考问题,鼓励提出个性化的观点与结论。教师在实践中设计了融会知识与技能、过程与方法、态度与情感实践能力、合作能力、创新能力等多角度测评量表,进行综合评定。为了鼓励学生,教师可从每一评价角度评出优秀政治小论文,分别给予表彰奖励,再以年级为单位,进行展示、交流活动,这样既激发了学生的自信,在客观上也起到了对探究性学习的宣传、示范作用。

探究性学习,关键不在于得到非同寻常的科研成就,而在于感受科学探究过程的奇妙;在于掌握科学探究的方法与途径;在于品尝探究过程中主动发现问题、解决问题的快乐,培养科学的精神与创新意识。其实很多事情并没有既定的标准答案,许多领域是未知的,是有待探索的;只要热情的鼓励学生,真正赏识学生,就能看到学生开启心灵之窗,就能听到学生发自心灵的声音。教师的教育不是把学生看作是填充容器的"驯化教育",而应该成为激发学生热情与灵感,张扬独立见解、创新思考的个性化教育。

探究性学习作为一种新的教学模式在教师的教学中实践着。作为一种新事物,有很大空间值得教师进一步探索、总结与填充。教学过程,应是不断探索、不断创新的过程。尤其对于初中思想政治课教学而言,恰逢中考开卷考试制度的改革,为教育改革搭起了前所未有的发展平台。开放性考试呼唤开放性教学。教师必须抓住这个契机,不断开展教学与研究,在实践中研究学习,在研究中求发展。

(本文选自《中学政治教学参考》2007年第3期)

创设情境 经历探究 促进发展
——一则以生活为基础的教学案例及思考

河北邢台县职教中心 张有林

新课程的基本理念之一是强调课程实施的实践性和开放性。引领学生在认识社会、适应社会、融入社会的实践活动中,感受经济、政治、文化各个领域应用知识的价值和理性思考的意义;关注学生的情感、态度和行为表现,倡导开放互动的教学方式与合作探究的学习方式,使学生在充满教学民主的过程中,提高主动学习和发展的能力。本文以"财政的作用"一则教学案例为基础,对其进行评析,并试图从中总结规律,找出一条实现课程实施目标的途径来。

一、"财政的作用"教学案例综述

情境和探究活动一:(活动设计)课前请学生收集近年来中央解决"三农"问题的政策措施。收集方法:与父母交谈、走访农户、上网查找、调查政府官员等。

(活动内容)学生能收集到取消农业税、种粮直补、农村新型合作医疗、免除义务教育费、农村基础设施建设等信息。通过教师补充中央财政支出的数字资料,让学生初步了解到这些政策措施离不开财政的支持。

情境和探究活动二:(活动设计)多媒体显示十届全国人大四次会议上温家宝总理所做的《政府工作报告》中关于社会主义新农村建设部分。2006年《政府工作报告》指出:进一步增加对农民的种粮直接补贴、良种补贴、农机具补贴,增加产量大县和财政困难县的转移支付。今年中央财政用于"三农"的支出达到339亿元,为保证基层政权正常运转和农村义务教育的需要,从今年起国家财政将每年安排支出1 030多亿元。其中,中央财政转移支出每年将达到780亿元,地方财政每年将安排支出250亿元。

问题:根据材料中的信息,结合自己身边农村的变化,谈谈财政在建设社会主义新农村中的作用。

(活动内容)学生进行思考、讨论、交流;教师深入学生中了解情况,及时点拨、鼓励;学生充分讨论后,教师让部分学生回答问题;在学生回答问题的过程中,教师进行启发、诱导,对学生正确的看法,要及时给予肯定和鼓励,对不全面的观点,要及时指出来,共同改进;同时,注重激发学生建设社会主义新农村的热情。学生一般能回答出以下几个方面:有利于增加粮食产量,加快农业发展,增强农业的基础地位;有利于增加农民收入,提高农民生活水平;有利于农村教育、文化、科技、卫生等事业的发展;有利于农村基础设施建设,带动更多的资本投向农村;有利于农村社会稳定;有利于统筹城乡经济社会协调发展,建设社会主义和谐社会。

情境和探究活动三:(活动设计)让学生把分析的内容和教材知识进行比较,找出其中的关联点。

(活动内容)学生比较后能发现,如果把社会主义新农村这个具体情境去掉,分析的内容与教材知识具有一一对应性。教师对部分内容进行必要的分析。

情境和探究活动四:(活动设计)教师提供案例:自20世纪末国家实施西部大开发以来,西部地区的面貌有了重大改变,2004年西气东输工程完工,2006年7月1日青藏铁路正式通车,国家在这两项工程中投入了巨资。请运用财政的作用知识分析上述材料。

(活动内容)学生分析回答,教师归纳总结。

二、该教学案例成功之处分析

1. 实现了课程教学的根本转变——从教到学,促进了学生发展

传统教学观的主要特征是师教生学,教师关注的主要是教。新课程教学观的实质是师生交往互动,教师关注的是学生的学。教师由传授者、权威者向设计者、引导者转变;学生由被动接受者、服从者向主动参与者、求学者转变。教学中师生角色转变,是实现课堂教学转变的重要前提。该教学案例关注点是学生的学,把理论知识和学生生活主题结合起来,教学中教师的作用是点拨、启发、诱导,学生始终处于思考、交流、分享之中。这样,课程教学就从关注学科、关注教,转到关注学生、关注学上来,因而从根本上促进了学生的发展。

2. 经历探究活动,实现三维目标

通过把"内容活动化,活动内容化",让学生经历探究活动,回归学生现实生活,注重学生情感体验,发挥学生主观能动性,锻炼多方面的能力,从而实现三维目标。该案例按照认识事物的一般规律"特殊—一般—特殊",紧密结合社会生活和学生生活,设计了四个探究活动——社会调查、案例分析、读书比较、案例分析。学生在这些活动中,经历了自主探究、合作学习,了解了知识产生的过程,知识应用的条件,培养了收集提炼信息的能力、分析归纳的能力、交流合作的能力等,从中体验了学生的乐趣、交流的愉快和建设新农村的积极情感。

3. 创设学习情境,激发学习兴趣

在过去情境化的教学中,学生直接接触现成的结论,知识犹如横空出世一般,突然出现在学生面前,学生感到既抽象又枯燥,因此,创设学习情境是激发学生学习必不可少的。该案例创设的学习情境,直接来源于学生生活和社会生活,在教学过程中,学生表现出浓厚的学习兴趣,积极地收集信息,探索财政在新农村建设中发挥的重要作用。

三、该教学案例体现的一般规律

贯彻新课程理念,实现教学方式和学习方式的根本转变,是该案例的目标。在现有课堂教学时空下,通过创设学习情境,设计探究活动,把生活资源引进课堂,无疑是实现这个目标的重要途径。这其中如何创设情境,如何设计探究活动是关键。创设情境,有利于学生循着知识产生的脉络准确地把握学习内容,帮助学生实现知识迁移和应用,激发学生学习的兴趣和积极的情感。设计包含问题的探究活动,能够引导学生在自主、合作、探究中感悟知识是怎么来的,有什么用,同时进行情感体验,培养良好的态度与价值观。

创设学习情境,设计探究活动要遵循以下几个原则:一是以教学目标为依据。每个活动都要承载一定的教学内容和目标要求,离开活动蕴含的教学目标,不能引导学生生成知识,忽视学生情感态度与价值观的养成,只为活动而活动,为探究而探究,那就是为了形式而忽视了内容。现实中的生活事件很多,师生要通过评估,选择最具有典型意义的、最能承载课

程目标的事件。二是以社会和学生生活为基本内容。学习情境要来自学生和社会生活,能够体现知识发现的过程,知识在生活中的意义与价值的事件或场景。情境是真实的,问题是真实的,是一个不能被完全简化的事件。只有这样,才能将生活事件转化为学习情境,才能保持事件的完整性,从而使学生的智力和非智力因素都会得到发展。三是以问题引导为方法。学习情境中提炼出学生感兴趣、包含特定目标的问题,问题依存于具体的情境中,问题要有一定的层次性,情境中有发现问题的线索,学生在学习过程中围绕着问题,收集、筛选、提炼信息,比较、辨别、评析观点,进行情感体验活动。问题的解决过程是学生成长的过程,是学生心智和情感发展的过程。因此,在设计情境、探究活动过程中,必须把学生的因素考虑进去。这就是说,设计的内容、提出的问题、回答什么、怎么回答,这些内容不能只是教师自己事前预设,而是要充分尊重学生的主体权利,允许学生多元发挥,以利于培养学生的多方面素质。

(本文选自《中学政治教学参考》2007 年第 6 期)

用哲学思维教哲学
——反思中学哲学教育

陕西教育学院　张汉云　刘宏佺

马克思主义哲学教育在我国相当普及。中学有哲学常识课程,大学有哲学的"公共课",有些科系还开设哲学专业课。但是,哲学教育,尤其是"普及性"的教育却存在着一些不可忽视的问题,教者有苦衷,学子有烦恼。笔者认为,有必要对一些重要问题进行梳理,以提高哲学教育的质量。

一、哲学教育要遵循哲学本性,符合学生的需要与接受能力

"方法是事物的本性"(黑格尔语)。如何进行哲学教育,除了要充分考虑一般教育过程的本性之外,还要准确把握哲学的本性与学生的本性这两个基本因素及其相互间的关系。坚持哲学教育的这个"第一要求",教师才能引导和帮助学生比较准确地去认知哲学精神客体以及它所反映的客观世界。

作为学术研究,教师对哲学的本性的见解完全有自己的"话语自由"。但是,基础教育教学中,教师对于马克思主义哲学的性质必须有一个比较准确的理解。我们要高度重视马克思和恩格斯提出的总结性论断:以往的哲学"只是用不同的方式解释世界,而问题在于改变世界"[1],现代唯物主义……只是世界观"[2]。马克思主义哲学不仅要正确地解释世界,更要科学地批判世界、指出改变世界的途径。哲学教师对马恩的论断必须充分认定,在教学中体现出马克思主义哲学是科学的世界观和方法论这个根本特性。

所谓学生的本性不是抽象的而是具体的,是学生面对哲学、学习哲学所表现出的本性。学生是认识的主体,教师只是引导和帮助学生比较准确地去认知哲学精神客体以及它所反映的客观世界。"自己是自己的对方的对方"(黑格尔语),教师教什么、怎样教,需要依照自己对方学生的情形来确定。因而,教师必须多了解学生,使自己的教学活动能够从学生的实际出发。要了解学生是否愿意学哲学,帮助他们树立正确的哲学学习观;要了解学生现在的思想状况,他们对未来发展的要求;要把握学生的认知水平、接受能力,在此基础上,教师教学时要选择不同的教学方式、方法。

二、哲学教育有四个层面的功能

(一)要进行哲学理论、哲学思想的教育,帮助学生树立科学的世界观、人生观和价值观

马克思主义哲学是博大精深的科学理论体系。它以实践为社会基础,以具体科学理论为科学前提,以历史上的哲学为思想渊源,深刻反思人们的认识,从总体上揭示事物的普遍本质与规律,揭示社会与人的本质及发展前景,揭示人与外部世界的关系;它提出一系列的

范畴、原理,按照其独特的逻辑思维方式,分析范畴、论证原理,构成科学形态的系统化、理论化世界观体系;它是人们的思想武器和行动的指南。只有理论思想的科学性,才具有对心灵世界的穿透性。哲学教育首先要把基础理论与核心思想教得清清楚楚,以利于学生自觉树立科学的世界观、人生观和价值观。

(二)要进行思维方式的教育,帮助学生培养科学的理论思维方式

恩格斯说:"马克思的整个世界观不是教义,而是方法。"[3]马克思主义哲学既唯物又辩证的思维方式,是科学的哲学思维方式。哲学教学,应该"教出"科学的理论思维方式来。如果把哲学当成了死记硬背的知识,不去引导学生体会其中的思维方式,学生在思维方式上没有转变,不会分析问题、解决问题,所谓世界观的教育就失去了意义。

(三)要激发学生对智慧的热爱之情

马克思主义哲学是人类智慧的结晶,学好哲学肯定有利于增进智慧。但是,智慧是难以教出来的,智慧在于不断地体验,不断地总结,不断地积累。所以,教师要重视并善于运用历史的和现实的哲学"智慧故事",激发学生对智慧的热爱和追求,自觉地做"智慧的朋友"。哲学教育如果只是注意知识的传授,讲条条,记条条,考条条,学生感受不到智慧火花的撞击,那就很难说是教育的完整与成功。

(四)要引导学生提升自己的精神境界

马克思主义哲学是一种高尚的境界。学习哲学可以使人在精神上拥有整个世界,使心灵的家园结出累累硕果。以纯洁的心灵、理性的判断,不断追求真善美,实现主观与客观的辩证统一、个人与社会的辩证统一,这是哲学教育应当追求的精神境界。达到这个境界极其困难,但教师不能不去追求。教师自己要有这个目标,同时应当要求学生心中具有这个目标,向高尚境界迈进,在精神上不断追求从必然王国向自由王国的飞跃。

三、正确处理课堂教学形态与文本形态、研究形态、教材形态之间的关系

文本形态主要是指马恩的原著。教师要熟悉文本,通过原著的表达体系去理解思想体系。教学中要阐述哲学经典的重要论述,贯彻原著的思想,但不应该只是简单地用"引文"来"印证"讲述的观点。马恩的思想体系在社会实践中形成又在社会实践中得到贯彻和展开,受到实践的检验而丰富和发展。对于马恩之后的新的文本形态,尤其是"中国化"的文本形态,教师也应当熟悉。哲学是一种历史性存在。马克思主义哲学批判地继承了一切优秀的哲学思想传统,因而文本形态中也应该有哲学史上的著名篇章。教师要了解哲学思想史料,尤其是中国哲学史中的合理思想。教学中要根据教学对象的实际,分析哲学史上大师的经典言论。

研究形态是指哲学工作者对文本形态进行研究所取得的成果,结合社会经济、政治、科技文化发展的新实践和新理论,与时俱进所得出的新结论。这些都是教师在教学中应当吸取的,尤其是结合中国历史与现状所进行的哲学反思,更值得教师注意。哲学教师既是教学型教师也应当是研究型教师。教师应当有自己的研究成果,并善于把自己的研究收获融入教学中。

教材凝结了编者对马克思主义哲学文本形态的理解与思考,可以说是一种研究形态。但教材是供师生在教学中使用的,因而教材形态有别于研究形态。教材应当系统地全面地阐述马克思主义哲学。它作为"可视信息",文字量很大,教师难以全面讲解,学生更难以全面学习;它作为"可视信息",师生对其阐述的理论在理解上有很大的伸缩性。因而,师生如何使用教材必然成为一个重要问题。教师使用教材要"若即若离",要引导学生学会善于阅读教材。教师要根据学生的实际把握好尺度,在教学中做到"深者得其深,浅者得其浅"。

教师要善于在文本形态的指导下,吸收研究形态的成果,从学生的实际出发,恰当地使用教材,在课堂上转化为具体操作的教学形态,以实现哲学教育的功能。

四、讲述观点要注重论证,凸显思维过程

马克思主义哲学的科学性确实在于它来自实践,并在实践的运用中得到证实。同时,它的科学性也表现为理论内部的自洽性、严密性。哲学应当给人以强烈的逻辑感,一个范畴、一种观点,应当说得有理有据;各个范畴、观点之间前后要连贯、互相支撑,形成一体;各个命题之间的关系要经得起论证是否得当的推敲。哲学既要依靠"事实胜于雄辩"的力量说服人,又要依靠思想和逻辑的力量征服人。

论证是哲学教育极其重要的环节。深刻的成熟的哲学教学,要运用严密的逻辑结构、有层次地递进式地阐述其基本理论,形成自身内在的逻辑。科学有力的逻辑论证,是哲学能够吸引人、征服人的内在力量。有论证才便于理解,使学习者在理解中接受;有论证才能强化交流,使学习者口服心服;有论证才能入脑、入心,使学习者的思想世界发生变化;有论证才能突出思维的逻辑进程,提高学习者的思维能力,受到思维训练;有论证才能使学生感受哲学的魅力,领悟哲学的智慧。教师在教学中必须注重理论的论证,凸显思维过程。

论证的过程,是归纳与演绎的辩证统一,分析与综合的辩证统一,历史逻辑与思维逻辑的辩证统一,理论与事实的辩证统一,鲜活的现实材料与深刻的思想史料的辩证统一。教师对讲述的内容在逻辑上要有深刻的体会。是什么,为什么,逻辑进程怎样一步步地进行,心中要清清楚楚。结论加例子的做法是不可取的。哲学虽然离不开人的日常生活世界。但是,哲学不是人们生活经验的简单总结,用说几个故事、讲几个成语、吟几句哲理诗来进行哲学教育,虽有其可取之处,但毕竟不是扎实的做法。论证的程度、形态还要依照学习者状况来确定。在论证过程中要对可能出现的异议恰当地予以分析。论证的过程要融进一些议论、讨论,要允许学生对观点和论证过程提出质疑,并通过师生共同分析以求释疑解惑。

五、紧密联系社会生活,阐释社会问题中的哲学

马克思说"哲学不是世界之外的遐想",它"和自己时代的现实世界接触并相互作用"[4](120-121),"任何真正的哲学都是自己时代精神的精华"[4](2)。今天,要真正推动马克思主义哲学的研究,就必须高度关注社会问题,坚持以实际问题为中心,以正在做的事情为中心,做出深刻的理论反思。哲学应当面向现实的生活世界。哲学如果远离生活、冷落生活,社会肯定会冷落这样的哲学。

哲学教育更要注意这个问题。学生学习哲学不是为了满足好奇心,更不是为了考试得到学分,而是为了更好地认识世界和改变世界,为了提升自己的精神境界。我们强调理论联系实际,主要是指教学应当联系社会生活的实际,用哲学思维分析阐释社会问题。贯彻这个

原则,才能使学生加深理解哲理,才能提高学生分析问题的能力,同时能够引导学生养成关心社会、关心人类命运的责任感。紧密联系社会生活进行教学,对于学生树立唯物辩证的社会历史观尤其必要。但不应该把哲学教育搞成书斋里的教育、经院式的教育。我们的教学要紧跟时代的步伐,反映人类认识世界和改造世界的睿智和力量,体现出时代精神。因而,哲学教师不能只是熟悉教材,还要关心社会的发展,关心人类的命运,应该对社会经济、政治、科技、文化的变化发展有一定深度的了解,能够正确地观察和分析社会问题,并在教学中进行科学的分析,对学生进行正确的引导。如果不了解当代世界和中国的发展,对今日知之甚少,言必称古代,对中国知之甚少,言必称外国,这样的哲学教育同马克思主义哲学的本性是不相符的。

六、必须高度关注学生的生活与心灵

哲学应当在某种方式上帮助人们生活得更好。马克思主义哲学把人的解放、人的自由全面发展看作是社会发展的最终目标,主张在变革世界的过程中改变和完善人本身。每个人天天都需要正确处理三对基本矛盾:个人与自然的矛盾,个人与他人、与社会的矛盾,个人自身内部的矛盾。个人在生活中突出感受到的是个人与他人、与社会的矛盾,而这对个人心灵的撞击不仅是无法避免的,有时甚至是相当激烈的。哲学教育应当起到净化心灵的作用,应当引导人们在处理前两对矛盾的同时,处理好自己与自己的矛盾,关注对自我的追问与反省,做到天人和谐、人际和谐、自身和谐。

中学的哲学常识教育,应当为学生的和谐发展奠定净化心灵的基础。没有哲学修养的教育是一种精神的残缺。哲学教育要直抵学生的心灵。学生是现实世界的人,各种因素都在无形有形地影响他们。对学生而言,如何面对当今复杂的社会,如何观照自己的切身利益,消解成长中的烦恼,保持精神的愉悦,保持纯洁的心灵,必然对哲学教育提出新的课题。教师要引导学生坦诚地看待外部世界和自我内心世界,愉快地接受生活中的各种挑战,保持心灵的健康和谐。

七、要善于把深刻的道理与通俗的表达结合起来

哲学的确深刻,但哲学教育不应深奥不测。教师要根据对象的实际,把深刻的哲理内涵与既要规范又要通俗的表达结合起来。第一,教师对哲学理论要有深入的理解,把哲学理论融入自己的内心世界。理解得越是深刻,才越有可能做到深入浅出。如果教师对理论的理解缺少内心体会,教学就会出现"照本宣科"的情形。第二,教师要把握学生可以接受理论的程度,了解学生的兴趣,知道学生喜欢的语言,"时代的性格就是年轻人的性格",这往往表现为语言的使用。要学会用"幽默风趣的生活语言"解析"规范有序的学术语言",即适当地采用非学术性的语词讲解学术性的内容。这种"用通俗的语言讲亲切的经验",使学生"喜闻乐见",并体会其中的哲理,进而进一步上升到系统化理论化的高度。第三,对事例要进行分析,剖析事例的过程应当是哲学道理、具体科学理论、具体事例的有机结合,要把哲学语言、科学语言和生活经验语言融为一体,绝不要搞理论加例子。例子的选择要有典型意义,诸如,社会生活的,学生所学科学理论的,学生自身的,各方面都可以考虑,但一定要典型,要使学生既能够学懂哲学理论又能够学习分析问题的方法,同时还要尽可能具有一定的思想教育意义。在这方面,笔者认为,案例教学是一个好办法。第四,通俗只是手段不是目的,表面

上可以很通俗,实质上则应很深刻,通俗是为了增强吸引力和说服力。通俗的表达既是生动活泼的又是严谨有序、发人深思的。切忌把课堂变成庸俗表演的场所,切忌用耍噱头造所谓"轰动效应",切忌学生大笑之后却没有真正的收获。

八、师生共同探讨交流,引导学生进行探究

哲学教学之所以强调探究与研究,主要是为了解决好三对矛盾:一是主客体的矛盾。师生互为主客体,同时又是耦合主体,共同指向认识客体。这个矛盾规定了探究的实质在于充分发挥学生的主动性。第二,直接经验与间接经验的矛盾。这个矛盾规定了探究的目的在于把哲学理论思想、方法智慧内化为学生自己的东西,使教育入脑入心。第三,结论与过程、方法的矛盾。这个矛盾规定了探究过程的核心:提出思维中的矛盾,解决思维中的矛盾。结论的形成是思维的过程,是思维方式方法对思想材料进行加工的过程,是在思维中不断地发现和解决矛盾的过程。前面说到教学要注重论证,凸显思维过程,但并非意味着只是教师滔滔不绝地论证,而应是师生共同探讨、得出结论的过程。哲学教学之所以最适宜于探究,因为哲学思维永远是敞开的,哲学问题是永远争论不休的。哲学教学之所以难于进行探究,因为哲学理论非常抽象,学生理论准备不足,辩证思维方式欠缺,学生长期养成的学习方式不习惯于此。

在教学中师生如何交流探究?第一,师生之间要进行思维交流。这不是在一问一答中的"前进",而是在共同思维过程中,发现问题,解决问题,并萌发新的见解。这既是学习理论的过程又是思维训练的过程。交流中教师要说出自己感悟的思维过程,与学生分享体验。第二,要培养学生的质疑精神,提倡问题意识。无疑不思,无思不悟,无悟不进。要鼓励学生发表不同意见,课堂上无人提问并不是好现象。要在争辩中求得对知识理论的正确把握。要养成批判性的思维,要有理性地焦虑,要带着新的问题"下课"。第三,要处理好确定性与不确定性的关系。我们讲述的观点是确定的。但确定性中有不确定性,不因阐释确定性而否认不确定性。同时更要注意在不确定性中肯定应当确定的结论。第四,教师的态度要亲切,营造师生在同一个平台上交流的氛围。

九、教师心中要有永恒的追求,不断地超越自我

以上所说是我们企望的理想状态,是需要我们永恒追求的一个过程。

作为知识的学科、作为学问的学科、作为教学的学科,是不一样的。如果教学中只把哲学作为知识来对待,那就降低了教育的意义。如果只是把哲学作为研究的学问来对待,教师的理论水平可能很高,但未必符合教学的要求。哲学是我们学习的理论对象,由此把它作为知识来看待是无可挑剔的,哲学又是我们进行研究的对象教师,应该把教学与科研结合起来,但是,教师的直接任务是进行教学。教学是一种面对学生与学生共同思维相互促进的艺术。我们要善于把对理论的理解、对理论的研究融进教学之中,使作为知识的学科、作为学问的学科、作为教学的学科,融合成为完美的一体,在教学中体现出来。

作为教师要多学习。教学越是深入,就越感到学习的不足。哲学教师似乎比其他学科的教师更要有广泛的学习。"三天不学习,讲课就会疲。"如果讲课总是不断地"克隆",自己也会觉得乏味。如果勤于学习,总有新鲜的东西补充到教学中,不仅自己觉得是个进步,是新的充实,讲起课来也会有新鲜感,有劲头。我们要学书本知识,学实践知识,向一切有智慧

的人学习,各种闪耀着智慧火花的思想材料都是我们学习的对象。

我们要多思考、多总结。哲学本身是批判的反思的学问,哲学教学更应随时进行批判性的反思。要反思对哲学理论的理解,反思对教学方法的使用。在反思中要敢于否定自己,不断建构新的范式,使教学从内容到形式经常处于创新的状态中。教师心中要有一个观念:问题既在于讲述什么,又在于怎样讲述。讲解什么,从教材的论述中选择哪些内容作为重点突出地讲,相对来说是比较容易的。而怎样讲解则是比较难于处理的,这就需要我们坚持用哲学思维教哲学,在有限的教学生涯中做出无限的努力,追求成熟,追求完善。

参考文献:

[1] 马克思.关于费尔哈的提纲[A].马克思恩格斯选集[C].北京:人民出版社,1995(1).
[2] 恩格斯.反杜林论[A].马克思恩格斯选集[C].北京:人民出版社,1995(3):481.
[3] 恩格斯.致威纳尔·桑巴特[A].马克斯恩格斯全集[C].北京:人民出版社,1974(39):406.
[4] 马克思.第179号"科伦日报"社论[A].马克思恩格斯全集[C].北京:人民出版社,1956(1):120–121.

(本文选自《课程·教材·教法》2007年第8期)

优化教学设计　灵活创生课堂
——由两个教学案例引发的思考

浙江省嵊州市黄泽中学　张伟能

【背景介绍】

新课程强调发挥教师主导作用，要求教师优化教学设计，做好课前预设。同时，强调课堂教学具有生成性，注重培养学生的创新精神和实践能力，过程与结论并重，倡导学生参与课堂，发挥主体作用，教师的教案也必须是学生的学案。所以，教师如何优化教学设计，处理好预设与生成的关系，使预设有利于生成，同时又使生成有利于实现教学预设的目标，有效实现情感、态度、价值观的三维目标，这是教师在新课程实施中面临的又一亟须解决的问题。不久前，笔者听了我市举行的优质课评比活动的几节课，课题是《树立正确的消费观》，听课后对预设与生成的关系问题感受很深。

【案例描述】

案例一：教师在课堂导入时设计了这样一个问题：
"假如你买彩票中奖了，得了 500 万，你会如何消费？"
生1："我把它全都捐献给国家。"
生2："我一部分捐献给国家，剩下部分自己用，如买房、买车。"
生3："我用它讨老婆。"（全班大笑）
学生的回答出乎了教师的意料，游离了教师预设的目标，教师匆忙收场，不了了之，不顾学生反应（学生感觉摸不着头脑），按照自己的思路继续上课。

案例二：教师在课堂导入时设计了这样一个问题：
"假如你口袋里有 30 元钱，你会怎么消费？"
生1："买零食、衣服、鞋。"
生2："买玩具。"
生3："买报纸。"
教师板书学生回答内容，根据学生回答引导学生归纳得出：学生们在消费上存在重物质消费、轻精神消费的现象，物质消费与精神消费不协调的状况，教学有序进行。然后教师继续问学生还会怎么消费，学生回答重复类似，学生感觉已无话可说，教学出现了冷场。这时，教师突然话锋一转说："刚才我请同学们讲了自己怎么消费，大家讲得都不错，接下来老师考考大家的眼力。老师想再问问大家，你发现周围的同学还把钱花在了哪些方面？"学生思维一下子又活跃了起来，纷纷发言说：有人在上网，有人在吸烟，有人在喝酒，甚至有人在赌博……教师根据学生回答引导学生归纳得出：学生们在消费上还存在不文明、不健康的消费现象，引导学生树立科学、文明、健康的消费观。避免了冷场，教学获得了意外的成功。

【教学反思】

两位教师都预设了情景进行设问,为什么学生回答大相径庭,教学效果大不一样呢?第二位教师提出的第一问与第二问仅几字之差,学生的反应和回答又为什么大不相同呢?两位教师在教学中都遇到了意外,为什么结局又大不一样呢?笔者认为关键之处在于教师要处理好预设与生成的关系,要立足预设,优化教学设计,同时灵活应变创生课堂。

1. 教师创设情景时,情景要生活化,要贴近学生生活实际

建构主义者认为,学习是获取知识的过程,而知识不是通过教师的传授而得到的,是学习者在一定的情景中,借助他人的帮助,利用必要的学习资料,通过意义建构的方式而获得的。因此,教师的作用不再仅仅局限于将知识讲解或呈现给学生,更重要的是要创设一定的情景,激发学生的学习兴趣,努力促进学生将目前所学的内容与自己已经知道的事物相联系。为此教师创设教学情景时,情景要生活化,注重与学生生活经验相联系。第一位教师创设的情景是:假如你中奖得了500万,你会怎么消费?虽然中奖是生活中真实的事,但对学生来说那是可想而不可求的,500万只是遥远的梦想,所以学生的回答当然会不切实际,游离教师预设的目标应在预料之中。而第二位教师创设的情景是:假如你口袋里有30元钱,你会怎么消费?这是学生生活中真实存在的情景,切合学生生活实际,学生当然觉得有话可说,而且回答真实可信,因而较好地实现了预设的教学目标。

2. 教师在预设问题时,问题要有一定的开放性,要把握学生的心理

在心理学上有一种扩散效果,或是冲淡效应。例如,我是单数,以数字来换算,我是一分之一。而我们就是"二分之一"以下,甚至"无限分之一"。因此,在这分子中的我为"一"的我比重会变得比较轻。第二位教师设计的第一个问题:假如你口袋里有30元钱,你会怎么消费?问题限定是从你的角度,学生必然从自我出发来考虑回答,学生思维比较狭窄;而且在这种公开的场合,对一些不文明、不健康的消费现象,因为回答的是自己的消费现象,学生当然会避而不谈。这样学生回答尽管是真实的但却并不全面,反映不出学生消费中的真实问题,教师无法实现预设的目标,也就无法避免出现教学冷场。而教师当时转移了一下话题:"你发现周围的同学还把钱花在了哪些方面?"虽然与第一次的设问仅几字之差,但主体的范围却大大扩展,问题的开放性增强,使学生的视野一下变得开阔,而由你变成了你周围的同学,自我被加以冲淡,学生也就消除了心理上的顾虑,可以畅所欲言了。从而课堂气氛活跃,情况反映真实而全面,实现预设目标,教学也获得了成功。

3. 教师要有教学机智,正确处理预设和生成的关系,灵活应变

两位教师在教学中都遇到了一个相同的问题:学生的回答偏离了自己预设的目标,出现了教学的意外。对此,两位教师采取了不同的处理方法,因而出现了不同的结局。第一位教师采用的是避而不谈的方法,坚持预设式的教学,是传统的静止式的课堂教学模式,以自己和教材为中心,课堂上按照预设一成不变,按部就班地实施,教学是静止的、程式化状态。这种教学是教师牵着学生走,体现的是控制策略,重预设而忽视了创生,学生的主体作用难以体现,教学当然难以成功。第二位教师设计的第一个问题是:假如你口袋里有30元钱,你会怎么消费?这是教师课前的预设,其目的是想通过学生的生成回答,归纳得出学生在消费中

存在的问题：一是重物质消费、轻精神消费；二是存在不文明、不健康的消费，然后针对问题开展教学引导学生树立正确的消费观。在教学中学生的问答是生成的内容，由于教师预设的问题的局限性，导致学生生成的内容具有局限性，在学生回答后教师实现了预设的第一个目标后，教学出现了冷场，实际也是预设和生成之间的矛盾。在这种情况下，教师既不是草草收场，或由自己的说教来代替学生的思考，抹杀学生的思维，而是急中生智，灵活应变，尊重学生，尊重学情，设计了又一个问题，这对教师来说也是生成的；继续采用导的方法，激活了学生的思维使课堂又有序进行，实现了预设的目标，教学获得意外的成功。所以，由于教师在教学中灵活应变，基于预设而又敢于创生，正确处理了预设和生成的关系，从而取得了良好的教学效果。

(本文选自《思想政治课教学》2007年7期)

从几则课例看"问题教学"之"问题"

江苏苏州新区第一中学 朱开群

一、"问题"的提出

"我并没有什么特殊的才能,我只不过是喜欢寻根问底追究问题罢了。"这是世界科学大师爱因斯坦对他的卓越创造才能的解释。英国科学家波普尔也说过:科学的第一特征是"它始于问题,实践及理论的问题"。"科学和知识的增长永远始于问题,终于问题——越来越深化的问题,越来越能启发新问题的问题。"亚里士多德也有一句名言:"思维是从疑问和惊奇开始的,常有疑点,常有问题,才能常有思考,常有创新。"我国的教育历来都十分重视问题教学。"学起于思,思源于疑",古人早已认识到"问题"对学习的价值,指出质疑是学习的源头。"师者,所以传道授业解惑也",则从教师职责的角度明确规定了教师"解惑"的功能。由此可见,具有敏锐的问题意识,善于发现问题,并能孜孜以求地探索解决问题,是创造性人才的重要特征;培养中学生的问题意识和能力应该是培养未来创造型人才的突破口,也是新课程改革的一个重要突破口。

20世纪80年代,美国在基础教育领域提出以"问题解决为中心"的课堂教学方法。这种方法就是教师为学生设计环境,激发学生独立探索提出高质量的问题,培养学生多向思维的意识与习惯。当前,随着新课程改革的深入推进,在课堂教学中以研究问题为基础来展开学习和教学已经成为一条基本的改革思路。这条思路已经将研究性学习延伸到了日常的课堂教学之中,形成了"问题教学"思维,这就是目前最时髦的"问题教学"。但是,有些"问题教学"的课堂却让人感到很虚假,没有什么价值。虽然学生也在不亦乐乎地讨论问题,但似乎并不是学生在自主学习;小组学习看起来热火朝天,但实际上并没有什么效果;有些课堂更是学生互问互答,教师几乎不用操心。其实所有这些都不是"问题教学"出的错,一个重要的原因是教师提出的"问题"出现了问题,致使"问题教学"达不到预期的教学目标。因而笔者认为,很有必要对"问题教学"的"问题"设计进行研究分析,以期能在以后的政治课教学过程中,更好地激发学生的问题意识,培养学生发现问题、解决问题和自主、合作、探究学习的能力。

二、"问题教学"之问题误区

"问题"误区之一:由于问题太浅或太难,激发不了学生的兴趣。

笔者通过平时大量的听课发现,教师如何变教材要求为教学问题,变学生新旧知识矛盾为教学问题,或根据学生的学习需要而组织的教学问题,有随心所问的倾向。其中问题深浅把握失度的现象较为突出。

问题浅是指完全无"认知冲突",无一定程度的"思考困惑",学生可以不假思索地问答。这样的问题不仅不能激发学生的学习兴趣,而且不能激活学生的思维。

而有的教师提出的问题则又太难。过分深奥的问题,同样激发不了学生的学习兴趣。就如同小孩子摘苹果一样,树上的苹果很高,孩子即使跳得再高,离目标也还是很远,那么他就可能会对苹果失去信心。

笔者曾经听过一节课,课题是"矛盾的对立统一"。教师一开始就提出了这样一个问题:南北朝的诗人王籍有"蝉噪林逾静,鸟鸣山更幽"的名句。而宋代的王安石则认为"一鸟不鸣山更幽"。请问王籍和王安石的诗哪一句更好?应该说将诗歌引入课堂,增强课堂教学的人文性,使教学语言变得富有诗意,充满美感,这是值得提倡的,但这个问题一开始就让学生回答显得太难了。因为这涉及"噪与静""鸣与幽"的对立统一,王安石的错误在于只看到了双方的对立,没有看到双方的统一,因而闹了个大笑话,被黄庭坚戏称为"点金成铁"。首先应该肯定这是一个很好的问题,但在学生对于"矛盾的对立统一"原理没有任何知识储备的情况下叫学生回答,就显得太难了,结果也就可想而知。授课教师连叫了五六个学生无一人能答到点子上,最后只好尴尬收场,自己回答了事。其实如果把这个问题放到中间或者结尾来处理,其结果就截然不同。也许受到第一个问题的影响,后面的问题又有些简单得离奇,都是诸如"什么叫矛盾""什么叫对立""什么叫统一"等在教材上直接可以找到答案的问题,学生甚至都懒于回答。这节课虽然问题很多,但由于问题太浅或太难,激发不了学生的兴趣,也激活不了学生的思维。

"问题"误区之二:教师提问过多,又过分关注教学进度,失去了"问题教学"的应有作用,而且影响教学目标的达成。

我对近几年所听的一百多节课中的课堂提问做了一个初步统计,结果发现,教师们平均每两分钟左右就提出一个问题。课堂上,学生平均用时仅占43%,而教师用时为57%。教师在课堂上过多地提问、分析、讲解,大量地占去了学生读书、思考、作业以及体验、积累的时间。我们经常可以看到,有的教师为了强调问题的重要性,不分主次地进行"问题轰炸",使学生失去了思维所需要的时间和空间,陷入了迷惘和困惑的状态。还以上面那节课为例,事后我统计了一下,教师前后共提了二十多个问题,减去学生回答问题的时间,教师真正用于讲授的时间只有十几分钟。而"矛盾的对立统一"这一框的内容特别抽象、深奥,学生难于理解,有时甚至一节课还很难完成教学任务。

由于问题太多,而且又要关注教学进度,不少教师往往把一长串问题同时抛给学生,很少考虑到解决不同问题的必要背景,也不考虑学生思考问题的心理因素,再加上解决问题的时间不能保证,结果常常致使学生对问题的思考是夹生的、肤浅的。

"问题"误区之三:问题的提出者是教师而不是学生,问题的解决者也主要是教师而不是学生。

问题本来是学习者在学习过程中要求回答或解释的题目,问题的提出者或说拥有者理所当然是学生,但目前大多数教师是根据教学参考书,根据自己的理解判定教学目标、重点、难点、疑点。现在的"问题教学"最常见的模式或套路是:教师出示幻灯、书面提出或口头提出一系列问题——学生分组讨论——每组先派代表交流——教师对学生的讨论结果作一番评价或小结。这样一来,课堂表面看起来是以"问题"为中心,是学生在自主地解决问题,但实际上,这些问题绝大多数是教师课前设计好的。因而这些问题往往也脱离了学生的实际,根本不能激发学生的问题意识。或者所提问题的思维强度太小,没有张力;或者问题的理性色彩太强,难度太大;或者由于学生没有参与教学目标的设置,教和学常常油水分离,教师讲的学生已掌握,学生的疑点教师不涉及。从"满堂灌"到提问教学是教学的一大进步,一定程度上调动了学生学习的积极性。但有一种现象不可忽视,即有相当一部分课堂只将问题当作组织教学的线索,主要教学内容仍由教师讲解完成,就整个思维过程看,学生仍是被动的接受者。或者有人把问题紧紧攥在手中,引导学生围着自己的思维转,看起来学生在积极思考问答,实际上被教师"牵了一回牛鼻子",课堂的主人仍是教师。有人将这种现象称之为"问题霸权"。

说到这,我就想起这样一则课例:一个美国教育考察团到上海考察课程改革情况,希望听一节有中国特色的公开课。负责接待的上海教育科学院安排一所著名重点中学为考察团开了一堂物理课。任课教师是一名有影响力的特级教师。在教学过程中,教师教学方法灵活,重点突出;教学双方也显得很活跃,教师问问题,学生答问题,气氛很热烈;训练也有针对性,教师布置的作业和思考题学生都完成得很好,时间安排得很恰当,当教师说"这节课就上到这里"的时候,下课铃声正好响起来,听课的中国教师情不自禁地鼓起了掌,但奇怪的是几位美国教育学家却一点表情也没有。第二天,当接待者再一次请他们谈谈听课的感受时,他们的回答出乎我们的意料。他们反问:这节课都是由老师提出问题,而且老师提出的问题学生都能回答,学生在课堂上既没有提出什么问题,课后老师也没有给学生留下一些探究性的问题,这节课还上它干什么?他们认为,教师应该让学生带着问题走进教室,再带着更多的问题走出教室,也就是说以学生自己提出问题、发现问题为纽带的教育才是优质教育。

"问题"误区之四:唯"标准答案"是从,无视学生思维活跃的现象一定程度地存在着。

政治课除了一些大是大非的政治问题,还应该是具有主观性、创造性和开放性的学习,一味尊崇标准答案、削足适履,只能使学生创造力萎缩,最终将引导学生走向思维僵化。笔者曾经听过一节课,课题是"价值规律的作用",教师在讲完价值规律的第一个作用即"价值规律能调节生产资料和劳动力在各部门的重新配置"后,出示了一道讨论题:东北某地大力发展多种经营,鼓励农民发展"银狐"饲养业。一开始由于养殖户比较少,产品供不应求,一到收购季节,皮贩子就上门高价收购,获利丰厚。结果,本地和邻县的其他农户转种植为养殖,纷纷发展"银狐"饲养,短短两年时间,就由奇货可居变成亏本甩卖也无人问津,不少养殖户纷纷宰杀银狐。农户王二家召开家庭会议,商量究竟是杀还是养?如果你是王二的家庭成员,你主张怎么办?并说明理由。应该说这不失为一道富有创新性和开放性的好题目。在回答问题的过程中,有的学生主张杀,有的学生主张继续养。这时有一个学生站起来说:"我主张不仅不杀,而且应该乘机将皮质好的银狐大量低价收购。因为,一方面由于养殖户大量宰杀,市场将很快由供过于求转变为供求平衡甚至供不应求;另一方面低价收购,形成垄断效应,就拥有了定价的主动权。"多么富有创造性和经营头脑的天才设想。下面听课的老师无不啧啧称赞。但令人吃惊的一幕出现了,授课老师对这个学生说:"此时银狐已严重供过于求,宰杀还来不及,你还异想天开要低价收购。"原来"标准答案"是:"根据价值规律的要求,当某种产品供过于求时,应该停产或转产。"呜呼!一个多么富有创造性的设想就这样被扼杀了!学习应该有"标准答案",但一味尊崇"标准答案",削足适履,只能使学生创造力萎缩,最终将引导学生走向思维僵化。

三、"问题教学"之问题要求

"问题"要求之一：所提问题应该难易适中，是学生感兴趣的。

俗话说，兴趣是最好的老师。假如教师提出的问题学生不感兴趣，即使这个问题设计得再完美，也不能发挥"问题教学"的作用。正如前面所提到的，问题太难或太易，都不能激发学生的兴趣，因而，教师设计问题时应该力求难易适度。例如，我在讲运动和静止的关系时，我根据学生的认知水平设置难易度适中的问题链，采取逐层递进的办法，一步步地调动学生的思维向预定目标前进。第一步，以讲故事的形式（古希腊借债人与债主的对话：古希腊有个人借了别人的钱，到期赖账不还，却说万物在变，现在的我已经不是借钱时的我了。债主一气之下，把他痛打了一顿，也说万物在变，打人的我已经不是现在的我了。）引出静止的话题。第二步，设置问题引申出静止的两层含义（张三坐在教室里听课，他的空间位置有没有发生变化？张三从生到死一直在发生变化，但能不能变成李四？）。第三步，再设置问题阐明运动是绝对的、静止是相对的道理（既然张三的空间位置相对于教室没有变，既然张三从生到死始终是张三，而不会变成李四，为什么又说张三是处于相对静止而不是绝对静止状态呢？）。接着让大家谈谈对毛主席"世界上就是这样一个辩证法：又动又不动"的理解，概括出马克思主义运动观是绝对运动和相对静止相结合的结论。最后分组辩论赫拉克利特和克拉底鲁的两句名言："人不能两次踏进同一条河流"和"人甚至连一次也不能踏进同一条河流"（讲运动和静止的关系时）。由于这些问题既有趣又难易适中，取得了理想的教学效果。

"问题"要求之二：问题不在多而在于精。

课堂教学提问要讲究艺术，上一节课，可以提出许多问题，但并非所有的问题都是有利于教学的。据调查，教师在设计问题时，能同时考虑到学生情况和教材问题的仅是少数。所以，教师在设计问题时，不应只追求数量，而更应注重质量，要给学生有足够思考和讨论的时间，最好能为一节课设计一个或几个"牵一发而动全身"的问题，这就有个设问适度问题。有的教师一节课设问像连珠炮似的一个接一个，有时多达几十个，学生几乎没有思考讨论问题的时间，更不要说提出创造性的见解。随着学生年龄的增加，自我意识增强，普遍存在怕错心理。尽管教师在台上努力发问，台下学生却鸦雀无声，重要的原因是缺乏足够的思考时间，导致学生对问题来不及思考，无法回答，不敢回答。所以，课堂设问的次数要适度，做到少而精，留给学生足够的思考和讨论的时间。本人在复习高二哲学关于"透过现象认识事物的本质"一课时，没有采取枯燥简单的大量设问，也没有采用题海式的训练，而是选用高一语文中《邹忌讽齐王纳谏》一文作为背景材料，设计了三个问题：① 邹忌的分析和建议是理性认识还是感性认识？② 邹忌是怎样想到和提出建议的？经过学生讨论和思考得出：一是通过调查。邹忌在与徐公比美过程中广泛地征求了"妻、妾、客"等的意见，并亲自进行了比较和观察，"明日，徐公来。孰视之，又弗如远甚。窥镜而自视，自以为不如"（掌握了十分丰富和合乎实际的感性材料）。二是通过思考。"暮寝而思之"（发挥思考作用），"曰：'吾妻之美我者，私我也；妾之美我者，畏我也；客之美我者，欲有求于我也。'"（去伪存真）"今齐地方千里，百二十城；宫妇左右，莫不私王；朝廷之臣，莫不畏王；四境之内，莫不有求于王。由此观之，王之蔽甚矣！"（由此及彼）③ 你认为《邹忌讽齐王纳谏》最大的价值是什么？"王曰：'善。'乃下令：'群臣吏民，能面刺寡人之过者，受上赏；上书……此所谓战胜于朝廷。'"（理性认识回实践）说明最大的价值和意义是邹忌的建议被齐王所采纳，用于齐王的治国实践。

《邹忌讽齐王纳谏》是一篇学生们非常喜欢和熟悉的文章,通过对三个问题的讨论,既加深了对认识两次飞跃原理的理解,又激发了学生学习的兴趣,锻炼了学生分析与综合的思维能力。

"问题"要求之三:教师要鼓励学生自己提出问题和解决问题。

爱因斯坦说过:"提出一个问题比解决一个问题更重要。"美国芝加哥大学心理学教授J.W·盖泽尔把"问题"分为三类,即呈现型、发现型和创造型。呈现型问题指的是由教师或教科书给定的问题,其思路和答案都是现成的,直接体现着教师和教材编写者的思考。显然,这类问题并非学生主动参与的产物,而且往往追求标准答案,因而一定程度上压抑求异、质疑的精神。相比之下,发现型和创造型问题更具有创造价值。

这两类问题的共同特点是:① 从问题产生过程来看,是学生在学习过程中思考探索的结果,是"愤""悱"的结果,具有一定的自主性。② 从问题解决的过程看,由于具有强烈的内驱力,学生一般会孜孜以求,探究解决,表现出执着的追求性。③ 从问题的本身特点看,它不是在教师统一要求下的产物,会更有个性,是个性思维的表现。④ 从问题的答案来看,具有一定的开放性。正如前面所述的美国教育考察团到上海考察课程改革所听的那个课例所示,最好的问题是发现型和创造型的问题,问题教学的最高境界是学生带着问题进入课堂,又带着问题走出课堂。

目前,教学界提出的"非指示性教学"之所以能引起人们的关注,就是因为它提倡学生自己提出问题,然后自己回答问题,这样一来,教师就把学习的主动权还给了学生,而教师在整个教学过程中只起引导的作用。

对此,在教学实践中,不少教师都作了有益的尝试,并收到了很好的效果。有位教师要求学生每人准备一本"质疑本",预习时不仅要把自己弄不懂、有疑问的地方写下来,然后带着疑问听课。教师也可以把学生的疑问归纳分类展示给全班同学,引导学生讨论,然后有针对性地进行点拨。课后,还可以让学生在"质疑本"上完成"听课后记",鼓励他们提出新问题,与老师、同学切磋,使学生的学习兴趣继续延伸。长此下去,学生就会逐步养成质疑发问的习惯,学习的主动性也就会大大提高。

政治课教学的前提是研究学生,学生感兴趣的问题往往只有学生自己清楚,教师不能包办,这就是教师应该鼓励学生提问的原因。刚开始的时候,学生提出的问题也许是机械的、肤浅的,但只要教师有耐心,教学方法得当,长此以往,学生还是可以提出好的问题的。因此,教师应该把培养学生的"质疑"精神作为教学重点来抓。唯有如此,才能培养学生的创新思维。

总之,"问题教学"就好像一把"双刃剑","问题"设计得好坏将直接影响到"问题教学"的效果。所以,在教学过程中,教师应该想方设法设计好每一个"问题"。

(本文选自《中学政治教学参考》2007年第8期)

课堂教学过程优化初探

浙江省绍兴县富盛中学　严柏海

课堂教学是在有限的时空中,最大限度地引导学生获取知识、技能,提高能力、觉悟的过程。我们必须优化课堂教学过程,关注学生在课堂上的学习过程,促进学生全面发展。

一、优化课堂导入,关注学生的注意状态

俗话说:"良好的开端是成功的一半。"可见教师抓好上课伊始,把握学生注意的心向,让他们全神贯注地投入到课堂学习活动中来,对一堂课的成功至关重要。因此,我们要精心设计课堂导入,关注学生的注意状态,使上课开始的第一锤就敲在学生心上。如教学七年级《历史与社会》"山川秀美"一课时,在优美的音乐背景下,我用多媒体播放了反映祖国大好河山的风光片,创设一种轻松的氛围,使学生对祖国美好的河山产生向往之情,从而激发学生探究这些美丽山河的地形、气候等自然条件的欲望。

二、优化教学情境、手段,关注学生的参与状态

主体教育理论认为,课堂教学过程是学生主体建构与发展的过程,它必须由学生的参与来实现。因此,我们应创设各种教学情境,优化教学手段,让学生的手、眼、脑、口、耳等多种感官共同参与知识的内化过程,使学生处于主动、活跃的状态,满怀热情地投入到课堂教学之中。如教学七年级《思想品德》"世界因生命而精彩"一节时,我设计了一项游戏活动,将印有稻谷、小鸟、草、人、狼等十多种不同生命图案的帽子发给学生,然后将毛线发给戴帽子的同学,并让他们按各自生命间的食物链编织"生命网",最后举起这一"生命网"。学生通过参与活动,感悟到各种生命是相互关联的,每种生命都很重要,人类要关爱各种生命!

三、优化合作学习,关注学生的交往状态

学生有一种交往的需要,他们很想把自己的想法拿来跟同学、老师交谈。而小组合作学习正好为学生创造了这样的环境。因此在课堂教学过程中,我们要多为学生提供小组合作交往、共同切磋的机会,充分发挥小组合作学习、互帮互助的长处,从而使学生在多向、有效的交往互动中发展。同时也有利于培养学生的合作意识和合作技能。如教学"沟通与理解""尊重与平等"等框内容时,我把学生分成小组,让学生结合自己的生活经历,选择一个能说明问题的案例来编排小品,并以小组为单位表演给全班同学看,最后全班同学一起给表演的同学打分。同学们热情非常高,他们的合作意识和竞争意识得到进一步增强,编排、表演能力得到进一步提高。

四、优化思维过程,关注学生的思维状态

课堂教学过程也是学生积极思维的过程。因此,我们要关注学生的思维状态,有针对性、有启发性、有梯度地提出问题,鼓励学生积极思维、质疑探索、点燃思维的火花。如教学

七年级《历史与社会》"各地民居"时,我设计了"赏民居""议民居""说民居"三个教学环节,在"赏民居"时,我把各种民居的图片一一展现在大屏幕上,让同学们观看、欣赏,同学们被各式各样的民居吸引了,表现出极大的兴趣,边议论边欣赏。欣赏完毕,进入"议民居"环节,这时我不失时机地进行导问:这些民居的式样为什么会各式各样、大多分布在什么地方等问题。最后,我又让同学们说说自己家乡的民居。这样,进入"说民居"的环节,学生热情更加高涨,纷纷说起多种多样的民居。通过这三个教学环节,不仅激发了学生探究社会问题的求知欲望,而且调动了学生思维的积极性,同时在一定程度上也培养了学生热爱家乡的情感。

五、优化课堂环境,关注学生的情绪状态

新课程呼唤充满乐学气氛和生动、活泼、竞争的课堂环境。只有在宽松、民主、平等、和谐、互相信任、心情愉悦的课堂环境里,学生良好的情绪状态才能调动起来,学生才能不断地参与、交往、思考,释放个性与潜能,愉快地学习,生动活泼地发展。如教学七年级《思想品德》"尊敬老师"一节时,我没有从理论上讲为什么要尊敬老师,怎样尊敬老师。而是创设了这样一个情景,引导学生进行表演:教师节快要到了,谁也不准给老师买礼物,你准备怎么办?我让学生先分组讨论,再推荐代表在全班进行模拟表演。结果学生表演相当成功,有的为老师献上一首动听的歌;有的给老师制作了精美的贺卡;更有一位调皮的学生凑在我耳边说上几句温馨的悄悄话……通过表演,学生们在欢笑中懂得了要热爱老师、尊敬老师的道理。

六、优化反馈评价,关注学生的生成状态

《基础教育课程改革纲要(试行)》指出:"评价不仅要关注学生的学业成绩,而且要发现和发展学生多方面的潜能。"因此,教师要按照全面发展的培养目标,全面衡量学生知识和能力、过程和方法、情感态度和价值观,关注学生的课堂学习状况,关注学生成长与发展的点滴进步,用发展的眼光看待学生。在课堂教学过程中,要积极探索多样化的评价方法、多元化的评价内容和人性化的评价方式,如学生知识的掌握情况,上课的表现,作业的情况,合作、探究的能力,平时表现文明与否,等等,尽量多角度、多方位地评价学生,使每一位学生都能健康、快乐地成长。还要探索一些如答辩、表演、情景差异、社会调查、小论文撰写、学生成长记录的方法,以此来关注学生的学习、发展过程,促进学生全面发展。

七、优化学习素质,关注学生的自我发展状态

学生是教学过程中最活跃的因素,是优化课堂教学过程的关键。因此,课堂教学中应引导学生逐步形成良好的认知结构,养成良好的学习习惯,教给学生良好的学习方法,不断优化学习素质,关注学生的自我发展状态,为学生的可持续发展及终身学习打下良好基础。要加强对学生的学法指导,"授人以渔",指导学生学会阅读、自学,掌握科学的方法;培养学生勤奋学习、聚精会神听课的习惯;认真、独立做作业的习惯;善于质疑、勇于探究的习惯;学会运用合作、交流的学习方法,培养学生的合作习惯和学习精神。

只有优化课堂教学过程,关注学生的课堂学习、发展过程,才能真正有助于学生的培养和成长,才能真正凸显生命关怀。

(本文选自《思想政治课教学》2007年9期)

如何优化高中思想政治教学设计

浙江省桐庐县教育局教研室　　孟红娟

一、教学设计存在的问题

去年杭州地区各县市政治教研员对我县进行学科调研时,共听课9节。笔者将9节课的情况做了整理分析,并结合平时的教研活动和教学调研,发现我县政治教师在进行教学设计时,存在很多问题,其中以下几个方面比较突出:

1. 观念陈旧,理念落后

在课堂教学过程中我们发现,很多课堂依然是教师独霸讲台,这表现为教师讲得多而忽视学生的主体存在。有的教师在课后最常用的自评是"今天这节课学生配合不好"。从这句话可感受到,很多教师将课堂当成了舞台,在这个舞台上,学生是"配角"而不是"主角";有的教师索性将课堂教学变成教材诠释课和解读课。

2. 目标含糊,定位不准

一些教师设计教学时没有目标意识,他们只是简单地将目标设计和定位理解为知识点的罗列。有的在设计教学目标时,定位含糊不具体,没有明确的指示语来表达教学要达成的目标,重点也不突出。

3. 问题设计,空泛深奥

问题是课堂教学中最鲜活的因素之一,事实上,问题本身便具备教育、教学的功能,是引发思维和学习动机的重要手段,关注问题就是关注学生的主体建构。然而,我们发现一些教师在设计问题时要么太简单,学生异口同声都能回答,表面上感觉课堂气氛很热闹,其实学生没有深层次的思维;要么问题太难,不能激发学生的思维。

4. 教学方法单一模糊

笔者很细心地留意了教师在教学方法上的表述和运用,结果发现,教师在教学方法的选择上存在很多问题。有近80%的教师在教案上没有选择和设计教学方法。即使有,也是教法单一,将讨论法、讲授法一贯到底;有的对教学方法理解非常模糊,将过程与方法等同起来,语言表达也不严密。

5. 教学环节粗简罗列

教学环节的设计应该是教师智慧创造的过程,可很多教师在教学环节的设计上也是问题多多,有的环节设计粗简,该细的未细,该放弃的不放,过渡衔接不顺畅;有的单纯而简单地将教学设计当成知识提纲的罗列。

二、出现问题的原因

笔者认为,出现上述问题的根本原因是教师没有树立相应的教学理念,再有就是缺乏教学设计的基本策略和经验。那么怎样才能设计出充满活力的生命课堂呢?

1. 了解设计的基本特点,树立崭新的设计理念

教学设计是教师对教什么和如何教的一种操作方案,根据徐英俊教授的操作方案应该有如下特点:第一,运用系统方法;第二,以教学理论和学习理论为其理论基础;第三,是一个问题解决的过程。可见,只有了解了教学设计的基本特点,才能增强教学的针对性,提高教学的有效性,缩短教学时间,提高教学效率,从而使教学活动形成优化运行机制。

高中政治课的教学设计除了要了解教学设计的基本特点外,尤为重要的是必须树立新的教学理念,那就是以学习者为出发点,突出学生在学习过程中的主体地位,以学生的"学"为教学设计的出发点,以学生的"发展"为教学设计的支撑点,遵循学生学习和发展的内在规律,这是教学设计的依据和前提。

2. 了解学生的认知特点,彰显设计的个性特色

心理学研究表明,学习者对某项学习目标的学习已具备的知识和技能、了解和掌握程度是教学工作成败的关键。这就告诉我们,搞好教学设计的蓝图,必须分析学生在进入学习过程前所具有的一般特征,必须确定学生的初始状态,必须注意学生认知结构的特点,必须了解学生的准备状况。只有以学生原有的认知结构为基础,通过精心设计的教学活动,指导学生重建自己的认知结构,才能使教学获得成功,才能使教学设计富有个性和特色。

3. 设定明确的教学目标,确保教学的可依可行

教学目标是教学主体预先确定的、在具体教学活动中所要达到的、利用现代技术手段可以测定的教学结果。因此,教学目标的确定必须科学合理,并且是具体和可操作的。《普通高中思想政治课程标准》在课程目标上已列出很多具体目标,这些目标是我们在教学设计时必须参照的。

4. 直面教学的问题设计,实现教学的思维价值

问题是课堂教学中最鲜活的因素之一,是课堂教学得以推进和运行的动力所在,关注问题的研究就是关注课堂教学理性程度的研究。在教学实践中,若不精心设计问题必然会削弱教学的价值功能。作为教学的组织者,必须精心设计教学问题,设计的问题应当是明确、具体、可感的,问题应当是有思维价值的,问题要指向教学目标的达成和能展现教学个性的。

5. 选择合适的教学方法,突现教学的灵活多样

教学方法是帮助学生学习的外部条件,课堂上任何教学方法的设计都必须适合教学目标的需要。美国教育心理学家加涅认为:学习是一系列认知过程,这些过程来自环境的刺激和为获得一种新能力所需的信息加工的几个阶段,也就是说,学习是学习者通过自己对来自环境刺激的信息进行内在的认知加工而获得能力的过程。选择合适的教学方法,才能突破难点,体现灵活性、多样性的教学原则,符合教学目标的要求。

6. 优化教学的环节设计,实现设计的艺术魅力

我们知道,在教学过程中要想使学生积极参与教学,完成预定的教学设计,就必须设计出能够保证教学内容得以顺利完成的方法和步骤,这种为了教学任务的顺利完成而做的教学方法和步骤设计,就是教学环节设计。若设计的教学环节恰到好处、环环相扣、紧密衔接,不仅具有吸引学生的魅力,而且还会对实现教学目标发挥重要作用。

因此,设计教学环节必须做到:一是有用,即能激发学生学习兴趣的,以保证教学内容的

完成;二是有序,即环节设计条理清晰,以保证教学过程的完整;三是有趣,即能促进学生积极思维的,以保证教学效率的提高。

教学设计是个综合而系统的艺术工程,高中思想政治学科的教学设计应当以促进学生的有效学习与全面发展为出发点和终极归宿,"为学生的主动发展"而设计教学,应当以实现思想政治学科教学目标为最高境界。

(本文选自《思想政治课教学》2007年第11期)

博客在思想政治课教学中的运用

福建省晋江市养正中学 蔡赐福

博客是一种近年来日益流行的新型网络交流工具,是继 BBS、E-mail、ICQ 之后的第四种网络沟通方式,它的出现正悄悄地改变着我们日常的学习与生活。目前,有许多学术研究者、高等院校的老师以及中小学教师创建了个人博客,开始通过这种新型的网络工具进行研究,并运用于教学。笔者是一名思想政治课教师,也建立了自己的博客(http://blog.cersp.com/52007.aspx),并且留意观察了博客运用于政治课教学的几种方式,以此抛砖引玉,来初步探索博客与思想政治课教学的整合情况。

一、博客可以作为个人的反思平台

传统的反思方式就是通过一本笔记本和一支笔来记录自己的思想。博客的出现,改变了这种传统的反思方式。博客是一个个人反思的载体,是记录个人学习的经历和思想变化,并使之呈现于网络的技术手段。通过创建自己的博客,思想政治课教师可以记录每一天的教学工作心得,记录教学组织过程和教学策略以及自己学习、思考的片断等。如在小木老师的博客"小木老师一日游"(http://blog.sina.tom.cn/xiaomuyiriyou)中设置了一个"教育困惑"的栏目,博客里的内容描述了一位年轻政治教师在教育教学过程中遇到的困惑。困惑的形成也是教师反思的过程,通过反思,提高了对教育教学规律的认识,也促进了教师自身不断的成长。

二、博客可以作为教学资源的搜集平台

博客简单易用的特点,符合绝大多数政治教师信息技术水平特征。博客的创建非常方便,教师用日志形式向学生或者同行提供相关的专题资源、外部网站链接等,将专题学习资源汇集到博客中。例如在小潘老师的教学网志(http://panjianlin.cokee.corn/index.html)里面,把日志分为"教学论文""教学课件""教学研究""考试技巧""高考热点""考试试题"等九个主题,把效果显著的教学资源、成功的教学方法和教学策略等随时记录下来,把一些优秀的教学资源存放起来。这些搜集起来的教学资源方面可以作为教师自己今后的备课素材,也可以与其他同行进行资源共享,甚至可以为学生提供丰富的在线学习资源,提高他们的学习水平。

另外,博客以日志形式出现,就意味着它具有即时更新的特点,教师和学生随时都可以将自己发现的有价值的信息资源发布到博客中,充实其资源内容。这样不断地整理、学习、记录,能为教学提供丰富的教学资源。

三、博客可以作为研修和交流的平台

随着网络的发展,交流已经跨越了学校和地域的限制。博客是一种开放的、心理相容的

合作学习的宽松环境,它能够使思想得到实践的检验,认识得到不断的升华。教师如果在这样的环境中进行经常性的信息交流,就会在碰撞中得到启示,产生新的理念和思想火花。教师专业成长的过程需要专家引领、同伴互助和自我反思。新思考网中的成长博客荟萃了大批著名教育专家。为了得到专家的指引,许多教师入驻成长博客撰写日志,一些地方教育部门甚至组织教师进行网上博客研修。晋江市教育局便在2006年组织了骨干教师进行远程研修,并在博客上建立了中学政治博客群(http://blog.cersp.com/fjjj/html/zoneaspz7.htm)。博客具有强大的在线评论功能,运用博客进行网上研修,就会建立起一种多元交流机制,利用这种多元交流机制可以使参与者进行更好的沟通,相互的协作、评价。由此政治教师通过研修,不但得到了教育专家的理论指引,更是促进了同行间的相互交流。再如上海市青浦区的"思想政治名师培养班"(http://www.qpstudent.com/blogl/blog.asp?name=liehunsheng),在博客上培训思想政治课名师,把他们不断修改后的教学设计上传到博客上,供大家一起研修和交流,真正突破了时空的限制,是教师培训中的一大进步。

四、博客可以直接作为课堂教学平台

传统的政治课教学比较封闭和枯燥,而利用网络进行教学可以弥补这方面的不足,并且提高学生学习思想政治课的兴趣。但是进行网络教学必须借助网络平台,在博客还没有出现之前,我校的许多老师都是通过软件程序制作网络课件来完成教学,这个过程就花费了许多教师的精力。而博客出现之后,我校就利用博客简单易用而又强大的一些功能进行网络课堂教学,收到了意想不到的效果。

首先,利用博客的集成性特点,有效地整合了网络资源和教材资源,通过用文字、图片、声音、动画、视频等不同形态的信息对所授教学内容和意境进行生动的再现。这些大大超越了教育教学的传统视野,为教育教学提供了广阔的空间。

其次,利用博客日志的层次性特点,精心营造一个个由浅入深、力度大的问题设计,充分调动了学生的学习情绪,强化了学生不断进行探究的内在动机,让学生自主探索解决问题的方法与步骤,并建构知识体系。当然,所设计的问题要具有创新性和开放性,能够充分发挥学生的主体性,让学生动起来,使学生更多更好地扮演"发现者""探索者"的角色,且尽可能让每个学生都有展现自己、表现自己的机会,从中培养学生的探究能力和创新能力。如我校政治教师颜英仪老师教授高中新课程《我国的宗教政策》(http://www.yangzheng.con1.cn/blog/userl/yanyy/in-dex.html)时,以高一学生小王的困惑为情境层层设置了小王的七个在宗教政策方面的困惑,以此吸引学生的眼球,激发了学生的学习兴趣。

还有,利用博客日志的在线回复功能特点,大大调动了学生在线学习的积极性,学生纷纷主动发表各自的看法,真正让学生动了起来。同时教师能及时了解学生学习动态,对问题的认识程度和探究情况,老师可及时做出反馈和指导,更好地发挥了主导性的作用。

五、博客可以作为思想政治课研究性学习

我校在2007年利用博客平台开通了晋江市养正中学研究性学习网(http://yjblog.Yangzheng.com.cn/index.html),通过博客来管理研究性学习,并且初步探索了网络环境下特别是博客环境下如何开展研究性学习。利用博客进行研究性学习,有利于指导教师进行有效指导和学生之间互相协作。研究性学习贵在研究的过程,而不在于研究能否取得优

秀成果(当然,如果能取得优秀成果是再好不过了)。因此关注学生的研究过程成为指导教师的重要任务。学生通过在博客中上传研究动态和研究资源以及研究中的心得体会,以此来反馈研究的进程和研究的效果。指导教师这时候可以突破时空的限制,了解到学生上传的资源是否有价值,价值在什么地方,并且通过评论的方式加以评价。因此政治课的指导教师可以"走家串户",去访问学生们的研究性学习课题博客,并且对其记录的思想进行评价。同时,也可以鼓励同学之间通过博客互相评价,这样就会激发他们研究的动力和热情。

我们政治教研组组织学生在博客上建立了"安海镇经济为何领先于其他镇""晋江慈善总会运行现状探析""品牌之都——晋江经济发展研究""安海各类文体活动场所的统计与分析""从'倒扁'运动看台湾政治""安海居民消费时发票索取情况的调查分析""现代居民消费调查研究"和"安海土笋冻品牌探究"等8个研究性学习课题(http://yjblog.yangzheng.com.cn/listblogger.asp? usertype=5),其中"安海土笋冻品牌探究"课题被评为学校一等奖。

总之,把博客运用于思想政治课教学,在目前还处于一种探索阶段,还需要广大政治课教师一起努力探索,总结运用的方式和运用的策略。

(本文选自《思想政治课教学》2008年第3期)

情感、态度、价值观目标及其落实策略

蓝 维

正在经历的基础教育课程改革在课程目标上做出了巨大的调整,情感、态度、价值观作为整个基础教育课程的目标被明确地确定下来。几年来的课程改革,广大一线教师已对这一课程目标确定的依据和必要性有了一定程度的理解,也在自己的教学实践中努力尝试着实现这一目标。但是,由于教师们对情感、态度、价值观目标在课程实施中的地位在认识上仍存在差距,对该目标的内在结构和构成要素的理解还有待深化,在课程实施中对于情感、态度、价值观目标,以及学情、教学内容、学生的心理活动规律和课堂活动逻辑的把握上还缺乏清晰的思路,即使在一些优秀教师的课堂教学中,也会使人产生情感、态度、价值观目标旁落的感觉。为了使该课程目标真正落实,我们有必要对此展开更为深入的思考。

一、情感、态度、价值观目标在课程设计与实施中的基础和核心地位

课程目标作为教育教学活动的出发点、着重点和归属点,是贯穿教学活动始终的灵魂,也是教育工作者自觉能动性的集中体现,目标不清晰的课程不能称之为自觉的课程。

从理论上认定情感、态度、价值观目标的重要性与在课程设计和实施中落实课程目标的核心地位并不完全相同。从理论上确认情感、态度、价值观目标的重要性主要是从它在课程中的地位,与课程各构成要素之间的关系中加以认定。而从课程设计与实施中确认情感、态度、价值观目标的核心地位需要对课程目标、学情、教学内容、学生的学习规律、课堂教学活动等的不同逻辑进行整合,在多维度、立体、动态的结构中加以体现,是一个有相当难度的挑战。

教师们在课程设计中要考虑和整合的因素最少有以下五个方面。

情感、态度、价值观目标作为课程最终实现的目的之一是课程设计要考虑的首要问题。情感、态度、价值观目标具有综合性和多层次性的特点。情感、态度、价值观的不同方面和不同层次使其实现的条件和路径都不相同。从目标落实这一个角度就需要考虑多个因素。

学情是全部教学活动设计和展开的基础,是课程设计整合中的第二个方面。建构主义所揭示的学习规律为学情在课程设计与实施中的基础地位提供了充足的证据。而学情是复杂多样的。在目前班级授课制的状况下,照顾到大多数学生的学习基础,兼顾其他学生的学习需要,是在课程设计中要充分考虑的。

教学内容及其内在逻辑对课程的设计与实施有其内在的规定性,是课程设计与整合中要考虑的第三个方面。不同的教学内容在教学活动展开的顺序和重点的强调上有所不同,活动的选择与安排也要有所不同。为此,针对不同教学内容考虑安排教学过程是十分必要的。

学生的学习规律是在课程设计中要考虑的第四个方面,包括知识掌握、技能形成和情感态度价值观的形成规律等,由于这些规律决定着学生如何学习,学习的效率和结果,在课程设计与实施中是不能不了解和遵循的。

课堂教学活动逻辑在教学设计中也是必须考虑的,尤其是在当前强调体验、感悟和实践的新课程改革背景下,活动的准备、展开、高潮和结尾,都是教师在课程设计和实施中要精心

安排和组织实施的。

情感、态度、价值观目标,以及学情、教学内容、学习规律、课堂教学活动等的不同逻辑,如何在短短的 45 分钟,做出恰当的安排,取得好的教育教学效果,以课程目标为基础的整合是必不可少的。

以情感、态度、价值观目标为基础与核心的整合是由该目标在课程设计与实施中的地位和该目标与教学内容、教学活动的内在一致性所决定的。首先,情感、态度、价值观目标体现的是教学活动的意义与价值,是教学活动的标的物,是教学安排的出发点和落脚点,各教学影响因素以此为整合的基础才能产生合目的性的结果。其次,情感、态度、价值观目标与教学内容、教学活动有着内在的一致性,与学生的学情也有着间接的联系。情感、态度、价值观目标的落实与否,直接影响着其他三个方面的实现水平。

整合情感、态度、价值观目标的要求、学情的基础、内容的规定性、学习规律和活动的逻辑才能设计出一节好的德育课程。在这其中,情感、态度、价值观目标的基础与核心地位不能动摇。

二、情感、态度、价值观目标的理解与细化是目标落实的基础

对情感、态度、价值观目标的理解有浅层与深层的不同。浅层是指从字面和日常经验水平发生的理解,一般停留在情感是一种内在的体验,态度是人们对人和事物所抱有的心理倾向,价值观是对事物价值的看法的水平。而深层的认识发生在对情感、态度、价值观目标的结构(各构成要素及其之间的关系)、实现途径(形成和改变的条件和因素)的理解基础之上。只有理解深入,才能设计出体现情感、态度、价值观目标的教学过程和教学活动,才能使情感、态度、价值观目标得以真正落实。

以价值观目标为例,如何引导学生形成正确的价值观和改变错误的价值观,首先要对价值观及其构成有所了解。价值观作为观念形态的价值意识,其形成的心理前提条件是主体的需要和自我意识,而价值观形成所涉及的心理要素在价值澄清理论中被认为包括"认知判断""内心体验""情感分享""行为倾向"和"行为重复倾向"五个基本方面。

需要是价值关系的重要构成和价值观形成的基本前提。在现实中,个体的需要不同,形成的价值判断也不同;需要的多样性,产生了价值观的多样和多层次性;需要的社会历史特点,决定了价值观在不同社会历史背景下的不同。为此,价值观教育要基于对个体需要的研究,关注个体需要的对象、性质、数量、强度和变化的特点,关注个体需要形成和改变的条件,关注个体需要的正当性、合理性和积极性。只有在对个体需要充分了解和认识的基础上,价值观教育才具有针对性,才能取得良好的效果。

个体的自我意识是价值观形成和改变的重要条件,每个人对自我的意识不同,其对价值的判断、选择和最终形成的观念也不同。这是因为自我意识作为一个人对自我的基本认定和看法,会影响其社会生活的方方面面,包括个体需要的生成和对需要对象的价值评估。不同的自我意识会生成不同性质和数量的需要,对同一对象的评估也会有天壤之别。例如:一个学生对自己是一个孩子还是一个公民的自我意识不同,致使他对社会事物关注的评估也有很大不同。作为孩子可以只管自己的事,而心安理得。作为公民对社会事务的关注却是基本责任,必须认真履行。自我意识对价值评估和价值观形成的重要作用,要求基础教育阶段的教师要高度关注和注意引导学生自我意识的形成,当学生认为自己是一个积极的社会成员,一个公民,对国家、社会、家庭和自我都负有责任,积极健康的生活是自己最应选择的生活方式等等形成良好的自我意识的时候,其对现实生活价值的选择和判断,形成良好的价

值观就是必然的了。

价值澄清理论对价值观形成所涉及的五个心理因素的分析是迄今在价值观形成研究中较为成熟的理论。认知判断、内心体验、情感分享、行为倾向和行为重复倾向包括在认知、情感和行为三个方面之中,而每个方面又可以区分为两个层次。认知中包含认识与判断,情感中包含体验与分享,行为中包含倾向与重复。这些研究虽在我国的教育研究中反复提到,但价值观教育在实际进行中据此去设计还有许多要走的路。

情感、态度、价值观目标的细化是目标落实的基础。这是因为情感、态度、价值观目标本身是由多个构成要素组成的,学生在实现目标中所存在的问题也不相同,只有分解这些目标在每一个45分钟里,将课程目标与学生存在的问题有效结合,才能谈得上情感、态度、价值观目标的落实。

例如,在"做诚信的人"的课程设计中,北师大实验中学的郑坛老师是这样确立其情感、态度、价值观目标的:(1)"转变"学生实现从谈到诚信问题时的灰色心态向积极健康情绪的转变。(2)"认同"学生认同诚实守信对于提升自我价值,抓住人生机遇具有重要意义。(3)"渴望"学生从抱怨社会、等待社会,转化为渴望拥有诚信人格。这其中的"转变"主要体现了情感的变化,"认同"是一种态度的形成,而"渴望"拥有诚信的人格则是学生在诚信情感、态度和价值观总和方面的表达。

三、情感、态度、价值观目标落实的实施策略

当情感、态度、价值观目标被制定出来之后,能否落实就成为教育发展的决定因素。落实目标需要对其形成透彻和全面的理解,需要将目标与学生存在的问题相结合,需要处理好情感、态度、价值观目标与其他相关系统的关系。具体的做法可以是:

1. 深入研读课标与教材,形成对情感、态度、价值观目标的整体概念

对于课标的研读不能停留在知其然的层面,还要知其所以然,知其总体,知其结构。例如:在接到某一个年级的教学工作之初,就应对本册书所涉及的情感、态度、价值观内容做梳理,了解它们的内容和之间的关系,对情感、态度、价值观目标在本书中的体现形成整体和结构的认识,为具体教学设计打下基础。

2. 结合学生的实际,明确每一节课情感、态度、价值观的具体目标

课标和教材中对于情感、态度、价值观目标的确定是笼统的,而课堂教学是针对特定学生群体的教育过程。笼统的课程目标只有与学生发展中的现实问题相结合才具有针对性,才谈得上落实,也才能取得期望的教学效果。为此,教师要完成对情感、态度、价值观目标的具体化改造,针对学生发展中存在的问题确定具体的教学目标。

3. 以情感、态度、价值观目标为基础,从目标实施和构成的逻辑出发,整合课程多个逻辑,落实课程目标

要落实情感、态度、价值观目标的基础地位,就要了解和认识情感、态度、价值观的构成要素、形成条件和过程,在正确认识的基础上安排学生的学习活动。同时要整合学情、教学内容、学习规律、课堂教学活动等的不同逻辑,形成体现多个序列要求的课堂教学安排,在丰富的教学活动中实现课程目标,最终达成学生的良好发展。

(本文选自《思想政治课教学》2008年第4期)

从"五阶段"到"六环节"
——构建"导学交互响应"的思想政治课堂教学新模式

陕西省旬阳县蜀河中学　何家文

传统中学思想政治课虽然有过各种课堂教学模式的探索和运用,但最为古老常用的依然是复习旧课→导入新课→讲授新课→小结巩固→布置作业的"五阶段"教学模式。该模式的本质特征是以知识技能传授为主要内容,以教师讲授为主要方法。其长处在于强化了思想政治课的政治教化功能,强化了基本概念原理的学习理解,缺陷在于忽视学生的个性差异,忽视学生的心理感受,使学生沦为说教的对象,使教师沦为传道的工具,使政治课堂丧失活力,丧失激情。特别是在高考的重压下,与其他学科殊途同归,难以逃脱出"满堂灌"的窠臼,同样陷入应试教育的泥淖而难以自拔。

普通高中新课程改革的推进,为高中思想政治课堂的浴火再生提供了契机。依据新课改的理念,思想政治课教学的目标不再是单纯的知识和能力的传授训练,同时注重过程参与、方法探讨,注重情感体验、态度养成与价值观的建构,使一向看起来离学生生活经验和个体感受很远很虚的政治说教变得可爱可亲起来,真正使理论灌输与实践锻炼有机结合起来,让思想政治课重新散发出智慧和真理的光芒,一句话让思想政治课开始活起来。教师将从满堂唾沫横飞和常年作业检测的重压下解放出来,学生则从整节呆板木讷及累月死记硬背的重压下解放出来,果真如此,幸甚至哉。

然而对数以万计的普通高中政治课教师来说,虽然需要理论的指导以更新理念,但更需要的是能够应对具体政治课堂的有效措施,他们更需要一套可以实际操作运用的规范和程式。新课改背景下高中思想政治课堂教学至少要在以下问题上摆正关系方能取得真正的进展,否则就会被扭曲、被异化,甚至被腰斩。

一是如何处理好扬长与补短的关系。传统"五阶段"教学模式长于知识传授和技能训练,对基本概念、原理的学习掌握非常有利,作为新课改背景下的新课堂教学模式,任务不仅在补短还要扬长。新模式如果只是让课堂看起来热闹和花哨,而理论学习和政治教化的功能被削弱则必然变成花拳绣腿,变成花架子,变得中看不中用,失去理性光辉的思想政治课将变得没有灵魂。

二是如何处理好三维教学目标与高考注重基本能力考查的矛盾。高考成功,不等于课改成功;高考失败,课改必会无疾而终。目前部分学校、部分学科之所以面对课改采取按兵不动、等候观望的态度,就是怕担课改失误而致高考失败的责任。

三是教学内容丰富性与课堂教学形式单一的矛盾。高中思想政治课内容十分庞杂。但作为课程,基本教学形式就是课堂教学。因此应尽快在过去"五阶段"教学模式基础上通过扬弃,构建新课程背景下课堂教学新模式,使新课改工作积极稳妥,逐次推进。结合本人教学实践同时借鉴前贤经验,仅就"六环节导学交互响应"课堂教学模式简单分解如下。

第一环节：教师创设情境，激活学生思维

课堂教学过程实质上应是师生共同发现问题分析问题解决问题的过程。但是如果一开始就将比较抽象的概念原理直接拿来研究肯定难以引起大多数学生的兴趣，这就需要一个能够让学生接受的引子、楔子。乌申斯基说过："儿童是用形式、声音、色彩、感觉来思维的。"要使所研究的问题有如汤中的盐，让学生好之乐之，在不知不觉中对所学内容产生兴趣。因此，政治课堂不能像领导做报告，开门见山直奔主题，而要采取曲径通幽的办法，即创设情境。教师课堂教学从创设情境入手，符合从特殊到普遍，从个别到一般，从现象到本质，从感性到理性的认识规律。

创设情境的核心任务是教师按照课标要求，搜集、归纳、整理包含教学内容所涉及问题的情境材料，并用学生喜闻乐见的形式在课堂教学开始的时候就展现给学生。情境材料应从学生的生活经验出发，选取浅显、易懂、具体、直观的现象材料切入。直观性是创设情境的主要特征和根本要求。科学研究表明：人类所获得的信息绝大部分来自于视觉，故首先必须想办法让学生"看得见"，即创设视觉情境，具体形式包括图片、照片、动画、影像、实物、模型等；其次要让学生"听得到"，即创设听觉情境，具体形式包括音乐、广播、朗诵、寓言、故事、俗语及名言警句、成语等；再次是"创设活动情境"，让学生"摸得着"，包括实验、游戏、模拟表演、角色扮演等。需要说明的是，直观易感的情境必须紧紧围绕课标来创设，否则会起相反作用。创设情境不只是为了使课堂热闹、有趣、好看，而是要引出本节课所要讨论研究的问题。

第二环节：学生自主学习，教师点拨指导

苏霍姆林斯基曾讲过：在人的心灵深处，都有一种根深蒂固的需要，就是希望自己是研究者、发现者、探索者。当教师通过创设情境给学生引出要讨论研究的问题后，要善于做到引而不发，开而不达。在把问题进行必要的分解细化后，交给学生自己独立自主地研究。因此课堂的第二环节主要是学生个人唱主角。每个学生根据老师提供的情境材料及所引发的问题，利用教材文本，找到他自己认为正确的问题答案。自主学习的本质在于个人独立思考问题，而不是简单地把课文通读一遍。许多学生认为看书就是自学，其实看书只是自学的最基本的要求而已。真正的自主学习是学生能从教材提供的文本材料中勾勒出其基本教学内容并形成自己的独立见解。鉴于在实际教学活动中，总是有部分学生缺乏自学的意识和自学的能力，因此要让学生自学真正收到实效，教师需注意做好以下点拨指导工作。

一是目标要明，方法要正。首先要帮助学生确定自学目标。自学究竟学什么，哪些是可供学生自学完成的任务，要给学生要求明确。学生自学总的目标可归纳为"标、记、理、找"四字诀。"标"即做标记，要能在课文上标出概念、原理观点；"记"即识记，记标题、记原理、记结论；"理"即整理，理层次、理思路、理问题；"找"即质疑，找重点、找难点、找关联点。通过任务分解，学习基础好、能力强的学生能完成全部四字要求，水平差的学生也能完成前两字要求，从而为完成基本教学任务打下良好基础。

二是激励要够，压力要足。学生自学开始就将自学过程中需完成的任务和解答的问题明确告诉学生并可板书在黑板上，并强调下一个环节将进行当堂检测和单独提问，否则学生会有"假学习"情况出现。教师通过观察了解学生自学进程，也使自己进一步明确下一环节教学重点难点所在，并根据学生实际采取有效措施予以突破。

第三环节：教师精讲纠误，学生归纳提炼

本环节的中心任务是通过当堂提问，检测学生自学过程中记忆缺失和理解偏差所在，指正易错点、易混点，同时突出重点难点问题，抓住时机，促成基本教学任务目标完成。教师在提问检测学生自主学习效果时，切记不可陷入以下误区：(1) 空洞浮泛，大而不当，学生不知问题中心意义所在，只好信口开河，乱说一气。克服的办法是将问题化大为小，化虚为实。(2) 浮光掠影，浅尝辄止，问题缺乏思想深度，学生不待教师问完就异口同声说出答案，没有迸发出思维的火花。(3) 单调直露，思维僵化，翻来覆去只是问是不是？对不对？能不能？行不行？激发不了学生回答问题的热情。对学生回答问题中的不恰当、不正确、不完善的答案，教师不要急着自己补充纠正，要让其他同学来替他补偏纠错，逐步培养学生比较、归纳、概括的能力，提升学生的思维品质。要把学生的错误答案当成重要的课程资源开发利用，而不是简单地说一声错了了事。教师要善于控制自己的表现欲，善于把得出正确结论的功劳让给学生，自己只扮演苏格拉底所谓"助产婆"的角色。对学生确实难以把握和解决的重点难点内容，教师依然要进行必要的讲授，但不宜像过去一样长篇大论一讲起来就没完没了。本环节任务完成后，传统意义的一节课就上完了。按照现行考试评价的制度，学生只需要再进行一些习题作业训练就已能够应对课标和教材所要求的知识和技能考试。然而按照新课标，好戏还在后头。

第四环节：教师展现案例，启发学生质疑

案例是包含共同本质和普遍规律的特殊事实材料。教学案例的建立和运用应遵循下列原则。

一是"精"，即所选案例材料必须是有典型代表意义为当时社会普遍关注的符合课堂教学目标并与教学内容密切关联的现象材料。

二是"深"，即案例材料要包含深刻的认知矛盾，有质疑探究的价值。与情境材料相比，它不再强调直观性。展现的方式以抽象文字图表数据为主，信息量大，涉及问题更加全面和复杂，能够引发学生做深入分析和深刻思考。

三是"真"，即案例材料应该是直接取自社会生活实践，是现实中已经或正在发生的客观事实，最忌讳为迎合某种理论观点而生编硬造或对客观事实预先进行某种修正。

四是"新"，即案例材料要选取最新发生的现象材料。特别是以统计数据形式出现的材料，更要强调时效性，否则思想政治课就会异化为历史课。同时，问题设计要"新"，要能引发学生质疑探究的兴趣。

五是"近"，即贴近学生的生活经验并符合学生的认知水平。案例材料如果过分晦涩冷僻，学生就会将很大部分精力花在理解材料本身而不是去探讨研究材料中所包含的政治、经济、文化及哲学问题，使课堂教学过程偏离正常的教学目标并加重学生的学习负担。本环节的课程价值在于让学生用刚刚学习过的理论与实际相结合，在基本概念原理记忆理解的基础上进一步达到分析运用的水平，在突出重点、突破难点的基础上，找出疑点，联系热点，同时进一步加深对基础理论本身的理解，拓展学生视野，培养学生抽象思维能力和理论思维品质。从提高学生应试能力来讲，此环节与考试要求完全一致，使新旧课程实现了较好的对接。

第五环节：学生合作探究，教师组织引导

本环节的学习形式以学生小组合作探究为主，教师只在案例展现基础上提示若干个可供学生探究的议题,将讨论研究的工作完全交给学生,教师只做好课堂组织安排和秩序控制工作。放开学生的口,让学生敢说;打开学生的脑,让学生敢想。要鼓励学生大胆提出自己创造性的意见,让学生思维处于最大限度的发散状态。不管学生在讨论中观点正确与否,教师都要沉得住气,不做纠正,不做评价,不做结论。努力营造宽松、民主、和谐的课堂讨论氛围,掀起课堂教学高潮。为防止讨论无序无果,讨论前要指定一名小组代表做好讨论纪要。讨论的时间要长短适度。讨论结束时要让各组代表陈述其讨论结果,教师负责分类罗列,以供师生交流分享。一节课是否有创造性,是否体现研究性学习价值,是否真正精彩,全在此一举。

第六环节:教师释疑解惑,学生拓展延伸

对学生讨论中提出的不同观点,教师要进行点评,肯定其创新价值,指出不足。对学生的疑惑,教师要适度解答,但不要把话说绝,说完要再留出一些空间供学生课后思考。学生在听讲的同时,自己动手归纳提升出课堂精要,做好笔记,以备课后复习巩固,使整个课堂教学既能放得开,又能收得住,使课堂教学留下问题伏笔,能与后续内容衔接,以便拓展延伸。

课堂教学需要模式,无模式则无强制性规范,课改理念和质量效果就无法落实和保证。课堂教学更需要变式,具体教学过程中,运用之妙,存乎一心。如每环节时间长短,内容深浅,则需视教学实际而定。"六环节导学交互响应"课堂教学模式的优点在于改革不忘本,补短不弃长,导学交互,动静交错,讲练结合,张弛有度。

(本文选自《思想政治课教学》2008年第5期)

对话教学的课堂设计:理念与原则

首都师范大学 张增田

对话教学的课堂设计就是为课堂中的对话教学活动制定蓝图的过程。对话教学是指师生在民主、平等、尊重、宽容和爱的氛围中,以言语、理解、体验、反思等互动方式在经验共享中创生知识和教学意义以及人生价值和意义的教学形态。这是一种尊重主体性、体现创造性、追求人性化的教学。

一、对话教学课堂设计的基本理念

课堂设计理念,是贯穿于整个教学设计之中的基本思想。实践表明,一项成功的教学设计,背后必定有科学的设计理念做支撑。作为一种集中体现新课程核心精神的教学形态,对话教学的课堂设计,明确提出了"面向生活世界,让教学与生活融为一体;舒展学生个性,让想象与创造成为课堂的主旋律;学会沟通和分享,让互动与合作充盈着教学肌体"的基本思想,并将之作为课堂设计的基本理念。

(一)面向生活世界,让教学与生活融为一体

众所周知,当今的教学正面临着种种困惑:为什么劳心劳力的教学却是那样的沉闷和乏味?为什么越来越多的学生在教学中失去了兴趣和快乐?为什么课堂总是缺少活力和灵气?……问题的根源也许有很多,但有一点是肯定的,那就是:教学游离于生活之外,失去了生活的意义。正如陶行知先生所说:"没有生活做中心的教育是死教育,没有生活做中心的学校是死学校,没有生活做中心的书本是死书本。"[1]游离于生活之外的教学成了一种单纯的训练活动,机械、呆板,有些甚至到了冷酷的地步。基于对当今教学现状的深切忧虑和审慎思考,对话教学明确提出了"面向生活世界,让教学与生活融为一体"的课堂设计理念。

1. 以生活为切入点,引领学生走进教学

以生活为切入点,意味着对话教学密切联系现实生活。现实生活是丰富而多彩、真实而复杂的,生活中蕴藏着巨大的、无穷无尽的教育资源,或者说,生活中有语文、有数学、有物理、有化学……一句话,生活中有教育。那么,课堂设计要联系现实生活,就应该面对和正确处理以下两个问题:第一,如何从生活实际中选取合适的素材供学生学习;第二,如何使学生的课堂生活与实际的生活状态相一致。也就是说,密切联系现实生活的对话教学课堂设计,意味着教学要从单纯的书本和封闭的教室走向充盈而丰富的生活,意味着教学对身边的社区资源、学生资源、生活资源全面地开发、利用和切实关注。

2. 关注学生自己的生活世界

从本质上来说,儿童(学生)的生活是一种以其固有的天性为依据而展开的,本身没有直接社会性目的的自由生活。但后来,这种自由生活却在其成长过程中被成人或社会越来越多地赋予了外在的社会性目的,表现在教育中,就是出现了以"成人生活"取代"儿童生活"的

典型现象。于是,教学渐渐失去了儿童生活的自然自由的本性,变得越来越"成人化",最终让学生厌烦甚至惧怕,于是,厌学、逃学、弃学之事屡屡发生。这一现象已在教育领域引起了深刻的反思。关注学生自己的生活世界课堂设计正是这一反思的体现。

有研究者认为,儿童生活主要具有以下特征:儿童生活具有生长性或发展性目的。儿童生活没有经济目的、政治目的,儿童生活的一切事件,都直接指向生长、发展和成熟本身;儿童生活的活动方式在特征上具有游戏的性质。游戏使儿童将蕴藏在身心内部的能量向外释放,游戏使儿童通过扮演各种社会角色体验儿童以外的生活,满足了儿童对成人生活的追求和向往;儿童生活的内容涉及整个生活世界,生活内容具有整体性;儿童生活在过程上具有独立依存性。[2]儿童生活的特征为课堂设计提供了强有力的理论依据,对话教学的课堂设计必须对此予以充分认识,并在此基础上,呈现学生自己的生活,"即对儿童来说是真实而生气勃勃的生活。像他在家庭里,在邻里间,在运动场上所经历的生活那样"[3]。

3. 注重对学生可能生活的建构

所谓可能生活,是指每个人所意味着去实现的生活。"人的每一种生活能力都意味着一种可能生活。尽可能去实现各种可能生活就是人的目的论的行动原则,就是目的论意义上的道德原则,是幸福生活的一个最基本条件。"也就是说,可能生活总是合目的的生活,是一种有意义的生活、一种不以他人的生活作为标准的幸福生活。与现实生活相比,可能生活是理想性的,但它是现实世界所允许的,是可以在现实生活之外被理解的生活。如果一种可能生活得到实现,它就成为现实生活,但必须明确的是,"并非所有的现实生活都是可能生活的实现,而有可能只是某些愚蠢的行为偶然导致的,可能生活则总是合目的的生活。那些糟糕的现实生活恰恰阻碍着可能生活的实现"[4](116)。

在卡西尔(E. Cassirer)看来,对可能性的追求是人不同于动物和"超人"的典型表现。"'现实'与'可能'的区别,既不对低于人的存在物而存在,也不对高于人的存在物而存在。低于人的存在物,是拘囿于其感官知觉的世界之中的,它们易于感受现实的物理刺激并对之做出反应,但是它们不可能形成任何'可能'事物的观念。而另一方面,超人的理智、神的心灵,则根本不知道什么现实性与可能性之间的区别。……只有在人那里,在人这种派生的理智那里,可能性的问题才会发生。"[5]也就是说,尽管人存在于现实生活中,但他不会满足于当下的现实生活,他需要不断地超越现实性,向可能性的方向前进。进一步说,对可能生活的追求是人的能力和自由的一种体现,"因为可能生活是由某种生活能力所指定的,如果不去实现所指定的可能生活,就等于废弃了自己的某种能力或能量,而一种能力得不到发挥就是自己剥夺了自己的一种自由"[4](117-118)。可见,建构学生个体的可能生活是学校教育的重要任务。因此,对话教学的课堂设计应对此给予充分地关注,并在此过程中,尽力避免某些非合目的性的"愚蠢的行为"走进课堂。

(二)舒展学生个性,让想象与创造成为课堂的主旋律

"雪化了是什么?"标准答案是"水",有学生说雪化了是"春天",教师判错。它引起了人们对现实教学和课堂的深刻反思:我们的教学怎么了?是什么禁锢和窒息了学生的创造性和想象力?所幸的是,这种反思已反映到实践之中,叶澜先生的"让课堂焕发出生命的活力"已成了中国教育界最具感召力的声音和一致宣言。"课堂是生命相遇、心灵相约的场域,是质疑问难的场所,是通过对话探求真理的地方。"[6]这一重建的课堂概念已深入人们的观念

之中。于是,舒展学生个性,让想象与创造成为课堂的主旋律就自然成了对话教学课堂设计的核心理念之一。

1. 激发学生的批判意识和怀疑精神

先看这样一个事例:一次,物理学家郎之万给科学家的孩子们上课,他提出了这样一个问题:根据阿基米德原理,物体浸入水中必须排除相同体积的水,为什么金鱼放到水中却不会排出水呢? 孩子们个个绞尽脑汁想找到问题的答案,居里夫人的女儿琦瑞娜独辟蹊径地找来一条金鱼,放进水里。结论出来了:金鱼在水里也是要排水的。[7] 这一事例不仅仅是展示了郎之万教授高超的授课艺术,更重要的在于给予我们的启示:除了要鼓励学生自己发现问题、探索问题和解决问题之外,培养学生不盲从、不迷信权威和书本的批判意识和怀疑精神应当是教学追求的重要目标。

2. 鼓励学生大胆猜测,奇"思"妙"想"

在对话的课堂上,我们经常会遇到学生对某一问题产生困惑甚至出现争议的现象,这恰恰是引导学生展开想象和创造的契机。在这个时候,就需要教师充分展现自己的教育智慧,恰当引导,适时点拨,激励学生更多地对问题做出大胆猜测,甚至是奇"思"妙"想"。古罗马教育家普鲁塔克认为,儿童的心灵"不是一个需要填满的罐子,而是一颗需要点燃的火种"[8]。心理学的研究也表明,鼓励学生大胆猜测、奇"思"妙"想"是培养学生的探究兴趣,开发智慧潜能的教学良方。当然,学生们的想法也许是巧妙的、奇特的,也许是幼稚的、平淡的,甚至是错误的。这些都不重要,重要的是教学要有意识地引导和鼓励学生自己去"思"、去"想"。

(三) 学会沟通和分享,让互动与合作充盈着教学肌体

国际 21 世纪教育委员会向联合国教科文组织提交的报告《教育——财富蕴藏其中》指出,面对未来社会的发展,教育必须围绕四大支柱来重新设计。其中,"学会共同生活",即教育要重视培养学生在人类活动中的参与和合作精神,成为四大支柱之一。无独有偶,新一轮基础教育课程改革也强调对学生互动与合作精神的培养,指出教学在本质上是一个交往、互动的过程,是师生双方相互交流、相互沟通、相互分享的过程。基于此,对话教学在课堂设计时,应把鼓励师生的互动与合作,学会沟通与分享作为必须关注的重要方面。

1. 关注师生互动合作的实践形式,尤其要重视生生之间的互动合作

客观地说,教学中师生的互动与合作,既发生在教师与学生之间,也发生在学生与学生之间。因此,对话教学过程中的师生互动与合作也就有了两种主要的实践形式,即:教师和学生之间的互动与合作以及学生与学生之间的互动与合作。在课堂设计过程中,这两种形式的互动合作都应该得到关注和加强。但遗憾的是,无论是在传统的理论研究或是在教学实践中,都普遍地存在着对师生互动的片面重视,而生生之间的相互作用则在现实教学中常常被边缘化,处于被忽视的状态之中。有研究表明,"在课堂上,学生之间的关系比任何其他因素对学生学习的成绩、社会化和发展的影响,都更强有力。但课堂上同伴相互作用的重要性往往被忽视"[9]。因此,对话教学除了要注意进一步丰富师生互动与合作的形式,关注生生之间的互动与合作,充分挖掘潜在的人力资源将成为课堂设计的重点。

2. 把握互动合作的分组原则和成员规模

合作学习理论认为,小组合作学习是实践中师生互动合作的常见方式。但关键的问题

是,要怎样分组以及每组要多大规模才能保证小组合作学习卓有成效。对此,我国有学者曾撰文指出,在教学中,实现师生互动的一种重要方式,就是根据"异质"分组原则把学生分成一个个具体的合作学习小组。所谓"异质"分组,就是把学习成绩、能力、性别甚至性格、家庭背景等方面不同的2~8名学生分在一个合作小组内。这样,小组内的学生之间在能力、个性、性别等方面是不同且互补的,便于学生之间互相学习、互相帮助,充分发挥小组的作用。由于各小组是异质分组,这样就使得各小组间是同质的,为各小组站在同一起跑线上进行公平竞争打下了基础。这是合作学习的分组原则,在实践中一定要牢牢把握。[10] 另外,要提高师生互动合作的效率,对话教学的课堂设计也要同时考虑异质合作小组的成员规模。美国学者约翰逊等人认为,小组规模在2~6人之间为宜,人数太多,会给小组活动带来许多不便。合作学习小组的规模应尽量地小,以保证每个小组成员都能参与达成小组目标的过程。[11] 我国学者认为,异质合作小组的规模是不确定的。2人、3人或4人组成的合作学习小组是最普遍采用的形式,而多于6人的小组就需要有一位有才能的领导者。[10] 这就是说,6人以上为一小组也是可以的。看来,异质合作小组的规模大小尚待进一步的深入研究。

二、对话教学课堂设计的主要原则

在三种基本理念的引领下,对话教学的课堂设计应坚持以下几项主要原则,即:问题导引、尊重差异、贴近生活、关注生成。

(一)问题导引

问题,就其本质来说,是一种情景,一种"个体想做某件事,但不能即刻知道这种事所需要采取的一系列的行动,既定状态与目标状态之间存在着差距与转换的障碍"[12]。正是这种差距的存在和既定状态与目标状态之间成功转换的召唤,吸引着对话教学的师生之间、人与文本之间的持续不断的互动行为。换言之,问题是对话的焦点。也就是说,对话教学的核心是问题,没有问题就没有对话。因此,加强问题导引是对话教学课堂设计的关键一环。

(二)尊重差异

巴赫金指出,"对话性是具有同等价值的不同意识之间相互作用的特殊形式"[13](3)。也就是说,真正的对话关系承认个体生命的同等价值,是同等价值的不同意识之间的"同意或反对关系,肯定或补充关系,问和答的关系"[13](3)。可见,差异性是对话展开的基础和前提。在对话教学的课堂设计中,这种差异应得到充分尊重,表现在:第一,重视教学方式的设计,让平等对话取代强迫灌输;第二,创设所有学生的参与机会,使他们都能积极思考,踊跃发言;第三,让"蹲下来跟孩子说话"成为教师的教学自觉,真诚倾听每一个体生命的言说,而不是简单地用一种声音取代大家的声音,用一种议论来"吞没他人议论"。

(三)贴近生活

贴近生活的课堂设计原则主要是指以下两个方面:(1)不管是教学内容还是教学过程应避免用"成人世界"取代"儿童世界",关注儿童丰富多彩的、充满想象的生活世界,认识到游戏、故事、动画等都是儿童生活中不可缺少的重要部分;(2)引导学生学会关注自己的生活世界,从生活中学习,在生活中验证,做生活的有心人。

（四）关注生成

对话教学的课堂是开放的、动态的、生成的，具有许多不可预测的因素。因此，在教学中教师仅仅满足于"带着问题走向学生"是远远不够的。预设的问题要具有生命力，则必须要在复杂多变的课堂教学情景中不断吸纳即兴的、始料未及的许多新成分。换句话说，对话教学的课堂设计要加强对生成性问题的关注。实践证明，只有根据真实的课堂教学情形生成的问题才能更好地激发学生的学习热情，也只有源于学生的困惑与体验的问题才更能激发学生的问题意识和进一步探究问题的欲望。加强对课堂中生成性问题的关注，也就是关注学生在对话过程中的所思、所惑、所感、所悟，并以之作为问题的生长点。也就是说，对话教学的课堂应该是教师"带着学生走向问题"的课堂，学生不再是仅仅回答教师预设问题的"应声虫"，而是以同伴的身份与教师共同探索、共同质疑。毋庸置疑，这是一个充满着生命活力的课堂。

参考文献：

[1] 高胜德.生活德育简论[J].教育研究与实验,2002(3):1-5.
[2] 郭元祥.生活与教育——回归生活世界的基础教育论纲[M].武汉:华中师范大学出版社,2002.149-151.
[3] 杜威.杜威教育论著选[M].赵祥麟,王承绪,编译.上海:华东师范大学出版社,1981:4.
[4] 赵汀阳.论可能生活[M].北京:三联书店,1994.
[5] 恩斯特·卡西尔.人论[M].甘阳,译.上海:上海译文出版社,1985:71.
[6] 肖川.教育的理想与信念[M].长沙:岳麓书社,2002:234.
[7] 李本华.朗之万的启示[J].江苏教育,2002(8):43.
[8] 张斌贤,褚洪启,等.西方教育思想史[M].成都:四川教育出版社,1994:139.
[9] 詹姆斯·H·麦克米伦.学生学习的社会心理学[M].何立婴,译.北京:人民教育出版社,1989:142.
[10] 刘吉林,王坦.合作学习的基本理念(一)[J].人民教育,2004(1):26-27.
[11] 王坦.合作学习——原理与策略[M].北京:学苑出版社,2001:160.
[12] 柳夕浪.课堂教学临床指导(修订版)[M].北京:人民教育出版社,2003:110.
[13] 董小英.再登巴比伦塔[M].北京:三联书店,1994.

（本文选自《课程·教材·教法》2008年第5期）

知行统一为取向的实效教学模式初探

浙江省宁波市镇海中学 任 靖

一、问题提出:"困境与难题"的可能出路

思想政治课实效性问题是一个沉重的历史话题。思想政治课教学最重要的是知识与行为的关系问题。但是长期以来,我们的传统教学大多坚持认知取向的教学模式,把生动、复杂的教学活动简单地看作认知过程,过分关注知性与理性,远离生活与实践,忽视体验与践行。这种模式迷失了思想政治课的教学方向,弱化了思想政治课的教育实效。

为此,在思想政治新课改背景下,探索实效课堂教学模式仍然是我们的现实使命。通过课堂教学实践与反思,我们总结出以知行统一为取向的"体验(experience)——透析(dialyse)——践行(practice)"教学模式,简称 EDP 教学模式,试图消解存在于思想政治课知行割裂的困境与难题。

二、EDP 教学模式:知行统一的可能路径

体验、透析、践行是该教学模式的三大基本环节。它是在素质教育思想指导下,遵循认识发展的一般规律与德育课程的自身规律,具有有序性、简约性和可操作性等特点,其价值追求是实现知识与能力、过程与方法、情感态度价值观的有机统一,实现知与行相统一的育德实效。

1. 体验:知行统一的逻辑起点

体验是指一种亲历及亲历中的体会和获得的经验。教学中的体验关注的不仅仅是获得知识,更在于彰显和扩展人的生命价值。古希腊雅典教学提倡通过多种活动使学生在体力、智力、美感和品德等方面得到全面培养。柏拉图重视个体学习的内在体验过程,强调知识要通过"心灵自身"才能达到。亚里士多德主张让学生在活动中体验,以找出美德的分寸。夸美纽斯也认为,一切知识都是从感官的感觉开始。我国古代的孔子强调"乐学"在教学中的重要作用。可以说,教学中的体验是获得认识、产生情意和影响行为的有效前提与逻辑起点。

思想政治新课程设计特别关照学生体验,在教科书的内容设置中都搭建了一定的情景体验,将体验作为课堂教学设计与教学活动的起点,应该是成为我们教学的一种自觉的价值选择。本环节的基本操作设计是教师引导学生通过体验,自主发现问题,或通过教师问题预设、价值引领生成学习主题。体验的主题是基于课堂文本的主体价值。体验的内容源于学校、家庭与社会生活中的经济、政治与文化现象。体验的途径是学生调查、访问、观察等真实体验,也可以是课堂表演、演示等模拟体验,还可以通过想象、反思等激活他人或自己原有经验以获得心验、再体验。

【教学片段1】 体验:鞋与脚的关系

师:请同桌的同伴互换穿鞋子,站起来活动一下,谈谈自己的感受。

生：他的鞋比我的脚大，穿下去走路很不方便，走不快。

生：我的脚比他的脚小，穿他的鞋我的脚很不舒服、很难受，有可能被磨破。

师：假如我们把"脚"比作社会生产力，"鞋"比作生产资料所有制。你能体悟出一个什么经济学道理？

这是《经济生活》中"我国的基本经济制度"教学片段。通过学生换鞋穿的真实经历以及有效的问题设置，让学生在可能遭遇的认识冲突中茅塞顿开，真切体验出生产关系要适合生产力的道理，进而真切感受审美、情感与价值。这是属于以身验为主的原体验，符合高一学生的身心特点与原有经验。

学生通过亲验或心验获得的体会与经验并不是一帆风顺的。期间，可能要遇到实际困难与价值冲突，需要伴随一定的情感与意志。同时，获得的认识也可能是模糊的、不全面的、不深刻的，甚至是不可靠的认识，还有待于通过思维透析与思维加工进一步上升为系统的可靠的理性认知。

2. 透析：知行统一的理性基础

对体验中获得的认识进一步透析，进而获得知性，是力行、笃行，避免错行与盲行的理性基础，也是知行转化中首先要解决的矛盾。正如苏格拉底所说："知善者方能行善。"所以，没有认知、情感、信念、意志和行动就失去了理性根基。任何轻视或忽视科学知识的教学都是对学生不负责的行为，也是被实践证明的错误做法。

高中思想政治新课程规定的马克思主义基础理论，是学生形成正确的世界观、人生观、价值观的基础，也是奠定学生思想政治素质的基础。教学中必须通过透析，让学生获得真知与智慧，即要让学生知道"是什么"，更要使学生知道"为什么"与"怎么样"。透析的操作设计中，透析目标是新课标规定的程度目标，包括狭义的结果性知识与能力目标，也包括广义过程性的态度、情感与价值观目标。目标达成的途径与策略是课标中条件性行为要求，搭建典型、简约的问题情景，选择自主、讲授、探究、发现等教学方式。

【教学片段2】

材料一：20世纪70年代末到现在，浙江公有制经济占国民经济的比重已经降至25%～30%，国有经济比重降至20%左右。而非公有制经济比重则稳步攀升到70%。

材料二：浙江国有企业经济总量在全国排名居于前列。国有经济总量比改革初增加42倍，国有企业的净利润为116.3亿元，在全国排名位居第3位，国有经济净资产利润率高达11.4%，在全国排名第2位。浙江国有及国有控股工业在全省电力、通信等领域的比重超过90%，在化学、冶金等资本密集的基础原材料产业中超过50%，在电子等高技术含量的新兴产业中超过40%。

师：从材料一中，你可以发现什么经济现象或问题？

生：浙江的非公有制经济比重已经超过公有制经济比重。

师：你的发现很准确。对此，有人认为，浙江的公有制经济已经不占主体；也有人认为浙江的公有制经济仍然占主体。你赞同哪个观点？并结合材料二分析说明你的理由。

生：赞同"浙江的公有制经济仍然占主体"的观点。材料二中国有企业经济总量、国有经济增长速度与效益、国有经济的控制力与竞争力进一步增强。说明公有制经济仍然居于主体地位。

这是《经济生活》中"我国的基本经济制度"的教学片段。如何有效透析公有制的主体地位对于浙江的学生来说是个难点。教师采用搭建情景和预设问题，通过学生有效合作、讨论、辩论、比较与鉴别，确认浙江的所有制改革仍然是坚持公有制的主体地位。

透析教学的过程是课堂人际互动的过程，也是一个价值引领与自主构建的过程。期间，既要通过理论分析以彰显知识的力量，也要通过事实佐证以凸显生活的意义。但是获得对知识的确信并不是教学的最高目的，实效教学应该更多考虑知识对人行为的意义。

3. 践行：知行统一的最高追求

体验、透析的更高追求是体验后的表现、创造与升华。亚里士多德认为，现实生活中存在知善而行善，但人们更多的是知恶而作恶。夸美纽斯提出德行的实现是由行为，不是由文字。康德也说："人们知道为什么是真理不等于知道应当怎么去做，知道怎么做不等于愿意并真正去做。"中国传统文化也把"践履即美德"视为信条。孔子认为，行应当以学为基础，但更重要的是将学到的东西付诸实践，做到当仁不让、闻义能徙、择善而从、知过能改。先秦学者认为知易行难，如《左传·昭公十年》就有"非知之实难，将在行之"的观点。王夫之也认为："行可兼知，而知不可兼行。"所以，把教学简单地归结为知识教学只能是不彻底的"半截子"教学。

追求实践理性和合乎德性的现实活动是思想政治课实效教学最高的价值目标。新课程在整体设计中对此也有特别的追求。比如，新教材中大多在"知什么之知"之后安排了"知如何之知"。基于此，通过践行，把已经生成的美德认知变为人们自觉的行为，培养体道、悟道、行道的人应该成为课堂教学的重要环节。在践行操作设计中，我们可以采用课内模拟和课外实践的策略把规范、方法与要求转化为学生的价值判断、价值认同与行为选择。这不仅是巩固、运用、深化新知的需要，也是防止偶行、少行，追求多行、常行的重要保证。

【教学片段3】

师：刚才我们已经了解了劳动者的合法权益，那么作为劳动者应如何维护自己的合法权益呢？下面请几个同学表演一个案例，大家观看后讨论并评价案例中主人公的做法。

案情：陕西妹子黄小燕在宁波打工，因老板太苛刻而提出辞职。老板发话：走人可以，但工资没有。无奈之下，她走进了某街道劳动争议调解委员会……

这是高一《经济生活》中"新时代的劳动者"教学片段。本框最后一目"维护劳动者的权益"侧重践行。通过学生表演真实案例，在讨论基础上对老板、劳动者行为进行评价，有助于活化、认同、选择教材上道德与法律知识。有些践行活动无法在课堂完成，可以安排学生通过课外进行。比如在"我国的基本经济制度"最后一部分的践行教学，我们就采用通过学生开展课外调查研究完成学习任务。

践行本身也是体验，但这种体验绝不是简单重复，而是一个上升的过程。体验获得认识，透析提高认识，知识引领践行的过程是一种历程，既有长期性，也有共生性，需要成为一种教学思想、一种教学习惯。

三、讨论与思考：在通往理想征途中铸路

在思想政治课实效教学的实践以及 EDP 教学模式的探讨中，我们也遇到一些值得讨论与思考的问题。

1. 体验并非都要身验

学生亲身体验、真心感悟到的东西才能伴其一生，受用一生，提高知行统一的实效。但是在学校教育，尤其是在高中思想政治教学中，未必所有问题都要亲身体验、都能亲身体验。体验强调个别与个性，但是在班级授课制的条件下，在有限教学时间中，不可能兼顾多数学生的个体亲验。在实际教学，特别是高年级的教学中更多的是让学生通过心验为主的再体验获得共同的经验认知。

2. 应有所为有所不为

透析过程中三维目标的实现应在教学主体活动中完成，通过范例分析展示观点，在价值冲突中识别观点，在比较鉴别中确认观点。但实践中最大的矛盾是活动的过程性与时间的有限性。教材提供的只是例子，文本中的材料与问题的探究是否必要、是否值得在课内开展，要考虑有效与成本，做到有所为有所不为。

3. 学生永远是践行者

课堂学习的主体是学生，但是教科书中践行主体有政党、政府、公民、人民、青少年等，有的甚至涉及多元主体。既然课堂是生活的过程与预备，学生是将走向社会的不同角色的人，那么学生就应该永远是课堂的践行者。教学中可开展物质性的践行活动，但应以言语性的行为教育为主，可追求外显的行动。但更多是追求内在的情感、态度与价值观的变化。

我们遭遇新课改，难免留恋知识教学，但是历史的问题需要我们在新的历史中解决。我们不能做激进主义者，也不能缺乏理想主义者的情怀去做保守主义者。以知行统一取向的实效教学是一种操作程序，更是一种教学思想。海德格尔说过，思想的使命就是"铸路"。其间"也许我们能够修修一个过程的一段狭窄而又到不了多远的小路也就疲惫不堪了"，但是我们应在通往理想的征途中铸路。

(本文选自《思想政治课教学》2008 年第 5 期)

生活逻辑的课堂实现：内容设计与过程控制

浙江省杭州市普通教育研究室 杨志敏

随着课改的深入，作为整合高中思想政治课课程内容方法论基础的生活逻辑理念日渐凸显并逐渐渗透于课堂，渐成高中政治课堂整体设计的核心理念。那么，如何在课堂教学过程中实现生活逻辑的导向和要求，让政治课既符合新理念的宏观导向，又能有效地激发学生学习，提高政治课教学的信度呢？本文从生活逻辑的课堂实现之内容设计与过程控制两角度做一番探究，以期抛砖引玉，深化研究。

一、生活逻辑的课堂实现之内容设计

课堂生活逻辑的内容设计，即用"生活逻辑"的理念作为课堂设计的方法论基础，把教学过程设计成符合日常生活逻辑规律，模拟生活现实的过程，引导学生从生活中学习，到生活中去实践，为全方位达成三维目标奠定内容基础。

依据这一设想，体现生活逻辑的课堂应以生活现象为逻辑起点，以引领学生认知生活、参与生活为内容，以提升生活能力和生活品质为过程，并以在新的认知和实践基础上自主构建生活逻辑为目的，使得课堂教学过程真正符合素质教育的要求，达成为学生未来生活服务的终极目标。

（一）内容设计的基本要求

1. 课堂目标符合生活要求

在《普通高中思想政治课程标准》所设定的课程目标中，生活目标是贯通知识、能力、情感态度价值观三维目标的一条主线，从获得正确选择人生发展道路的相关知识，到提高主动参与经济、政治、文化生活的能力……培养公民意识。生活目标成为提升学生素养，体现教育目标的直接落脚点。因此，在高中思想政治课的内容设计中，关注生活现实、思考生活过程、参与生活实践、提升生活能力成为内容设计的重要导向，只有这样，课堂教学才能真正摆脱纯知识教学的樊篱，还原课堂教学的真本。

教学中，教师有意隐含教学的知识目标，把知识的学习融会于生活素材的认知、解剖和探究过程中，从而充分体现了课堂的能力立意，切实提高了学生参与经济生活的能力，这对于生活逻辑的课堂实现无疑具有标志性意义。

2. 课堂内容反映生活现实

要让课堂真正体现生活本质，一个前提条件就是要引领学生认识生活，感受生活，学习生活。因此在内容设计中，就需要引入生活素材，把高度抽象的书本理论还原成为具体现实的生活本身，让学生在生活的学习和体验中获得感性认识，为理性发现奠定生活基础，并在生活问题的探究中获得理性的满足，这样的课堂才真正富有生活意义。在教学中，通过"菜捕头"的市场调查与课堂汇报、"菜老板"的经营选择、"马大嫂"买菜经的交流，使得课堂洋溢着浓厚的生活氛围,让学生真切地感受到了生活在课堂中,课堂在生活中。这样,探究的兴趣、互动的格局自然被激发出来了。

3. 课堂流程符合生活逻辑

生活本身有其发生、展开、延续的逻辑过程。在学生的生活经验中,这些逻辑线索是先验的,也是我们可以充分利用的课程资源。我们的课堂流程如果能吻合生活逻辑,必定能吻合学生的认识规律和已有经验,能顺利地引领学生从已知领域升华到未知世界,从而提升课堂教学的实效。在上述课例中,有两个环节体现了这一点:从宏观看,三个板块的设计从"感受"到"探寻"再到"呼唤"吻合生活逻辑的过程;从微观的操作环节看,几个主要的教学环节均吻合生活现象发生、发展的运行规律。例如,在第一板块中,通过了解"红心蛋"和"有毒多宝鱼"事件的背景信息,引导学生去探究市场影响,并通过对这些影响的分析推导出市场进行资源配置的具体过程和方式,这无疑是一个吻合事物逻辑顺序的认知过程。

(二) 内容设计的基本环节

在上述课例中,课堂内容设计基本遵循了感知生活—探究生活—参与生活的基本环节安排,使得课堂以生活主线贯穿,生活氛围浓郁,现实感很强。

1. 感知生活

要感知生活,就需要把课堂营造成一个模拟生活的现场,让学生在身临其境中感受生活的美丽多彩,激发起内心的生活共鸣,进而为课堂内容的展开做好感性铺垫。在生活逻辑的内容设计中一般可通过下列方法进行。

第一,引入生活素材,感知生活现象。即通过文字、图片、影像等媒体呈现现实生活中的具体事例,展示生活中的具体现象,为课堂导入或问题展开提供具体生活情境和设问载体,让学生在感知生活现象的过程中获得启迪。在上述课例中,教师通过呈现一则"地球快被人类吃光了"的文字材料快速导课,进而引发"人的需要具有无限性和多样性"与"可利用的资源在一定时期和范围内具有有限性"这一对矛盾,得出社会必须合理配置有限资源的必要性,并进而展开深化。整个导入设计简洁明了,为揭示社会生活中的抽象道理做了生活化的铺垫。

第二,营造生活场景,呈现生活问题。即结合教学目标和课堂具体生活场景进行有效设问,使得课堂内容指向明确,教学目标分解到位,在问题的呈现—学习—解决的互动过程中展示教学过程。在上例的第一板块中结合"红心蛋"事件后农贸市场咸鸭蛋销售情况这一场景所设计的"是什么力量在调节人、财、物在全社会的配置?"第二部分中菜老板做出经营选择后的"你会确定怎样的经营战略去赢得竞争?"等设问都是针对具体的生活问题而展开的,对顺利推进课堂教学进行了有效的引导。

第三,模拟生活现实,展现生活过程。即按照生活逻辑的内在规律展开课堂过程,使得课堂内容的发展符合生活状态,课堂内容的呈现符合学生的认知规律和生活习惯。在上述课例中模拟和呈现了经济生活中很多现实场景,使得课堂内容演进基本吻合了生活的逻辑顺序。从宏观层面看,感受市场的力量—探寻市场的神奇—呼唤市场的秩序三大板块的设计基本符合生活逻辑的顺序;从微观层面看,"菜捕头"们所收集整理的农贸市场调查情况、所拍摄的录像;菜老板们针对市场变化所做出的经营选择;马大嫂们的买菜经等无一不是现实生活的展现,使得课堂呈现出多姿多彩的生活画卷,唤起学生的生活共鸣,激发了学生探究生活的热情。

2. 探究生活

从学习者的主观感受而言,生活世界本身是"原则上可直观感受到的事物的总体",感性而又庞杂无序。因此,需要通过学习者的理性思考去探究生活内容,解剖生活过程,获得生活真理。鉴于此,在生活逻辑的课堂内容设计中必须引导学生自主探究生活本质,获得课堂的理性收获。

第一,深化生活问题,探究生活内涵。即通过问题设计,搭建沟通生活素材与教学目标之间的桥梁,引导学生从感性到理性的认识飞跃,让学生在感知生活的同时获得超越生活本身的理性思考。上例第三板块中,在同学们介绍了"马大嫂"的买菜经后,教师设计了层层递进的一组问题:"目前在市场上存在哪些非法竞争行为?""市场上的诚信缺失会带来哪些危害?""面对危机四伏,诚信缺失的市场,我们该怎么办?"引导学生一步一步走向深入。

第二,通过理论点拨,探究生活真理。这是在互动探究后,教师视课堂的具体情况设计的一个教学环节。在具体操作中,教师可抓住重点、难点,通过归纳提炼、理论解剖、阐释等手段进行理论分析,帮助学生顺利实现生活现象到理论观点的飞跃。例如,针对上述"面对危机四伏,诚信缺失的市场,我们该怎么办?"这一专业性、理论性都很强的难点问题,在学生充分活动的基础上,教师从国家、生产经营者、消费者三个角度进行理论点拨,从而把对市场配置资源的理解和认识提升到了又一个新的高度。

3. 参与生活

从教学目标看,只有回归生活才能切实提高生活能力。因此,在课堂内容设计时,有必要设计参与生活的课堂环节,以突显课堂的生活目标,达成课堂的最终归宿。

第一,通过角色体验参与生活。在上述课例中,教师设计了"菜捕头""菜老板""马大嫂"三个富有生活气息,又富有生活内涵的个性角色,引导学生从最具体的生活细节入手,感受生活的真实,体会生活的技巧。特别是"菜老板"的角色的设计最富有创意,其中第一个步骤是在市场调查的基础上,"菜老板"自主选择自己的经营项目,并把选择的结果和理由在课堂上展示。教师进行分类统计,结果发现经营禽蛋类的几乎空白,而经营蔬菜类占了四分之三。第二个步骤是教师要求学生再分析课堂展示的数据,并以四人小组为单位,根据已知的经营项目选择结果,互相研究讨论,对经营项目重新进行选择。这一过程设计极大地激发了学生的探究热情,把"菜老板"这一角色所经历的诸多问题都覆盖到了,让学生真正过了一把当"菜老板"瘾,并且大大提升了灵活应对市场的能力。

第二,通过解决生活问题参与生活。生活问题本身就是学生所面临的现实情境中的内容之一,在课堂这一特定的学习环境里,在师生共同探究的氛围中尝试探究解决这些问题,对于学生灵活面对复杂的现实生活无疑具有重大意义。在上述"菜老板"的角色中,教师穿插了这样两个富有针对性的问题:① 大家选择的重要根据是什么?是什么在支配你的选择?② 你会确定怎样的经营战略去赢得市场竞争?这样的设问无疑是点睛之笔,对这些问题的探究和解决,对于引导学生参与生活实践、提升生活能力具有直接的作用。

(三)内容设计的基本流程

在实现生活逻辑的内容设计中,解剖逻辑线索、整合生活元素、创设问题情境、提炼生活内涵、指导生活实践是渐次递进又相互影响、相互制约的操作流程,其中解剖逻辑线索是整体设计的基础、整合生活元素和创设问题情境是设计的关键、提炼生活内涵与指导生活实践分别是理论与实践的落脚点,这样构成一个整体操作系统。

解剖逻辑线索,即分析教学内容的理论逻辑与生活逻辑。分析教材的理论逻辑需要教师全面掌握课程标准和教材内容的逻辑体系及含义,而把握生活逻辑更需要教师掌握大量的信息资源并具备一定的专业功底。在上述课例中,为什么要合理配置资源?——市场如何合理配置资源?——市场是实现资源优化配置的有效形式——当前市场环境存在的问题——如何建设公平、公正的市场秩序这五个环节构成了教材的理论逻辑体系。而现实生活中经济资源的有限性——市场在我国经济生活中的现实作用——我国市场运行中存在的问题——我国完善市场经济的现实举措则构成了生活逻辑的演进过程。这样两条逻辑线索交相呼应,使得课堂灵动生辉。

整合生活元素,即捕捉生活逻辑的现实载体,通过选择、剪辑、整合等步骤引生活之泉入课堂。生活元素是丰富多彩的,因此,在教学设计时教师必须用智慧的双眼去选择,在操作时可根据典型、贴切、鲜活的原则进行有效取舍,使得生活元素真正为课堂服务。在上述课例中,"红心蛋"和"有毒多宝鱼"事件、"菜老板"的经营选择、马大嫂的买菜经、食品安全等都是生动的生活元素,从实际效果看,这些生活元素与课堂的主题"市场配置资源"紧密联系,使得生活元素有机地融入了课堂。生活资源又是庞杂无序的,需要教师运用灵巧的双手去剪辑和加工。可遵循去粗取精、按需裁减、为我所用的原则进行剪辑加工。比如,上述这些生活元素正是当时社会生活中的热点,素材很多,如何抓住关键、如何在课堂呈现、怎样从微观的角度切入等都是在教学设计时必须思考的问题。生活元素又是独立于课堂之外的,教师必须运用创新的思维去整合,通过分析生活素材的逻辑过程,挖掘恰当的切口,使之真正为课堂服务。在具体操作时关键是进行有效设问,实现生活逻辑与理论逻辑的有效沟通,并为课堂营造一个探究学习的有效情境。

创设问题情境,即分析生活现象,发现生活问题,或结合生活现象设计理论探究问题。在教学设计中,课堂所呈现的每一个生活素材都有其具体的内容指向,在运用这些素材的过程中,一方面要分析生活素材本身,挖掘生活素材所包含着的生活问题,更重要的是要进一步探究生活现象所蕴含的观点或原理,通过设计具体问题为课堂提供思考的空间,为学习过程的落实打下现实基础。在这一过程中,设问的有效性是关键,问题设计既要紧扣生活背景,又要有明确内容指向,使得问题具有现实的操作性。

提炼生活内涵和指导生活实践是课堂设计的理论和实践的落脚点,在教学设计时需要结合具体情况灵活操作。

值得注意的是,课堂内容设计必须妥善处理预设与生成这一谁也绕不开的问题,既要精心预设,又要适当留白,把教学的程序性和开放性有机统一在教学过程中。

二、生活逻辑的课堂实现之过程控制

课堂教学是一个学生、教师、文本、教法、媒体等多维互动,教学预设与教学操作遥相呼应的系统工程,有了良好的内容设计,还需要有精心的过程操作,特别是在目前课堂教学追求过程与结果并重的背景下,有效地控制课堂教学的整个过程,对于提升课堂教学的效果有着不可或缺的积极作用。

（一）生活素材处理有度

在体现生活逻辑的课堂中，生活素材是必不可少的教学资源。但在具体的课堂操作中，往往会出现各种问题，主要表现在：一是生活素材开发利用不充分，浅尝辄止，浪费资源；二是生活素材运用意图不明确，造成素材失效；三是生活素材拓展失度，生活素材与理论逻辑失去联系，陷入为生活而"生活"的境地。

那么如何在课堂教学过程中防止以上问题呢？经过实践探索，我们的应对措施是：第一，整合生活话题，充分利用素材；第二，精心设计问题，明确课堂导向；第三，探究逻辑交点，实现事理交融。在上述课例中，以民生之"菜"为主线，选择了经营者、消费者、监管者三个不同的角色，从角色体验的角度整合了生活中热点问题的几个片段，并不追求完整地呈现前因后果，使得素材的运用精练、典型，并通过精心设问加以充分利用。在具体操作时坚持生活逻辑和理论逻辑的交融互动，突出逻辑交点的敲打落实。

（二）逻辑交点敲打落实

在生活逻辑的课堂过程中，生活逻辑与理论逻辑的交叉聚合点往往是课堂教学的重点或难点，对于这些课堂的关键点，在教学操作过程中必须要进行创造性的学习设计和过程解剖，为课堂的顺利推进打好基础。

在上述课例中，"菜捕头"报告中的"红心蛋"事件与"市场是怎样配置资源的""菜老板"的两次选择与"市场是如何实现资源的优化配置的""马大嫂"的买菜经与"如何打造诚信市场？"均构成了课堂逻辑主线中的主要交点，对这些逻辑交点的处理就是课堂的重心所在。如何敲打落实？我们认为，第一是宏观上把握生活话题，形成感性体验；第二是具体呈现学习过程，引导学生理性思考；第三是呈现分析推导过程，构建理论逻辑的推理线索。以课例中的第一板块为例，教师在"菜捕头"代表上台汇报调查情况后，结合市场上咸鸭蛋价格、供求变化的情况，设计了"市场是如何配置资源的？"这一情境问题，引导学生对刚刚呈现的"红心蛋"事件及其影响做全面的解剖分析。这样，学生对市场配置资源的具体方式有了具体感性的认识，教师不失时机地切入分析。从教学的实际效果看这种敲打不仅是必要的，而且是必需的。

（三）思维节点点拨呈现

在课堂教学过程中，往往会有一些思维节点在等待学生和老师的创造性工作，这些思维节点往往是一些重点、难点、疑点、转折点、拓展点、提升点等，从具体操作看，也是教师发挥主导作用的关键所在，需要教师在课堂中精讲细讲。

例如，上述课例的第二板块中，针对"菜老板"前后两次选择所发生的巨大变化，许多同学感到疑惑不解，到底是什么神奇的力量在支配着我们的经济行为呢？这就是我们思维的节点。为此，在课堂操作中，教师不仅要积极引导，组织学生自主、合作学习探究，而且在教学过程中要分层讲解，耐心点拨，引导、启发，在精确的控制中达成落实的目标。

（四）学习过程有效呈现

新课改非常强调学生的自主、合作、探究学习，这也是课堂教学注重能力立意，追求课堂价值发现的关键所在。在生活逻辑的课堂中，同样也要关注学生的学习成长。在上述课例中，教师分别在三个板块的关键之处设计了三个学习环节，形式分别为自主学习—四人小组合作探究—案例分析。这样就为学生的学习提供了一定的空间，并赋予学习过程以恰当的形式。另外，在实际操作中，教师还需要结合课堂的实际情况，对课堂时间进行有效调控，保证学生课堂学习活动的时间。这样操作，能从根本上改变传统课堂中教师讲解过多过细的弊端，改变教师在课堂教学过程中的保姆情结，把课堂真正还给学生，让课堂真正改变学生。

从目前的研究实践看，生活逻辑的课堂实现研究还仅仅是一个开始，这一富有创新意义的课题还有待我们共同努力。

（本文选自《思想政治课教学》2008年第7期，略有改动）

"主题探究式课堂教学"的理论与实践

山东莱芜市莱城区和庄中心小学　李昌营　刘东林

初中思想品德课堂教学模式,根据其教学内容和特点的不同,可分为新授课课堂教学模式、复习课课堂教学模式、矫正课课堂教学模式、主题探究式课堂教学模式四类。"主题探究式课堂教学"实质上就是"活动课",因此,亦可称之为"主题探究式活动课"。根据新课程的要求,初中思想品德课要大力实施素质教育,努力培养学生的创新精神和实践能力,而"主题探究式课堂教学"特殊的教学内容和活动方式,决定了其最能卓有成效地落实以上要求。为此,教育部于 2003 年 5 月 13 日颁布实施的《全日制义务教育思想品德课程标准》的一个突出特点,就是设置了"活动课"。笔者从 2003 年秋季开学至今,在初中思想品德新课程教学实践活动中,对"主题探究式课堂教学模式"及相关问题进行了一些有益的探索和研究,现总结如下。

一、实施"主题探究式教学模式"的几种方式

教学模式决定活动方式,活动方式体现教学模式,教学中必须把二者有机统一起来,相互融合与兼顾。在近几年的"主题探究教学活动"实践中,我们主要采用了以下几种活动方式。

1. 查阅式

这种方式,就是让学生查阅报刊、图书,或网上下载获得信息资料,掌握一定的数据、实例、图文等资料,用教材中的理论或自己的观点,分析、说明某一理论、观点或实际问题。如初一上册思品教材第四课中主题探究活动课"搜集与交流:他们这样维护自己的受教育权";初二下册第十课"宝剑锋自磨砺出"主题探究活动课"搜集战胜困难和挫折,在逆境中自强不息的实例,讨论如何面对和战胜困难与挫折",我们就采用查阅式方法开展活动。采用这种形式需要注意的是:① 所搜集的材料要具有真实性,有确凿的事实依据,防止为完成活动任务主观臆造。② 所搜集的材料要具有实用性,能切实说明或体现活动课的主题思想,避免材料与内容脱离。③ 所搜集的材料要具有典型性,能强有力地说明或体现主题探究课活动的内容,克服面面俱到的弊端。

2. 讨论式

这种活动方式是针对一些重要学习内容或易混淆、易出错的理论观点、思想认识问题,展开辩论、讨论,使学生在不同观点的碰撞交融中明辨是非,提高认识。如初三上册第一课课后主题探究活动课"辩论:道德和法律哪个更重要";初四第二课课后:随着改革的深入,在效率大幅度提升的同时,出现了收入差距过大的现象,收入分配公平问题日益受到人们的关注,成为构建社会主义和谐社会的核心问题,辩论"是效率优先?还是公平优先?"进行这种方式的主题探究活动课需特别注意在活动中倡导民主、平等、宽松、和谐的学习气氛,让学生走上前台唱主角,充分尊重和体现学生的主体地位和作用。教师以普通一员的身份参与,既

热情组织、指导,又积极参与辩论、讨论。学生要畅所欲言,各抒己见,相互包容持不同观点的同学。同时,注重学生的情感体验、思想升华,反对轻视过程片面注重结果的做法。

3. 访谈式

即学生走向社会,走向大自然通过参观、调查、访问,获得感性认识和掌握第一手材料,说明某一理论和观点的方式。如初一第七课课后主题探究活动课"关于自信与事业成功的调查分析。要求学生通过对周围,尤其是成功人士自信状况及其事业、学业情况的调查分析,进一步明确自信对个人学习、生活和事业成功的重要作用,学习他们培养自信的方法,也从中接受经验教训,从而自觉培养自己的自信心,克服自卑,做一个自信的人";初四第一课课后主题探究活动"调查、访谈和搜集家乡改革开放前后的有关数据、图文资料,交流各自家乡巨大变化的情况,并讨论本地区经济社会发展取得辉煌成就的原因"。这种类型的活动课,就需要采用访谈式的活动方法开展。教师组织学生调查、访谈时,必须强调两点:一是被调查、访谈的对象要具有典型意义;二是对调查、访谈的信息要进行整理加工,去伪存真,去粗取精,抓住本质特征。

4. 体验式

这种主题探究活动方式要求学生把课堂学到的知识迁移到现实情境中去,按知识内容的要求,采取某种行动,体验某种生活。如初二第七课课后活动:开展一次"我为父母削苹果"或"我为父母洗脚"或"我为父母做一道菜"等活动,向父母献上我们作为子女的一片孝心,亲身体验报答父母养育之恩,为构建温馨和谐家庭做贡献的幸福和快乐;初四第七课课后活动:通过文艺演出、读报、宣讲、板报等多种形式,向附近社区(或农村)群众宣讲科学知识、法律知识和英雄模范人物的事迹等,为精神文明建设做贡献。这种活动方式,使学生在参与实践中体验情感,升华思想,做到了知行统一,具有很强的实效性和趣味性,深受学生欢迎,有利于培养学生的健全人格和创新实践能力。采用此种方式开展活动要注意两点:一是必须选准、选好体验的情境,也可让学生自主捕捉有利的情境,也可由教师提供或创设情境;二是要注意把学生在活动中产生的情感、困惑进行总结、交流。

此外,还有演讲式、交流式、综合式等多种形式。这些活动方式不是彼此孤立,而是相互渗透的。活动时应以一种方式为主,兼而采用其他方式,共同达成主题探究活动课的知识、能力、情感态度价值观的教学目标。

二、需要注意的几个问题

初中思想品德主题探究活动课的开展方式,应该灵活多样,不拘一格。只要有利于培养学生的参与意识与能力,自主、合作、探究的意识与能力,提高学生运用科学方法提出问题、分析解决问题的能力,特别是能够培养学生的创新能力和实践能力,所选取的活动方式都是可行的。

在选择活动课的方式时,要注意以下几点:一是从实际出发。初中各年级学生的认知水平、生活阅历有较大差异,活动课的内容也千差万别,必须从这些实际出发,选取切实可行的活动方式。二是具有明确的目标。每一堂活动课,要在巩固知识、培养能力、提高觉悟和指导行动诸方面达到什么目标,开始前教师要认真制定,十分明确,切忌漫无边际随意开展。三是内容与形式、知与行相统一。要根据活动的内容选取不同的活动方式,使形式服务于内容,内容体现于形式之中,并且使学生在情中明理,在明理中导行,以实现思想品德课的高层教学目标。四是要讲究实效,质量第一。主题探究式活动课的开展,有的可以在教室进行,有的要走向大自然、走进企业、社区、农村观察、调查、访问,参加社会公益活动等,活动的时间、空间、程序都比较复杂多变,给教学带来了一定难度。要使活动效果卓有成效,教师必须精心准备,潜心钻研,事先预见可能出现的各种问题,做好各种思想准备,努力提高驾驭活动课的能力,提高教学质量,力戒走过场、图热闹、无实效。

三、充分发挥思想品德主题探究式活动课的教育功能

"主题探究式活动课"是在遵循青少年学生身心发展规律的基础上,以多种多样的活动为载体,强调学生的参与过程和情感体验,突出学生的问题意识、主体意识、探究意识,以培养学生的创新能力和实践能力为目标的教学方式。可见,初中思想品德主题探究活动课除了具有传授知识的一般功能外,还具有特殊的功能,是多种功能的载体。对其功能发挥得好,会给我们的教育教学工作带来不可估量的作用。因此,教师要深入发掘、充分发挥其各种功能,使之更好地为教育教学服务。

1. 实施德育的功能

初中思想品德课具有特殊的育人功能,而"应试教育"片面追求学生的知识掌握和考试的分数,很难发挥育人的功能。目前,我区和全省各地一样,正在按照山东省教育厅的统一部署,克服一切困难,全力推进素质教育,全面贯彻党的教育方针,努力消除"应试教育"带来的负面影响。而初中思想品德主题探究活动课的开展符合开足开全课程的素质教育要求,是培养学生具有健全人格,具有较强创新和实践能力,提高学生思想政治素质,实施素质教育的突破口。学生在创设的情境氛围中动口、动手、动脑,能丰富情感体验,升华思想品质,落实行为要求,从而实现德育功能。例如,我们在组织学生开展"为父母洗脚""为父母做菜"体验式活动课后发现,学生通过体验亲情,孝敬父母的意识和能力显著增强,与父母的关系变得融洽和谐多了,一定程度上消除了某些中学生身上出现的逆反心理和青春期的烦恼。推己及人,也影响同学关系、师生关系发生了微妙的变化,学生的世界观、人生观、价值观发生了可喜的转变。这次道德实践活动收到了良好的效果。

2. 激发学生兴趣的功能

我国教育家孔子说:"知之者不如好之者,好之者不如乐之者。"伟大导师列宁说:"没有人的情感,也就从来没有人们对真理的追求。"浓厚的兴趣能调动学习的积极性,启迪学生的智力潜能并使之处于最活跃状态;浓厚的兴趣可激发强大的学习动力,促使学生勇于探索,顽强拼搏。而传统的思想品德课以教师的讲授为主,学生只能机械地接受老师所讲的"条条"和书本上的"知识要点",目标就是应付考试。在这种教学方式下,课堂教学枯燥无味,学习兴趣逐渐泯灭。而"思想品德主题探究活动课"强调的是如何激发学生的参与意识和学习兴趣,将学生从被动的学习状态转变为主动学习的状态;同时让学生在主题探究活动中学知识、用知识,符合青少年好奇、好动、喜欢尝试探索的心理特征。所以,当他们有机会参加活动时,会觉得是一件非常有趣的事;当他们从活动课中掌握了知识,培养了能力,提高了素质,自然会提高学好思想品德课的信心,学习的兴趣也必然会浓厚起来。

3. 传播知识的功能

初中思想品德主题探究式活动课一般由三部分组成,即活动内容的理论部分、典型的阅读材料、推荐的活动内容及方式。其中活动的理论部分要求学生必须掌握,是整个教学的中

心内容。学生在活动中,运用这些理论知识分析、说明搜集的信息材料,或从具体、形象的信息中总结、概括出与之相适应的理论知识,不仅能加深学生对课文理论知识的理解,而且能拓展学生的知识层面,从而体现传播知识的功能。所以,教师在设计、组织活动课时,要充分发掘该功能,使学生在轻松愉快中学到知识。

4. 培养能力的功能

当今时代,世界科技革命突飞猛进,国际竞争日趋激烈。国际竞争归根到底是人才的竞争,而人才最显著、最重要的素质是创新能力和实践能力。初中思想品德主题探究活动课的设置和开展,能充分发掘学生的潜能,培养学生的能力,尤其是创新和实践能力,满足我国全面建设小康社会对人才的要求,加快我国经济和社会的全面、协调、可持续发展。学生在多种活动形式中,通过动手、动口、动脑,培养了实际操作能力和思维想象能力;通过讨论、辩论,提高了口头表达能力和明辨是非的能力;通过接触社会,进行调查、访问,增强了社会实践能力和人际交往能力;通过理论联系实际,自己观察、分析、解决现实问题,培养了探索精神和创新能力。的确,初中思想品德主题探究活动课的开展,为学生施展才能,提供了一个广阔的舞台。正如一位学生在谈到参加活动课体会时所说:"通过参加活动课,我才真正认识了自己,发现自己也有一定能力,心中涌动着一种自信和自豪。"

人的思想品德是通过对生活的认识和实践逐步形成的。思想品德的形成与发展,需要学生的独立思考和生活体验,社会规范也只有通过学生的自身实践才能真正内化。初中思想品德主题探究式活动课将正确的价值引导蕴含在鲜活的生活主题之中,注重课内课外相结合,理论与实践相结合,鼓励学生在实践的矛盾冲突中积极探究和体验,通过道德践行促进思想品德的形成与发展,既有利于培养学生的健全人格和创新实践能力,又符合素质教育要求,能为国家民族培养大批的合格人才。思想品德教师只要拥有高度的责任感、使命感,大胆实践,勇于创新,就一定不辱使命,开辟出一片属于初中思想品德主题探究式课堂教学的新天地。

(本文选自《思想政治课教学》2008 年第 10 期)

四节同课异构活动的反思

福建省晋江市养正中学　蔡赐福

今年学期初晋江市举行了泉州市级教坛新秀的开课展示活动,活动要求教坛新秀异校借班上课,同时要求该校的一位老师与教坛新秀同上一节相同内容的课,以此来活跃晋江市的教研气氛,提高教师的专业发展。晋江市的这种活动形式实际上是一次同课异构活动。我去年有幸也被评为泉州市级的教坛新秀,因此也参加了本次的同课异构活动。我被安排到我市的一所相对薄弱的学校上课,授课内容是高中新课程《政治生活》模块"我国的宗教政策"。该校的施老师也在其任教的班级开了此课。这次活动后,我又回到自己学校在不同班级上了两节相同内容但设计又有所不同的课。对于这四节课,我感触良多,特别是对新课程下高中思想政治课教学存在的几个问题进行了一些反思。

一、四节同课异构课的教学情况简介

1. 施老师授课的教学情况

施老师没有用多媒体进行辅助教学,他首先布置预习任务,要求学生预习课本,并且设计一条泉州市宗教朝圣一日游的旅游路线。而后,施老师在学生预习的基础上进行课堂教学,让不同学生充当导游的角色,介绍泉州市宗教朝圣一日游的路线安排,接着让学生自主提出了有关宗教的12个问题,并组织学生讨论其中的一些问题。由于问题多,讨论热烈,且讨论的问题偏离了既定的方向,施老师的课最后没有完成预定的教学任务和实现教学目标。

2. 我在异校借班授课的教学情况

我在上课之前,翻阅了大量的资料,搜集了一些相关的课程资源,包括陈晓旭去世和有关梵蒂冈的视频、晋江市相关宗教图片以及前不久《南方周末》记者采访国家宗教事务局局长叶小文的访谈文字记录,由此制作了精美的课件,并且在多媒体的辅助下进行教学:创设情境—提出问题—学生讨论—形成认识—教师总结。创设的情境以贴近生活和贴近实际为主。为了拉近与学生的距离,我还从我的名字开始说起,引出宗教的相关问题。而后让他们从身边的宗教说起,试图通过贴近生活来调动他们的学习积极性,后来进行了"小调查""评一评""议一议"以及模拟"焦点访谈"等环节,每一环节都采用了上述教学模式。特别是在"焦点访谈"环节,我根据《南方周末》记者采访叶小文的问题,采取角色变换的策略,让学生当宗教事务局局长,通过讨论后回答问题。学生回答问题后我把复印的采访记录分发给每个学生,引导他们进一步学习和理解我国的宗教政策,在此环节上花了很多时间。结果由于授课知识容量多,加上借班上课,师生感情缺乏,课堂气氛不融洽,我把相当一部分精力投入到鼓励他们协作讨论和积极回答问题上,最后本节课也没有完成既定教学目标和教学任务。

3. 我在本校授课的第一节课教学情况

回到我自己的学校,我还是按照我之前的教学设计给我的一个班级上了同一内容的课。本节课最后是完成了教学任务,但是感觉上课时间方面还是比较紧张。不过,学生的学习热情和学习积极性比异校借班上课时有很大的提高,讨论问题也较为热烈。但是,学生课后反映讨论时间比较短,讨论还不是很充分,我就结束了讨论。另外,分发的《南方周末》访谈记录阅读量大,无法在短时间内细读。

4. 我在本校授课的第二节课教学情况

这次我在本校的另一个班上课,改变了教学设计,只发给他们关于《南方周末》对叶小文的访谈记录材料,放弃多媒体辅助教学,重新设计教学环节和学习问题,充分利用这份访谈记录,引导学生积极思考和讨论问题,把国家宗教事务局局长叶小文"请进"课堂。这次虽然没有利用多媒体辅助教学,但是教学时间足,学生思考和讨论的时间也比较充裕,讨论也很热烈和到位,我自己认为这是一堂成功的教学常态课。

二、对四节同课异构活动的反思

1. 师生情感投入是教学成功的催化剂

由于本次活动中有异校借班上课,因此我对学生几乎无所了解,只知道学校大概的生源质量情况。虽然充满挑战,但是之前我还是对自己的教学能力以及教学设计充满信心,自信能够与学生配合好,上好整堂课。可惜的是,即使让我花费了大量的精力试图去拉近学生的距离,培养同学生之间的感情,最终还是失败。而施老师借东道主之优势,与学生的情感互动良好,整堂课气氛与我形成鲜明的对照。这让我想到了师生情感在课堂教学中的巨大作用,它是课堂教学成功的催化剂。列宁说过:"缺乏情感的认识便失去了认识的深入,人的思想只有被浓厚的情感渗透时,才能得到力量引起积极的注意、记忆和思维。"也许我的情感投入在当时还是不足,毕竟陌生的学生对我来说还是隔着一堵墙。师生情感的培养不是一朝一夕的事情,不是一堂课就能感情深厚的。然而当我回到本校用相同的教学设计上课时,师生之间互动有序而又不拘束。虽说从生源质量来说,我校的学生比较优秀,但根本上还是师生之间的那股情感在起作用。因此,在日常教学中,教师应该不断深入学生中去,了解学生,关心学生,爱护学生,真诚待人。学生也会"亲其师,信其道"。而师生经常性的情感互动则增强了师生之间的感情,日久而弥坚,师生情感的共同投入也给课堂带来效益,正所谓:情感互动,教学相长。

2. 讨论策略在课堂教学中不可滥用

讨论是组织课堂教学中的一种教学策略。自从新课程开始后,讨论似乎已成为新课程课堂教学中必不可少的教学环节之一,这样才能突出学生的主体作用,体现新课程的教学理念。然而,教师滥用讨论的现象比较严重。这四节课都有讨论,可是讨论的实效不是很高。施老师让学生自主提出 12 个讨论问题,并选择了其中的几个问题组织学生讨论。讨论过程发现师生讨论和生生讨论虽然热闹异常,但是教师并没有注意引导到知识目标和情感目标上,泛泛而谈,讨论偏离了轨道,教师发现此问题后,要及时收回来,已经来不及了。虽然现在强调课堂生成的重要性,但是我认为生成的精彩不是放纵,而应是教师有意识有目的地引导,做到收放自如。我异校借班上课的那节课,也采用了讨论形式,但是由于师生情感投入问题直接影响了讨论的效果,即使是在本校采取相同教学设计的那堂课,也由于自己设计的讨论问题多,受到课堂时间的有限性制约,讨论就像走过场一样,达不到应有的效果,也是一种滥用。再者,不是所有的问题都是值得讨论的,讨论的问题是否有效也是教学中应该注意的问题,无效的问题讨论也是一种滥用行为。如共产党员能否信教,为什么?这类的讨论问题就是一种有效的讨论问题,它是一种开放性的问题,能激发学生的兴趣,启发学生的辩证思维。而像我国的宗教政策包括哪些问题?这类问题是封闭型的问题,不需要讨论,只需要了解,不能引起学生思维间的碰撞,调动不了学生讨论的积极性。

3. 丰富和富有特色的课程资源可以提高教学实效

《普通高中思想政治课程标准(实验)》指出要"丰富和拓展课程资源","主动开发课程资源"。开发过程要注意特色开发。"学校要从具体的地域特点、学校特点、教师特点、学生特点出发,发挥各自的优势,使课程资源的开发呈现出多样性、丰富性、独特性,有效实现特色开发。"因此在本次教坛新秀的课堂教学展示活动中,我和施老师都非常注意开发和利用特色的课程资源,充分利用到课堂教学中去。在开发过程中,我和施老师都注重课程资源的本土化特色。泉州市存在着多种宗教,享有"宗教圣地""世界宗教博物馆"之美誉。施老师课前便要求学生设计一条泉州宗教朝圣的旅游路线,让学生主动去搜集泉州相关的宗教文化信息。我则是把我的名字与宗教挂钩,把姓名当作是一种独特的课程资源。同时我也很重视本土特色资源的开发,特别是把位于晋江的世界仅存的摩尼教遗址介绍给同学们,吸引同学们的注意力。另外,我还注意网络、报刊等其他媒体资源的开发和利用。今年三月份,《南方周末》记者访问了我国的国家宗教事务局局长叶小文同志,访问的标题是《如何破解宗教与社会主义的难题》。访问的内容包括了我国在宗教方面的各种政策,而且叶小文的回答不是纯理论性的,而是结合实际,举了许多例子,有力地阐述了我国的宗教政策。看到这个材料,我异常兴奋,这不就是非常实用的课程资源吗?难道我们一个普通的中学政治教师,会比国家宗教事务局局长对宗教政策的阐述更有说服力吗?我把这个访谈创设成"焦点访谈"的情景,并让学生当一回国家宗教事务局局长来解答我国宗教政策中的一些疑难问题。后来我干脆改变了我原先的教学设计,在本校的另外一个班级进行授课。我以这份材料为主要依托,并且集中几个问题让学生参与讨论,效果非常不错。可见,丰富又有特色的课程资源可以提高课堂教学实效。

4. 重视学生时政材料阅读能力的培养

传统的思想政治课教学之所以显得枯燥无味,学生感觉了无兴趣,我认为根本原因在于思想政治课脱离了生活实际。其实经过调查,绝大部分学生还是关心国家和国际大事的。他们普遍要求教师多介绍一些时政知识,并且组织他们进行交流和讨论,提高他们理论联系实际的能力。在近几年高考中,以时政材料为背景,结合专业知识创设问题,也要求学生懂得提取信息、分析信息和整合信息。在本校授课的第二节课中,我把《南方周末》的这份访谈记录印发给学生,里面涉及的宗教政策问题多,信息量大。如访谈涉及了宗教存在的根源以及我国宗教的特点、西藏问题、梵蒂冈问题、美国干涉我国宗教问题以及宗教在和谐社会的作用等。叶小文局长的回答层次分明,又注重事例分析。我便采取学生在预习的基础上结合这份材料,通过阅读,分析如何全面正确理解我国的宗教政策。有人认为,阅读能力的培养只是语文学科的任务,学生时政材料阅读能力低责任在于语文教师。实际上,每个学科都有其特定的材料可供学生阅读,都有义务培养学生的阅读能力。因此,新课程教学中,思想政治课教师不妨多搜集一些时政材料给学生,也可让学生自己搜集,组织他们进行阅读、分析和交流各自观点,真正提高思想政治课教学的实效性。

以上反思只是新课程教学中的几个注意点,而课堂教学实际是一个系统工程,要求我们教师整合课堂和课外的各个要素,以期达到教学实效的最大化。

(本文选自《思想政治课教学》2008年第10期)

在快乐中实现有效教学 在教学中追求人生快乐
——高中思想政治新课程课堂"七步教学法"教学模式

广东省珠海市教育局教研室　李松华

一、模式的构建

高中思想政治课堂"七步教学法"是全国教育规划"十五"国家重点课题《新基础教育课程教材开发的研究与实验》子课题《新初中思想品德高中思想政治教学评价研究》的应用性研究成果。它以《中共中央关于国务院关于深化教育改革全面推进素质教育的决定》、《国务院关于基础教育改革与发展的决定》、教育部颁发的《基础教育课程改革纲要》和《普通高中思想政治课程标准》为理论依据和新课程实施过程中普遍存在的问题为实践依据,创立的高中思想政治课堂教学模式。在我国新课程实施近四年来,经过不同地区和不同层次的学校教学实践的反复验证,高中思想政治课堂"七步教学法"得到不断完善和优化。

课堂"七步教学法",从学生生活出发,以核心问题立意,以知识、能力、情感态度和价值观为价值目标,以学生的认知水平、特点和思想实际为基础,以学生合作探究、独立思考、情景体验、自我评价等为基本教学方式,构建教学目标、案例导入、问题探究、思维点拨、知识建构、资源开发、三维评价等七步教学流程,引导学生积极主动地发现生活、参与生活、理解生活,在生活中实现自我完善,实现生活的引申和知识的回归,增强政治课的生动性、思想性、教育性和实效性。它把新课程的理念、目标和内容等转化为一种可以操作的课堂教学模式,从而从根本上改变了教师的教学方式、学生的学习方式和思维方式,改变了我国高中政治课长期以来,重理论、轻实践,重结果、轻过程,重灌输、轻思考,重知识、轻教育等传统教学观念,把抽象的理论融于活生生的实际生活中,真正把课堂变为师生平等交流、合作探究、教学相长的平台,为我国新课程试验省区和即将进入新课程的试验省区的课堂教学提供了成功的引领和示范。

二、七步教学法的基本步骤和具体要求

"七步教学法"力求使新课程理念与要求融入具体的教学模式之中,是构建课标、教材与教学、教学与生活的桥梁。

教学目标是课堂教学的定位。它包括课标规定的三维目标、本框的重点与难点、学情分析三个部分。本框的三维目标是对课标所规定的三维目标的细化;重点与难点是落实课堂教学目标的关键。重点与难点的确立是建立在教师对教材、生活热点和学情的全面深刻的分析基础上。确定新课程教学重点的依据主要有以下几个方面:一是从教学内容的内在逻辑上确定,是教学内容的主体部分;二是由社会重大热点来确定,社会热点所涉及的教学内容一般来说都是教学重点内容;三是根据学生思想及其生活实际来确定,提高课堂教学的实效性。新课程实施近四年来,教学中存在的一个突出的共性问题是:沿袭传统的教学模式,

"穿新鞋走老路";机械模仿或我行我素;频繁展示材料而轻描淡写;追求形式而忽视教学实效;等等。出现"拖堂""满堂""哄堂"或"草草过堂"的教学现象比较普遍。因此,确定教学目标是课堂教学的重要环节,是对传统课堂教学的继承与创新。确定教学重难点是制定教学目标的必不可少的部分,是教学的基本要求。

案例导入是课堂教学的前奏和"入场券"。教师通过甄选紧扣本框教学目标或教学内容的经典名言、典型题材、图表、漫画、故事、影像资料等,设置生活情景和悬念,激发兴趣,承前启后,导入新课。教师在结合案例,联系教学内容,切入新课时,要自然、贴切、生动。案例的选用,可以以一个案例或2—3个案例贯穿全课的基本观点,设问探究,层层剖析,步步深入,分层得出结论。在此,案例构成了理解全课的一条主线,给学生留下深刻的印象。案例的选用要经典,能激发学生的追问、思考和探究的欲望;案例求新、求近、求精,避免牵强附会和老生常谈。在设置情境中,可以是真实的,也可以是模拟的,但真实的总比模拟的更具有说服力。教学中之所以要模拟,是因为从生活中无法再现生活的真实情景。这一环节主要是培养学生搜集信息、提炼信息和处理信息的能力。

问题探究是从上述案例中自然引出本课需要探究的问题和容易混淆的基本概念,是教学目标内容的问题化。"问题探究"中的问题可以是案例中本身潜在的与本课时教学内容密切联系的问题和相关概念,也可以是直接从案例中引出的教材框目中的重点问题。两种方式比较,前者比后者更能激发学生的探究动机,形成学生学习的内在驱动力。从材料中提出问题的方式,可以引导学生从材料中发现问题,引发问题,也可以由教师在分析材料中引出,其目的是使学生明确本课所要解决的问题,即主要学习任务,引导学生综合探究上述问题。探究的形式可以采取分小组讨论式、课堂自由发言、活动体验等,不拘一格,激发学生自主搜集材料、自主思考、自主追问的兴趣。

思维点拨是落实教学目标、培养学生积极主动合作和探究问题能力的主要教学环节,是教师教学主体作用的体现。它是依据"问题探究"中的问题,精选与问题密切相关的生活材料,引导学生在深入剖析材料中得出结论。教师在点化时,要结合教材内容,在引导学生阅读教材相关问题的基础上,重在对知识本身的难点或学生理解的关节点、疑难点上的点化,言在精而忌多。结合所选材料,围绕探究问题,启发学生搜集身边的生活资源,整合资源。通过这一教学环节提高学生积极合作、共同探究问题的能力,增强学生积极参与的意识,培养独立自主思考问题的习惯。在理解知识、形成能力的过程中,逐步引导学生树立正确的情感、态度和价值观。

知识构建是"七步教学法"的重要环节,是新课程实施的重要能力要求。通过这一环节,使学生在自主归纳思考中,体验知识的内在联系。师生在共同回顾所学知识的基础上,引导学生综合归纳本框所学的基本知识之间有哪些内在联系?本框内容与本课前面几课的内容有哪些联系?上述知识与你的生活有哪些联系?并把这些联系用自己的语言准确地表述出来。在引导学生书面综合归纳的基础上,学生自主构建知识内在联系图表,并进行相互交流,使之从课程模块的系统中把握本框内容的地位及其前后联系。通过这一步教学,培养学生知识构建的能力和综合归纳的能力,学会在知识建构中获取新信息,实现知识创新。

资源开发是知识回归生活的过程,是对本课知识、能力、情感态度和价值观的再运用和深化过程,也是实现校本资源再开发的过程。抽象的政治说教一具体就生动,一具体就深化,一具体就会发现新问题、新知识。资源开发主要是教师通过1—2例经典材料引发学生搜集、甄选和开发与本框内容密切相关的学生身边的生活资源,其中包括本地重要的历史资源和现实生活中的资源,如历史博物馆、文化遗产、社区生活、校园生活、家庭生活、重大活动等。学生经历这样的体验过程,有助于认识他的家乡、他所在的社区、他所在的地区发生的变化,从而引导学生关注身边的生活,关心自己的家乡和地区的发展状况,激发对家乡的情感。同时,也有助于加深对本框知识的理解和运用,领悟知识的价值,从而培养学生从社会生活和具体材料中搜集信息、甄选信息以及提取有效信息的能力,搜集和开发身边生活中课程资源的能力,培养学生参与生活、发现生活和理解生活的实践能力。

三维评价主要是对新课程所要求的课堂教学过程的评价,具体地说就是在落实三维目标过程中,对参与课堂教学活动中的个体和整体的行为、状态、效果和目标等进行多元性、双向性、交互性的综合评价。它包括书面评价(即经典训练)和教学过程及其活动的综合评价(即闪光记录)两个部分。

书面评价通过经典训练题目检测教师的教学过程中,学生对本课的三维目标内容的消化情况等,以便教师及时诊断、调整教学策略。经典训练题目的编制,要求紧扣本框三维目标的内容,设置能反映生活热点和时政热点的情景题、活动题、探究题以及部分反映知识内在联系的基础知识题目。其中,情景题、活动题和探究题必须密切联系社会热点和学生思想中的迷惘点、疑难点,能增强学生辨别生活中是非的能力,运用知识分析生活中热点问题的能力,激发学生关注生活、思考生活、追问生活、体验生活的动机、兴趣和热情,体验知识的价值。正是从这一点上讲,紧密结合社会发展的要求和学生的思想实际,研究考试的方式和方法,研究试题的内容和形式,是研究如何落实素质教育的一个重要的切入点。

闪光记录主要是对师生教学活动过程中,主体与主导的相互作用情况,以及学生学习的积极性和创造性的发挥、知识及其构建、资源的搜集与开发、相关能力的培养、情感态度和价值观的提升等方面的表现,以多元评价主客体交互作用的效度,并采用图表的形式记录下来,有利于师生相互了解,相互促进,相互提高,便于教师跟踪了解学生的知识、能力和价值观的形成过程,及时对学生的非智力因素的形成进行跟踪评价和培养。长期坚持下去,一方面能激发学生的积极性和创造性,促进学生良好的学习习惯、健全人格品行的形成,另一方面为对学生进行全面评价和终结性的评价,促进学生全面和持续发展,提供真实、具体、可靠的依据。

三、七步教学流程简要图示

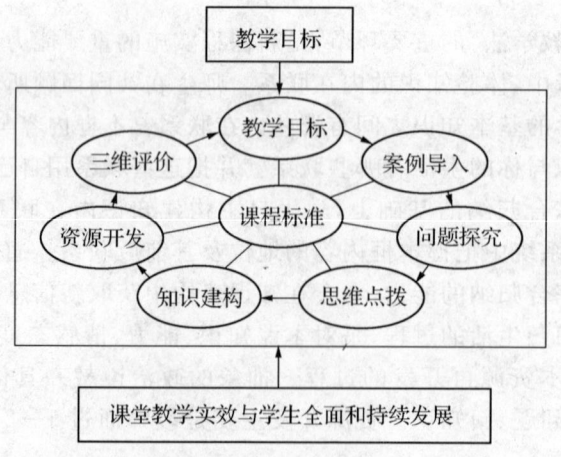

"七步教学法"的基本思路是依据我国新课程标准和学生生活实际确定每课教学的三维目标、重难点和基本的教学手段与方法(教学目标),依据教学目标和本课的重点选取生活中一个或两个经典事例、漫画、图表、名言警句等(案例导入),依据这些经典材料,或教师引发问题,或由学生从中提出问题,以此问题激发学生合作探究、思考问题(问题探究),教师在学生思考讨论问题的过程中,进行适时适度地点化,在教师点化过程中师生共同得出结论或原理(思维点拨)。在上述教学环节的基础上,引导学生回顾本课知识之间及其与前一课知识的内在联系,学生自主构建本课知识结构(知识建构)。引导学生回顾上述事例和本课知识,搜集生活中有关事例,深化理解本课的知识,开发校本资源(资源开发)。又在此基础上,通过书面三维试题和闪光记录表激励学生自主监测和相互评价(三维评价)。由此构成七步教学法的课堂教学逻辑的建构过程。

课堂教学是实施素质教育的主要途径。系统与要素的辩证关系的道理告诉我们,任何要素都处在一定的系统中,要发挥要素的功能通常只能在改变系统的结构中,实现要素的优化组合。如果我们把课堂教学看作是一个有机系统,那么,我们要实现课堂教育教学方式和方法的改革,就必须首先改变课堂教学模式,创新教学机制。因此,要全面推进新课程的实施和深化,必须改革现有的教育教学模式。"七步教学法"课堂教学模式具有较强的开放性、包容性和实践性,为课堂教学提供有价值的参考。近四年的新课程教学实践说明,阻碍我们教师教学进步的,不是未知的东西,而是已有的东西。

(本文选自《思想政治课教学》2008年第11期)

浅谈高中政治教学中案例资源的多元化采集

江苏泗阳致远中学　王迎春　相　伟

在高中政治教学中,鲜活精当的案例评析往往会促成授课教师在教学内容方面的自然导入、重点知识的深度展开、难点问题的顺利突破以及教学目标的高效达成。在这其中,案例的取用成为能否提升课堂教学有效性的关键。

课堂教学需要传神的案例。而对于案例材料的采集,我们不应仅仅局限于教材或经典题例中的只言片语。在具体的教学实践中,我们可以拓宽视野,在寻求更广泛、更多元的案例来源上做出以下一些探索和尝试。

一、关注新闻报道,放大细微处的教学资讯

学习的最终目的是回归生活。所以,在课堂教学中,通过撷取最新的时事新闻来拓展教学是公认的最有效且最必要的教学模式。由于新闻报道本身具有时效快、影响广、共享程度高等特点,所以,基于新闻报道所进行的课堂教学容易使教学双方形成认知上的共鸣。

放眼当前社会,我们可以发现能够援引进课堂的时事资源非常丰富:在奥运火炬的传递中,我们能深切地感受到"爱国主义"这一贯穿中华民族精神的核心特质;在汶川地震中,我们体会到中国共产党作为国家领导核心的坚强力量;在美国"次贷危机"和美元贬值的影响中,我们感受到"联系具有普遍性和客观性"这一辩证法观点的现实意义;而国家新近推行的"禁塑令"则更是我国奉行"全面、协调、可持续"这一"科学发展观"的最好佐证。

当然,有一点我们必须清楚:现成的新闻资讯并不等于即用的教学资源,对于纷繁复杂的时事信息我们应有准确的视角切入以及必要的剪裁加工。具体说来,就是在新闻的选用上,我们应结合教学实际做到讲求时效、关注目标;聚焦热点、适度引申;启发思维、注重探索;辅以趣味、生动表述;贯穿主轴、实现回归。当今天我们仍秉承着"大纲为纲,书本为本"的教学思想时,我们不妨关注新闻报道,从中挖掘出我们生活中最熟知、最平凡、最朴实的生活细节来丰富我们的教学资源。

二、浏览平面传媒,悉心感悟生活智慧

作为当今时代全方位、多元化信息传媒的重要组成部分,以报纸杂志为代表的平面媒体在信息传播上发挥着无可替代的作用。与传统的电视广播式的新闻播报相比,平面媒体有着更"丰富"的信息容量、有着更为"广阔"的领域覆盖以及有着更为"专业"的服务导向。这些优势也使报纸杂志理应成为辅助教学的有效资源。

对于我们可接触到的报纸杂志大体可以分为"新闻类""专业类"以及"休闲类"三类刊物。其中的"新闻类"报刊,其大多是对当前新闻事件的及时报道,并辅之以相关评论。在教学实践中,将这些鲜活的新闻热点引入课堂,能够使学生在第一时间就对知识形成最为清晰的理解和记忆。同时,随着新闻热点的不断"加温",学生对知识的理解会更加深刻。而所谓

的"专业类期刊"是指围绕某一岗位所进行的学术性探索和研究(诸如"教育教学类"专项期刊等),这些源于实践且针对性较强的刊物大都能对现实的工作进行一定的指导,有直接的借鉴意义。此外,我们还应该开阔教学视野,尝试从众多文摘类杂志中汲取营养。对于寓意深刻、贴合教学的文章,我们可以将其放在课堂上,结合相关知识与学生一起感悟;对于精练的小故事,可以加以分类整理,作为课堂教学案例来使用;而对于时事信息,我们可以将其整合设计为鲜活的时政探究题,以此来深化学生对知识的理解。

三、辨析广告语言,用另类视角思辨哲理

"广告语言"是我们生活中最不经意但同时又最为耳熟能详的一类语言。这类语言借助各式媒体弥漫于我们的生活环境中,对我们的日常生活产生着潜在和广泛的影响。对于各具特色的广告语言,中学生非但不陌生,甚至在涉及此话题时还会如数家珍般的滔滔不绝。正因为如此,让广告来为书本知识"做广告"在课堂教学中往往有着独特的效果。

在使用广告语言时,教师不必专注于对某类商品的评价和介绍,毕竟我们仅仅是借助广告的语言来加深对书本知识的理解。"广告语言"对于教学内容的指示,这在《生活与哲学》一册的教学中体现尤为突出。曾记得有这样一则牛奶广告:某人在饮用牛奶时,广告的旁白问道:"是牛奶吗?"而当事人则深沉地回答:"不,是特仑苏。"随后为了彰显该产品的独特,广告中还做了如下定义:"并非所有牛奶都是特仑苏。"其实我们知道,"牛奶"和"特仑苏"的关系就是矛盾普遍性和特殊性的关系,但这一广告所表述的内容显然违背了"矛盾的普遍性寓于特殊性中,并通过特殊性表现出来"这一关系原理。在这里,广告犯下了与公孙龙"白马非马"同样的错误,但就教学本身而言,这一案例不失为借以反证观点的好素材。当然,包含哲学寓意的广告案例还有很多,这需要授课教师在日常生活中能够多留心、多思考、多挖掘、多比较,以期用最熟知的广告语言拉近理论与生活的距离。

四、采撷名言古训,释放贤哲的思想光辉

与高中政治其他几册必修教材相比,《生活与哲学》一册书在其内容编排上有一独到之处,那就是在知识的论证中,教材以"名言警句"的形式添加了哲学家对某一观点的具体论述。这些论述在学习实践中帮助学生更直观地领会到哲学观点的内涵所在,充分提升了课堂教学的"有效性"。

其实,我国悠远的历史早已孕育了寓意丰富的汉语言文化,这就使我们今天在回味前人古训时,往往会对先哲们的思想有着特殊的感悟。当然,我们在教学中所摘用的"名言警句"其实并非就限定于某人在特定场合下所说的"只言片语"。凡在我们生活中出现的诸如民间的古谚俗语、传统文化精髓的古典诗词、寓意深刻的成语故事都可成为"名言警句"这一概念的丰富外延。这其中,在集纳韩非子思想的《韩非子》一书里收录了许多诸如"白马非马""郑人买履"这样的寓言故事,其中也包含了像"圣人不期循古,不法常可,论世之事,因为之备"以及"千里之堤,溃于蚁穴"这样的哲学名言;而刘禹锡在诗中所写的"沉舟侧畔千帆过,病树前头万木春"成为体现辩证法中发展观思想的经典诗句。

我国的传统文化博大精深,而其中凝聚其思想精髓的"名言古训"更应成为高中教师在组织课堂教学时充分发掘的宝贵案例资源。当我们在教学中将传统文化赋予时代内涵时,这既是对传统文化的发扬,更是对现实认识的深化。

五、取用他山之石,实现学科间的知识融通

在教学实践中,案例的采集应该是开发性和多元化的。这种开发和多元不仅要求我们在教学资源的开发中要立足和专注于固有的学科领域,同时,我们还应尝试借助其他学科的理论知识来丰富本学科的知识内涵,通过取用"他山之石"来构筑和优化高中政治学科的课堂教学。

在高中教学中,历来有"政史不分家"之说,在江苏省新课改后所启用的高中新版政史教材中,有许多知识就在教学内容的设置上形成了高度重合。"哲学基本问题及其基本派别的划分"是高中政治必修教材《生活与哲学》中最初提及的重点问题,教材中所引证的荀子、朱熹以及王夫之的观点,其哲学思想的内涵、形成、地位和影响都在高中历史必修三的《中国传统文化主流思想的演变》章节中有着详尽的阐释。此外,在必修教材《政治生活》中提及的"世界格局的演变和多极化产生"的教学内容也同时出现在高中历史必修二的《世界经济的全球化趋势》这一章节中。这种学科间知识的融汇,能在一定程度上消除学生对新授知识的"陌生感"和"距离感",有助于学生对知识的领会和贯通。当然,其他学科对政治教学的辅助远不止于此:我们可以从几何学角度,通过对"凸面"与"凹面"内角和的变化来认识"真理的条件性";当然,也可以用生物学知识去分辨"遗传变异"这一内在规律和"种瓜得瓜,种豆得豆"这一遗传现象的本质不同。

理论和生活往往"一墙之隔"。案例资源的多元化采集是对生活经验的一种广泛提炼,其最终目的就是使理论融于实践,并最终回归生活。在教学实践中,我们应该充分调动自身的"创造性",将生活中的点滴案例汇聚到政治教学中来,让高中的政治课堂真正变得鲜活和高效。

(本文选自《教学与管理(中学版)》2009年第1期)

新课程背景下高中政治课教学设计探讨

山东省滕州市第一中学　邱士苓

新课程实施后,课堂教学逐渐冲破了传统的束缚,变得生动活泼。但是,一系列的问题也随之而来:教师滥用信息技术,内容繁杂毫无选择,教学重点内容不清晰,效果不如常规课;为了增加课堂教学效果,课课都要组织学生活动,既耽误时间又影响效果;讨论基于形式,老师提供的题目过大,学生只是应付老师,个别学生浑水摸鱼,没有实际效果等。究其主要原因就是教师教学设计中生搬硬套"新理念",教学设计不恰当。要实现政治课新课程的有效教学,教师应该坚持把握知识的科学性,同时按照教学规律为学生的学习搭建切合学生实际的而且可以实现的教学设计。那么,如何进行高中政治课教学设计呢?笔者认为要注重以下几个方面。

一、在教学目标设计上:严格依据普通高中《政治课程标准(实验)》,认真研究教材和学生情况,全面整合和落实"三维目标"

《政治课程标准》反映了国家意志,体现了国家对高中学生在知识、能力、情感态度与价值观等方面政治学习的基本要求,是高中教学政治活动的依据。教师只有通过对新课程标准的学习,才能了解课程的性质、基本理念、设计思路、课程目标,以及课程的内容标准、教学建议和评价建议等。新课程目标是指本课程要达到的结果,是课程的出发点和归宿,同时决定了课程的价值取向和目标定位,是新课程理念方面创新的主要标志之一。《政治课程标准》明确提出了"知识、能力、情感态度与价值观"三维课程目标,教师在进行课堂教学设计时,必须牢牢把握《政治课程标准》,唯有如此,新课程目标才能真正实现。

教师在具体制定三维目标时,这三维目标可以分别制定,但在具体运用实现过程中却是互相交融渗透、不可分割的有机整体。当然,三维目标在具体课中的分布和地位也是不同的,有的课教育性比较强,有的课知识性强些,但不管什么课,教师教学设计时对"能力"方面一定要切实关注和重视,对"情感态度与价值观"目标则尽可能挖掘和升华。

二、在教学内容设计上:完整、准确地优化教学内容,通过问题化设计突破教学重点和难点

教学内容设计包括教学内容的选择、组织、呈现方式,重难点的确定及处理,课内外练习材料的选择等。

1. 教学内容的选择

(1)要根据教学对象选择教学内容,对教材内容可着重选取达成目标的重点内容和学习上的难点内容,以便教学突出重点,突破难点;不选取与达成教学目标无关或关系不大的内容,尽量减少和消除教学的随意性;不选取或适当处理与目标有关而又为大多数学生所熟知的内容,避免浪费教学时间。要选取学生背景知识中已遗忘或混淆不清的知识内容,使学生在新知识学习过程中能顺利实现知识的消化。

（2）要注意选择"策略性知识"，即关于如何学习的知识、探究性的知识，以便在教学过程中对学生进行学法指导，使学生学会，而且会学。

（3）所选取的教学内容应体现科学性、基础性、发展性、可接受性、时代性、多功能性。

2. 教学内容的组织、呈现方式

所组织的内容要真正体现思想政治课程标准的要求，要尽量反映现实的社会生活及学生生活所面临的各种现象和实际问题，要充分发挥高中思想品德课程的价值导向作用。新课程提倡课程开发的主动性和开放性，为政治教师实施新课程、组织教学内容提供了广阔的空间。作为思想政治课程改革的实施者，要积极主动按照课程标准去组织教学内容，选择适合学生学习需求和适合教师开展创造性教学的教学内容。

教学内容的组织与呈现，要符合学生获取新知识的认知规律，要按学生的认知次序安排教学内容。如由易到难，由具体到抽象，由一般到特殊，或由特殊到一般的次序来组织安排教学内容。或按生活逻辑组织安排教学内容，这也是教材内容组织呈现的方式。

3. 重难点突破

笔者认为要在对教学内容完整准确理清、把握的基础上，把重难点设计成一个个可以解决的问题，使教学重点和难点问题化，即通过问题来解决重点和难点。当然，在设计教学问题时，一定要注意科学性、挑战性、开放性、思考性、层次性、引导性。

三、在教学形式设计上：让学生"自主、合作、探究"，教师教学方式科学化、合理化、多样化

"教育的终极目标是培养人。因此，我们的中心是如何处理学校中最基本的关系——老师与学生的关系。"新课程改革的目标之一，就是要教师必须改变原有的过于单一、被动的教学方式，建立和形成能够充分发挥学生主体性的多样化的教学方式，把接受式学习与研究性学习、体验性学习、探究性学习和实践性学习密切地结合起来，以促进学生的创造性和个性的完善发展。因此，在教学形式设计时，一方面必须让学生"自主、合作、探究"地学习，另一方面必须让教师科学化、合理化、多样化地选择教学方式，因地制宜教学。

在教学形式设计时，无论学生采取什么学习方式，无论教师采用何种教学方式，都必须做一项基础性工作，那就是进行"学情分析"。科学、客观的学情分析是新课程背景下教学设计的基本要求和重要依据，是突出学生主体教学的前提。如笔者在准备必修一"树立正确的消费观"教学设计时，是这样分析学情的："本课主要学习消费观，消费与学生的日常生活紧密联系，因此，本课教学内容贴近学生生活，为学生所熟知，但熟知不一定真知。通过引导学生积极参与课堂讨论，既可以使学生充分利用自己在生活中获得的消费体验和消费常识，作为学习资源参与问题讨论，又可以充分表达不同消费观念对同一消费现象的认识，形成不同观点之间的碰撞。力求做到在案例分析中展示观点，在比较鉴别中辨认观点，在价值冲突的辨析中澄清观点，在自主探究中提炼观点，教会学生进行消费观的合理选择，树立正确的消费观。"在此学情分析基础之上，在教学设计时才能因人而异、有的放矢。

笔者在引导学生"自主、合作、探究"时，大都采取这样的学习（教学）流程：即"提出问题（主题分析）——在课本或新情境中发现——拓展研究"。教师要积极创设情境，调动同学们的生

活经验,激发同学们的创造热情,发现问题解决问题,通过实践与探索培养学生的思辨能力、实践能力和社会责任感。教师在让学生"自主、合作、探究"时,不应眼光只盯住探究题本身,更重要的是应该侧重设计如何以方向引导、学法指导、动态地把握探究过程以便发现和解决新问题等等。在教学设计探究问题时,要注意防止下列不良倾向:什么都搞"探究",否定接受式和观察、模仿学习;不顾学生的知识与能力储备,也没有具体目标;彻底放开,让学生凭空想象,无据辩论;等等。

同时,教师在教学设计时必须选择科学化、合理化、多样化的教学方式。一般地说,常规的教学方法大致有以下几种:讲授法、情景复现教学模式法、问题探究法等。各种教学方法之间的关系不是排斥的,而是相互联系、互为补充的。巴班斯基认为:"有关最优化地综合运用各种方法的概念永远是具体的(不是包罗万象的),那些对于一些条件来说是很成功的、有效的方法,对另一些条件、另一些专题、另一种学习形式来说就可能是不适应的。"因此,在教学形式设计时,教师必须充分考虑教学内容、教学对象、教学环境以及教师自身素质等综合因素,实事求是、科学地取舍各种教学方法,而不能一味地追求"标新立异",因为"教学有法,但无定法,贵在得法"。

四、在教学总结上:理性思考,善于反思

教学反思,就是指教师对自己已完成的教学实践活动有目的地进行审视,做出理性思考,并用以指导日后的教学。教学反思之所以必要,是因为任何教学设计,都有"纸上谈兵""理论脱离实际"之嫌。教学设计和"原生态课堂"往往是不能完全统一、甚至是大相径庭的。因为课堂是动态的,"每一堂课都是一条不同的河"。这就需要我们在课后从学生的学习方式、教师教学行为、学习有效性等方面,全面地总结和反思教与学的得与失。因此可以说,在新课程改革的潮流中,没有反思的教学设计是不完整、不科学、不合理的设计,从此层意义上讲,反思教学也是课堂教学设计的重要组成部分,必须加以重视。

例如,走出课堂进行实地调查,训练学生的搜集信息能力和社会实践能力,同时让学生贴近社会和生活是新课程的重要理念。因此,新课程也鼓励教师倡导学生进行社会实践式的学习。但考察主题是否合适社会实践式的学习,一要看是否具备一些必要条件(如大量的时间、学生兴趣能力等);二要看主题是否有价值。在新课程教学实践中,一定要深入学习,领会精髓,只有在实践中不断地反思才能不断地成长。

综上所述,新课程背景下政治教师进行教学设计应当是将主要精力放在明确教学目标、理清教学内容、规划教学流程、创设问题情境、反思教学得失上,以促进学生心智的全面发展。另外,教师对新课程教学中情境式习题的编制和练习、学生学习过程和效果的全面测评等也要高度重视。

不积跬步,无以至千里;不积小流,无以成江海。新课程改革是一个循序渐进过程,没有一种立竿见影的灵丹妙药。只要我们在新课程改革中,"不畏浮云遮望眼",锲而不舍,不断地自觉学习、总结、反思、去伪存真,在创新中与时俱进,不断向益友型、学习型、研究型、反思型教师目标努力奋进,那么新课程必然会结出丰硕成果。

参考文献:

[1] 施良方.教学理论[M].上海:华东师范大学出版社,1999:138-139.

[2] 钟启泉,崔允漷,吴刚平.普通高中新课程方案导读[M].上海:华东师范大学出版社,2003.
[3] 蒋卫星.新课程理念下思想政治课教学的生态设计[J].教学月刊:中学版,2005(1):41-42.
[4] 孟红娟.如何优化高中思想政治教学设计[J].思想政治课教学,2007(11):22-23.
[5] 金春善.新课程理念下的政治课教学设计思考[J].教学与管理(理论版),2007(8):117-118.

(本文选自《现代中小学教育》2009年第2期)

新课程视野下的政治课堂教学主线设计

江苏省邗江中学 王恒富

成功的课堂教学通常有一条十分清晰的教学主线。教学主线是教师在反复钻研教材的基础上形成的比较成熟的教学思路。那么,在新课程视野下,政治课堂的教学主线应如何设计呢?

一、以问题设计为主线:设疑—求疑—解疑

俗话说"疑"是思之始,学之由。教学中教师设"疑",学生才有"解疑"之需。教师精心设疑—鼓励质疑—引导解疑的过程是教师主导作用的表现。学生思考求疑—大胆质疑—创造性解疑的过程就是学生主体作用的体现。教师的主导作用与学生的主体地位的最佳结合体现在"设疑"与"解疑"的结合中。

在《文化生活》"传统文化的继承"一课教学中,某位老师以京杭大运河申遗途上遇到的各种顾虑为主线来揭示本课知识要点。

顾虑一:京杭大运河流域很广,两岸的自然文化遗产大多流落民间,整理起来难度较大。通过这一问题引导学生寻找身边的古运河文化,并归类出教材所讲的传统习俗、传统建筑、传统文艺、传统思想四种传统文化。通过横向和纵向比较,帮助学生理解传统文化的民族性和相对稳定性。

顾虑二:运河主体是隋炀帝主持修建,有供其游玩享乐的初始目的,修建时伤民太重,申遗可能会产生意识上的"负面影响"。通过这一问题引导学生树立一分为二的辩证观,帮助学生树立对待传统文化的正确态度。

顾虑三:大运河有些河段已经干涸,部分河段污染严重,它在航运上的作用与地位与古代相比已明显弱化,不适合申报世界遗产。通过这一问题引导学生分析大运河在航运上的地位和作用变化的原因,并体会随着生产力的发展,经济、政治的变化,传统文化的相应内容应顺应社会的变迁,不断满足人们日益增长的精神需求。

本节课成功之处在于以问题为主线的情境创设能以调动学生的兴趣为动机,让学生充分探索,寻求解决问题的策略,使他们能主动、有效地参与学习。教师通过设计相互贯通的问题非常巧妙地把教材内容串联起来。学生通过分组对三个顾虑进行讨论甚至辩论来析疑。解疑的过程也不是教师的独角戏,而是每组学生中选出代表进行典型发言,教师在学生的发言过程中进行适当点拨。这种以问题为主线的教学策略能够调动学生已有的经验,符合学生心理需要,聚焦了学生的目光,凝聚了学生的思想和情绪。

二、以情境设计为主线:入境—明理—导行

以情境设计为主线是指在教学过程中,教师有目的地引入或创设具有一定情绪色彩的、

生动具体的相互贯通的系列场景,以引起学生一定的情感体验,从而帮助学生理解教材,使学生心理机能得到发展。"胸有境,入境始与亲"(叶圣陶语)。情境设计的核心在于激发学生的情感,最大限度地激发学生掌握知识的内驱力,从而使学生进入最佳的学习状态。

某老师在执教《经济生活》中"新时代劳动者"一课时,以展示学生对劳动和就业情况调查成果为主线,设计了与教材知识紧密联系的教学情境。

展示一:甲组学生展示了他们采访参与汶川抗震抢险的医疗队队员和去北京参加奥运服务的餐饮工作人员的录像。教师引导学生讨论,并帮助学生形成了"劳动光荣、知识崇高、人才宝贵、创造伟大"的认识。

展示二:乙组学生展示了他们实地调查苏州园区人力资源中心收集到的图片和材料。在学生对收集来的材料进行讲解的过程中,教师引领学生分析了当前严峻的就业形势以及党和国家解决就业问题而采取的举措。

展示三:丙组学生展示的是一段采访来苏州寻找工作的大学生的录像。通过这段录像反映了部分大学生想找一份"体面、稳定、工资高、专业对口、城市环境优美、社会保障健全"的好工作心态。教师在引导学生辩证分析这段采访的过程中,学生也体会出解决就业问题,不仅需要国家大力发展经济、促进就业,更需要每个劳动者树立正确的就业观,选择合适的工作岗位,展示社会主义劳动者的风采。

准确把握教材的感情基调和实质性内容,这是创设教学情境的基础。准确把握学生的心态变化,这是驾驭课堂教学情境的关键。情境的创设需要教师反复钻研教材,充分把握教材的知识结构和学生的思维基础,充分利用学生的生活经验,设身处地用真情实景去感染学生,才能真正发挥感染、移情作用。本节课,教师充分发挥学生的主体作用,在课前预习和自主探究的基础上,由学生自主设置情境,教师和学生共同分析情境,引导学生明白教材所讲的道理,同时对学生今后选择职业起到了很好的导向作用。

三、以创新设计为主线:了解—理解—见解

了解、理解、见解都是对事物认识的程度。了解是指对事物或知识初步的认识;理解是对事物或知识深入的认识。但培养学生的创新精神和实践能力才是素质教育的核心和新课程改革的主要目标。教师应在帮助学生了解、理解书本知识的基础上努力培养其创新能力。能够发表自己独到的见解是培养学生创造性思维和创新能力的重要表现。

某老师在执教《生活与哲学》中"价值的创造与实现"一课时,以老师收到表弟一封来信并请全班同学帮助回信为主线,采用了"了解—理解—见解"学习三步曲。

教师在让学生自主学习书本知识的基础上,给学生展示了一封来自远方表弟的来信。信的主要内容是:"冬季征兵开始了,我刚刚高中毕业,又没考上大学,村干部和爸爸妈妈都劝我去报名,可我不大想当兵。我觉得当兵太辛苦,想找一个比较舒适的工作;当兵为他人辛苦甚至牺牲,个人价值得不到体现;当兵耽误了赚钱的时间,浪费了青春年华,实在不值得。"如何来回复表弟这封信呢?教师想请学生一起帮其出出主意。

教师在引导大家讨论"如何看待当兵辛苦"这一问题过程中,学生领悟了"劳动着的人是幸福的";在引导大家讨论"如何看待当兵为别人牺牲"这一问题过程中,学生领悟了"努力奉献的人是幸福的";在引导大家讨论"如何看待当兵耽误赚钱时间,浪费青春年华"这一问题

过程中,学生领悟了"在个人与社会的统一中才能真正实现人生价值";在引导大家讨论"如何看待找一个舒适的工作"的过程中,学生领悟了"在砥砺自我中才能走向成功"。

本节课的课后作业是,结合课堂讨论,有针对性、创造性地替老师写这封回信,看谁的回信最能打动人。

本节课上,教师让学生自主学习课本知识是"了解"的过程。即了解基础知识、梳理学习线索、构建知识框架等。"了解"是学习的前提和基础,体现了新课程基础性特点;课堂上,教师引导学生通过大量事实材料,结合书本知识充分讨论这封信的内容,这是"理解"的过程。"理解"是至关重要的一步,是学习的关键,体现高中政治学习深刻性的特点;学生替老师写回信的过程是发表自己"见解"的过程,这要求学生能对纷繁复杂的社会现象做出正确的判断和评价,发表自己有独到的主张。"见解"是学生能力提升的一步,体现了高中新课程创新性要求。"了解—理解—见解"这三步是层层推进、紧密联系、不可分割的统一整体。

四、以课题设计为主线:明题—践行—反思

新课程理念下课堂学习不再完全是静听、静观、静思的学习,而是在活动、亲历中体验的学习。腾出一定的时间让学生体验活生生的现实生活,确实是新课程理念下我们应当思索的问题。学生只有体验干渴才知道水的重要、节水的必要;体验污染,方知环保的重要;参加军训,体验军人的艰苦,才能更加热爱我们的钢铁长城;听取企业家介绍,才能体验创业的艰辛。学生通过实实在在践行后的反思,认识才能得以提升,情感才能得以激发。

某老师在讲《文化生活》中"文化在继承中发展"一课时,采取了"南京古建筑设计特色及保护"这一课题作为研究主线的教学步骤。

步骤一:学生参观中山陵和明孝陵。前者是我国伟大的民主革命先行者孙中山先生的陵墓,后者则是明代皇帝朱元璋的陵墓。通过参观引导大家分析:同样是陵墓,它们存在着什么样的建筑差异?为什么存在着如此大的差异?

学生通过小组讨论,总结出建筑色彩、建筑耗时、建筑造型等方面的差异,从差异中归纳出影响陵寝文化的社会制度、科学制度、思想运动及教育等因素,进一步得出教材所归纳的影响文化的几大重要因素。

步骤二:学生参观夫子庙。南京夫子庙是供奉和祭祀我国古代著名的大思想家、教育家孔子的庙宇。现在的夫子庙融入了浓烈的现代商业的气息。在参观过程中,学生们形成了两种不同的观点。一种观点是:夫子庙应该去除商业化,恢复尊孔礼仪景观。另一观点是:应将夫子庙打造成更加繁华的高档商业区。教师趁热打铁,引导学生讨论:你赞成谁的观点?学生通过讨论夫子庙景区建设的两种不同观点,引发对继承和发展辩证关系的思考。

步骤三:学生们准备为南京城市建设既传承历史文脉又彰显时代特征进言献策,就南京市的古建筑保护发展问题给市长写一封信。学生通过小组课后探究,明确了写这封信的主题、目的,并通过反思这次探究性学习和进言献策,对教材知识的理解又提升到了一个新的高度。本节课,教师不是平铺直叙地阐述知识,而是通过课题研究来揭示书本知识。教师用两条线贯穿始终:明线是学生以参观文化古城的古建筑为研究性学习的主题,暗线以文化在

继承中发展的相关知识为主题。明线暗线交替展开,明线服务暗线,明线暗线相得益彰。当然课题主线的创设要避免"搭花架子"或浅尝辄止。

政治教学主线的设计方式多种多样,还可以以时事讲评为主线、以知识训练为主线、以思维训练为主线、以漫画讲解为主线、以名言警句为教学主线等。新课程背景下,只要我们抛弃那些僵化的教学模式,在课堂教学中勇于探索,思想政治课堂就会焕发出无穷的活力和诱人的魅力。

(本文选自《思想政治课教学》2009年第2期)

思想品德课教学中的生活化策略

广西兴业县高峰二中　吴剑辉

　　思想品德课教学中应密切联系生活实际,开发和利用学生已有的生活经验,选取学生关注的话题,采用生活化教学方法,帮助学生理解和掌握社会生活的要求和规范,提高学生的社会适应能力和思想道德觉悟。

一、以生活话题导入新课

　　要激发学生的学习兴趣,最好的办法是从他们所熟知的日常生活入手。在学习教科版九年级"感受小康"这一内容时,我设置了一个"从衣食住行看小康"的话题讨论进行导入。由于选题内容源于学生的真实生活,学生情绪高涨,参与度极高,每个学生都呈现出强烈的自我表现意识。再如,在学习八年级上册"有朋友的感觉"这一课时,我设置了一个访谈活动:你有朋友吗?你们是怎样认识的?他(她)曾经给过你什么帮助?选择这些学生比较感兴趣的话题,能极大地调动学生的学习热情,从而能更好地完成教育教学目标。

二、链接学生生活实例

　　充分发挥思想品德课教学的育人功能,让学生对知识充分体验、感悟、运用,这就要求教师从学生生活中寻找课堂教学的素材,创设情境,让学生主动参与,强化体验意识,积极开展生活化教学。如教学七年级下册"谁为我们护航"中"家庭保护"这一内容时,我先请学生谈谈自己对家庭保护的理解、自己的家庭保护情况是怎样的;然后以教材中的"爸爸妈妈,不要搓麻将了"漫画为情境,让学生进行讨论分析:你认为家长整天打牌,不管孩子的行为对吗?为什么?这样可能会对孩子的成长带来什么样的影响?这样的情境就使课堂教学成为活的生活,让学生在真实的情景下主动思考,在亲身体验中获得知识,增长能力,接受教育。

三、拓宽学生的生活视野

　　在教学中应充分运用现代教学技术手段,创设逼真的生活情景和生活画卷,拓展学生的时空领域和思维空间,会对揭示分析教学内容起到很好的作用。例如,在教学"三个代表"时,我用多媒体展示了2008年上半年,抗击南方低温、冰冻、汶川大地震等自然灾害图片,播放温家宝总理在第一时间赶赴抗震救灾第一现场的视频,还向学生展示了我国政府采取有效措施帮助弱势群体的法律规定及具体措施。学生心灵被震撼了,对中国共产党始终代表广大人民群众的根本利益,"立党为公、执政为民"有了深切的感受。

四、开展生活实践活动

　　所谓生活实践的活动,一是活动内容要来源于生活,密切联系学生生活实际;二是活动形式要贴近生活,设计的活动应是学生喜闻乐见的。在教学中,教师必须组织学生开展生活实践活动,让学生在实践活动中内化知识,并经过长期训练,使这些好的行为成为一种习惯,固定在学生的头脑中,固定在他们的人生中,使学习真正成为促进自己成长与进步的过程。如在学习七年级上册"分数的品质"这一课时,我结合学生的生活经历、认知特点和行为习惯,设置"无人监考"的情境:李红在考场上东张西望,盼望王刚传纸条。要求学生自己想办法把自己的内心感受表演出来。通过这个活动,一方面调动学生的积极性,学生切实参与活动;另一方面可以使学生在活动中得到认识和体验,产生践行的愿望,将课堂教学和自己的行为结合起来,真正成为学习的主体。

总之,思想品德课生活化教学要求教师将学生融入生活情境之中,通过生活引路,把生活带入知识的海洋,让学生用自己的眼睛观察生活,用自己的情感体验生活,用自己的方式研究生活,在生活中学习,向生活学习,在现实生活中内化所学知识,让学生在学习中感悟,在感悟中践行,做生活的主人。

(本文选自《思想政治课教学》2009年第5期)

"单元立体滚动"课堂教学新模式

山东省临沂实验中学　王有鹏　山东省淄博市沂源县职教中心　冯君文

思想品德单元立体滚动课堂教学模式(简称立体滚动模式),是指以教学单元为周期进行立体滚动教学。"立体"是指课堂教学要达成立体化的教学目标,借助立体化的教学资源,实施立体化的教学过程,运用立体化的教学策略等。"滚动",包括阶段滚动、课时滚动和单元滚动。下面对这一课堂教学新模式进行简要介绍。

一、立体滚动模式的理论基础

任何教学模式都是一定的教学理论或教学思想的反映,都有它赖以产生的理论基础。立体滚动模式的理论基础主要有以下几种。

1. 素质教育的思想

素质教育是我国教育改革和发展的主题。通过20多年的素质教育推行,素质教育的思想越来越深入人心。该模式把素质教育的思想观点作为自己的理论基础,积极推进素质教育。

2. 新课程改革的思想

新一轮基础教育课程改革要求"改变课程实施过于强调接受学习、死记硬背、机械训练的现状,倡导学生主动参与、乐于探究、勤于动手,培养学生搜集和处理信息的能力、获取新知识的能力、分析和解决问题的能力以及交流与合作的能力"。该模式的运用就是为了适应和体现新课程改革的思想,有效推进新课程改革。

3. 当代教育新理念

让学生学会生存、学会关心、学会学习、学会创新、学会合作、学会负责成为当今世界各国教育的共同追求。为此,当代教育就要树立一些新理念,诸如主体教育理念、生命教育理念、创新教育理念、人文教育理念、生活教育理念、活动教育理念、尊重教育理念、和谐教育理念、有效教育理念、情感教育理念等等。该模式的产生就是为了使课堂教学适应时代的要求,落实当代教育新理念。

4. 有效教学的思想

现代社会的新发展、新情况对有效教学提出了新的要求。从我国教育的现状来看,迫切需要教学的有效性。实施有效教学,需要教师探索行之有效的课堂教学模式,而该模式就是基于有效教学的思想而提出的。

5. 多元智能理论

美国心理学教授霍华德·加德纳认为,每个人至少有七种智能,即语言智能、音乐智能、数理逻辑智能、空间智能、身体运动智能、人际交往智能、自我认识智能。这一多元智能理论有助于我们转变教育观、学生观,有助于形成多样化的教学观,有助于促进教师的教学行为。

二、立体滚动模式的操作程序和实施细则

(一) 准备段

环节1:情感准备。教师尽量运用多媒体等现代化教学手段,借助生动的情境引入本单元的教学,让学生进行情感体验,激发学生的学习兴趣,以愉快的心态投入本单元的学习。

环节2:知识准备。学生分组一起浏览教材,初步感知教材内容,共同拟定本单元的知识结构提纲,然后以组为单位在全班展示(最好借助实物投影仪)。最后评选最佳知识提纲。该环节意在让学生从总体上感知和了解本单元的基本知识,做到知识结构化。

环节3:活动准备。明确本单元后期活动课的内容和要求,以小组为单位明确分工,提出具体要求,为活动课的开展做好准备。

(二) 探究段

环节1:展示资料。展示学生课下搜集的资料,或教师准备的资料,提高学生的学习兴趣。

环节2:合作交流。结合课本内容和相关教辅材料的"自主性探究"内容,以小组为单位集体学习、集体完成,感知教材,理解教材。合作学习后,各组在全班交流学习成果。

环节3:提出问题。以组为单位寻找本单元最想解决的问题,最想开展的活动,最感困惑的问题,要求每个组找出一两个问题或活动,然后教师分配任务让学生准备解决问题,同时教师要对本段教学简要总结。

(三) 展示段

环节1:展示准备。各组根据任务,以小组为单位交流问题,明确问题,组织活动,准备展示。

环节2:展示过程。各组进行问题展示或活动展示,解决学生提出的问题。

环节3:展示总结。评价交流、展示活动效果,学生根据前面的学习,巩固所交流的问题。

(四) 演练段

环节1:明确任务。教师课前设计3个左右应用性较强的试题,试题材料最好具有较强的时效性、生活性、实践性,也可借用教辅中的开放性试题,还可借用课本"走进生活"的内容,分配任务,每组完成1道题。

环节2:演练过程。分组合作学习,完成分配到的任务,然后展示合作学习成果。

环节3:点拨总结。教师对关键问题、模糊不清的问题进行点拨指导,然后师生共同进行演练总结和评价。

(五) 活动段

环节1:活动要求。根据准备段的活动安排,教师进一步提出活动要求,组织学生开展活动。

环节2:活动过程。活动内容主要依据每单元的"活动在线"和"创新实践平台"模块来确定,活动形式包括朗诵会、交流会、主题班会、展示会、讨论会、调查分析、表演、写小论文等。活动过程以全班为单位进行,由学生主持,最大限度地鼓励学生参与。

环节3:活动总结。师生共同进行活动总结。

(六)测评段

环节1:测评要求。教师提出测评要求,展示或下发测评试题。测评内容可以借用课本或教辅中的一些试题,有条件、有能力的教师最好自拟测评试题,做到试题精准,不求数量多,但求质量高。

环节2:测评过程。学生以小组为单位共同完成测评试题,要求人人参与,合作学习,共同完成测评任务。

环节3:测评总结。师生进行测评总结,学生明确问题的答案或答题思路,对各组完成情况进行恰当评价。

(七)反思段

环节1:自我反思。可以根据课本"我在成长"模块来确定反思内容,反思内容包括学习态度反思、学习成果反思、他人评价、自己的进步、自己的困惑等。学生单独评价自己学习本单元的收获和存在的困惑或问题,要求写在记录本上,选择最重要的问题,不需面面俱到。

环节2:小组反思。以小组为单位进行反思,分组开展集体评价,由本组成员结合自我评价来评价每个同学,要求既肯定成绩和进步,又指出问题或不足,并且以肯定成绩和进步为主。

环节3:单元总结。教师对本单元的学习情况进行全面、系统、扼要的总结。

三、立体滚动模式的优点

1. 立体滚动模式以单元为周期开展教学,符合教科书的编写思路

思想品德教科书以生活主题为单元,通过主题模块的方式呈现教学内容,每个单元有5个模块:故事引导,共同探讨,走进生活,创新实践平台,我在成长。这种呈现方式搭建起了以生活逻辑为主,生活逻辑与理论逻辑有机结合的内容体系结构,凸显了教材的综合性,实现了教材的生活化,有助于落实课程标准的要求。该模式以单元为周期开展教学活动,符合教科书的编写思路,有助于最大限度地发挥教科书引领教学的功能。而传统教学模式重视的是"共同探讨"模块,在一定程度上忽视了"走进生活"模块,在更大程度上忽视了"创新实践平台"和"我在成长"模块,这就不符合教科书的编写思路,也就难以达成应该达成的教学目标。

2. 立体滚动模式每课时分两段,能够提高课堂教学效率

实验证明,学生的有意注意大约能持续20分钟,如果一节课不分两段,就有可能出现学生注意力不集中的情况,从而降低教学效率。每课时分两段,学生的注意力得到了及时转换,教学的节奏更加合理,极大地提高了课堂教学效率。

3. 立体滚动模式每单元分七段,凸显课堂教学结构的灵活性

该模式改变了传统的课堂教学结构,使每一节课都不是单一的课型,都不是固定不变的单一结构,都不是相同的教学环节,从而使课堂教学结构呈现出高度的灵活性。这种灵活性

带来的是教学形式的丰富多彩,教学内容的系统全面,带来的是学生学习兴趣的提高,带来的是教学的有效甚至是高效。

4. 立体滚动模式能够最大限度地达成教学目标

立体滚动模式的"七段"各有不同的功能。第一,准备段不同于传统的课前准备。传统课堂的课前准备是笼统的、虚化的,而该模式的准备是具体的,是落到实处的,特别是其知识准备对于培养学生的综合能力具有重要意义。第二,探究段着眼于学生的自主探究。这种"自主"是相对于教师而言的,以学生合作学习的形式进行是合作过程中的自主,能够最大限度地发挥小组集体的智慧。第三,展示段实际上是学生解决问题的过程,意在培养学生解决问题的能力。第四,演练段实际上是对所学知识的运用,意在培养学生理论联系实际的能力和分析问题解决问题的能力。第五,活动段重视学生的参与和体验,意在培养学生的创新精神和实践能力。第六,测评段既是对所学知识的检测,也是对所学知识的巩固,促使学生牢固掌握核心知识。第七,反思段是学生的单元总结,意在使学生看到自己的成长和进步,找到自己的差距和不足,促使学生不断成长、不断进步。

四、立体滚动模式的实施条件

1. 必须把备课落到实处

要求采取单元备课的形式,教师先进行集体备课,然后分头准备本单元各个阶段的备课任务,最后再集体讨论确定。教师要提前备出一个单元的课,备课要及时、具体、细致,教案要具有可操作性和实用性。

2. 充分发挥课本和教辅的功能

该模式特别注重利用课本的学习,重视课本基本内容的学习和掌握,重视利用课本上的材料,重视解决课本上提出的问题。

3. 充分发挥教师的组织和引导作用

运用该模式要求教师加强组织,因为小组长的配备、小组成员的搭配,学生的展示等,都需要有很好的组织。运用该模式要求教师充分发挥引导作用,激发学生的学习兴趣,引导学生自主学习,引导学生合作探究,引导学生展示交流,引导学生认真演练活动,引导学生积极测评反思等。

4. 以小组合作学习为基本组织形式

各个阶段的学习都是采取分组进行小组学习的形式,小组长必须认真负责,每个同学必须认真参与,勇于在全班展示小组学习的成果。

5. 适当拓展教学时空

该模式重视贴近学生生活,重视培养学生的实践能力,这就要求适当拓展教学时空,课前学生要搜集准备资料,课后要准备开展活动等。

6. 充分使用多媒体教学手段

如果条件允许,教师要尽量使用多媒体教学手段,通过多媒体展示情境材料,通过多媒体提出学习要求,通过多媒体出示探究问题,通过多媒体展示资料、图片,通过多媒体展示学生的学习成果等。

(本文选自《思想政治课教学》2009年第6期)

"色彩斑斓的文化生活"教学设计与反思

辽宁省鞍山市新元高中　林今歌

【课程标准】

辨析落后文化和腐朽文化的表现,把握大众文化的丰富内涵,认识加强社会主义文化建设的重要性。

【教学目标】

1. 知识目标

了解人们在文化生活中面对多种选择;认识文化市场和大众传媒的发展给人们生活带来的双重影响;理解大众文化的含义,及发展人民大众喜闻乐见的文化所遵循的原则等。

2. 能力目标

通过对社会文化生活现状以及当代社会文化生活"喜"与"忧"问题的探究,培养学生辩证分析社会文化生活相关问题的能力,以及在纷繁复杂的社会文化生活中进行正确选择的能力。

3. 情感、态度、价值观目标

通过对社会文化生活现状以及当代社会文化生活"喜"与"忧"问题的探究,培养学生主动追求健康向上文化生活的意识,以及自觉抵制不良文化现象影响的意识。

【教学重点】

如何正确评价文化市场和大众传媒的发展对我们文化生活的影响。

【教学难点】

正确把握大众文化的含义。

【导入新课】

多媒体展示:中国文化三十年

中国服装三十年(从单调统一到今天的千姿百态)

中国电视三十年(从以短剧为主的少量连续剧到今天的精彩纷呈)

中国青年偶像三十年(从雷锋、张海迪到今天的频繁更替与多元化)

设疑:上述图片展示了当今文化生活的什么特点?你还能提供类似的事例吗?

点拨:上述图片反映了我国的文化生活由单一化向多样化的转变,反映了当今文化生活丰富多彩、日新月异、色彩斑斓的新特点。

这就是我们这节课所要学习和探讨的内容:色彩斑斓的文化生活。

【讲授新课】

（一）当代文化生活的素描

1. 当代文化生活的特点：斑斓色彩、多种选择

改革开放30年以来，我国的文化市场和文化产业蓬勃发展。我国文化市场基本形成了统一、开放、竞争、有序的文化市场体系，人民面对着多种多样的文化选择。

多媒体展示：多种多样的文化载体（报刊、广告）

方便快捷的传播工具（网络、媒体）

文化产品生产设备的更新换代（高科技、数字化）

设疑：结合上述信息试分析，中国文化生活色彩斑斓的原因？

2. 文化生活色彩斑斓的原因

（1）大众传媒的影响；（2）科学技术的进步；（3）社会主义市场经济的发展。

小结：随着大众传媒的迅速发展，文化开始成为人人都可以欣赏到的东西。科学技术日新月异的发展，在给文化增添新意、注入活力的同时，也打上了鲜明的时代烙印。社会主义市场经济的发展促进了社会文化需求的扩大和提高，为文化发展奠定了物质基础。

（二）文化生活的"喜"与"忧"

材料一：2006年央视"百家讲坛"播出"于丹《论语》心得"，传播中国经典文化。她以生命感悟在海内外文化界、教育界产生了广泛影响，掀起了海内外民众学习经典的热潮。《于丹〈论语〉心得》自上市起一年内国内便售出400余万册。

材料二：四川某媒体曝出消息《学术明星积劳成疾秘密就医》。在这篇近千字的新闻中说："于丹的颈椎和腰椎过于劳累，都出了问题，有时因疼痛甚至会影响工作。为避免病情加重，她选择到成都来治病。"对这条假新闻，于丹解释说，自己当时是应四川省卫生系统邀请，到成都进行医德医风教育的演讲。于丹说："我不是公众符号，不过是读读书说点心得，为什么要面对这些恶意炒作，为什么生活会被干扰成这样？"

材料三：有新闻称于丹是身价最高的学者演讲人，两小时进账6万，对这种说法，于丹坦率地说："对方肯定是给我钱了，两千或三千元。"她说，自己讲座，别人有给过几万元的时候，但给几千元的更多。"我的行程是公开的，大家了解一下，给各地市民大讲堂做演讲，是我主要活动；在北京主要是给大学生演讲，我去找学生，他们能给我多少钱？"

问题探究：于丹火了，于丹的书热卖了，赞扬之词不绝于耳，负面新闻也接踵而至，你如何看待于丹现象？

小结：有人说，于丹是踩在了"巨人"的肩膀——这位巨人，就是在电视传播领域具有某种"垄断"地位的中央电视台。现代传媒和文化市场在社会中威力巨大，在文化普及中更是发挥着无可替代的桥梁作用，同时我们也清醒地看到，炒作、恶意抨击、不负责任的负面消息也借助这样的途径快速传播。

设疑：于丹现象仅仅是中国当今文化生活的一个缩影，同学们能否举例说明，文化市场和大众传媒给我国文化生活的发展带来了哪些"喜"与"忧"？

1. 文化生活的可喜的变化

文化市场和大众传媒的发展,给我们的文化生活带来了许多可喜的变化。表现在:满足人们多样化、多层次的文化需求,丰富了人们的精神生活;通过生动而有吸引力的表现方式广泛传播科学文化知识;采取群众喜闻乐见的方式使人们潜移默化地接受正确的价值观念,提高思想道德素质;它易于引导人们的消费观念,推动生产的发展。

2. 文化生活令人忧虑的表现

文化市场的盲目性和传媒的商业性,也引发了令人忧虑的现象。表现在:在经济利益的驱动下,部分单位不顾社会效益,肆意生产、销售品位低下的文化产品;有些文化产品借消遣娱乐的名义,以荒诞、庸俗的内容,迎合低俗趣味;有些媒体单纯追求轰动效应,热衷于捕风捉影的"新闻"炒作,不负责任地传播"绯闻轶事";等等。

过渡:面对这些令人忧虑的表现,我们深切体会到,对文化市场和大众传媒的发展加强管理迫在眉睫,文化市场越活跃,文化产品越丰富,文化生活越繁荣,越需要加强管理,正确引导。

3. 社会文化生活需要正确引导

课堂讨论:阅读课本虚线框里的事例,并思考后面的问题:你赞同上述哪种观点?你的理由是什么?

点拨:不知从什么时候开始,"人情风"刮进了校园,而且有越来越盛之势。不适宜的人情消费,扭曲了学校的人际关系,不利于学生身心健康成长。在人情消费风影响下,不少学生在交友观念上走入误区,他们习惯以礼品的厚薄看友情的深浅,以礼金的多少论关系的亲疏,礼品成为友情的等价物。这使部分学生出现盲目攀比、追求虚荣等畸形消费心理。同学们可以以自己的创造劳动为基础,而不应以父母提供的金钱为基础,提倡动手自制卡片、玩具等礼物,在感受劳动快乐的同时,也增加了人生中文明交往的经历。

小结:对于文化市场和大众传媒的忧虑表现,不仅需要国家法制和制度的管理,对于每一个公民来说,都应该自觉树立正确的价值观,自觉加强思想道德建设,自觉抵制不健康的文化影响。

(三)发展人民大众喜闻乐见的文化

播放视频:电视节目谁做主?(晚饭后,一家人欢聚在电视前,准备享受团聚时光,但在电视节目的选择上却发生了严重的分歧,爷爷要看"百家讲坛",爸爸要看 NBA,妈妈要看韩国连续剧,小宝贝要看"动漫世界"。)

问题探究:你的家里是否遇见过类似的情况?你是如何看待这一现象的?

小结:不同的职业、不同年龄、不同经历和受教育的程度不同,人们的文化需求也不一样,呈现出多层次、多样化的特点。

1. 人们对文化需求的特点:多层次、多样化

伴随着人们对文化需求所呈现的多层次、多样化的特点,文化产品的生产日益风格多样,类型多元。

课堂讨论:你喜欢什么样的文化产品?

小结:同学们对文化产品各有所爱。有人喜欢周杰伦的流行音乐,也有人喜欢阿炳的二胡独奏;有人喜欢网络文章。经典文化的与流行文化到底谁更有价值?

课堂活动：小型辩论：经典文化的价值大于流行文化的价值？还是流行文化的价值大于经典文化的价值？

点拨小结：

经典文化是人类精神、智慧和知识的精华，经典使人深邃而卓越，它们维系着人类文化的命脉，是点燃人类高贵精神的火种。流行文化是指按一定节奏、以一定周期，在一定地区或全球范围内，在不同层次、阶层和阶级的人口中广泛传播起来的文化，不同的流行文化对于不同的群体有着极强的吸引力。如果流行能够经受住时代的考验，仍然可以变为经典。

过渡：无论是经典文化还是流行文化，只要是符合人民大众根本利益的，是人民大众真正需要的，是先进的、健康的文化，都是我们应该倡导的大众文化。

2. 大众文化的内涵

指导学生阅读并概括总结：

（1）大众文化的对象：广大人民。

（2）大众文化的内容：反映人民的利益和呼声。

（3）大众文化的形式：人民大众所喜闻乐见。

知识扩展：中国大众文化的崛起。

中国的大众文化崛起于20世纪后半叶。它伴随着改革开放春风的吹拂而觉醒，在短短不到20年的时间里，便迅速壮大为与来自官方的主流文化、来自学界的精英文化并驾齐驱、三足鼎立的社会主干性文化形态。它的发展壮大从根本上改变了中国文化的传统格局，影响了国民人格塑造和社会发展面貌。大众文化从实质上说是在现代工业社会产生、与市场经济发展相适应的一种市民文化。它一方面是同与其共时态的官方主流文化、学界精英文化相互区别和对应的，另一方面也同传统自然农业经济社会里的各种民间文化、通俗文化有着一些原则差异，商业性、流行性、娱乐性和普及性可以说是其最主要的基本特征。

3. 如何发展大众文化

课堂活动：分小组合作制作表格。

内容：发展大众文化的要求，以及我们所接触到的文化产品、文化节目或现象是如何符合这些要求的。

提示举例：

发展大众文化的要求	具体实例（电视节目类）
一个原则：弘扬主旋律，提倡多样化	感动中国
二为方向：为人民服务、为社会主义服务	焦点访谈
双百方针：百花齐放、百家争鸣	百家讲坛
三个贴近：贴近生活、贴近实际、贴近群众	文化下乡
三个创新：创新内容、创新形式、创新手段	奥运开幕式

【课堂小结】

本节课和同学们一起感受了当今文化生活的斑斓多彩，辩证地分析了文化生活的"喜"与"忧"，希望同学们自觉接受先进的、健康的大众文化，努力树立正确的价值观，培养高品位的审美观,自觉抵制庸俗文化、不良文化的侵袭。

【课堂练习】

1. 下列对互联网的叙述不正确的是 （　　）
A. 网上蕴藏着巨大的商机,被视为企业发展的巨大助推器
B. 它是目前信息领域发展最快、作用最大、影响最广、公众关注度最高的通信网络
C. 它会促使社会发展速度进一步加快,但对人们的思维和行为习惯影响不大
D. 国际互联网能推动世界科学技术的发展

2. 在文化产业的发展过程中,一些媒体为了迎合受众,使格调不高、内容低俗的文化产品和信息传播开来。低俗文化造成的文化污染,将比环境污染更可怕。从经济生活角度看,低俗文化泛滥 （　　）
① 是市场机制自发性的体现　② 企业追求经济效益的必然结果　③ 国家必须加强对文化消费的引导　④ 急需文化行政部门的直接管理
A. ①③　　　B. ①②③④　　　C. ①②③　　　D. ①③④

3. 积极引导文化市场的发展,应努力发展人民大众喜闻乐见的文化,下列属于发展大众文化应注意的问题是 （　　）
① 要弘扬主旋律、提倡多样化　② 反对一切传统的流行文化　③ 要贴近生活、贴近实际、贴近群众　④ 一切科幻的文化表达形式都不该提倡,因为其脱离生活,脱离实际,脱离群众
A. ①③　　　B. ②③　　　C. ①④　　　D. ③④

4. 网络歌曲走红的重要原因在于题材和旋律的平民化。歌曲已经不仅仅是用来品味欣赏的,很多时候更是用来娱乐和休闲的,不需要太深奥的内涵,只需做到通俗易懂就行了。这说明,大众文化的发展 （　　）
A. 推动了生产的发展
B. 能够满足人们的文化需求
C. 能提高人们的思想道德素质
D. 有利于科学文化的传播

5. 材料分析题

材料一　前段时间,走进中国的书店,经常会发现在最醒目的货架上摆着不少天价"黄金书",就是用金银珠宝作豪华包装的"书籍"。其中有售价1.96万元人民币的黄金版《孙子兵法》、1.8万元的纯金浇铸版《毛泽东诗词手迹》等。国家新闻出版总署决定,从2006年5月1日起禁止出版发行被文化界人士痛斥为文化腐败的天价"黄金书"。

材料二　英雄被"恶搞"得面目全非。现在,网上"恶搞"不再只停留在一般的、娱乐性强的娱乐搞笑,许多人们熟知的历史英雄人物,千千万万青年崇敬的偶像一再被调侃丑化。但是,面对试图借网络颠覆几代人心中英雄形象的歪风,众多网友愤而在各大网站和论坛社区发帖谴责,他们为英雄感伤,声称此类事关民族脊梁、文化脊梁的题材绝对不能"戏说",否则就是玷污历史,是对文化的犯罪。

你如何看待这些现象?

【课后反思】

　　文化事例的选择要有针对性。所谓的针对性,应该注意两方面,一是所选事例和教学内容之间应该有本质的必然的联系,必须根据教学内容的需要选择恰当的事例,事例能够为教学内容服务。二是选用事例要看对象,根据不同学生的具体情况,选用他们能够接受、能够理解的事例,做到有的放矢。有些事例很有感染力或很吸引人,但如果与所学内容无关,不能选取;有些事例虽然与教学内容有关,但事例重复,没有新意,也应该放弃。以上两种事例,在选取上,都违背了针对性的原则。造成论据没有"针对性"的原因有两个:一是不会辨析;二是不忍割爱。前者是由于缺乏判断力,看不准材料与观点或主题之间是否确有联系。不忍割爱的原因主要是错误地认为教学中事例越多越好,这样会使内容充实,因此把自己知道的所有事例都用上,结果便带来了臃肿、芜杂的毛病。因此,只有在对教学内容深入理解的基础上,善于识别、勇于取舍,才会找到具有很强针对性的事例,使教学内容在精炼、充实的前提下,有更强的说服力。

(本文选自《思想政治课教学》2009年第10期)

搭建生活与课堂的桥梁
——浅谈"以问题为纽带,以活动为平台"的教学模式

山东省济南外国语学校　邢立英

张闻天说过:生活的理想就是为了理想的生活。我们崇尚民主、平等、和谐、互助的师生关系,就是想还课堂于学生,创建精彩自主的课堂。实践中我们积极引导学生搭建生活与课堂的桥梁,尝试探索了"以问题为纽带,以活动为平台"的教学模式。

一、以问题为纽带——为有源头活水来

新课改下的思品课是能"焕发生命活力"的沃土,为了让学生在思品课这块"方寸"之地吸取到足够的营养,尽情展现个性魅力,我们力求在教学设计上下足"工夫"。这"工夫"就是我们在课前做好充分准备,认真钻研教材,结合学生的生活实际,依据教学内容设计来源于生活的探究问题。

例如,在学习思想品德教科版教材八年级上册"和平统一"一课时,我们给学生的课前探究问题是:

查一查:请查阅相关材料,理解大陆和台湾在历史渊源、地理渊源、文化渊源、血脉渊源等方面的关系。这是为课堂上的"图说心愿——台湾自古是中国不可分割的一部分"活动做准备。

搜一搜:两岸人民字字相思苦,句句盼团圆的诗、歌、故事等。这是对课堂上"诗话心愿——实现祖国统一是我们共同的愿望"的真切体会。

找一找:全国各族人民包括台湾同胞、港澳同胞和海外华侨在促进祖国统一方面所做的努力。这是课堂上"共圆心愿——中国一定要统一,也一定能统一"活动的事实依据。

实践中我们发现:要使思品课"活"起来,让学生真正"动"起来,必须充分发挥探究问题的纽带作用。为此,有时我们在上课前精心设计问题,制造悬念,竭力点燃学生思维的火花,引导学生通过丰富的、生动的、形象的生活事例或生活情景,讨论评议,认清美丑;有时我们会结合教学内容,根据学生认知的情况自编一些讨论题,让学生分清是非,辨明真伪;有时我们有意识地创设情景,引导学生听一听各种问题,引导他们认真去思考,让他们有自己的见解,为学生提供动手实践、自主探索的机会,激发学生学习的乐趣。学生通过对课前问题的探究,早已对在课堂上展示自己的成果跃跃欲试,课堂活动的开展自然是一呼百应,这样学生"动"起来,课堂当然会"活"起来。

学生带着问题走进生活,去感悟、去思考、去发现、去合作、去探究,充分去生活中体验,教学就不再是空洞无物了,这样问题的提出和实践就为课堂教学注入了生活的源头活水。

二、以活动为平台——此时无声胜有声

魏书生老师说:"要珍惜学生心灵中闪光的东西,以他们自己的光芒,照亮自己的黑暗。"

课堂的主角是学生,我们的课堂就通过一个个生动活泼的活动设计,为学生们提供一个思维碰撞、情感交融、人格成长的平台。我们鼓励学生积极主动地通过各种形式活动展现他们合作交流的成果、发现的问题、尚需解决的问题,或是解决问题的方法和途径。

例如,在进行"交友的艺术"一课的教学时,我们设计了这样的活动"班级最受欢迎的十大人物"的评选。学生以四人为一小组,推选出全班最受欢迎的人,并请每一组代表在黑板上写出获提名的学生名单,及提名理由和典型事例,学生讨论得特别热烈,人人参与,每个小组都踊跃地在黑板上写着自己组推选出来的"人物",并都能睁大自己"善于发现美的眼睛",去发现同学受人欢迎的秘密,毫不吝惜自己的溢美之词,"善良、正直、宽容、乐于助人、不斤斤计较、大度、诚实、理解别人、能替别人着想……"赞美他人的同时自然就提升了自己;而作为被提名的同学,我们对其采访:"你是如何做到受人欢迎的?""你最想与支持者分享的交友的法宝是什么?"盘点自己的同时,也指引了他人。

法国教育家第斯多惠曾说过:"教学艺术的本质不在于传授,而在于激励、唤醒和鼓舞。"我们看到课堂上,为了阐明自己的观点,同学们都不遗余力将生活移入课堂,主动探究、生动展示、灵动创造,可谓是精心设计、精彩呈现。各个学习小组的活动形式多种多样:有的组采用报告和演讲的方式;有的组把采访过程中拍摄到的大量事实照片配上文字,进行解说;有的是"现场采访";有的是"专家热线";有的是"小品表演";有的设计多媒体课件为同学们解疑释惑……真的是八仙过海,各显其能。通过活动平台的合作交流,智慧碰撞,资源共享,实现自主教育,自我成长。这一环节表演才能得以展现,知识储备得以释放,情感和能力得以提升,生活的魅力得以彰显……不同层次的学生都能从生活中有所收获,有所提高。课堂的合作交流和展示,让学生很有成就感,对思品课自然有不一样的感受,思品课也就成为深受其喜爱的一门学科,因为这是自己照亮自己的平台。

三、埋下种子——千树万树梨花开

英国著名思想家拉斯金在《芝麻与百合》一书中曾这样写道:"芝麻象征智慧,百合象征美德。"那么,要想我们的孩子不仅能拥有芝麻般的智慧,更能拥有百合般的美德,品德课堂就应该是播种芝麻与百合的园地。

埋下"芝麻"的种子。在课前的准备过程中,学生会先预习课本内容,对知识有一定的了解,再带着老师设计的探究生活的问题走入生活去发现、去感悟;在课堂活动的过程中,对学生的成长过程来说,是精神的唤醒、潜能的激发、内心的敞亮,主体性的弘扬与独特性的彰显;从师生共同活动的角度来说,是经验的共享、思维的融合与灵魂的感召;在拓展延伸活动中,学生会将探索后收获的知识再次应用于生活,用以指导自己的言行。发现问题、分析问题、解决问题等综合能力得到运用和提高,这样教学的三维目标在不知不觉中得到落实,悄悄地埋下了"芝麻"的种子。

埋下"百合"的种子。真实情感的酝酿、引发,有时会比较缓慢,当我们运用各种教学方法,给学生足够的时间和空间去思考,让学生的思维得以展开,让学生的情感得以熏陶,就能埋下"百合"的种子。正如窦桂梅老师所说的那样:教学是"慢"的艺术,给学生一粒粒种子,然后把它交给岁月,总会看到万涓成水、幼苗成林。

例如,教科版教材八年级第四课"交友的艺术"一课我们设计了这样的问题:请结合自己对于交友艺术的了解、理解和感悟,观察周围人(父母、长辈、同学、老师等)的交友艺术,总结交流后以小组为单位自制一份"交友智慧大餐",并将菜谱设计成手抄报,上课时相互交流感悟与提高。

课前学生们纷纷行动起来,或采访,或调查,或观察。通过以他人为镜,体验到了善于表达、善于倾听、善于微笑、善于宽容、善于理解、换位思考等技巧的神奇魅力。当课堂看着图文并茂,听着学生含义深刻的"友谊的冰豆粥""关公战秦琼"等"智慧大餐",相信老师再富有感染力的语言也不如母女、父子、同学、朋友间榜样的示范和心与心之间流淌的话语更能触动孩子的心灵世界,其收获也绝不仅止于知道了交友需要艺术的道理。一段时间以后,经常会听到孩子们这样的玩笑话:"思品课说了要宽容,所以我不和你计较了","班长工作真是费力,我们还经常误解你,你真是不容易呀,今后我会多多支持你的!"……"百合"的花香就这样不知不觉在学生心中弥漫!

"以问题为纽带,以活动为平台,搭建生活与课堂的桥梁"的教学模式,真正让学生"动"起来,接受"活"的教育,闪烁"活"的思维,在"动"中深入感受体验,在"动"中获得真知,充分发挥他们的潜能和个性,成长为时代需要的真正"健康"的人。相信只要我们积极创新,不断实践,秉承"生活即课堂,课堂即生活"的理念,继续坚持"以学生为本"的思想,我们一定会在新课改的路上有所收获!

(本文选自《思想政治课教学》2009 年第 11 期)

评价与考试研究

- 2002年文科综合能力测试政治试题评析及教学启示 (潘兆缔)
- 浅谈新课程理念下的思想政治课教学评价 (陈友新)
- 从多元智力理论看学生评价的改革 (杨海霞)
- 高中思想政治课学业评价改革的探讨 (何亮)
- 以生为本 回归生活 回归品德 关注发展 (冯凯)
- 改革传统测验评价 倡导表现性评价 (黄俊梅)
- 论教学质量评价的两个根本性转变 (何玉海 夏人青)

论优质课教学的概念和评价标准

河南省教委教研室　戚建庄

随着教学改革的深入发展,我省广大中学政治教师为了改变原来教学指导思想陈旧、教学方法呆板、教学效率低的现状,都在积极地思考和探索教学的优质问题。但是,在教学评价上,各地对优质课的看法却存在着偏差:有的把常规教学当成优质课,从备课、教学过程和教学效果三个方面进行规范,虽然有利于提高教师的基本功,却不利于教学的创造和革新;有的把布鲁姆的目标教学当成优质课,要求教师人人都要这样做,使教学模式单一化,不利于教学的发展;有的把教学过程和教学效果割裂开来,单纯以考试成绩划线,致使一部分教师"以练代讲",搞题海战术,忽视了对学生创造性思维和思想政治觉悟的培养。鉴于此,我们有必要对优质课教学的概念和评价标准进行深入的探讨和研究。

一、优质课教学的概念

所谓优质课教学,就是教师遵循教学规律所进行的创造性的高质量、高效率、高水平的课堂教育活动。从这个概念当中,我们可以看到优质课教学的以下三个突出特点。

1. 优质课教学必须遵循教学规律

教学规律是教学过程内在的本质的必然的联系。包括:教学的适应性规律,即教学必须与一定的社会政治、经济制度相适应,与社会生产力和科学技术的发展水平相适应,与受教育者的身心发展水平相适应;教学的发展性规律,即教师和学生通过教学活动,促使其身体和心理两个方面,由低级到高级、由不全面到全面、由不和谐到和谐、由不充分到充分地发展,达到传授知识、技能,又发展个性的双重目的。此外,还包括教学的教育性规律等。这些规律是教学过程本身所固有的本质的必然的联系,是客观的,是不依教师的意志为转移的。若不遵循,合理的教学过程就会被破坏,教学则达不到预定的目的。思想政治课对帮助学生确立正确的政治方向,培养学生社会主义的思想品德起着奠基作用,这就更应该从学生的思想实际出发,遵循教育教学规律,紧密联系实际,生动活泼地进行教学。

2. 优质课教学必须是创造性的教学

创造性的教学即有风格的教学,是教师在长期教学艺术实践中逐步形成的、富有成效的一贯的教学观点、教学技巧和教学作风的独特的结合和表现。这种独特的结合和表现有三:一是独特的内容处理。对于整个教学内容,教学风格不同的人,其处理方式也不会相同。有的善于归纳概括;有的长于演绎分析;有的善于变零为整,总体把握;有的长于化整为零,重点讲授。二是独特的教学方法的运用。教学工作对象的复杂性、教学内容的多样性和教师的不同的个性,这就决定了教学方法的多样性、灵活性和创造性,既包括教师对现有教学方法的创造性运用,又有对新型教学方法的创造。如"情境教学法""自学辅导教学法"等,就是优秀教师在教学实践中灵活地运用现有教法并加以创造的结果。三是独特的表达方式。教学的表达方式,可分为语言表达和辅助语言表达的非言语表达。由于教师的个性和生理基础不同,使他们在表达方式上也绝不会雷同。有的语言层次分明、逻辑严密、论证有力;有的语言优美动人、生动形象、富于感染力;有的板书用提纲式;有的板书善用图解式;还有的教师富于表情,能以眼传神,以手势助说话等。优质课教学创造性的特点,说明优质课教学是一种较高层次的教学,是每个教师努力追求的教学境界。

3. 优质课教学必须是高质量、高效率、高水平的教学

既然优质课教学是每个教师努力追求的教学境界,它就不能混同于一般的教学,更不是新教师的模仿性教学,而应体现出高质量、高效率、高水平的特点来。高质量指的是教学目标的圆满实现;高效率即教学内容的大容量和教学速度的高频率;高水平则指教师组织教学的能力和教学艺术技巧。这三者紧密联系,不可分割。

优质课教学是针对一节课而言的。它与教师的业务素质和精神状态紧密地联系在一起。一般地说,只有优秀的教师才能上出优质课来。这是因为优秀教师有较高的业务素质和不断开拓进取的精神状态。然而,世界上的一切事物都在变化之中。一个初涉教坛的青年教师,具备一定的知识素质之后,只要追求进步,善于学习和总结经验教训,便很快会成为一名教坛新秀。相反,一个富有经验的优秀教师,如果满足现状,骄傲自满,不思进取,也会停止不前,无所创造,无所作为。

优质课教学和其他事物一样,也是绝对和相对的统一。就其过程符合教学的客观实际和教学规律而言,优质课教学具有绝对性。就其反映教学的客观实际的程度总要受社会历史条件和学校环境因素的限制而言,优质课教学又具有相对的意义。对一个教师的教学来说,只有当他的教学达到了创造性的境界,才可以称为优质课教学。即使是达到了创造性境界的教学,也还是无止境的,随着教师的教学经验的不断丰富而逐步向前发展,教学的不同发展阶段上的优质课具有不同的含义。所谓"炉火纯青"的教学,也只能是从相对意义的角度来说的。

二、优质课教学的评价标准

教学评价是推动教学发展的重要手段。那么,优质课教学的评价标准是什么呢?

我们认为,要制定优质课教学的评价标准,必须考虑到下述六个因素。

1. 育人因素

育人是学校教育的目的,是思想政治课的根本任务。作为优质课必须把育人放在第一位。每个从事优质课教学的教师,都应该深刻挖掘教材的思想内容,贯彻理论联系实际的原则,对学生进行深入细致的思想教育,使之逐渐成长为社会主义事业的建设者和接班人。

2. "两主"和谐因素

教师的主导作用和学生的主体作用互相协调,均能得到充分的发挥,是优质课成功的关键。因此,从事优质课教学的教师应该与学生建立平等友爱的师生关系,千方百计寓教于乐,真正把自己的知识转化为学生的认识。

3. 科学因素

科学因素是优质课教学的基础。教师必须准确地传授科学文化知识,并注意运用科学的方法,教育帮助学生形成正确的价值观念,提高判断分析能力。

4. 启迪因素

启发性是优质课教学的标志。优质课的教学语言必须富有启发性,问题设计必须发人

深思,教学方法必须循循善诱。

5. 少而精因素

少而精是优质课教学的重要原则。少而精主要指的是教师的讲要根据教材内容和学生的认识水平,在量上要少讲,把大量的时间留给学生去自学、去思考;在质上要精讲,排除学生已经掌握的和自己可以理解掌握的俗套知识和简单的基础知识,讲解教材的重点问题和学生的疑难问题、热点问题,并能引导学生走向"柳暗花明又一村""芝麻开花节节高"的境地。

6. 艺术因素

这是优质课教学富有魅力的链条。教师善于用自己的情感去感染学生,其教学方法的新颖灵活,语言的精当简练、生动形象、幽默含蓄、饶有风趣,课堂教学环境的恬静与活跃的统一、热烈与凝重的统一、宽松与严谨的统一,都会产生微妙的意想不到的艺术效果。

上述六个因素紧密地结合起来,就能够处理好思想教育和知识教学、教与学、教学的科学性和艺术性、教学方法和教学效果等方面的关系,使教学过程自始至终呈现出师生教与学的高昂的情绪和合作性,使教学本身具有个性化和创造性。至此,优质课教学的评价标准可以概括为:贯彻理论联系实际的原则,对学生进行思想政治教育;体现"两主"和谐精神,师生配合好,学生学习积极性高;具有严密的科学性和逻辑性,教学结构严谨;进行启发式教学,既生动活泼,又循循善诱;贯彻少而精原则,着力培养学生分析问题和解决问题的能力;教学富有艺术性和感染力。

在实践过程中,可以把上述标准进一步量化,使之趋于客观化和科学化。一个教师的教学只要达到上述标准,就自然符合教学规律和学生的心理发展规律,使教学呈现出个性化和创造性,产生高质量、高效率和高水平。用上述标准来评价教学,不仅可以提高教师的业务素质,而且可以迫使教师追求个性化的教学,充分发挥其创造性,从而形成不同风格的教学。需要指出的是,优质课教学是随着实践的发展而发展的,其标准也应如此。

(本文选自《思想政治课教学》1992年第7期)

政治试题评价报告

国家教委考试中心　政治试题评价组

　　1995年普通高考政治试题,严格遵循国家教委考试中心颁发的《政治科考试说明》的要求,坚持并发扬1990年以来高考政治命题改革的正确方向和成功经验,贯彻理论联系实际的原则,在考查考生基础知识和基本理论的同时着重考查考生分析问题和解决问题的能力。命题坚持贯彻知识、能力、思想觉悟相统一的原则,较好地实现和体现了政治学科的学科特点和本质要求。考试结束后,对全国政治试卷抽样统计分析,结果表明,1995年考生分数分布直方图、试卷的信度、标准差以及试卷总体难度都较为理想。其中分半信度为0.7748,aH信度为0.7924,标准差为17.60,平均分为86.26,难度为0.580。考试结果与1995年高考政治命题的预期指标相一致。

　　从考试结果和各方面的反映来看,1995年的政治试卷是近些年来评价最好,也较为理想的试卷。这份试卷既有利于高等学校选拔优秀学生,同时也将对中学政治课教学产生积极的导向和促进作用。如果说前几年政治科高考在考核内容和试卷形式上在不断进行改革探索的话,那么,1995年的政治试题及参考答案可以说是政治科高考改革的深化和完善。

　　具体分析,1995年的政治试卷有以下几个显著特点。

一、坚持理论联系实际的原则,紧密联系中学政治课教学的重点内容和现实政治经济生活中的热点问题

　　全卷共36道题,有16道题直接涉及现实政治经济生活中的加强和改善党的领导、健全民主集中制、抑制通货膨胀、搞活国有大中型企业、和平与发展等重大课题。整张试卷具有强烈的时代感和鲜明的思想性。

　　1995年的政治试卷,密切联系学生的生活阅历和思想实际,面对现实政治经济生活中的重点问题和热点问题,不是采取回避的办法,这不仅是中学思想政治课这一学科的客观要求,也是高考政治命题所遵循的基本原则。1995年的政治试卷,在理论联系实际方面,不仅坚持和继承前几年高考试题改革的方向和成功经验,而且在结合的角度和要求的深度等方面都把握得比较好。这将对中学政治课教学进一步改进教学方法,注重理论联系实际,不断提高教学质量,产生积极的影响。

二、注重能力考查,突出选拔功能

　　全国统一高考是规模较大的选拔性考试,其根本目的就是要从数百万考生中挑选部分优秀考生进入高等学校学习深造。因此,必须通过有效的试题鉴别考生的能力水平。政治科高考的考核内容与形式,要注重考查考生的能力,特别是重点考查考生的政治学

科方面的学科能力,以利于高等学校选拔人才。可以肯定地说,1995年政治试卷36道题都体现了对学生能力考查的要求,全面考查了《政治科考试说明》规定的识记、理解、比较、分析、综合、评价和运用政治术语进行文字表达的各种能力。据初步统计,全卷150分,其中有39分是考查说明能力的,有44分是考查理解能力的,有67分是考查比较、分析、综合和评价等能力的。

培养并要求考生初步运用马克思主义的立场、观点和方法观察和分析现实政治经济生活中存在的许多实际问题的能力,这既是政治科高考的基本要求,也是中学思想政治课教学的基本目的。这一点在1995年的试题中,特别是主观性试题中得到了明显的体现。考生是否具有创造性思维的能力、辩证思维的能力等,不仅是高等学校选拔人才十分关心和着重考查的重要指标,而且也是直接关系着我国教育事业能否培养出一大批跨世纪人才的大问题。哲学、经济、政治等学科所涉及的内容,直接蕴含着这方面的要求。为此,政治科高考近几年做了大胆的探索和积极的努力,取得了一定的成效。在此基础上,1995年高考政治试题又有了新的发展。例如,第32题、第34题、第36题等,都充分体现了这一特点。不少教师反映,1995年高考政治试卷中的主观性试题,看似容易实则难。"看似容易"是指题目没有回避重点内容和热点问题,绝大部分试题所涉及的内容都是考前复习过程中师生均给以充分重视的问题。"实则难"则是指题目设计巧妙、灵活,对考生学科能力的考查要求较高。

三、注重基础知识,贴近教学内容

高考作为选拔性考试,应该偏重能力考查。但是,这决不意味着高考可以完全脱离中学政治课的教学内容和中学生的实际能力来命题,相反,它必须以中学教学内容为基础。在这方面,1995年的试题做得比较成功。全卷36道题,除时事题外,其他题目都没有离开基础知识和基本理论。考查的内容都是中学教学内容中最基本的知识以及知识之间的内在联系。有的试题甚至直接取材于中学教学内容中的基本事实。这都有利于引导中学师生认真钻研教学内容,构建相应的知识体系。

应指出的是,注重基础知识,贴近教学内容,并没有淡化和削弱高考改革所倡导的理论联系实际,克服死记硬背、猜题押题等弊端的正确方向。就知识和能力的关系来看,1995年高考政治试题考核的侧重点依然是能力方面,即对知识的理解和运用。

四、难易适中,有较好的区分度

1995年高考政治试题,有效地调整和控制了试卷的总体难度。根据近几年的实际情况,1995年高考政治试卷的预期难度为0.58,考试结束后,根据抽样统计分析,试卷的统计难度恰好为0.58,与命题预期的完全吻合。总题量由1994年的40题减至36题,阅读量也减少了近1500个字。客观性试题和主观性试题的分值比例趋于合理,引用材料典型精当,文字表述简明易懂,从而使整张试卷保持了适宜的难度规模,试题难、中、易的比例为2:6:2,符合《政治科考试说明》的规定。

抽样统计分析结果表明,1995年政治试题的区分度,同前几年相比有了明显的改观。不仅全国的情况比较好,而且各个地区的情况也较为理想。例如,某直辖市对该市某区高考政治试卷(共 1 700 份)的调查表明,1995 年考生政治分数分布比较均匀。110 分以上 110 人,100—109 分 258 人,90—99 分 355 人,80—89 分 380 人,70—79 分 260 人,60 分以下 170 多人。各个题型的分数分布也是如此。再如,某省对第Ⅰ卷(满分为 70 分)抽样(样本试卷 9 259 份)统计分析结果表明,63 分以上 33 人,56—62 分 950 人,49—55 分 3 466 人,42—48 分 3 040 人,41 分以下 1 770 人。对第Ⅱ卷(满分为 80 分)抽样(样本试卷 500 份)统计分析结果表明,64 分以上 6 人,56—64 分 53 人,48—56 分 122 人,48 分以下 319 人。

五、命题从中学教学的实际出发,考试要求的复杂程度与学生的成熟程度相一致

1995 年高考政治试题在总体难度和能力要求上更贴近中学思想政治课目前的教学现状和师生的承受能力;在具体题目及答案的设计上注意参照中学的教学内容;在相关内容角度不同、实质一样的情况下,尽量采用师生所熟悉的教学内容;在理论联系实际方面,材料的选择和问题的设计等,力求符合高中生的思想实际和生活实际;在联系实际的层次和能力要求上符合学生的知识水平、心理特点和思维水平。这一切,对中学政治课改进教学,提高教学质量都将产生积极的影响。

六、试题灵活巧妙、规范科学

1995 年高考政治试题,不仅坚持了以往改革的方向和成功的经验,而且在构思巧妙、设计灵活、表述规范、设问科学等方面,又做了较大的努力,使试题的灵活性、规范性、科学性等,都得到了进一步的加强。全卷有 28 道题采用典型材料,创设新颖情景,引导学生展开联想,积极思维,运用所学知识解答提出的问题。例如,第 35 题所涉及的内容是中学教学内容中的重点知识和核心观点,是党的十四届四中全会的中心议题,是一年来首要的重大时事政治,但问题的提出却很新颖和巧妙,它从一个中学要求入党的积极分子的一次关于党的知识的学习活动入手,展开讨论,使人感到新颖、亲切。这不仅考查了知识和能力,而且富于思想性、教育性,有较好的政治导向。

命题参照教学内容但不囿于教学内容,更不拘泥于教材的文字表述。主观性试题,特别是论述题,设问层层递进,步步深入,环环紧扣。从而增强了试题的灵活性和综合性,能够考查考生的真实水平,有利于克服死记硬背、猜题押题、采点给分、高分低能等弊端。

1995 年试题的总体设计精当,选择题的题干和题肢的设计精练,非选择题的答案要点也较深刻,而且层次分明,并非深奥难及。试题的规范性和科学性进一步提高。设问指向性明确,选择题题干和题肢之间基本达到了"不容争议"的标准,从而有效地提高了试卷的信度和效度。

七、主观性试题的答案设计和要求更趋科学

考虑到哲学、社会科学的主观性试题不同于自然科学主观性试题的特点,以及目前高考政治试卷的评阅状况,1995 年高考政治试题在主观性试题的答案设计和要求上采取了两项措施。一是减少综合评价分的分值,二是针对复杂问题围绕一个中心答案多样化。这样,既

有利于优秀考生发挥水平,真正落实凡言之有理,持之有据均可得分的原则和要求,又能有效地控制评分误差。

当然,1995年试题也存在一些问题,既有试题方面的不足,也有答案方面的缺陷。例如,个别试题、个别答案仍有推敲的余地;个别试题的答案较多地来自教材,显得过于现成,容易使人对高考改革的发展方向和趋势产生猜疑等等。但瑕不掩瑜,从总体上看,这是一份坚持了正确方向,既有利于高等学校选拔有学习潜能的人才,又有利于中学提高教学质量的成功试卷。

(本文选自《课程·教材·教法》1996年第4期)

中学思想政治课考试办法和评分标准改革初探

重庆市第四中学 简福平

众所周知,新时期思想政治课教学的基本目标是使学生实现"知识、能力、觉悟和行为"的相互转化,做到四者的统一,成为有理想、有道德、有文化、有纪律的社会主义现代化建设人才。笔者认为要达到这一目的,必须改革思想政治课的考试方法,积极探索一条既能反映学生学习成绩,又能反映学生思想实际的评分标准的新路子,才能真正实现思想政治课从应试教育向素质教育的转轨。为此,笔者在这里谈一点对这一问题的粗浅认识。

一、传统的思想政治课的考试方法和评分标准已不适应当今新形势的要求

长期以来,思想政治课的考核方法多以书面试卷为主,学习成绩的评定则多以书面答题分数为主,至于学生行为表现,思想政治课教师一般不去过问。这种考核方法知、行严重脱节,理论脱离实际。长此以往,我们的教育阵地就不可能很好地培养出言行一致、表里如一的社会主义建设者和接班人。为了改变这一局面,在教学中更好地贯彻"四统一"的原则,我们就必须改革思想政治课的考核制度,着重于学生的思想品德、能力、觉悟和行为的考核,单纯凭卷面分数是难以全面衡量出一个学生的学习成绩和教师的教学效果的。

由于以往的思想政治课主要受"考高分、片面追求升学率"这一指挥棒的误导,致使我们的教师在教学中只注意单纯传授知识,以应付考试,而忽视了思想政治课育人的这一功能。从而造成有相当一部分学生的学习成绩与思想实际严重背离的结果。虽然思想政治课教学有传授知识的任务,但传授知识本身不是它的目的,它的目的在于发展学生的智力和能力,提高觉悟,指导行动。现在看来,对思想政治课基础知识掌握得好并且有较强运用知识能力的学生不一定有较好的行为。当今大中专院校部分违法犯罪学生的存在就是一个很好的佐证。我们说,这种只注意传授知识而忽视行为的教学既是违背了思想政治课教学内在要求的教学,又是得不偿失的教学。从思想政治课教学内在要求来看,知识是基础,能力是关键,思想觉悟是核心,行为是归宿。我们思想政治课教学的最终目标还在于指导学生的行为。真正让学生做到言行一致,表里如一,提高学生的综合素质。而传统的考试办法和评分标准是不能很好地完成这一目标的。

二、把中学生的行为表现作为成绩测试进行评分势在必行

邓小平同志在1978年的《全国教育工作会议上的讲话》中指出:"考试是检查学习情况和教学效果的一种重要方法,如同检查产品质量是保证工厂生产水平的必要制度一样。当然也不能迷信考试,把它当作检查学习效果的唯一方法,并且要认真研究、试验、改革考试的内容和形式,使它的作用完善起来。"近年来,在我们的思想政治课中又注入了许多新内容的

同时,改进考试制度和方法既有其必要性又有其紧迫性。总之,改革是思想政治课的生命力所在,特别是考试方法和评分标准的改革更是教学改革的重要环节。

笔者认为:只有改革思想政治课的考试方法,才能促进思想政治课教学的知行统一。因为,考察、判断一个学生思想政治课的学习成绩不能单凭考卷。否则,就会背离马克思主义的实践的观点。思想政治课所要实现的"四统一"教学目标中,理论知识是能力和觉悟的基础,很显然,若没有理论指导,就不能培养学生运用理论的能力。然而,这种能力的发挥以及发挥的程度,也只能通过学生的行为来体现。行为才是学习知识、运用知识、提高觉悟的出发点和归宿。从根本上说,只有行为才是检验思想政治课基础知识掌握程度和学生能力的尺度。所以把学生的行为表现作为考核内容既是马克思主义实践观的要求所在;又是在考试环节上贯彻理论联系实际的教学方针。单凭考卷来判定学生学习的优劣必然会造成理论和实践的脱节。笔者在教学实践中曾多次证明:只有从理论和实践两个方面的结合去考核学生,进行评分,才能比较全面、准确地评价学生成绩的好坏,有效地克服"知、行"分离的弊病,只有对学生进行"行为"考核,才能实现思想政治课的"四统一"原则,才能达到应试教育向素质教育转轨这一目的,培养真正合格的人才。

三、力求使中学思想政治课考试办法和评分标准科学化、规范化、系统化

思想政治课的考试办法和评分标准的改革是思想政治课教学改革的突破口。改革,就是要革除以往传统的封闭式、单一式的考试方法和形式,采用综合式、开放式的考核方式。力争使中学思想政治课的考试方法和评分标准科学化、规范化和系统化。

我们知道:综合、开放型的考试,有利于开发学生智力,培养能力和促进"知识、能力、觉悟、行为"四个方面的相互转化和统一。这就要求我们在教学实践中,必须积极探索出一条新颖有效的考试办法和评分标准的新路子,才能达到这一目的。比如:采取知识考核与能力考核相结合;课堂笔试与课外口试相结合;校内考查与校外观察考核相结合;学校表现与社会行为考核相结合;开卷与闭卷考核相结合;大考与小考相结合;等等。都是行之有效的成绩测试方法。在进行成绩评定时,我们可依考试项目按比例记分,并采用师生民主评分方法进行。也可按《思想政治基础知识和学生思想品德表现相结合成绩评分细则》《思想政治课基础知识和〈中学生日常行为规范〉相结合成绩评分细则》等进行。这些办法都是为了更好地解决思想政治课考试成绩与学生思想实际表现相脱离的对策和办法。

尤其值得一提的是把学生的校内考查与校外观察、学校表现与社会行为的考核应放在一个相当重要的位置,并进行合理评分。笔者认为这才是真正落实思想政治课从应试教育向素质教育的转变。众所周知,学生平时所学知识的多少、优劣并不能完全说明该生的行为好坏。我们必须结合操行考核去对学生进行行为考核,才能提高学生运用知识、联系实际、提高觉悟的能力。学生的行为表现是多方面的,思想政治课的行为考核应着重于学生对现实问题认识的观点、方法、立场是否正确;是否能够纠正自己的错误思想行为;在社会、学校、家庭的表现是否言行一致、表里如一;还可看学生学习思想政治课的态度,参加社会实践的表现等方面。在评分方面,我们应着重平时的考查与期中、期末考核相结合,其各部分考核成绩,按一定比例记入总分。教师应注意及时向学生公布成绩,对学生的行为分数应作原则性的解释。让学生口服心也服。教师在实施操作的过程中

切忌用行为考核去吓唬学生,更不能用行为考核去代替日常的思想政治工作。在考核中,要充分发扬民主,让学生真正展开正确而有效的批评与自我批评,达到惩前毖后、治病救人的目的。与此同时,教师还要坚持"两点论",全面看"差生"和"优生",从而避免主观随意性,把学生消极、被动应付考试的过程变成积极、主动提高觉悟,增长才干的素质教育过程。

总而言之,思想政治课的考试及评分没有固定的模式可循。我们思想政治课教师要根据教学实际恰当调整、选择有利于实施应试教育向素质教育转变的考试办法和评分标准,以达到为社会主义现代化建设培养更多合格人才的目的。

(本文选自《思想政治课教学》1997年第5期)

高中思想政治课开卷考试的思考与探索

黑龙江省普通高中毕业会考办公室　詹　海

一、思想政治课开卷考试的提出

在教育改革的新形势下,许多学校和地区从理论和实践上对考试改革进行了大量的尝试。普通高中毕业会考作为国家承认的省级考试,在1999年开始探索思想政治课开卷考试,这在我们国家大规模考试中可以说是一个带有开创意义的改革。目前已经有多个省市会考的思想政治科目采用了开卷考试形式,有的省在历史、地理学科中也探索了开卷考试形式,取得了可喜的成绩。实践证明,思想政治课开卷考试不仅仅在于如何得到分数和如何使用分数,而且对教育的影响和对教学的良好导向已经大大超出考试本身的技术问题。

思想政治课开卷考试打破了多年来学生和教师已经习惯的严格的闭卷考试的形式,对于落实教育部《进一步加强和改进中学思想政治课教学工作的意见》文件的精神,加强对学生的思想品德教育,培养学生创新精神和实践能力起到了有利的促进作用,改变了政治课教学中存在的教师教条条、学生背条条、考试考条条的现状,让学生从平时的死记硬背的"枷锁"中解放出来,真正掌握知识的内涵,从而学会学习,学会思考,学会总结,学会归纳。

《国务院关于基础教育改革与发展的决定》(以下简称《决定》)中指出:考试评价方法要有利于发现和发展学生的潜能,帮助学生树立自信心,促进学生积极主动地发展。改革考试内容和方法,中学部分学科实行开卷考试。《决定》从总体目标和具体操作形式上为考试改革指明了方向,同时也为考试改革提出了新的任务和要求。

二、思想政治课开卷考试的理论思考

思想政治课会考的开卷与闭卷并非只是考试形式的改变,这其中体现了不同的教育观念和考试评价观念。

就考试形式而言,不能武断地说什么样的考试好,什么样的考试不好,因为各种考试都有特定的功能和用途,针对具体教育教学目的,针对不同的内容可以对考试形式有所选择。但作为考试的编制者和使用者却需要科学地把握各种考试的特有规律,明确在什么情况下适于采用哪种考试,哪一类题型更适合于测量什么内容。

开卷考试有以下几个特点。

(1)较少针对具有明确的、相对限定的概念定义或有明确表述的事件、状态等进行考查,而更多要求学生对问题进行认识、分析,能够较为深入地考查解决问题的过程,尤其易于考查学生选择信息、组织信息和利用信息解决问题的能力。

(2)不局限于教科书上的知识概念,题目背景丰富,容易引起思考,答题中能够较好表现思维的深度和广度。

命题中必须注意的是,并不因为开卷考试给学生的思考和答题的空间大,考查方式灵活,就可以随意选取题目素材。相反,命题范围越大,内容越丰富,就越强调试卷结构对考试目标和考查标准的体现。由于解题思维的发散性和解题路径的多样性,要求题目背景和提问的方式既要给学生以充分的思考空间,又要在一定程度上有利于引导学生定向思维。

(3)阅卷评分轻考查具体名词、答题话语的赋分方式,重考查答题思路的赋分方式,注重解题思维和解题过程。

因为题目的开放性强,答题方式和答案的不固定性和不唯一性,大大提高了阅卷的难度,而阅卷教师自身水平和认识上的不一致性、喜好的差异和阅卷的认真程度都会在很大程度上带来误差。

总的说来,开卷考试的操作难度更大,如果忽视了这一点,一旦在某个环节出现问题,将导致整体性的失败。

由开卷考试的上述特点来看,普通高中思想政治课采用开卷考试的形式有利于较好地体现课程目标和教学要求。

(1)体现出思想政治素质教育的要求,体现出对学生的情感态度和价值观等方面培养的基本要求。思想政治学科不但要求学生掌握政治基础知识和基本原理,同时要求学生运用正确的思想方法和思维方法观察和了解社会,重在学生的体验和理解,而不是死记硬背术语和结论。体验和感悟最能达到思想政治教育的实效,是学生对学习内容内化后的反应或感受。在考卷中表现学生的体验和感悟不能采用喜怒哀乐的简单形式,要通过对社会现象与学生身边的人和事进行分析评论,开卷考试最适合这样的形式。开卷考试同时考查学生运用正确思想方法观察了解社会,运用所学原理、观点解决在生活中遇到的实际问题的能力,在考试的导向上突出了高中阶段思想政治学科的教学目的。

(2)体现对思想政治学科整体把握、深入思考的要求。思想政治课程的学习不能停留在概念、结论上,也不能停留在对具体问题的理解上。首先,学生在系统的学习过程中,逐渐形成了政治学科的知识结构、逻辑结构和带有学科特色的思维方法,这是考试中要测查的。其次,教材以案例的形式提供给学生具体的问题,案例仅仅是与现实生活沟通的"样板",我们不能仅要求学生的思想停留在对教材本身所传达的文字信息上。考试不是对习得"案例"的检查,而是要关注学习"案例"之后所领会的更为本质的东西。思想政治课开卷考试的形式有利于强调学生对学科知识整体把握,考试题目易于考查学生在宏观背景下对问题的思考,多层次、多角度分析解决问题的通识性理念。以往政治思想课考试注重结论,明确地要学生说出是什么,开卷考试考查学生对原因的分析,主要问一个为什么,让学生从大量材料中发现问题,总结、归纳出新的结论。

(3)体现时代发展的要求。思想政治课尽管有文本形式的书本资料,但当前发生的与时代和社会变化发展相关的内容也是教学的重点,对于时事政治题目来说,背景新颖、新鲜是命题的着眼点。试题的背景教材内外结合,贴近学生的生活实际和现实社会,题目本身的开放性强,这正是开卷考试的突出特点。因此,开卷考试的题目较少死记硬背的要求,能够从书上照抄照搬的也十分有限。

(4)在评分尺度上体现现代教育评价观念。闭卷考试的评分方法和评价标准重答题结果,按照"标准答案"逐点逐项评分,虽然答案易于标准化、规范化,但限制了教学双方的自主性和创造性,具有明显的考查局限。开卷考试考查背景广阔,题目灵活,分析讨论的比重大,答案多样化,有利于学生能力的发挥,但也具有明显的赋分尺度难于控制的问题。因此,开卷考试要体现其特点,就不能套用所谓"标准答案"评分方法。评价标准上要注重分析解决问题的思想方法和过程,要更加注重学生对结果叙述的整体性,要强调对学生的理解水平、接受程度和应用能力给出相应的评价。

三、思想政治课开卷考试的实践探索

黑龙江省从1999年开始,在高中会考中实施思想政治课开卷考试,不仅达到了检验学生思想政治课学习成果,测量学生的知识、能力水平的目的,而且对高中思想政治课的教学改革起到了很好的促进和导向作用。实践证明,开卷考试改革能够更好地促进学生能力的培养,促进教学改革和素质教育的实施。我们着重从以下几个方面把握高中思想政治课会考开卷考试。

1. 考试目的

开卷考试并不是在形式上做文章,而是为了贯彻落实教育部有关思想政治课改革精神和加强德育工作的需要,改进和推动高中思想政治课教学工作。具体的目标是,要通过开卷考试努力做到有利于加强思想政治课地位,促进思想政治课教学改革,增强思想政治课教学实效;有利于提高学生的觉悟和能力,满足培养跨世纪人才的需要;有利于从实际出发,稳定教学秩序,稳步推进考试与评价方法的改革的要求。

2. 考试政策

为了准确定位开卷考试的导向,使考试符合教学实际及高中学生思维特点和认识规律,我们结合黑龙江省思想政治课教学的情况,制定了思想政治学科开卷考试的改革方案,以《高中毕业会考思想政治学科实行开卷考试的意见》的形式下发,明确了开卷考试原则、要求,使考试有章可循。从要求上、组织上、形式上规定和落实了开卷考试的实施操作。

3. 考试命题

(1) 在命题的指导思想上,我们要求必须注重和体现现代教育观和考试观,体现时代要求,体现思想政治学科素质教育的要求,要引导学生具有良好的科学和人文素养,具有初步的创新精神和实践能力。

(2) 在试题的编制上要体现材料新、设计新、要求新的特点。材料新是指试题材料要尽量引用现实社会中近年发生的事情,特别是那些重点、热点问题;设计新是指试题形式构成不仅是文字上的叙述,还配合以数字、图表、漫画等多种表达形式,内容上如存款利息计算、通过成语说明矛盾特殊性问题等,构思新颖;要求新是指试题一改原来考学生死记硬背知识的做法,立意为运用所学社会学、哲学、政治经济学等原理或观点去分析、解答社会上出现的问题。

(3) 在试题考核的内容上,第一,注重和体现了政治课理论联系实际的原则。试题的材料源于现实社会,需要学生运用所学理论去谈见解谈看法。第二,突出了思想政治学科思想教育的内容。比如国旗、国徽问题,用图表形式说明新中国成立50年来国家发展取得的巨大成就,"三讲"教育等试题的拟题都体现了这一思想。第三,从开卷考试的初衷及试题难度比值上侧重了对学生学科内容知识的综合考查。第四,试题内容贴近学生生活。比如以购买商品的讨价还价问题、股票问题、女足比赛等学生熟悉的事情来拟题。

(4) 开卷考试虽然在知识和能力上严格依据课程标准,但试题素材大部分还是来源于教材以外。它要求试题的编制更加科学严密,试题的定位更加准确,评卷的采分点的界定更

要科学、合理。与闭卷考试不同的是,在开卷考试中我们取消了填空题和双项选择题,增加了不定向选择和辨析题。开卷考试时间定为100分钟,开卷考试易、中、难的难度比例为3∶5∶2(原闭卷考试比例定为7∶2∶1)。

从考试情况来看,考场上,考生忙于查材料,认真答题,纪律非常好。最初考生认为开卷考试容易对付,深入复习才明确,概念、定义考的少了,考场上要想从书中找到要点,一方面时间不够,另外也不是易事。这样一来,考前复习不再死记硬背概念、结论,时间和精力转向"研究型"备考,同学间讨论起有关思想政治课程的较为深层次的问题。

从考试反馈的信息来看,各级教育行政部门、业务部门、学校领导、教师、学生、家长对开卷考试十分欢迎。考试方式上突破了封闭式的考试模式,变学生被动学习为主动学习,有利于减轻学生学习负担,改变学生学习方法,提高学生学习兴趣,提高了思想政治课教学实效性。

四、思想政治课开卷考试的几点思考

开卷考试不仅仅是考试的改革,也将对课程改革、教学改革带来相应的影响。开卷考试引导教学改变了以往的兴奋中心,联系现实问题有针对性地讲解,并给学生足够的思考和讨论空间;同时加强对知识的理解和运用,注重对观察问题、分析问题、解决问题思想方法的学习,变学生被动学习为主动学习。

1. 教师的课堂教学问题

开卷考试促进了思想政治课的教学改革,对教师备课、上课及复习备考都提出了新的更高的要求,它要求教师必须正确认识开卷考试改革的目的,认真钻研业务,改进教学方法,注重学生理论联系实际能力的培养。

2. 学生的学习问题

开卷考试使思想政治课理论联系实际得到实现,使学生真正感到学习思想政治课有用,增强他们的学习兴趣,改变学习思想政治课死记硬背的学习方法,逐渐养成观察问题、分析问题、解决问题的良好学习习惯。

3. 对命题教师的要求及思考

开卷考试对命题教师综合素质的要求更高:它要求命题教师有较高的政治素质和业务素质,要具备新的教育观和考试观,具有较为宽阔的眼界和知识面,对命题材料和教材中原理、观点要具备融会贯通的能力。

4. 开卷考试必须注重能力立意

开卷考试重点是考查学生理解、分析和解决问题的能力,命题中要注重和坚持能力立意。特别在思想教育和理论联系实际上,要注重体现学科内部综合能力立意,注重体现学生创新能力与实践能力的培养,在一定程度上,这种能力的立意要与课程改革的精神相一致。

5. 要保证开卷考试的科学性、公正性

开卷考试理论联系实际的针对性强了,题目的灵活性和解答问题的多样性增大了,因此,评分标准的界定要科学、严密,以加强评卷中的统一性和客观性。同时,加强对考风考纪的要求,也是保证会考开卷考试公正客观,保证会考信度、效度,评价和促进教学质量提高的重要环节。

6. 根据国家教育部《国家基础教育课程改革指导纲要》的文件精神的要求,"课程评价应根据普通高中教育的性质和任务,重视学生健康发展和人格完善;应根据高中学生成长规律和发展需要,正确地确定评价标准和使用恰当的评价方式",着力"构建评价目标多元化,评价手段、评价主体多样化,既关注结果,又关注过程"。

拟想在思想政治课继续实行开卷考试的同时,把学生平时的思想道德和行为表现也列入学科考核内容。从思想政治学科会考总分中划出10分,由学校根据学生平时表现评定分数,成绩记入总分,使评价主体多样化,改变只关注学生学业成绩单一总结性评价方式,也不失为思想政治学科考试形式改革后在考试方式上的又一种探索。开卷考试在考务上规定,允许考生带教材,并允许在教材上写字,其他材料不准带。笔者认为是否应允许学生带课堂笔记及其他资料,事实上,学生单凭考试时的100分钟翻材料是来不及的,他只要想带资料,考试前也一定翻阅、圈点、学习过。如此,也达到了一种学习的目的。

总之,我们在思想政治课考试形式上,比较成功地进行了开卷考试,但这并不意味着我们已经把握了现代教育理论指导下的考试的评估与改革,特别是新课程计划在我省实施后还有许多的理论与实践问题需要研究,就目前思想政治课开卷考试的理论也需进一步研究,实践中需要解决的问题也很多,但努力学习、勇于探索,就能在会考改革中做出一些成绩来,使会考在高中教育的改革和发展中起到应有作用。

参考文献:

[1] 叶佩华.心理测验分数的统计理论[M].福州:福建教育出版社,1992.
[2] 许建钺,赵世诚,杜智敏,等.教育测量与评价[M].北京:教育科学出版社,1992.
[3] 全国普通高中会考工作协作会.中国高中会考十年[C].南昌:江西人民出版社,2000.

(本文选自《教育研究》2002年第8期)

思想道德教育价值评价的合理性

武汉大学政治与行政学院 项久雨

在思想道德教育实践活动中,人们经常会对思想道德教育现象进行肯定或否定的价值判断,表现出对这些现象的偏爱和厌恶。这样的过程就是评价。然而,这种评价是否合理?如果合理,它的合理性基础又是什么?如何证明这种合理性?在什么原则指导下的评价才合理?这些问题是人们关注和思考不够的,然而又是我们不得不做出回答的。

一、思想道德教育价值评价合理性的基础

解答这一问题,实际上是要弄清思想道德教育价值评价的合理性何以可能的问题,也就是要回答能否对思想道德教育进行价值判断的问题。思想道德教育作为一种社会实践活动,总是以满足一定社会的政治、经济、文化等发展的需要,以及社会对培养、塑造一代新人的需要为存在条件的。正是这样一种特点,构成了思想道德教育价值评价的基础。从本质上讲,思想道德教育价值评价是一种价值判断活动,它是对思想道德教育的价值做出判断,判断所从事的思想道德教育活动是否实现了它应有的价值,以及实现的程度如何。

对思想道德教育价值判断之所以可能,是因为人的思想与行为的相关性与稳定性相统一的特征为思想道德教育价值评价提供了客观可能性。人的思想观念作为一种精神因素是不能被直接测量的,但人的思想观念对外部世界的反映,同时又必然通过其外部言行在日常生活、学习和工作中表现出来,并作用于社会和他人。恩格斯在《反杜林论》中指出,"辩证法在考察事物及其在观念上的反映时,本质上是从它们的联系、它们的联结、它们的运动、它们的产生和消逝方面考察的"。接着他进一步说,"要精确地描绘宇宙、宇宙的发展和人类的发展,以及这种发展在人们头脑中的反映,就只有用辩证的方法,只有不断地注视生成和消逝之间、前进的变化和后退的变化之间的普遍相互作用才能做到"。因此,以这种精神通过对人的行为和作用的判断,我们就可以评价他们的思想、观念、动机以及精神状态、特征和品质。进一步说,思想道德教育价值可以外化为人们改造自然、改造社会的行动,可以直观表现为人们劳动产品的增多、产品质量的提高和经济效益的增长,也可以表现为社会的稳定,从而最终表现为人的思想道德素质的提高和社会的进步。所有物质成果都为思想道德教育价值的评价提供了客观依据,而这种客观依据又是以思想道德教育领域的客观事实为基础的。

思想道德教育价值评价所涉及的对象就是思想道德教育领域的事实,思想道德教育事实本身就包含着事实、包含着价值,是建立在事实与价值的统一基础上的。思想道德教育价值评价所做出的价值判断是以包含在它的前提当中的事实判断为依据的,是从包含在它的前提当中的事实判断中合乎逻辑地推论出来的。在思想道德教育价值评价中,事实判断"命令"价值判断;价值判断"规范"事实判断。一言以蔽之,价值判断的合理性完全可以成立。

二、思想道德教育价值评价合理性的证明

思想道德教育价值评价的合理性可以从两个方面证明：一是思想道德教育价值评价的合理性是相对合理性；二是思想道德教育价值评价的合理性是合情理性。

第一，思想道德教育价值评价的合理性是相对合理性。相对合理性对于思想道德教育价值评价来说是必然的。思想道德教育价值评价的对象具有价值非中立性，由价值非中立性必然引起思想道德教育价值评价的多样性和差异性。有的评价者认为，思想道德教育具有促进生产力发展的价值，思想道德教育和生产力发展之间有着内在的必然联系：生产力归属于经济基础的范畴，而思想道德教育的内容是思想品德及道德等，则归属上层建筑的范畴。"按照唯物史观的理解，在经济基础和上层建筑的相互关系中，首先是经济基础对上层建筑起决定作用；其次是上层建筑在被决定的前提下，又具有能动的反作用。"根据上层建筑反作用于经济基础的规律，不难看出思想道德教育对生产力的发展必然起到促进作用。而且，他们还主张应该从思想道德教育对生产力主要因素——劳动者的作用去认识其价值，如有的评价者认为，思想道德教育具有促进两个文明发展的重要价值，社会主义物质文明建设要靠思想道德教育去调动人们的积极性、主动性和创造性，社会主义精神文明建设更加需要思想道德教育去保证。有的评价者认为，思想道德教育是培养新型人才的重要途径，思想道德教育帮助受教育者树立正确的人才观，引导受教育者树立远大的人生理想，培养科学的思维方法，提高创造性技能，全面开发人的潜能。从思想道德教育价值评价的主体来说，任何一个具体的评价主体都是处在一定的但又不尽相同的社会关系之中的，不同处境的人对思想道德教育价值的认识、体验和需求不尽相同，因而对思想道德教育价值的评价就不同，由此表现出的合理性是相对的合理性。

相对合理性对于思想道德教育价值来说也是必要的。其之所以必要，一个重要的根据就是人们对思想道德教育价值评价在事实上是不一样的，是有差异的。进行思想道德教育价值评价的一个重要内容就是通过对这些不同的评价的再评价、相互评价，以求得对思想道德教育有多样性的又相互补充、比较和谐统一的评价。从这个意义上说，思想道德教育价值评价的相对合理性是展开思想道德教育价值评价并保持其继续下去的一个前提条件。人的社会生活是丰富多彩的，人对思想道德教育价值评价的目的就是要思想道德教育向人类展现出一个丰富多彩的意义世界。人自身也希望通过对思想道德教育的各种不同评价发展人的个性价值，而这一切都有赖于不同评价主体从不同的视角进行思想道德教育价值评价，去获得不同意义的各自相对合理的价值评价。因此，如果否定了思想道德教育价值评价的相对合理性，而去追求或者强求那种"整齐划一"的"绝对"合理性，在理论上是不可能的，在实践中也是可怕的。

这里需要指出的是，我们承认思想道德教育价值评价的相对合理性，并非否定其评价标准的绝对性，我们认为思想道德教育价值的评价标准是相对性与绝对性的统一。这样看来，问题不在于思想道德教育价值评价的合理性是一种相对合理性，而在于不同合理性的思想道德教育价值评价之间，我们根据什么选择一种思想道德教育价值评价，而不选择另一种思想道德教育价值评价。换言之，评价到底是不是合理的？在什么程度上是合理的？这些问题的解答，都能在实践交往活动中得到进一步的确认。对此，马克思在《关于费尔巴哈的提纲》中指出："全部社会生活在本质上是实践的。凡是把理论引向神秘主义的神秘东西，都能

在人的实践中以及对这个实践的理解中得到合理的解决。"由于社会实践活动要遵循社会本身的客观尺度,并以此为前提按照主体人的内在尺度来活动,还由于社会实践活动是一种主观见之于客观的活动,所以,通过社会实践活动对思想道德教育价值评价合理性的肯定总是要比语言交往共同体的肯定权威得多,实践对理论的批判总是要比理论对理论的批判更彻底、更权威。实践活动本身总是在一定的合理性观念的指导下发起的。社会实践活动本身也是具体的、历史的活动。实践批判并不能代替理论的批判,因此,社会实践活动对思想道德教育价值评价合理性的肯定也是相对的。这种相对性,一是相对于语言交往活动而言的;二是相对于人类不断对合理性观念的建构而言的。这充分表明,思想道德教育价值评价合理性只能是相对的合理性,我们所能拥有的思想道德教育价值评价只能是一种相对合理的评价。在这一点上,我们必须与绝对主义划清界限。另外,思想道德教育价值评价的合理又不能归结为相对主义。因为,在任何一种现实的思想道德教育实践活动中,尽管存在着多种多样的思想道德教育价值评价,虽然在事实上人和人以及人和人的评价必然要冲突,但是,在目的论上又必然需要这种冲突,各种不同思想道德教育价值评价的冲突通过各种交往活动的影响、通过评价交换、通过磨合、通过制度的调节,总会产生一种占主导地位的思想道德教育价值评价话语系统,形成一个一元主导下的多元思想道德教育价值评价格局。不管是从思想道德教育价值的健康运行的需要看,还是从进行思想道德教育价值评价的目的看,都是要形成一个既能凝聚人的个体力量、规范人的社会行为,又能使人的个性自由充分发展的合理的理想、信念。因此,一个一元主导下的多样性并存的思想道德教育价值的评价系统既是必然的又是必需的。

第二,思想道德教育价值评价的合理性是合情理性。思想道德教育价值评价之所以必要,之所以合理,通俗来讲,就是指它合乎理性,合乎情理。思想道德教育价值评价的目的不仅在于通过理性的手段规范思想道德教育实践活动,使其沿着社会发展需要的方向发展,而且在于通过这种规范也使思想道德教育能够按照符合人性要求的方向运行。思想道德教育价值评价合乎理性方面主要表现为合乎评价对象的规律性和评价主体的规律性两个方面。所谓合乎评价对象的规律性,一是指它对于思想道德教育本身的必然性和规律性的反映和把握,即它反映了这一社会存在的发展的、必然的、合乎规律的需要和利益;二是指思想道德教育价值的评价标准反映了社会历史发展的必然性和规律性,即同历史前进的需要和利益相一致。所谓合乎评价主体的规律性,一是指个体主体在其存在范围内的必然性和规律性;二是指这个主体在人类主体历史发展过程中的必然性和规律性。简言之,就是反映个体主体本身的合理性和对于人类历史的合理性。思想道德教育价值评价的合情理性是指合乎人性的内容,它主要包括人的情感、个性、兴趣、自尊、身心修养、理想信念等。

思想道德教育价值评价总体上看是一种理性活动。任何一种思想道德教育价值评价实际上都是主体在一定的理论指导下,以一定的标准对思想道德教育做出的评价。思想道德教育价值评价从价值目标的选取到评价标准的建构,都或隐或现地有一个逻辑次序,总有一种内在的一致性,这种内在的一致性和逻辑次序就是思想道德教育价值评价主体追求思想道德教育价值的理性轨迹。

从历史的发展看,任何思想道德教育价值评价都不可能是单个人的行为,而是一种社会行为。思想道德教育价值评价并不仅仅是对某个或某几个思想道德教育价值的追求,更重要的是对一种思想道德教育价值体系的建构。人之所以追求思想道德教育价值并且在追求中建构自身的价值体系,不断地把对价值的追求、对思想道德教育价值体系的建构推向前进,说到底是为了把人和人类社会不断推向进步。因此,思想道德教育价值评价活动说到底是人对理性趋从的结果。从现实的思想道德教育价值评价活动来看,在任何一种具体的思想道德教育价值评价活动中,不管有多少不同的,甚至对立的评价,不管是某一个体主体,还是某一群体主体,要想进行孤立的、"独白"式的评价是不可能的,它不可避免地要与其他个体主体、群体主体的评价"交流""碰撞"。在这种情况下,各种不同的评价都不能不有意或无意地接受各种前提,这些前提对于进行争辩、批评是必然的和普遍有效的,这样一些前提本身就隐含着对普遍化原则的承认,这是其一。其二,思想道德教育价值评价又毕竟是评价主体对对象的价值评价,它必然会融入评价主体——人的情感、意志、信念、愿望、理想等。"事实上,世界体系每一个思想映像,总是在客观上受到历史状况的限制,在主观上受到得出该思想映像的人的肉体状况和精神状况的限制。"思想道德教育价值评价说到底是人类自我评价的实现形式,因此,融入思想道德教育价值评价中的那些情感的东西恰恰是人的存在、活动不可或缺的东西,摒弃这些东西不仅是不可能的,而且是"不合理"的。然而,在思想道德教育价值评价活动中,问题并不在于有没有或者允不允许人的情感的融入,而在于使情感与理智统一起来,使思想道德教育价值评价既合情又合理地进行和达成。思想道德教育价值评价唯其合情合理才是合乎理性的,合情合理才是属于思想道德教育价值评价的真正的合理性。

三、思想道德教育价值评价合理性的原则

思想道德教育价值评价是以一定的目标为依据,以思想道德教育的实践效果为标准所进行的价值判断。那么,要把握思想道德教育价值评价的合理性,必须遵循一定的原则。

1. 方向性原则

按照什么样的思想体系和社会规范,朝着什么样的社会发展目标和价值取向进行评价,将直接影响被评价者思想品德的发展方向,这是评价的根本问题,如果评价标准和根本要求出现了方向性的错误,就会引起错误的导向,就会把评价者的思想品德引入歧途,背离社会发展的期待与要求。坚持思想道德教育评价的方向性,应以是否有利于社会主义现代化建设为标准,以是否有利于社会主义社会的全面发展进步为标准,以是否有利于人的综合素质的提高为标准,以是否有利于调动广大思想道德教育者的积极性和创造性为标准。客观、公正、准确的评价能起到一种鼓励先进,鞭策后进的导向作用。

2. 全面性原则

从思想道德教育与外部的关系看,思想道德教育作为一种社会现象,并不是孤立存在的,而是与政治、经济及社会发展有着极为密切的关系。因此,对思想道德教育价值进行评价,必须坚持全面性原则。思想道德教育价值评价的全面性原则,要求评价主体在观察和处理问题时,要从事物的整体上去把握矛盾的各个方面。要善于抓住各要素之间的内在联系,特别是主要要素以及各个要素的主要方面。思想道德教育系统包括教育主体、教育客体、教育介体和教育环境四个要素。这四个要素又各自包括许多具体要素,如教育介体又包括教育内容、教育方法、教育途径、教育手段等。因此,我们在评价时,既要从以上四个方面进行评价,同时又要突出评价这四个方面的协调配合情况,并以整体整合优化的最终结果作为评

价的标准,以此发挥思想道德教育评价的综合作用。总之,把握评价事物的整体及其发展的全过程,要从全局的观点出发去了解评价事物的全貌,要站在全局的立场上去解决评价中的局部问题。

从思想道德教育内部看,评价的对象领域是非常广泛的。而各个领域之间的关系极为密切,又很复杂,因此进行思想道德教育评价时,只有从评价对象的相互关系中去研究评价资料,才能正确地认识客观事物,做出全面的、客观的评价。如果离开了评价对象领域的整体,离开了评价对象所处的背景、时间和条件,就会只顾局部不顾整体,只见现象不见本质。这样的评价,就容易犯片面性的错误。

3. 客观性原则

思想道德教育评价的客观性原则,要求评价主体以真实的资料为基础,对教育成果进行客观的价值判断。追求思想道德教育评价的客观性,既是现代思想道德教育评价的一个基本特点,也是思想道德教育评价的一条重要原则。思想道德教育评价是进行价值判断的,但价值判断又必须以事实判断为基础。因此,评价主体必须尽可能客观地了解评价对象,否则,就不能做出符合实际的科学判断。

主观与客观是对立的统一,客观是不依赖于主观而独立存在的,而主观却要能动地反映客观,并对客观事物的发展起促进作用。由此可见,评价的客观性原则,对评价主体提出了更高的要求,他们必须按照评价标准对评价对象做出客观的价值判断。评价主体能否客观地进行评价,必然会对评价对象产生极大的影响。如果评价是客观的,就能更好地发挥评价的激励作用,使被评价者的信心倍增,奋发向上。因此,思想道德教育评价应该坚持走群众路线,注重调查研究,掌握大量丰富的第一手材料,全面了解思想道德教育过程各方面的情况,然后以事实为根据,认真进行评价。这是遵循客观性原则的前提和关键。另外,思想道德教育评价的内容、标准要具有客观性。思想道德教育评价的内容和标准要在认真调查、集体研究、科学论证、广泛征求意见的基础上进行确定,一经确定就应严格执行,使之保持相对的稳定性。在评价的过程中,坚持客观性原则,还要求克服主观随意性。

4. 教育性原则

从形式上看,思想道德教育价值的评价是一种分析信息、得出评价结论的过程,但从实质上看,它作为一种价值判断过程,其社会价值不仅仅局限于某个结论,其终极目的还是为了教育被评价者,规范和促进他们良好思想品德的形成和发展。事实上,思想道德教育评价的整个过程中的每一个环节都会给被评价者以不同程度的教育。但是这种评价性的教育方式不同于一般意义上的教育活动,其教育效果主要取决于评价者是否明确评价的意图、所选择的评价内容和方式以及实施的评价方案是否体现了教育目的。所以,在思想道德教育的具体评价活动中,不能偏离教育性原则。如果在评价中我们没有强烈的教育意识,思想道德教育评价指标体系不能体现教育性原则,那么整个评价活动就有偏离正确方向的危险,使评价工作囿于纯粹的定量评价活动,甚至出现走过场,搞形式主义的倾向。这不仅不利于鉴别被评价者,改进思想道德教育,而且容易产生不良的后果。思想道德教育价值评价的教育性原则,正是其评价活动的特殊性和魅力之所在,也正是评价主体的导向性与客体的可塑性互动的产物。

5. 主体性原则

主体性原则在这里具有特定的内涵,它是指思想道德教育价值评价者对被评价者在思想道德教育实践活动中的能动性和创造性做出价值判断时必须遵循的指导原则。在现代条件下，人们殷切期望思想道德教育能弘扬人的主体性，以适应当前社会发展的需要。长期以来，受传统观念的束缚，思想道德教育对人的主体性的弘扬是不够的。在思想道德教育价值取向上，把社会价值和个人价值人为地对立起来，并过分注重思想道德教育适应社会发展的价值而忽视其促进个人发展的价值，不重视人在思想道德教育中的主体地位，以至于在思想道德教育价值评价过程中，仅仅注重对教育客体适应社会的规范素质的评价，而忽视对他们主体性方面素质的评价。

思想道德教育是一种培养人良好的思想道德素质的社会实践活动，这是思想道德教育质的规定性，也是思想道德教育区别于其他事物的根本特征。一方面，思想道德教育要受社会政治、经济制度的制约，要与社会的政治、经济、文化相适应；另一方面，思想道德教育还有其自身的特点和规律，具有相对的独立性，即将社会道德规范和价值观念传授给受教育者个体，培养和发展他们的主体性，使之成为能动的社会历史活动的主体。因此，只有认识思想道德教育价值评价的主体性原则，才能通过思想道德教育评价活动充分激励对象自觉的价值追求和创造。这样，思想道德教育价值评价的合理性才能真正融入评价活动中。

思想道德教育价值评价合理性的原则，一是要求确立价值主体才是思想道德教育价值存在的目的的理念。在现实中，价值主体的需要是全面丰富和无限发展的。需要的全面丰富性，也就是以一种全面发展的人去实现无限丰富的需要。思想道德教育只有在不断满足主体的这种无限丰富的需要过程中，其价值的存在才能体现终极意义，同时评价的合理性建立在这一基础上，才是合理的。二是思想道德教育价值评价的合理性的原则要求确立以人的发展为目的的理念。这种理念要求教育者有目的、有计划地促进个体社会化，增强自身的主体性。也就是说，在人的发展与社会发展的关系中，思想道德教育处于一种中介转化地位，通过把社会的思想品德要求转化为受教育者个体的道德素质，增强其主体意识，发展其主体能力，在此基础上把受教育者培养成为推动社会发展与进步的主体，从而实现自身的发展。这样，思想道德教育作为满足主体需要的一种实践活动方式，必然要在其评价的合理性中考虑满足人的能动性、创造性、自主性活动需要的原则和内容。

参考文献：

[1] 马克思恩格斯选集(第3卷)[M].北京：人民出版社，1995.
[2] 肖前，李秀林，汪永祥.历史唯物主义原理(第2版)[M].北京：人民出版社，1991.
[3] 马克思恩格斯选集(第1卷)[M].北京：人民出版社，1995.

(本文选自《教育研究》2002年第8期)

2002年文科综合能力测试政治试题评析及教学启示

日照市教研室 潘兆缔

一、政治学科部分试题的特点

1. 综合性加强，与其他学科融合出题

2002年文科综合卷仍以学科内综合为主，学科间综合为辅，但学科间综合程度进一步加强。试题中，选择题除了有一个专题(31题、32题)是单独考查哲学外，其他(28题、29题、30题、33题、34题、35题)各题均以学科内综合形式出现，主观题部分的38题也是学科内经济、政治和哲学的大综合。其他各题(选择题的1、2、3、7、18、27和主观题的39、40)则都与其他学科融合出现。学科内综合占64.36%，学科间综合占35.64%。和前几年相比，都有所加强。

政治试题和其他学科放在同一个专题里呈现，单独排列或列出，不再完全按照思维的逻辑顺序进行命题，就连同一个题目有时也难以分清到底应该归属于哪一学科，或者说它根本就不完全属于哪一学科，也就是说题目不仅仅是几个学科知识的组合、渗透，题目本身就是几个学科知识的完美融合。

如选择题第1题：
欧洲联盟是
A. 欧洲地区的非政府国际组织
B. 欧洲地区的政治经济一体化组织
C. 世界最大的政府间区域经济合作组织
D. 世界最大的国际政治组织
这可以说既是一个政治题，又是一个历史题，也可以说是一个地理题。考生从所学的三科知识中的任何一科都能回答。

再如选择题第3题：
临北海和波罗的海、没有用欧元代替本国货币的国家是
A. 瑞典　　B. 德国　　C. 丹麦　　D. 波兰
它既不是一个纯时政题，也不是一个纯地理题，而是地理和时政的相互渗透，相互融合，浑然天成。除此外，其他许多题目也有此倾向。

2. 关注社会热点，迎着热点命题，但在热点选择上立意高远

今年的高考文综政治试卷涉及的热点很多，显性的如欧元的正式流通、江泽民在建党80周年的讲话、加入WTO、经济结构的调整、外汇储备的增加、财政收入的大幅度增长、产业结构的调整、内需的扩大、居民收入的增加、旅游业的发展、生态的保护、基础产业先行的重要性以及台湾问题等，都是一年来国内外普遍关心的热点问题。

除了显性热点外,从其他学科的角度隐性的热点也不少,如和平与发展的主题、对外交流的必要性、克服地方保护主义的意义以及要因地制宜地发展经济等。

全面分析,还会发现今年在热点材料的选取上立意深远。高考选材不是去关注那些一时一事的热点问题,而是选取一些对我国或世界,特别是对我国经济、社会发展具有深远影响的问题来切入。如欧元的流通、加入WTO、经济结构的调整、和平与发展的主题、科技革命、注意维护生态、反对地方保护、经济文化的交流、海峡两岸的统一,以及马克思主义与时俱进的理论品质,等等。正是坚持了这一原则,所以一些备考时特别看好的热点如"9·11"事件等未能选入也就顺理成章了。这并不是有意识地在回避,而是不太符合这一原则的基本要求。

3. 坚持以我为主,以国家利益为主来选取切入材料

在材料的选取上,坚持以我为主,以国家利益为主的基本原则,材料的选取上首先立足于我国,绝大多数背景材料都选自我国,国内材料占整个选材的80%以上。在国际重大时事的选取上,选择一些与我国的国家利益有密切关系的问题来切入。可以说当今世界热点问题很多,如"9·11"事件、印巴问题、巴以冲突等,都没有作为背景材料来出题,说明高考命题以我为主。以国家利益为主的这一基本原则没有变,也不会变。相反一些看起来似乎不太热的问题,甚至看起来是一些老生常谈问题,由于它们与我们的国家利益和长远发展有密切的关系,却频频选出作为背景材料命题。

4. 试题思想性强,价值导向好

今年的高考文科综合政治试卷思想性较强,许多思想教育内容渗透于题目当中,对人们的思想既是一种考查,又是一种熏陶。做题过程本身就会受到一次思想教育或者说思想能够得到升华。例如:透过我国外汇储备的迅速增长及其应用、财政收入的大幅度增长及其来源、基础产业的发展以及WTO的顺利加入等,我们可以深切感受到我国的国力在近几年的迅速增强。透过近几年经济增长的根本之策(扩大内需),我国对外开放的根本目的以及国家对各部分利益的不断调整等,可以深刻体会到我国经济的迅速发展,国力的不断增长,党和政府的正确领导。第31、32题又从哲学的角度引导人们正确认识和深入体会马克思主义"与时俱进"的理论品质,加深对党的路线、方针、政策理解的同时,又要积极推动其不断发展,以防僵化地认识和看待。第38题则引导人们去关注经济与生态的协调发展,充分体会到按规律办事的必要性。再如要反对地方保护主义,因地制宜地发展经济、基础产业发展的重大意义等一系列问题的出现都给人们提供一个正确的价值取向。还引导人们关注生态、关注在加入WTO后对经济结构的调整,第三产业的发展的重要意义等,引导学生关注时代,关注人类、自然、社会的和谐发展。

5. 重视情感,人文精神加强

今年的高考文综政治试卷的人文精神大大加强。如海峡两岸的统一是一个非常严肃的政治问题,命题人却巧妙地从人们的心理感受的角度选材命题。如选择题的最后一个专题,首先从"露从今夜白,月是故乡明"(第23题)的心理感受入手,写到"海上生明月,天涯共此时"(第24题)的共同的文化心理,表达了海峡两岸人民盼望统一的深切愿望。到此尚未结束,紧接着的"月有阴晴圆缺,人有悲欢离合,此事古难全"(第35题),又表达出了对海峡两岸迟迟未能统一的遗憾和理解,同时也从规律角度阐述了两岸统一信心和必然结果。整个专题自始至终娓娓道来,看起来不像一道道政治题,而是像一篇优美的抒情散文,透着浓浓的人文气息。再如第39题,以《岳阳楼记》的一段文字引入也是一道完整的政治试题,不缺

少任何东西,但经过如此处理,整个材料就变得有血有肉,人文气息跃然纸上,同时又能表达出人们对古时洞庭湖的向往及今天治理的决心和目标。《清明上河图》的出现同样给了人们这种感受。总之,今年的高考试题处处透着一种人文的气息。

6. 考查知识,更注重考查能力

今年的高考文综政治试卷注重考查知识,更注重考查能力。如在欧盟实行共和制的国家(第2题),财政收入的来源(第28题),外汇储备的作用(第7题)等都是从基础知识的角度进行考查,只要学生牢固地掌握了课本上的基础知识,做起来就会得心应手。而其他各题和主观题,则对考生的阅读水平、分析能力、归纳能力以及知识的迁移能力等都提出了较高的要求。突出考查了学生综合运用所学知识分析问题和解决问题的能力。

总之,文科综合试题体现了考试目标的要求,能检测出考生对所学知识的掌握程度和具有的学习能力,比较客观地反映考生的学习潜质,对中学教学具有良好的导向作用,是一份成功的试卷。

当然,我们认为试卷也有值得发展的地方。① 对主观性试题的设问可以再巧妙一些。如38题第(1)问"上述材料反映了洞庭湖区经济发生了怎样的变化",而背景材料本身就反映了这种变化,这种设问是对背景材料的重复;可以增加试题设问的开放性,给学生发挥的空间。② 试题答案可以再灵活些,适度开放。如40题第(5)问"据此请分析欧亚大陆桥的经济、政治意义",设问比较宽泛,但答案的开放度不够。整个试卷与2001年试卷相比,酌情给分和加分点少。试题的适度开放、答案的适度开放,有利于鼓励创新,有利于对考生创新能力和综合实践能力的考查。③ 个别选择题考查的能力要求太低,与高考这一选拔性考试的宗旨不符。

二、考生答题情况分析(试卷政治部分抽样)

1. 第Ⅰ卷政治部分(选择题)答题情况(总样本数 2 974)(表一)

题号	答案	得分人数	正确率%	选A	选B	选C	选D
1	B	2 244	75.45	94	2 244	554	13
2	A	1 292	43.44	1 292	156	843	613
3	C	1 644	55.27	872	140	1 644	247
7	D	2 567	86.31	172	93	72	2 567
27	A	2 776	93.34	2 776	65	28	35
8	A	2 099	70.58	2 099	633	8	165
29	A	2 788	93.75	2 788	38	23	55
30	C	2 398	80.63	299	89	2 398	119
31	B	2 644	88.90	11	2 644	217	32
32	A	2 767	93.04	2 767	49	38	49
33	B	2 739	92.10	38	2 739	11	87
34	D	2 693	90.55	9	33	139	2 693
35	A	1 942	65.30	1 942	97	469	364

2. 第Ⅱ卷政治部分得分情况(部分抽样)(表二)

题号	38(1)	38(2)	38(3)	39(5)	40(5)
平均分	7.5	6.4	5.37	2.9	8.87
得分率%	62.5	71.1	44.8	48.3	63.2

由表一、表二可知：

第一，考生对基础知识的掌握不够牢固，对基本概念、基本原理的理解不深、不透、不准确。

如选择题第2题，仅为识记层次上的要求，但学生的正确率竟仅为43.44%。第7题和第28题，即使不能准确把握外汇储备的作用和财政收入的来源，仅仅准确理解了外汇和财政两个概念的准确含义，也不至于做错，但正确率也仅为86.31%和70.58%。再如在主观题38题中，学生把经营方式的变化答成产业结构的变化也反映了这一问题。

第二，考生领会题目背景的能力差，部分考生不能完整领会题意。

如39(5)题，背景材料自始至终都是经济常识的内容，尽管设问比较宽泛，但结合背景材料应该考虑到从经济角度答题，不少考生却因未能完整领会题意，脱离了背景材料，使用了哲学知识或地理知识来回答问题，导致失分。

第三，审题能力弱，知识迁移能力差。

如在回答38题(2)时，题目要求回答"政府是怎样履行其管理经济的职能的"，不少考生在答题时却简单地答为"政府在履行管理经济的职能"，而答不出怎样的具体内容要求；在回答38(3)"从围湖造田到退耕还湖的转变，给我们什么哲学启示？"时，有些考生脱离材料和题目的要求，只在盲目地罗列哲学观点，或考生在用1—2种哲学观点对材料展开分析，不能概括、升华、由此及彼，回答不出哲学启示，实现不了知识的迁移；40题(5)"分析欧亚大陆桥的经济、政治意义"，有不少考生只回答了经济意义而忽视了对政治意义的回答，还有的只答国内意义，局限于我国东西部的经济发展的意义，不能从亚欧大陆桥去回答其意义。

第四，缺乏对问题的整体把握能力，抓不住核心问题。

不少考生，拿到题目不仔细阅读，不认真分析，不研究透设问要求泛泛而谈，漫天撒网，分析不透，拖泥带水，使阅卷老师找不到采分点，又无法采意，结果是劳而无功。

第五，答题不规范，专业术语贫乏，语言表达不准确，笔误多等问题也比较普遍。

三、对今后教学的启示

1. 扎实掌握基础知识

教育部考试中心明确指出，综合能力测试命题的指导思想是：以能力测试为主导，考查学生所学相关课程基础知识、基本技能的掌握程度和综合运用所学知识分析解决实际问题的能力。综合能力测试突出能力目标，但必须以扎实的基本知识和基本技能为铺垫和基础。纵观2002年的综合测试题，无论是主观题还是客观题，都必须在掌握教材基本知识的基础上才能做出相应的回答。教学中，要让学生透彻掌握经济、哲学、政治课程的基础知识(基本概念、基本原理)和基本技能，按照能力要求落实好考试范围的每一个考点。多层次多角度全方位疏通每一个知识点，以增强自己的知识功底和理论素养，为分析和解决问题准备坚实的理论基础。

2. 理论联系实际,引导学生关注社会现实

文科综合卷以"理论联系实际,学以致用,以用促学"为原则,迎着热点出题是2002年文科综合卷的基本特点,国内外重大时事政治、社会热点问题始终是高考的重要内容,以这些内容为背景材料,运用所学理论进行分析,是对考生进行综合能力测试的重要方法。为此,在教学中必须关心时事、关注生活,通过寻找理论应用实际的空间,让学生在这种空间中得到锻炼和培养。在教学中,注重将教材基本知识与重大时政有机结合起来,突出热点,不仅有助于把握文科综合高考的重点,而且有助于激发学生的兴趣,丰富教学内容,引导学生关心国家大事,培养学生参与社会生活的能力,增强学生的社会责任感。

3. 拓宽视野,全面提高能力和素质

2002年高考文科综合试题,从试题编制方式上看,取材广泛;从立意上看,以能力立意为主;从呈现方式上看,以专题为特征;从答题要求上看,需融合各科知识。这就要求教师在教学中,扩大学生的阅读面,让学生涉猎有关社会、科技、生活方面的热点问题、前沿问题的相关资料,在平时多动脑思考,用所学知识发现问题、分析问题、解决问题;教师要积极开拓课外阵地,让学生融入社会,培养人文精神和科学精神;不仅要掌握书本理论,而且还要关注现实;不仅要注意学科内的联系,而且还要注意与相关的历史、地理学科的联系,把握三个学科知识的结合点、交叉点、渗透点。

4. 以多元信息为素材,提高学生处理信息的能力

当今社会是信息社会,各种信息铺天盖地,如何从浩瀚的信息海洋中去提取有效信息是每个人每天都要面对的问题。对信息处理能力的考查也是对高考综合能力测试的一个重要内容。高考文科综合试卷中,文字、图表、数据、图片、漫画等各种信息媒体手段已被广泛应用,这就要求在教学中应该注意尽可能让学生多接触各种信息资料,引导学生归纳提取各种不同特点信息的基本原则和方法,培养他们提取有效信息、加工处理信息的能力。从2002年的高考试题看,考生若能很好地处理好试题本身潜在的信息,就能答好试题。如38题的答案很多就蕴藏在试题的背景材料中;40题第(5)问,考生若能仔细阅读、思考题干:"历史上的'丝绸之路'是中外经济、文化交流的重要通道,今天的'亚欧大陆桥'被誉为'现代丝绸之路'。"这句话,很自然地就能组织出答案。

(本文选自《山东教育科研》2002年第12期)

思想品德课学生学习评价的六种方法

西安市航天中学 余 静

2003年秋季,各地的实验区相继拿到《思想品德》课本(义务教育课程标准实验教科书),于是,学生学习如何评价便成为任课教师最关注的问题之一。对于新课程倡导的一些评价方法,由于存在工作量过大、难以操作等具体问题,使得任课教师心存疑虑。经过两个多月的教学实践,笔者对新课程倡导的学生评价方法有了初步的认识。教师在教学中应创造性地提出学生日常评价的新思路,对于近年来受到普遍关注的质性评价——"学生成长记录袋"评价法应探寻具体可行的使用方法,以加深对发展性评价的理解,积极探索校内考试的变革,而且进一步认识到:"评价不仅要关注学生的学业成绩,而且要发展和发现学生多方面的潜能,了解学生发展中的需求,帮助学生认识自我,建立自信。"(《纲要》)为了使新课程改革的精神落到实处,我在教学中尝试了以下几种方法。

1. 观察法

观察法主要是指教师在自然状态下,有目的、有计划地观察学生在日常学习和生活中所表现出来的情感、态度、能力和行为,并记录下来,作为对学生进行引导和评价的依据。观察法是一种最基本的思想品德评价方法,其优点是所观察的行为发生在自然环境中,被观察者的行为比较自然,不足之处是观察者处于被动状态,只能消极等待被观察者的某些行为发生。教师在使用观察法时应注意:(1)观察必须有明确的目的和周密的计划,对所观察的行为特征,要有明确的界定。(2)观察必须是系统的,而不是零碎的、偶然的。可采用时间取样的方式进行观察,即在不同的时间里,每次以比较短的时间对同一类行为做多次重复观察。(3)观察时必须随时做记录,不能用推测与描述来代替事实。(4)应该在被观察者处于自然状况下进行。(5)观察评价时,对学生行为所发生的变化要引起足够的重视,比如一个较好的学生一段时间以来变得注意力不集中、不活跃,这种前后的变化就应该引起教师的注意,可以成为教育的依据。

2. 描述性评语

教师在与学生进行充分交流的基础上,用描述性的语言将学生在思想品德某一方面的表现,如态度、行为和能力等写成评语,而且评语应多采用激励性的语言。比如在《思想品德》教材中,有一栏目是"老师眼中的你",需要老师对学生做出评价。为了能圆满地完成这一任务,我利用学生自我评价、小组评价、与班主任交换看法等方式对学生进行了大量细致的了解,并针对不同的学生写出了如下评语:"你能通过'同桌和约'协调与同桌的关系,可见你是一个很聪明的孩子。""你模仿的赵本山惟妙惟肖,你的表演才能令人叫绝。""你用你的画笔美化了教室,也美化了大家的心灵。""你是一个爱锻炼、会锻炼,又能带动全班同学参加锻炼的小伙子。"……一句句充满个性化的评语让学生找回了自信,融洽了师生关系,也为思想品德教学创设了良好的氛围。实际上,在现实生活中,人人都渴望得到欣赏。心理学家威廉·詹姆斯说:"人性中最深切的心理动机,是被人赏识的渴望。"在学生评价中多一点赏识和激励,少一点挑剔与讽刺,无论对做好后进学生的教育转化工作,还是对于鼓励先进学生更加先进,都是至关重要的。思想品德教育的功能之一,就是让学生从失意中看到光明,在成就感中勇往直前,这些都离不开对学生的激励和赏识。教师在运用激励性评价时应注意:(1)评价要准确,有感情,突出学生的个性特征,体现一个活生生的具体学生,做到"恰如其人"。(2)评价应实事求是,凸现学生特点,反映学生进步,指出学生缺点,既不伤其自尊,又有所触动。(3)评价应体现教师对学生的殷切希望,无论是肯定优点还是指出缺点,都是意在启发、引导、激励、鞭策,使学生受到鼓舞和教育。

3. 项目评价

按照不同的项目将学生分成若干小组,由学生自主设计活动计划,可以围绕真实的社会生活问题进行活动。例如,让学生结合教学自己动手进行小制作,自己创作表演小品,并即兴演讲、辩论、时事述评等;开展心理测试、参观访问、社会调查等主题活动;参加献爱心、义务劳动、社区服务等活动。活动中学生收集、组织、解释或表达信息,培养兴趣、好奇心、意志力和探索精神等,从而构成多渠道、多侧面、多形式的立体评价模式,并据此对学生进行引导和评价。俗话说:"多一把尺子,就多一批好学生。"教师在运用项目评价时应注意:(1)要重视评价与本学科教学的关系,从学科知识拓展、运用和能力培养等方面进行评价。(2)要重视与其他学科交叉、渗透,从与相关学科联系和综合的活动内容等方面进行评价。(3)要注重将学生在活动中的创新意识和实践能力作为评价指标,增强评价的操作性。(4)评价要结合学生实际和现实社会生活实际,具有一定的时代性和现实性,增强学生的活动趣味。

4. 谈话法

教师通过与学生的各种形式的对话获得学生思想品德发展状况的信息,据此对学生进行引导和评价。记得有一次在课堂上,一个平时表现不错的学生突然情绪反常,回答问题时阴阳怪气,我判断其中肯定另有原因。下课后,我先找他的同桌谈话,基本了解了事情的原委,然后找这位同学交谈。我先肯定他以往课堂好的表现,相信他在这一节课上的表现不是故意给老师难堪的,他听了以后情绪有所缓和,说他如此"气愤",是因为在语文小组中别人的作文都是80多分,而他昨晚改到10点多才得了64分,感到委屈没面子。我肯定了他认真改作文的做法,告诉他认真的态度和好的成绩还不是一回事,建议他把自己的作文与别人的作文进行认真对比,找出自己的差距,也可以和语文老师交谈,请老师进一步分析自己作文分数低的原因。只有这样,自己的作文水平才能得到提高,才是最大的所谓的"面子"。经过谈话,这位同学委屈的情绪得到释放,高高兴兴地去上课了。由此可以看出,谈话法如果运用恰当,就能收到较好的效果。它是一种针对性强、可靠性高的评价方法,其不足之处是花费时间较长。教师在评价中运用谈话法时应注意:(1)创设一种宽松、坦诚、信任的良好气氛。(2)针对性要强,对于成长中较为典型的学生(正反两个方面),优先考虑使用此法。(3)教师事先要有一定的准备,明确谈话的目的,提高谈话的效率。

5. 成长记录法

即建立学生的成长记录袋,主要收集、记录学生在本课程学习中的有关其评价方面的资料,以此来关注他的进步与成长。建立学生的成长记录袋不仅要求学生全程参与,学会自我反思和批判,而且要求教师最大程度地提供有关学生学习与发展的重要信息,从而方便教师检查学生学习的过程和结果,提高评价的效度。另外,成长记录袋还能有效地将评价与教育、教学融合在一起。当然,成长记录袋也有其不足之处:工作量大,教师负担过重,使用过多学生会心生厌倦。教师在运用成长记录袋评价学生时应注意:(1)成长记录袋涵盖的内容通常指从起始阶段到完成阶段的完整过程。但不一定贯穿整个学期或学年。(2)成长记录袋内容的收集、编排和保存主要由学生自己来完成。教师主要指导学生如何操作。并监控整个过程。(3)教师要定期召开成长记录袋的反思、交流与评分会议。鼓励学生自省和反思。(4)各学科之间要进行协调。控制好各学科运用成长记录袋评价学生的比例。

6. 校内考试

在新课程倡导的多元化、综合性的评价内容和标准中。考试仍是一种有效的评价方式。但值得注意的是。根据考试的目的、性质和对象的不同。考试面临着变革,即要避免只用终结性的、单一的、知识性的考试来对学生思想品德课程的学习及思想状况做出评价。教师在校内考试的变革应做到以下几点:(1)考试要有利于发现和发展学生的潜能,帮助学生树立自信心,促进学生积极主动地发展。(2)考试的内容应加强与社会实际和学生生活经验的联系,重视考查分析和解决问题的能力,并关注学生情感、态度和价值观。(3)考试的方法应做到形式多样,给学生独立思考和实践操作的机会,让他们用自己擅长的表现方式把自己的学习体验与认识呈现出来。如可以让学生出考试题,通过上网查资料,在家中进行开卷考试,还可以有辩论、课题研究、情景测验、实践操作等。(4)学科成绩不再是单一的分数,而是由众多项目组成的一种综合评定。(5)注重考试结果的运用,把握适当的时机,运用灵活多样的、以激励为主的方式进行评价反馈。

以上六种方法各有所长,它们相互渗透、相互作用,共同构成一个完整的评价体系。在教学实践中,教师要针对不同的实际情况,客观地记录学生学习状况和思想品德的成长发展过程,发挥各种评价的不同作用,从而形成合力,使评价真正成为促进学生发展的有效手段。

(本文选自《中学政治教学参考》2004年第3期)

动态评价:学生学习评价新概念

湖北钟祥胡集第二中学　广东东莞虎门红星学校　孔怀东　鲁永贵　朱怀方

《全日制义务教育阶段思想品德课程(实验稿)》指出:"本课程评价的目的是为了使评价成为促进教师教学、学生学习和品德发展与提高的过程。"对学生思想品德素养进行科学、正确地评价,能激发学生学习思想品德课的兴趣和热情,达到师生互动的效果,从而促进学生全面健康发展,实现思想品德教育的目标。学生良好的思想品德素养,只有在长期的熏陶、感染、实践中才能形成。这就决定了思想品德素养会在不断的学习中逐步得到提高和升华,所以,静态的评价方式是不适宜的。为此,我们应该采用动态的评价方法,突出思想品德课程评价的整体性和综合性,从知识与能力,过程与方法,情感、态度与价值观几个方面进行评价,全面考察学生的思想品德素养。这就从三维的角度,为我们构筑了动态、立体的评价标准,使思想品德课学习评价既关注学生的横向发展,又关注学生的纵向发展,是一种全面、科学的评价方法。依据《全日制义务教育阶段思想品德课程(实验稿)》,笔者对动态评价学生的思想品德素养有如下认识。

一、把握动态评价的"髓"

首先,动态评价蕴涵着"人文性"的特点。动态评价从促进学生发展的角度,提倡多元的、多角度的、过程化的评价,它立足于学生的差异,从观念上、思想上、情感上接纳智力、兴趣、心理品质各不相同的学生,尊重学生在学习过程中的独特体验,并通过正确的评价方法来激发学生学习思想品德课的热情。其次,动态评价强化了"诊断、改善、激励"的功能。虽然静态评价也具有这些功能,但由于它强调的是甄别功能,因而"诊断、改善"的周期长,不灵活,"激励"功能更是受到了削弱。动态评价的主要目的是为了全面了解学生的思想品德课学习历程,激励学生的学习和改进教师的教学,因此,它强化"诊断、改善、激励"的功能。再次,动态评价机制对学生思想品德课学习的关注点是全方位的,有些项目更利于学生思想品德素养的养成。如特别关注学生在思想品德课的实践活动中所表现出来的情感和态度,而不仅仅是学生思想品德课学习的水平;需要多多关注学生自身的发展,而不是与他人的比较;特别重视对学习过程的评价,而不单是评价学习成绩。动态评价能较好地揭示不同的学习质量。

二、紧扣动态评价的"性"

1. 评价方式要多样

思想品德素养是内在的,是无法一目了然的,应采用灵活多样的评价方式,全面收集评价信息,提高评价结果的可信度。如可以采用描述性评语、项目评价(如活动模拟、社会实践)、谈话、成长记录、考试(如辩论、情景测验)、日常观察相结合的方法。考试主要用来评价学生对知识的识记能力和理解能力,即评价学生在初中思想品德课教学内容要求的范围内,对有关的事实、概念、原理和观点的再现能力以及在记的基础上对有关知识的转换能力或解释、推理能力;项目评价主要用来评价学生对知识的运用能力,即评价学生在初中思想品德课教学内容要求的范围内,在理解的基础上应用有关知识初步分析和解决简单问题的能力,以及尝试进行实际操作的能力。也可采用单项评价和综合评价相结合的方法。单项评价对一些思想品德课成绩较差的学生比较适用,因为它考查的内容较单一,学生能够通过短时间努力就能取得较好的成绩。综合评价时出的题目尽量注重应用性和灵活性,让学生能利用所掌握的知识解决一些问题;还可以把观察和考试结合起来,观察是通过听、看、查访等方法,对学生素养状况中某些难测的因素,如心理状况、思想品德态度、情感进行观察,捕捉学生思想品德素质外显的信息。

2. 评价过程要民主

实施动态评价,要注重教师的评价、学生自我评价与学生之间互相评价相结合,加强学生的自我评价和相互评价,还应该让学生家长参与评价活动。"在评价时要尊重学生的个体差异,促进学生的健康发展。"要求学校、教师、家长要把评价对象当作一个平等合作的伙伴来对待,克服传统评价中评价者"高高在上"的做法,消除教师与学生之间的对立情绪。教师要把评价指标交给学生,引导他们对照检查,从中看出成绩,找出差距,明确自己的努力方向。

3. 结果呈现要科学

"对学生思想品德课的学习评价不仅要重视结果,更要重视发展、变化和过程。"因此,评价时必须做到两个结合:即形成性评价与终结性评价相结合,定量评价和定性评价相结合。终结性评价的目的在于证明学生实现课程目标的程度,从而区分学生的优劣,它侧重横向比较。形成性评价的目的在于通过分析、诊断来改善课程设计,完善教学过程,从而有效地促进学生的品德发展,侧重纵向比较。这两种评价都是必要的,但应该加强形成性评价。在定性和定量评价上,应更重视定性评价,"用最有代表性的事实来评价学生。对学生的日常表现,应以鼓励、表扬等积极的评价为主,采用激励性的评语,尽量从正面加以引导"。在具体操作上,定量的数据可以从各次测验中获得,但由于素养状况是比较模糊的,难以精确量化,所以采用等级评价比较适当。评语的形式很重要,语言可以补充等级反映信息不足的弊端,评语在充分肯定学生进步和发展的同时,还指出学生在哪些方面具有潜能,存在哪些不足。

三、探索动态评价的"法"

1. 课堂观察表使动态评价经常细致

课堂是提高学生思想品德素养的主阵地。学生在课堂上的表现,从一个侧面体现了学生的思想品德知识、能力以及学习思想品德课的兴趣和态度,所以教师应对学生在课堂上的各项表现,如提问、回答问题等进行观察,并制订课堂表现观察表。通过观察表,教师能及时了解学生的学习情况,从而做出积极反馈。对学生来说,由于课堂表现关系到教师对他的评价,学生肯定会更认真听课,积极思考问题。可以从三个方面评价学生的课堂表现:听讲、提问回答、思维有创造性。每一方面分好、中、差三档,每档分数为3分、2分、1分。在打分的同时,教师还要写评语,每星期或每个月进行一次课堂表现评价,这一评价结果将放入学生的思想品德课学习档案中。

2. 学生成长足迹档案使动态评价全面科学

学生成长足迹档案是基于思想品德课学科自身的特点和规律而操作的,目的是重视学生的品德知识的积累,重视学生的思想品德水平的发展和提高。教师可以从四个方面收集学生的思想品德档案:一是学生平时及期中、期末考试的成绩单;二是履行中学生日常行为规范的情况;三是课堂表现观察表;四是学生的思想品德实践活动,如模拟活动、社会调查、辩论、时事竞赛中获奖的证书、小时政论文、辩论比赛的录音磁带等,也可以装入学生最满意的作业,探究性学习活动的记录。档案里的材料可以让学生自主选择,与教师共同确定,这有助于学生对自己的思想品德发展进行监控。另外,材料要定期加以更新,使学生感受到自己在不断地成长进步,这有利于培养学生的自信心和学习思想品德课的兴趣。

3. 层次达标使动态评价因材施"评"

学生由于家庭、环境、智力等方面的影响,会造成一定的差异,这种差异是客观的,教师不仅要承认发展中的差异,而且要尊重差异。鉴于此,教师可对学生进行层次达标,对不同思想品德水平的学生制订出不同的要求。教师在平时出卷时,可以准备两到三套难易不同的试卷,学生根据自己的实际情况,选取难度不同的试卷,让不同思想品德水平的学生都能获得成功感。教师应鼓励那些已顺利完成简单题试卷的学生有勇气尝试完成有难度的试卷。只要学生的学习确实已经达标了,即使分数较低,教师也应给予鼓励。层次评价不仅体现在评价对象上,还体现在时间上,要允许学生在不同的时间达标。如果学生对自己某次测验成绩不满意,教师应鼓励学生提出申请,允许重考。采用分层次测试,有利于帮助每一个层次的每一位学生树立自我发展的信心,在保证完成基本学习目标的前提下,使处于不同发展水平的学生及时看到自己的进步,因为它反映了学生的纵向发展,特别是对于学习有困难的学生而言,这样做更有意义。

(本文选自《中学思想政治教学参考》2004 年第 8 期)

以多元智能理论为指导 改进政治课学习评价方式

江苏通州市石港中学 李 达

多元智能理论是由美国哈佛大学发展心理学家加德纳（Howard Gardner）提出的。他认为人的智能是多元的，而不是单一的，除了语言智能、数理逻辑智能两种基本智能以外，还有其他七种智能，即音乐智能、空间智能、身体运动智能、人际交往智能、自然观察智能和存在智能等。每个学生都不同程度地拥有上述九种基本智能，只是这九种智能在每一个人身上以不同的方式、不同的程度组合存在，使得每个人的智能都具有特色。因此，世界上并不存在谁聪明谁不聪明的问题，即学校里无所谓"差生"的存在，每个学生都是独特的。他还认为，智能作为一种心理潜能，总是与一定的文化背景相联系的。这种潜能多在自身的发展中逐渐内化为或是自动转化为个人经验或技能。因此，智能的发展过程是不平衡的，有的智能在较早的时候就表现出来，有的智能到了成年后或是晚些时候才能表现出来，因此过早地确定学生的智能类型是不利于其一生智能发展的。

加德纳多元智能理论为我们改进学习评价方式提供了理论依据。笔者以多元智能理论为指导，结合自己的实践经验和体会，认为改进中学思想政治课学习评价方式，应从六个方面入手。

一、思想政治课学习评价的目的是为了促进学生更大的发展

既然学生的智能是多元的，那么思想政治课的评价方式就不应该只是关注知识，还应该关注他们的情感、态度、价值观以及在人际交往、自我认识、自然观察和自身生存等方面表现出来的基本技能。思想政治课的教学目标要实现"三个维度"的统一，而不仅仅是知识的灌输，考试评价只能反映教学中知识目标的实现程度，而能力的培养与觉悟的提高对于塑造一个全面发展的学生来说更为重要。因此，思想政治课教学目标应体现在培养学生的多种能力和提高学生的思想觉悟上。

政治教师要通过对思想政治课学习的评价，促进学生能力的培养，进而在更大程度上促进学生的发展。树立"人人都有才，人人都可成才"的现代教学理念。正如《基础教育课程改革纲要（试行）》中所指出的："评价不仅要关注学生的学习业绩，而且要发现和发展学生多方面的潜能，了解学生发展中的要求，帮助学生认识自我，建立自信。发挥评价的教育功能，促进学生在原有水平上的发展。"

二、思想政治课学习评价的价值取向应以人为本

多元智能理论认为每个学生都存在智能强项和智能弱项。在传统评价中，学生要尽力在他自己不擅长的学业领域中适合评价要求，从而不能发展自己的优势智能。而新课程则强调通过识别学生的优势智能，为学生提供发展自己优势智能领域的机会。政治教师的重要责任之一，就是使每一个学生的优势智能得到充分展示，并将其优势智能领域的特点迁移

到弱势智能中去,从而促使其弱势智能领域得到尽可能的发展。新一轮的基础教育课程改革提出课程学习评价的核心是"全人观"。第一,每个学生都能获得成功,评价在于给学生找到并提供成功的支撑,使每个学生都获得成功的机会。第二,每个学生都有自己的优势智能领域,教学评价要让学生发现自己的优势领域,同时又认识到自己的不足,从而协调地发展自己,尽可能使自己在多方面得到充分发展。第三,学生的智力发展贯穿于生命的全过程,为此,我们的评价要用发展的眼光看待孩子,善于发现他们的智力潜能。这些建议都体现了以学生发展为本的人本思想。这就要求教师在对学生进行评价的时候应具备正确的评价取向,即必须以学生终身的、全面的发展为根本。教师要真正树立起以学生为本的思想,才能实现新课程的要求。

三、思想政治课学习评价的特点应以综合性为主

多元智能理论认为学生的智能存在多个方面,那么对学生思想政治课学习的评价,也应该由单一的关注学业成绩拓展到关注个体发展的其他方面。《高中思想政治课课程标准》也指出:"要把对学生思想政治素质的评价放在突出位置。评价要全面客观地记录和描述学生思想政治素质的发展情况,注重考查学生的行为,特别关注其情感、态度与价值观方面的表现","要突出评价的整体性和综合性,要从知识与能力、过程与方法、情感态度与价值观等几个方面来进行评价,全面反映学生思想政治素质的发展状态"。只有这样,学生在学习上才能表现出更多的自由度,学生的个性才能得到充分表露,多方面的才艺才能得到充分展示。因此,教师在组织教学过程中要用发展的眼光来关注学生的个性差异,看重学生的优势智能,用多元指标来综合评价学生,真正指导和促进学生的个性发展。

四、思想政治课学习评价的方式要多种多样

多元智能理论告诉我们,一个人的智能存在于多个方面,而每个人的优势智能又不尽相同,所以教师必须采用更多的评价方式来客观、全面地评价学生。《高中思想政治课课程标准》指出:"要采用多种学习评价方式。考试,包括结业和升学考试,作为高中学习成绩的重要评价方式,在提供多种题型的同时,倡导综合的、开放的题型。面对学生思想政治素质和表现的评价,要更为关注其发展和进步的动态过程,采取更为灵活的方式,如谈话观察、描述性评语、项目评议、学生自评与互评、个人成长记录等。"例如,为了更好地评价学生,了解学生的思想脉搏,我在每堂课开始时,就前一天发生的国际、国内重大热点问题、敏感问题或社会新闻请学生发表自己的看法。这不仅有利于培养学生理论联系实际的能力和分析问题、解决问题的能力,还能从中看出他们的情感、态度、价值观以及其他方面的能力,效果相当不错。

五、思想政治课学习评价的主体要多元化

学生有多方面的智能,他们展示自己的智能也呈现出多元化,学校只是其中的一个方面,他们还有社会生活、家庭生活等诸多方面。教师只能看到学生在学校的表现,却很少关注他们在其他场合的表现;而学生也总想在老师面前留下好的印象,所以他们的表现在某种程度上具有不真实性。为此,笔者认为对学生的评价应坚持"主体多元化"的原则,即家长和社会人士作为学习评价的一个主体来参与。例如,家长可对子女参与家庭活动的表现进行

评价，社会人士可对学生参加社会实践和社会活动的表现进行评价，同时学生也可以进行自我评价和相互评价。只有这样，教师才能全面、客观地评价学生，才有利于学生全面发展和健康成长。

六、思想政治课学习评价应淡化结果，注重过程

每一个学生都存在智能强项与智能弱项，教师有责任和义务将学生的优势智能领域的特点迁移到弱势智能领域中去。这是一个漫长的过程，我们要关注的也正是这个过程。新课程强调："要把形成性评价与终结性评价结合起来。学业的完成，需要经历必要的过程，思想政治素质的状况，更要在一定的过程中表现。终结性评价应建立在形成性评价的基础上，与形成性评价相结合，才能保证评价的真实、准确、全面。"由此可见，新课程强调的是学习评价的过程化。关注学习结果的评价往往是面向学生的"过去"，关注学习过程的评价则是着眼于学生的"未来"，重在学生的发展评价。因此，教师不仅要引导学生对学习结果进行反思，对今后的学习产生借鉴意义，更要引导学生及时反思自己的求知过程、探索过程和实践过程，帮助学生形成积极的学习态度、科学的探究精神和正确的情感体验及价值观。思想政治学科作为学校德育课程的主体，其政治责任和社会责任是其他学科无法替代的，而学生思想品德优化的过程更是一个渐进的、曲折的、漫长的动态过程。作为政治教师，应经常采用学生活动记录、时政热点沙龙、学生课余生活追踪调查等形式，组建学生成长档案，关注学生学习和思想成长的过程，才能使学生的学习评价真实、准确、全面，收到良好的效果。

以多元智能理论为指导的评价思想与新课程的评价方向是一致的，并为"建立促进学生全面发展的评价体系"提供了有力的理论依据。我们应根据这种理论依据，不断改进思想政治课学习评价方式，使我们更好地实践新课程标准所倡导的学生学习评价，促进学生的学习成绩和思想道德素质的不断提高。

（本文选自《中学政治教学参考》2005年第3期）

学生参与政治作业自我评价的探索

浙江三门中学 项先银

作业是学生学习的重要组成部分,作业既是学生衡量自己所学知识的掌握程度,又是教师了解学生学习效果的重要依据。而作业评价是整个教学过程中不可缺少的一个环节,是教师发现教学中的问题,指导学生学习的重要手段,也是连接师生的一座桥梁。让学生参与作业的自我评价,找出作业中的不足,不断进行反思,并最终形成自我监控的学习习惯,也是高中新课程改革的必然要求。况且,高中学生具有一定的自学能力,信息来源多,知识面广,逻辑思维能力比较强,心理发展水平也已经比较适合自我评价。

一、传统政治作业批改模式的弊端

1. 学生完全处于被动状态

当前学生对政治作业的一个普遍态度是完成作业后上交就万事大吉,加上政治学科不是理科高考的科目,许多学生对教师全批全改的作业没有给予足够的重视,对其中的错误及原因也懒得去分析,学生完全被排斥在作业批改之外,学生丧失了锻炼自我鉴别、自我评价的最好机会;教师往往以自己的认知水平去要求学生,把学生的作业批得"体无完肤",学生主动思考、自我检查的积极性也受到压抑。

2. 教师批改负担重

当前班额普遍扩大,班级学生数偏多,作业本多,一个高一、高二的政治教师往往要担任6至8个班,再加上平时单元测验、班主任工作、备课、外出学习等,教师批改负担不断加重,教师探索教育改革的时间难以保证,不利于教师业务水平的提高,进而影响教学效果。

3. 师生获得作业的信息反馈缺乏时效性

传统政治作业的批改时间基本上由教师决定,由于教师批改负担重,有时不能及时批改作业,使作业评价对学生的反馈缺乏时效性,学生有时为应付作业,有"抄袭"行为,教师忙于批改,也没有及时去检查矫正,不能真正了解学生作业的真实表现。

二、学生参与政治作业评价的理论依据

1. 多元智力理论

多元智力理论认为:"每个人的智能是多方面的,是由相对独立的语言、逻辑、空间、动觉、节奏、交际、自省等七种以上的智能要素组成的。对每一个人来说,由于受各种不同环境和教育的影响和制约,各种要素以不同的方式、不同程度的组合,使人的智能发展出现不平衡,呈现出各自相对优势智能和弱势智能,使每个人的智能各具特色。"世界上并不存在谁聪明谁不聪明的问题,而只是存在哪一方面谁聪明及怎样聪明的问题。"这种对学生学习的主体性的尊重,给予我们重新审视学生学习和教育的价值的机会,这也要求教师确立'每个人都是聪明的'教育观念,不把学生的智能差异性发展作为教育的负担,而把差异性发展作为一种资源。"把政治作业评价权交给学生,让学生在作业评价过程中对自我负起责任。正是

根据上述理论,教学中我们就需要挖掘学生的优势智能,开发弱势智能,发挥学生内在的积极性,充分尊重学生的个性,把具有不同优势和弱势智能的学生合理组成各种形式的学习小组,共同参与政治作业的自我评价。

2. 心理学依据

人本心理学的教育原则是以学生为中心。罗杰斯认为:学生具有学习的潜能,并具备自我实现的学习动机。教师不要学生怎样学、怎样做,而是提供学习手段,由学生自己决定怎样学、怎样做。教师要以"方便者"自居,这样有利于消除师生间的紧张气氛。教师应鼓励学生的自我实现,在作业评价过程中,教师只是顾问,不是操纵者。让学生参与作业的自我评价,体现了"以学生为中心"的教育原则。另外,教育心理学研究表明,人的情感与认识不可分割地联系着。愉快时,感知敏锐,记忆牢固,想象活跃;反之,消极情绪则会压抑认知活动的展开。让学生参与作业的自我评价,能激发学生浓厚的兴趣,不会觉得做作业是一种乏味的事,变"苦于作业"为"乐于作业",让作业真正成为学生在学习过程中的一种自我构建、自我完善、自我创造的过程。

三、学生参与政治作业自我评价的原则

1. 方向性原则

学生参与作业自我评价的目的是为教师的教和学生的学提供反馈信息,启示教师适当调整教学策略,引导学生改变学习方式,提高学生学会学习的能力。在评价过程中,培养学生主动思考、自觉修改订正的习惯,让学生们看到自己的不足,明确方向,从而获得积极主动的发展。

2. 公正性原则

客观公正的评价能使学生之间相互信任和尊重,学生不能以定势心理去评价自己和他人的作业,评价他人的作业更不能心存偏见。这样,有利于改善同伴关系,有利于学生共同学习。

3. 个性化原则

不同的学生有着不同的兴趣和志向、不同的基础、不同的智力层次、不同的特长和不同的心理特征,在作业过程中就表现为不同的个性差异。因此,在学生作业的自我评价过程中,引导学生采取灵活多样的评价方式,鼓励学生善于发现自己和他人的"闪光点",避免学生产生消极情绪,使学生的自尊需要得到满足,让学生怀着满腔的热情去学习。

4. 发展性原则

发展性原则是针对作业自我评价的过程和结果有利于学生的可持续发展而言的。发展性原则的出发点不是在于评价发挥了甄别和选拔功能,而是在于发挥了发展性功能;评价的作用在于怎样提高学生的作业效率,而不是简单地区分学生作业的好坏。发展性评价不是把作业的自我评价作为一个孤立的、终结的活动来看待,而是把作业的自我评价作为课程与教学的一个有机环节,作为促进师生发展的一个手段来看待。

四、学生参与政治作业自我评价的形式

1. 小组批改作业

把不同水平的学生安排成前后两桌,每四人组成一个小组,由组长负责检查作业完成情况,并在组长的组织下"对答案"。若答案不能统一,则进行自我复查,对自己要么肯定,要么找出错误的原因。若小组内交流不能统一意见,则把意见提交其他小组或老师沟通。教师

对小组批改后的作业要进行抽查，了解作业完成和自我批改的情况，以便及时反馈。同时，教师要引导学生把一些新颖、有趣的作业整理出来，放在班上展览，实行"作业资源共享"，便于调动学生做作业的积极性，提高作业效率。

2. 自改和互改

自改是学生在做完作业后，教师发给学生参考答案，让学生自批自改，学生对自己的作业，在批改中及时检查修订，在自改过程中，把自己认为应该打的分数记上去，把自己好的观点用线条划出来；如果是常识性错误，则把该处圈起来。互改是学生把自己的作业让同桌或前后桌同学相互批改，如有问题，则交小组讨论订正，对小组还不能解决的问题，则提交教师，老师把学生的作业和对作业自我评价过程中存在的问题及时记录下来，形成例题集。这样能让每个学生都充分地、主动地、积极地表现自己，不断提高自我评价能力，也便于教师及时把握教学情况，适时调整自身的教学策略。

3. 异质交互批改

主要由处于两极的同学结对互批，甚至相互交换作业本做，基础好的学生作业做得条理清晰，会对基础差的学生起榜样示范作用，促使基础差的学生不断提高作业的要求；同时，要求处于两极的同学在评改作业过程中，看到对方作业的创新之处、满意之处、精妙之处、败笔之处，用激励性的评语评述一下，把最想说的话写出来，这样能促进学生个人发展，可以增强学生的责任感、自信心和成就感，能促进同伴关系，可以鼓励学生共同学习和相互学习。

4. 随机交换批改且二次记分

由课代表随机给每位学生发一本作业本，由同伴批改打分，配以切中要害、恰如其分的评语并签名；然后将作业本发还给学生本人，要求学生对照同伴打的分数和写的评语，深刻反思自己的作业过程，认真订正自己的作业，再上交给原先批改的同学。如果订正正确，便追加成绩，否则不给分，这样有利于培养学生的独立性和自主性，不断引导学生敢于质疑、深入调查和进行探究。

让学生参与政治作业的自我评价，其实质是重视学生的兴趣和主动积极的情感体验，培养学生敢于评判和独立思考的态度，让学生主动去发现，去思考问题，充分尊重学生的探究本能和个性，把思维的空间留给学生，把自主的时间还给学生，不断提升学生的学习品质，确立让学生"学会学习，学会做事，学会合作"的育人目标。同时，教师把作业的评价权交给学生，需要学校领导重视和支持，需要各科任教师的交流和合作。

参考文献：

[1] 伊红.让学生负起学习评价的责任[J].教学月刊(中学版),2004(11).
[2] 胡晓杨.新课改背景下的作业批改[J].教学与管理,2004(6).
[3] 杨宁.从自我调节学习的角度看家庭作业[J].课程·教材·教法,2004(11).
[4] 邱玉仙.让评价的天空更多彩[J].现代中小学教育,2004(11).
[5] 白幼蒂.历史学科的开放性学业评价[J].中小学教材教学,2004(14).
[6] 霍力岩.多元智力理论与多元课程研究[M].北京:教育科学出版社,2003.

(本文选自《教学与管理》2005年第8期)

浅谈新课程理念下的思想政治课教学评价

福建省仙游一中 陈友新

目前正在我国实施的新一轮基础教育课程改革是一场深刻的变革。它坚持"以人为本""以学生发展为本"的新理念,要求建立起与之相适应的全新的学习与教学评价体系。在实践中,我认为,思想政治课教学评价应做到"一个转变,五个坚持"。

一、转变评价理念、明确新评价目标

黑格尔认为:"一切改革归根到底是观念的更新。"新课程的实施带来的挑战主要体现在教师教育观念的转变和教育能力的提高上。新形势下我们培养的学生必须具有创新精神和实践能力,而传统的观念则认为教育的功能就是传承文明而不是文明创新,由此而产生的传统的政治课教学评价即单一的纸笔知识测试的评价方式的弊端已日渐显现。如对学生的评价普遍采用终结性评价手段,这种手段虽然在效度和信度方面有一定的保证,且容易操作,然而却与素质教育和课改的要求存在较大的距离。倘若在现实中一味强调知识考试的结果,甚至"一考定终身",那么,必然忽视对学生主体的日常行为和学习过程的考核与评价,不仅违背了一般的教育教学规律,更是违背了政治课的性质、功能和价值取向。传统的评价方式重知识,轻能力;重结果,轻过程;重教师的教,而轻学生的思维发展及创新。这种评价方式严重制约着新课程多元目标的实现,制约着素质教育的发展。因此,以新的教学评价观作为指导重新构建新的教学及学习评价体系,势在必行。

基础教育课程改革的核心理念是"以学生的发展为本",所以必须建立一种发展的、动态的、着眼于未来的,能促进学生全面发展的评价体系,确立以学生发展为中心的教学观。其目的是促进课堂教学的改进,促进学生素质的提高,培养学生的能力、思维、情感、态度和价值观等基本素质。

新课改理念下的政治课教学不仅要传授知识、训练技能、发展智力,更要培养学生良好思想品德和健康的个性,因此评价目标必须体现在知识与技能,过程与方法,情感、态度、价值观三维目标的统一上。要以学生的发展为出发点和归宿,要以促进学生创新精神的培养和实践能力的提高为宗旨,通过评价,提高学生自我认识、自我教育、自我发展的能力。

二、坚持主体性原则

新课改要求我们必须从学生全面发展的需要出发,注重学生主体地位的体现和主体作用的发挥。在教学和评价中始终要强调尊重学生的人格和个性,关注每一个学生,因材施教。有句话说得好:"不求人人高分,但求人人成功。"新课改中政治课安排不少活动,教师要争取调动每一个学生积极参与,鼓励其充分展示自我。罗杰斯说过:"教师首先需要对人寄予深信。如果我们每个人都有发展自己潜力的能力,那么我们就会允许他有选择他自己的学习方式的机会。"只有使学生真正树立参与意识、主体意识,才能让学生自己与评价挂上钩,才能融入其中,才能做到客观公正地评价。这就要求我们要尊重学生的选择,尊重学生的感情,通过与学生平等对话来探索和选择正确合理的评价方式,使评价过程充满民主性、开放性。

三、坚持多角度、多样化的评价原则

中学思想政治课对学生学习评价的内容越来越广泛,形式越来越多样。从评价内容上看,包括对学习内容、学习态度、合作精神和学习结果等的评价;从评价形式上看,有学生自评、同学互评、教师评、家长评等。在教学中,我们可设计"金色收获""我的成长记录"等栏目,让学生对自己一个阶段的学习及表现进行反思,自我鉴定,自我评价,这有利于学生学习自主性的培养,也有利于教师掌握学生的情况;也可以以小组评价的形式,让学生互评,从中体验到同学之间互相信任、相互合作、相互激励的乐趣,也有利于促进学生评价能力的提高;还可以是教师的评价,如一段温馨的话语,一段鼓舞人心的格言等。对学生的充分肯定,必然提高学生的学习积极性。评价时要充分考虑教育的社会性因素,不妨也让学生家长参与评价,这样做有利于家校沟通,也有利于父母与子女的沟通。这种评价有利于弱化来自社会和家庭的负面影响,学生们大多是认可的。

四、坚持激励性评价原则

新课改的特点要求政治课评价必须突出对学生学习积极性的评价,以发现自我、发展自我为目标,增强学生的成就感和自尊心,激发学生的潜能,满足学生发展个性的需要。皮格马利翁效应告诉我们:来自他人和自我的积极评价是一种巨大的力量,适当的激励有利于学生获得自我价值感,从而促进其成功。这在实践中已得到了验证。在教学评价实践中,我们把小组评价与学生自评结合起来,在此基础上,加上教师平时观察、记录的情况,对积极参与、主动交往、热情开朗、取得一定成绩的同学及时给予表扬。这种做法的直接效果是促使这些学生的潜能得到较大程度的发挥。例如,有一位被表扬的学生自认为做得还不够好,为了证明自己确实行,他刻苦钻研,勤学苦练,不断开发创造性思维,在小制作和小发明上接连获奖,学习成绩也进入班级前列。而对于在活动中消极应付或成绩不理想的同学,也应及时发现其"闪光点"。正像冰心所说的那样:"淘气的男孩子是好的,淘气的女孩子是巧的。"要及时给予他们特别的关爱,激励他们尽快跟上班级前进的步伐。

五、坚持认知性评价与行为性评价相结合的原则

思想政治课不仅是一个知识的传授与学习的过程,而且是一个尝试体验、不断探索的过程。知识的考核固然不可少,但为学生提供一些真实的生活背景,让他们在其中去活动、去领悟、去冲突、去体验,"在亲近自然""融入社会"和"认识自我"的真实生活体验中获得思想道德品质的发展和文化知识的巩固、提高,更能增强教学的针对性和主动性,同时也增强了德育的实效性。这能较好地解决信与不信、行与不行的矛盾。可以通过"说一说""看一看""演一演""试一试""查一查"等参与实践的形式来考查学生,看看学生的观察、比较和归纳能力,评价其分析、解决问题的能力,看看能否把所学知识运用到实践中去。要注重培养学生收集和处理信息的能力,获取新知识的能力,以及交流和合作的能力。提倡探索、体验、参与、合作、讨论、调查、社会实践。并对学生实践表现按其参与的积极态度和能力体现做出评

价，记入各人的成长记录。一般采取跟踪性、阶段性的自评与他评相结合，尤其要注意观察学生在行为活动中情感、态度、价值观方面的表现。这种评价能很好地体现出"知行一致""知行合一"的新课程特点。

六、坚持"评教"与"评学"相结合的原则

"评教"是促进教师转变观念、提高教学质量的重要一环。评价的关键在于有无体现课改新理念、有无创新。评价时要把握教与学是否交融，是否相互转化，教学方法是否最优化，学生是否乐学、善学。"评学"即建立评价学生的学习状态和学习效果的评价体系。"评学"主要是评价学生是否主动学习、合作学习、竞争学习、个性化学习。"评教"与"评学"都是必不可少的，课堂教学要以"评学"为重点，以此来促进教师更新教学理念，改进教学。

新课程的实施必然有一个新旧评价体系的转换整合期。我们应解放思想，与时俱进，进一步确立与新课程相适应的素质教育新理念，确立更为科学、合理的评价体系，不断探索，持之以恒，知难而上，为基础课程改革做出积极的贡献。

(本文选自《思想政治课教学》2006年第3期)

从多元智力理论看学生评价的改革

江苏省如东县实验中学 杨海霞

多元智力理论由美国哈佛大学发展心理学家加德纳(Howard Gardnef)于1983年在《智力的结构》一书中提出。多元智力理论认为,人的智力是由语言智力、数理智力、空间关系智力、节奏智力、运动智力、人际交往智力、自我反省智力、自然观察智力和存在智力9种智力构成,并从新的角度阐述和分析了智力在个体身上的存在方式及发展的潜力等。

多元智力理论对教育界产生了巨大的影响。首先,它直接影响教师形成积极乐观的"学生观"。多元智力理论认为,每个人都同时拥有这9种智力,只是这9种智力在每个人身上以不同的方式、不同的程度组合存在,使得每个人的智力都各具特色。因此,世界上并不存在谁聪明谁不聪明的问题,而是在哪一方面聪明的问题。即学校里没有所谓"差生"的存在,每个学生都是独特的,也是出色的。这样的学生观一旦形成,就使得教师乐于对每一位学生报以积极、热切的渴望,并乐于从多个角度来评价、观察和接纳学生,重在寻找和发现学生身上的闪光点,发现并发展学生的潜能。这正是新课程学生评价所倡导的改革方向,关注学生个体间发展的差异性和不均衡性,评价内容多元、评价标准分层,重视评价对学生个体发展的建构作用。

其次,多元智力理论直接影响教师重新建构"智力观"。虽然教师担负着发展学生潜能的责任,但是很少有教师真正思考过人类智力的本质是什么。多元智力理论强调,智力的本质更多地表现为个体解决实际问题的能力和生产及创造出社会所需要的有效产品的能力,而这些能力显然远远超过了传统教学和评价关注的重点。因此,多元智力理论拓展了教师的"智力观",教师不但要关注学生的学业成绩,同时还要关注学生的全面发展,尤其应重视培养学生的实践能力和创新能力。这些正是新课程学生评价改革的方向,即建立促进学生全面发展的评价体系。

建立促进学生全面发展的评价体系是课程改革学生评价工作的基础,建立促进学生全面发展的评价体系应做好以下四个环节的工作。

一、明确评价内容和评价标准

新课程关注学生的全面发展,不仅仅关注学生的知识和技能的获得情况,更关注学生学习的过程、方法以及相应的情感、态度和价值观等方面的发展。只有这样,才能培养出适合时代发展需要的身心健康、有知识、有能力、有纪律的创新型人才。因此,评价内容除了学科学习目标之外,还包括了一般性发展目标,具体包括以下几个方面。

1. 道德品质

爱祖国、爱人民、爱劳动、爱科学、爱社会主义;遵纪守法、诚实守信、维护公德、关心集体、保护环境;自信、自尊、自强、自律、勤奋;能对个人的行为负责,表现出公民所应具有的社会责任感等。

2. 学习能力

有学习的愿望和兴趣,能承担起学习的责任;能运用各种学习策略来提高学习水平,能对自己的学习过程和学习结果进行反思;能把不同的学科知识联系起来,运用已有的知识和技能分析、解决问题;具有初步的探究与创新精神等。

3. 交流与合作

能与他人一起确定目标并努力去实现目标;尊重并理解他人的处境和观点,能评价和约束自己的行为;能综合运用各种交流和沟通的方法进行合作等。

4. 个性与情感

对生活、学习有着积极的情绪、情感体验,拥有自尊和自信;能积极乐观地对待挫折与困难。表现出勤劳、独立、自律、宽容和自强不息等优秀的个性品质。

评价标准应用清楚、简练、可测量的目标术语加以表述。

二、选择并设计评价工具与评价方法

建立多元的、综合的评价内容和标准,评价工具和方法也应注重多样化。新课程倡导评价方法的多样性,尤其强调质性评价方法的应用,只有将质性的评价方法和量化的评价方法相结合,才可以有效地描述学生全面发展的状况,也才能评定复杂的教育现象。促进学生全面发展的评价体系将打破传统的以纸笔考试作为唯一评价手段的垄断。关注过程性评价,及时发现学生发展中的需要,帮助学生认识自我、建立自信,激发其内在发展的动力,从而促进学生在原有的水平上获得发展,实现个体价值。重视采用开放式的质性评价方法,如行为观察、情景测验、学习日记或成长记录袋等,关注学生学习、发展的过程。但考试仍是一种有效的评价方式,应注意根据考试的目的、性质和对象,选择不同的考试方法。如辩论、答辩、表演、论文撰写等灵活多样、开放动态的测评方式,加强对学生能力和素质的考查,改变过分注重分数、简单地以考试结果对学生进行分类的做法。此外,需要注意将形成性评价与终结性评价有机结合,将定性与定量的方法相结合。只有这样,关注过程的形成性评价方法和质性的评价方法才能落到实处,引起师生的重视。

三、收集和分析反映学生发展过程和结果的资料

这是全面评价学生的关键。这些资料通常包括学生的自我评价、教师和同伴的观察与评价、来自家长的信息、考试和测验的信息、成绩与作品集、其他有关说明学生进步的证据等。常用的收集方法有:标准化考试、对学生行为表现的观察、访谈与调查等。这些资料不仅涵盖学生发展的优势领域,也应涵盖被认为是学生发展不足的领域,这样才能为学生的发展建立全面的、客观的资料档案,清晰描绘出学生成长、发展的曲线。

学校、教师、家长应和学生一起对收集的资料进行分析,对学生发展的成就、潜能和不足进行客观描述,对学生的考试结果等做出分析、说明和建议,形成一个分析报告。报告中的评价部分应采用激励性语言。

四、确定促进学生发展的改进要点并制订改进计划

建立促进学生发展的评价体系,应根据信息收集后的分析报告,明确促进学生发展的改进要点,并用清楚、简练、可测量的目标术语表达出来,制订改进计划。通常改进计划中要注

意将学生发展优势区域方面的特征向其不足的区域迁移,以促进其潜能获得可持续的发展。

建立促进学生全面发展的评价体系还需要注意以下两点。

1. 促进"全面发展"不等同于追求"全优发展"

"全面发展"强调在基础教育阶段,课程的功能和目标是从全面发展的角度发展和发现学生多方面的潜能。课程目标中不仅包含学生在"知识与技能"方面的发展,还要求关注学生在"过程与方法""情感、态度与价值观""解决问题的能力"等方面的发展。它绝不等同于"全优发展"。"全优发展"在教育实际中很难实现,而且也不符合因材施教的原则和社会对人才多样化的需求。促进学生全面发展的评价体系,是指从全方位的角度,评价学生各方面在原有水平上的进步状况,它允许学生身上同时存在优势领域和不足领域,评价的目的在于帮助学生认识自我、拥有自我、实现个人价值。

2. 评价技术的有限性和教育追求的无限性之间的矛盾

建立促进学生全面发展的评价体系,应避免教师只以显性的评价指标为导向培养学生:即"考什么就教什么""评价什么就重视什么、培养什么"这种片面的、僵化的做法。促进学生全面发展的评价体系,要求教师在更高层次上关注课程功能的变化对教育和评价提出的新要求。无论是显性、可客观测评的,还是隐性、难以进行客观测评的内容,只要是学生全面发展的内容,都应成为教师教育教学的关注点。

(本文选自《思想政治课教学》2006年第4期)

思想政治课教学评价新策略

山东沂南县第一中学 张秀国 王立慧

思想政治课教学的评价是政治课程改革中的重要组成部分。走进新课程必须研究政治教学评价设计改革。如果只进行课程内容和教学方式的改革，而不进行学习评价的改革，穿"新鞋"走"老路"、用旧"标准"来衡量新成果，很有可能将课程改革引入误区，因此切实做好政治课教学的评价工作，使评价成为促进学生发展和提高教学质量的有效手段，具有十分重要的意义。

一、政治教学评价设计的基本理念

《思想政治课程标准》在"评价建议"中指出，本课程要改变过分注重知识性和单一的纸笔测验的评价方式，立足思想政治素质的提高，建立能够激励学生不断进步的评价机制。既要考评学生掌握和运用相关知识的水平和能力，更要考查他们的思想发生积极变化的过程，采用多种方式，全面反映学生思想政治素质的发展状况。

1. 建立主体取向的评价观

评价是一种价值判断活动。遵循"一切为了学生的发展"原则，建立促进学生全面发展的评价体系，在政治教学评价设计中应建立主体取向的评价观，有利于发挥评价促进学生发展的功能，它既包括对学生学习的导向功能、诊断功能、调节功能、激励功能，也包括对教师的教学反思功能。

建立主体取向的评价观，首先，要求教学评价设计在教师与学生的关系上，应改变传统的教学评价中师生成为"医患"关系的状况，建构起平等的互信关系。其次，教学评价设计，应体现教师与学生处在民主参与、共同协商、相互理解的互动氛围，教师能尊重学生的差异，允许价值多元。在评价中，教师应尊重学生的选择，允许学生根据自己的需要去发展，充分肯定他们的进步。再次，教学评价设计，应积极鼓励学生进行自我评价，促进学生尽可能地提高"反省意识与能力"，以增强学生的认知内驱力。因为，"体现评价的最终目的不是做出评价，而是要让学生认同评价，并根据结果做出改进，获得发展"。

2. 建立过程与结果并重的评价观

传统的教学评价设计多采取结果的终结性评价，其实质是对"过去"的关注，并不利于促进学生发展。新课程倡导以促进发展为基础的过程性评价，认为评价是一个过程，不仅仅发生在教学活动之后，同时也应伴随和贯穿于教学活动的每个环节。促进学生发展的评价不仅需要终结性的评价，更需要形成性的过程评价，应是通过关注"过程"而促进"结果"的提高。只有充实的过程，才有更精彩的结果，因此应建立过程与结果并重的评价观。要求在教学评价设计中，关注学生学习的整体过程。关注学生学习前的准备过程，了解学生已有的知识存量与心理特征，通过评价调动学生学习的积极"心理倾向"；关注学生在听讲、阅读课本、形象感知、解题练习、质疑问难、思维发散、探索学习、讨论交流、迁移应用等学习过程中表现出来的积极性、主动性和创造性,关注学生学习后的行为结果。对学生"学习生活有用的政治、学习终身发展有用的政治"的实践行为进行积极评价。

二、政治教学评价设计的基本策略

1. 评价的目的:从甄别选拔走向促进学生的全面发展

评价的目的究竟为了什么?这是政治学习评价中必须解决的首要问题。从目前政治课程的评价现状来看,评价的目的主要体现在三个方面:一是甄别、选拔性评价。如高考所采用的评价,其目的是淘汰和选拔。二是鉴定性的水平评价。如目前学校普遍采用的期中、期末考试就是鉴定性评价,其目的是为了考查学生达到学习目标的程度。三是发展性评价。如每月一次的月考,其目的是通过评价改进教师的教和学生的学,从而有效地促进学生的发展。

新的政治课程标准针对以往学习评价中的弊端,把评价目的定位在如下几个方面:第一,诊断学生的学习质量,检测学习评价重在评价学生的达标程度,引导学生的学习方向。第二,促进学生的发展,促进学生潜能、个性、创造性的发挥,使每一个学生具有自信心和持续发展的能力。第三,检验教师的教学效果,及时调整教学策略。这一评价目标理念的转变对政治教师提出了如下要求:要树立思想政治学习评价的全面目的观,要在注重学习评价管理功能的基础上,充分发挥学习评价的教育功能,关心学生的全面发展。

那么如何通过评价来促进学生的全面发展呢?首先,要通过形成性评价反思教师教和学生学过程中存在的问题,并针对这些问题及时改善课程设计,完善教学过程,使学生遇到的问题能得到圆满解决。其次,要实施差异性评价,在一个班级群体中,学生个体之间在学习水平上的差异是客观存在的,因此,在评价的标准上,要着眼于学生的发展,软化"班级参照",强化"自我参照",对学习水平高一点的学生,让他们永不满足,对学习水平低一点的学生可适当松一点,让他们不感到自卑。这种因人而异的评价,具有个体性和灵活性的特点,它能促使学生在对过去、现在和未来的认识中增强自信,发挥其创造潜能。此外,为了学生的发展,在教学中,要采取多种激励措施,鼓励和帮助学生获得成功的体验,变"纠错"为"觅优",用满意的效果去强化其学习的动机,促使所有学生的素养在原有基础上都得到良好的发展。

2. 评价的重心:从过分关注知识的掌握走向注重关注解决问题的能力与过程

由于传统的思想政治课程评价的功能在于甄别和选拔,从而导致了政治课程评价的重心只能侧重于过分关注知识的掌握,即学习的结果,而忽视了学生解决问题的能力和过程的评价。这种"重结果、轻过程"的评价,显然是不完整、不科学的,必然导致教学方式、教学方法的僵化,学生的死记硬背和机械模仿,使学生学习政治的兴趣荡然无存,政治学科的地位也与日俱降。因此,新的思想政治课程标准倡导学习结果与学习过程的有机结合,要求既要注重对学生基础知识与技能的理解和掌握的现实状况进行评价,更要注重对学生在学习过程中的参与状态、学习方式、思维方式,以及学生在学习过程中表现出来的学习主动性、创造性、积极性和探究性等进行评价。

政治新课标特别提出,要"学习对生活有用的政治""学习对终身发展有用的政治"。学习对生活有用的政治、学习对终身发展有用的政治都不能离开"用"字,这种学习更强调的是获得可发展的基本知识和技能;学会开展实践活动,学会思维,培养实践能力和创新能力,形成道德伦理观念;培养创新意识和爱国情感,养成良好的人文精神与审美情趣。这就要求我们在评价学生解决问题的能力时,要了解学生:能否把现实生活中的问题和重大时政作为背景材料,能否制订解决问题的方案,能否形成有效解决问题的思路,能否检验并解释结果。评价学生解决问题的过程,应了解学生在提出问题、搜集整理材料以及分析信息材料、回答问题这一完整过程中的表现。其中,重点评价学生在搜集整理以及分析信息材料过程中的表现。应了解学生:能否利用各种信息源搜集一手和二手资料;能否通过社会实践等方式去获得材料,保证信息材料的质量;能否将信息材料归类,通过分析信息材料得出结论。

3. 评价的内容:从狭窄和片面走向全面综合

《思想政治课程标准》在"评价建议"中,提出了政治学习评价的基本内容和要求:"注重评价学生探究问题的能力;注重评价学生解决问题的能力和过程;注重评价学生创造性思维的能力、注重评价学生在学习中所形成的情感态度与价值观。"这就要求教师从评价的内容上,必须从狭窄和片面走向全面和综合。

对评价内容的"全面性"的理解,教师必须把握三点。一是政治课程内容的全面性,政治课程是一个整体,政治课程内容全面性的评价,应该包括必修课程:经济生活、政治生活、文化生活、生活与哲学;也包括选修课程:科学社会主义常识、经济学常识、国家和国际组织常识、科学思维常识、生活中的法律常识、公民道德与伦理常识,在开设必修课的同时,提供具有拓展性和应用性的选修课程,以满足学生发展的不同需要。二是评价目标的全面性,不仅限于知识与能力,即认知发展水平进行评价,还要注重学生的行为,更关注综合评价学生在情感、态度和价值观以及创新意识和实践能力等方面的进步与变化。三是个体差异发展的全面性,心理学和社会学的研究表明,学生的发展是存在着个体差异的,对学生个体来说,"全面发展"并不等于"全优发展",而是允许并鼓励学生在基本素质全面发展的基础上发展个性特长。美国心理学家加德纳提出的多元智力理论告诉我们:每一个学生都有自己的智力强项和独特价值,对所有的学生都采用同样的评价内容是不合理的。因此,教师在确定评价内容时,充分尊重学生个体差异发展的全面性和各种生活关系,关注学生个体智力的强项,最大限度地促进学生个体价值的实现。

对评价内容的"综合性"的理解,必须把握两个方面:一要注意评价内容的综合。例如,在评价学生的能力时,要综合考查学生的沟通、合作、表达能力,搜集与筛选多种社会信息、辨别社会现象、透视社会问题的能力,自主学习、持续学习的能力等。二要注意评价方法的综合。把形成性评价与综合性评价结合起来,尽量淡化量化和客观化评价,重视学生参与学习的评价,把量化评价与实质性评价相结合,结果评价与过程评价相结合,知识与能力、过程与方法、情感态度与价值观相结合,教师评价与学生自评、学生互评相结合,甄别性评价与发展性评价相结合。这样,才能保证评价的真实、准确、全面。

4. 评价的形式:从单一化走向多样化

在以往的政治教学评价中,为了达到评价的甄别与选拔功能,考试就成了唯一的评价形式。为了从根本上改变这一现状,《思想政治课程标准》"评价建议"中明确指出,评价的形式要多样化。要针对不同学生的心理特征、学习形式和学习特点的差异以及各种评价方式的不足,采取多种评价方式。除了选用书面形式的测验、口头表达等常见评价形式,也要注意通过观察学生在讨论、探究等活动中的表现来评价学生的学习。而对学生思想方面表现的评价,要更为关注其发展和进步的动态过程,采取更为灵活的方式,如谈话观察、描述性评语、项目评议、个人成长记录等评价方式。

在运用书面形式的测验时,试卷的编制要克服其忽视学生之间个体差异的缺点,避免以知识记忆为主,脱离实际的倾向,注意测验试题类型的多样化,既要有选择客观性试题,以测试学生对基础知识和基本技能的回忆和再认水平,也要有简答、综合等主观性试题,以测试学生的理解能力、思维能力、态度、价值观等内容。同时,在试卷中应尽量多提供一些与学生真实生活相似的情景问题和开放性问题,允许学生依照自己的兴趣和特色做出不同形式和内容的回答,以提高学生的创造能力和分析解决实际问题的能力。

在运用观察法对学生的学习进行评价时,要注意以下几点:一要确保观察在自然真实的状态下进行。二是观察前要做好准备工作。三是确定观察目的和项目。四是要客观、真实、全面、具体地做好观察记录。

5. 评价的主体:从教师的单一主体走向多元主体

以往的政治教学评价,在评价的主体上,教师是单一主体,师生之间的关系是评价和被评价的关系。在评价过程中,教师的主要任务是"纠错""挑毛病",教师是至高无上的主宰者,学生是接受评价的被评价者。这种单一主体的教师评价,其弊端在于:一是评价的结果容易出现片面、主观,使评价失去客观和公正,被评价者对评价的结果难以认同,因而评价的实效性不强。二是扭曲了正常的师生关系。在评价过程中,由于教师总是要千方百计地找学生的"碴",学生因而常常通过弄虚作假的办法来应付教师的挑战,久而久之,师生之间就会产生敌对情绪。三是使学生的发展失去了原动力。在整个评价过程中学生始终处于被动地位,自尊心、自信心得不到很好的保护,学生的主观能动性得不到很好的发挥,学生往往持一种应付、对抗、惧怕、逃避的态度。因此,在新课程中,教学评价要求被评价者从被动接受评价逐步转向主动参与评价,改变过去单独由教师评价学生的状况,鼓励学生本人、同学、家长等参与到评价中。这种多元主体的评价,有利于提高学生学习的积极性和主动性,促使学生对自己的学习进行反思,有助于培养学生的独立性、自主性和自我发展能力。同时也是学生之间互相学习和交流的过程,它可以让学生更清楚地认识到自身的优势和不足,能够从不同的角度获得有关自己学习、发展状况的信息,从而更全面的认识自我。

(本文选自《中学政治教学参考》2006 年第 7 期)

高中思想政治课学业评价改革的探讨

华南师范大学政治与行政学院　何　亮

新一轮基础教育课程改革已在实验区紧锣密鼓地进行,从实验区返回的各种信息看,教学评价被认为是制约课程改革成败的一个关键问题。因此,如何转变广大教师、教育管理者和学生家长的评价观念,建立符合"立足过程、促进发展"理念的新课程评价体系,是摆在各阶段、各学科教学工作者面前的一项紧迫任务。从高中思想政治课学业评价角度看,我们必须总结往昔的学生学业评价改革所取得的成绩,反思传统的思想政治课学业评价存在的问题,根据新课程评价理念建立一个新的学业评价体系,促进高中思想政治课程教学改革。

一、高中政治课学业评价反思

自 20 世纪 80 年代中期以来,我国高中思想政治评价与考试进行了一系列的改革。在引进外国先进教育评价理论的基础上,我们把形成性评价、诊断性评价与终结性评价相结合,注意过程性评价;关注学生综合素质的发展,提出综合评价理念;在高考、会考等大规模的考试中,无论在命题指导思想、试卷结构、命题技术等方面都做了较大的调整和改革,在一定程度上推进了中学政治教学向素质教育的转轨。但是,这些改革毕竟是低层次的、局部的,在旧课程教学体系下,高中思想政治课学业评价中既有传统课程评价中普遍存在的问题,也有本学科独有的弊端。

（一）学业评价的目的不明或错位,过分强调与高考的联系

不少教师不甚清楚过程性评价、形成性评价和终结性评价在功能和目的方面的区别,分不清水平考试与选拔考试的异同。由于迷信高考,他们一切以高考为定向。有些学校从高一开始就针对高考抓教学,紧扣历年高考试卷中的考点进行深度讲解,然后设计类似于高考政治试题来考核学生,结果不仅挫伤了学生的自信心,而且造成了学生知识结构的缺陷,导致学生片面发展。

（二）评价内容上偏重于对理论知识的考核,忽视了能力、情感态度价值观方面的评价

高中思想政治的教学目标是知识、能力和情感态度价值观的统一,可是,传统的学业评价侧重于认知领域即学科知识的考查;虽然随着高考命题指导思想实现"以知识立意"向"以能力立意"的转变,近十多年来,政治科考试在注重知识考查的基础上加强了对学生的理解能力、应用能力、分析综合能力和运用政治术语正确表述等学科能力的考核,但这些能力归根到底是应试的能力,而适应现代社会学习和生活必备的社会实践、社会调查、社会交往能力,以及学科研究能力、批判反思能力和创新精神等则无从考评。从理论上说,思想政治课是"德育课程",是学校德育的主渠道、主阵地或主导力量,但事实上,思想政治课评价跟其

智育课程的评价并无什么差别,因受纸笔测试形式的制约,命题人员很难通过一纸试卷对学生的思想感情、政治态度和主流价值观进行考核,因为这种考试形式不符合品德发展和德育评价的规律,其评价结果也是令人怀疑的。

(三)评价方法单调,过于注重纸笔测试和量化评价,很少采用过程性评价的手段与方法

许多教师除了用纸笔考试来评价学生外,不知道还能用其他方法评价学生。只重视用抽象的考分来评价学生的学习结果,不重视采用多种方法对学生的思想政治、品德发展作实质性的描述评价。这种单调、抽象的评价方法自然无法反映学生思想政治学习、品德培养过程中的真实情况。当然,出于满足上级学校招生和用人单位招工的考核形式上的要求,学校也注重对中学生进行日常操行评定,主要由学校的政教处或德育处根据各省、市颁发的《中学生思想品德考评方案》对学生进行思想品德评价,但在实施过程中,这种考核多半流于形式,主要工作就是填报《中学生德育考核表》。因此这种评价的权威性、真实性无法保证。上级学校招生和用人单位招工、部队征兵时,也只把品德评价表的信息作为一种参考,考试分数仍然是最重要的考核指标。研究性学习评价是过程性评价的一种重要形式。这几年,研究性学习作为一种新教学形式在中学各科教学中普遍得到开展,不少学生在政治学科的研究性学习活动中取得了令人惊奇的成绩。学生的学习方式和学习态度得到转变,科学精神和人文素质得到提高。但是,除了上海高考的个别学科外,其余省区的高考试题中都没有体现研究性学习的试题。出于所谓的公平、公正性要求,高校招生也基本上不看重学生平时成绩,因此,过程性评价在功利化的应试教育面前显得毫无价值。

(四)评价主体单一,没有形成多元主体参与的学业评价模式

在我国的教师教育过程中,由于其课程设置缺乏对师范生进行教育测量与评价方面的专业训练,导致我国大多数政治教师在考试评价方面的专业化水平较低,影响了他们在多元评价主体中的主导作用的发挥。近年来,随着主体性教育思想在教学评价中的运用,我们在平时的研究性学习活动和年终操行评定中,开始注意学生自我评价的作用,在一些学校举办的"开放日"中,学校敞开大门欢迎社会各界人士尤其是学生家长对教师的教和学生的学进行评价。但在总体上我们还没有形成评价主体多元化的模式,学生的评价主体地位没有得到充分发挥,更没有形成多主体(教师、家长、学生、管理者等)共同参与、交互作用的学业评价模式。

二、高中思想政治模块学业评价的价值取向

思想政治学业评价是按照新课程标准的要求,结合各个课程模块的教学特点而进行的标准参照测验,其立足点在于测试学生是否达到课程标准规定的教学要求,它是一种水平考试而非选拔性考试,如果按照高考的要求来评定学生某些模块的学习,容易让许多学生产生挫败感而失去学习信心。因此,我们反对把模块学业评价变成高考模拟测试,反对以功利心来对待任何教学评价活动。

根据发展性评价的理念,高中思想政治模块学业评价应有一个正确的功能定位和价值取向。

(一)学业评价要促进学生的全面发展

新课程所倡导的发展性评价既考虑学生的过去,重视学生的现在,更着眼于学生的未来;尤其要发现学生的潜能,发挥学生的特长。因此,新课程标准指出:评价要全面、客观地记录和描述学生思想政治素质的发展状况,注重考查学生的行为,特别关注其情感、态度和价值观方面的表现。要对学生的能力发展给予肯定性评价。如学生的沟通、合作、表达能力,搜集与筛选多种社会信息、辨识社会现象、透视社会问题的能力,自主学习、持续学习的能力等,都要注重从积极的方面、用发展的眼光给予评价。学业课评价要促进学生在掌握哲学社会科学知识基础上,形成学科素质和能力,促使部分学生养成专业志趣和学习热情,点亮理想的航灯,激励他们为繁荣我国的哲学社会科学贡献自己的青春和智慧。

(二)要把定量评价与定性评价、终结性评价与过程性评价有机结合起来,突出评价的过程性

理想的课程评价应是定量评价与定性评价、终结性评价与过程性评价的有机结合,只有这样,才能确保评价的真实、准确、全面。在实践中,如何对情感、态度与价值观目标的评价一直是一个困扰广大教师的难题,新课程标准指出,对情感、态度与价值观目标的评价主要应"依据学生在课程实施中参与各类活动的行为表现,以及学生对当前社会现象和问题所表达的关切、所持有的观点"。可见,过程性评价是对学生情感、态度与价值观目标进行评价的最有效的形式。过程性评价包括成长记录袋、表现性评价和谈话法、观察法、描述性评语、项目评议等评价工具。如表现性评价创设了真实的情境,通过学生活动或完成任务的过程,不但能够评价学生知道了什么,而且能够评价学生等级制和评语制成绩评定后不在班级上随意公布和排队,以减轻学生的心理负担。给学校创造较宽松和快乐的学习环境,尤其面对学习成绩较差的学生要多鼓励和多关怀。

(三)学业评价主体多元化

发展性评价把学生作为学习评价主体,提高了学生的主体地位。学生之间相互评价,既促进了小组合作学习,也使过程性评价在中学思想政治教学中真正成为可能。在新课程评价中,学校要依靠和发挥学生家长对子女的教育作用,发动他们关心和参与学校的教学评价活动,提出建设性的改进意见,协同教师帮助学生选择课程,确定未来的专业发展方向。要发挥思想政治教师作为"评价专家"的积极作用,通过教师整合各种评价信息,使学生获得相对客观的评价结果。

总之,我们要建构一个既重视学生知识、技能的掌握和能力的提高,又重视其情感、态度和价值观的发展;既重视量化评价,又重视质性评价;既重视教师对学生的评价,又重视学生的自我评价与相互评价,既发挥评价的甄别功能,又突出评价的激励与发展功能为特征的学生学业成绩评价体系。

三、高中思想政治模块课程学业评价体系的构建

根据发展性评价的基本理念和思想政治学科特点,高中思想政治课学业评价应在

"2×2"的评价框架①内进行,即两种不同的评价水平、两种不同的评价方式相结合。两种不同的评价水平是指在实施评价水平的层次上分为第一层次的模块学业成绩评价和第二层次的毕业水平评价。两种不同的评价方式是指在两个不同层次的评价中包括两种评价方式——过程性评价和终结性评价。

(一) 第一层次的模块学业成绩评价

思想政治模块学业成绩应该是包含终结性的成绩测验和过程性评价的一种综合性评价。

思想政治模块学业成绩测验是终结性的成绩测验,目的在于检查学生在该课程模块的学习所达到的水平。高中思想政治课包括四个必修课与六个选修课模块。必修课是基于概念、规律和知识学习的模块,要求学生掌握指定的知识与技能;选修课程是基于必修课程教学的延伸和扩展,是体现课程选择性的主要环节。

在这两类模块中,由于教学要求不同,评价的方式也应有所不同。对于必修模块,考查的内容应以各模块的主干知识及其简单应用为主,难度应小一些,以激发学生学习的积极性。传统的书面笔试的形式还是有效的,题型应以客观性试题为主,但必须考虑有适量的开放式或半开放式试题,以便对学生的深层次学习能力进行测验。选修模块最好采用开放式的开卷考试或表现式的测验,如要求学生解决一个问题,写一篇调查报告或小论文,参加一次社会实践活动,等等,更加注重学生质的表现的方面。当然,在过渡时期,各校可以根据自己的情况,增加一些客观性试题。模块学业成绩测验的结果,包括通过书面笔试或开放式的考试结果,最好采用等级制计分的方式,分为 A、B、C、D、E 五个等级,A 为最佳,E 为不及格。也可以是优秀、良好、中等、合格、不合格。要降低试题的难度,使不及格线降到适当低的水平,防止造成过多的不及格,从而挫伤学生学习政治课程的积极性。

思想政治课的过程性评价主要由表现性评价、成长记录、日常性的非正式评价等方式组成。其中,表现性评价有政治小论文的写作、研究性学习、主题演讲、时事政策学习、学习讨论、辩论、社会调查、情景模拟、提出议案、角色扮演、社区义工服务等方面的评价,学生可以选择自己喜爱或擅长的某种方式参与评价。研究性学习评价应结合每个模块的单元"探究性学习活动"进行,每一位学生都必须参与每一个单元探究性学习活动,但只要递交一份自己最满意的探究性学习活动的成果即可,以减轻学生的课业负担和教师的评价负担。过程性评价可以采用小组评议的形式进行,每四至五周用 20~30 分钟的时间,4~6 名学生一组谈谈学习的收获和体会,总结经验和教训,并对每人的学习态度、学习方式和进步情况评出一个等级。过程性评价应由学生班干部和科代表组织实施,教师在这些活动中只扮演场外指导或顾问的角色。此类活动应少而精,否则不利于基础知识的掌握。过程性评价结果的报告方式可以是资料性和描述性的,也可以是有相对稳定内涵的等级报告。然而,不应该简单地以一定的权重将过程性评价的结果与成绩测验的结果相加,而应分别加以报告。过程性评价结果是模块成绩评定的基本依据,也可以作为学生报考高等学校时的报考资格的依据。

---

① 高凌飚教授提出的学业评价模式,意即在模块学业评价与毕业水平评价中,都包含过程性评价和终结性评价。

（二）第二层次的毕业水平评价

毕业水平考试的目的在于检查学生所达到学业成绩水平，作为学生能否毕业的依据之一。同样，思想政治毕业水平考试包括终结性的毕业水平考试和过程性评价两个部分。在新课程背景下组织统一的毕业水平考试会有一定的困难。主要是由于选修模块的数量多、涉及面广，学生所选修的课程模块差异大。此外，不同的学校在选修课开设的范围和顺序上也各有差异。针对这些情况，我们认为思想政治课毕业水平考试可分两部分，第一是统一考试，第二是学校自主考试。

统一考试基于四个必修模块的内容和教学目标要求，采用书面考试方式进行统考。统考的好处是同时可以对学校的教学质量进行检查和评估，有利于教育行政部门和社会对教育教学质量的监督。统一考试应由省一级的教育行政部门来组织实施，这样可以保证考试权威性，也利于节约社会资源。

学校自主考试是指学生在修完选修模块后基于选修课内容进行的毕业水平测试。由于思想政治选修模块的数量多，学生的选修情况又有很大的差别，要组织好这样的考试会有一定的困难，因此要不要对选修模块进行水平测试应该由各学校自己决定。如果要组织这样的考试，不必要求每名学生参加所有模块的考试，可以要求每名学生只根据自己的意向参加一两个模块的考试。

高中毕业水平评价必须既要反映终结性考试的结果，也需要反映关于学习过程的质的评价的结果。与模块学业的评价一样，质的评价结果可以是资料性和描述性的，或用等级进行报告，但不应该把质性的评价结果与量化的评价结果简单地相加或加权相加，而应同时分别报告。

四、实施新课程评价时应注意的问题

（一）正确认识过程性评价的价值，积极开展过程性评价

在新一轮的课程改革中，提倡过程性评价成为一项重要的改革内容。作为一种新发展起来的评价理念和方式，理解好、落实好过程性评价是新课程改革的关键。

当前，在模块学习的过程性评价实践中出现了几种需要引起重视并加以克服的倾向：一是完全不做过程性评价。即在模块成绩认定中，完全不考虑过程性评价结果，仅仅将模块测验的成绩作为学分认定的唯一依据。究其根源，就是认为过程性评价价值不太大，可做可不做。其实，过程性评价在评价学生的学习态度、学习方式以及元认知水平方面，具有终结性评价无法替代的作用。在高中思想政治模块成绩认定中，它绝不是一件可做可不做的事情。这方面，要求有关部门加强对中学教师进行培训，逐步改变中学政治教学评价观念陈旧、手段单一的现状，逐步改变以功利主义的心态对待过程性评价观念。

过程性评价有其局限性，一是评价的过程和程序无法做到规范化，二是过程性评价存在公平与公正性问题。因此，过程性评价的权威性受到挑战，它不可能马上获得社会广泛认同，尤其是在高利害考试中，过程性评价不可能占据很大的比重。基于这种认识，许多教师以实用主义的态度消极对待过程性评价。三是将阶段性考试代替过程性评价，其实质就是将形成性评价代替过程性评价。其实，形成性评价与过程性评价是两个不同的概念，二者在

理念上有本质区别,功能与作用也是不一样的。作为形成性评价的阶段考试,其作用是检查学生在一个阶段学习以后对所学知识的掌握情况,本质上与模块测验没有什么不同。因此,用阶段性考试代替过程性评价必须纠正。四是过程性评价方案过于烦琐。不少实验学校编制的过程性评价方案即评价表格过于烦琐,似乎越完整、越全面越好。其实,一个好的评价方案首先必须是可操作的,太过烦琐会因无法长期坚持而使评价流于形式。在基本体现过程性评价功能的前提下,过程性评价方案应以简便实用为原则。

(二)充分发掘传统题型的功能,加大对开放性试题的研究力度

如前所述,新课程评价不是要取消终结性评价,而是要发挥终结性评价的优势,把终结性评价与过程性评价结合起来。新课程背景下的终结性评价如何体现出新的特色,如何与传统的测验模式区分开来?我们认为,一方面,要充分发挥传统题型的功能,使之更能适应新课程评价理念。传统的政治考试主要有单项选择题、不定项选择题、简答题、辨析题和论述题等题型。选择题客观性较强,非常有利于考查学生的基础知识,在终结性考试中具有十分重要的地位。新课程各模块知识点很多,从试卷的覆盖面角度,应保持较大比重的选择题,选择题最好建立题库,因此考核点要相对稳定,主要是受时事政治影响不大、反映普世价值的学科理论知识。近十年来,我国政治考试的主观性试题的答案已经开始走向多元化、多样化,如高考试题允许考生"从其他角度答题,只要言之成理就可酌情给分"。但这并不意味着它已经成为开放性试题。我们要把传统的主观性试题改造成为真正意义上的开放性试题,鼓励学生大胆创新;为使研究性学习得以反映,还可以增加案例分析、小论文、提案议案等表现性评价题。这类试题要反映现实生活,难度较大,有较好的区分度,以利于选拔学生。开放性试题命制难度较大,评分误差较大,当前,我们要加强对思想政治开放性试题的命制和评分的研究,希望能够取得突破性的成果。

参考文献:

[1] 教育部考试中心.能力考试的研究与实践[M].北京:中国人民大学出版社,1999:18.
[2] 卢大中.走进高考的研究性学习试题[N].中国教育报,2002-08-28.
[3] 中华人民共和国教育部.普通高中思想政治课程标准(实验)的通知[Z].教基[2004]5号.
[4] 高凌飚,吴维宁.开放性试题如何评分——介绍两种质性评分方法[J].学科教育,2004(8).
[5] 高凌飚.普通高中新课程模块学业评价[M].北京:高等教育出版社,2005:17.
[6] 高凌飚.关于"过程性评价"的思考[J].课程·教材·教法,2004(10).
[7] 钟启泉,崔允漷,张华.为了中华民族的复兴 为了每位学生的发展——基础教育课程改革纲要(试行)解读[M].上海:华东师范大学出版社,2001.
[8] 邝丽湛.思想政治(品德)课教学模式[M].广州:广东高等教育出版社,2006.
[9] 中华人民共和国教育部.关于积极推进中小学生评价与考试制度改革的通知[Z].中国教育部网站.

(本文选自《课程·教材·教法》2006年第11期)

思想政治新课程学业评价改革构想

福建省厦门市第六中学东渡校区　曾建明

学生学业评价是提高教学效果、促进教学目标实现的重要手段。"实行学生学业成绩与成长记录相结合的综合评价方式",这为学业评价制度改革提出了基本思路。当前,新一轮高中课程改革正在全面展开,本文试就高中学生思想政治课学业评价改革做一初步探讨。

《普通高中思想政治课程标准》指出,要改变过分注重知识性和单一的纸笔测验的评价方式,建立能够激励学生不断进步的评价机制,全面反映学生思想政治素质的发展状况。近年来,学生学业评价出现世界性改革趋势:评价目的开始转向促进学生的全面发展,而不是简单的选拔鉴定;评价指标多元化,重视学生成长的过程性评价;评价内容从只偏重学科知识向同时关注学习能力和实践技能转变,与学习活动密切相关的情感因素受到了高度重视;强调定性与定量、自评与他评相结合,实现评价方法的多样化和评价主体的多元化。

由此,我们提出了一个旨在实现上述目标的高中思想政治学业评价改革方案。具体评价项目和量化参考指标参见下表。

表一

评价内容		所占分数权重	说明
1. 纸笔测验 （占学期总评的60%）	平时测验	15%	平时测验在加总平均后与期中、期末成绩按比例折算成学期总评成绩
	期中考试	20%	
	期末考试	25%	

表二

评价内容		评价等级及分值权重				
		A	B	C	D	E
2. 实践作业 （10分）	写作（小论文、调查报告、议案、宣传稿等）	10	8	6	4	2
	项目研究评价（含参观访问、社会服务、社会调查等社会实践或研究性学习活动及报告等项）					
3. 课堂活动 （15分）	口头表述（时事报告、演讲、辩论、答辩等）	15	12	9	6	3
	角色扮演活动（剧情表演、课本剧等）					
4. 他人评价 （10分）	其他同学的评价（加总平均后计入,5分）	5	4	3	2	1
	教师和家长评价（同上,5分）	5	4	3	2	1

(续表)

评价内容	评价等级及分值权重				
	A	B	C	D	E
5. 学生本人自评(5分)	5	4	3	2	1
6. 收入成长记录袋的获奖作品和其他学习成就(加分项目)	10	8	6	4	2

注：1. 学期总评成绩总分为100分。
2. 限于篇幅，表中项目的具体量化标准不作具体说明。
  基于高考在高中思想政治教学中的重要地位，我们赋予了纸笔测验60分的较高分值，其他评价方式占40分。本方案仍侧重以量化标准来界定一个学生的学业成就，包括表现性评价这样的质性评价。这是因为，纸笔以外的评价方式以量化进入学期总评，能有效调动、激发学生积极参与教学过程，强化其功能。

下面对具体实施学生评价改革方案加以说明。
1. 关于纸笔测试
  仍是教学过程中最常见的评价方式之一。命题应与高中课改相衔接，把握课改方向，设置一些紧密联系社会实际的试题；吸收新课标能力要求，发挥纸笔测试在推进高中课改探究性学习的指挥棒作用；平时测验要注重诊断性、过程性功能；考试内容应加强与社会实际和学生生活经验的联系，重视考查分析、应用、推理能力和解决问题的能力。
2. 关于实践作业
  写作能反映学生的整理与描述资料和分析探究能力，项目研究可以较为充分而全面地反映学生的知识运用能力、科学探究能力以及学生在科学精神、科学态度、科学方法等方面的发展水平。社会实践活动是展现学生各种能力，学生对社会问题的态度、情感、价值观的重要方式。可结合对学生参加活动的表现、体验及活动成果加以评定。实践作业应综合评价，一般每学期每人只评价一项，参评的可以是小组合作的成果，也可以是个人成果。
3. 关于课堂活动
  新教材增加了许多学生课堂活动的内容，如综合探究等。这些活动能反映学生知识运用、综合素质及口头表达、感情气质、人际交流与合作能力等非智力因素。可以从主题、语言、感情、小组合作、教育效果等几个方面评定等级。我们期望通过这样的活动能从根本上改进思想政治课堂教学，所以对它赋予了较高的分值。应鼓励人人参与，口头表述和角色扮演可任选最佳的一项评定成绩，对表现突出的学生还可以酌情加分鼓励。
4. 他人评价
  有多种具体组织形式，可采用其他同学对某一个体的评价形式；评价内容可集中在平时学习态度、课堂提问、课堂与考试纪律等项。评价应客观、公正，多关注对方的优点；条件好的学校可使用涂卡机读的方式：题号对应于学生的座号，ABCD分别对应于该生所应得的分数5、4、3、2，得出该生的平均分后，再计入学期总评。表中未将学生的情感、态度、价值观单独列为评价项目，这是因为，这些内隐的个人品质难以直接进行评价。可通过观察、访谈、调查问卷等多种途径进行，也可在"他人评价"项目中得以体现。学生的互评也可以是描述性评价，不一定是分数和等级。如果这样，分数的比例应作调整。
5. 自我评价
  实施中应突出自我反思、激励、调节功能。
6. 成长记录袋属学校综合评价项目，表中未列入
  为了鼓励、调动学生的学习热情，学生的论文或其他学习成果获得校级以上奖励，收入

成长记录袋的可实行加分奖励措施,可按每2分一个等级,即国家级10分,依此类推的方式计入学期总评。

与过去单一的纸笔测试的评价方式相比,改革后的评价方式相对复杂,不可避免地带来操作上的困难,尤其一个政治课教师通常要管理4—6个班级,工作量的增加可想而知。教师除了要有克服困难的思想准备外,还应动员学生广泛参与,一些统计工作可由学生协助完成。这样既可以发挥学生的主体作用,又可以减轻政治课教师在学业评价工作中的负担。

总之,思想政治课学业评价的全面改革,将给学生的学习过程带来重大变化,也给政治课教师的教学工作带来巨大的挑战。教师要注重评价的实效,防止走过场和形式主义的做法,切实把评价改革落到实处。以上方案仅是个人的初步设想,需要在今后的教学实践中进一步完善。

(本文选自《思想政治课教学》2007年第1期)

以生为本　回归生活　回归品德　关注发展
——2006年江苏省思想品德试卷的分析和启示

江苏省泰兴市姚王中学　冯　凯

研读2006年江苏省十三个大市中招思想品德试卷,深感除了保留了往年试卷注重情景,注重综合、开放、创新、求活等特色外,以考生为本,关注学生发展,把培养学生健全人格、高尚的道德品质和良好的行为习惯结合起来,落实"三维"目标,努力使学科测试与政治思想、品德教育、法纪教育有机结合,是2006年江苏地区试卷的一大亮点。各大市中考思想品德试卷都能积极地关注学生的健康成长与发展,力求引导学生树立正确的生活观念,追求科学的生活方式,确立正确的人生观、世界观、价值观。下面列举部分试题以飨读者。

例一:南京市中考思想品德试卷第54题

记得那是十二月,我作为一名记者骨干进入巴黎大学进修。

我的第一堂对话课就被一位教授点着名提问:"我可以知道你来自哪个中国的么?"

刚刚还在哄闹的课堂突然像冻结了一样沉寂,几十双眼睛盯着我。

我慢慢地说:"只有一个中国,教授先生,这是常识。"

……教授盯牢了我,又递来一句话:"如今摆在你们国家领导人面前的最重要的问题是什么呢?"

"依我之见,如何使中国尽早富强起来是最迫切需要考虑的。"

教授浓浓眉毛展开来:"我实在愿意请教,中国富强的标准是什么?"

我突然感慨万千,紧紧地盯着教授:"最起码的一条是:任何一个离开国门的同胞,再不会受到像我今日承受的刁难。"

教授倏地向我走来,笑容很灿烂,轻轻地说:"我只是想知道,一个普普通通的中国人如何看待他们自己的国家。"然后,大声宣布:"我向中国人脱帽致敬!下课。"

阅读上述短文,问答下列问题:

(1)请运用所学知识,评析作者的言行。

(2)请列举两项你在日常生活中热爱祖国、服务人民的具体行为。(要求:行为应具体、可信)

【评析】这道题主要考查公民要有维护国家统一、安全、荣誉和利益的义务。引导考生进一步认识到只有以经济建设为中心,大力发展生产力,增强综合国力,才能提高我国的国际地位。命题者所给背景材料新颖,既有可读性,又有启发性。第二问极具开放性,与学生的生活实际紧密相连。要求考生列举自己热爱祖国、服务人民的行为,有的考生能从升国旗时唱国歌、参加社区卫生打扫活动、清明节参加学校祭扫烈士墓活动和爱护国旗、国徽等方面去答题,故失分较少。该题的材料承载、传递的信息比较多,能引导学生回归社会,回归品德,案中求理,用中求化,明理导行,努力使知识与能力、情感觉悟与能力等融会其中。

例二:无锡市中考思想品德试卷第32题

材料一:春节期间,某报记者在对部分学生采访中了解到,现在有不少同学过年不喜欢去长辈家,理由是老人们太烦,又不能沟通,没意思。而去的理由是"父母说一定要去",是为了"要拿压岁钱的"。一位初中生竟这样说:"每到过年,我就好羡慕那些爸爸妈妈离了婚的同学,因为他们拿到的都是双份的压岁钱。每到这时我就想,要是我的爸爸妈妈也离婚就好了。"

材料二:据一项在无锡进行的调查显示,一个春节下来,参与调查的某校300多位中学生得到的压岁钱人均近2 000元,其中有5位的压岁钱超过了万元。不少中学生俨然成了众多商家眼中的"小财神"。在许多校园里,我们经常能看到名牌服饰、高级赛车、新潮MP3、手机等消费品,有部分同学认为现在生活条件好了,花钱享受一下也是应该的。

阅读以上材料,结合所学知识,请回答:
(1)材料一中这些同学的言行对吗?为什么?
(2)你是否同意材料二中部分同学的观点?为什么?
(3)俗话说"一方有难,八方支援"。假如条件允许,面对他人的困难,你是否愿意提供力所能及的帮助?为什么?

【评析】 思想品德考试的教育性要求通过学生在答题的过程中受到教育,充分发挥其学科的功能。该题中列举的现象是当前学生中存在的比较普遍的现象。此题通过考生对试题中学生言行的评判,能让学生从中接受教育,明白尊敬长辈、艰苦奋斗的传统美德与社会主义荣辱观的要求是一致的,在日常生活中应该很好地贯彻和落实。考生通过解答此题,能更好地去感悟中华传统美德,并学会评判,学会审美,学会探究。从而培养学生的亲社会行为,增强其社会责任感,达到了思想品德课学以致用的目的。

例三:徐州市中考思想品德试卷第20题

"M"(million)代表她给予了我的一切;"O"(old)的意思是她日渐老去;"T"(tears)是她为抚育我洒下的泪;"H"(heart)是她有金子般的心灵;"E"(eyes)是她的眼睛,洋溢着爱的光芒;"R"(right)代表她是对的。将以上字母连在一起就是"Mother"。母爱就像一个圆环,没有起点也没有终点。

(1)运用公民权利和义务关系的知识分析漫画中儿子的行为。
(2)母爱如圆环,没有起点,也没有终点;父爱像座山,深沉而又严格。今天是父亲节,请给父母写出两句感恩的话。

【评析】 孝敬父母是中华民族的传统美德。该题材料鲜活,既考查学生的法律常识又与学生生活实际紧密联系,语言优美,设问指向明确,并结合父亲节,表达对父母的感恩,更显得贴近生活。阅卷中发现很多考生的答案是发自内心的,写出的感恩语言非常精彩,甚至有不少同学把坐在考场内的心情与对父母的感恩有机结合起来,真正达到了命题者教育立意的意图。解答此题时,要注意找准教材中公民权利与义务法律方面的知识点和材料的结合点;写感恩的话语要扣住感恩或报恩的主题要求。

例四:南通市中考思想品德试卷第35题

"五一"假期,初中生小李帮妈妈干家务,爸爸认为他"不务正业",对他进行了一番耐人寻味的"思想教育"。

(1)小李的爸爸不让他干家务,你是怎样看待这种"疼爱"的?

(2)请你谈谈对"将来你也干这个!"的认识。

【评析】 该题能考查考生评判事物的能力。画面告诉我们,小李的爸爸十分"疼爱"小李,这种"疼爱"的实质,是让小李轻视劳动,背离劳动人民,结果只能是害了小李。针对"疼爱",考生应思考如何看待劳动,如何正确对待家长的教育,如何期待自己的健康成长。认识"将来你也干这个",关键是要明白小李的爷爷、叔叔和阿姨所从事的职业都是光荣的,劳动既是公民的权利又是公民的义务,由此就不难给出正确的答案。该题能引导学生,在日常生活中应当明辨是非,正确选择,要在思辨中明理,在明理中践行。

例五:泰州市中考思想品德试卷第25题

知荣明耻伴我行

【现象透视】

(1) 同学们,看了这两幅图,你一定很有感触吧!请根据图中所提供的信息发表你的看法。

【深度思考】

(2) 在我们周围,常常会出现一些令人遗憾、让人担忧的不良现象。例如:有的同学考试作弊,不以为耻,反而自以为手段"高明",沾沾自喜;在公共场所随地吐痰,一点也不感到惭愧……类似的不良现象还有不少,你一定有所耳闻目睹。请再举出一种现象,并运用所学知识对其产生的原因和危害做简要分析。

【我思我行】

(3) ① 对照"八荣八耻",举例说明自己平时在哪些方面做得较好,哪些方面还存在不足。(至少各两个方面)

② 说说自己今后的打算。

【出谋划策】

(4) 结合我们周围存在的不良现象,请你提供一个"金点子",帮助大家"知荣明耻",做有良好道德素质的好公民(结合一个现象或几个现象均可)。

【评析】 本题以胡锦涛总书记倡导的"八荣八耻"为背景材料,通过漫画并结合学生实际,设置了四个问题,给学生们以充分的思考,体现了新课程理念的要求,本题侧重于对学生知识、能力、觉悟的综合考查。列举当前社会上的不良现象,提供金点子的设问体现了探究要求;请考生结合自身实践谈谈今后如何去做,关注了学生的成长与发展,激励学生奋发向上,顽强拼搏,服务社会,报效祖国,试题注重了思想性和时代性,体现了一定的德育导向功能。其实,解答本题就是一个提高考生认知水平,提高学生质疑、探究能力,指导学生正确行为的过程。阅卷时发现,多数考生答题较规范,富有思考性、创新性,建议也具有可行性,能充分运用所学知识,联系社会和生活实际去灵活答题。

例六:宿迁市中考思想品德试卷第28题

这是一段初中学生和家长的对白：
学生："我现在每天坐着,死气沉沉的,图什么呢?"
家长："是为了将来上大学!"
学生："那上大学之后呢?"
家长："为社会多做点事啊!贡献多了,报酬就多了。而且有了钱,就可以做自己喜欢的事情了。"
学生："可现在只要从教室出去,我就能做自己喜欢的事情,何必绕那么大弯呢?"
(1) 对话中的学生心理品质方面存在哪些不足?
(2) 根据所学法律知识,向对话中的学生提出忠告。
(3) 祝贺你顺利完成九年制义务教育阶段的学习!面对未来你有选择的权利——是继续接受高一级别的教育【A 普通高中(含重点高中)B 职高或中专】,还是走上社会【C】?说出你的真实想法。(仅做出选择未答理由者不得分)
你的选择(请填字母)：_____ 选择的理由：_____

【评析】 本题形式新颖、兼顾教育和能力立意,按照新课标的目标导向,将初中学生应掌握的心理、法律、职业的选择等知识进行融合。首先,针对目前学生中存在的困惑和问题创设情境,贴近中学生自身特点及生活实际,注重能力考核,体现了思想品德考试的选拔性与教育性紧密联系的特点。其次,试卷设计云图"你在为谁读书"有新意。再次,三个设问依次递进,第一问通过贴近学生生活的对话,折射学生读书的哲理,引出考点,要求阅读材料分析学生的心理不足;第二问要求从法律方面寻找修正途径,运用委婉的语言,要求考生提出忠告,实际是引导学生自己做出正确的选择,问题设计有亲切感,体现以人为本思想;第三问是基于前问基础知识的考查进行的追设,要求考生联系自身的实际做出选择,学生做题的过程也是一次心灵的反思和教育过程。试题和答案设置都体现了开放性、实践性,充分发挥了德育功能,注重了教育价值,增强了教育的真实性、针对性和实效性,试题的构思也精巧自然。

纵观2006年江苏各地命制的中考思想品德试卷,命题组均能贯彻回归生活,回归品德,培养好公民的新课程理念,依照"考试即生活"的命题思路,紧密联系社会实际和学生生活实际设置情景、搭建平台,关注学生的成长与发展。其评价功能,由侧重选拔转向侧重学生的发展,不仅关注知识的评价,而是更加关注学生的能力和情感态度价值观的评价。随着思想品德课程改革的不断深入发展,广大思想品德课教师除了要研究新课程标准,明确课标导向,"活化教材",创造性地使用资源外,还必须注重以下两个方面。

1. 关注学生的成长和发展,洋溢人文精神,发挥德育功能

要确立以学生发展为本的教育教学新理念,培养学生的创新精神。教学中要把培养学生健全人格、高尚道德品质和良好的行为习惯结合起来,积极引导学生关心国家大事、关注社会、学会学习、学会生活、学会观察、学会评判,能独立分析解决身边的问题,做到学用结合。在平时的教学中,还要帮助学生澄清错误的观念和认识,对学生多进行正面教育,积极引导学生树立正确的情感态度价值观,并要求学生言行一致,知行统一。

2. 要构建新的教学方式,注重道德和情感体验,引导学生积极参加社会实践,注重对学生行为的引导,教师要和学生成为共同的学习者、研讨者、实践者

无论是在课堂还是学生作业中,都要设置一些具体的问题情景,培养学生一问多思、一

题多解的学习习惯,让学生选择合适的做法,帮助学生树立正确的价值取向。在平时的教学中,要积极引导学生参加社会实践,并要求学生能多角度、多侧面地思考和分析问题,在社会实践中掌握并理解知识,培养其分析判断问题的能力,促进学生的道德品行,丰富学生的情感体验,使学生感悟和理解社会的思想道德价值要求,开阔学生视野,不断提高学生观察生活、了解社会、分析辨别是非的能力。

(本文选自《思想政治课教学》2007年第5期)

新课标下评课方式的多元化

江苏省通州高级中学　曹美霞

"教学评价"是新课程标准的重要组成部分和关键环节,教师的"课堂教学评价"是教学活动中过程性评价的重要体现。然而,纵观目前思想政治课评课的现状,还存在许多不尽如人意的地方:在评课的重心上,过分关注课堂效果,忽视学生学习效果;在评课的内容上,存在片面和单一的倾向;在评价的主体上,教师是评价的唯一主体,教师与学生是主宰与服从的关系;等等。这些问题已成为阻碍当今思想政治课程改革与发展的瓶颈。要从根本上解决问题,必须依据《思想政治课程标准》提出的课程评价的理念,建立新的课堂评价机制,探寻多元化的评课方式。

一、授课者自主评课

评课折射出听课者各自对课堂教学活动的看法,因而带有一定的主观性,难免出现片面性。在评课过程中,不同的人对同一个课堂教学内容可能会有不同甚至相反的理解,所谓"仁者见仁,智者见智"。就评课意见客观性、全面性的角度来看,"兼听则明",听取各方面的看法显得尤为重要。从评课的直接目标来看,评课是为了让授课者与听课者获得更多的教改信息,从而使课堂教学更有活力,更具开放性。因此,在评课活动中,应该赋予授课者与听课者同等的权利。

评课时,授课者不仅可以反思自己的教学行为,而且可以与提出不同意见的评课者进行平等交流;既可以阐述自己课堂教学设计的出发点和备课的思维过程,也可以在上完课的实践基础上提出对教学活动的反思和改进意见;不但可以综合各种观点、意见、建议,"集百家之说",还可以交流展示个人的教学特点,"扬教学个性"。在如此情境之下,评课活动一定会生动活泼、"百家争鸣"。无疑,在这种民主、宽松的评课氛围中,授课者与听课者都能畅所欲言,各抒己见,从而真正达到交流、促进和提高的目的。

二、听课者公正评课

听课者只有有"备"而听并参与到教学活动中,和授课教师一起参与课堂教学活动的组织,并尽可能以学生的身份参与到学习活动中,才能获取第一手的材料,从而为客观、公正、全面地评价一堂课奠定基础。为此,听课者必须努力把握新课程下评课的三要素,即"三度":学生学习的参与度、思维的激活度和三维目标的达成度。

1. 学习的参与度

评价时看班级中的全体学生是否积极投入学习,主动思考问题;看教师是否努力创设平等、民主、和谐的气氛,给学生以学习轻松自由、乐趣无限的感觉;看教师是否能采取各种有效的手段和方法,调动学生学习的积极性,点燃起学生浓厚的学习兴趣,让学生广泛参与到自主学习、合作探究中去。

2. 思维的激活度

评价时要看课堂上教师设计的问题是死板、机械、单调还是生活化、灵活化、丰富化；看教师是否善于激发学生的积极思维，让学生在丰富多彩的活动和实验中不知不觉地学到知识、增强能力，让师生富有个性地发现，迸发出思维的火花，并在师生亲切的合作交流、探索中得以修正、补充和完善。

3. 三维目标的达成度

即要求新课程下课堂教学必须从过去重认知轻情感、重结论轻过程、重教书轻育人转化到知识与技能、方法与过程、情感态度价值观三维一体全面发展。课程的功能变了，课堂不再只停留在知识技能的训练上，更应创设氛围情景，注重学习的方法传授，思维的过程展示，给学生体验和领悟的机会。总之，要看教学是否促进了发展并是否引发了继续学习的愿望，让学生在潜移默化中受到高尚情感的熏陶和感染，为学生形成良好的价值取向和人生观奠定基础。

只有抓住新课程评课的根本点，才能评好课，才能使每一个老师真正能从公开课中受益。

三、学生参与评课

教学活动的主体是学生。如果说行家的评课是从理性的角度审视课堂教学活动的优劣得失，那么，学生的评课则是从优劣得失的角度验证教学活动的实际效果。

教师虽然可以透过学生外在表现在一定程度上推断学生内在的学习活动，判断其学习效果。但学生的学习毕竟是以内隐行为为主的心理活动过程，学生是否进行了学习，学习活动是否有效，学生的感受最直接、最可靠。有些课堂表面上互动程度高，你说我唱，热闹非凡，但问题解决的数量、彻底程度与教学目标实现的程度都不一定高。评课的目的是促进课程改革的深入，加快新课程理念的实施，完善教学方法，提高教学效率，最终目的还是要归结到学生的学习效果上。因此，学生对课堂教学效果最具有发言权。让学生参与评课，发表自己对老师一堂课的想法和要求，这对主讲老师和其他听课老师都会很有启发和帮助。同时，由于学生的参与，评课的主体呈现多元化、民主化，对一堂课进行多角度、全方位扫描，有利于增强评课的针对性、科学性和实效性。让学生参与评课也是对新课程课堂教学活动的"探究"，这样能沟通师生对课堂教学活动的认识，激发教师不断进取的积极性和创造性，有助于提高教师自身的思想政治素质。

四、比较性评课

事物在比较中存在，在比较中发展，有比较才有鉴别。在新课程背景下，评课方式更应重视比较性。不能像传统的评课方式那样只注重横向比较、区域比较；而忽视纵向比较，即现在和过去的比较，新课程理念与传统教学观念的比较。

在评课过程中，新课程背景下的比较必须以新课标为标准，与传统的政治课教学观念、方式展开强烈对照，寻找期间截然不同之处。从教学新理念的高度出发，审视课堂教学行为所展示的教育思想与教育理念。当然，横向比较也是可以进一步改进的。评课时可以扩大地域界限，引进发达国家最新的教育教学思想，结合国外的优秀教学个案作参照评价。

五、跨学科评课

实行跨学科评课方式是打破学科壁垒的有效途径。跨学科评课既有利于不同学科教学设计的相互借鉴，又可以在相互交流中对不同学科教学中多年形成的一些教学观念形成碰撞，促进教学反思。

在评课活动中，可以经常邀请一些非政治学科的教师尤其是历史地理学科的教师对活动方式提出一定的建议，形成有效的校本教研制度。这样可以增进政治学科与其他学科的沟通与交流，给当前的教学研讨活动增添新的形式和内容。我们曾举办的一次跨学科备课、上课、评课活动，学生反映教学效果非常好。政、史、地教师围绕台湾问题一道探讨台湾的地理气候、历史由来、解决方式等问题，他们并没有表现出"隔行如隔山"的冷场，他们研讨的过程是融洽而热烈的，研讨的内容也是新鲜而有意义的，获得了全校教师的赞赏。实践告诉我们，跨学科评课为促进政治课程改革与发展，乃至其他课程的改革与发展都起到了很好的借鉴作用，这种评课方式值得尝试。

（本文选自《思想政治课教学》2007年第6期）

改革传统测验评价 倡导表现性评价

云南省昆明市第九中学 黄俊梅

表现性评价是指让学生在真实的或模拟的情境中完成一系列考查任务，并以一定的评价标准，评价学生在完成任务时的表现，从而评价学生的知识、能力和情感态度价值观的发展状况。表现性评价在具体情境中，通过学生完成任务考查知识与能力、情感态度与价值观，突出对思想素质和实践能力的考查，体现主体性和过程性，符合新课程的要求。表现性评价具有生活性、实践性和开放性，以现实生活为背景，要求学生解决现实生活中出现的问题，因此，它既有利于考查学生实践能力和情感、态度、价值观，又有利于促进学生发展，体现了新课改理念。因此，在重视传统测验的同时，要充分运用表现性评价这种方式。

一、积极改革传统测验评价

相对表现性评价而言，传统测验快捷、省力、评分简易，测验内容、对象广泛，能通过定量方式一目了然地了解学生的学习状况，在一定程度上弥补了表现性评价耗时、费力、评分复杂、覆盖面小的不足。传统测验试题能考查概念、定义、事实的识记、理解、比较、简单应用，并且能避免主观性。设计较好的主观性试题能考查分析问题、选择理论、综合应用、书面表达能力及思维能力。传统测验比其他评价方式更适合考查系统理论知识的认知学习。因而，它能弥补表现性评价对准确的知识掌握的考查程度弱的不足。

评价是对测验结果进行解释，一张试卷、一个分数本身并不是评价，只是评价的手段，为评价提供量化资料，只有当评价的主体运用一定的价值观综合解释考试所提供的资料，判断评价对象的实际水平达到何种程度时，才构成评价。学生是评价的主体，因而在对测验结果进行分析、解释时应重视学生的参与。学生参与评价指学生不只是测验的被动参与者与分数的接受者，而是参与到评价的过程中。学生参与评价的方法有：

（1）让学生参与主观题评分标准的制定。测验之后，向学生提供一些优秀答案的范例，让学生分析其中的特征，列出已考试题的答题要点及分值。

（2）自己利用评分标准自我评价，发现自己的优缺点及改进方向。

（3）帮助别人评分、修改，对别人提出改进提高的建议。

（4）小组合作出题。可反映出学生对学习目标及知识的理解，材料的掌握。

（5）学生自我讲评。在查阅书本、与同学探讨后，修正自己的答案，向全班讲解。

（6）测试评讲后，学生填写《试卷错题知识诊断表》，让学生具体分析失分原因，找出改进方式。并相互交流测验成功的心得，总结有效学习方法。

学生参与传统的测验的评价是对学生主体性的承认，有利于调动自我教育因素，实现自我监测。学生应参与评价，学会应用评价信息来管理自我学习，逐步理解如何提高学习以及准确知晓他们现在的状态与着手准备下一学习阶段。

"课堂是一个微型的社会，学生的参与和对话必不可少，测验也必须如此，打破隔离与对立是传统测验走向超越的一个必要阶段。"教师在实践中要为传统测验创造开放的评价环境,提升传统测验的评价功能。

二、倡导表现性评价方式

传统测验以书面形式作答,在评价学生的实践能力和情感、态度、价值观等非智力因素方面有不足,在体现思想政治课的思想教育性和重视行为实践的特点方面有欠缺。单一的纸笔测验还会使教师的教学陷入应试教育的误区,使教师为考而教,把主要精力放在解题技能训练上,而忽略一些对学生发展有价值的教学内容。孤立的分数有时会伤害学生的自尊心、自信心,或造成师生关系紧张。

针对传统测验的弊端,传统测验应与表现性评价相结合,积极倡导表现性评价方式,尽多地采用活动的方式评价学生。试举出几种表现性评价的方式:

一类是以社会生活中的事件为背景,创设真实、新颖的问题情境,要求学生综合运用知识,创造性地解决某个现实问题。例如以下两道题:

非典期间,上海某小区内一栋居民楼被隔离,以此为背景设问:"假设你的一位同学居住在该居民楼内,他因不能到学校上课而对隔离产生了抵触情绪。现在需要你通过电话说服他安心接受医学观察,请写出你准备劝导他的通话内容要点"(2003年上海高考题)。

它有利于评价学生对公民义务、法律、道德的认识和运用这些知识解决实际问题的能力,还可评价人际沟通能力。

中央电视台拟拍一部电视剧《重庆谈判》,假如你是编剧,请结合所学历史、政治知识,展开合理想象,为毛泽东设计一段到达重庆机场时的讲稿(深圳福田区期末测验题)。

它创设了开放的情境,有利于评价学生综合运用政治、历史知识的能力。

一类是有感而发评价方式。例如,给出四段和人生观相关的材料,请学生选择其中任意一段,用所学哲理写一篇小短文。教师可以通过文章了解学生对人生的看法,对生活的态度,有利于评价情感、态度和价值观,而且学生选择余地大,可以有感而发。

还有一类是反思型评价方式。例如,通过学习经济常识或哲学常识,谈谈在思想认识上提高最显著的一点及提高的过程。这类活动题有利于评价学生思想变化发展的过程和自我认知、自我反思能力。

表现性评价体现新课程注重生活性、实践性的特点,符合思想政治课重视思想政治素质评价和能力评价的要求,能评价学生多方面的发展状况,达到评价促进学生的全面发展的目的。学生的发展是多方面的,评价方式也应坚持多样化的原则。在教学中,教师应注意根据评价目标选择不同的评价方式,坚持传统测验与表现性评价互补,共同撑起学生综合素质发展的蓝天。目前,思想政治课教学在新课程理念指导下,正在朝这个方向发展。但是,我们也应该看到困难是很多的,例如,传统测试与表现性评价的互补,不是按比例简单地组合的问题,怎样使二者有机结合,还有很多理论和实践问题值得研究,我希望在今后的教学中继续探索。

(本文选自《思想政治课教学》2008年第2期)

论教学质量评价的两个根本性转变

上海师范大学高等教育研究所 何玉海 夏人青

一、教学质量评价的内涵：以学校和教师基本职责为出发点的思考

首先，科学的教学质量评价取决于正确的教育评价理念，而正确的教育评价理念则源于对教育本质和人的本质的正确认识。教育评价理念决定着评价的目的、对象、内容、方法和途径。其次，教师职业道德规范、教育目标、教育标准等是评价的直接依据。再次，评价的内容是施教者的教育教学质量和受教者的学习质量，而评价的重点在前者。同时，评价的重点应放在教育教学过程上，然后才是对结果和相关因素的评价。最后，评价本身就是一个过程，因此应采用"过程方法"。

学校教学质量评价是学校教育质量管理活动，其目的就是通过评价来改进学校教育教学质量，以确保教育教学工作持续满足学生全面、和谐发展的需求。因此，学校教学质量评价的重点应放在对施教者的评价上，因为教育教学是学校的职责也是教师的职责，学校的中心工作是教育教学，因而"教"和"育"的质量才应是评价的主要内容，而对"学"和"得"的评价，只是通过评价来了解"教"和"育"的不足，从而不断改进"教"和"育"的质量。进一步而言，评价的对象和重点不应是学生、学生的知识与能力水平，而应是施教者（包括教师和所有学校教育工作者）提供"教育服务"的质量。

二、教学质量评价对象：由侧重学生转向侧重教师

受传统教育观的影响，我们对教师和学生往往采取双重标准：即在教育教学中，以教师为中心、以"教"为中心；而在教学质量评价中，重点对象却是学生和学生的学习，而不是教师的施教质量。因此，我们应该转变观念，实现评价对象由学生为主向教师为主的转变。笔者认为，对施教者教育教学质量的评价应包括下述8个方面。

1. 施教者的教育理念

教育理念是人们对整个教育和教育现象的理性认识、理想追求及其所形成的观念体系。施教者持有的教育理念是指导教育教学的灵魂，是教育教学的指导思想，它始终在自觉不自觉地控制着施教者的教育行为。对施教者的教学质量评价首先要评价其持有的教育理念。

2. 教育教学依据的掌握

教育教学依据是教育教学活动的出发点和根据。具体包括：施教者的教育教学理论、法律法规、管理制度、教育方针、教育标准、教学计划、教学大纲的理解与掌握程度，以及对学生个体差异情况的了解程度等。

3. 教育教学内容的把握

包括如何选择与鉴别教育教学资源、如何科学而系统地组织教育教学资源、如何突出教育教学中的重点与难点、如何贯彻教育教学的基本原则等。

4. 教育教学艺术的运用

在教育教学中施教者综合运用教育教学的技能与技巧。其含义有三：一是在教育教学过程中施教者对普遍的教育教学原理、原则、方法、技能、技巧的创造性运用；二是在教育教学过程中遵照教学原理和规律，贯彻教育原则而进行的创造性的教育教学活动，使教育教学具有形象性、情感性，给学生以美的享受。三是在教育教学过程中体现施教者个性而独具特色的艺术创造活动。包括施教者运用语言、肢体、表情，融语言表达包括形体语言表达为一体，运用自己的知识和管理才能去激发学生的兴趣、好奇心、求知欲，以满足学生的发展需求。

5. 教育教学结构的设计

教育教学结构是指教育教学的组织结构形式和具体的安排、实施过程，特别是教育教学的课堂结构形式。具体包括：教育教学环节设计、时间分配，课堂教育教学新旧内容的衔接；施教者与学生的互动情况；课堂教学效率、理论与实践的结合程度等。

6. 教育教学方法的采用

教育教学方法是指施教者在教育教学工作中采用的方式、措施以及使用的工具与手段，具体包括：形式是否活泼多样、方法是否得当得体、是否贯彻了"教有法但无定法"等原则；是否注意到了个体差异、是否调动起了学生的积极性；教与学的关系处理得是否合理、是否突出了"过程方法"、组织教育教学是否自然和谐；采用的现代教育技术手段和工具是否得当、有效等。

7. 教育教学管理能力

教育教学管理能力是指施教者运用管理学理论知识解决和处理教育教学中出现的问题的能力，以及处理突发事件的能力和应变能力。如何实现对教育教学的有效管理，特别是对课堂的驾驭与管理，是施教者管理能力的集中体现。具体体现为能否通过教育教学管理为学生的成长与发展提供良好健康的环境。

8. 教育教学总体效果

教育教学的总体效果是指通过具体的教育教学活动和管理工作所达到的预期目标、整体水平。这里包括两层意思：一是施教者的教育教学实效，即在"教育服务"中所达到的预期目标和整体水平；二是学生通过施教者的教育教学和管理工作，即接受"教育服务"后所收到的效果和满意程度。因此，对教育教学总体效果的评价应该包括 3 个指标：一是施教者的教育教学和管理过程的效果；二是学生的综合素质发展水平；三是学生对施教者教育教学工作（教育服务）的满意程度。

总之，学校教学质量评价的重点应放在对施教者的教育教学质量评价上，但是这不等于说就不对受教者的学习质量进行评价。对受教者的学习质量，特别是整体发展质量同样要进行评价，只是评价的目的不同。在传统评价中，对受教者学生的评价往往被视为衡量学校教育教学质量的主要指标，甚至是唯一的指标，这是有所偏颇的。笔者认为，对学生整体发展质量的评价的目的只有一个，那就是通过评价来了解学校在教育教学中存在的问题和不足，以便及时修正，从而为学生提供持续改进的教育服务，满足学生各方面素质发展的需要。实践证明，只有认识到了这一点，才能真正改进和提高学校的教育教学质量，才能真正确保"以人为本"、教育全面和谐发展的实现。

三、教学质量评价重点：由侧重结果转向侧重过程

学校教育教学质量的评价除了要实现评价对象由学生为主转向教师为主外，还要实现

由侧重"结果"转向侧重"过程"。众所周知,教育是一个十分复杂的过程,只有控制好过程,才能有好的结果。教育教学质量评价应把重心放在对施教和受教过程质量的评价上,而不是把重心放在对结果的评价上。这里要明确的是,对"过程"的评价不是忽略结果,恰恰相反,对教育来说,只有"过程"科学而合理,才会结出好的"果子"。作为培育人的教育,控制过程比控制结果更为重要,教育教学质量评价要采用"过程方法"和"管理系统的方法",把评价重心放在对教育教学过程质量的评价上,才能真正抓住教学质量评价的实质。

那么该如何理解教育教学过程呢?笔者认为,教育教学由两大过程构成:一是"教师提供教育服务过程"(也就是教师"教"和"育"的过程),这一过程是"教师的职业实现的过程";二是"学生接受教育服务的过程"(也就是学生的"学习过程"或"受教育过程"),这一活动是"学生在教师的帮助下进行自主创新性学习的过程"。每个大的过程之中又包含着若干个子过程,子过程中又有子过程。这些过程实际上就是一个、一组、一系列的教育活动。一个教育活动的开始,就是上一个教育活动的结束,这个活动的结束,又是新的教育活动的开始。所以,教育教学质量的"过程评价",以学科的课堂教学为例,主要应包括下述两大部分。

1. 对教师提供"教育服务"过程(即教师"教"的过程)的评价

教师的"教",实际上就是教师提供"教育服务"的过程。对教师提供"教育服务"过程的评价,一般要评价四个过程:第一,施教准备过程,这一过程是"提供教育服务"的准备(即所谓的备课)过程,一般包括研究课程标准或教学大纲,研究教材内容(包括主导教材内容、辅助性教材内容,教材内容中的"显性知识"和"隐性知识"等)、研究与拟定方法、途径,制定实施策略和措施,准备必要的软硬件条件,预先评估学生的情况(包括相关知识的水平、个体差异情况、学生的需求等)。第二,提供教育服务过程。提供教育服务过程,即所谓的"教"的过程,这一活动和过程一般包括课堂的组织、协调与导学;根据具体情境适时选择与调整方法、途径、手段;指导、调整学生活动;突发事件处理和适时引入评价等。第三,质量管理过程。质量管理过程,即反思施教质量的过程,这一过程包括学习效果诊断(诊断反馈信息、评价学生所得、预测学生满意度等)。第四,持续改进过程。这一过程包括对教学的总结与反思,修正不足,调整"教育服务"策略,制定改进措施等。

2. 对学生"接受教育服务"过程(即学生"学"的过程)的评价

"学"是学生自主性建构的活动和过程。对学生"学"的过程的评价一般需要关注4个过程:第一,自主预习过程。一般包括学生个人预习的内容、辅助性资料查阅与积累等。第二,合作学习过程,包括以小组为单位的自主研究性学习、小组内展示与预习所得、提出疑惑或问题、提出帮助请求、接受同伴的帮助等。第三,接受教育服务过程。这一过程,包括消化、理解并应用所学内容的情况、寻求教师帮助、生成与发展相关素质等。第四,质量管理过程,包括学习质量反思、评价与改进(所得与满意度评价、经验与教训总结)、调整学习策略等。

无论是对教师"教"的过程的评价,还是对学生"学"的过程的评价,评价方式和方法都是多样的。强调对教学"过程"评价,并不是说"结果"就不重要。这里要强调的是通过对教学"过程"的评价来达到对教学活动质量的最佳控制,从而确保期待"结果"的实现。

(本文选自《教育发展研究》2010年第2期)

政治综合探究题的变化走势、定位与命制

南京师范大学公共管理学院 谢树平

为达成政治高考与思想政治新课程改革的良性互动,使之更好地发挥在人才选拔、推进课程教学改革、深化素质教育方面的导向作用,上海、江苏等省市率先将综合探究题引入了政治高考和学业水平测试,并呈现逐步完善的发展趋势。综合探究题对广大师生来说,还是个新事物,不仅试题本身需进一步完善,而且其命制与教学应对还存在诸多困难。这里结合近年来江苏政治高考和思想政治学业水平测试的经验教训,对政治综合探究题的变化走势、功能定位与命制规范做点探讨,祈望对政治综合探究题的命制与教学应对有一定启发作用。

一、综合探究题的变化走势与定位

命制政治综合探究题,提高政治综合探究题的应对教学能力,首先要把握其内涵、特点、发展走势和功能定位。新课程改革以来,为了推进思想政治课教学改革和研究性学习的实施,一些新课改试点省市将研究性学习引入了高考,2001年上海"综合"卷率先对研究性学习进行了考查,2005年江苏卷政治高考也跟进,2006年起江苏卷政治高考正式将综合探究题列入试题类型,占18~19分。起初,综合探究题主要以与环保问题相关的学科知识及其运用能力为考查内容,考题主要有两类:一是运用所学学科知识分析说明问题、提出问题解决的对策建议;二是针对某现象,设计研究课题,简要写出课题研究的程序步骤或方法。前者与论述题或分析说明题相似,一般可用解答论述或分析说明题的方法应对;后者仿效研究性学习课题设计的思想进行设计,用研究性学习的一般程序步骤或方法应答,只要对学生稍加有针对性的强化训练,没有真正参加过研究性学习活动的学生也能做得出。针对上述情况和问题,2006年政治高考江苏卷综合探究题加强了内容和方法的内在联系,要求针对某一问题的解决设计活动方案:"(1)运用经济常识,就废旧电池回收和处理问题,向有关部门提出建议。(2)针对废旧电池回收和处理,为中学生设计一个行动方案,并简要说明实施行动方案的意义。"同时还增加了一道实践启示类考题:"(3)参与该项活动对你今后进行探究性学习有何启示。"如果学生平时不真正参加综合探究学习活动,就没有切身体会,就难以回答这样的探究题。这对推进江苏思想政治课研究性学习的实施和深化素质教育发挥了重要的支撑和导向作用。进一步克服了综合探究题考查内容的单一性与解题方法的简单化等缺陷。2007~2008年江苏政治学业水平测试和高考的综合探究题又进一步突破了其考查内容的局限性,将其内容扩展到了人与自然、人与社会、自我与他人等关系领域中的道德、法律、政治、经济、文化问题;同时进一步加强了特定内容与方法的内在联系,并吸收了论述题的一些因素,要求考生紧扣题目给定材料和题目所研究的内容提出具体对策,并综合运用所学学科知识对所提对策建议进行说明和论证。2009~2010年江苏政治学业水平测试和高考的综合探究则着重对试题的呈现方式进行了探索,采取网上浏览、网络论坛、发帖跟帖、讨论或辩论等方式呈现试题,使试题的呈现方式更加生动活泼,更贴近当代中学生的生活,更

为中学生喜闻乐见;同时进一步兼容了辨析和辩论中的一些因素,增加了思辨性要求,强化了对有关观点的辨析能力、对自方观点的论证能力和问题解决方略创新能力的考查。如,2009年江苏政治学业水平测试以"我国正在(当时)研制《国家中长期教育改革和发展规划纲要》,并向社会公开征求意见"为背景设计探究题,其中试题(1)以讨论题形式呈现:你是否赞成高中文理分科?请运用《生活与哲学》的相关道理,加以分析说明。2010年江苏政治学业水平测试则以"某全国人大代表提出了'实行网络实名制'议案"为背景设计探究题,其中试题(1)、(2)以辩论题形式呈现:(1)请你站在其中一方的立场上参与辩论,结合《政治生活》相关知识论证本方的上述观点。(2)请你继续参与辩论,运用《经济生活》相关知识支持"场景二"中本方的观点。2010年政治高考江苏卷以"上海世博会"为背景,以"上网'逛'世博会、发帖、跟帖"的方式呈现材料和提出问题:(1)请运用《经济生活》的有关知识帮助他解答疑问(为什么中国人举办世博会的梦今天才得以实现?)(2)请运用《文化生活》的有关知识,评析跟帖中的观点(经济发展了,文化软实力自然提升了),并针对发帖中的问题(如何以世博会为契机进一步提升我国的文化软实力)提出自己的观点。(3)请你再列举(上海世博会倡导的,除绿色低碳环保理念外的)两个理念,并依据唯物辩证法原理,结合自身实际谈谈如何践行。

可见,综合探究题作为一种在新课程改革中产生和发展起来的新型试题,与其产生之初相比,它的内容与形式、考查要求与特点都发生了许多变化。现主要定位于考查考生对社会生活热点问题的敏锐感、关切度和观察力;结合自己的生活经历和平时观察,从给定情境材料中捕捉有关信息,从中发现问题、提出问题,设计研究课题和研究方案的能力;对有关观点的辨析能力和对自己观点的阐释、论证能力;综合给定材料和有关学科知识判定问题性质、探究问题存在原因,对问题解决提出合理的创造性的对策建议,并加以论证的能力;考生在探究过程中所获得的体验、所持的立场、态度与观点;以及对本次探究过程采用的研究方法的反思、总结和提炼能力。与论述题相比,它侧重于考生发现问题、提出问题、分析问题和综合运用所学知识和方法创造性地解决问题的综合实践能力,以及在观察、分析、解决问题过程中所持立场、态度、观点等综合创新素质和思想素质的考查。其特点是三维素质立意,紧扣社会生活特别是考生所在社区生活中的热点问题命题,答案有一定开放性,生活味道浓烈,探究为本,渗透辨析和论述,综合性、实践性强,思维强度大,侧重于考生的人文精神、解决问题的创新思维和认识、参与当代社会生活的综合能力的考查。

二、综合探究题的构成要素与命制的技术规范要求

政治综合探究题有多种类型,如确定研究课题类、选择研究方法类、设计活动方案类、提出对策建议类、总结探究过程经验教训类等题型。但不论什么类型的探究题,都由立意、情境、设问三要素构成。政治综合探究题的命制过程,就是根据其内涵、特点和功能,按照命题指导思想以及"一定规范要求和技术构造这三要素的过程"。

1. 综合探究题的立意创设

命题立意反映的是考试的目的,是试题命题指向的对象。命题立意创设也即寻找命题创意,明确考查对象的活动。根据思想政治新课程的理念和命题指导思想,政治综合探究题的命题立意创设必须遵循下列技术和规范。

(1)立意要高。政治综合探究题命制应"把对学生的思想政治素质的评价放在突出位

置",力求体现"三维素质立意"的主旨,全面综合地评价考生的思想政治素质。2006～2010年,江苏政治高考综合探究题在这方面做了巨大努力,这些年综合探究题命题立意的发展走势是:逐渐由"能力考查立意"走向"三维素质立意",不断强化考生立场观点、情感态度和社会生活认识、参与能力考查。为此,我们的教学必须消除政治新高考只是"知识运用能力立意"的误区,树立"三维一体"的素质评价观。

(2) 立意要精。即综合探究题的命题立意要紧扣社会生活热点问题、时代主题、重大发展战略决策,指向对思想政治课程标准内容目标实现具有决定意义的学科主干基础知识、核心观点和基本方法。如,2006～2010年江苏政治高考的综合探究题有一个共同点,就是围绕思想政治学科的主干知识、核心观点与当年社会生活的主题或热点(如,"建设资源节约型、环境友好型社会";"化解社会矛盾,建构和谐社会";"认识奥运、参与奥运";"弘扬民族精神,共建精神家园";"提炼和践行世博理念,以世博会为契机提升我国的文化软实力")的交汇点寻求命题立意,全面考查考生的思想政治素质、创新精神和综合实践能力。贯彻这一立意要求,可以凸显思想政治课程的性质特点、内容精华和独特价值。

(3) 立意要新。近年来思想政治学业水平测试和政治高考实践证明,主观性试题较易被猜测,用被猜中的试题考查考生,难以考查出其真实的学科素质。因此,要有效地考查考生的真实思想政治素质、创新意识和综合实践能力,综合探究题的命题立意虽然必须指向大家关注和熟悉的社会生活热点问题和学科核心内容,但必须回避复习资料、模拟试卷等考生熟悉的命题立意视角。为此,必须力求在把握思想政治学科不同模块间和知识间、学科主干基础知识与重大现实问题及其解决的政策方略之间的关系基础上,根据学科研究动态和经济社会发展战略决策前沿,在更高的平台上建构新的联系,寻求命题立意的新视角。

(4) 立意要合纲。尽管政治高考属于选拔性考试,其试题立意要高、视角要新,但其所要考查的内容范围和素质能力的领域与层次要求必须符合课程标准和考试大纲及其说明的规定,不得超越,一般以课本和文件有关内容的表述深度和广度为限。

2. 综合探究题的情境构筑

综合探究题的情境是其立意的背景,或形象地展现命题立意的场景,是从命题立意视角呈现社会生活矛盾、刺激问题产生、引导考生进行探究的介质。综合探究题的情境应当以显性方式存在,可以根据需要,用文字材料、图像、图表、漫画等构筑之,构筑情境应遵循如下技术和规范。

(1) 情境蕴含的情理应与命题立意相一致。就是说,情境创设要根据命题立意的视角和所要考查的具体内容,选择和编辑媒体材料的内容,创造表现形式,使情境所蕴含的信息量与命题立意视角、所要考查的具体知识、能力和情感、态度、价值观的层次要求相一致,能够充分实现命题立意的要求。2010年江苏思想政治学业水平测试的探究题未能很好地贯彻该规范,导致了命题缺憾。该探究题以辩论会作为试题背景,颇有新意,但场景一、二中展示的正、反方观点,内容过于具体,透露信息过多,对考生在答题方向上做了很大暗示,方便了考生作答,但也使得考生作答本题时几乎没有探究的余地。

(2) 情境应是考生关注的社会生活热点问题的形象性创造性再现,融真实与虚拟、历史与现实、共性与地方个性特色为一体。2007年和2010年江苏政治高考的综合探究题较好地贯彻该规范,试题的情境材料按远、近结合,地方、国家和世界情况相结合的方式呈现,内容以小见大、贴近本省经济社会生活热点问题和当地考生的真实生活,让考生看得到、听得见、摸得着,形象逼真,具有浓厚的地方生活气息;同时,为避免限制考生的眼界,防止所构筑情境与学生平时训练或模考所见情境相似,情境还必须依据考生关注的社会生活热点问题进行再创造,形成考生从未遇见过的新情境,并运用虚拟手段突破考生个人生活经验和生活时空的局限性,使考生能够跳出当地看当地,以全国、全球的视野和历史的眼光审视事物,让考生在更广泛的时空领域、更为普遍的意义上认识事物的本质和规律。

(3) 情境创设与呈现要具有"不完整性"和"可探究性",能激发起考生的探究欲望。格式塔心理学派认为,人们在面对一种不完美的即有缺陷或有空白的格式塔刺激物时,会情不自禁地产生一种急于要改变它们,并使之完满的心理趋向,这种趋向能有效地激起知觉兴奋程度,引起一种自觉追求的充满紧张感的内驱力,驱使人们积极主动地填补、完善所知觉到的不完满刺激,进而使知觉、经验达到完满的格式塔整体即完形整体。据此,综合探究题的情境构筑既要为发现问题、解决问题提供必要的信息条件,又要有意识地运用布白艺术使情境呈现出一种内容"不完整"的状态,以激发起考生的探究欲望和行动,获得对空白探究、自由表达和创造性解释的条件。

(4) 情境要体现简约性与深刻性的有机结合。从斯皮尔曼—布朗的信度公式看,在其他条件不变的情况下,试卷题量越大,考试的信度就越高,测量的误差就越小。考试的信度要求,决定了试卷必须保持一定的题量,而考试又有时间制约。这就要求综合探究题的情境要简明扼要;同时,为保证考试的区分度和命题立意的充分实现,给考生留有深广的思考空间,有效考查学生素质和学科能力,其情境意境又必须深远。

(5) 情境应体现科学性和思想性的有机结合。首先,情境设计应有生活依据,不可凭空臆造。其次,构筑情境的材料必须真实、科学,最好来源于权威性的书报杂志和政府文献。再次,构筑的情境要经得起推敲,并有利于引导人们理性地看待和处理人生与社会生活问题;情境所蕴含的价值观要与时代主旋律和社会倡导的核心价值观相符,有利于引导人们在价值冲突面前进行正确的价值判断和选择。如,2008年江苏政治学业水平测试的综合探究题创设了学生围绕"限塑令"及其实施所遇问题和对策展开讨论的三个情境,很好地体现了科学性与思想性相统一的规范要求。三个情境中的插图取自于具有一定科学性保证的《经济生活》教材,插图中的讨论对话材料蕴含着正确的价值取向和浓厚的科学实证主义思想。美中不足的是,该情境长度稍长,不够简约。

3. 综合探究题的问题设计

思想政治课的问题是学生在生活、学习中所遇到的、与思想政治课内容密切相关的、能够引起其心理紧张的、需要研究解决的各种疑难、困惑、矛盾或事物的关系之谜。设问就是要在给定信息和所要达到的目标之间设置一些需要克服的障碍。在表达式上,它是一个基于某特定情境或背景,以学生所学的学科知识和生活经验为基础,而指向思想政治课内容未知领域的命题。设问是命题的关键,其命制应遵循如下技术和规范。

(1) 设问必须准确、充分、清晰地表达立意要求,且角度要新颖、指向明确具体,否则考生就难以准确把握题意要求。如2009年江苏政治学业水平测试综合探究第2小题:"我为纲要献计献策"这一活动主要体现了公民参与民主决策的何种方式?并简述公民有序参与政治的重要意义。第二问未能清晰、具体地表达立意要求。因为从第二问参考答案(答有利于我们真正享有民主生活;有利于检验我们的政治素养和培养公民意识)看,其立意是要考查这一活动对学生个体的意义,但该设问却包含了对社会意义的考查,结果造成宽泛设问与过狭参考答案的矛盾。如果给设问角度限制一下,就符合立意了。

（2）设问必须根据情境巧妙设置,能够激发和引导考生去认识和解决某个特定的问题或探索某一新的特定关系。如材料之间的关系、因果关系、现象与本质的关系、知识之间的关系、理论与实际的关系等。

（3）综合探究题下的各个小设问,必须围绕同一课题,依据发现和提出问题、分析和解决问题的逻辑顺序,多角度多层面地展开,使所设计的各个设问保持较强的内在逻辑关系。2008年江苏政治高考的综合探究题紧扣重大社会生活热点——奥运会,强调三维素质立意,分别从奥运会徽和体育图标设计蕴含的《文化生活》和《生活与哲学》道理、奥运会举办的政治经济文化意义、如何做奥运文明使者三个角度为切入口,设计了3个问题。这3个问题之间虽然都是围绕同一热点——奥运会而设计,而且(1)、(3)两个设问在形式上还具有一定新颖性,但由于3个设问没有完全围绕同一课题并依据发现和提出问题、分析和解决问题的逻辑顺序而设计,因而显得逻辑松散,缺乏思维一贯性。2010年江苏政治高考的综合探究题也不同程度地存在这一问题。这一瑕疵遮蔽了亮点,由此造成了这两年综合探究题命制的缺憾。

（4）设问要体现亲和性与选拔性的有机统一。综合探究题虽然有一定难度要求,但所设问题不是给党和国家领导人或社会科学家作答的,而是给学生作答的。因而,设问首先要切合学生的身份、地位,贴近学生的生活,与学生的经验、知识、思想、能力基础相适应,使学生感到亲和,觉得自己有条件探索、解决问题;但同时又要有一定难度,使其不能仅凭简单复述原有知识、观点、方法的方式作答,必须通过艰苦的思考和探索才能获得答案。就是说,设问要以小见大,平和中隐藏难度,通俗中渗透学术,使其易于入手,易得基本分,但一般考生难以拿高分,只有少数学科尖子能得高分。

参考文献：

[1] 教育部.普通高中思想政治课程标准(实验)[M].北京:人民教育出版社,2004:37.

[2] 雷新勇.大规模教育考试:命题与评价[M].上海:华东师范大学出版社,2006:159.

[3] 谢树平.思想政治教学评价研究[M].哈尔滨:黑龙江人民出版社,2008:300.

(本文选自《中学政治教学参考》2010年第8期,有改动)

主要参考文献索引

课程教材研究

[1] 常超.关于《政治生活》中的几个理论问题(一)[J].思想政治课教学,2007(3).
[2] 常超,吴少荣.关于《政治生活》中的几个理论问题(二)[J].思想政治课教学,2007(4).
[3] 陈光全.关于思想品德课的课题研究[J].课程·教材·教法,1995(9).
[4] 陈光全.思想品德教材插图的分类与教学[J].课程·教材·教法,1996(7).
[5] 陈开城.六大解放思想与新课程的实施[J].中学政治教学参考,2006(2).
[6] 陈向荣.体现时代特点贴近学生生活[J].课程·教材·教法,1996(9).
[7] 陈向荣.以学生为主体,着眼素质教育[J].课程·教材·教法,1998(6).
[8] 程光泉.《文化生活》教材的逻辑体系与教学要求[J].思想政治课教学,2005(9).
[9] 程学林.新课程实验中课时不够用怎么办[J].思想政治课教学,2007(6).
[10] 单晓红.《公民道德与伦理常识》教材介绍[J].思想政治课教学,2007(10).
[11] 邓宏波.新课程标准下的政治教学之我见[J].中学政治教学参考,2005(4).
[12] 高德胜.回归生活的德育课程[J].课程·教材·教法,2004(11).
[13] 辜勤学.谈思想政治校本课程资源的开发[J].中学政治教学参考,2007(6).
[14] 广德明.利用课程资源推进有效教学[J].思想政治课教学,2005(2).
[15] 郭雯霞.道德教育的实效性如何落实[J].课程·教材·教法,2005(4).
[16] 韩晓红,孙卫国.新课程标准对思想政治课堂教学模式的影响[J].中学政治教学参考,2004(10).
[17] 扈文华.高中《经济学常识》介绍[J].思想政治课教学,2007(1).
[18] 黄静敏.《高中思想政治课程标准》的四个基本特性[J].思想政治课教学,2005(1).
[19] 黄荣平.对人教版《生活与哲学》编写创新的几许感悟[J].中学政治教学参考,2009(Z1).
[20] 李传勇.新课程 新角色——解读高中思想政治新课程[J].思想政治课教学,2004(12).
[21] 李寒梅,张朝珍.对思想政治课教学民主的内涵与特征的几点认识[J].课程·教材·教法,2007(2).
[22] 李敬德.《政治常识》教材编写和命题考试初析[J].思想政治课教学,1987(8).
[23] 李天琦.《科学思维常识》教材的编写思路[J].思想政治课教学,2007(4).
[24] 林建梅.用好资源达目标 构建和谐见实效[J].思想政治课教学,2007(2).
[25] 鲁新民.还政治课堂以生活本身[J].中学政治教学参考,2006(9).
[26] 缪礼端.创新教学理念 提高教学质量[J].思想政治课教学,2007(2).
[27] 戚万学.活动课程——道德教育的主导性课程[J].课程·教材·教法,2003(8).

[28] 钱叶明.高中思想政治新理念的后现代诠释——更新课程知识观 落实新课程理念[J].中学政治教学参考,2007(7).

[29] 钱叶明.重组教材结构,开发创新资源[J].思想政治课教学,2001(1).

[30] 冉小平.思想品德课社区服务与社会实践的探索经验[J].中学政治教学参考,2009(1).

[31] 沙福敏.认真学习《高中思想政治课课程标准》中关于"教学内容"与"基本要求"的规定[J].思想政治课教学,1998(9-10).

[32] 沙福敏.学习新课程,树立新理念[J].思想政治课教学,2003(1).

[33] 沙福敏.中学思想政治课教学大纲的制定及特点[J].思想政治课教学,1992(5).

[34] 沈祥云.浅论政治课校外课程资源的开发与利用[J].中学政治教学参考,2006(3).

[35] 石青松.浅析新教材教学评价体系的运用[J].中学政治教学参考,1999(6).

[36] 苏耕水.遵循于教材 又不囿于教材[J].思想政治课教学,2007(7).

[37] 孙熙国.《生活与哲学》设计思路和呈现特点[J].思想政治课教学,2007(4).

[38] 田慧生.当今课程理念理论研究的新课题(上)——潜在课程研究评价[J].课程·教材·教法,1988(2).

[39] 王福会.用教材,进行人性化教学——谈新课程理念下的教材使用[J].思想政治课教学,2005(5).

[40] 王洪元.优化道德教育的课程结构[J].课程·教材·教法,1992(2).

[41] 王慧婷.让德育改革与课程改革协调共进[J].思想政治课教学,2007(4).

[42] 王建康.《国家和国际组织常识》第四专题解读[J].中学政治教学参考,2009(9).

[43] 王建康.浅谈思想政治课选修教材的使用[J].中学政治教学参考,2009(1).

[44] 王杰,樊雪芳.重视隐形课程 推进中小学思想政治教育[J].教学与管理,2004(22).

[45] 王铁琼.浅谈初中思想政治课的渗透作用[J].思想政治课教学,1990(8).

[46] 王学朝.对《政治生活》第二单元内容的几点质疑[J].中学政治教学参考,2009(Z1).

[47] 王有鹏,张训.密涅瓦的猫头鹰在黄昏中起飞——《生活与哲学》教材中思想家的主要观点解读[J].中学政治教学参考,2009(Z1).

[48] 王允明.碧玉微瑕——《经济生活》中欠妥之处商榷[J].中学政治教学参考,2009(10).

[49] 吴履平.基础教育教材改革的研究[J].课程·教材·教法,1994(10).

[50] 伍时勇.08版《文化生活》教材的文化误点[J].中学政治教学参考,2009(10).

[51] 杨发展.论思想政治课课程标准的规范效力[J].中学政治教学参考,1998(Z1).

[52] 杨世英.关于中学政治课课程设置的初步设想[J].思想政治课教学,1982(2).

[53] 姚敬华.思想政治课课程资源开发 现状·纬度·原则[J].中学政治教学参考,2005(10).

[54] 张景玲,许建贞.新课程 新理念 新思路[J].思想政治课教学,2004(6).

[55] 张莉.建构主义理论在《经济生活》教材中的体现[J].思想政治课教学,2008(3).

[56] 张忠.中学思想政治课校本课程开发的价值[J].中学政治教学参考,2003(7).

[57] 赵玮璋.从智力理论的发展看新课程改革[J].中学政治教学参考,2004(7).

[58] 钟启泉.素质教育与课程教学改革[J].教育研究,1999(5).

[59] 周爱红.走进新课程 构建新课堂[J].中学政治教学参考,2006(2).

[60] 周卫华.整合教学资源,拓展教学创新空间[J].思想政治课教学,2005(3).

[61] 朱国华.挖掘教材人文内涵 提高学生人文素养[J].思想政治课教学,2005(4).

[62] 朱明光,宋景堂.关于《科学社会主义常识》的说明[J].思想政治课教学,2007(2).

[63] 朱明光.关于高中思想政治课程标准有关问题的认识[J].思想政治课教学,2004(1).

[64] 朱明光.普通高中新教材怎么编好[J].课程·教材·教法,1996(11).

[65] 庄卫军.高中思想政治电子资源库建设初探[J].思想政治课教学,2005(6).

[66] 宗飞.课程标准教学内容的特点浅见[J].中学政治教学参考,1997(9).

教学设计研究

[67] 包嘉珠.关于近体原则在政治课教学中的运用[J].思想政治课教学,2005(2).

[68] 包嘉珠.随风潜入夜 润物细无声——一堂政治创新课教学设计[J].中学政治教学参考,2005(Z1).

[69] 毕建红."全面建设小康社会的经济目标"课堂实录[J].思想政治课教学,2007(3).

[70] 曹其民.正确引导学生与教材文本对话的有效性探索[J].思想政治课教学,2008(11).

[71] 陈步军."立报效祖国之志"教学设计[J].思想政治课教学,2007(3).

[72] 陈凤芝,杨秋平,杨春.合作式教学在思想政治课中的应用[J].思想政治课教学,2002(6).

[73] 陈华.正确处理教学中的几个关系[J].思想政治课教学,2007(1).

[74] 陈履伟.高中一年级《思想政治》第六课重难点教材设计方案列举[J].思想政治课教学,1999(1).

[75] 陈巧英.在创设情境中让学生学会探究[J].思想政治课教学,2007(5).

[76] 陈秋海.思想政治课结尾艺术初探[J].思想政治课教学,1998(2).

[77] 陈绍灿.预设与生成[J].思想政治课教学,2007(3).

[78] 陈为.思想品德课探究学习活动存在的问题及其解决[J].思想政治课教学,2007(10).

[79] 陈亚专.坚持内外因相结合的观点教学设计[J].思想政治课教学,2005(6).

[80] 陈燕萍."文化习俗 多姿多彩"教学设计[J].思想政治课教学,2007(4).

[81] 程相通.关于政治教师备课体现创新的思考[J].中学政治教学参考,2001(10).

[82] 崇瑞江.谈谈思想政治课导入的情景创设[J].思想政治课教学,2007(4).

[83] 党建强.隐性课程因素在教学中的效果分析[J].思想政治课教学,2005(5).

[84] 邓加航.构建政治课堂良好心理环境的认识和实践[J].思想政治课教学,2007(7).

[85] 邓慎芳.发散思维在政治课教学中的作用[J].思想政治课教学,2007(3).

[86] 丁福军.让政治课堂充满探究的魅力[J].思想政治课教学,2007(2).

[87] 董凌达.实践完整性教学 建构和谐课堂——高中思想政治课教学策略新选择[J].思想政治课教学,2006(2).

[88] 董诗明."树立正确的消费观"教案设计[J].思想政治课教学,2005(9).

[89] 方长明.回归生活 感悟生活[J].思想政治课教学,2007(2).

[90] 方红.政治课教学中的研究性学习[J].中学政治教学参考,2006(8).

[91] 方鸿.新课程下转变思想政治课教学观初探[J].思想政治课教学,2007(7).

[92] 房文祥."中国共产党领导的多党合作和政治协商制度"教学设计[J].思想政治课教学,2007(5).

[93] 葛中儒.备课应着重处理好四对关系[J].思想政治课教学,2005(5).

[94] 郭天如.关于合作学习的几点思考[J].思想政治课教学,2007(3).

[95] 郭天如.思想品德课应对学生进行人格教育[J].思想政治课教学,2007(1).

[96] 何宏.高中政治课学生自主学习的策略与思考[J].思想政治课教学,2006(11).

[97] 何娟."我知我师,我爱我师"课堂实录[J].思想政治课教学,2007(5).

[98] 贺军.试论高中思想政治教材的活动框设计[J].思想政治课教学,2005(12).

[99] 洪少帆.思想政治课探究活动的教学探讨[J].思想政治课教学,2007(8).

[100] 洪艳梅."基于问题情境的动态教学模式"初探[J].思想政治课教学,2006(6).

[101] 胡碧漪."公民的储蓄"探究与实践方案设计[J].思想政治课教学,2006(5).

[102] 胡碧漪.展示新课堂 体验新理念 焕发新活力对一节公开课的课后反思[J].思想政治课教学,2007(1).

[103] 胡齐国.实施"五点"教学法 提高知行统一性[J].思想政治课教学,2007(10).

[104] 胡润珍.思想政治讲评课"自主探究·合作学习"模式浅探[J].教育导刊,2005(8).

[105] 胡文生."未来道路我选择"教学设计[J].思想政治课教学,2007(2).

[106] 胡兴松.思想政治课教学艺术十论[J].中学政治教学参考,1994~1995.

[107] 胡兴松.思想政治课教学艺术续论[J].中学政治教学参考,1996.

[108] 胡兴松.思想政治课教学艺术再论[J].中学政治教学参考,1997.

[109] 胡震芳.入境 晓理 动情——政治课教学的情境创设[J].思想政治课教学,2007(4).

[110] 黄京.课本剧在政治课教学中的实验与应用[J].思想政治课教学,2007(10).

[111] 黄晓菊.开展探究性教学的探索[J].思想政治课教学,2007(4).

[112] 黄真理.浅议"在生活中备课"[J].思想政治课教学,2007(1).

[113] 吉莉莉.政治课体验式教学初探[J].思想政治课教学,2005(1).

[114] 纪立建.构建生活化的政治课教学[J].思想政治课教学,2009(1).

[115] 蒋国和.思想政治课应着力价值引领[J].思想政治课教学,2008(12).

[116] 蒋国民,郑友民.构建生活化课堂 彰显新课程理念[J].中学政治教学参考,2009(10).

[117] 金华兴.论思想政治课教学的幽默艺术[J].课程·教材·教法,1998(4).

[118] 晋套军,丛雅姿.思想政治体验式教学的理论与实践[J].思想政治课教学,2007(5).

[119] 靳江丽.回归体验的学校道德教育[J].思想政治课教学,2007(3).

[120] 琚移风.以人为本 以情育人——一节公开课带来的启示[J].思想政治课教学,2005(11).

[121] 匡美兰,张波.新课程背景下思想政治课探究式教学例谈[J].思想政治课教学,2009(5).

[122] 黎新.高中二年级思想政治第二课教学方案设计列举[J].思想政治课教学,1998(3).

[123] 李达光.比较法在政治课教学中的运用[J].中学政治教学参考,2001(Z2).

[124] 李国华. 如何理解"课程生活化"[J]. 中学政治教学参考,2007(7).

[125] 李华鑫,祝光会. 高中政治课体验式教学的重要意义[J]. 思想政治课教学,2006(5).

[126] 李杰. 浅谈思想政治课案例选择的德育性[J]. 思想政治课教学,2007(8).

[127] 李军. "民主决策:作出最佳的选择"教学设计[J]. 思想政治课教学,2009(5).

[128] 李利萍. 课堂动态生成的五大方略[J]. 思想政治课教学,2007(4).

[129] 李留玉. "树立正确的消费观"说课[J]. 思想政治课教学,2007(9).

[130] 李清培. 把培养学生的自学能力作为教改的出发点——浅谈政治课教学方法的改革[J]. 思想政治课教学,1984(12).

[131] 李瑞兰. 运用讨论式教学法突破重点难点之体会[J]. 思想政治课教学,1991(11).

[132] 李天赐. 品新教材 谈"心"体会——关于新教材《经济生活》的几点思考[J]. 思想政治课教学,2007(8).

[133] 李向东. 思想政治课问题情境创设的形式[J]. 思想政治课教学,2007(2).

[134] 林顺华. 思想政治新课程实施过程中的问题与对策[J]. 思想政治课教学,2007(4).

[135] 林文玲. "严也是一种爱"教学设计[J]. 思想政治课教学,2007(3).

[136] 林月英. 创设活跃互动的复习课课堂生态[J]. 思想政治课教学,2007(8).

[137] 刘春利. 浅谈课堂中的教学机智[J]. 思想政治课教学,2006(12).

[138] 刘凤吉. 案例及其在教学中的应用[J]. 中学政治教学参考,1995(6).

[139] 刘刚. "全面建设小康社会的经济目标"教案[J]. 思想政治课教学,2010(3).

[140] 刘国平. 对生活实践作业的指导[J]. 思想政治课教学,2007(5).

[141] 刘宏成. 新课改背景下政治课堂设计应遵循的原则[J]. 中学政治教学参考,2004(10).

[142] 刘建德. 思想品德课"引领——尝试"教学模式的研究与实践[J]. 思想政治课教学,2007(8).

[143] 刘兰. 由教师提问到学生发问[J]. 思想政治课教学,2007(5).

[144] 刘润泽. 高中二年级《思想政治》第七课教学设计[J]. 思想政治课教学,1999(3).

[145] 刘云,陈友勇. 思想品德"情境感悟"教学模式初探[J]. 思想政治课教学,2007(9).

[146] 鲁新民. 重回到斯密那里去——斯密经济思想解读与教学探讨[J]. 中学政治教学参考,2009(10).

[147] 栾志华,彭安寿. 注重情感因素在政治教学中的作用[J]. 山东教育科研,1996(6).

[148] 罗文晋. 政治常识的教学艺术[J]. 教学与管理,2003(19).

[149] 马凤龙,董微. 论生活化的思想政治课教学[J]. 思想政治课教学,2008(11).

[150] 马瑞珍. 高二《思想政治》第八课教学设计[J]. 思想政治课教学,1999(4).

[151] 孟炳忠. 点题教学法:提升"问题教学"的有效性[J]. 中学政治教学参考,2009(10).

[152] 孟庆彪. 思想政治课七步解疑式教学法初探[J]. 课程·教材·教法,1998(9).

[153] 孟庆南. 论思想政治课的合作教育[J]. 课程·教材·教法,2004(4).

[154] 彭功军. 新课程理念下思想政治课教学应注重"九化"[J]. 中学政治教学参考,2005(9).

[155] 钱月琴. 思想政治课教学的反思与回归[J]. 思想政治课教学,2005(7-8).

[156] 秦书珩. 浅谈思想政治新课程的课堂教学设计[J]. 思想政治课教学,2007(8).

[157] 覃遵君.巧用案例导入 感受学科魅力——《经济生活》模块导入策略[J].中学政治教学参考,2009(10).

[158] 任靖."按劳分配为主体、多种分配方式并存"教学实录[J].思想政治课教学,2007(4).

[159] 沙福敏.高中趣味案例四则[J].思想政治课教学,2002(11).

[160] 沙福敏.关于课堂教学中的提问及设计[J].思想政治课教学,1992(9).

[161] 沙福敏.关于课堂教学中的自学阅读及设计[J].思想政治课教学,1992(11).

[162] 沙福敏.关于启发归纳教学方法的探索和实验[J].思想政治课教学,1992(4).

[163] 沙福敏.关于思想政治课教学改革问题的思考[J].中学政治教学参考,1994(Z1).

[164] 沙福敏.课堂教学中的讨论及设计[J].思想政治课教学,1993(5).

[165] 沙福敏.谈谈课堂教学的总体设计[J].思想政治课教学,1991(11).

[166] 申宝凤."三点"教学法尝试[J].思想政治课教学,2007(7).

[167] 沈明.思想政治课体验式教学策略探究[J].思想政治课教学,2008(9).

[168] 史维东.高中思想政治新课程教学的几点反思[J].思想政治课教学,2007(4).

[169] 舒智龙.开放式思想政治课教学模式探讨[J].思想政治课教学,2002(12).

[170] 宋巨华,李丰莹.政治课教学中"学教互动"模式的探索[J].思想政治课教学,2005(10).

[171] 孙银燕.焕发绿色课堂生命——思想政治课的"绿色教学"思考与实践[J].思想政治课教学,2005(1).

[172] 覃遵君.《政治生活》教学中值得探讨的几个问题[J].思想政治课教学,2007(2).

[173] 覃遵君.弄清基本概念 把握基础理论——《经济生活》第一单元教学有关问题探讨[J].中学政治教学参考,2009(11).

[174] 唐汉卫.回归生活与师生对话关系的建立——品德课新课程中的师生关系研究[J].课程·教材·教法,2005(5).

[175] 童海燕.营造思想品德"动感"课堂的实践和反思[J].思想政治课教学,2007(8).

[176] 涂金云.让我们的政治课堂回归生活[J].中学政治教学参考,2005(11).

[177] 万永娟.用逻辑思维演绎政治课堂发展轨迹[J].思想政治课教学,2009(8).

[178] 汪斌.新理念指导下的政治教学[J].中学政治教学参考,2005(5).

[179] 王长城."税收及其种类"教学设计[J].思想政治课教学,2007(8).

[180] 王常亮."天下父母心"教学设计[J].思想政治课教学,2007(2).

[181] 王大明."追寻高雅生活"教学设计及课堂实录[J].思想政治课教学,2006(5).

[182] 王道军."我国处理民族关系的原则"教学设计[J].思想政治课教学,2007(11).

[183] 王德明.对哲学教学几个疑点的探究[J].思想政治课教学,2007(1).

[184] 王锋.重视学生的情感态度价值观教育[J].思想政治课教学,2007(12).

[185] 王国雄,叶成林.六环节教学法的应用与实效[J].思想政治课教学,1999(5).

[186] 王素芬.讨论式对话教学法的白描和反思[J].思想政治课教学,2007(1).

[187] 王献章.实行新的学习方式亦应有"度"[J].思想政治课教学,2007(8).

[188] 王晓阳.整合多元智能理论与研究性学习的初步设想[J].中学政治教学参考,2006(1).

[189] 王一云,徐从峰.在政治教学中培养学生的自学能力[J].当代教育科学,2004(23).

[190] 王有鹏.巧妙运用互动式教学方式——让课堂焕发生命活力的教学方式运用艺术之五[J].中学政治教学参考,2009(9).

[191] 王泽坤.努力构建和谐政治课堂[J].思想政治课教学,2005(10).

[192] 魏一禧."价值规律的内容和表现形式"教案设计[J].思想政治课教学,2004(Z1).

[193] 吴辉.在《文化生活》教学中重视"民俗"的作用[J].思想政治课教学,2007(7).

[194] 吴培见.优化思想政治课堂教学[J].思想政治课教学,2008(1).

[195] 吴群慧.高中政治研究性学习中教师的角色特征[J].中学政治教学参考,2004(2).

[196] 吴文宏."先学后教"教学模式的应用[J].思想政治课教学,2007(2).

[197] 肖良.创设情景入境入情[J].思想政治课教学,2007(7).

[198] 邢永芹.巧妙利用"错误"资源 提高课堂教学实效[J].中学政治教学参考,2009(9).

[199] 徐国辉,宋景堂.探究活动的教学设计与实施[J].思想政治课教学,2007(5).

[200] 徐红英,耿玉强.实施案例教学培养学生能力[J].思想政治课教学,2001(5).

[201] 徐筱兰.在思想品德课教学中培养学生的道德情感[J].课程·教材·教法,1994(12).

[202] 许华南.让学生生活引领思想品德课教学[J].中学政治教学参考,2007(5).

[203] 许惠英.思想政治课活动教学要注意的三个问题[J].思想政治课教学,2007(4).

[204] 严金淑."权力的行使:需要监督"教学设计[J].思想政治课教学,2007(9).

[205] 严金淑."依法纳税"教学设计[J].思想政治课教学,2007(4).

[206] 严昭霞.中学政治教学中的情境创设[J].教学与管理,2004(27).

[207] 杨登芳.探索和谐课堂的因素[J].思想政治课教学,2007(5).

[208] 杨守学.构建师生互动交流、共同成长的绿色课堂[J].思想政治课教学,2007(1).

[209] 杨小平.交往教学的课堂应用与对学生的个性培养[J].中学政治教学参考,2001(Z1).

[210] 杨义宏.对提高课堂讨论实效的思考[J].思想政治课教学,2007(3).

[211] 杨泽英.学案导学 引探自究——新课程背景下提高课堂教学实效的实践与体会[J].思想政治课教学,2007(1).

[212] 杨昭.对教学中"理解"的理解[J].思想政治课教学,2007(7).

[213] 印伟.情景材料呈现后的有效设问例析[J].思想政治课教学,2009(5).

[214] 尤杉莉."与人为善"教学设计[J].思想政治课教学,2007(2).

[215] 于桂芬.将新课程理念渗透到教学的各个层面[J].思想政治课教学,2006(8).

[216] 余波."我国各民族共同缔造了统一的伟大祖国"说课[J].思想政治课教学,2007(8).

[217] 余敏刚.运用活动方式催生课程新资源[J].思想政治课教学,2007(5).

[218] 曾长和.关于政治课教学新的思考和探索[J].课程·教材·教法,2000(10).

[219] 张长文.用新的课程理念指导课堂教学设计[J].思想政治课教学,2004(3).

[220] 张春海.精心设计教案[J].思想政治课教学,1982(3).

[221] 张江英,申屠永庆.中学政治课研究性学习的误区及对策[J].思想政治课教学,2004(Z1).

[222] 张亮.在思与辩中升华——浅探在中学思想政治辩论课中现代德育目标之达成[J].教育导刊,2004(1).

［223］张玲玲，裴战存.论思想政治教育的移情体验法［J］.教育理论与实践，2003(24).
［224］张满舟."小社会,大课堂"教学模式的实施与思考［J］.思想政治课教学，2007(2).
［225］张茗瑶."严也是一种爱"教学设计［J］.思想政治课教学，2007(1).
［226］张佩."感悟亲情"教学纪实［J］.思想政治课教学，2007(2).
［227］张树林."综合探究：做好就业与自主创业的准备"教学设计［J］.思想政治课教学，2007(7).
［228］张璇."人生的真正价值在于对社会的贡献"说课［J］.思想政治课教学，2007(8).
［229］张园园.规范目标设计　提高政治课堂教学有效性［J］.思想政治课教学，2007(10).
［230］赵春宇.政治课美感之构建［J］.思想政治课教学，2007(2).
［231］赵旦红.一线二点三留空——浅谈政治课教案的个性化［J］.思想政治课教学，2000(4).
［232］赵继红.基于生活逻辑的课堂教学策略初探［J］.思想政治课教学，2007(12).
［233］赵小兰."影响价格的因素"教学设计［J］.思想政治课教学，2007(3).
［234］甄秀凤.利用情境提高思想政治课教学的实效性［J］.思想政治课教学，2006(5).
［235］郑楚彬.新课标条件下传统教学方法的运用［J］.思想政治课教学，2007(2).
［236］郑文宏.关注热点　关注生活　关注情感［J］.思想政治课教学，2007(2).
［237］郑远征.浅谈新课程背景下思想品德课教学的优化［J］.思想政治课教学，2006(3).
［238］钟贞柱，张卫东.创新教学过程　倾心构建"学习共同体"［J］.思想政治课教学，2004(Z1).
［239］周建仁，鲁新民."矛盾普遍性与特殊性的关系"教学设计［J］.思想政治课教学，2005(3).
［240］周位斌.思想政治课教学中的"实与虚"［J］.中学政治教学参考，2002(Z2).
［241］朱开群.政治教学的七种语言［J］.中学政治教学参考，2001(7).
［242］朱天红.浅谈新课程"辅助资料"的实施策略［J］.思想政治课教学，2007(4).
［243］庄恒俊.谈政治课开放性教学设计［J］.中学政治教学参考，2003(10).
［244］庄永敏.高中思想政治"综合探究"课分析与探索［J］.思想政治课教学，2005(7-8).
［245］邹成林.自主学习型课堂教学程序设计原则［J］.中学政治教学参考，2004(5-6).

评价与考试研究

［246］白露.用好课堂点评,创造教学佳境［J］.思想政治课教学，2006(8).
［247］蔡赐福.改进学习评价方式　促进学生全面发展——新课标下的高中思想政治课学习评价的探讨［J］.思想政治课教学，2004(Z1).
［248］陈健生."评优课"不是教学评价［J］.思想政治课教学，1987(1).
［249］程其峰，宋应川.材料题情景设置［J］.中学政治教学参考，1995(12).
［250］程其峰.2009年新课程高考政治学科试题之我见［J］.中学政治教学参考，2009(11).
［251］窦育国.2009年高考政治苏粤沪卷点评［J］.中学政治教学参考，2009(11).
［252］范红梅.2007年中考政治试题命题分析［J］.思想政治课教学，2007(3).
［253］郭小军.中考政治主观性试题命题特点例谈［J］.思想政治课教学，2007(8).
［254］韩明龙.改革考试方法的实验和体会［J］.思想政治课教学，1985(7).

[255] 侯晏.政治课堂教学如何即时评价学生[J].中学政治教学参考,2007(5).

[256] 江金旺.政治课考试改革初探[J].思想政治课教学,1986(10).

[257] 李凤君.略谈2009年广东、江苏、海南高考试题对新课改的引领[J].中学政治教学参考,2009(11).

[258] 梁秀莲.新课程高中《思想政治》课堂教学评价新机制[J].思想政治课教学,2005(5).

[259] 刘惠连,钱爱娟.让学生挣脱镣铐跳舞——新课改背景下思想政治学习评价的构建[J].中学政治教学参考,2006(Z1).

[260] 刘惠连,朱校松.发现力·穿透力·迁移力·逻辑力[J].中学政治教学参考,1998(Z2).

[261] 刘润泽.2007年高考(北京卷)文科综合政治学科试题分析[J].思想政治课教学,2007(8).

[262] 楼江红.思想政治课发展性评价的探索与思考[J].思想政治课教学,2002(3).

[263] 聂淑香.改革政治作业 提高教学效果[J].山东教育科研,2001(1).

[264] 潘甘平.中学政治课成绩评定改革初探[J].思想政治课教学,1986(5).

[265] 钱友淦.中考简答的命题特点及解题策略[J].思想政治课教学,2007(11).

[266] 山西省高考政治学科评卷领导小组.对今年高考政治试题的评价[J].思想政治课教学,1989(10).

[267] 施森贤.改进政治课测试方法 提高政治课教学实效[J].思想政治课教学,2002(3).

[268] 王国海.贴近实际 学考结合[J].思想政治课教学,1995(9).

[269] 王后雄,胡承臣.新课程下高考政治质量评价标准及试卷结构技术指标构想[J].中学政治教学参考,2008(9).

[270] 王玲.思想品德课教学评价方案的思考与研究[J].课程·教材·教法,1992(8).

[271] 王业斌.政治课考试方法改革初探[J].思想政治课教学,1985(10).

[272] 王中连.高考政治科研究性学习试题管窥[J].思想政治课教学,2005(11).

[273] 韦丽莉.浅议对学生课堂回答问题的评价艺术[J].思想政治课教学,2000(2).

[274] 武琪.实施综合素质评价 促进学生全面发展——宁夏普通高中新课程下学生评价制度的改革[J].思想政治课教学,2007(2).

[275] 杨鹤龄.讲评试卷也要注意能力的培养[J].思想政治课教学,1986(11).

[276] 曾建明.思想政治新课程学业评价改革构想[J].思想政治课教学,2007(1).

[277] 曾立红.刍议思想品德新课标视角下的教学评价[J].中学政治教学参考,2009(Z1).

[278] 张克新.一则考题 一道风景 开启一个美丽的春天——一道中考思想品德试题带给我的思索[J].中学政治教学参考,2009(11).

[279] 张美冬.高中政治答案生成能力的培养[J].教学与管理,2006(13).

[280] 张文林.新课标下的课堂教学评价研究[J].山东教育(中学刊),2005(11).

[281] 张艳梅.高考单项选择题错误选项的九大编设技巧及应对策略[J].中学政治教学参考,2009(10).

[282] 赵仁举.思想品德课学习综合评价模式初探[J].中学政治教学参考,2006(3).

[283] 肖家庆.这道考题覆盖了全书三个单元——宣城市七年级思品2009年期末卷第23题再解答[J].中学政治教学参考,2009(11).